江苏省"2011"工程"公民道德与社会风尚协同创新中心"成果

江苏省"道德发展智库"成果

江苏省高校重点研究基地"道德哲学与中国道德发展研究所"成果

江苏省"道德国情与道德哲学前沿创新团队"成果

启蒙道德哲学

范志均　著

中国社会科学出版社

图书在版编目（CIP）数据

启蒙道德哲学/范志均著 . —北京：中国社会科学出版社，
2015.12

ISBN 978 - 7 - 5161 - 5479 - 3

Ⅰ.①启… Ⅱ.①范… Ⅲ.①伦理学—研究 Ⅳ.①B82

中国版本图书馆 CIP 数据核字（2015）第 014376 号

出 版 人　赵剑英
责任编辑　周晓慧
责任校对　无　介
责任印制　戴　宽

出　　　版　中国社会科学出版社
社　　　址　北京鼓楼西大街甲 158 号
邮　　　编　100720
网　　　址　http://www.csspw.cn
发 行 部　010 - 84083685
门 市 部　010 - 84029450
经　　　销　新华书店及其他书店

印刷装订　北京君升印刷有限公司
版　　　次　2015 年 12 月第 1 版
印　　　次　2015 年 12 月第 1 次印刷

开　　　本　710×1000　1/16
印　　　张　33.25
插　　　页　2
字　　　数　554 千字
定　　　价　108.00 元

总　序

　　东南大学的伦理学科起步于 20 世纪 80 年代前期,由著名哲学家、伦理学家萧焜焘教授、王育殊教授创立,90 年代初开始组建一支由青年博士构成的年轻的学科梯队,至 90 年代中期,这个团队基本上实现了博士化。在学界前辈和各界朋友的关爱与支持下,东南大学的伦理学科得到了较大的发展。自 20 世纪末以来,我本人和我们团队的同仁一直思考和探索着一个问题:我们这个团队应当和可能为中国伦理学事业的发展作出怎样的贡献?换言之,东南大学的伦理学科应当形成和建立什么样的特色?我们十分明白,没有特色的学术,其贡献总是有限的。2005 年,我们的伦理学科被批准为"985 工程"国家哲学社会科学创新基地,这个历史性的跃进推动了我们对这个问题的思考。经过认真讨论并向学界前辈和同仁求教,我们将自己的学科特色和学术贡献点定位于三个方面:道德哲学;科技伦理;重大应用。

　　以道德哲学为第一建设方向的定位基于这样的认识:伦理学在一级学科上属于哲学,其研究及其成果必须具有充分的哲学基础和足够的哲学含量;当今中国伦理学和道德哲学的诸多理论和现实课题必须在道德哲学的层面加以探讨和解决。道德哲学研究立志并致力于道德哲学的一些重大乃至尖端性的理论课题的探讨。在这个被称为"后哲学"的时代,伦理学研究中这种对哲学的执著、眷念和回归,着实是一种"明知不可为而为之"之举,但我们坚信,它是我们这个时代稀缺的学术资源和学术努力。科技伦理的定位是依据我们这个团队的历史传统、东南大学的学科生态,以及伦理道德发展的新前沿而作出的判断和谋划。东南大学最早的研究生培养方向就是"科学伦理学",当年我本人就在这个方向下学习和研究;而东南大学以科学技术为主体、文管艺医综合发展的学科生态,也使我们这些 90 年代初成长起来的"新生代"再次认识到,选择科技伦理为学科生长点是明智之举。如果说,道德哲学与科技伦理的定位与我们的学科传统有关,那么,重大应用的定位就是基于对伦理学的现实本性以及为中国伦理道德建设作出贡献的愿望和抱负而作出的选择。定位"重大应用"而不是一般的"应用伦理学",昭明我们在这方面有所为也有所不为,只是试图在伦理学应用的某些重大方面和重大领域进行我们的努力。

基于以上定位,在"985 工程"建设中,我们决定进行系列研究并在长期积累的基础上严肃而审慎地推出以"东大伦理"为标识的学术成果。"东大伦理"取名于两种考虑:这些系列成果的作者主要是东南大学伦理学团队的成员,有的系列也包括东南大学培养的伦理学博士生的优秀博士论文;更深刻的原因是,我们希望并努力使这些成果具有某种特色,以为中国伦理学事业的发展作出自己的贡献。"东大伦理"由五个系列构成:道德哲学研究系列;科技伦理研究系列;重大应用研究系列;与以上三个结构相关的译著系列;还有以丛刊形式出现并在 20 世纪 90 年代已经创刊的《伦理研究》专辑系列,该丛刊同样围绕这三大定位组稿和出版。

"道德哲学系列"的基本结构是"两史一论"。即道德哲学基本理论;中国道德哲学;西方道德哲学。道德哲学理论的研究基础,不仅在概念上将"伦理"与"道德"相区分,而且从一定意义上将伦理学、道德哲学、道德形而上学相区分。这些区分在某种意义上回归到德国古典哲学的传统上,但它更深刻地与中国道德哲学传统相契合。在这个被宣布"哲学终结"的时代,深入而细致、精致而宏大的哲学研究反倒是必需而稀缺的,虽然那个"致广大、尽精微、综罗百代"的"朱熹气象"在中国几乎已经一去不返,但这并不代表我们今天的学术已经不再需要深刻、精致和宏大气魄。中国道德哲学史、西方道德哲学史研究的理念基础,是将道德哲学史当作"哲学的历史",而不只是道德哲学"原始的历史"、"反省的历史",它致力于探索和发现中西方道德哲学传统中那些具有"永远的现实性"的精神内涵,并在哲学的层面进行中西方道德传统的对话与互释。专门史与通史,将是道德哲学史研究的两个基本维度,马克思主义的历史辩证法是其灵魂与方法。

"科技伦理系列"的学术风格与"道德哲学系列"相接并一致,它同样包括两个研究结构。第一个研究结构是科技道德哲学研究,它不是一般的科技伦理学,而是从哲学的层面、用哲学的方法进行科技伦理的理论建构和学术研究,故名之"科技道德哲学"而不是"科技伦理学";第二个研究结构是当代科技前沿的伦理问题研究,如基因伦理研究、网络伦理研究、生命伦理研究等。第一个结构的学术任务是理论建构,第二个结构的学术任务是问题探讨,由此形成理论研究与现实研究之间的互补与互动。

"重大应用系列"以目前我作为首席专家的国家哲学社会科学重大招标课题和江苏省哲学社会科学重大委托课题为起步,以调查研究和对策研究为重点。目前我们正组织四个方面的大调查,即当今中国社会的伦理关系大调查;道德生活大调查;伦理—道德素质大调查;伦理—道德发展状况及其趋向大调查。我们的目标和任务是努力了解和把握当今中国伦理道德的真实状况,在此基础上进行理论推进和理论创新,为中国伦理道德建设提出具有战略意义和创新意义的对策思路。这就是我们对"重大应用"的诠释和理解,今后我们将沿着这个方向走下去,并贡献出团队和个人的研究成果。

"译著系列"、《伦理研究》丛刊,将围绕以上三个结构展开。我们试图进行的努力是:这两个系列将以学术交流,包括团队成员对国外著名大学、著名学术机构、著名学者的访问,以及高层次的国际国内学术会议为基础,以"我们正在做的事情"为主题和主线,由此凝聚自己的资源和努力。

马克思说过,历史只能提出自己能够完成的任务,因为任务的提出表明完成任务的条件已经具备或正在具备。也许,我们提出的是一个自己难以完成或不能完成的任务,因为我们完成任务的条件尤其是我本人和我们这支团队学术资质方面的条件还远没有具备。我们期冀通过漫漫兮求索乃至几代人的努力,建立形成以道德哲学、科技伦理、重大应用为三元色的"东大伦理"的学术标识。这个计划所展示的,与其说是某些学术成果,不如说是我们这个团队的成员为中国伦理学事业贡献自己努力的抱负和愿望。我们无法预测结果,因为哲人罗素早就告诫道,没有发生的事情是无法预料的,我们甚至没有足够的信心展望未来,我们唯一可以昭告和承诺的是:

我们正在努力!

我们将永远努力!

樊　浩

谨识于东南大学"舌在谷"

2007 年 2 月 11 日

目　录

导　　论

一　什么是启蒙

什么是启蒙？这是 18 世纪启蒙运动晚期由德国启蒙主义者明确意识到和提出来的问题。在对此问题的多种回答中，康德的回答无疑是最准确和切中要义的，也是被广泛讨论的。如霍克海默和阿多诺即在康德启蒙概念的指引下，重新梳理了祛魅，去神话，合理性的启蒙概念，揭示了理性自我毁灭的启蒙辩证法。[①] 而福柯则重提康德的"什么是启蒙"问题，把启蒙看作一种态度，一种自我批判，并接着康德把他自己的知识考古学和权力谱系学视为对康德启蒙批判事业的继续。[②]

然而，能否说康德的启蒙观念就是对什么是启蒙问题的标准理解呢？实际上我们就是这样看待的，虽然就问题本身而言，并非如此。我们只能说，康德的启蒙观念反映了德国启蒙运动的经验和理念，但它并不能把握苏格兰和法国启蒙运动的经验和理念。就欧洲启蒙运动整体而言，苏格兰、法国和德国启蒙运动代表了启蒙运动的三种主要形态，内含着三种主要的启蒙观念，即使三者有一致的地方，也不意味着其中一种启蒙观念能够代表全部启蒙理念，更不要说需要把它们区分开来，分别加以考察了。[③] 除了

[①] ［德］霍克海默、阿多诺：《启蒙辩证法》，渠敬东、曹卫东译，上海人民出版社 2003 年版，第 1—39 页。

[②] ［法］福柯：《什么是启蒙》，汪晖译，汪晖、陈燕谷主编：《文化与公共性》，三联书店 2005 年版，第 422—442 页；施密特编：《什么是批判，启蒙运动与现代性》，徐向东、卢华萍译，上海人民出版社 2005 年版，第 388—401 页。

[③] Himmelfarb 即从"美德的社会学"、"理性的意识形态"和"自由的政治"三方面分别探讨了英国、法国和美国的启蒙运动，见其著 *The Roads to Modernity*：*The British*，*French*，*and American Enlightenments*（Vintage，2005）. 另见 Porter，Teich 主编的 Enlightenment in the National Context（Cambridge，1981）对英国、苏格兰、法国和德国诸民族启蒙运动的分别考察。

德国启蒙哲人具有关于启蒙的概念和问题意识之外，苏格兰和法国虽然经历了浩大的启蒙运动，却没有哲人明确意识到和提出"什么是启蒙"这一问题，形成自身的启蒙话语和逻辑，虽然它们就蕴涵在其庞大的启蒙论述之中。因而，这就要求我们不拘泥于文字，而是依据其内在精神，为其提出和回答"什么是启蒙"这一问题。

按照康德的说法，启蒙就是人类摆脱自我招致的不成熟而走向成熟，启蒙的人即是正在走向成熟的人，启蒙了的人就是成熟的人。① 什么是不成熟的人和成熟的人？依据康德的意思，不成熟的人是不经他人的引导就不能使用理智的人，也就是说，他有理智却不能自己使用，而必须在他人的引导下使用。就此而言，儿童是潜在的不成熟的人，一个依附性的大人，被强迫不能使用自己的理智的成人就是真正意义上的不成熟的人。当然，被强制不能使用自己理智的人还不是康德意义上的不成熟的人，因为他的不成熟不是自我招致的，而是由他者招致的，只有自我招致的不成熟才是他所说的不成熟。不是有理智而迫不得已不能使用自己的理智，而是有理智却没有决心和勇气使用自己的理智，不愿、不敢使用自己的理智才是不成熟的表现。不成熟不是由他者导致的，而是由自己招致的，不是由他人强制、强迫引导自己使用理智，而是自己愿意和为安全起见而接受他人的引导使用理智。因此，不成熟的原因在于人自身而不是引导者，在于被监护者而不是监护者。不可否认，的确有很多引导者，监护者是出于"好心"，才指导那些胆小怯懦的人们，以免他们因为"单独行走"而跌倒。但这是否就意味着，根本就不存在一种他者招致的不成熟，由监护者或保护者所导致的不成熟呢？对于这个问题，康德是极力回避的，他只强调自我招致的，由被监护者自身导致的不成熟，把有理智而不自己使用理智的原因归于理智者自己，把不成熟的责任归于被监护者。在很多情况下，人的不成熟的责任是应该归咎于监护者的，被监护者是出于被迫而不得不自己使用理智的。

对康德来说，启蒙主要针对那些没有决心和勇气使用自己的理智，自我招致他人引导、监护的人，而那些被迫不能使用自己理智的人则被排除在启蒙之外。所谓启蒙就是要唤起人们的决心和勇气，使其愿意和敢于使用自己的理智，而不是要开启愚昧、迷信、无知者的智力。

---

① ［德］康德：《历史理性批判文集》，何兆武译，商务印书馆1990年版，第22页。

对康德来说，真正的启蒙是自我启蒙，内在启蒙。启蒙不是要开启民智，因为人民本来就是有理智的，只是没有决心和害怕加以使用而已。启蒙不是为人民引进新的引导者、监护者，而是要让人民大胆地使用自己的理智。人民的不成熟原因在己，是由他们的懦弱导致的，因此人民有责任自我启蒙，不经由他人的引导而独立地使用自己的理智，由不成熟走向成熟。启蒙意味着取消引导者、监护者，瓦解启蒙者和被启蒙者、先知先觉者和后知后觉者的关系：人人都是理智的存在者，人人都是启蒙者和被启蒙者，人人都能够使用自己的理智，自己启蒙自己；启蒙即自我启蒙，人人都是启蒙的主体。当然，面对很多人因被强制而不能使用自己的理智的现实，仅仅讲自我启蒙是不够的，还必须讲他者的责任，促使监护者自我启蒙，并解除对人们理智使用的引导和监护，使之自我启蒙。

但是人的自我启蒙如何可能？他如何可能有决心和勇气使用自己的理智，愿意和敢于自己思维？康德认为，关键是要给予人自由。① 只要给予人自由，他必然会走向自我启蒙；只要人是自由的，他肯定就会意识到自我启蒙、自己使用理智、自己思想乃是他的义务，意识到因怯懦而请求他人的引导和监护就是放弃自己的义务。因为人是自由的，他的理智就应该由他自己来使用，他的理智属于他自己，自由地使用自己的理智就是他的权利；如果他的理智是自由的，那么他就应当自己思想，不需要他人的引导。而当他愿意和能够自己思想的时候，他也就是启蒙了的人，即成熟的人。

启蒙即是脱离他人的监护或引导自己勇敢地使用理智，自由地使用理智。对理智的自由使用主要有两种形式，即理论的运用和实践的运用。理智的理论运用即认识自然，就是运用概念形式对被给予的质料加以综合，统一形成关于对象的科学知识。当然理智运用于自然的认识，不是被动的反映，而是能动的构建，不是概念符合对象，而是对象符合概念，不是自然为理智立法，而是理智为自然立法。不过理智的理论运用是有限度的，不能超出经验，超出感性直观所给予的现象范围去认识超感性的存在或对象，否则将陷入自相矛盾的二律背反当中。理智或理性的实践运用即道德行动。如果由传统、习俗为我们的行为立法，则我们的行为就是伦理的；如果我们的行为是由神圣立法者立法的，那么我们的行为就是宗教道德性

① ［德］康德：《历史理性批判文集》，何兆武译，商务印书馆1990年版，第24页。

的；如果我们不受引导地使用普遍理性为自己的行为立法，则我们的行为就是道德的，而且是启蒙道德性的。启蒙的道德即是一种不受引导或监护而使用自己的理性为自己的行为立法，或为自身的行为立法，即自我立法的道德，这种道德是自我摆脱了他人的监护而使用自己的理性确立起来的，因此是成熟的道德，自主自律的道德。

启蒙即是从他人的监护或引导中解放出来，独立自主地使用理性，就科学、道德和宗教这些重大的事情自由地使用理性做出自己的判断。启蒙道德即基于启蒙精神的道德，其核心是不受、不被他人引导或监护，自主地使用理性规定自己的行为，不听从上帝或先知先贤的命令，只服从自己理性的命令。因此，标识启蒙现代道德本质特征的不仅是自己使用理性，遵从理性的法则，而且也是不被他人引导，不受他人监护或干涉，不被强制地服从理性的命令。苏格拉底主义的道德也是建立在理性主义基础上的，也是一种启蒙道德，但是它与康德意义上的现代启蒙道德的区别就在于，前者不排除他人的引导，需要他人如哲人、智者的引导，因为人被看作是不平等的，有的人理性强，有的人欲望重，智与愚、贤与不肖分明，因此，有的人不知道什么对他是好的，这样就需要智者、贤人引导他向好，而后者的前提就是摆脱对他人理智的依赖，不受干涉地使用自己的理性；在现代社会里，人人都是平等的，有理性的，不存在智与愚、贤与不肖之分，每个人都能够自主地使用理智，服从为自身行为所立的法。如果说古代启蒙道德还是一种他律的道德，尽性的道德，由外在客观的善作为对象决定自己的意志，那么现代启蒙道德则是一种自律的道德，尽心的道德，善或对象是由理性意志决定的。

法国启蒙运动所倡导的启蒙观念不同于康德的启蒙观念。对康德来说，启蒙与不成熟，不敢自主使用理智是对立的，而对法国启蒙哲人来说，启蒙是与无知、迷信、偏见等相对立的，不开明，未启蒙即陷入无知、迷信和偏见的泥潭中，生活在黑暗和幻觉之中，而启蒙意味着摆脱无知、偏见和迷信，接受理性的指导，过合乎理性的生活，生活在光明和真理之中。法国启蒙哲人大多是经验主义者或感觉主义者，因此他们否定天赋观念论，并不主张人"生而有知"，相反认为"人生而无知"。[1] 但人

---

① ［法］爱尔维修：《论人的理智能力和教育》，《十八世纪法国哲学》，北京大学哲学系外国哲学史教研室编译，商务印书馆1963年版，第480页。

是理性的动物，心中有"自然光明"，他可以使用理性，通过经验，获得真理，并按照真理生活。法国启蒙哲人相信"真理是有益的，而不是危险的"，因此真理不怕被人知道，人应当献身真理，"寻求和说出真理"，并传播真理，让所有人都知道真理，了解真理乃是人民的利益所在。① 但是，实际上人们并没有因为使用理性而摆脱无知，说出和知道真理，相反，他们有理性却被禁止使用，牺牲其理智而相信他们不能"理解"的东西，因此人不仅没有脱离蒙昧，反而增加了迷信和偏见。无知是一切错误的根源，是不是人民的无知使得他们陷入了无尽的迷信和偏见的黑暗中呢？对法国启蒙哲人来说，人民固然因为无知而心生恐惧，因恐惧而迷信神灵。"没有一个凡人不遭遇到种种苦痛；没有一个民族没有遇到过厄运、灾祸和不幸；人们总是把这些苦厄看成天怒的标志，而不知道自然的原因。"② 但是导致人民不理智、迷信和偏见的原因却主要不在自己，因此不用为自己的不成熟承担责任，而在那些愚弄人民的人，如教士、专制君主看来，"既然普通人如此粗野和如此轻率，难道他们的愚昧无知不是那些不过问国民教育，甚至反对教育自己的臣民的君主们玩忽职守的结果么？溯本探源，难道不能把普通人的愚昧无知算作神甫们昭昭的政绩吗？"③ 教士、专制君主为了自己的利益有意利用人民的无知和恐惧，使人民"听从他们的指引，有甚于听从理性"，并扰乱他们的理智，"鼓动人们的想象力而禁止他们的理性发言"，欺骗他们，强迫他们抛弃理性，向他们隐瞒或歪曲真理，使他们成为奴隶，"永远屈服于羁轭之下"，服从他们的统治。④ 他们的愚民、欺骗招致人民丧失理智，因此他们应当承担导致人民无知的责任。而对人民蒙昧责任的理解决定了应展开什么样的启蒙，如何进行启蒙。康德把人不成熟的责任归于人自身，而不是监护者，这就决定了启蒙必须发自自身，而不是由监护者引导。但是法国启蒙哲人却把人民迷信的责任归于教士和君主，而不是人民自身，由此启蒙就是伏尔泰所说的"打倒丑类"，打倒愚民者，不安好心的教育者，代之以由启蒙者，即知道真理的人做引导者、教育者，承担开启民智，教诲人民

---

① ［法］爱尔维修：《论人的理智能力和教育》，第536—537页。
② ［法］赫尔巴赫：《神圣的瘟疫》，《十八世纪法国哲学》，北京大学哲学系外国哲学史教研室编译，商务印书馆1963年版，第561页。
③ ［法］赫尔巴赫：《健全的理智》，王荫庭译，商务印书馆1966年版，第202页。
④ ［法］赫尔巴赫：《神圣的瘟疫》，第566—567页。

的责任。

康德主张给予人民以理性公开使用的自由，以启动人民的启蒙。他区分了理性的公开使用与私下使用，理性的私下运用是不自由的，是受国家、共同体利益的限制的，如对于军官来说，就不许他争辩，擅自作主，自由操练，而必须服从，按规定操练；对于税吏来说，就不许他争辩要不要缴税，要缴多少税，他必须服从，依法收税或缴税；对于牧师来说，则不许他争辩信条是否合乎教义，他必须服从，按教义布道。无论军官、税吏还是牧师，作为军队、社会和教会共同体的一员，他们有义务服务于其所在共同体的利益而不能置身事外。如此，他即是私下有效地运用理性，即在其担任"公职岗位或者职务上所能运用的自己的理性"，如此他所做的是合目的的和有用的，即尽职尽责的。但是理性的公开运用，即任何人"作为学者"在所有公众或"听众"面前所做的那种运用，却要求自由，而不必服从，允许争辩，不许限制，而且唯有理性的公开使用"才能带来人类的启蒙"①。反之，即使使用理性，却是私下运用，就不会带来人类的启蒙，因为理性的私下运用并没有从根本上脱离监护。任何人，如军官、税吏和教士，作为人，或作为世界公民即可以就一切重要的事情，如战争与和平、国家的建立与法律以及良心自由与得救等"自由以学者的身份公开地，也就是通过著作，对现行组织的缺点发表自己的言论"，或提出问题交由公众理性的法庭进行自由的讨论。如此一来，就必然会不断扩大人类的认识，清除人类的错误，人类也借此摆脱了监护，在自由地使用理性的"启蒙"中持续进步，同时也使得理性的私下运用更加合理化。康德把人类自由地公开使用理性，从而摆脱监护，持续自我启蒙看作人类绝对的义务。换言之，任何人作为世界公民在任何时候都有责任自由地公开使用理性，进行自我启蒙。任何时代、任何共同体都不可阻碍和剥夺人们自由地使用理性的权利，否则即是"一种违反人性的犯罪行为"②。

与康德以是否允许自由地公开使用理性，是否允许自由地公开进行争辩讨论，但又私下服从作为衡量一个民族启蒙进展和程度不同，法国启蒙哲人强调理性的教育，以是否进行真理和幸福的教育作为一个民族启蒙进程的标记。康德强调启蒙的自由基础，而法国启蒙哲人却基于社会决定论

---

① ［德］康德：《历史理性批判文集》，何兆武译，商务印书馆 1990 年版，第 24—25 页。
② 同上书，第 26—27 页。

思考人的教育。在法国启蒙哲人那里，教育是广义上的教化、指导或塑造，举凡教化或塑造人的一切东西都可划归为教育，而在一切塑造人的东西中，宗教和政治社会制度对人的塑造和教育作用是最大的，正如卢梭所说，一切都取决于政治，人是什么样的是由其所在的政治制度决定的。而爱尔维修更是把教育推向绝对，认为教育是万能的，人身上的精神、美德和天才都是"教育的产物"，而非其自然机体构成的结果，恰恰是教育使我们成为现在的样子。① 但如此说来，人之成为无知、迷信的人不也是教育，即教士和专制君主教育的产物吗？何以教育还能为人类带来启蒙，一种使人类走向启蒙的教育是何种教育呢？法国启蒙哲人认为，这种教育就是理性的教育，是建立在对自然，尤其是人的知识和真理之上的教育。有了关于人的精神及其活动的知识，就能使人们更善良和幸福，而"没有这种认识，还有什么办法会使人们更善良更幸福！"② 理性、真理和幸福是一致的，基于科学或哲学理性教育的人们必然会越来越开明，也必然会更加幸福和强大。过往的教育即是基于对人"一无所知"之上的，因此其所塑造的人肯定是无知和迷信的、不幸和弱小的。

启蒙教育分为两方面：一是对君主或治人者的理性教育，致力于把君主或治人者培育为开明的人："他懂得他的利益在哪里；他知道这些利益同全体人民的利益有着不可分割的关系；他知道当君主统治卑贱的奴隶时，这君主既不可能是伟大的，也不可能是强盛的，既不可能受人爱戴，也不可能受人尊敬；他知道公正、善良和体贴给予他统治人民的权利要比某种虚幻的神灵的全权更实在得多……"③ 二是对人民或公民的教育，"要培养人，要得到道德的公民，必须教育他们，给他们指出真理，给他们讲道理，使他们知道自己的利益，教导他们尊重自己，畏惧耻辱，在他们心里引起真正荣誉的观念，使他们认识美德的价值和追求美德的动机"④。

作为自由公开争辩的启蒙与作为教育的启蒙是两种完全异质的启蒙。对后者来说，人民被看作是无知的，不善于使用理智，因此他们需要引导

---

① ［法］爱尔维修：《论人的理智能力和教育》，第539、478—479页。
② 同上书，第478页。
③ ［法］赫尔巴赫：《健全的理智》，王荫庭译，商务印书馆1966年版，第155页。
④ ［法］赫尔巴赫：《自然体系》，《十八世纪法国哲学》，北京大学哲学系外国哲学史教研室编译，商务印书馆1963年版，第641—642页。

者、教育者来引导和培育他们使用理智，乃至代替他们、为他们使用理智："合乎理性的哲学体系不是为群氓创造的"，虽然哲学家、科学家的论证对于人民是难以理解的，他们教育人民，"为人民而劳动，但是人民是否理解他们则无关宏旨"①。那些引导者和教育者是自己使用理智，摆脱无知，启蒙了的人：启蒙了的人带领甚至强制蒙昧的人走向启蒙：通过立法，建立良好机制，"把个人利益与公共利益很紧密地联系起来，以便迫使自己道德"化，或"迫使了他们道德"②化。康德极力回避法国启蒙主义者的这种启蒙观念，他之所以回避是因为他看到了这种启蒙观念中的悖谬之处：它预设了启蒙者和被启蒙者、教育者与被教育者的对立，把两者的关系看作引导和被引导、教育和被教育的关系；它在打破一种招致人民愚昧的引导者和被引导者关系的同时又建立了一种启蒙民智的教育者和被教育者的关系：启蒙者高高在上，以先知先觉的引导者、教育者身份启蒙后知后觉者，因此它有导致理性启蒙专制的危险：哲学和科学所获得的关于人的知识被教育者用来立法，成为支配人的力量，正如"要操纵人形傀儡的动作，必须认识牵动傀儡的线"，没有这种认识，就无以操纵傀儡的动作一样，教育者、立法者必须具有关于人自身的知识和真理，这样才能真正控制他们；又如"驯兽师的本领，就在于知道自己能使驯养的动物执行的一切"一样，教育者、开明立法者、君主的本领就在于"认识自己能使治下的人民执行的一切"③。而法国启蒙主义者心仪的政治体制即是由神明或启蒙了的君主统治的开明专制。此外，法国启蒙本质上不是自主启蒙、内在启蒙，而是他者启蒙、外在启蒙，人民被动地甚至被迫参与启蒙，而不是自发地主动参与启蒙。它假定人民是无知的、不智的，不能通过自己的努力学会使用理智，也不知道什么对自己是最好的，必须有明智者、启蒙者告诉他们什么是最好的。而这是和普遍主义相悖的，即不是所有人都是有理性的，即使所有人都是有理性的，也不是所有人都能很好地使用理性，因此需要有人来引导。对康德来说，自由、公开地使用理性是无害的，自由、公开的争辩所引导的人类的启蒙是改良性的、渐进性的，不会引发颠覆性的革命。但是在法国启蒙哲人这里，教育所带来的

---

① ［法］赫尔巴赫：《健全的理智》，王荫庭译，第 203 页。
② ［法］爱尔维修：《论人的理智能力和教育》，第 537—538 页。
③ 同上书，第 479 页。

启蒙可能是革命性的、颠覆性的：既然一切都是由教育或社会决定的，那么为了改造或塑造所有的人，在必要的情况下就必须改造、教育或重塑社会，如卢梭即为了造就自由的公民而改造了迄今一切的社会形态，构造出绝对善的公意共和国。

法国和德国启蒙运动基本上都是先于其社会的现代转变而发生的，而且它们对于其社会的现代转变多少是发挥了作用的，至少为两个民族的现代发展扫清了精神阻碍，解放了思想，奠定了现代的观念和价值基础。相比较而言，苏格兰启蒙运动与德、法启蒙运动截然不同，它不是先发的，而是后发的，即后于其社会的现代转变而发生的；对于德国人和法国人而言，现代社会还是遥不可及的，是其启蒙运动渴望和竭力促成实现的目标，而对于英国和苏格兰人来说，却已经是既定的事实了。因此对于苏格兰启蒙运动而言，问题就不是如何为社会从前现代到现代转变的合理性进行论证，而是要对转变后的现代社会的合理性进行论证，在一定意义上，苏格兰启蒙运动即是对苏格兰乃至英国和整个现代社会形态的精神与逻辑的自我阐明。由此它所呈现的精神气质也与德法启蒙运动的精神气质迥异：如果后者是批判性的，即法国启蒙运动是反传统的，特别是反宗教和反专制的，因而是外在批判性的，德国启蒙运动是调和传统与现代，对科学与理性是自我批判的，那么前者就是守成性的、自我解释性的，它不过是把蕴藏在现代社会的原则明确揭示出来罢了。如果后者是文化性的，是一场思想价值解放运动，那么前者则是社会性的，是一场反思现代市民社会与立宪民主社会内在运行逻辑的自由运动；如果后者在科学和道德问题上都是理性主义的，那么前者在科学上是理智主义的，而在道德上是情感主义的，而且苏格兰启蒙运动最突出的特征即是社会道德的启蒙，即是社会情感主义的启蒙，它留给现代的最重要的精神遗产就是汗牛充栋的道德哲学著作。

康德把理性自由、自主地使用理智看作启蒙的本质，而法国启蒙哲人也把认识真理，按照理性立法生活看作启蒙的标志，但是苏格兰启蒙至少在道德问题上否定了理性的优先性，而把道德情感置于优先的位置上，因此对它来说，不能仅从理性的角度去理解启蒙的实质，而应从情感的方面认识什么是启蒙：启蒙不再是理性主义意义上的，不再与无知、迷信以及不敢自主地使用理性相对立，而是情感主义意义上的，与无情无义、麻木不仁，或与自私自利相对立，启蒙即意味着唤醒激情、道德情感，有人道，仁爱、正义和同情。如果说德法启蒙恢复了理性的权威，理性成为衡量一切的标尺和立法者，那么苏格兰启蒙则在一定意义上纠正了德法启蒙对理性的过度倚重，恢复了情感在人性中的至尊位置：不是理性，而是情感是事物价值之源，即价值并不内在于事物之中，相反，"任何事物本身既不高尚也不卑贱，既不可爱也不可憎，既不美也不丑；事物的这些特征来自人类情感倾向的特性与构造"。换言之，"对象本身不具备任何价值"，"对象的价值完全来自激情"①。然而，不是来自自爱、自私的情感、激情决定了事物的价值，而是仁爱、人道等社会性的情感、激情使对象具有了善恶美丑的价值："社会性的激情迄今仍是最强有力的激情，甚至其他一切激情都能从社会性的激情中获取主要的力量和影响"②，也就是说，"我们必定先天地推断，像人这样的一个被造物，不可能完全漠不关心他的同胞被造物的幸福和苦难，不可能在没有任何东西使他怀有任何特定的偏向时不毋须任何更进一步的尊重或考虑就自行地乐于主张：凡是促进他们的幸福的东西就是善，凡是加重他们的苦难的东西就是恶"③。

　　苏格兰启蒙运动是以正在自发形成的现代市民社会为背景的，它就是自发生成的现代市民社会道德原则的自我阐明。然而在洛克那里，理性的利己主义道德被看作是现代市民社会道德，而在曼德维尔那里，一种"恶"的自发利己主义被构造为其道德，"私人恶即社会善"就是其基本道德原则。依据这种利己主义的道德，任何人都是自爱自利为己的，也是理性的和冷酷的，于己追求最大的利益，于人予以最大化的利用，同时也为人所用，人与人之间是纯粹的冷漠的利害关系。每个人都合理地追求自己的最大幸福，所有追求自己最大利益的人自发地形成繁荣强盛的市民社会，个人利益与社会利益有着自发天然地一致性。但是对于苏格兰启蒙哲人来说，这种基于自爱的利己主义道德并不是市民社会的真正道德，如果是的话，那么市民社会不过是一群冷酷、麻木不仁、极端狭隘自私、漠不关心彼此幸福或苦难而只关心自己幸福的人的集合体，不过是一个无情无义的世界，实际上即是一个非道德的世界。他们并不否认人是自爱自私的，但人并不全是自私自利的，也不是对人冷酷无情、麻木不仁，对人的

---

　　①　[英]休谟：《怀疑论者》，《休谟散文集》，肖聿译，中国社会科学出版社 2006 年版，第 74、78 页。

　　②　[英]休谟：《论人性的高尚与卑劣》，《休谟散文集》，第 140 页。

　　③　[英]休谟：《道德哲学原则研究》，曾晓平译，商务印书馆 2001 年版，第 81 页。

幸福或苦难无动于衷的。相反，"我们总是发现，对我们人类利益的热情关怀伴随着拥有一种对所有道德区别的细腻感受，一种对施于人们的伤害的强烈愤恨，一种对他们的福利的热烈赞许"①。因此市民社会的道德不完全是利己主义的道德，并非每个人都合理地追求自己的最大利益，自发地形成社会的公共利益，而是利他主义或人道、同情、仁爱的道德，人们天然关心公共幸福，人类有共通的人道情感，人们是彼此"相通"的，"野心人人各不相同，同一个事件或对象也不会满足两个人的野心；但人道人人相同，同一个对象触动所有人的这种激情"②。因此人人都有一根人道的心弦，任何有利于社会最大幸福的行为或性格都能打动或拨动这根心弦，引起人们对它的赞同，并激发自己促进公共善的行动。

　　苏格兰情感启蒙运动旨在否定用自爱自私情感对现代市民社会内在道德原则的解释，唤醒潜藏在人心底的普遍的人道情感，用人道、同情的情感原则解释市民社会的道德逻辑。依据这种逻辑，健全和启蒙了的人不是理性的利己主义者，而是具有共通的人道情感的人，健全和启蒙了的社会不是自发形成的麻木不仁的利己主义社会，而是由普遍的同感、仁爱引导和构成的情义社会。但是"斯密问题"的出现最终暴露了苏格兰启蒙运动的根本难题：在《国富论》中，他揭示了自由的市民社会合理利己主义的自发经济逻辑，而在《道德情操论》中，他又阐明了人道、同情、仁爱的道德情感论；虽然人们竭力化解市民社会这种双重逻辑及其内在冲突，但却掩盖不了现代市民社会经济与道德、自爱与仁爱、利己主义与人道博爱主义的分离，它们或许并行不悖或相互补充，但是苏格兰启蒙道德哲学却无法实现它们的内在同一。

二　启蒙道德及其现代性问题

　　启蒙道德不等于道德启蒙，后者是实践性的道德解放运动，前者是理论性的道德论证和建构。但两者又是深刻关联着的，即启蒙道德是道德启蒙的思想前提，而道德启蒙是启蒙道德应用的必然结果，只有启蒙道德进入人们的生活，成为人们"日用"的行为规范。从逻辑上看是这样的，

---

　　① 　[英]休谟：《道德哲学原则研究》，曾晓平译，商务印书馆2001年版，第76—77页。
　　② 　同上书，第125—126页。

但是如果从时间上看却是相反的，即先有科学和道德的启蒙运动，然后才有关于启蒙性道德的合理性论证。不过实际上也不排除有些民族在没有充分开展道德启蒙运动的条件下，先行进行一种启蒙道德的哲学论证。

就启蒙而言，欧洲现代启蒙呈现出三种形态，即德国和法国启蒙是理性主义的启蒙，前者是目的理性主义启蒙，后者是工具理性主义启蒙，而苏格兰启蒙则是情感主义启蒙；从道德来看，如果苏格兰启蒙道德是情感主义功利道德，那么法国启蒙道德就是理性主义功利道德，德国启蒙道德则是理性主义义务论道德，因此欧洲现代启蒙道德也呈现出三种形态。无论何种形态，现代启蒙道德都试图把道德从基督教信仰的前提下解放出来，祛除道德的神性基础，把道德建立在人的普遍理性或共通情感之上，普遍理性或共通情感取代上帝，成为人类道德行为的立法者或人类道德价值的源头，行为的道德性取决于它是否合乎普遍理性法则，或出乎共通的道德情感，启蒙了的道德的人即是知道人性的真理，按照实践理性、出于普遍道德法则而行动的人，或基于人类共同的道德情感，做共通的道德情感赞同的行为的人，赞美合乎人类共有的道德情感的行为的人。但是如果启蒙现代道德是理性主义的或情感主义的道德，那么它又如何与古代道德相区分呢？古代道德不也是理性主义的道德，不也是建立在神意的基础上吗？这就涉及启蒙道德的现代性问题。

现代性问题是当代哲学讨论比较多的一个问题，这个问题是一个包含了诸多层次的问题，既有哲学的现代性问题、社会的现代性问题，也有伦理或道德的现代性问题。道德的现代性问题就是讨论现代道德与古代道德的关系，考察古今道德是否只存在时间上的差异，还是在时间差异的背后隐藏着本质上的区别，现代道德相对于古代道德发生了什么样的变化，它以何种问题、何种逻辑区别于古代道德。现代伦理学家西季威克、罗尔斯都在不同程度上，从不同角度提出了启蒙道德的现代性问题。西季威克在其影响颇大的《伦理学方法》中首次明确区分了正当和善，并把善和正当概念看作区别古今道德的关键。[①] 进而他又在《伦理学史纲》中，从善与正当分离的角度，把古典伦理学看作是关于"人的终极善的研究"，现

---

① ［英］西季威克：《伦理学方法》，廖申白译，中国社会科学出版社1993年版，第127、406页。

代伦理学是"对义务或正当行为的研究"①。而他的这种观点得到了罗尔斯的认同，后者在其所著的《道德哲学史讲演录》中明确指出，古代伦理学探寻到达真实幸福或至善的最合理的路径，探索德性和德性行为与至善的关系，而现代道德哲学最关心的则是什么是正确理性的权威规定，以及由理性诸规定所产生的权利、责任和义务。② 我们认为，西季威克和罗尔斯对古今伦理学的区分是有效的，从善与正当的分离出发，在一定程度上能够让我们识别出现代道德哲学的本质特征。

毋庸置疑，古代伦理学是建立在目的论基础上的。近代科学和唯物论哲学是以机械论来解释人的行为的，最典型的是把人当做机器，把人的行为解释为刺激—反应的机械活动。古希腊人不是这样解释人的。在前苏格拉底时期，希腊哲学是自然哲学，它对自然的解释接近机械论，但实际上是本源生成论。也就是说，它把整个自然界看作活的、生成着的，由本源发展而来的。与这种生成论相对应的伦理是一种快乐主义的伦理。但是后苏格拉底的哲学不再用生成论而是用目的论来解释自然。根据这种目的论，所有的事物都有它的目的，目的就蕴涵在它的本性当中，而人也有他的目的，目的就蕴涵在其人性当中，人的成长就是实现它的目的，即善。柏拉图把善分离出来，放在理念世界的最高位置上，而善是最高的理念意味着所有事物都是善的，因为现象世界分有理念，同时也分有善，善就内在于其自身当中，是其目的。人也如是，也分有善，是本性善良的人。如果说苏格拉底提出了人应当怎么样生活的问题，那么他的目的论的答案就是，他应该做个好人，过一种美好的生活。

亚里士多德建立了美德论的伦理体系，对他来说，美德是一种善，并且美德作为一种善，构成人的幸福生活的核心：人的目的就是幸福，幸福是建立在美德之上的最大的善，即至善，它不仅包含内在的美德，而且还包含外在的幸福。因此基于美德的幸福是一个综合性的概念，既指人灵魂的良好、卓越的状态，也指人需要的自足状态。因此，亚里士多德的伦理学是一种目的论伦理学，是以善概念为中心建构起来的，他在讲美德和幸福的时候，就是在讲人怎么样过一种好的生活，怎么样做一个好人。

到了近代，目的论已经在自然科学中被伽利略和牛顿排除了。在亚里

---

① ［英］西季威克：《伦理学史纲》，熊敏译，江苏人民出版社 2008 年版，第 11、15 页。

② Rawls, *Lectures on the History of Moral Philosophy* (Harvard, 2000), p. 2.

士多德那里，解释自然的四因虽然被归为两因，即质料因和形式因，但形式因既是动力因也是目的因。但是近代科学却只保留质料因，形式因即规律，动力因，只从物质机械运动及其规律两个方面去解释自然。对人的解释也是如此，法国百科全书派是这方面的代表。在排除了目的论之后，启蒙道德首要关心的不是什么样的生活是值得过的，而是人应该做什么，如何判断一种行为是正确的或正当的。行为正确与否，是还是非，不同于它是善还是恶。① 善恶与否关系到行为是否合乎目的，而只要人是有目的的存在者，他就应尽性、实现其自身的目的，做一个好人。行为的正当与否关涉一个人的行为是不是合乎法则，克尽职责。不是所有正确的行为都是善的行为，善和正当是有差别的。我们的行为可以是合乎理性法则的，因此具有合理性或合法性，是正当的，但合理性的行为未必就是合乎人性目的的行为，一种行为的正当性之要求不同于它的目的性之要求。

就功利主义道德而言，一种行为的正当性就在于它有助于普遍幸福，任何增加普遍幸福的行为都是正当的；一种行为不是因为是正当的，所以就会增加幸福，而是因为它可以增加幸福，所以是正当的。功利主义道德不同于享乐主义道德之处在于，后者只把追求个人的最大快乐作为准则，而前者则把追求最大多数人的最大幸福作为基本法则，人的行为的正当性即在于合乎这个基本法则。

康德开启的自律道德所关注的不是善，而是正当性问题。康德自律道德是形式主义的，它不优先关注行为的对象或目的，行为是否带来好的结果；其实，对于对象或目的，它也是关心的，但却不是优先关心的，它优先关心的是行为的法则，即行为的正当性，而不是行为的合目的性。他也讲善，但是对于他来说，善是建立在正当性之上的，即一种行为是正当的，所以它是善的，或配得幸福的，而非它是善的，或配得幸福的，所以它是正当的。

古代伦理学的核心概念是"善"，其伦理问题都是在"善"的前提下进行探讨的，若脱离了"善"的概念，则对于它来说，很多问题都可能无法得到回答。在古代哲人看来，善是实在的东西，是万物的目的因；世界是善的，人性也是善的，善是内在于事物本性的东西，构成事物目的的规定性。万物不仅本身是好的，而且具有追求善的自然倾向，如同生命存

---

① ［英］罗斯：《正当与善》，林南译，上海译文出版社 2008 年版，第 57 页。

在物都有趋乐避苦的天然倾向一样。这种内在的"善"也说明了为什么古代伦理学强调理性的作用，是一种理性的伦理学。因为就其本身而言，理性是一种认识善，致力于善，追求善的能力，而不像现代理性那样是一种对象化的思维能力或形式化的规则能力。古代伦理学都预设人是有理性的动物，而理性是指导人向善的。柏拉图认为，人是善的，而且欲求善；人因为缺乏善的知识而作恶，一旦他认识了善，理性就会指导他追求善。因此，这种理性是一种实质性的价值理性，理性与善是统一的。但启蒙道德理性却不是认识善，指向善的能力，而只是规则能力。

人追求善是一个尽性的过程，善即是人内在本性的实现。人是一种目的性的存在物，当他尽心尽性地欲求善达到善的时候，也就是他之为人的目的实现的时候。目的内在于人的本性当中，人追求目的的实现，就意味着其人性臻于完善，是其所应是。古代伦理学关注人应当怎样生活，如何尽性止于善，做一个好人。对它来说，你是什么样的人，你就应该追求什么样的善；你追求什么样的善，你就是什么样的人。

启蒙道德哲学虽然也探讨"善"的概念，但它已不是其核心概念，如果将启蒙道德哲学置于古代伦理学的目的论框架中，就不能完全理解它。古代伦理学也谈论"正当"（Right）的概念，只是对它来说，善是优先于正当的，正当是在善的前提下谈论的。例如，斯多葛主义在谈论自然法时，即是从善出发，以善为前提的。也就是说，人性本善，而且还欲求善，在欲求善的过程中，你要遵循道德法则，欲求善而且合乎自然法的行为即是正当的。但是康德却在"正当"的前提下谈论"善"，对他来说，"正当"是优先于"善"的，只有正当性确立了，善才是可能的。基于这个原则，对康德来说，一个人之所以是好人，是因为他遵守道德法则，服从道德法则是做好人的前提，而不是一个人所以遵守法则，因为他是一个好人。所以，康德道德哲学的基本问题不是如何做好人的问题，而是如何做义人的问题，在它那里，你只要遵守普遍法则，出于道德律而行为，你就是一个义人。基督教主张"因信称义"，认为只要一个人绝对虔诚地信仰上帝，他就是一个义人。

启蒙道德哲学把行为的正当性问题凸显出来，是非对错问题成为道德合理论证的核心问题。一种行为正当与否，关涉到法则，正当的行为就是合乎法则或律法的行为，法则决定了一种行为的是非对错。法则本身不能规定行为的好坏，不排除符合法则的行为是恶行的情况。法则意味着义务，一旦法则被确立起来，就具有一定的实效性，人就有恪守它的义务和责任。人应当服从法则，遵守法则是人内在本性的要求，是我们内在良知的呼声，出自我们作为自由存在者的天职。

理性是立法者，而任何法则都是一种命令，具有某种强制性，人"应当"遵守。但是理性颁布的律法所具有的强制性却是有限的，仅仅是一种应然的必然性。为了增加理性立法的强制性，启蒙道德哲学有时不得不引入宗教的因素。上帝具有绝对的权威，若理性法则即是上帝的命令，则它就具有神圣性和权威性，人就应该服从。

麦金太尔认为，启蒙道德是一种规则道德，其主要的问题是规则的问题，"规则成了道德生活的基本概念"，即使德性的正当性也取决于"规则和原则的正当性，后者先于前者"①。功利主义道德就是一种规则道德，"最大多数人的最大幸福"即是其所确立的普遍准则。而对康德来说，任何道德的行为都是出乎适于所有人的普遍法则的行为，履行义务即是无条件地服从道德律。这种规则道德是以原子主义的主体主义为前提的，当本来具体而微的人从社会、共同体中抽离出来，仅仅作为自主的个体来看待的时候，启蒙道德哲学所能做的也只有为他寻找他应当遵守的普遍法则了。当它这样做的时候，人如何成为义人就是其思考的最重要的问题了。这个问题在早期现代自然法道德理论中就已经被置于思考的中心了；在它把人放入自然状态，把他看作脱离于共同体的抽象原子个体时，如何称义的问题就必然会浮现出来。

麦金太尔认为，古代伦理是一种美德伦理，柏拉图和亚里士多德的伦理学讨论的主要就是善的"四美德"，即正义、智慧、勇敢和节制，以及它们之间的关系问题，而很少谈论律法、规则之类的东西。② 这种美德伦理区别于启蒙规则道德。在启蒙道德哲学中，虽然德性问题也得到了关注，但都不是重点，律法、规则的概念始终是其论述的重心。启蒙道德哲学显然继承了基督教律法道德传统，把普遍律法概念上升为其中心概念。不过基督教道德是一种神圣律法道德，律法就是上帝的命令，而启蒙道德却是一种世俗律法道德，道德律是人律，是理性的命令。康德自律道德把

---

① ［美］麦金太尔：《德性之后》，龚群、戴杨毅等译，中国社会科学出版社1995年版，第149—150页。

② 同上书，第165—206页。

道德律推到超感性的智性世界，从而赋予它神圣性、崇高性，但是相对于基督教神律道德而言，它仍然不过是一种最高的世俗性道德。

麦金太尔指出，古代伦理作为一种美德伦理，是以城邦或共同体为其前提的。柏拉图是在城邦背景下谈论美德的，在他那里，美德就是公民的美德，是人作为城邦成员服务于城邦，承担某种角色而应该具备的品质。因此，美德和城邦是联系在一起的；一个人只有具备了美德，才能生活在城邦当中，而他要生活在城邦中，就必须习得美德。所以麦金太尔说古代伦理是一种共同体主义的美德伦理，是言之成理的。反观启蒙道德，我们发现它是一种原子主义的规则/律法道德。康德是从主体出发谈论道德义务的，而他所说的主体是原子式的，超然于社会、顶天的超越存在者，而不是作为共同体成员或国家公民的立地的社会存在者。启蒙道德哲学确立的道德主体是脱离了共同体的原子个体，对于这样的个体，不可能问他应该具有什么样的美德，而只能问他应该自主遵循什么样的普遍道德法则。

启蒙现代道德哲学的一个重要问题是"是与应当"的问题。这个问题最早是由休谟在其《人性论》中提出来的。按照休谟的观点，一个人扣动扳机，对方随即倒下，这是一个行为事实，但是从这一事实中如何能推断出扣动扳机的人是杀人犯，因而是坏人这一价值判断呢？在休谟看来，这是不可能的，从"是"不可能合理地推出"应当"，两者之间毫无逻辑上的关联性。在否定了理性能够进行这种道德推理和判断之后，他不得已转向了道德感。在当代，麦金太尔重新提出了休谟"是与应当"的问题。他认为，对于古代伦理学来说，"是与应当"的问题是不存在的，因为它不是从纯粹自然存在的角度理解人性，把人性看作仅仅是事实性的而不包含价值的，而是从事实和价值同一的角度把握人性，人性被看作是自然的也是善的，从人性善中可以推出诸种美德，它们即是人性完善的状态。因此，古代伦理学从"是"可以推出"善"、美德和关于美德的知识，因为"是"本身就是"善"的，"善"即内在于"是"之中，因此"善"作为价值是存在的，"是"作为存在是善的。[①] 但是启蒙现代道德建立在抽除了价值的纯粹事实性的人性论基础之上，因此对于它来说，不可能从"是"推出"应当"，从事实推出价值，因为"是与应当"、"事实和价值"的分离是现代科学的基本原则，也是基本事实。启蒙时代的

---

① ［美］麦金太尔：《德性之后》，龚群、戴杨毅等译，第70—71、74—75页。

世界观是非目的论的机械论世界观；启蒙道德哲学把这种机械论的世界观引入人性论中，用以解释人性，由此它所看到的是激情、欲望，看到的是纯粹自然性的生命存在者，非善非恶的中性存在者。启蒙道德哲学即是从这种自然人性出发进行道德合理性推论的，尝试从是推出应当。而麦金太尔断然否定了这种道德合理性推论的可能性。在他看来，既然我们的世界仅是机械必然的世界，是没有意义的世界，人性存在也是这样的，那么从这种无意义的世界里又如何能推出价值来呢？即使从事实中能够推出规律，那也只是事实规律，并没有什么道德含义，从是推不出应当。例如，太阳东升西落是一个合规律的自然事实，而从这一事实中无法推出太阳是否应该东升西落的结论。同样，道德并不蕴涵在人性里，人性本身是非道德的，从机械的人性存在中只能得出人必然怎么做的事实判断，根本推不出人应当如何行动的道德价值判断和道德律令。从逻辑上看，从不包含道德的东西里推不出道德的东西，从人性之所是推出人之应当是不合逻辑的，因为结论并不包含在这个推理的前提中，违反了逻辑同一律。既然从是到应当的理性演绎是不成立的，无法在人性事实的根基上建立启蒙道德体系，那么这也就意味着启蒙道德合理性的论证是失败的。基于此，麦金太尔转向了古典美德伦理，正如休谟从道德理性主义转向道德情感主义以摆脱困境一样。

启蒙道德合理性论证确是从"是"推出"应当"，从你是什么样的人推出你应该是什么样的人。但是，从我是什么样的人如何推出我应该是什么样的人，在非目的论的人性论前提下如何推出人正确行为的规范体系确是一个难题。麦金太尔抓住了启蒙道德合理性论证的命门，其批评击中了要害。若要为启蒙道德哲学辩护，看来无法绕开从"是"能否推出"应当"的问题。

但是麦金太尔对启蒙道德哲学的批判是错误的。启蒙道德合理性论证建基于人性论之上，而且建立在非目的论的自由人性论之上。目的论的排除并非使得启蒙道德合理性论证必然失败，毋宁使得这种论证更显必要和紧迫，而启蒙道德哲学对自由本体论的奠基则使得这种论证成为可能。对启蒙道德哲学来说，人固然是自然必然的生命存在者，但是在不受他者阻碍过自己喜欢的生活的意义上，或在本体意志自由的意义上，他又是自由的。从人是自由的这个前提出发，就能够推演出人应该怎么生活的道德律令。自由人性论是启蒙道德哲学走出从"是"到"应当"道德合理性论证困境的不二法门，启蒙道德的合理性论证即是在自由的前提下展开的。

如果置身于古代和现代的社会背景中，我们还可以对古代伦理和启蒙现代道德做出一种区分。城邦是希腊人生活的基本社会形态。古希腊实际上是由诸多城邦联合而成的一个泛城邦联盟。在这个联盟性的希腊社会里，每个城邦相对于其他城邦来说，都是相对完整和独立的。城邦社会和现代社会的最大不同在于，它是政治性的公民社会而不是经济性的市民社会，是由过公共生活的公民而不是过私人生活的市民或所有权人构成的。由公民构成的社会是一种公共社会。因此在这种社会里，公共的空间概念是很重要的，其城市建设即是根据这种公共空间进行布局的。在东方，城市是以家庭为中心，依据私下空间概念布局和建设的。在希腊，城邦以公共广场为中心建立起来的。所有公民都在广场这里聚集，置身于阳光下的公共领域里，公开地显示自身。与此政治性的公共社会相适应的伦理形态是一种政治性的、公共公开的公民伦理。如果我们回顾苏格拉底对美德的质询就会发现，他并不是在城邦生活的背景中追问什么是美德，而是把美德从城邦公民公共生活的背景中取出来，就美德本身、美德的定义、美德的普遍规定来追问美德是什么。而所有的雅典公民都生活在现实的城邦里面，他们都从其城邦生活的伦常习俗经验背景来回答苏格拉底的追问，因此他们所有的回答都是具体的而不是抽象的，因为他们所知的美德都是公共政治生活要求于他们，并且他们从中习得的美德，这样的回答显然不合乎苏格拉底对美德的定义。但是柏拉图就不一样了，他在讲美德的时候就不是把它从具体的城邦生活中拿出来抽象地谈论，而是将它置于理想的城邦中谈论。在他那里，理想的城邦是由三个等级构成的：第一个等级是一般民众，除了节制之外，对他们没有其他的美德要求，他们过的是私己的生活，处于私人的空间中。第二个等级是战士、护卫者。在护卫者中选出治理者、统治者即形成第三等级。在确立了这三个等级之后，柏拉图才开始探讨四种美德。四种美德不是抽象的，而是对应着不同等级的人，如勇敢属于战士的美德，因为战士有保卫城邦的职责，而这个职责也要求他必须具备这种美德。对于治理国家的人来说，他必须具有智慧这种美德，真正的治理者是通过智慧而不是通过法来治理国家的。正义是对所有公民要求的美德，节制也是如此，战士、统治者也都必须具备节制的美德。因此柏拉图以整个城邦为背景来谈论美德。亚里士多德也讲四美德，他也是以城邦为背景来谈的。所以麦金太尔说，希腊伦理是美德伦理，也是社群主义伦理，而不是个体主义、原子主义伦理。对于这种伦理来说，美德不完全是知识，因此不是可以教得会的，光知道什么是美德是不够的，而必须通过实践，在实践中才能习得、养成美德。

启蒙道德是一种什么道德呢？近代所建立的社会形态是市民社会。市民社会是什么社会呢？是和希腊城邦社会完全对立的。如果说城邦社会是公共性的社会，社会成员是公民，他依靠美德承担着公共的职责，那么市民社会是私人社会，在其中生活的人是市民。市民喻于利，追求自己利益的最大化，但他不是小人。他追求最大利益，却是取之有道，通过理性的方式获得的。马克思批评市民社会，就个体来说，他是有序的和有规划的，而就整个社会来说，它却是无序的、盲目的。市民社会是由喻于利的私人所组成的社会，所有的市民都是为了自己，以自身为目的，社会对他们来说不过是手段。他能把公共的东西加以私人利用，不像在城邦社会里那样，一切都是公共的，私人的东西也要被公共使用。与市民社会形态相适应的道德是市民道德或个人道德，它强调每个人都关心自己的幸福，而为了实现自身的幸福，他应当遵循普遍的道德法则。也许把个人道德拿到希腊城邦算不上是道德，因为与后者适应的是公民伦理，其基础是把共同体看作目的，而市民社会的道德基础为个体是目的。在市民社会里，每个人都应当诚实，但他是为了自己的利益而诚实的。康德说，一个杂货店老板应当对顾客诚实，如果一个小孩来买东西，应当和卖给大人一样的价格卖给他而不应当抬高价格。但杂货店老板并不是像康德所讲的那样，出于诚实，把诚实作为义务而对任何人诚实不欺的，而是因为诚实有利，是为了顾客再来买他的东西而诚实的。对于康德来说，这种诚实是不道德的，道德的诚实是不管能不能给我带来好处，任何时候我都应当无条件的是诚实的，因为它出自人的内在良知的呼求。

对于古今伦理道德的三种区分，我们取哪种呢？首先，这三种区分在很多方面是重合的，不论你把古代伦理理解为美德伦理、城邦伦理，还是目的论伦理，它们都是相通的、一致的。启蒙道德的三种区分也是一致的，应当对它们同一地加以理解。从近代市民社会背景出发，我们应把它理解为一种个体规范伦理，其基本概念不是善，而是正当。如果从人性论角度看，启蒙道德哲学的基本问题就是对道德的合理性论证，它就是从人性出发，从是推出应当。它与古代伦理学合理性论证的区别在于，后者建立在目的论逻辑之上，它设定人是合目的性的存在，道德的合理性论证就是演绎怎样生活才合乎人性善，实现人性的目的。前者建立在自由论逻辑之上，它从自由的人性论出发演绎普遍的道德法则，论证什么样的行为是正当的行为，正当性原则而不是善的原则是其核心。

三　基于自由的现代启蒙道德形态

　　道德是一种反省性的实践形式，是人逐步成熟的产物。当人从私人的和公共的直觉的伦理生活中抽身出来，回到自身，反省自己所过的家庭的和城邦的生活好否，是否值得过的时候，他就开始成熟了，就自觉要求过一种自知的好的和值得过的生活。苏格拉底首次完成了人的生活形式从非反思的伦理生活向反思的道德生活的转折，把主观内向的道德生活从客观外向的伦理生活中分离出来。主观反省道德的核心论题是回归自我，通过自身认识自己，知道自己是谁，承担自己应该担当的义务。因此解决自我的道德同一性问题是其永恒的任务。在苏格拉底之后，反省的道德成为西方实践生活形式的主导形式，经历了三种形态。第一种形态就是苏格拉底建立的，为后来苏格拉底学派，尤其是斯多葛主义发展的目的论道德形态。依据这种目的论道德主义，苏格拉底在论辩中告诉雅典人，通过"善本身""认识你自己"，依靠理性"是"你自己，永远做一个好人。第二种形态是基督教神义论道德形态，根据这种宗教道德主义形态，耶路撒冷的基督教福音使者保罗告诉所有的外邦人，要信靠上帝，通过上帝"认识你自己"，因信称义，在信仰和律法中是你自己，首要的是做一个义人。第三种形态是启蒙现代确立起来的自由论道德形态，基于这种自由的道德主义，在近代的哥尼斯堡，康德呼吁现代人走向成熟，通过自由"认识你自己"，做你自己，"勇敢使用理智"以成为你自己，因义称善，知道自己应当做什么。因此这三个大时代，虽然主导的精神都是道德主义，但却呈现出三种不同的形态。这也提示我们，即使我们谈到的都是道德主义，但是道德主义却有着迥然不同的形式，我们千万不要搞错了时代，把不同形态的道德主义混为一谈，尤其不能把启蒙现代的道德主义和晚期希腊的道德主义等同起来，以为康德的道德主义不过是苏格拉底和斯多葛主义的道德主义的现代版本，忘记了它们内在逻辑理路的根本殊异，即前者基于自由论的逻辑，后者基于善—目的论的逻辑。

　　文艺复兴试图回到希腊，恢复苏格拉底主义善的理念，复兴目的论道德，但是后来机械论科学的兴起还是无情地否定了目的论，也基本上摧毁了目的论道德复兴的可能。宗教改革也以自身内部革新的方式试图挽回神义论道德，但还是败倒在由神回归人自身的启蒙运动的强大声势下，虽然没有被赶出现代，但已经不是现代道德的主轴了。康德即是在目的论道德和基督教神义论道德衰退，无力在科学主义确立和流行的启蒙现代发挥其建构和维护自我道德同一性功能的情况下，响应没有上帝，人也能是道德的启蒙要求，通过对科学自然机械论的限制，为自由开出了地盘，并在自由的基础之上建立了理性自律的道德，基于自由的逻辑重建了道德，替代善—目的论道德和神义论道德，承担了构建主体自我道德同一性的命运。

古代对世界和人的理解是目的论的。从苏格拉底开始，世界就被看作是好的，合乎善和从属于善的。柏拉图把善设置为最高的理念，生成和存在都以善为原因，事物因为善而生成和存在。亚里士多德提出四因说，形式因、动力因和目的因基本上是等同的，形式作为动力和目的推动质料的成形和变动，那个纯粹形式，即神，作为第一因和最高目的就是万物的"不动的推动者"。以此目的因果性的逻辑，古代社会建立了善—德性—城邦一体的伦理构架。

根据目的论，人是合目的性的存在，善内在于人性之中，因此人性是好的，而善作为一种目的性的因果性，推动人性向善，把内在于自身的目的实现出来。由于人的本质在于灵魂，因此人的善就在于灵魂的善，实现人的目的就是实现灵魂的善。因此古典伦理关注的中心问题是关心灵魂的完善，过值得过的生活，而值得过的生活就是过灵魂完善的生活。对人灵魂的关注是从苏格拉底开始的，他自比为一个蜇人的牛虻，叫人从城邦生活的单一性的关注乃至过度关注中回到自身，听听自己灵魂的内在声音，关心自己灵魂的善。然而灵魂的善在于幸福，幸福又在于德性，因此人灵魂的善就在于德性，"就是灵魂的合德性的实现活动"[1]，"人的德性就是既使得一个人好又使得他出色地完成他的活动的本质"[2]。善是人活动的目的，因此德性作为人的善就是人的目的而非手段，哪怕是所谓内在的手段。德性使人的灵魂达于完善，而使人达于完满的德性也使人臻于自足，

---

① ［古希腊］亚里士多德：《尼各马可伦理学》，廖申白译，商务印书馆 2003 年版，第20 页。

② 同上书，第 45 页。

无须外求，以自身为目的。德性与人灵魂的善是一种逻辑蕴涵的关系，从人的灵魂善能直接推出德性，德性就是人性的目的。因此这里不存在从是推不出道德，从事实推不出价值的问题，人性的目的性的存在，决定了人性所是包含了德性，人性事实蕴涵着价值。因此人性是自足的。但是对于亚里士多德来说，人性自足"不是指一个孤独的人过孤独的生活，而是指他有父母、儿子、妻子，以及广而言之有朋友和同邦人，因为人在本性上是社会性的"①。因此德性作为使人趋于完善的品质，不是将人孤立起来，使之游离于共同体之外，而是将他推向群体，融入共同体，正是在共同体之中他方获得了自足，而德性把他与共同体连为一体。我们看到，一方面，德性是个体性的，关涉到个体灵魂的完善，就是个体实现的目的；另一方面德性也是社会性的，个体是部分，城邦是整体，整体先于部分，共同体先于个体，德性在使个体灵魂完善的同时也在城邦中发挥着作用，使他成为城邦的公民。因此古典伦理学既要人关心灵魂的完善，也要人关心城邦的善，柏拉图和亚里士多德据此纠正了苏格拉底对灵魂完善的过度关注而忽视城邦善的偏倚，在灵魂完善和城邦完善之间走出了不偏不倚的中道，在叫人关心灵魂善的同时不忘关心城邦善，灵魂善即在城邦中得以实现的。灵魂自足是人的目的，人的本性也是社会性的，因此城邦自足也是人的目的，城邦不是别的，就是大写的人，个体的自足是在大写的人中真正实现的，过城邦公共的生活亦是人值得过的好的生活。据此我们看到，在古典伦理学那里，善/目的、德性和城邦是一体的，直接相通的，个体生活和城邦生活实现了完美的统一，而连接这三者的是目的论的逻辑。

　　希腊城邦世界解体之后，希腊善—德性—城邦一体的古典伦理也随之解体了，因为目的论、德性论和城邦主义是一个整体，缺少任何其中一项，另两项就会成为碎片；城邦世界的瓦解，目的论和德性论精神性的联系便不复存在，它们退化为没有有机联系的碎片，即使还存在，也已经不是古典伦理三者一体意义上的目的论和德性论了。中世纪大体上保留了古代目的论世界观，德性论也没有遭到抛弃，而是存续下来，但是由于城邦不复存在，目的论和德性论的组合就不再是古典伦理意义上的组合，而呈现出一种新的道德形态。这源于支撑它们的根基完全变了。如果说古典时

---

①　［古希腊］亚里士多德：《尼各马可伦理学》，第18页。

代支撑目的论—德性论的基础是城邦，城邦是个体、家庭、民族的目的，那么支撑中世纪整个道德体系，使目的—德性连为一体的是天国、彼岸世界，而且随着生活的重心从地上转移到天上，目的论和德性论在古典伦理形态中的中心地位下降为在中世纪道德形态中的从属地位，神义论和原罪论占据了中心地位，形成了神义论—称义论—天国论的道德体系。

中世纪基督教道德的基础是神义论。上帝是全善的，创造了一个好的世界，至此本来没有神义论的问题，也不存在道德善恶的问题，因为对于上帝来说，一切都是好的，没有恶，原人是好的，他不需要也不必知道善恶，当他知道了善恶的时候，则意味着他不再是好的了，他必须通过犯罪，违背上帝的命令才能知道什么是善恶。因此善恶之智慧果是禁止人尝试的。但人是自由的，他不像动物那样必然地服从上帝的命令，而是自由地服从上帝的命令。而自由意味着不必然，可以意愿服从，也可以不意愿服从上帝的命令。人最终还是滥用了自由，违背了上帝的命令，成为罪人。罪人把恶带入本来无罪的世界，世界因此成为有罪恶的世界，神义论问题由此产生：全善全能的上帝何以允许恶进入世界？何以人生而为罪人？上帝的义何在？基督教对上帝的义的辩护，一方面，抑制理性的僭越，伸张上帝的大能和意志，指出恶能造就更善的世界，并且上帝最终会救人，乃至牺牲独生子救人；另一方面，把人犯罪的责任推给人自身，是人的自由意志导致人堕落，人应该为自己的自由承担责任，接受惩罚。但是把犯罪的原因归为自由意志，并不意味着人能成为道德行为的主体，虽然逻辑上本来应该是这样的，但如果是这样的话，基督教道德就不是神义论意义上的，人就可以凭自己的自由意志，由恶向善，自我救赎，自我称义，自我为善。但是基督教道德的前提是神而不是人，是神义论而不是人义论，道德的基础不在人的自由意志，而是上帝的意志，人在犯罪后，其自由意志被恶所捆绑，他成为被缚的囚徒，因此永远失去了凭自己的自由意志自我救赎的可能。只有依靠上帝，服从上帝的命令，即十诫，他才因律法称义，成为义人。由于律法的外在性，以及它以罪为前提，这使得律法称义的行为容易变形为徒具合法性的行为。另外，它也不能使人完全脱罪，因为他在服从律法的时候，可能还会想到罪。基于此，保罗提出了因信称义论，强调人只有内在无条件地信靠上帝，才能称为义人，出于信仰上帝而做出的行为方为正义的行为，信仰是衡量行为是非的标尺。但是人能否脱离原罪，获得最终的拯救，取决于上帝"白白给的"恩典，道德无济于事；并且人的国在天上，人称义成善的实现不在此世，而在彼岸，因此此世的道德只有暂时的和消极的意义，而且是个体性的，是在个人与上帝的信仰关系中发生的，即使人们结成教会，它也是以个体与上帝的直接关系为中介的，人的行为的终极因始终在上帝。

近代科学的兴起确立了数理机械论的解释方式，同时也否定了希腊的目的论、基督教的神创论，自然因果性成为唯一有效地解释自然的模式。对自然进行自然因果性的解释，近代人没有什么异议，但是否也用它来解释人，对人进行数理机械论的解释，人们却发生了分歧。大体来说，除了激进的 18 世纪法国启蒙机械唯物主义者，如拉美特利在《人是机器》中把机械论完整地挪用到人类身上，对人进行一种自然因果性的解释之外，其他启蒙现代主义者都反对对人类进行单一的自然因果性的解释，把人的存在和行为的原因全部归为自然的必然性，而主张人存在和行为特有的原因性，即自由的因果性，人的行为不是或不仅出自自然的必然性，而且还出自自由的意志决定，由此对人的道德的解释都必须诉诸自由，自由是道德的前提，只有从自由出发才能对人的道德行为发生的原因以及人的道德责任加以合理解释。因此不是目的论，也不是神义论，而是自由论构成了现代启蒙道德合理论证的基础，自由论—道德论—自发原子社会即是现代启蒙道德的主要结构，情感功利主义、理性功利主义和理性自律主义则是启蒙道德合理性论证的三种形态。

基督教把人看作是自由的，意图以此让人担负自身行为的责任，赋予人行为主体的功能。但是基督教所赋予人的自由是有限的，是不完全的，最后在人犯罪后又褫夺和取消了他的自由。只有上帝是自由的，因此人不能够依靠自己称义，为善，只有服从上帝的律法，虔诚地信仰上帝，依靠上帝的恩典才能够称义和得救，是上帝的意志而不是人自身的意志方是人称义得救的原因。启蒙现代道德哲学没有追随希腊目的论的古典伦理，在目的因果性中理解人的行为，也没有跟随基督教道德在上帝终极因中看待人，而是在基督教止步的地方起步，恢复了或者说接过了基督教放弃的自由的因果性，把人看作是自由的，以自由的原因解释人的道德，建立自由的道德体系。基督教赋予人自由，是为了让人为自己犯的罪负责，但是人却最终失去了依靠自己赎罪，成为道德人的自由，人的道德的依据最终不在于自身的自由，而在于上帝的意志命令。启蒙现代道德哲学在对人的自由的理解上，既源于基督教，强调人是自由的，他要为自己的行为负责，又在根本上背离了基督教，因为它赋予人完全的自由，人是完全的道德主体，应为自己的行为负完全的责任。人作为自由的存在者，不仅可能为恶，而且能够为善，不是说人在犯罪后，只有为罪的自由，再无为善、自我拯救的自由，而是说他仍可以为善、自我得救，能通过自身成为道德的人，并非只有通过上帝才能成为道德的人。因此启蒙现代的自由意味着人的解放，堕落的囚徒恢复了自由之身，他从上帝的监护下摆脱出来成为能自我决定，自我取义为善的主体；取义为善原因在我，我不是因为害怕上帝的惩罚才取义为善，而是因为我是自由的，我意愿取义为善，这关乎我的幸福或尊严。不是上帝命令我去行道德之事，而是我自身命令我行道德之事，我的理性命令我尽自己的义务，履行自己的责任，而不是受外在的强迫，在上帝的鞭子下服从道德律令。因此启蒙现代对自由的理解迥异于基督教的自由观，前者使人立了起来，人成为自己的主人，成为自我规定、自我担责的成熟的主体，后者让人倒了下去，成为堕落的囚徒，无力担责、只有依靠上帝的恩典才能获救的罪犯。不过启蒙现代的自由不是突然冒出来，从天而降的，而是来自基督教。基督教曾经赋予人自由意志，叫人为自己的行为担责，只是它最终不相信人能够凭借自己的自由意志尽自己的天职，认为人本性已经变坏，没有能力靠自身听从上帝的命令，必须有上帝的协助，乃至上帝的恩典，他才能够称义致善。就不从自然必然性或外在必然性方面而是从内在必然性、自由因果性来解释人的行动而言，启蒙现代自由观念秉持了基督教自由精神，是对基督教自由精神的继承和发挥，所不同的是，它彻底解除了加在人身上的、捆绑自由的枷锁，去除了人身上的原罪，发展了人作为完全独立自由的存在者的应有之义，相信人作为理性的自由存在者，应该也能够做他应该做的事情，尽他应当尽的义务，担当他应当担当的天职，从而建立人作为自由的理性存在者应该做的道德体系。

　　人应该怎么生活？什么样的生活才是人值得过的生活？这种苏格拉底之问永远是道德形而上学的根本之问，是它必须予以着力解决的根本问题。然而我们看到，西方古、中、今三大时代，对这个基本问题却给出了殊异的回答，形成三种异质的道德形态。在古典时代，人应该过一种德性的生活，灵魂完善自足的生活；在中古时代，人应该过一种信仰称义的生活，期许被拯救以达于永福的生活；而在启蒙的现代，人不被看作是好的，也不被看作是有罪的，迫切需要上帝应许救赎的，而被看作是自由的，以自身意志为原因的，他应该过一种自我负责、克尽天职的自主的生活，即过一种合理谋求幸福和最高尊严的普遍生活。因此现代启蒙道德无关乎灵魂的完善和得救，只关乎理性的启蒙和成熟，一切由己，自主自为。

现代启蒙除了赋予人自由自主之外，还在对自由内涵的理解上背离了基督教，形成了自身特有的自由逻辑。基督教的自由是无差别的自由，即对同一件事情既可以意愿同时也可以不意愿，无论意愿还是不意愿，二者是无差别的，任意选择的。基督教自由是与必然相对的，自由即是不必然的，必然的不是自由的。现代启蒙在自由的这两个方面都实现了突破，形成了两种自由逻辑。一种是斯宾诺莎、霍布斯、洛克和休谟一脉，打破了基督教在自由与必然上的对立，实现了自由和必然的相容，也实现了自由因果性和自然因果性的同一，超越的自由内在化，融入自然心性之中。自由与外在的阻碍、强制相对立，但与自然本性必然性相一致，这样理解的自由必然不是任意的和无差别的。对于斯宾诺莎而言，自由等于内在本性的必然性，而理性是人内在的本性，自由的生活就是按照理性的指导生活，由此他建立了一种理性主义的伦理学。对于霍布斯、洛克和休谟来说，自由不是相对于自然而言的，而是相对于人而言的，自由不是非自然必然性的状态，而是不受人强制的状态，因此它与人的喜好、情感、欲望并不矛盾，人只要不受他人阻碍、按照自己的意愿过他喜好的生活，他即是自由的，自由就是他的权利。也就是说，人有权利自由地过他喜好的生活，自由地追求自己的幸福，虽然幸福是他必然欲求的。因此在这种自由＝必然的等式之上，他们建立了幸福论的道德，或功利主义的道德。另一种是莱布尼茨和康德一脉，这一脉强调自由与必然性的非相容性；莱布尼茨突出了自由作为选择的原因性与无选择可能性的数理逻辑必然性的对立，康德则通过本体和现象的二分，把自由和自然必然性区别开来，分放在本体和现象两个世界，自由与必然存在根本的分殊。就自由与必然的不相容而言，莱布尼茨和康德的自由观念接近基督教的自由观念，但是他们并没有连带接受基督教无差别的自由观念，对于他们来说，自由不是无差别的意愿或不意愿，而是一种自发性，以自身为原因的因果性。在莱布尼茨那里，自由在于是可选择的，但选择应当是合理性的，有充足理由做出而不是无差别地任意做出的，如果那样，自由就流于一种偶然发作。在康德那里，自由不是一种选择能力，而是一种自发引起一个因果系列的原因性，由这种自由可以推出实践理性的原则，推出道德律，建构一种自律的道德体系。

基于自由的启蒙道德的对象领域不是城邦，作为有机的共同生活的城邦早已解体，也不是天国，基督许诺的千年王国始终没有降临，而是抽象的，诉诸良心见证的自发性原子社会。现代启蒙普遍赋予每个人以天赋自由，自由的个人是摆脱了文明社会枷锁的原子个体，他们不受任何外在的干涉和强迫，自由地遵从自然法、道德律，并因为服从自然法、道德律而联合起来，形成了自发性秩序的原子社会。这种自发性原子社会是自然的，没有人为法律的强制，也没有外在枷锁的捆绑，人们只受内在于良心的道德律的约束。这种社会在霍布斯、洛克和休谟那里，是克服了自然冲突达于和平安宁的自然自发社会，其现实的形态就是原初的市民社会；在莱布尼茨那里，是自然必然王国之上神恩的道德王国；在康德那里，则是超越于现象世界之外的智性世界，自然必然王国之外的自由王国，人皆是目的的目的王国。

基于对启蒙道德的这种自由论的理解，下面我们将展开对以休谟、百科全书派和康德为代表的情感功利主义、理性功利主义和理性自律主义的启蒙道德哲学研究，不过在此之前，我们还需要先行澄清启蒙道德形成的理论背景，近代启蒙哲学对道德的自由本体论的奠基，以及霍布斯、洛克奠定的启蒙道德合理性论证的基本框架。

第一章　启蒙道德形成的理论前提

　　古代伦理向近代道德的转换是在近代启蒙运动大背景下实现的，因此，从启蒙的视角阐释近代道德，对我们来说意义重大。迄今，我们对于西方启蒙运动仍然缺乏全面而深刻的认识，虽然我们经历了五四启蒙运动，但是这不等于我们就真正理解了现代意义上启蒙运动的本质，不等于说我们自身的启蒙运动就是成功的，而如果说我们自身的启蒙运动是不彻底的，那么很重要的一点原因就是，我们没有能够沉下心来琢磨和正确理解西方现代启蒙运动是如何发生的？其实质是什么？意义是什么？如果没有就这些问题狠下心来的反思和内省，那么我们就不知道我们自身的启蒙，尤其道德启蒙是什么样子，就无从完成现代启蒙，建立现代启蒙道德。

　　这里，我们将承担的任务不是对启蒙运动进行一个宏大而细微的考察，也不是就启蒙哲学做一个深入和系统的诠释性重构，而是要把目光落在启蒙道德哲学上面，力主把握和叙述启蒙道德形态的本质和类型，理清启蒙道德发生和展开的内在逻辑，反思其在当代所面临的难题和遭遇的危机。

　　为了总览近代道德哲学的启蒙意义，一方面，我们有必要先行回到古希腊的城邦世界。近代道德启蒙不是西方精神史上的第一次道德启蒙，在古希腊，苏格拉底就已经发动了一次道德启蒙。因此要想认识近代第二次道德启蒙的意义，就必须回到古希腊，回到苏格拉底，了解第一次道德启蒙的本质。苏格拉底道德启蒙的结果既体现在柏拉图道德哲学里，也表现在斯多葛主义道德哲学中，后者在某种意义上更能体现苏格拉底道德启蒙的精神。第一次道德启蒙在某种意义上为近代道德启蒙做了理论准备，但是由彼及此，西方世界为何又发生第二次道德启蒙，第一次与第二次道德启蒙有何本质区别，"善"和"正当"的区分能否准确分别这两次启蒙道德，即古今启蒙道德，乃是我们必须直面和沉思的基本问题。另一方面，我们还需要回到中世纪基督教道德哲学，梳理近代启蒙道德的宗教前提。近代启蒙道德之区别于古希腊启蒙道德的一个重要方面，就在于它的基督教因素。整个近代启蒙运动就是在基督教大背景下展开的，只有真正理解了基督教道德的基本特征，才能深入把握近代启蒙道德的发生逻辑及其意义。

一　理性自由与启蒙道德的道德前提

启蒙并不是近代的产物，早在古希腊时期就已经由苏格拉底发起了一场启蒙运动。正如西塞罗所说，苏格拉底将哲学从天上带到了地上。苏格拉底从对自然的关注转向了对城邦、对人事的关注，希腊精神也因之一变，人应该怎样生活的问题成为中心问题。

苏格拉底生活的城邦实质上是一种伦理型的城邦，即一种实体性的城邦，人们生活在城邦当中，把城邦当作自己生活的重心，关心城邦而不是自己灵魂的完善。伦理城邦的公民关注公共的善，其行为是集体无意识的，完全依靠习俗传统延续和重现着人们的伦常生活。这种无意识的、习惯性的伦常生活就是古希腊伦理城邦的生活形态。

伦理城邦的公民对自己的生活没有自觉的把握，从某种意义上讲，他们是无知的，但却不知道自己是无知的。苏格拉底意图使人们的生活重心从城邦中脱离出来，转到灵魂上来，关注自己内在的生活。他要求人们"认识你自己"，反思自己的伦常生活，认识到自己对节制、勇敢等美德的无知。在他看来，公民可能是节制、勇敢的，但从知识角度来说，他们却不知道它们是什么；他们的美德完全依靠传统，是在伦常习俗生活中习得和直觉到的，他们能够做出符合美德的行为，却不知道什么是美德。苏格拉底要解放城邦公民，对他们进行道德启蒙，惊醒他们，让他们知道自己是无知的，以便使他们对自己的生活知其然，而且还知其所以然。[①]

苏格拉底关注的核心问题是"什么是善"。因为对人生活和应该怎样生活的思考，涉及的基本问题是人为什么要生活？即人生活的原因是什

---

① ［德］黑格尔：《哲学史讲演录》第 2 卷，贺麟、王太庆译，商务印书馆 1960 年版，第 68 页。

么？而只有把握了"什么是善"，才能对此问题有所回答。苏格拉底在所有道德问题的辩论背后都预设了"善"，由此其道德启蒙才得以真正完成。他的核心任务就是告诉人们，什么是"善"，如何按照"善"过好的生活。对他来说，"善"不仅是目的，而且是可欲的。它内在于人的本性当中，驱使人自然而然地向善。它与儒家的"性善"有所不同，后者是情感主义的，而前者是一种客观理性的存在，只要人的理性认识了善，就能够自觉为善、自愿为善、向善生活。人作为一种理性的存在者，不能依靠习俗伦常无意识地生活，而是要独立自主地决定过一种值得过的生活。人要自己反思什么是善的生活，然后决定怎样过善的生活。① 人们通过何种途径，才能认识"善"，并过一种善的生活呢？苏格拉底强调"智"，即理性，在他看来，理性不仅是一种认识善、追求善的手段，其本身就是一种善。理性意味着思考、认识、智慧，而沉思的生活本身就是一种善的生活。当人作为理性的人，按照理性的要求去认识善，追求善，过一种好的生活的时候，不仅这种生活或行为本身是善的，而且为这种生活或行为采取的手段也是善的。

　　善有多种，因此善的生活也有诸多方面，而理性的生活就是最高的善的生活，因此对于亚里士多德来说，至善的生活就是沉思的生活。当一个人完全摆脱外在的束缚而沉静于自我思维当中，进入沉思的状态时，就是一个人所能达到的最完满自足的状态。希腊人这种把"思"看作达到善的条件，而且其本身也使善的观念对中世纪哲学和近代哲学而言是陌生的。中世纪基督教教人过"信"的生活，他首先必须放弃自由地思考，信靠和服从上帝，选择信仰和顺从的生活，然后再运用理智去理解这种信从的生活。近代启蒙运动虽然发生于理性觉醒的时刻，但是启蒙理性已经无力决定善。康德所做的一个重要工作就是区分了理论理性和实践理性，前者能获得关于现象的知识，却永远不能获得关于本体的知识，后者具有优先性，能规定意志，决定行动，却不认识善本身。最高善的生活不再是沉思的生活。这是自中世纪以来西方"理性"观念发生的最为重大的转变。

　　古希腊人对于"什么是善"的问题有两种答案：善是幸福和快乐，或者是理性和秩序；显然这两种善的观念是对立的。苏格拉底主张，

---

　　① ［德］黑格尔：《哲学史讲演录》第 2 卷，第 86 页。

"善"就是思维、理性和秩序。但他却看到，伦理城邦的公民总是无意识地而非自觉地为城邦服务，过的是一种依靠传统习俗的本能和直觉的生活，而非一种经过深思熟虑的生活。这种沉浸于公共领域、质朴未思的伦理生活是不好的，他就是要将人们从中解放出来，过一种理性反思的好的生活。这种反思的生活即是普遍的道德生活，自觉的理性生活。[①] 伦理是特殊的，不同等级的人有不同的要求；道德是普遍的，所有人都根据普遍的善而生活，做一个好人，而好人是没有等级之分的。苏格拉底提出"美德即知识"，其意义在于，美德不是一种人本能固有的品质，而是一种经过理性反思的品质，美德的生活即是一种反思的生活。做勇敢的事情并不意味着你就具有勇敢这种美德，只有你同时意识到这是勇敢的事情，知道什么是勇敢，依据勇敢的知识而做勇敢的事情，才证明你拥有勇敢的美德。

　　苏格拉底的道德启蒙不仅体现了从习俗伦常生活向反思的道德生活的转变，从直觉生活到沉思的理性生活的转变，也体现了从伦理宗教向主观道德意识觉醒的转变，从听从神谕到听从灵机的转换。希腊城邦的宗教不是信仰宗教，而是一种伦理政治宗教，是服务于城邦生活的。希腊伦理宗教的特点在于，每个城邦都有自己所信赖的守护神，当城邦发生重大灾难或需要做出重大决定的时候，城邦就求诸自己的守护神，即求诸神谕或占卜，而不是求诸理性。甚至公民在自己的日常生活中，当需要做出决断的时候，也求助于神谕的指导而不是自己的理性。

　　古希腊伦理城邦是信奉多神教的城邦，古希腊人尚没有自我决定的道德意识。苏格拉底所做的就是唤醒和引导人们从对神的虔诚中走出来，不是依靠神谕来决断，而是要遵从自身内在良知的呼声来抉择。这种内在良知的呼吁就是苏格拉底的"灵机"，在中世纪基督教那里，就是上帝的声音。苏格拉底心中的"灵机"总是告诉他不要过一种伦理的生活，为城邦服务，即参与城邦政治事务，而是走上街头，告诉人们何谓勇敢，何谓节制，何谓美德。这种"灵机"、内在声音的出现即意味着道德主体意识的苏醒。就苏格拉底而言，道德是超越于城邦之上的，过一种道德的生活即意味着超越城邦的伦常生活，过一种自觉的臻于灵魂完善的生活。

---

　　① ［德］黑格尔:《哲学史讲演录》第 2 卷，贺麟、王太庆译，商务印书馆 1960 年版，第 64—65 页。

对苏格拉底来说，神应是道德意义上的神，而不是伦理性的或民族性的神，属于某个特定的城邦。犹太教只是犹太人的宗教，上帝只是犹太民族的神。苏格拉底的神是本身善的和理性的神，是所有理性人能够认识和把握的普遍神，而不是被虔诚信仰的城邦或民族神。苏格拉底的"灵机"意味着普遍道德意识的觉醒，它要求人出于理性的思考和判断而生活，过一种好人的生活而不是好的公民的生活。对于他来说，好人和好公民是冲突的。只有在柏拉图的理想国里，好人的生活与好公民的生活的冲突才得到解决。苏格拉底重在启蒙，把人们从晦暗的非思的伦理城邦中解放出来，走向理性的自觉的生活。据此，苏格拉底"灵机"的出现，意味着个人精神的证明代替了神谕，一种行为的发生不再需要神谕的指示，道德主体通过理性自主决定。

苏格拉底的道德启蒙旨在完成从伦常习俗到自主道德的转变，而这种道德启蒙通过柏拉图又被引导到伦理层次上，并由亚里士多德进一步予以推进。同时苏格拉底启蒙道德也被同时代的其他人继承和发展下来，出现了苏格拉底学派，即昔勒尼学派和犬儒学派。但是它们却把苏格拉底崇高的道德发展成一种卑劣的道德。

昔勒尼学派试图回答苏格拉底的核心问题，即"什么是善"，但却丢掉了"善"作为思想、形式的意义，而只把"善"等同于快乐。在苏格拉底那里，"善"是快乐，但却是与理性的"思"相统一、体会"思"的快乐，完满的沉思生活就是一种快乐的生活。而昔勒尼学派却剥离了"善"的这两个方面，片面地发挥了"善"的快乐方面。当然，昔勒尼学派并没有走向纵欲主义，它所说的快乐不纯粹是肉体上的感官快乐，在一定程度上也是经过理性过滤的快乐，是一种温和的愉悦的快乐。对昔勒尼学派来说，快乐是应该追求的，但不可为了快乐而追求快乐，一味沉浸在快乐的追求当中，而应把快乐当作生活的必要条件，用以保持身心愉悦的状态。犬儒学派则完全把快乐从"善"中排除出去，认为"善"仅是合乎本性的生活。在它看来，"善"就是沉浸于自身当中，无私无欲，排斥外在的欲望。它将日常生活需要降低到最低水平，仅过一种纯粹自然的简单生活，而这种生活被认为是符合本性的生活；反之，追求外在华丽的生活则是违背本性的生活。

从苏格拉底到昔勒尼学派和犬儒学派，我们看到，道德从伦理城邦中分离出来，虽然道德的人还逗留于城邦当中，但却与城邦生活格格不入了。伦理城邦的公民所需要的一切对于道德人而言，都是外在的、需要拒绝和排斥的，由此而来，他们也就成为游走于希腊城邦大街小巷的异类。

苏格拉底的启蒙道德在苏格拉底学派那里发生了变形，随后在罗马帝国时期被伊壁鸠鲁学派和斯多葛主义所继承和发扬。伊壁鸠鲁学派继承了昔勒尼学派"善就是快乐"的原则，发展出被称为快乐主义的道德。斯多葛主义从犬儒学派发展而来，提出了按照自然即理性生活的原则，弃绝了犬儒学派把无私无欲的生活看作自然生活的观念，恢复了自然生活的道德意义。

苏格拉底的道德启蒙促成了从伦理到道德，从直觉的生活向理性反思生活的转变，但其道德启蒙并没有因为他之死戛然而止，而是被后来者继承发展下来，呈现出新的面貌。自古希腊城邦解体以来，希腊伦理生活的时代就结束了，从罗马帝国开始，西方进入了法权时代，罗马臣民从城邦伦理生活中脱离出来，退回自身，过着一种安于自身的私人法权生活，国家不再被他看作是共同体，看作是其生活的本质和目的。①

罗马帝国依靠罗马法维系社会，而罗马法是一种民法，维护的是私人的自由和诸种权利。苏格拉底完成了道德和伦理的分离，但自城邦解体之后，城邦伦理也丧失了；近代道德启蒙实现了新的分离，即法权与道德的分离，因此近代道德启蒙不是从伦理到道德，而是从法权到道德，从抽象法权中抽离出主体道德。在罗马帝国时代，法律确立了罗马人的抽象自由，维系着他们的私人生活，但法律并非道德法则，罗马人的内在精神生活仍然需要道德来支撑，而斯多葛主义和伊壁鸠鲁主义就提供了这种精神支撑。斯多葛主义的自然法道德体现了法与道德的结合，自然法就是斯多葛主义对罗马法权体系的一种道德升华和奠基，斯多葛主义自然法道德与罗马法权社会是内在统一的。

与法权生活相适应的斯多葛主义道德把人从感性的现实生活中摆脱出来，使之回归自身，完全沉浸于主观意识当中，渴求灵魂的内在宁静。它是苏格拉底主义道德的进一步内向发展，吁求人们过一种纯粹主观自由的生活。罗马人崇尚斯多葛主义和伊壁鸠鲁主义，两者的共同倾向都是尝试把人们从法权的压抑下解脱出来，回到主观意识当中，过一种纯粹内在的灵魂安宁自由的生活；斯多葛主义所推崇的自然生活就是沉思的生活，摆

---

① ［德］黑格尔：《精神现象学》下卷，第33—38页。

脱一切感性躁动，追求不动心的理性生活。对于罗马人而言，斯多葛主义和伊壁鸠鲁主义的出现是必然的。因为在罗马法权社会里，所有臣民都是皇帝的奴隶，而做奴隶的生活是痛苦的，一种以追求内心宁静为宗旨的道德无疑是他们所需要的，至少在精神上能给他们带来些许慰藉。斯多葛主义和伊壁鸠鲁主义作为以安心为目的的内在道德承担了拯救灵魂的作用，承载了某种宗教的功能，为奴隶般生活的臣民提供了存活下去的勇气。

当然在罗马人的现实生活中，道德和法权是分离的，道德生活只给人带来内在灵魂的自由，并不能给他带来现实的自由，因此罗马法权社会是一种异化的社会。

苏格拉底建立的道德哲学的基本逻辑是目的论，论证方式是目的合理性的演绎。在他那里，目的不是主观的，而是客观的，因为世界是合乎目的的，每个事物都在这个世界中据有适合自己的一个位置，具有适合在这个位置上的性状和品格。不是说它获得了这个位置，因为它具有适合它的性质，而是说这个位置选择了它，所以它才具有契合于它的品格。如果说世界是好的，那么适合其位置的每个事物也是好的，它的好是合目的的世界赋予的。世界是好的，意味着它是理性的，形成了合目的性的秩序，每个事物因为适合于这个目的秩序而获得存在。换言之，世界的存在不是任意的、不确定的和偶然的，而是同一的、确定的和必然的，一种合目的的逻各斯、秩序使世界成为世界，而不是凌乱的杂货铺。世界是合目的的，而其目的是能被理性认识的。道德之不同于伦理的地方即在于，后者是集体无意识的，日用而不知的，因为生活的价值理念已经化作身在其中的人的血肉、直觉、本能，而前者却要求个体有意识的行为，不仅行动，而且知道为什么行动，这样的行动是不是好的。要做到这一点，就必须使用理性，提出什么是善，什么是美德的问题，以了解善、美德，然后行善、立德。因此对于道德人来说，必须知而后行，三思而行，做到"吾日三省吾身"。但对于伦理人来说，知行合一，知就是行，行就是知，不存在知优先于行的问题。知是道德的内在要求，所以"认识你自己"，关注自己的灵魂，了解自己灵魂的善是成为道德人的基本条件。"美德是知识"，意味着你不仅要做有德的人，如勇敢的人，而且还要知道自己是有德的人，知道什么是美德，如什么是勇敢。对于苏格拉底来说，人之所以是好人，如他之所以是勇敢的人一样，在于他知道什么是好，什么是勇敢；只要他知道了什么是好，什么是勇敢，他就必然为善，做勇敢的人，理性对于他的道德行为具有一种构成性的作用。但是，如果一个人不知道什么是善和美德，那么他就不是好人、有美德的人，就可能是坏人、无美德的人，无知是人为恶无操行的首要原因。人弃恶从善，改邪归正的主要方式就是恢复理性，使用理性，自知其无知以有知。因此道德建立在目的论和理性之上，目的论是道德合理性论证的内在逻辑，理性是道德建构的基本原则。

柏拉图和亚里士多德的伦理学没有超出这种目的论和理性主义的逻辑构架，只是扭转了苏格拉底的道德主义使之转向伦理主义，让人在关心灵魂完善的同时关注城邦的美好繁荣，防止人滑向个人主义、内在主义的深渊。但是苏格拉底之后的小苏格拉底学派，却偏离了希腊的伦理主义、城邦主义，向个人主义、内在主义滑动，直至希腊化和罗马时期的斯多葛主义和伊壁鸠鲁主义彻底挣脱了希腊城邦伦理主义，把人从城邦世界中抛出，使之置身于无边的天地自然之间。由于没有了城邦、故土，每个人都成了广大世界的一分子，人们就不再关心城邦，也没有城邦可以关心，只有退回自身，比苏格拉底时代更坚决更深入地退回自身，求诸心灵的宁静和不动心。主观道德帮助苏格拉底出离城邦，其后继者斯多葛主义和伊壁鸠鲁主义却帮助那些丧失城邦的人们回到自然、天地间顶天立地、"安身立命"。总体上，就斯多葛主义来说，其道德哲学承继了苏格拉底理性主义和目的论的框架，与之同属于一个范式，而没有根本性的突破。对它来说，宇宙自然是合乎理性的，理性的宇宙也是合目的的。每个事物都有适合它的自然本性，它只需要率性而生而存，实现自身的目的即可。每个人都立于天地之间，秉有内在于自身的天性，他只要遵照自然生活就是善的。由于自然即理性，因此按照自然生活其实即是按照理性生活。人除了理性之外，还有欲望、激情，但人是理性宇宙的一部分，只有理性的人才是合乎自然的，因此按照自然生活就是按照理性指导欲望和激情而生活。就此而言，斯多葛主义与希腊理性主义精神是一脉相承的。

但斯多葛主义还是在某种程度上推进了希腊理性主义和苏格拉底道德哲学。这表现在两个方面。一是它把散见于苏格拉底、柏拉图和亚里士多德哲学中的自然法思想汇聚起来，提出了比较系统的自然法道德理论，因此在它这里，苏格拉底主义的道德哲学从美德论形态转变为自然法理论形态，其对道德的理性论证不是追问什么是美德，寻求美德的定义，获得美德的知识，而是查问什么是正确的、应该做的、允许的，寻求正确理性确立的法则，以期遵照自然法而生活。斯多葛主义的自然法道德影响了基督教道德，被完整地吸收和融入托马斯主义体系之中，并在早期现代启蒙中得到复兴，以致启蒙道德哲学的早期形态无不呈现为自然法理论形态。只是早期现代自然法理论的范式发生了转变，不是理性主义和目的论意义上的，而是理性主义和自由论意义上的。然而在斯多葛主义那里，自由的概念其实已经明确提出来了，并且在其道德体系中还占据了重要地位。但不得不指出的是，自由的概念并没有因此而升级为苏格拉底主义道德的逻辑基础，从而替代目的论实现了道德哲学的范式转移。不过，自由概念的提出却是斯多葛主义对苏格拉底主义的最大突破，自由意志论将在道德、宗教和哲学中发挥越来越大的作用，直至启蒙时代最终挤掉目的论成为启蒙道德的逻辑根基。

　　就整个希腊来说，无论哲学还是道德，理性主义是其根本精神，所以无从产生本体论意义上的自由意志概念。客观上，无论是生成论还是目的论世界观，都只认自然是有规律、有秩序，遵循逻各斯的。典型的模式是阿拉克萨戈拉提供的奴斯模式，即整个自然都是奴斯按照理性的规律而安排的。万物要么按照自然必然的原则而生成，要么按照自然目的论原理而发生。主观上，人被看作灵魂和肉体的复合物，人的灵魂又分为三个部分：理性、激情或血气和欲望。这种灵魂的三分法是希腊普遍流行的，不是一家或两家之言。由此可知，在希腊人的观念中，人的灵魂中是没有意志的位置的，从而没有容留自由的余地。理性是灵魂中的主导力量，它统治了血气和欲望，是灵魂的王，据此灵魂是合理性的，不合理性的灵魂不被看作人的灵魂，没有理性的人即不是人。希腊道德哲学的心性基础即是理性，全部道德都建立在理性之上。对于苏格拉底来说，理性的人是合乎目的的，是好人，一切美德都是理性化的美德。欲望就其本身而言是非理性的，是低级的欲求，和动物欲望没有什么太大的区别。但是欲望必须受理性的支配，而理性的欲望，比如对善的欲求、对合乎理性目的的欲求就不是低级的，而是高级的。苏格拉底、柏拉图本来有可能从这种高级的理性欲求中发展出意志的概念，因为在后来的意志概念中，一种理解就是把它等于理性的欲望，如托马斯主义，康德的意志概念也是如此，但是他们却没有往前走出这一步，在他们那里，理性的欲望主要还是一种欲望着的理性，本质还是理性，而不是升华了的欲望。但这种理性的欲望是合乎人的内在目的本性的，由之发生的行为是出乎本性的行为，因此是自由的，只是它不是意志的自由，而是理性的自由，是具有希腊特征的自由。这种自由在早期斯多葛主义的自由概念中可以看到端倪，也能够在早期现代哲学中发现踪迹，如斯宾诺莎意义上的自由即是纯粹理性的自由，这种自由是出乎自然本性而发生的东西。

亚里士多德最接近于从理性的欲望中发展出自由意志的概念，只不过最终也是失之毫厘。他敏锐地看到在理性和欲望之间存在一种选择能力。① 这是理性存在者非常重要的一种实践能力。伦理行动是合目的的行动，而目的是由理性给予的，是内在于本性的，因此是没有选择的。人的一切行为的最终目的是幸福，而幸福是没有选择余地的，是通过理性给予我们的。但是在知道了目的之后，选择能力就是必需的，因为理性告诉我们有实现目的的多种不同手段。这种手段选择能力决定行为是否发生，而它显然不是纯粹的理性能力，因为后者是知道、认识能力，如果它参与到一个行为的发生过程，那么它是作为其中的一个因素，即"考虑"而发挥作用的，但它本身不是作为选择能力而促成行为发生的东西。当然它也不是纯粹欲望，纯粹欲望不是选择性的。这种选择能力乃是一种理性的欲望，在他那里相当于实践理性，或实践智慧，或明智，② 在一定意义上它就是意志能力，而且相当于自由意志能力，因为它在必然的理性和欲望之间打开了"一个最初的和狭小的自由空间"③。但是正如吉尔松所说的，虽然亚里士多德谈到欲望或意志在理智思虑之后做出决定，看似他说到意志，而且是自由的意志，实际上他所说的并非自由意志，至少是非基督教选择的自由意志概念。④

自由意志的概念对于希腊人是陌生的，但是对于希腊化时代和罗马时代的人们来说，却不完全是这样的，而是逐渐被提出并熟悉起来的。伊壁鸠鲁为了反对原子论世界观中的绝对必然性的原理，提出了原子偏斜的自由理论，不过在他那里，自由主要是原子运动的偶然性，是不完全受必然性规定的偶发性，而不含有意志选择的意味，谈不上是意志自由。他的自

---

① ［古希腊］亚里士多德：《尼各马可伦理学》，廖申白译，商务印书馆 2003 年版，第168—169 页。

② ［美］汉娜·阿伦特：《精神生活·意志》，姜志辉译，江苏教育出版社 2006 年版，第66 页。

③ 同上书，第66—67 页。

④ ［法］吉尔松：《中世纪哲学精神》，沈清松译，上海人民出版社 2008 年版，第247 页。

由概念更多的是在本体论上讲的，也主要在自然世界观上发挥作用，并没有进入实践领域，成为其快乐主义目的论道德哲学的逻辑基石。真正提出意志自由，并把它与希腊意义上的理智自由区分开来的人是斯多葛主义者。早期斯多葛主义者，像克律西坡等，大体上提出了意志的概念，不过他们并没有走太远，仍然在希腊理智主义传统中看待意志，把意志等同于理智的选择，自由等同于理智的欲望。[①] 晚期斯多葛主义者，如塞列卡，则完全实现了意志与理智的分离，明确提出了自由意志的概念。而爱比克泰德则比较系统地阐发了斯多葛主义的自由意志的理论，代表了前基督教时代思考意志自由问题的最高水平。

　　爱比克泰德把自由看作不受阻碍，不被强迫按照自己的愿望生活的状态，看上去这是一种消极自由："有什么人能按自己的意愿生活，不受强迫，不受阻碍，不受暴力，不受束缚地选择，成功地达成愿望，不陷入本来能够避免讨厌的事，他就是自由的。"[②] 对于他来说，搞清楚什么是阻碍意愿实现的东西，什么不是束缚意志的东西很重要。如果我们清楚这一点的话，那么我们就会发现，他所言的自由完全是主观的意志自由。因为在他那里，捆绑我的东西并不就是限制我的意志的东西，我身在囹圄中、锁链中不是说我就不是自由的，我照样可以是自由的，只要这种捆绑是我所意愿的，或锁链对于我的意愿是无谓的，我就能够置之不顾。"那些会受到阻碍、剥夺与强制的事物就不是一个人自己的事物，而那些不受阻碍的事物就是他自己的事物。"[③] 也就是说，一切外在阻碍和强制我的事物不是属于我自己，与我无关的事物，可以不予理睬，它们对于我的阻碍是无效的，因此它们就不能影响我的自由。与我有关，属于我自己的事物是我所能掌握的，在我能够控制的范围内的事物。他比较清楚地区分了意愿和能够，我愿和我能；我想要的东西并不是我能得到的东西，我愿但却不能，如果我想我不能的东西，那么我就不是自由的。我不能的东西就是不属于我的，与我无关的，但却是阻碍我的东西，但是，如果我不想我不能得到的东西，不关注意志不能把握的东西，这些东西即使阻碍我捆绑我也不能减少我的自由，因为它们并没有阻碍我的意愿。但是我能的东西，在

　　① 章雪富：《斯多亚主义Ⅱ》，中国社会科学出版社 2007 年版，第 111—112 页。

　　② ［古罗马］爱比克泰德：《哲学谈话录》，吴欲波等译，中国社会科学出版社 2004 年版，第 267 页。

　　③ 同上书，第 244 页。

我掌握范围内的东西，是不阻碍我的东西，因此如果我想我能的东西，我能的东西是我所想的东西，不欲求不能得到的东西，不拒绝不能避免的东西，"仅仅希望只有那些应该发生的事情发生，只有那些应该胜利的人成为胜者"①，那么我就一直是自由的。但什么是在我掌握中的？什么又是我所能的呢？他说，就是事物的正确印象、观念、态度，即仅仅存在于人的内心世界中的东西。外部事物是我所不能掌握的，但是事物的印象、观念和对事物的态度却是我所能掌握的，它们是无人能够阻止的，一个人只要能够正确处理印象、观念、建立正确的态度，那么他就是自由的，他是他内心世界"无可争辩的主人"："只有当你认为自己受到伤害的时候，你才受到伤害。如果没有你的认可，没有人能伤害你。"甚至说，整个世界存在或不存在都取决于你的态度，取决于你的肯定和否定：你不仅能接受世界，好像世界恰是你所希望和要的，也能凭借你不愿意来否定任何事物的实在性。② 由此主观自由达到顶峰，近于疯狂。

不过，对于爱比克泰德而言，他在把意志与理性分离开的时候，并没有使两者完全独立出来，各不相干，而是使两者结合起来，使自由意志呈现为理性的自由意志，而非纯粹单一的自由意志。换言之，自由的意志不是任意地处理外部印象，通过自身对于外部事物的印象或观念随意取消或否定事物，乃至世界。虽然看起来自由意志是无所不能的，它希望那些应该发生的事情发生，意愿世界就是这样存在的，但这不是说世界是这样的，因为它是这样意愿世界的，而是说它意愿世界是这样的，因为世界是这样的。阿伦特说，爱比克泰德的意志论是全能意志论，意志能希望事情实际地发生，而且从来不与外部事物不一致，"在我看来，现实从我的认可中获得其实在性"③。她显然是对爱比克泰德的意志论做了一种基督教唯意志论意义上的解读，是不妥当的。严格说来，他的意志论还是理性主义的意志论，即使说事物的实在性需要我的认可，这也是从理性主义层面上讲的，不是说事物是实在的，是因为我是这样认可的，而是说因为事物是实在的，我是认可的，事物的实在是被我所认可的。世界是理性的，合乎目的的必然的，它对于每个人来说就是不可改变的命运，对于命定的世

---

① 转引自［美］汉娜·阿伦特《精神生活·意志》，姜志辉译，江苏教育出版社 2006 年版，第 82 页。

② 同上书，第 85—86、91 页。

③ 同上书，第 89 页。

界，每个人不是否弃、反抗、取消，而是接受、意愿，当一个人不是不要自己的命运，而是意愿和要自己的命运的时候，他是自由的，不要自己的命运反而是不自由的。世界是自然的，自然就是理性，因此每个人必须按照自然生活；自然是合目的的，按照自然生活就是过合乎本性的目的的生活，这种生活虽然是必然的，但是意愿自然必然的生活是自由的：训练自由意志正确地欲求和回避，是要使自由意志的运用回到主导性原理上，而主导性原理是与自然一致的。[①] 因此自由意志不是脱离理性、自然，而是意愿自然，被理性所规定，只有理性的、自然的意志才是真正自由的意志："谁能阻止你承认真实的东西吗？没有一个人能阻止。你是否发现，在这个领域里，你的能力不受阻碍、障碍、限制和强制的影响？"[②]

因此，总的来说，斯多葛主义自由意志是理性主义的自由意志，意志是以理性为前提的，是因为理性的规定所以是自由的，在一定意义上，意志是从属于理性的。意志虽然分离于理性，但它只有意愿理性，按照自然、与理性一致才是自由的。意志是自由的，因为它是合乎理性的，而非因为意志本身是自由的，理性是合乎意志的。斯多葛主义的道德哲学是建立在目的论之上的、理性的自然法体系，理性主义是其演绎进路，目的论而非自由意志论是其逻辑前提。现代启蒙道德哲学在某种程度上是接着斯多葛主义讲的，从根本上来说，也是建立在理性的自由意志之上的。但它不是斯多葛主义的简单恢复和重复，而是深化和颠倒。同样是理性的自由意志，在斯多葛主义那里，理性优先于自由意志，目的论是道德的基础，而在现代启蒙道德哲学这里，自由意志优先于理性，自由论是道德的基础；理性主义都是它们道德合理性论证的原则，在前者那里，理性主义以目的论为逻辑，在后者那里，理性主义则以自由论为逻辑；在前者那里，自然法是从目的、善中推演出来的，在后者那里，道德律是从自由意志中演绎出来的。在前者那里，意志因为意愿服从自然法而是自由的，在后者那里，意志因为是自由的，所以意愿遵守道德法则。

苏格拉底的道德启蒙是从质朴伦理走向主观道德，近代道德启蒙则从法权走向道德，虽然前提不同，但都是向道德发生着转变，而随着再次发生这种转变，启蒙道德的含义是否也发生了转变呢，还是依然将普遍的

---

① 转引自章雪富《斯多亚主义Ⅱ》，中国社会科学出版社 2007 年版，第 299 页。

② 转引自［美］汉娜·阿伦特《精神生活·意志》，第 83 页。

"善"的生活看作现代人所追求的生活呢？其实不然，古希腊道德的核心概念是"善"，将欲求"善"的生活视作真实的生活，而现代启蒙道德的核心观念则从"善"向"正当"转换，关注人如何行为是正确的。在希腊语境中，"善"有两层含义：一是伦理的善；二是苏格拉底主义道德的善。伦理的善是城邦的公共善，而道德的善是普遍个体的善，这两者是有区别的。但无论伦理还是道德，两者都是以"善"为核心原则的。然而，近代启蒙道德哲学却实现了从"善"到"正当"的转换，"正当"成为现代道德区别于古代道德的基本原则。

苏格拉底启蒙道德与近代启蒙道德的区别也是一种道德意识与道德自我意识的区别。苏格拉底道德启蒙是一种道德意识的觉醒，是要人从非反思的伦理生活中解放出来，认识自己，认识什么是"善"，并自觉自愿为善。这种道德意识是通过主观的反思意识到客观存在的道德原则。而道德自我意识不仅意味着人能认识"善"，认识道德的"应当"或道德义务，而且道德义务是由我的理性自我设定、自我确立的。苏格拉底的道德意识暗示着有客观的善存在，理性认识善并指导人按照善去生活，实现人的自身目的，也就是说，"善"是由理性发现的，而不是由理性创造的。近代道德自我意识是指，道德法则不仅是被理性所认识的，而且是被理性自身所确立的，即人的道德生活是人自己通过理性创造出来的，在道德生活背后有一个自我决定的主体。所以，从古代道德到近代道德是一个道德主体意识日益凸显的过程，最终在康德的自律道德中，自主的道德自我意识觉醒并绽放。

近代道德自我意识的兴起意味着我的行为是由我自主决断、自主规定的，在这种自主决定行为的背后蕴涵着自我担当责任的意识。而要理解自主担当责任的道德自我意识，只有在真正理解了自由的概念之后才是可能的，只有基于自由意志，才能真正深刻地理解近代启蒙道德为何突出道德自主、道德归责的观念和意识。

在苏格拉底那里，道德生活就是反思的理性生活，而近代启蒙道德则强调，道德行为是合乎理性的，是由理性建构起来的。虽然都是一种理性化的道德体系，但是苏格拉底的道德理性是一种实质性理性，它指向善，而且本身也是善的，也就是说，理性指向目的，同时自身也是目的的构成因素；而近代启蒙道德理性却因为与善相分离，因而从实质性理性转变为一种形式化的理性，理性不能认识善，只是一种颁布命令、制定规则的能力。

苏格拉底警醒人们，"认识你自己"，尽心尽性，尽善尽美，而康德提出"敢于认识"，大胆使用理性。所谓启蒙就是摆脱他人监护、自己使用理性、自己思维、自己决断，按照普遍法则去行动。人人都有理性，理性的使用是自主的，自己有理性而不自主地使用即是不成熟，其责任在自己。启蒙即是摆脱他人的引导，自己自主地使用理性，道德上自为立法、自主决断、自我负责。

二　意志自由与启蒙道德的宗教前提

近代启蒙运动以及近代启蒙道德的背景是宗教和宗教道德，所谓启蒙实质上就是反宗教传统，启蒙道德即是从神性道德回归人性道德。因此，要了解近代启蒙道德就必须熟悉其所从出的宗教道德背景。

西方的宗教传统主要是犹太教和基督教传统。虽然两者都以《圣经》为自己教义的原本，但是犹太教奉行《旧约》，基督教主要奉行《新约》。按照《旧约·创世纪》的叙述，上帝创造了世界，而且上帝创造的世界是好的。亚当和夏娃是上帝的创造物，处于世界中的最高地位，是上帝在世界中的代理人。如果古希腊人过的是自由思考和向善的生活，那么他们过的却是虔诚驯服于上帝的生活。上帝把整个世界都给予亚当和夏娃，同时也为他们颁布禁令，不可偷吃善恶果和生命果。上帝不允许他们追问关于善恶的知识，这种知识是上帝独有的。因此在犹太教那里，人是不能自由思考的，必须绝对服从上帝。而希腊哲人认为，哲学就是"爱智慧"，而智慧就是关于存在和善恶的知识；虽然神有智慧却不爱智慧，而人没有智慧却"爱智慧"，欲过爱智的生活。在苏格拉底看来，人不仅欲求善，做好人，还应该知道什么是善，具有善的知识，自觉为善。但是这却在犹太教和基督教那里被彻底否决，人除了服从上帝的诫命之外，不允许爱智，除了做善人之外，禁止知道什么是善，获得善的知识。就此而言，犹太教是反理性和反启蒙的。

但是基督教赋予人一样希腊哲学所未曾赋予的东西，这就是自由意志。上帝虽然命令亚当和夏娃服从他的禁令，但是他并没有要求他们必然服从他的命令，而是自由地服从他的禁令。上帝虽然禁止他们吃禁果、知道善恶，但是他们的意志是自由的，吃不吃禁果是由他们的自身意志决定的，要不要知道善恶全凭他们自己意志的选择，对上帝命令他们做的，他们拥有做与不做的自由。基督教赋予人的这种选择的意志自由在希腊哲学中是看不到的。希腊哲学强调理性，主张人依靠理性认识善，追求善，而只要人是有理性的，就必然欲求善、为善、做好人。但是基督教却否定了希腊哲学的这种理性主义主张，认为即使人认识了善，却不一定就必然欲求善、为善，因为他的意志是自由的。基督教的这种意志自由观念深刻地影响了近代启蒙道德哲学，它以之为道德基础的自由意志概念即是从基督教自由意志概念转化而来的。

不过，基督教的自由观念是和人性的恶、原罪联系在一起的。希腊的人性论是一种性善论，人之所以犯错、作恶不是因为他本性恶，而是因为无知，只要有知，他就一定会向善为善，因为他的本性是善的。但是在基督教这里，本来上帝创造的世界是好的，人也是好的，而且只要他听从上帝的禁令，他就将一直是好的，虽然他是无知的，他是好的而他却不知道他是好的，因为他不知道、上帝也不让他知道什么是善。因此无知不是人犯罪的原因，在某种意义上恰是人维持质朴不恶的重要原因。正是人欲求有知、要知道善恶的意愿导致他滥用了上帝赋予他的自由意志，违背了上帝的命令，偷吃了禁果，犯下了永远难消的原罪，因此知识，特别是善恶的知识不是使人向善的原因，而恰是使人堕落的原因，当然使人犯罪的最根本原因还是人的自由意志。如果他的意志不是自由的，即使有善恶的知识，他也不会犯罪，知识只是他犯罪的诱因而已，深层的原因是他有自由意志，他能够听从，也能够违背上帝的命令。人不因无知而堕落，却因自由而获罪。而他一旦获罪，他就丧失了自由意志，不再拥有从善或弃恶从善的自由，只有终身戴罪的必然，其自由意志被永久捆绑。自此，人也丧失了自主救赎的能力，只有信仰上帝，依靠上帝的恩典才能得救。

在基督教那里，不存在"付出就有回报"这一说法。《圣经》有云，"上帝给予人的恩典，是白白给的"，这就是说，上帝给人的恩典，与他是不是好人无关，与他做了多少善事无关。上帝选你得救，并不是因为你是好人，做了很多好事，而是因为上帝愿意你被救赎，哪怕你是一个罪人。因此上帝的恩典是"白白给予人的"，也就是自由地给予人的，上帝是自由的。而恩典是"白白给的"，同时也意味着人的自由意志、人的自主性被彻底否定了，人不再是自由的了，他无能也无需通过自主为善赢得上帝的恩典，自我救赎了。他必须放弃自我，弃绝对尘世善恶知识的执着，完全信靠上帝，通过"白白给的恩典"重获新生，升入至福的彼岸。

在犹太教那里，在亚当和夏娃偷吃禁果、犯下"原罪"而被赶出伊甸园后，上帝并没有因此与人类断绝联系，而是通过与人立约的方式，与人类保持联系。如"摩西十诫"即上帝在人犯罪后颁布的、人必须听从的道德律令。犹太教强调上帝律法的作用，指出人在犯罪后，他只要服从和遵守上帝的律法，即使他是罪人，他也是义人。这就是犹太教的"因律法称义"原则。透过犹太教这个原则，我们发现，"善"与"正当"分离了：上帝的律法是为罪人颁布的，是以肯定罪恶的存在为前提的，人服从上帝的律法并不意味着他就不再是罪人，也就是说，律法并不能消解他的原罪，而只是阻止他进一步犯罪而已。恪守上帝律法，虽然不能使他成为无罪的，却使他的行为是正确的、正当的，他因为遵从上帝律法而成为义人，服从律法即是称义的标准。

但是基督教反对犹太教"因律法称义"原理，对它而言，仅仅遵守上帝律法并不能使人完全称义，因为这样的行为只具有外在的合法性而不具有内在的精神性，甚至连道德性都没有，一个人做出合乎上帝律法的行为，完全可能是因为害怕受到上帝的惩罚，而并非因为信仰上帝，因而他就称不上真正的义人。只有内在地信仰上帝，因为信仰上帝而服从上帝律法的人才真正称得上是义人。因此不是"因律法称义"，而是"因信称义"，不是律法成全信仰，而是信仰成全律法。当然在信与称义之间不是一种因果关系，不是因为你信仰上帝，你就是义人，上帝就拯救你。若是这样，就抹杀了上帝的全能和自由意志。即使你的"信"也是上帝恩典的，上帝并不会因为你虔诚的信仰就决定选你得救；因为上帝选了你，所以你信仰上帝，你通过信仰而成为义人，所以"因信称义"中的这个"因"是通过的意思。

无论是犹太教还是基督教都主张做义人优先于做好人。一个人只有成为一个义人，才有可能成为一个好人。无论是"因律法称义"还是"因信称义"都意在说明人必须放下自我，完全听从上帝的命令，无论外在还是内在都服从上帝的命令，唯此你才能成为一个义人。无论是义人还是好人，都要信靠上帝。若没有上帝，道德就不存在。人不可能通过自身努力成为道德的人，只有信靠上帝，他才可能是道德的人。因此对基督教而言，是不存在自主道德的可能性的。

基督教对西方精神的重要贡献是形成了完整和系统化的自由论述。虽然斯多葛主义在理性主义传统中发展了一种自由理论，但是真正为西方自由理论奠定决定性根基和使之发生转折性作用的却是基督教，正是信仰主义而非理性主义前提才使得自由问题真正凸显出来。最初，保罗在遵循律法称义的宗教实践中陷入深深的苦恼中：律法是以罪为前提的，在没有律法之前，罪已经在世上了，但是有了律法，罪并没有因此减弱，反而助长了罪的意识，罪是活的了，如果没有律法，罪也不算罪，有了律法，罪显示出真是罪，使之复活，"发动贪心"，"本来叫人活的诫命，反倒叫我死"①。因此律法是不完全的，需要信仰来成全，而他在超克律法进向信仰，尽力服从律法以成全律法的过程中经验到了他的意志：律法要求服从，他心中也感受到了应该服从的强制性，但是他也同时生出了"我愿意"服从的声音，发出了自己的意志，据此"对要求自愿服从的命令的体验导致意志的发现，内在于这种体验中的意志是古代人——希腊人、罗马人和希伯来人——没有认识到的一种奇妙的自由，也就是说，人有了这样的一种能力，就能无视必然性和强制性，能说'是'或'不'，对实际存在的东西，包括人自己的自我和自己的存在，表示同意或不同意，这种能力能决定人将做什么"②。

保罗只是发现了信仰主义的意志，而首次完全和清晰地呈现信仰主义自由意志论的人则是奥古斯丁。他知道意志在整个律法和信仰体系结构中的位置，"如果没有意志，法律就不能发号施令，如果意志能做到一切，恩惠就不起作用"③。也就是说，律法必须通过我的意志起作用，只有我愿意服从，律法才是命令；意志是自由的，但是如果我什么都能够自由地意愿和做，那么就不需要上帝的恩典，无须对上帝的信仰了，因此自由从属于信仰，我的自由不是全能的，自由以信仰为前提，建立在上帝的恩典之上。更重要的是，他提出了以后整个基督教通行的自由意志的概念。这种自由被称为"运作的自由"（liberty of exercise），也被称为无差别的自由、中立的自由或超然的自由（liberty of indifference）：任何意志在意愿的时候都一分为二，或自我分裂，既意愿也不意愿，在意愿的同时不意愿，对任何意愿都可以不意愿，"意志可以要，也可以不要，可以出行动

---

① 《圣经·罗马书》7：9—10。

② ［美］汉娜·阿伦特：《精神生活·意志》，第74页。

③ 同上书，第96—97页。

或不出行动"，"因为当选择之时，意志要；假如意志要，那表示原先也可以不要，但现在却要了"①。而无论意志要还是不要，要这还是要那，都是无所谓、中立的、无差别的，但是一旦它选择要这还是要那，都是由它自身做出的，一切意志行动都是出乎意志者自己意愿的。自由意志因此是自发性的，是与必然、强迫相对立的，自由即免于必然，不受强迫，你可以强迫一个人做这做那，但是你不能强迫他意愿这意愿那，意志先天具有反抗的性质，"有意志则无暴力，有暴力则无意志"②。

但是基于这种无差别的意志论，基督教神学却发展出了两种意志观：一种是唯意志论意志观，一种是理性主义意志观。前者以司各特为代表，后者以鲍爱修、托马斯为代表。这两种意志观都不否认意志和理性的关系，只是在两者何者优先的问题上发生了分歧。理性主义意志论试图把意志和理性、自由和决定、自由和必然结合起来，并强调理性、本性必然对于意志选择的规定作用。意志固然是超然的、无差别的，意愿同时不意愿，但是意志在最终做出选择时不是无理性的、任意的，如果这样，人和动物就无异了，而是按照理性，出乎本性必然地做出的。意志是盲目的，只有理性为它指出方向，提供目的。意志可以要可以不要，可以要这要那，可以择善也可以择恶，但是只有理性能够告诉它应该要而不是不要，应该要这而不是要那，应该为善而不是为恶，意志应该按照理性的认识做出选择。意志是动力，但是理性是原因，或者说意志是动力因，理性是目的因，而目的因决定动力因。因此意志自由是理性自由的，意志意愿的是理性知道的，理性知道的是意志意愿的。然而理性是必然的，但是它与自发性的意志是可以一致的，而且意志的自由不在于要不要，而在于被理性所判断、规定。意志都在理性认识之后做出选择，没有人愿意他不知道的，理性总是先于意志而决定意志，自由意志是质料因，理性是形式因，因此，自由意志即是"吾人意志立法之自由"③。

意志主义的自由意志是独立于理性，不受理性规定的，理性不是它的原因，它是它自己的原因，意志是自主的，只有意志是意志活动的全部原因。意志意愿的并不是理性知道的，理性知道的也不是它所意愿的，意志

① ［法］吉尔松：《中世纪哲学精神》，沈清松译，上海人民出版社 2008 年版，第 248 页。
② 同上书，第 248 页。
③ 同上书，第 250—252 页。

意愿它所意愿的。理性世界是本性必然的世界，是被决定的和确定的世界，而意志世界是未决定的、不被规定的和不确定的世界，是完全偶然的自由的世界。理性世界遵循的是理性真理的必然逻辑，其反面是不可能的，而意志遵循的是不定真理的偶然逻辑，其反面是可能的："我不把'偶然性'理解为不是必然的，或始终不存在的某种东西，而是把它理解为其对立面可能与之同时存在的某种东西。这就是为什么我不说某种东西是偶然的，而是说某种东西偶然地被引起。"① 做与不做，要与不要，为善与为恶，对于我的意志来说是无差别的，我的意志是中立不倚的，我是在相反的两种事物中偶然地选择一种，我的选择可能是无目的的、无理由的，或者说我的任何选择都是有理由、有目的的，意愿就是根据，而不是有根据地意愿。世界不是从上帝理性的必然性中流溢出来的，而是由上帝从无到有，从其意志的偶然中创造出来的。上帝不是必然地创造这个世界，他也可以创造和这个世界相反的世界，而他所以创造这个世界，不是因为这个世界是好的，本性必然的，而仅仅因为他愿意。上帝是按照他的形象创造人的，因此人也秉持了上帝的自由意志，意志是自由的，而且是超然、无差别的自由的："自由是完全集中在意志彻底的不受决定上，而意志之决定的不可预见，完全涌自意志内在，意志的内在则是完全不受其他事物所决定的自我决定之泉源。"②

　　但无论是理性主义还是意志主义的自由意志论，说的都是人未犯罪和永生前的自由意志，问题是人在犯罪和有死之后，自由意志是否如初，自由意志和上帝的恩典又是什么关系。对于自由与罪、自由与恩典的问题，基督教又分出了两种基本对立的观点：就犯罪和死亡是因为人的自由导致的，人应该为其罪和死亡担责来说，基督教神学大体上是一致的，导致它们发生分歧的是在人犯罪和有死之后，人的自由意志是否被捆绑，是否必须通过上帝的恩典，人才能恢复自由意志这样的问题上。基督教基本上把意志区分为意愿和能够、要和能力两方面，但是在意愿和能够，要和能力能否相互分离的问题上，基督教神学家们却意见不一，而正是这种不一，直接导致他们在自由和神恩的问题上分出两路。一路如保罗、奥古斯丁等大宗不仅主张而且亲身经历了意志与能力之间的分裂：意志不是能力，能

　　① 转引自［美］汉娜·阿伦特《精神生活·意志》，第154页。
　　② ［法］吉尔松：《中世纪哲学精神》，第249页。

力也不是意志，也就是说，我意愿的是我所不能的，"因为我所愿意的，我并不做，我所憎恨的，我倒去做"①。因此我所愿与我所能是可以分离的，有可能我的意愿是自由的，但是我却没有或丧失了行我所愿的能力。上帝创造我时我是自由的，在我犯罪之后，我的意志仍然是自由的，但却失去了自由的能力，因此就必须借助神恩恢复我的自由能力，进而恢复完全的自由意志。也就是说，在受造时人的意志不仅自由，而且有能力，能行所愿，所愿能行。人有自由也能够犯罪，但人真正的自由是不犯罪的自由，也能够不犯罪。而人的自由意志犯罪便意味着他的意志仍然是自由的，但是丢弃了能力，因为他意愿不犯罪却不能。因此一种犯罪的自由行动减弱了自由，使自己较不自由，"真正的能力在于有效地意愿善的能力；在行恶之后，意志还是自由的，可以意愿善，但却无能为力，于是变成残废的自由；恩宠于是来恢复它所失去的能力，因而恢复自由意志所最先有的效能。恩宠不但不削弱自由意志的能力，而且予以解放"②。由此，人在犯罪后，是不能依靠自己，自己是没有能力获得救赎和复活的，而必须依靠上帝，是通过上帝白白的给予的恩典获救的。

对于托马斯主义来说，意志和能力并不是可以分离的，意志始终是主宰自己行动的自发能力，无论在犯罪前还是犯罪后，或是在神恩的状态下，意志都要其所要，因此都是自由的。自由的根源在意志之内，自由的原因却在理性，意志必然被理性所规定，被善所吸引，必然被决定要善。意志越是被善、理性规定，就越是自由；越是不会错，就越是自由，不是说因为是必然的就不自由，越是出错就越自由。正如上帝，他的选择不会错误，"并不伤害其自由意志，反而却证明其意志的完美。因此，意志在不会犯罪的天神身上，比在会犯罪的人身上，更为完美。天神的自由意志之所以更为完美，并非因为它更能免于必然性的束缚，因为自由本身并不会有多有少，只有自由的原因能够更为完美或较为不完美。这个原因就是睿智本身。何处有睿智，何处便有自由；越有睿智，便越有自由"③。据此，天主教并不否认人在犯罪后保有自由意志的能力，人可以依靠自己的善功寻得救赎，或者说人之被救赎不全是白白给的，与人的行善没有任何

①　《圣经·罗马书》7：15。

②　［法］吉尔松：《中世纪哲学精神》，第256页。

③　同上书，第257—258页。

关系。

正如柏拉图主义和德谟克利特主义、斯多葛主义和伊壁鸠鲁主义的对立和冲突贯穿希腊和希腊化时期的精神史一样，唯名论和唯实论、理性主义和意志主义的论争也贯彻基督教1000多年的信仰历程。如果唯实论、理性主义自由论多多少少是对希腊理性主义精神的承接和信仰主义背景下的转化，那么唯名论、意志主义自由论则完全是基督教信仰精神的独有产物，是独立于和超出希腊理性主义精神所特有的东西。无论理性主义还是意志主义，基督教出于信仰的实践，把自由意志理论完整而深刻地呈现给西方精神世界，使得自由意志成为和希腊目的理性并列乃至优先性的因素，并被纳入灵魂中成为与理性一起构成人性基本力量和精神的东西，从而极大地丰富和拓宽了我们对人性力量的认识。但我们不得不指出的是，基督教凸显和发现了人性中的自由意志，这是它对西方精神发展的伟大贡献，至此以后，我们在看待人、人性、灵魂的时候，都不能忽视意志、我愿我能的力量，必须基于意志自由来认识人、人性。但是基督教并没有真正发挥和释放人性中的意志力量，发挥自由的建设性作用，立足于自由意志建立系统的信仰和道德体系，而是与之失之交臂，甚至为信仰而否定了自由意志。除了指出自由意志是人犯罪的原因，人应该为此负责之外，自由意志并不是人成为道德人，服从道德义务的内在根据。基督教唯意志主义绝对地彰显了人的意志自由，但是也最大限度地否定了自由意志之对于信仰的积极作用，无限放大了自由意志的消极作用，否决了人在犯罪之后"能够"凭借自己的意志自由地行善以进于被救赎和复活的状态，彻底杜绝人自我救赎和止于至善的可能道路。因此道德并不是建立在人的自由意志之上的，而是以上帝的自由意志为基础，建立在对上帝的信仰之上，"因信称义"是这种基督教唯意志论道德的基本原理。就托马斯主义来说，它虽然没有否定自由意志，完全消极地看待自由意志，不认为人在犯罪后完全丧失了意志能力，但是这并不意味着它就把道德和信仰建立在自由意志之上，而仍然是理性主义之上的。因为从其理性化的自由意志结构来看，意志只是动因、质料因，而理性是目的因、形式因，意志是从属于理性的，为理性所规定。我所意愿的是我所知道的，或者说，我意愿我知道的，我的意愿是从理性推出来的，我的意愿是理性的意愿，不是我知道的是我意愿的，我知道我所意愿的，我的理性目的是从意愿推出来的，我的意愿就是我的目的。相反，目的是理性提供给意愿的，意志意愿善而去恶，这样的向善意志是理性化的。因此托马斯主义的道德基础是理性，逻辑前提是目的论，其范式大体上仍然可以归为斯多葛主义、亚里士多德主义一类，如果我们去掉其信仰主义大前提的话，它并没有实现道德范式的转化。而启蒙道德则实现了这种道德模式的转折，在自由意志的基础上建立了理性主义，包括情感主义在内的道德体系。

但是基督教借着理性主义和意志主义、唯名论和唯实论的矛盾，尤其在自由与神恩问题上的剧烈冲突，加上文艺复兴时期人文主义的外部催化，最终未陷入停滞不前、纠缠不休的局面而是进一步被推动着向前发展，并爆发了宗教改革运动。在宗教改革运动中，伊拉斯谟和路德之间就自由和神恩问题展开论战，再次把两种自由问题显露出来，也把基督教在自由问题上的局限暴露出来：其信仰主义的前提阻碍了自由概念的自然化、人化、世俗化，而只要一日不祛除自由观念上信仰主义的魔咒，启蒙哲学、道德和政治的基点就将无以确立。在解除自由的信仰主义头盔的进程中，率先走出第一步的恰是基督教自身，基督教清教运动在极端的"预定论"前提下发展出世俗禁欲主义、理性化的新教伦理开启了自由概念世俗化的关键一环。

宗教改革的发起者、大宗师路德在自由观上是激进的意志主义者，在自由与神恩的问题上是极端的人在罪后尽失自由选择能力的"白白恩典"主义者。在奥格斯堡信纲第四条中，他直言不讳地说："我们教会教导人：人在上帝面前不能凭自己的能力、功劳或善行称义，乃是因基督的缘故，借着信，白白地得称为义，就是相信因基督的缘故得蒙恩宠，罪得赦免，他借着死为我们的罪作了挽回祭，上帝在自己面前就算这信为义。"[1]既然自由意志离开神恩便什么也不能做，路德等于是全盘否认了人的自由意志，否定了人能够行善以得恩典，否决了人行为称义、因善称义，即使因信称义，信仰也不是自发的，而是上帝恩准的。

正是难以接受路德这种激进否定自由意志的因信称义论，伊拉斯谟针对性地撰写了《论自由意志》，力图纠偏路德的极端神恩论，退守天主教托马斯主义传统，为人的自由辩护。他在其大著中虽然广引经文，从正反两方面论述支持自由意志的论说和反对自由意志的陈述，似乎在支持和反对自由意志的观点之间保持中立，但实际上不然，他有自己的立场，那就

---

[1] 《路德文集》2，路德文集中文版编委会译，上海三联书店2005年版，第55页。

是一种统合主义、调和主义的立场：没有恩典，意志不能获得其所追求的事物，但是意志并非毫无能力，一事无成，而是意志能够和恩典合作、一起作用："恩典和人的意志一起行动，不过像这样的方式，恩典是第一因，第二因则是我们的意志。"[1] 也就是说，神恩并不取消人的自由意志，而是允许人的自由意志，参与神恩，与神恩合作。人的行动不是绝对必然性的，像一个自动的木偶或机器一样，人保有自由选择的能力，能够按照自己的意愿行上帝的恩典，否则，"人若靠天生的才智和自由意志不论完成什么，全都归功于赋予他能力的那一位，那么，这个人还能把什么功德擅自归在自己身上呢？"岂不是一切都归在上帝身上吗？若如此，人就不必为自己的行为负责了。所以，"上帝却将这些归因于我们的功德，使我们的灵魂不至转离祂的恩典，而且我们也会把天生的能力用于单纯的顺服"[2]。人是自由的，即使在罪后，人的自由意志照样可以确立得当，这个"得当"法就是，恩典是第一因，自由是第二因，自由从属于神恩，辅助神恩：

> 我认为，就是把激励灵魂的第一原动力完全归因于恩典，然而在行为上允许某些事由人来选择，这种选择并不会把人从上帝的恩典中拽走。因为万事既然都有三个阶段——开始、发展和结束——他们把第一和最后阶段归因于恩典，而只有在发展的阶段上他们说：自由意志成就一切，然而在每次个别的行动中，两个肇因同时发生，就是上帝的恩典和人的意志：像这样的方式，恩典是第一因，意志是第二因，离开第一因，第二因什么都不能做，因为第一因本身就已足够。[3]

我们看到，伊拉斯谟在自由和神恩的问题上，虽然较路德而言持中稳妥，没有走向另一个极端，用自由否定神恩，而是力挽自由和神恩于不倒，在为人的自由辩护的同时也保全了神恩。但是他对人的自由的辩护仍然是在托马斯主义传统内进行的，也就是在信仰主义的大前提下展开的，

---

① 《路德文集》2，第 598 页。
② 同上书，第 600 页。
③ 同上书，第 602—603 页。

他为人争取到的自由仍旧是神恩下的自由，而不是自由下的神恩，因此终究走的并不太远。他既然仅仅把自由看作行为的第二因，那么被置于第一因的信仰就依然处在支配性地位，自由的非信仰主义的转化尚遥遥无期。

路德很快撰写了大部头的著作《论意志的捆绑》回应伊拉斯谟的《论自由意志》。他自然是坚决捍卫其一贯的否定自由意志的激进神恩论观点。他处处否决人性的力量，为了肯定上帝的大能和荣耀，不惜把人世贬为绝对必然性的世界，为了避免削弱上帝的全能，不惜从根本上否定人是自由的："因为我们若相信上帝预知且预定万事，祂既不可能在祂的预知之下犯错，也不可能在祂的预定之下受到阻碍，以及除了祂所定意的事（理性本身被迫得承认此事）以外，不会发生任何事是正确的话，那么就理性本身的见证而言，在人类或天使，以及任何受造物里面，都不可能有任何自由意志。"所以，"只要上帝的灵和恩典仍然在一个人里面，那么，甚至在此就没有任何自由选择的余地或者自由，可以使他自己转至另外一个方向或不同的意愿"①。否定了人是自由的，并不是说就没有自由了，除了上帝是绝对自由的之外，人仍可以是自由的，但不是作为人，而是作为基督徒是自由的。不过基督徒是自由的，不是说他的意志本来是自由的，存在自由的意志，那是不可能的，而是说他在上帝中，通过基督而是自由的，因此他的自由是在被恩典之后，因信称义而生出的自由。他作为人的自由意志是被捆绑的，作为被恩典的基督徒，他被捆绑的自由意志从罪和死亡中解放了，在上帝恩典的光耀中被恢复了，因此他的自由是恩典中的自由，信仰中的自由，"属灵的真自由"②。路德在前门否决了自由，又在后门恢复了自由，他否定的是形而上的和自然的、世俗化的自由，肯定的是超越的、属灵的、信仰的自由。因此路德激进的神恩论、信仰主义不是把人带入尘世，而是远离尘世，进入彼岸，就此而言，他的精神仍然是中世纪禁欲主义的。

但是，同样持激进的神恩论，并从中推演出激进的预定论的加尔文宗、清教主义者却在令人惊异地堵绝了人的自由意志之后又反转发展出了进入尘世的伦理主义，从某种意义上讲，它们把一种前所未有的理性化的

---

① 《路德文集》2，第569、346—347页。

② 《马丁·路德文选》，马丁·路德著作翻译小组译，中国社会科学出版社2003年版，第28页。

生活方式在此岸建立起来，把自由带入尘世之中，仿佛也为启蒙道德主义的兴起提前做了一次精心准备。

清教教义就其根本而言，与路德宗本来没有大的差异，甚至有过之而无不及，如它同样肯定罪前而否决罪后的自由意志：

> 神把本性的自由赋予人的意志，这意志既不受强迫趋向善恶，也不受本性绝对的必然所决定的去行善或作恶。
>
> 人由于堕落在有罪的状态中，已经完全丧失一切行任何关乎得救的属灵善事之意志力；所以他既是一属血气的人，与善完全相反，又死在罪中，就不能凭自己的能力去改变自己的心，或预备改变自己的心。（威斯敏斯特信条第九章论自由意志，第一条、第三条）

主张一种更加激进的神恩预定论：

> 按照神的定旨（圣定），为了彰显神的荣耀，有些人和天使被选定得永生，并其余者被预定受永死。（第三章论神永远的定旨，第三条）

信奉一种激进的恩典论：

> 此有效的恩召是惟独出于神白白的与特别的恩典，丝毫不是由于在人里面预见什么。因人在这恩召上全属被动，及至被圣灵感化和更新，他才能回应此召，并接纳在此恩召中所提供和传达的恩惠。（第十章论有效的恩召，第二条。）

坚守一种激进的白白称义论：

> 凡神以有效恩召所召来的人，也白白称他们为义。神称他们为义并不是借着将义注入在他们里面，乃是凭着赦免他们的罪，算他们为义，并接纳他们为义人。并不是因为他们里面有何成就，或因他们所行的，惟独因基督自己的缘故；并非由于将信的本身，相信的行动，或任何其他在听福音上的顺服归属给他们，就算为他们的义；乃是借

着将基督的顺服与满足（神公义的要求）归给他们，以致他们才能凭信心接纳他，并安息在他的义上；这信心并不是出于他们自己，乃是神所赐的。（第十一章论称义，第一条①）

因此就其整体而言，清教主义完全是在信仰主义的前提下建立其整个教义体系的，也基于信仰主义既肯定了人的自由意志，又否定了人的自由意志，倡导一种从根本上确立上帝主权而根除人的自主性的预定论、恩典论、称义论。即使它出于信仰主义的称义论恢复了基督徒的自由，但是这种自由同样是一种信仰中的属灵自由，自由即对于上帝的绝对的无条件的服从：

　　基督为福音时代的信徒所获得的自由乃是免去罪的刑罚、神的忿怒以及道德律的咒诅；又使他们脱离这现今邪恶的世界、撒旦的捆绑、罪恶的辖制、苦难的残害、死亡的毒钩、坟墓的胜利、并永远的定罪；又使他们自由接近神、顺服神，并非出于奴仆的心仍旧害怕，乃是出于儿子爱父的心，甘心乐意的顺服。这一切对于律法时代的信徒也有共同的权利；但在新约时代，基督徒的自由是更加扩大了，因他们已脱离服从犹太教礼仪的轭，更坦然无惧地接近施恩宝座，与神自由之灵有交通，这交通比律法时代的信徒平时所参与的更丰满。（第十二章论基督徒的自由和良心的自由，第一条②）

但是清教主义有一点是不同于路德主义的，正是这一歧出之点导致它迈出了完全与路德主义相反的信仰实践，即由出世的禁欲主义进入入世的禁欲主义。这个不同点就是，它提出神的恩典是"有效的"恩召，要求信徒对自己蒙召恩典，被预定得救有内在的和十足的确信。这种信仰的确信和见证在路德宗那里，乃至在任何教宗那里都是必然的要求，但是对于路德宗及其他教宗来说，对得救确信的要求却不是那么紧张和迫切的，而且其冥思神秘主义、直觉主义、情感主义的信仰特质使其往往无比深入地回归内在灵性，在内在的情感满足中寻求信仰的确信和坚定。但是对于清

---

① 威斯敏斯特信条。
② 同上。

教主义来说，问题却没有那么简单。由于坚持一种极端的神恩预定论和上帝完全不为理性所知的超越性以及白白称义论，见证信仰的问题十分紧迫地显露出来：既然并不是所有人都被恩典所及，那么"我是不是上帝的选民？""我如何确知自己处于恩宠状态"这样的问题就会或早或晚地"出现在每一个信徒面前，从而使一切其他兴趣都黯然失色"①。我不能通过对上帝的内在信仰确信自己得救，因为信仰并不是通过我的善行而被恩典的，而是上帝白白给的，而我无法知道上帝是否白白给了我得救的恩典。因此我需要证明我被上帝恩典得救。这里的问题是，我是通过我的善行来证明我值得上帝救赎，还是如果上帝救了我，我用什么来证明我被救了，我作为选民如何区别于那些虽信但却未获恩典的人。一切的前提必须是神已经预定了人的得救，信仰是白白给的，人所做的一切对于上帝是否恩典无济于事。人是否得救的问题不再是问题，现在唯一悬而未决的问题是，你如何确信自己得救而不是没有得救；不是你需要做什么以让上帝救你，而是需要你做点什么以证明你被救赎了。前者，得救是结果，后者，得救被设为前提。清教主义的信仰实践完全是演绎性的。靠内在的信仰能不能确证我是已经得救的人呢？不足以确证，因为不足以区分，对于清教徒来说还得有"有效的"标记来显明得救。固然对于新教各宗来说，我被恩典所以我信，但是我如何确证我信是因为我被恩典了。对于这个信仰确证的问题，唯有清教徒获得了一个创造性的，前所未有的解决："凭借一种有助于增添上帝的荣耀的基督徒行为"，"通过他的重生和由此而来的全部生活的神圣化来增添上帝的荣誉，靠的是实实在在的而非表面化的善行"；善行虽然不是我得救的原因，但却是我得救的结果，是我证明得救的手段，我不是因为善行而得救，而是因为得救而行善，我在善行中确知我是得救了的："善行是必不可少的，是成为选民的标志。善行不是用来购买救赎，而是用来消除罚入地狱的恐惧的技术性手段。在这个意义上，善行有时被看成对救赎是直接必须的……或者说那'唯一的所有物'便取决于善行。"② 至此我们看到，清教主义在绕了一圈之后，又回到了原点，肯定了它原来否定了的东西，在出于信仰否定了善行之后，又出于

---

　　① ［德］马克斯·韦伯：《新教伦理与资本主义精神》，于晓、陈维刚译，三联书店 1987 年版，第 83 页。

　　② 同上书，第 88 页。

信仰的确证而肯定了善行，它因为信仰主义否定了善行，又因为见证信仰主义而认可了善行，正如它基于同样的理由既否定了自由又肯定了自由一样。清教主义这一来一回，先否定而后肯定是有着深远意义的，首先，它完全出离了脱世的禁欲主义，迈入世俗的禁欲主义之道；其次，它不再消极对待善行，善行被赋予了更加积极的意义，并且被理性化了。坚决否决理性的信仰主义者出人意外地在入世荣耀上帝的行动中比任何人都更加是理性的人：信奉善行见证得救、荣耀上帝的禁欲主义的清教徒恢复了理性，既用理性摧毁自发的冲动性享乐，又使自己过一种机敏、明智的生活，即系统地、合乎理性地安排整个道德生活。① 就此而言，清教徒在信仰主义的前提下，把理性的自由带入了尘世，而在此之前，他完全拒绝自由的理性的生活。

秉承一种激进的神恩论，近代清教主义建立了一种新教道德体系。这种新教道德没有否定人的道德性，只是把道德看作一种信仰的工具。人成为道德人不是人之为人的目的，而是人到达彼岸世界的桥梁，见证得救的手段。新教道德的前提是激进的天命"预定论"，预设上帝在创造世界之前，每一个人的命运就被安排好了，他是否成为上帝的选民，是否被救赎，是上帝早已预定好的。但是上帝是不可知的，任何人都不知道自己是否已成为选民。即使他已被恩典，他也无法诉诸上帝来证明，而必须由自己来举证，并且通过自己的全部实践乃至一生的实践来证明。新教为他设想了一种能够证明他被上帝选上的生活方式：过一种系统化的、理性化的生活，以自己永不间断地合理化的善行在尘世荣耀上帝。于此新教道德诞生了，其意义在于，它在信仰宗教的内部打开了一个世俗化的缺口，从出世道德转出了入世道德，从神性的道德开出了人性的道德。

新教道德的逻辑是，虽然人不能求诸上帝确证自己是否成为选民，但可以求诸自身来反证自己是否被恩典，而且至少有一点是可以确证的，这就是凡是终生作恶的人一定不会成为选民。相反，若人能够时刻对自己的行为加以理性的控制，终生过一种合乎理性的善的或义的生活，在尘世中增添上帝的荣耀就称得上、配得上是上帝的选民。不过，虽然主张善行能见证被上帝拯救，但是新教道德的实质却不是善行拯救论，而是道德工具论：在尘世中终生做合理化的道德行为并不是目的本身而只是见证被上帝

---

① ［德］马克斯·韦伯：《新教伦理与资本主义精神》，第89—95页。

拯救的一种手段。新教道德仍然是禁欲主义的，根本上是厌恶和否定尘世生活的。不过，新教道德禁欲主义却是一种积极禁欲主义，它不同于中世纪消极禁欲主义，不是进修道院否弃世俗生活，而是出修道院进入尘世之中，通过禁欲苦行般的工作和功业来荣耀上帝。

　　固然新教以曲通的方式间接给予世俗化道德以一定的存在地位，但是就其把合理化道德仅仅看作见证上帝恩典的手段而言，它还是从根本上否定了人自主道德的可能性。虽然新教道德迈出了神性道德向人性道德，神圣道德向世俗道德转变的第一步，但是它离真正的自主性的人性道德、世俗化道德还很远。没有上帝，道德是可能的吗？人能否通过自身自主地成为道德的人？这是怀疑主义者培尔早在其《历史哲学辞典》中就已经提出来的问题，他清晰地发出了道德是否必须以上帝信仰为前提的质疑声。近代启蒙道德即是围绕着这一基本问题展开的，它首先要做的就是颠倒道德的信仰前提，把人从他主性的上帝信仰中解放出来，恢复人性的自主性，重新肯定人的道德性，确定人能够自主成为道德的人，恢复人的道德自由；不是道德是为上帝信仰而准备的，而是上帝信仰是为道德而存在的，道德不是信仰的工具。

　　近代启蒙道德恢复了人的自由意志，认为人是生而自由的。它把自由看作人的一种存在的因果性规定，整个道德体系即是建立在这种自由因果性之上的。自由能使人成为道德的人，同时也使他成为为自己的行为负责的人。人的自由意志不是罪恶的根源，而是人的自然规定，或本体规定，是无辜的，即使人犯罪作恶，他的自由也并不因此而被剥夺。

　　基督教论述中的自由是一种任意、一种意愿与不意愿的能力，而作为近代启蒙道德基础的自由则是一种理性化的意愿能力。当行为受外物刺激，意志被情感、欲望所支配时，人就进入了必然的领域；人只有按照理性行动，其意欲的恰是理性所认可的，才能成为一个自由的人，正是理性赋予意志真正的自由。这种理性是先验的、无条件的、不受任何经验束缚的，是一种自己规定自己的能力，它本身就是自由的，只要理性思想就意味着摆脱一切感性的约束，进入超越的自主状态。理性是自由的，但又是必然的。这是因为法则是客观的，理性自我立法必然也要服从法。启蒙道德即是自主的道德，自我既是道德法的制定者，又是道德法的遵守者。

　　近代启蒙道德除了恢复人的自由意志，确证和使用人的理性之外，还强调人要忠于理性。如果说犹太教是"因律法称义"，基督教是"因信称义"，那么近代启蒙道德则是"因智称义"。在理论上，它强调理智地、实事求是地看待世界；在实践领域，它强调人能够自主地使用理性颁布法则，恪守法则，成为道德的人。相反，基督教传统否定人能使用理性成为义人，主张在称义问题上牺牲理智，求诸信仰。

近代启蒙道德与宗教分离，颠倒了道德与宗教的关系，道德不再为宗教服务，相反，宗教是为了促进道德而存在的，道德才是人生活的意义所在。青年黑格尔在康德道德主义的影响下完成的《耶稣传》清楚地呈现了道德和宗教关系在启蒙时代发生的颠覆性的转变：他不是将耶稣描述为基督、拯救者，而是描述为道德启蒙者；在他看来，耶稣的使命就是唤醒在人性中沉睡的道德理性，进而唤醒人心中的道德律；人只有遵从心中的道德律，才能进入天国，即道德理想国。

三　人文主义伦理的现代嬗变

宗教改革激活了基督教的活力，它关于自由与神恩的深入检讨使自由问题再次凸显出来，清教主义在预定论、上帝不可知论的前提下创造了人世的理性化的新教道德，似乎使我们看到了一些新气象，多少感到自由与理性化道德的汇合隐约可见了。但是新教信仰主义的大前提最终还是限制了伦理进一步世俗化及其与自由意志理论的融合。压倒一切的对灵魂得救的关心窒息了新教世俗化的深度和广度，而仅仅使理性化生活保持在信仰可及的范围内，对永福、复活和永生的关注则导致对理性道德生活的终极排斥和轻蔑，使得此岸道德生活徒有其表，只能充当神恩的工具，而对信仰称义的坚定则使得自由最多只能作为第二因参与人的现世生活的建构。

因此预定论的信仰主义既在一定程度上促使信仰实践向人世回归，但是也反过来阻挡了人向现世生活回归的深化，使得这种回归是非常有限的。只有去掉信仰主义的外壳，理性主义才能得到完全恢复，彻底回归现世生活才是可能的，自由的问题也方能清晰地呈现出来。文艺复兴人文主义的破土而出，迈开了冲破信仰主义回归自然和人世的关键一步。

文艺复兴是在信仰主义的基督教眼皮底下发生的。在普遍把灵魂的拯救看得高于一切的信仰时代，人文主义者突然失去了对彼岸和复活永生的热情，重心下移，并冲破了信仰之墙，回到了"异教"的古代希腊和罗马，发现了一个迥异的和相反的重理性、灵魂完善、德性卓越，关心人事高于神事的人的和公民的世界。最能体现文艺复兴人文主义精神的哲人莫如马基雅维里：他不仅在精神上彻底与基督教信仰主义决裂，回到现世，也回到古代，倡导尚武的、在世的爱国德性，而且其入世之深乃至与古典的柏拉图理想主义也决裂了，从而在某种意义上开出了启蒙现代道德的端倪，成为现代精神的领路人。

对于马基雅维里来说，信仰对他失去了所有的吸引力，对祖国的关心超过甚至全面压制了对灵魂得救、灵魂安宁的关心，他成为一个坚决的"异教徒"和爱国者："他其实属于一种类型独特的爱国者：他对于拯救他的祖国，比对于拯救他的灵魂，更为牵肠挂肚。"[1] 他在"异教世界"中发现了相同的精神旨趣，在古代的公民宗教里找到了他渴望找到的东西，即服务于国家，关心国家的爱国精神，而在信仰宗教中看到了他为之不屑的东西，即厌恶国家，抛弃国家的唯灵主义。他极力贬基督教而褒古代异教，后者被看作更能激发人们对自由的热爱和对现世荣耀的关怀，更利于共同体公民德性的教养。他用一系列的对比鲜明地呈现了古今信仰的巨大差异，道明了今人的基督教信仰必将导致消极的公民生活，而古人的信仰却鼓励积极的公民德性的生活：今人信仰指明了真理，否弃现世荣耀，古人信仰视现世荣耀为至善；今人的祭祀谦卑，精致而不壮美，不狂野，古人的祭祀壮观，盛大而壮美，血腥残忍；今人信仰推崇卑恭好思之徒，古人信仰美化现世荣耀等身者；前者视沉思冥想、谦卑矜持之人为圣贤，后者推崇"威猛的勇气与体魄，以及能够使人强大的一切"。结果就是，今人信仰不是要你去做什么大事，而是一味忍辱负重，不思抱负，世界因此变得"羸弱不堪"，"女人气十足"；而古人信仰允许人们"壮大并捍卫自己的祖国"，希望人们"热爱自己的祖国，为它增光添彩，为保护它而做好准备"[2]。古代宗教可以说塑造着公民的爱国精神，培育着人们对公共生活的参与和奉献，教化着公民的共和德性。对于这样的政治性宗教，国家应该善加利用，应当把公民宗教作为基本的制度建立起来，让它承担一种社会伦理教化的功能，引领人们过上自由的公共善的生活，孵化为此所需要的公民德性。对于世俗共同体来说，应当强化公民的宗教信

---

① ［美］利奥·施特劳斯：《关于马基雅维里的思考》，申彤译，译林出版社 2003 年版，第 3 页。

② ［英］斯金纳：《论正义、共同善与自由的优先性》，《消极自由有什么错》，达巍等译，文化艺术出版社 2001 年版，第 214—215 页。

仰，哪怕这种信仰是基于人民的偏见或错误，为了培育公民的虔诚品质，也应该加以维护。因此城邦需要信仰，并不是说它是真理，而纯粹是出于世俗的目的，出于城邦的团结和幸福的需要。因此被世俗共同体保留的宗教并非精神宗教，关涉人灵魂的得救，而是社会性宗教、公民宗教，仅关涉人现世的生活幸福。这种宗教实际上就是马基雅维里极为推崇的古罗马宗教，而非基督教。

（一）马基雅维里的道德转折

马基雅维里身为文艺复兴时代的人，主张效法古人，复兴古代德性。但是他所谓的古人并不是柏拉图、亚里士多德等古典哲人笔下的古人，而是李维、塔西佗等历史学家笔下的古人，他所指的古代德性并不是古典哲学传统中的德性，是历史上希腊罗马人的德性，他要做的就是用后者取代前者。

（二）与古典道德理想主义的决裂

马基雅维里饱读史书，正是通过历史他触摸到那曾经发生过的现实，透过被他激活的现实，他看到迥异于古典哲学传统中的人及其生活方式。他发现，古典哲学推崇的世界是在想象中构建的，"从来没有人见过或者知道在实际上存在过的共和国和君主国"[①]，那里的人们过着道德的生活。但是现实中的人们过的却是在现实国家中的实在生活。

由此马基雅维里就把实际的和想象的世界，现实的生活与应当的生活区别开来，早在休谟之前就提出了是与应当的区分。他强调应从实际而非想象出发，如实地而非如其应当地看人事的世界，因此他的思维方式是科学的而非哲学的，是现代的而非因袭古代的认识方式。他不像后来的休谟那样，关注从是能否推论出应当，从事实能否得出价值的问题，而是关心应当能否与是一致，传统的道德价值是否还适用于现实的生活需要。

解答这些问题，关键要看现实的人最关心的事情是什么。如果现实的人都是善良的，那么人就应当过好人应该过的生活，道德上的善就是人最关心的事情，就是他生活的目的。如果现实的人是不善良的，道德的善是否还能成为人们生活的目的，能否"发誓以善良自恃"，举世皆浊而我独

---

① ［意大利］马基雅维里：《君主论》，潘汉典译，商务印书馆1985年版，第73页。

清呢？中国的屈原就是这样做的。假设苏格拉底面对这种情况，他也会这样做，因为在他看来，人应当关注自己的灵魂，过值得过的生活，做个好人，哪怕被杀身也不足惜。

马基雅维里对这个问题采取了现实主义的态度。如果人们不是善良的，你是个好人，那么你只有死路一条。① 我们都听过"狼和小羊"的故事，羊遇到狼，只有被吃的命运。而好人死于非命不值得。传统道德所肯定的舍生取义、杀身成仁在马基雅维里这里被否定了。他已经悄悄地进行着价值的重估。生，安身超过义，仁，是人们首选的价值。在坏人当道的世界中，做不做好人不是最重要的，设法存活才是最重要的事情。

相较于古典哲学乐观的道德人性论，马基雅维里对现实人性的认识是比较悲观的。"盖人皆趋恶易而向善难"②，因此人性是恶劣的，不可信赖的，容易变心，善于伪装。人性是自私的，在任何时候，只要对自己有利，人们就逃避危难，忘恩负义。因此人性是非道德的。

马基雅维里的非道德人性论与基督教原罪论的人性论有相近之处，但二者的初衷却大相径庭。基督教原罪论旨在教人信靠上帝，赎罪祛恶，最终因信称义。马基雅维里却告诫人们，和"狼"打交道，可要处处小心，勿以对待道德人的方式对待非道德的人，否则就会遭到毁灭。问题不是拯救自己，而是如何设法保存自己。马基雅维里在价值估价上发生了重大转变：在应当与现实冲突的情况下，不是应当高于现实，灵魂的完善高于肉体生命的保存，宁死而守善，而是现实高于应当，生命的保存更胜于灵魂的完善。

马基雅维里这种价值估价上的倒转和他对世界的看法紧密相关。他背离了古典哲学目的论的世界观，回到古代异教世界观。主宰世界的是命运。世事变幻不定，但都"听从命运的支配"，"远在每个人的预料之外"。世界像条河一样流动变化，而命运就像洪水猛兽，所到之处，"人人奔逃，屈服于它的暴虐之下，毫无能力抗拒它"③。因此现实的世界远非美好的王国，相反，在这个世界上，连生存都是个问题。

现实世界危机重重，人们首要的不是完善自己，实现自身的目的；在

---

① ［意大利］马基雅维里：《君主论》，潘汉典译，商务印书馆 1985 年版，第 73—74 页。
② ［意大利］马基雅维里：《论李维》，冯克利译，上海人民出版社 2005 年版，第 72 页。
③ ［意大利］马基雅维里：《君主论》，第 117 页。

由命运决定的世界上，也不存在有待实现的目的。只有势所必至的必然性，变幻莫测的偶然机遇，变易不止的命运之流随时冲击、毁灭着人们。在这种情况下，人们要么受命运左右，被淹死，要么反抗以保存生命。马基雅维里倡导人们与之斗争，保全自己，此乃出乎自然的必然：时刻存在的死亡危险逼迫人必须与之抗争，以求自保。马基雅维里把这种反抗死亡的态度透露给即将到来的现代，自保的原则后来被霍布斯、洛克所继承，成为现代人的基本原则，而马基雅维里也因此成为现代思想的真正奠基者。

现实的人们还有一种不满足于安全，获取更多荣耀的欲望，① "获得世俗的名声和光荣是统治者的最高目标"②。君主"必须依靠他的行动赢得伟大人物和才智非凡的声誉"，通过"伟大的事业和作出卓越的范例"赢得人们的尊敬。这样，在非道德的世俗世界中，首要的是自保，其次是获得荣耀，道德的完善不再是人生的目的，生活彻底世俗化。

（三）非道德德性

马基雅维里在《君主论》中大量使用了 virtue 这个词，然而其意义却有"某种异乎寻常之处"，"他的 virtue 像个谜团一样有待人们去破解"③。柏林指出，马基雅维里区分了异教世界的德性和基督教的德性。④ 斯金纳认为，马基雅维里在《君主论》中完成了道德观的"马基雅维里革命"，提出了"新道德"⑤。波考克认为，马基雅维里复兴了罗马意义上的 virtue，意指个人采取政治与军事行动的能力。⑥ 曼斯菲尔德指出，马基雅维里开启了一场道德革命，实现了从宗教庇护下的德性到世俗主义支持下的德性的自行转变，形成了政治化的、共和的德性。⑦ 施特劳斯认为，马基雅维里在多数情况下，以一种有别于道德德性的涵义使用德性这个概念，

---

①　［意大利］马基雅维里：《论李维》，冯克利译，上海人民出版社 2005 年版，第 123 页。

②　［英］斯金纳：《马基雅维里》，王锐生、张阳译，工人出版社 1985 年版，第 65 页。

③　［美］曼斯菲尔德：《马基雅维里的 Virtue》，《共和主义：古典与现代》，上海人民出版社 2006 年版，第 91、96 页。

④　［英］柏林：《反潮流》，冯克利译，译林出版社 2002 年版，第 54、74 页。

⑤　［英］斯金纳：《马基雅维里》，第 67、85 页。

⑥　［英］波考克：《从佛罗伦萨到费城》，《共和主义：古典与现代》，第 8 页。

⑦　［美］曼斯菲尔德：《马基雅维里的 Virtue》，《共和主义：古典与现代》，第 95、111、114 页。

用共和国德性取代了道德德性。① 因此人们对马基雅维里的 virtue 的确众说纷纭，莫衷一是。但不难看出，人们基本上承认马基雅维里实现了道德观的变革，提出了新的德性观念。但马基雅维里到底提出了什么样的德性概念？具有什么特征？上述解释言之不明，未说到关键处，也未能回到马基雅维里所勾勒的非道德的政治现实对他的德性概念予以透彻把握。

就《君主论》来看，马基雅维里的意图是探讨新君主取得并维护自己统治应遵循的一般准则，以便教育未来的新君主，期待他们能够统一分裂的祖国意大利。他一改传统君主的做法，不是从应然的角度教诲君主怎么做，而是从历史和现实的经验出发，从过往君主的成功和失败中总结和抽象有用的准则，然后待价而沽，希望新君主再把这些准则付诸实践，改变现状，创立强大和繁荣的国家。马基雅维里不是柏拉图，后者不欲实际地改变现状，而是在言辞中设想了一位最好的哲学王，构造了一个最佳的国家，等待现实的"机缘"，自然实现。马基雅维里干预现实的意图如此显著，深知实现最佳国家，哲人做王的机缘如此渺茫，不得不放弃了柏拉图式的最高理想，从最低点，即合乎实际的强大和安全的国家入手，寻求改变现状，建立世俗性国家的方法。这样的国家是可能的，缘于有实际成功的案例，也有失败的案例，只要对这些案例加以理性分析，找到成功和失败的原因和规则，新君主了解了这些原因和规则，有了前车之鉴，就能够避免失败，取得成功，在现实的地基上建立强大繁荣的国家。

因此，按照施特劳斯的说法，马基雅维里降低了人们对政治的期许，也降低了人们对新君主的期许。新君主不是圣贤，目标是道德理想国，条件是机缘，天下有道则达济天下，无道则独善其身，而是务实的人杰，目标是安全强大的现实王国，条件是深入实际，主动出击，天下有道无道都必须积极谋划，善加维护或重新建立一个稳定有序的国家。

对于残酷的现实，圣王是消极的，选择独善其身而非解民于倒悬，新君主是积极的、负责任的，他践行的是责任伦理，他敢于以恶抗恶，建立新秩序。因此新君主不是道德完美的人，他有美德，也容许有恶德。他是既善也恶的人。马基雅维里颠覆了人们对待美德与恶德的态度。传统道德的态度是，善就是善，恶就是恶，美德就是美德，恶行就是恶行，二者对

---

① ［美］施特劳斯：《关于马基雅维里的思考》，申彤译，译林出版社 2003 年版，第 384、419 页。

立不容混淆。在应然条件下，应当坚守。但是马基雅维里的新君主要面对的是实际的人世。现实世界恰是非道德的，善恶相混的世界，善有恶报，恶有好报是常态。君主一味以道德的方式处世，是不负责任的做法，可能会导致更大的灾难。只有因时制宜，必要时以恶制恶才能恢复秩序，避免更大的邪恶。因此在政治现实中，善与恶、美德与恶行的界限不是那么分明，美德不是绝对善的，恶德不是绝对恶的，道德是有条件的，无论美德还是恶德都不是传统道德意义上的。

马基雅维里弱化了美德的绝对道德价值，公然为新君主的恶行开脱，有施特劳斯所谓公开教诲邪恶之嫌。不可否认，马基雅维里以恶致善之论在传统道德立场上是不被认可的；以德致善，以德制恶方凸显道德之价值，美德没好报并不能减损其道德的价值，恶德有好报也不能增加其道德的价值，减损其邪恶。在这里，君主应当履行其道德义务。对此，马基雅维里也不否认，英明的君主应该在行动中表现出伟大、英勇、坚忍不拔，具备慷慨、仁慈、守信等美德。[1] 但问题是美德对于新君主而言已经不具备自足的价值，他可以为美德，却不是因其自身之故为美德，追求道德上的完善不再是新君主的优先选项，维护自己的安全，国家的强大才是其第一要务，而只有尽到其保家卫国的义务他才是尽职的。道德义务与政治义务在古典哲学那里是一致的，但在马基雅维里这里却不完全一致，在二者发生冲突时，后者具有优先权。道德义务与政治义务在现实层面的冲突不是善与恶的冲突，而是善与善的冲突，是道德善与政治善的冲突，马基雅维里的错误是颠倒了两种善的秩序，把政治善置于道德善之上，为了政治善不惜牺牲道德美德，或把道德美德相对化。只有当它有助于政治善时，才予以保留；当它无助于政治善时，则不惜为恶。由此也凸显了道德世界的完美，政治世界道德上的缺陷。马基雅维里为我们揭示了现实的真理，然而是一个可悲又残酷的真理。

随着重心由道德义务向政治义务的转移，传统的道德德性也便转换为政治德性。传统上道德德性与政治德性是一致的，但在马基雅维里新君主身上，二者是分离的。政治现实的非道德性决定了新君主的政治德性是非道德的。德性不过是新君主克尽其责，保国安命，赢得荣耀的手段。德性不是自足的，新君主非为德性而为德性之事，德性本身就是目的，是将其

---

① ［意大利］马基雅维里：《君主论》，第 87 页。

作为手段服务于政治目的的，因政治的需要而为德性之事。德性被世俗化、功利化了。

　　马基雅维里肯定新君主具备诸如慷慨、仁慈、守信等美德是值得褒扬的，"如果可能的话，他还是不要背离善良之道"①。但是新君主具备这些美德却是为了赢得人们的赞扬，而不是为美德自身之故。虽然古典哲学也不反对美德能赢得赞美，但它强调的是因美德而获得赞美，赞美只是其附带的结果，并不是其本质的因素。而马基雅维里却颠倒了二者的秩序，新君主是因渴望被赞美而具有美德，赞美是其本质因素和目的，德性丧失了其内在性，变成了外在性的辅助物。

　　命运是新君主必须时刻提防的敌人。新君主要想战胜命运乃至达到随心所欲、得心应手的境地，必须以德性为武器。命运女神喜欢主动"征服她"的君主，因此勇猛比谨慎就是更容易驯服她的武器。② 但是仅有这一种德性是不够的，还必须具备多种德性。命运女神变化不定、变幻莫测，新君主必须随情势的变化而随时使用不同的德性，"如果一个人采取谨慎、耐心的方式行动，时间与事态的发展情况说明他的行动是合适的，那么他就获得成功；但是如果时间与事态变了，他就失败了，因为他没有改变他的作法"③。由此德性不再是恒定不变、完美的灵魂品质，而具有因应情势的暂时性、时间性的品性。新君主的德性不在于拥有某种德性，而在于会用各种德性。马基雅维里取消了德性本身的内在尊严，使之成为纯粹权宜性的品质。古典哲学并不否认命运的影响，但是命运对于德性而言纯粹是外在的，无论命运如何变换，德性坚如磐石，以不变应万变。马基雅维里却使德性变动起来，新君主不是依赖德性消极地以不变应万变，而是依靠德性积极地以变应变，与时俱变。

　　新君主需要政治美德以克尽自己的职责，克服命运的安排。但是他同时也要保留恶行。当然他不是有意为恶，为恶而恶，而是以恶致善。当然这种善是政治的善，道德的善不可能由积恶而得。马基雅维里鼓励新君主保留恶行以"避免使自己亡国"④，允许他可以用诸如急躁鲁莽、暴力等

---

①　［意大利］马基雅维里：《君主论》，第85页。
②　同上书，第120页。
③　同上书，第118—119页。
④　同上书，第74页。

恶劣品质①来实现自己的目的。古典哲学拒斥恶行，恶行没有道德上的价值，可是马基雅维里却以一种非道德主义的方式使恶的品质获得了政治上的合法性。

就恶行有助于其政治目标而言，它是正当的，新君主不必因为人们对恶行的责备而感到不安。马基雅维里如是为他的新君主辩护。这样，恶行同美德一样是必要的。美德与恶行，传统道德上是对立的东西在新君主身上却奇迹般地融合起来，共同构成了他的非道德意义上的新品质。新君主因此是半人半兽的怪物，既有人性也有兽性，既有美德也能行恶。马基雅维里实际上并没有把传统道德赶出去而是移植入现实政治之中，他不仅把美德也把恶行一并移入现实政治之中，混合为新君主的品质，革新了君主的面目。

（四）非道德德性与政治共同体

君主决定了君主国的政体性质，所谓朕即国家。在君主国中只有君主一人是自由的，其他人都是他的臣民。君主的意志就是国家的意志，臣民依赖于君主的意志，以其意志为自己的意志。国家之兴亡的确系于君主一人。虽然君主使国家立于自己的意志之上，他也不能为所欲为，他已经同他的臣民形成了一个利益共同体。对于君主而言，他要想维护自己的国家就必须处理好同臣民之间的关系。

马基雅维里为新君主提出了一个处理同臣民之间关系的总则，即"必须考虑怎样避免那些可能使自己受到憎恨或者轻视的事情"②；君主的本分，君主之义就是避免遭到自己臣民的憎恨或轻视，③ 如果君主受到自己臣民的憎恨或轻视，他断难坐稳江山，不是被阴谋推翻，就是有人造反。显然马基雅维里将新君主和臣民纳入一种消极的关系之中。新君主是为维护国家，迫不得已才顾及臣民的，他们之间并不存在伦理关系而只是统治与服从的权力关系。避免引起臣民的憎恨或轻视也只是对新君主维护统治最起码的要求，为人民谋福祉显然没有成为他道德上的义务和积极的政治原则。

---

① ［意大利］马基雅维里：《君主论》，第118页。

② 同上书，第44页。

③ 同上书，第87页。

君主与臣民之间这种最低限度的非道德的政治关系自然也需要非道德的方式来维系。新君主怎样才能免遭自己臣民的憎恨和轻视呢？马基雅维里仍然从消极的方面劝诫新君主。对于臣民而言，他们过的是消极的生活，大多数人只要"财产和体面"没有受到侵犯，就能够"安居乐业"。因此贪婪、淫荡好色、霸占臣民的财产及其妻女等是新君主"头一件"需避免的恶行，否则就会特别被臣民记恨。①

生性"变幻无常、轻率浅薄、软弱怯懦、优柔寡断"的君主则容易受到臣民的轻视，因此君主必须"努力在行动中表现伟大、英勇、严肃庄重、坚忍不拔"②的品行，才能避免招来臣民的轻视。

到这里，马基雅维里还算中规中矩，没有惊人的言论；为避免臣民的憎恨或轻视，新君主应当戒除恶行，力践美德倒也符合一般的道德教条。但是在建立君主与臣民政治关系的问题上，马基雅维里到此为止，接下来他就语出惊人，颠覆了传统的道德原则。

马基雅维里承认，"善行如同恶行一样可以招致憎恨"。当臣民"腐化堕落的时候"，君主为着保存自己的国家，应当"为着使他们高兴，不得不迎合他们的脾胃"，"被迫做不好的事情"，君主的美德善行反而会激怒他们，招来忌恨，从而"善行将与你为敌"③。然而对于这样的君主我们不得不说，他也是腐化堕落的君主。为了自己的统治居然主动迎合那些腐化堕落之臣民而不思去扭转腐化之风，使民风淳朴，这样的君主是非道德的乃至不道德的、不光彩的，虽统治也没有任何尊严可言。

新君主为避免招来臣民憎恨或轻视可以为恶行而不为善行，恶行甚至比美德更能帮助君主达到目的。残酷就比仁慈更能使"臣民团结一致和同心同德"。残酷带来秩序，仁慈却带来毁灭；因过分仁慈而坐视发生混乱凶杀、劫掠，使整个社会受到损害，肯定比因残酷执行刑罚而只损害个别人更残酷。④ 因此仁慈比残酷还残酷，残酷比仁慈更仁慈，新君主不必介意残酷这个"恶名"，残酷比仁慈更应为他所常用，更能使臣民敬畏，避免招人轻视。马基雅维里由此颠覆了仁慈与残酷的价值等级，恶行俨然成为比美德更有价值的品质。

---

① ［意大利］马基雅维里：《君主论》，第87页。
② 同上。
③ 同上书，第93页。
④ 同上书，第79页。

　　但是马基雅维里并非全盘否定美德对于维护君主与臣民关系的作用。按照现实政治的非道德逻辑，只有既有美德也不乏恶行，混合美德与恶行，具有并使用非道德德性的君主才能完全避免招致臣民的仇恨和轻视。从马基雅维里对君主应用慷慨与吝啬、守信与背信的探讨中，我们可以了解现实政治的这种特有逻辑。

　　对于不是自己也不是老百姓的财产，君主慷慨是"必要的"，能够带来声誉，但是对于自己的财产，君主不应当慷慨。如果君主一味慷慨以致耗尽了财物，必因贫困而招致人民的轻视；如果他为保全慷慨之名而横征暴敛，加重人民的负担，又将招致人民的仇恨；当他不再慷慨时，他就会落个吝啬的恶名。反之，君主会由于吝啬而节约，收入丰盈，无论发动战争，建功立业都不会增加人民的负担，长此以往，"人们将会认为这位君主愈来愈慷慨了"。行慷慨之事却落得吝啬之名，招人憎恨和轻视，行吝啬之事却带来慷慨之名，受到人民的敬重。

　　对于守信与背信，英明的君主应当予以灵活运用。如果人们是善良的，那么就应当守信；如果人们是恶劣的、不守信的，就应该以牙还牙，无需对之守信；要是守信对自己不利，那就绝不能够守信，也无需介意背信之名。

　　新君主要实行安全统治，就离不开臣民的支持，就不能招致他们的憎恨或轻视。但是新君主不纯然是消极的，也是积极的，他要赢得世俗的荣耀。只有获得荣耀才能赢得自己臣民的尊敬、爱戴，从而使自己的国家获得长治久安。就新君主要赢得臣民的尊敬、爱戴而言，他们之间的政治关系也有积极的一面。

　　一位君主如果缺乏信用，毫无恻隐之心，"野蛮残忍和不人道，以及不可胜数的恶劣行为"可以让臣民畏惧，赢得统治权，但是不能赢得光荣和臣民的尊敬，不允许他"跻身于大名鼎鼎的最卓越的人物之列"①。因此如果可能的话，他还是不要背离善良之道，只有善的德性才能使之位居伟大人物之列。但是一位君主既要让臣民畏惧，维护统治，又想赢得荣耀和尊敬，二者很难两全：为了安全，"如果必需的话，他就要懂得怎样走上为非作恶之途"，"不得不背信弃义，不讲仁慈，悖乎人道，违反神道"；为了荣誉，有必要仁慈、守信，合乎人道，虔敬信神。君主陷入善

――――――――――――
　　① ［意大利］马基雅维里：《君主论》，第40—41页。

与恶、美德与恶行的分裂撕扯之中，而双方都为他所必需。

马基雅维里不愧为君王师，教诲君主不妨学做狐狸，不仅能够获得最大的成功，避免臣民的憎恨或轻视，还可以成为"伟大的伪装者和假好人"，以恶德收获美德之名，受到臣民的尊敬、爱戴，从而里恶表善，内邪外德，实现安全与荣耀的两全。

人们是简单、短视的群氓，"总是被外表和事物的结果所吸引"，因此具备狐狸德性的君主只需使用障眼法，就能欺世盗名。尽管没有美德，他可以显得具备美德，让人觉得是位仁慈、守信、慷慨的君主，赢得尊敬。而他又是一只狮子，随时准备"怎样做一百八十度的转变"，做残酷、背信、吝啬之事，令臣民敬畏。因此新君主就是一只披着狐狸皮的狮子，以一种非道德的方式把美德与丑行混为一体。要求新君主避免臣民憎恨或轻视，而又使之敬畏，尊敬的马基雅维里最后实际上是在鼓吹欺骗自己的臣民，视自己的臣民为群氓，没有丝毫对臣民的爱护与尊敬。君主制共同体因此是非道德的共同体，君主与臣民的关系纯粹建立在权力的均衡之上。

能够根据时势变化，"顺应命运的风向和事物的变幻情况而转变"，从美德到恶行，游走在仁慈与残酷、慷慨与吝啬、守信与背信两极之间，自如地取舍，就是善权变的君主保有国家所必备的德性，这是一种混合了美德与丑行的非道德德性。但要真正达到自如，顺应命运的变化，持久保有国家，君主还必须具备审慎这种德性，能够与时俱变，慎思明辨，知道何时何地，如何恰如其分地行恶而取善名，以美德之名掩盖丑行。毕竟美德徒有其表，恶行却是实实在在的，如何依据剧情的需要戴上面具，恰到好处地表演，那是需要慎之又慎的。

君主的悲情在于，没有一条万全的途径可以一劳永逸地确保国家的长治久安。他在为避免一种不利而采取对策的时候，"难免遭到另一种不利"，因此他应当预料到自己所采取的一切途径都不是绝对可靠的。在这种情况下，只有慎之又慎地两害相权取其轻："谨慎在于能够认识各种不利的性质，进而选择害处最少的作为最佳的途径。"① 依据现实的逻辑，德行并不是一种"利好"，无论德行还是恶行，都可能是一种"不利"，因此审慎就在于在德行与恶行这两害之中权衡，确定德行还是恶行才是最

_____

① ［意大利］马基雅维里：《君主论》，第109页。

佳的选择。这样，审慎就是一种非道德的德性，不再以道德善为价值取向。

（五）马基雅维里的现代道德转折

从马基雅维里的德性论来看，他的确发动了一场道德观念的变革。这场变革承上启下，既与传统道德决裂，又为现代性道德奠定了基础。

古典哲学的道德德性关乎个人灵魂的完善，人之为人即成为有德性的人，而有德性的人是自足的，无须外求，以自身为目的。个人与国家是同构的，个人道德的完善就是政治追求的目标，最佳的政体就是有美德的统治者造就有美德的公民的政体，因此政治是道德性的。马基雅维里不仅在观念上打破了传统道德观，而且在结构上改变了道德与政治的关系。道德不是个人追求灵魂完善而要达到的目的，而是让位于安全与荣誉而成为为之服务的手段。个人首要的是生存与攫取，而不是成为自足的有德性的人。不是道德优先于政治，政治为道德服务，政治应是尊重德性的，而是政治优先于道德，道德为政治服务。道德即政治，以成就人现世的光荣，而非政治即德治，以成全人灵魂的神圣。因此马基雅维里不是把政治与道德分离开来，政治是非道德的，政治学与伦理学是无关的，而是颠倒了政治与道德的关系，政治不是被置于道德之下，而被置于道德之上。

马基雅维里还以其是与应当的区分，既拒斥了古典哲学又开启了现代道德哲学的问题域。古典哲学关心的是人应当如何生活，什么是人最好的生活方式。它超越了现实，进入应然领域，勾画了理想的共同体。因此古典哲学疏实际而重理想，远现实而近应当。不能说古典哲学没有看到是与应当的区别，而恰是制造了这种区别，在言辞中建构了一个应然的道德王国，把它置于现世之上。因此是与应当的区分并非马基雅维里的首创。马基雅维里的创造性在于，他把关注的重心移动了，从应当转向了是，把现实置于中心，把现实的国家置于理想的道德王国之上。

但他并没有否定道德王国，而是肯定了被否定的现实王国的正当性，让我们认真对待现实，如实地而非应然地，实事求是地而非理所当然地道德地看待人世。这是需要勇气的。因为他如实地看到了冷酷的"事实真理"；现实世界并非目的论的道德世界，而是命运支配的非道德世界，人们随时被必然性所逼迫的危险世界。现实的人们是恶劣的、危险的，外表慈善而内里残酷。

这个世界并非是价值中立的事实领域，而是价值领域，它有自身的价值尺度。自我保存是基本的，现世荣耀是最高的，安全与光荣是被确立下来的功利性价值，也是基本价值。

确定了基本价值，马基雅维里也就开启了现代道德的基本问题，那就是建构服务于现实的世俗化道德。他把道德现实化、世俗化了，使之脱离了理想性的古典道德和超越性的基督教道德。然而，对于他实际上开启的这个问题，他却没有自觉地从世俗现实出发建构现实所需要的道德，这个问题后来被霍布斯、孟德斯鸠等人接过去了，而他却停留在传统道德的应用上面，思考的是，适合于理想国家的道德是否适用于世俗国家。因此对于世俗世界应确立什么样的道德这个问题，马基雅维里不是创造性的。

根据现实生存斗争和世俗统治的需要，马基雅维里提出了生存论的道德和世俗化的德性论。这种世俗化德性不属于传统意义上的道德德性，而是非道德德性。这种非道德德性一方面体现在它不是把德性本身作为目的而是作为手段，而且只要求显得具备德性，只加以权宜性的应用，因此德性的行为最多是康德意义上合乎德性的而非出乎德性的行为；另一方面表现在恶行上，非道德德性论肯定了道德德性论加以否定的恶行。在这一意义上，马基雅维里的非道德德性论开创了现代人义论，包含了对人间恶的辩护。

施特劳斯说马基雅维里是教诲邪恶的教师，是立足于古典哲学立场上的，他是不能被原谅，该受谴责的。柏林说，马基雅维里区分了异教的和基督教的道德，这两种道德是不可调和的，也分不出优劣等差。但是严格说来，非道德德性在价值上肯定低于道德德性，至善的世界是高于善恶混合的世界的。因此如何协调二者，建立二者富有张力的关系应该是马基雅维里带给我们的需要认真思考的问题。

（六）自由与伦理

恢复和重建古典时代的自由精神一直是文艺复兴公民人文主义者的理想，在这方面马基雅维里是翘楚。在《君主论》中，他对自由问题保持了沉默，甚至处处和自由精神作对，不惜以牺牲自由来换取专制君主制的现实合理性。但是出乎人意料的是，他在《论李维》中却突然改变了自己的面目，成为自由的捍卫者，专制主义的痛打者。向现世和古代的深度回归，是使他回到自由问题上的重要引力，而古代世界自由精神的发现则是他向现世回归的最后推力。

（七）消极自由

值得注意的是，以斯金纳为代表的当代公民共和主义派力图把马基雅维里置于共和主义消极自由论证传统中。[①] 斯金纳以马基雅维里为核心，梳理出共和主义而非自由主义消极自由的四个特征。

首先，在自由就是个人不受强制地追求自己确定的目标，选择自己愿意过的生活这一基本点上，斯金纳认为，公民共和主义和现代自由主义对自由的理解大体是一致的，也就是说，公民共和主义所论及的自由乃是不受强制意义上的消极自由，在力行这种自由的典范——罗马共和国，无论贵族还是平民所享有的就是这种不受干涉地追求权力、荣耀或财富和安全的消极自由。但不同于自由主义自由对"机会概念"的依赖，公民共和主义彰显的是自由与受奴役、受支配的对立，自由不仅在于不被干涉，更在于不被奴役，不依附于他人。[②] 自由意味着人身依附关系、主奴关系的解除，以意志人格的相互独立和平等为条件。在这个意义上，依赖于人、没有独立意志的奴隶是没有自由的。

其次，虽然与自由主义一样主张一种消极自由，但公民共和主义却颠倒了自由主义对权利与义务、个人与国家、自由与公共服务关系的理解，形成了对消极自由的不同表述。就公民共和主义而言，不是权利优先，而是义务优先；不是个人善被置于共同善之上，而是共同善被置于个人善之上；不是政府应当为个体自由提供服务，"尽可能地尊重所有公民以他们自己选择的方式实现他们自己选择的目标的平等权利"，而是相反，为国家服务，参与共同体的治理是实现和维护个人自由的必要条件。"如果我们要使我们的自由最大化，我们就应该全身心地投入到公共服务的生涯中，应该把共同善的理想置于所有关于个体好处的考虑之前。"[③]

再次，相对于自由主义重在设计一套宪政体制来保护个人自由，不主张通过培养公民美德，以积极投身公共服务的方式来实现其个人目标而

---

① ［英］斯金纳：《消极自由观的哲学与历史透视》，《消极自由有什么错》，达巍等译，文化艺术出版社 2001 年版，第 102 页。

② 同上书，第 105 页。

③ ［英］斯金纳：《论正义、共同善与自由的优先性》，《消极自由有什么错》，达巍等译，第 132—133 页。

言，公民共和主义更强调培育公民美德的重要性，指出既然投身公共事业是维护个人自由的先决条件，那么"高尚的美德应是公民个人为了有效投身公共事业所必备的品质，因而只有行为高尚的人才能确保自己的自由"①。勇敢、节制、有序和审慎是公民服务于公共事业以护卫个人自由应具备的基本美德。

最后，公民共和主义不像自由主义那样消极地理解法律，将自由与法律对立起来，法律除了强制，除了通过阻止他人干涉自己的自由，在自己周围划出一个不容侵犯的界限外，对个人自由没有肯定的意义。"相反，对于马基雅维里这样的理论家而言，法律不仅仅通过强制他人的办法，而且还通过直接强制我们每个人以某种特殊的方式采取行动的办法来保护我们的自由。"②

从上述四个方面的论述来看，斯金纳确立马基雅维里共和主义自由的本质是一种消极自由而非传统上所说的积极自由，这种共和主义的消极自由不同于自由主义的消极自由，乃是一种新型的消极自由，其要义是不受支配和奴役地追求自己意欲的生活，并且肯定为公共服务，具备公民美德是维护自由的必要条件，自由与法律强制也是一致的，而这使得它与否定它们之间存在肯定性关系的自由主义的消极自由真正区别开来。

原则上我们不反对斯金纳的观点，承认他发现了一种共和主义的消极自由，但同时我们主张，必须把这种新型消极自由限制在特定的范围内，归属于特定的群体，而不能把它泛化为普遍的、所有人都欲求的一种自由。并且我们还认为，这种自由与公共服务、公民美德和法律强制之间存在肯定性关系，不仅像斯金纳所说的，把它与自由主义消极自由区别开来，而且，公共服务、公民美德和法律强制本身构成了共和主义消极自由中的积极因素，使共和主义消极自由呈现为一种特殊的消极自由，一种蕴涵主动元素于其中的主动的消极自由，而非纯粹被动的消极自由，不是纯然被动防御型的而是主动防御型的自由，因此是一种混合型的自由。

就马基雅维里而言，共和主义消极自由只适用于罗马共和国的平民而不是贵族。马基雅维里特别强调，罗马贵族和平民的性情是不同的，与被

---

① ［英］斯金纳：《消极自由观的哲学与历史透视》，第114页。

② ［英］斯金纳：《政治自由的悖论，第三种自由》，应奇等编译，东方出版社2006年版，第125页。

支配、依附相对的自由是罗马平民所欲的，他们意求不受支配、脱离依附状态地安全生活，而罗马贵族向往的自由恰是相反的，不是不受支配而是受支配的自由，自由与支配并不是截然相对的。[①] 而斯金纳的错误在于，不加区分地把贵族所欲的自由也解释为不受支配意义上的消极自由，与平民的自由等同起来，显然曲解了马基雅维里的原意。

斯金纳的另一个错误在于，他没有看到，即使是罗马平民所欲的消极自由也蕴含了积极的因素，公民共和主义的消极自由之不同于自由主义的消极自由就在于，它不纯粹是消极的自由而是积极的消极自由。这首先体现在公民共和主义将自由与公共服务联系起来。罗马平民虽然把为国家服务当作手段而不是目的，出于利己的动机即保护自己的家庭和财产安全而投身于公共服务，[②] 即便如此，也难掩公民共和主义消极自由的积极性质。罗马平民为免于依附他人，并非被动地在私己领域里竖起一道屏障，以防他人逾越，而是走出狭隘的私己领地，通过积极介入共同体的治理，以主动进取的方式保卫自己的自由。目的是消极的，但手段是积极的。这显示了共和主义消极自由不单纯是消极防御性的而是积极防御性的自由；人民不是消极地要求国家不得捆绑自己按照其意愿追求其目标，而是主动地创造条件，通过建立自治的共同体，消除奴役的可能性条件为自己赢得自由的生活，通过拓展没有依附的自由的公共空间来构筑、扩大自己的私人空间。

斯金纳看到了美德对于捍卫自由的重要性，却没有看到正是对美德的内在要求证明了共和主义消极自由的积极意义。马基雅维里眼中的罗马共和国不是原子式的利益集合体，而是因共同的善而由克制己善的个体参与护卫的公民自治共同体，其中平民对于共同体是积极的，他们热爱公益，主动担当护卫共同体自由的义务，具有为共同善服务所必需的美德，如虔诚、稳健、精明、出色判断力、[③] 谦和、高尚、公正[④]等，有能力也有资格从事公共服务。平民也因凭借美德积极履行义务而享有自由，因此他的自由是通过美德而赢得的，他的自由不是消极无为的自由，而是积极有为的自由。

---

①　［意大利］马基雅维里：《论李维》，第 93 页。

②　同上书，第 92—93 页。

③　同上书，第 195 页。

④　同上书，第 165—166 页。

　　自由与法律强制的一致性也证明了公民共和主义消极自由的积极性
质。纯粹消极的自由不需要法律发挥积极作用，但积极的消极自由却需要
法律发挥能动的规约作用，[①] 这源于共和国形成了共同的意志；基于共同
的意志，出于共同善而制定出法律，由公法统治的国家是自由的国家，而
国家自由恰是维护个人自由的前提，个人也只有克制利己的习惯，服从法
律的统治，让法律强制个人脱离私人善的狭隘考虑，以共同善为标尺，才
能预防公共权力旁落于私人，公共意志退化为个人意志，才能构筑维系自
由的共同体，人民才能得以尽享个人自由。因此法律的强制不是消极的而
是积极的，服从法律的统治不仅不会减少自由，反而会维护和扩大自由。

　　由此看来，伯林对积极自由和消极自由的二元划分是不确切的；主动
和被动、消极和积极是相对的，单纯用积极或消极的概念很难概括自由的
多重意蕴。马基雅维里所说的自由就是两重性的和混合性的自由，积极的
消极自由就是这种二重混合自由的一种形式。

（八）积极自由

　　如果罗马平民所欲的自由是积极的消极自由，那么我们从贵族身上则
看到这种二重混合自由的另外一种形式，即消极的积极自由。斯金纳的错
误在于，把平民向往的自由也推到贵族身上，对自由做了单一化的解释，
没有看到贵族所欲的自由虽然带有消极性质，但那是积极自由中的消极因
素，本质上是一种新型的积极自由。

　　马基雅维里区分了罗马共和国公民即贵族和平民所具有的两种“相
反的”气质：平民是“担心失去已到手的东西的人”，更愿意守成，贵族
是“有攫取欲的人”，更意欲进取。[②] 二者都“向往自由”，但贵族是
“为了支配权而有自由的欲望”，平民是“为了活得安稳”而“要求自
由”[③]。因此贵族的气质是主动的、能动性的，“目的”是支配，其自由是
积极的，自由就是发号施令以获取权力和荣耀，创造并维系公共的生活；
平民的气质是被动的、保守的，“目的”是不受人支配，[④] 其自由是消极
的，自由就是希望不受压迫，“享受自己的物品，不必有任何猜疑，不必

　　① ［意大利］马基雅维里：《论李维》，第 54—56 页。
　　② ［英］斯金纳：《论正义、共同善与自由的优先性》，第 59 页。
　　③ 马基雅维里：《论李维》，冯克利译，上海人民出版社 2005 年版，第 93 页。
　　④ 同上书，第 58 页。

为妻儿的名誉担心，也不必为自己担惊受怕"①。

斯金纳注意到贵族和平民在气质和目的上存在着根本差异，但在自由的理解上却无视这种差异，似乎贵族和平民在气质和目的上的异质性微不足道，不足以构成他们所欲自由的异质性。② 但是，如果我们正视两者异质性的欲求，就无法想象他们所欲的自由是同质的。贵族向往的肯定是积极的自由而不可能是消极的自由。斯金纳辩称，大人物的"首要目的显然是为了尽可能保持不受任何妨碍，以便通过对他人的统治而为自己获取荣耀"③。很明显，他是用平民的自由欲望来解释贵族的自由欲望的，突出"不受妨碍"的优先性以显示其自由的消极性质，但是在说明贵族的"首要目的"时，马基雅维里用的词是"甚强的"、"支配欲"，根本就没有提到"不受妨碍"④ 这样的话。显然他的意思是，大人物的"首要目的"是支配，其次才是"不受妨碍"，凸显"支配"对于"不受妨碍"的优先性以示其自由的积极性质。当然贵族所欲的是支配以免"被支配"，是支配的"不受妨碍"，因此其自由多多少少都带有消极的成分，但那是进攻中的防御，而不是防御中的进攻。

对于平民而言，自由是与强制、奴役相对立的，对于贵族而言，自由是与命运、必然性相对立的，积极的自由就是控制必然和命运，成为命运的主人而不受制于命运和必然。自由与必然、命运的对立，似乎回到了自由意志的形而上学传统，和马基雅维里复兴的公民共和主义传统不大相干。其实不然。马基雅维里与古典形而上学传统公开决裂，摒弃了古典哲学目的论的世界观，拒绝了基督教神义论的神学世界观，接受了命运主宰世间万象的异教世界观。非目的论的世界是一个在时间中变动不居的世界，既有不可避免的必然性，也有不可预知的偶然性，无常的命运是这个世界的主人。命运、必然和偶然不是什么形而上的东西，而是内在于生活世界的东西。事实的真理是残酷的。对于充满变数的无常世界，马基雅维里告诫人们，切勿"自欺"，以为总有可实现的意义，但也无需消极无为，任由命运摆布；即使命运无常，也"不能把我们的自由意志消灭掉"，"命运是

---

①　马基雅维里：《论李维》，冯克利译，上海人民出版社 2005 年版，第 92 页。

②　[英] 斯金纳：《消极自由观的哲学与历史透视》，第 104—105 页。

③　同上书，第 104 页。

④　[意大利] 马基雅维里：《论李维》，第 58 页。

我们半个行动的主宰，但是它留下其余一半或者几乎一半归我们支配"①。

马基雅维里在这里表述了一种以英雄之气概藐视"残酷的"命运的贵族主义的命运观。天下二分，两足鼎立，命运女神和人共治；命运女神是半个主人，人是与之并肩抗衡的另外半个主人。命运是必然和偶然的混合，而人能够借助卓越的德性支配它，为自己赢得自由，成为世界的实际主人。命运女神喜欢迅猛者"去征服她"，她造就的是支配她的积极的自由人。当然不容否认，这种积极自由也含有消极的因素，一方面命运仍然是半个主人，他之控制她是为了防御她，以免受她摆布，另一方面自由于他并非其本质的自我显现，目的的自主实现，而多少是基于身处险境又不甘驯服"不得已而为之"的抗争。

那些贵族对命运女神的征服，在为自己赢得自由的同时也在必然的世界之上构筑了一个自由的王国。罗马共和国就是这样的自由国家。如果说平民的消极自由以自由的国家为前提条件，那么自由的国家则以贵族积极的自由行动为条件，卓越人物对命运的支配就意味着自由国家的诞生。斯金纳关注自由国家的维护，平民对消极自由生活的强烈意愿使他认为他们更适合担当"自由的卫士"。但他只注意到谁适合保卫自由国家，却忽视了是谁建立了自由国家。显然贵族"在制定法律、构建文明生活、颁布新的法规政令方面优于人民"②，自由国家不过就是贵族积极的自由行动的产物。

这种积极自由首先体现在为生民立法，支配和塑造生民上。原初生民"凶残"，"如禽兽般散居各处"③，自由的奠基就在于赋予这些杂乱的"质料"以"形式"，造成"对于自然的改变"，将这些生民带入共同的政治生活里，将其塑造为公民。"盖人皆趋恶易而向善难"，"不出于万不得已，人无行善之理"④，因此必须把人本性趋恶的这个"必然性"置于某种"必然"的情势下予以控制和改变，才能使之向善。这个必然情势、强制手段就是法律制度，借助于它，就能把任性粗野的生民纳入自由生活的模子里。而立法者建立典章制度以驯化生民的活动本身即是自由的活

---

① ［意大利］马基雅维里：《君主论》，第 117 页。
② ［意大利］马基雅维里：《论李维》，第 195—196 页。
③ 同上书，第 50 页。
④ 同上书，第 54 页。

动：正如施特劳斯所说："在制造强制情势或者施加必要情势的人们中间，能够在运用强制手段时选择正确的时机和选择其他正确的情势条件的那些人，将会得心应手，游刃有余；他们所采取的行动，是自由的行动。"①

但问题是如何保证立法者对生民的支配和塑造不是一种专制，法律制度不沦为个人专断意志的暴力工具？其关键在于，这种缔造是出于私人野心还是出乎共同善，是把生民塑造成追求个人欲望满足的私人还是追求公益的公民。如果缔造者出于"增进共同福祉而非一己私利，不计个人存废而为大家的祖国着想"来立法创制，建立并非"由他一肩独担"，而是"始终受到众人的关切，其存续与众人休戚相关"的共同体秩序，那么这样的行动就是自由的而非专断的行动。"上天造人之时，便令其欲壑难填，守成乏术。"② 人总是受野心的蛊惑去争夺财产和荣耀，形成不同的党派，重大的事情不是寻求公开的解决而是党派的解决。如果法律制度的建构是为了约束人野心膨胀的"必然性"，使人脱离非政治的野蛮生活，过上政治的文明生活，将之驯化为热衷公益的公民，那么这样的驯化行动就是创造自由的行动而非僭主行为。

如果人们面对命运和必然性，不愿做出"被迫无奈"的行动，而要对之加以征服，做出主动选择的、积极的自由行动，③ 则卓越的德性是必不可少的，德性是人遏制命运的主要力量。具备卓越德性者能做到"使偶然机遇驯服就范"，成为自己命运的主人。在"势所必然的逼迫下"，善思、精明、出类拔萃的头脑凭借着对于必然性的认识，就能够对必然性加以利用，"遵从应然之理，总是以弊端较少者为上策"，就能为自己赢得自由，"命运的力量奈何他们不得"。

凭借德性成为命运的主人，立法创制以驯服"必然"，构建共同善以造就公民生活构成了贵族积极自由的行动。不过，这种积极自由却不同于希腊古典传统中的纯粹积极自由。古典传统的积极自由依存于"两个前提"，一是道德目的论，以德性为中心的幸福被设定为人的目的，只有实现了目的，止于至善的人才是自由的，因此自由是道德性的和自主性的；

---

① ［美］施特劳斯：《关于马基雅维里的思考》，第398页。
② ［意大利］马基雅维里：《论李维》，第141页。
③ 同上书，第46页。

二是人的社会性，人被看作政治性的动物，"只有当我们真正地从事那些最有益于幸福或人类繁荣的活动，我们才能够被认为是拥有完全的或真正的自由，才可能因此而被认为是包含了最深刻的人类目的"①。因此自由是政治性的。古典自由是内在的和自为的，它与人灵魂的自我完善、道德目的的自主实现是一致的，是在主动参与的公共生活中得以实现的。公民共和主义拒绝了一切形式的目的论，人的一切活动都被置于命运决定的情势中。人没有要实现的目的，也不是道德性的，人不过是受自然天性、命运制约的动物，人的自由不是其天性目的的自主实现，而是源自其不甘于命运和必然性的摆布，奋起对必然性的认识和制服，基于德性对命运的支配，因此这种自由是非道德意义上的带有消极因素的积极自由。

人在原初状态下是散居的野兽而不是政治性的动物，只有借助杰出人物的自由构造，通过法律制度的浇筑，人类才结合起来进入政治的生活。人类按其天性是自私的，要么像平民那样仅仅关心"他自己的福祉"，要么像贵族那样关心的只是他的尊严荣耀。然而卓越人物对尊严荣耀的激情欲望竟激发了其对公共福祉的关切，"竟然对于遥遥无期、千秋万代的福祉，如此忧心如焚，如此牵肠挂肚"②。卓越人物对尊严荣耀的欲望只有在献身于公共福祉的事业中才能得以满足，只有在建构自由的政治生活、构筑良好的法律制度、依靠自身的美德支配多变命运的行动中才能获得实现。就卓越人物是从对尊严荣耀的私欲出发构建自由的政治生活和良好的法律制度并成为命运的主人，赢得自由而言，自由不过是满足其激情欲望的手段，而非目的，在这个意义上，公民共和主义的积极自由包含了消极的因素，不同于柏拉图古典传统纯粹的积极的自由，这种自由作为道德性自由，本身是目的而不是手段。

（九）共和国自由的二重性

按照马基雅维里的说法，罗马共和国的体制是混合型的，"经历了从君主统治到贵族统治再到平民的统治"，综合了"君主制和贵族制的品质"以及民主制的品质，"在授权于贵族时，未全然放弃君主制的品质；在授权于平民时，亦未攫尽贵族的权力"。在这种混合体制下，罗马共和

---

① ［英］斯金纳：《政治自由的悖论，第三种自由》，第114页。
② ［美］施特劳斯：《关于马基雅维里的思考》，第458页。

国成为"一个完美的共和国"。完美的共和国是自由的，因其是"完全受自身意志支配的城邦"①。

贵族是自由的，平民是自由的，国家也是自由的；但这三种自由是异质的，斯金纳把这三种自由解读为同质的消极的自由是严重的误读。贵族的自由是含有消极性的积极自由，平民的自由是包含积极性的消极自由，它们不是单纯的消极自由或单纯的积极自由。共和国作为贵族和平民组成的公民共同体，作为具有自身意志的城邦，其自由不能还原为平民的消极自由，也不能等同于贵族的积极自由，否则它的"完美性"，其包容贵族和平民的混合体制将遭到毁灭。共和国的自由是不同于贵族和平民自由的第三种自由，是包容了贵族和平民自由的混合自由。

有益于共和国自由的法律既不是单独来自贵族，也不是来自平民，而是来自贵族和平民的斗争。② 贵族和平民在气质上是对立的，贵族意欲支配民众，民众欲求不受贵族支配，双方斗争的结果是，贵族和平民达成了某种势力平衡，平民以"恰如其分的分寸比例"与贵族分享权力，形成相互制约的均势。在罗马共和国，既有人民议事会，也有元老院，既设有护民官，也设有执政官。这种分权制衡的体制，确保了共和国的自由，既没有使国家沦为贵族意志的工具，也没有沦为平民意志的工具，而是立基于贵族和平民意志"恰如其分比例"结合而成的共同意志之上。因此共和国的自由是双重的自由，混合了贵族和民众两方的自由，既体现了贵族的意志也表达了民众的意愿。

共同意志的形成离不开共同的目的。贵族和平民之所以通过斗争没有分裂反而结成统一的自由共同体，是因为双方承认彼此的利益，认同共同的善。民众珍视的是免受支配、生命和财产安全，贵族看重的是统治、尊严与荣耀，如果民众和贵族的利益都得到保障，那么他们献身于公共服务的行动既实现了他们自身的自由，也维护了共和国的自由。

与国家自由相对立的是专制，自由的国家就是不受专制统治的国家。贵族有攫取专制统治的欲望。"鲜有危害自由"的民众也有一种"攫取"的欲望，总有种"骚动不安的精神"和"强权性质"。因此贵族和平民的性情中都有专制的趋向，当来自人民的"自由欲望过于强烈"，来自贵族的"支配

---

①　［意大利］马基雅维里：《论李维》，第49页。
②　同上书，第56页。

欲望"也"过于强烈",双方不欲保持比例平衡,不同意"制定有利于自由的法律,而要制定有利于党派的法律时,则专制统治即现"①。如何避免专制,护卫国家自由? 自由的屏障是应置于贵族还是民众之手?

贵族在立法建制方面"优于人民",平民在法制的守成上"优点突出"。贵族创建共和国的自由,平民护卫国家的自由,但平民比贵族有"更强烈的意愿过自由的生活,更不愿意伤害这种自由";"既然他们无力侵夺它,他们也不会允许别人侵夺它",因此他们"会为它付出更多的关切"②。显然马基雅维里偏爱平民化的自由共和国,相信民众能够承担护卫国家自由的重任。"受法律管束"的民众是应当寄予厚望的,他们"保持着高贵的品质","为了公共安全"毫不含糊地服从命令,只要"法纪健全",他们比"公认的明君"还"持之以恒","判断力更出色","爱护自己的祖国的荣誉和公益"。因此"人民的声音能被比作上帝的声音","普遍的意见有着神奇的预见力,那么它似乎也含有某种隐蔽的德行,能够预知善恶"③。不过马基雅维里也洞悉民众的弱点。民众往往被"伪善的表象所欺",相信看上去有益实际上有害的事情,反之,那些表面上有害而实际上有益的事情他们却不信服。因此完全依托平民就会使共和国面临"覆没"的危险。这就需要精明的人出来"把是非善恶讲清楚"以说服民众,威严尊贵的公民出面控制"群情激愤的民众",出众德性的人物来领导民众。因此贵族和民众实质上是相互补充的,前者适合统治,也能胜任统治,后者不愿受统治,也不能胜任统治而适合守成,前者应当发布命令,后者应当服从。

共和国若要保持自由,就必须让贵族和民众相互制衡,使其各安其分,因此秉持正义是必不可少的。公民应得的东西应当给他,应予奖赏和信任的公民不能受到迫害和猜疑,应予惩罚和报复的公民,不能受到封赏甚至"加官进爵",否则,不义就是共和国由自由走向专制的"成因"。罗马共和国是正义的,比其他类型共同体更能避免忘恩负义。相较于贵族,人民更正义。人民根据一个人"众多良好行为"所展示的"宽宏大量、崇尚自由或公正"的非凡德性来判断和授予其官职和荣誉。罗马平

①　[意大利]马基雅维里:《论李维》,第 152 页。

②　同上书,第 58 页。

③　同上书,第 195 页。

民为自由和荣誉而与贵族争斗，认为应当得到执政官职位，但当涉及具体事务时，他们不再"自欺"，具有"谦和、公正、高尚的精神"，知道自己的"弱点"，"看上去他们完全应得的东西，其实他们中间无人能够胜任"。他们由此而惭愧，"给了那些能够胜任的人"真正应得的东西。[①] 因此民众是值得信赖的，在事关地位和荣誉的分配上，他们是正义的，不会把应得的东西给不该得的人。

（十）以自由约束自由

马基雅维里在现代的开端试图恢复罗马的共和体制。这种体制混合了君主制、贵族制和民主制三者的优点，避免了三者的不足，是一种在现实性上最佳的体制，比任何体制都能更好地奠定和维护自由。这种体制建立在二重性的社会结构之上。贵族和平民都没有获得"独尊"，他们相反的性情和目的相生相克，相反的自由欲望相互约束，在斗争中他们达成一种平衡，造就了混合两种自由、分权制衡的自由国家。混合自由的共和国是正义、"完美的城邦"，它最大限度地包容了天性上完全异质的两个阶层，最大可能地扩大了自由，保全了价值的生态多样性，显示出共和主义雍容华贵的气象：既映现出贵族的尊严荣耀，也折射出民众的自在安然。

马基雅维里《论李维》的意图是要今人效仿罗马的混合体制，建立贵族和民众两个阶层既斗争又合作，以自由约束自由，携手创制分权共治的自由国家，在无常的世界上造就一个自由王国。后来的政治哲人虽然明里暗里都是马基雅维里的传人，却都背离了此道，依托于某个单一的社会阶层建构自由国家，把自由等同于积极的或消极的自由。自由主义抓住消极自由不放，声称积极自由实质上和专制无二。卢梭式民粹派共和主义消除了群体的异质性，也消解了消极自由，只保留单一的积极自由，基于异质群体，成全两种自由的混合型共和国被废弃，现代共和主义已经不能承受两种自由的共存。

伯林虽然声称是价值多元主义者，但在自由的问题上却是典型的一元论者。《论两种自由》是他对消极自由的辩护，对积极自由的声讨。他能够区分两种自由，却无力整合两种自由。如果今天真正贯彻价值多元论，那么其模式不是伯林式的而应是马基雅维里式的，只有混合型共和主义才

---

① ［意大利］马基雅维里：《论李维》，第165—166页。

能最大限度地包容现代共和主义和自由主义，以自由约束自由，建立两种自由相互制衡的机制。

以波考克、斯金纳为代表的英国剑桥学派近些年来大力复兴公民共和主义。波考克从积极的方面理解公民共和主义的自由概念，[①]但遮蔽了这种自由概念中所蕴涵的消极因素。斯金纳颠覆了过去对公民共和主义自由的解释传统，首次将这种自由解释为消极的自由，本来势同水火的自由主义和共和主义竟然是一家。他注意到公民共和主义的消极自由以积极参与政治生活为条件，却没有意识到对政治生活的积极参与恰好构成了消极自由的积极因素。他完全无视共和国是混合型的，贵族和平民的气质是异质的，他们欲求的自由也是异质的，把异质混合的自由共和国简化为同质单一的自由共和国。他将自由国家看作是个人自由的前提条件，但他所谓的自由国家实际上消解了完全由民众构成的国家，这样的共和国和卢梭式的人民共和国实无二致，都排除了另一种群体，另一种自由。

现在的问题是，在伯林区分积极自由与消极自由的基础上，能否避免在两种自由之间做非此即彼的选择，能否找到一种体制，包容不同气质的群体，容纳两种自由，确保共同体内部的生态多样性，保障自由的最大化？马基雅维里复兴的混合型共和体制为我们提供了原型。虽然这种混合制共和主义被时下所谓公民共和主义的复兴运动所提及，却被肢解成了碎片，其最典型的混合特色被消除。这种混合型共和体制在今天的意义就在于，它为我们打开了一种审视社会群体、理解两种自由的新视角，既对现代自由主义形成一种批判，也能让现代共和主义的局限显露无遗，从而为我们解构现代自由主义和共和主义的二元对峙，反思和建构兼容并包两种自由的混合型自由观奠定了基础。

如果社会大体上形成了两种不同气质的群体：一种群体具有高贵气象，欲求积极的公共生活；另一种群体具有谦和的平民气质，欲求消极平静的私人生活，两种群体不再相互怨恨，而是足够成熟以至于相互承认彼此的关切，形成共同的目标，继而通过相互竞赛达成妥协均衡、携手共治，分享共同的自由和福祉，那么在现代条件下复兴混合型共和体制就是可能的。当然，除了人们精神上的成熟外，还需要制度的建构，美德的培

---

① ［英］波考克：《德性、权利与风俗，公民共和主义》，应奇等编译，东方出版社2006年版，第42页。

育，而这三者能否连成一体，既有历史发展的必然因素，也有偶然机遇的因素。罗马共和国能够缔造出来，就是因为那几个条件非常偶然地结合在一起，因此马基雅维里说，罗马人"撞了大运"。

第二章　启蒙道德的自由本体论奠基

近代哲学发生了由客体到主体的转折。如果科学的逻辑仍然是客观的对象化的逻辑，那么近代哲学的逻辑则是主体性的逻辑，按照这种逻辑，人不再沉浸在对象世界里，而是从中折转身，回到内在自我意识中来，把握自我意识所表象的世界。人不是进入世界，而是退出世界，不是作为世界的构成者而是作为世界的观察者，透过自我意识的表象去反观世界，去看内在表象中所呈现出来的世界。只有在表象中被给予我的，被我所确信的世界才是真实的世界，相反，不是在自我表象中被给予的世界即是可疑的。近代主体哲学意味着人的自我成熟，只相信自己确切表象和知道的东西，不再轻信未经自己确定表象的东西。但是主体性确立的同时，人却丧失了实体性、世界性，人与世界分裂。近代主体哲学的奠基者是笛卡尔，他在自明的我思中确证了数理机械论，也在我思中确证了灵魂的存在，但也因此陷入二元论的泥潭。斯宾诺莎为了克服笛卡尔二元论而恢复了实体性原则，并在必然的世界中开出了自由的领域，但也导致必然和自由的紧张。莱布尼茨为拯救自由打碎了斯宾诺莎的实体，把实体个体化，并划分了自然和自由领域，在机械论之外恢复了目的论。不过对于他而言，必然和自由的背反仍然是个难题。

一　早期现代哲学中的必然与自由问题

近代哲学是自由哲学，无论理性主义哲学还是经验主义哲学都可以理解为一种自由哲学。这种自由哲学不仅仅是实践道德哲学层面上的，一切道德的前提都是自由因果性，而且是本体论、认识论层面上的，思考自由的原因性问题是近代哲学的基本问题。

近代科学把古代目的论逻辑从自然领域驱逐出去，按照自然因果律理解这个世界。科学理性所把握的经验现象世界是一个必然的世界。古希腊的苏格拉底一开始追随阿那克萨戈拉学习自然哲学，按照生成论原理解释自然，而研究自然，恰如德谟克利特所说的那样，就是发现自然的必然性。但是在苏格拉底转向后，他对自然的解释已经不是生成论的或机械论的，而是目的论的。比如，对于苏格拉底坐牢这件事情，按照自然因果律来解释，就是纯粹从自然的、物质的原因解释他何以坐在大牢里，但是它却不能解释他为什么自己愿意待在监狱而不逃跑，为什么他愿意接受雅典法律的处罚而不妥协？苏格拉底就此发现自然哲学的解释是不充分的，必须引入一种目的论的解释方式。按照这种原则解释，苏格拉底之所以不逃走，甘愿受罚，是因为他认为这样做是好的，善而不是外在的自然必然性是他的行为发生的原因。苏格拉底还说，地球所以是圆的，是因为这样的世界是好的。柏拉图和亚里士多德都引入目的因果性来解释世界和人的行为发生的原因。柏拉图在《蒂迈欧》篇中说，宇宙是神按照善的理念创造出来的，而亚里士多德说，世界的发生变化是由形式因引起的，形式既是目的也是动力，而神是纯粹形式、最高形式、不动的推动者，推动世界从低级到高级递进。

近代自然科学家放弃了苏格拉底善—目的论和基督教终极目的论，提出了自然机械论。科学提供给我们的是机械论的自然图景，而机械世界遵循的是自然必然规律，一种数理化规律。现在的问题是，这样一个数理必然世界是如何产生的？必然世界是否也是由必然原因引起的？如果本原是自然必然的，那么这个本原就不可能是本原，因为本原之上还有本原。自然因果性的规律是，任何原因都是由另外原因引起的，对原因的原因的追溯是无穷的，因此终极原因不可能是自然因果性的东西，否则那个本原的原因是什么就成为一个问题。牛顿就曾因为寻找机械世界的第一推动力而陷入困境当中，最后不得已把它归于上帝。但问题是，作为第一推动力的上帝是何种原因？他是必然地推动这个世界还是自由地推动这个世界？

对自然本原原因的解释有两种：一种是目的因，这是古希腊哲学的思路；二是自由因，这是近代哲学的路数：以自由因取代自然因和目的因是近代哲学的根本逻辑。这个世界不仅是自然必然地发生的，而且是自由地产生的。在实践层面上，自由就是道德行为的最终根据。人存在的根本原因不是善，而是自身的自由意志。从本体论到实践论，近代哲学实现了从目的论哲学向自由论哲学的转向。

　　近代哲学的论证展开是从外部世界回到自身、从客体回到主体、从外在回到内在，在我思当中把握世界和自身行为发生的原因。古代和基督教哲学都是从客体出发，追问世界是什么，而近代哲学则从我思出发，追问我能够认识的世界是什么，从我意愿出发，把握我应当做什么。

　　近代科学的逻辑仍然是一种客观的逻辑，它从自然界的对象出发，沉浸在客体的运思当中。而哲学比科学更进一步的地方在于，哲学并不忘却自身、一头扎进自然界，沉浸在自然之观察和思考当中，而是回到自身的主观性上，通过对自身认识能力的批判、反省来把握我能够认识什么和不能够认识什么。这样我对于世界的认识才更加确切可信。近代哲学从客体到主体的转向标志着人的主体性，人的自身意识的觉醒，人不再盲目沉浸在对世界的沉思当中，而是在认识世界之前先考察我具有什么样的认识能力，搞清楚什么是我能知道的和不能知道的。

　　古希腊自然哲人认为自己知道世界的本原，通过这种本原可以解释一切，似乎没有什么是他所不知道的。但是苏格拉底却发现他很无知，因为自然哲学不足以解释一切，而诗人、智者本来很无知，却自以为知道一切。苏格拉底的自知无知道出了希腊人的基本认识经验：惊讶。亚里士多德说，一切认识都起源于对世界的惊讶。我们本来对世界很无知，但是天天和它打交道，却"日用而不知"，当它突然呈现在我们面前，我们豁然发现日用而熟知的世界竟如此陌生、神秘时，便发生了希腊人经验到的惊讶：惊奇于世界将自己向我们隐藏起来，显示出来的远比隐蔽起来的要少。希腊科学和哲学出自这种惊奇，它们所做的就是发现自然，抓住在显现中躲藏起来的东西，把真相公之于众。

　　如果说古代哲学的基本精神气质是惊讶，那么近代哲学的根本精神气质是怀疑；如果说希腊人因为惊讶而走上了认识世界的道路，那么近代哲人则因为怀疑而迸发了认识世界的渴望。本来宗教传统已经为人们的生活提供了牢靠的终极支撑，但是近代人却突然产生了对确切无疑东西的怀疑：神学是真正的知识吗？我们的知识建立在牢靠的基础上吗？基督教信仰给人们提供了稳固的生存重心，但是怀疑却使得他们突然失去了对基督教的信任，动摇了其生存的重心。这种怀疑得以产生的根本原因在于基督教哲学本身。在十三四世纪，基督教哲学是一种思辨的经院哲学。它背离了对实在世界的认识，除了烦琐的语词争论和纯粹逻辑演绎之外，人们有理由怀疑它能否带来真正的知识。另一方面，社会日益世俗化，人们怀疑基督教信仰还能否为之提供精神支柱。当然这种怀疑不是消极的。希腊晚期哲学的怀疑主义是消极的，它否定一切真理性的东西，自身陷入悬空状态而无法安定下来。不过最彻底的怀疑主义在逻辑上是不可能的，因为当你怀疑一切之时，你的这种怀疑本身却是不可怀疑的。所以彻底的怀疑主义是坚持不到底的；当怀疑主义者怀疑一切时，他其实已经走出了怀疑。近代哲学的怀疑主义是积极的，它意识到怀疑主义本身的悖论，因而它在怀疑时是有所坚持和确信的。近代哲学从怀疑出发，最终找到了不可怀疑的基础，为哲学赢得了科学之科学、知识王国的地位。

通过怀疑找到不可怀疑的东西，是近代哲学的新气象，标志着哲学成熟了，人作为主体出现了：他不再是战战兢兢渴求上帝恩典的罪人，而是自由自主成熟的人。成熟的人是抛开他人监护、自主使用理性的人，不成熟的人即离不开他人监护、不能自主使用理性的人，他往往是任性的，跟着感觉和愿望走，容易陷入对他人的依附而由他人替自己使用理性做出决定。当一个人摆脱了监护，自主使用理性进行认识和决断时，他就是一个成熟的人了。当然理性的自主不是指在诸如吃什么是有营养的这样的技术性问题上拒绝专家的意见，自己亲自去研究查证一番，而是指在最重要的事情上拒绝他人的指导，自己使用理性独立做出决断。比如做什么样的人，过什么样的生活，组成怎样的社会，建立什么样的国家对于每个人来说是最根本的事情，他必须自己做主、自己使用理性而不能由别人代替自己做出决定。近代哲学是成熟人的哲学，它从客体回到主体，回到我自身，通过自身反省回答最根本的问题。

每个人都应当在其一生当中至少经历一次回到自身、自我思考、自我启蒙的时刻，从不成熟走向成熟。儿童的启蒙不是自己完成的，而是由传统、家长和老师完成的。通过启蒙，儿童从懵懂无知到慢慢懂事，由小孩子成长为一个大人。不过，这第一次启蒙是外在灌输给儿童的：他本来是一张白纸，却被画上各种图式，告诉他该如何思考、行动和生活，所谓懂事就是他能够按照既有传统给予的是非善恶观念思考和行动，而在他懂事之时，他的第一次他者启蒙也就完成了。接下来他应当回到自身，经历第二次自我启蒙。中国人懂事得太早，以致在他懂事很长时间以后也很少回到自身，反躬内省自己，由自己确立自己思考和行为的原则、价值和信仰。而不经历个人的第二次启蒙，他就还不成熟，没有真正成人。

在希腊时代，西方人经历了一次理性的启蒙，在近代，又经历了一次真正意义上的自我启蒙：在他懂事之后，他通过怀疑由传统回到自身，重新审视已被给予他的观念、价值和信仰，自己使用理性更新或重建基本的观念、价值和信仰。

（一）笛卡尔：数理必然与自由意志

从某种意义上说，笛卡尔是近代第一个经历了人生第二次启蒙，即自我启蒙的人。他出身贵族，从小接受了良好的教育，熟悉烦琐的经院哲学。但是他却产生了对经院哲学深深的厌恶，进而开始怀疑所有已经被给予他的知识的真实性。他成为普遍的怀疑主义者，不仅怀疑外部世界的知识，而且怀疑一切知识。一切看似巩固的东西在他的思面前都被动摇了。但是他的怀疑是积极的，是为了重建对真理的确信，寻找一切知识的第一原理：它是自明的，不容怀疑的。

（二）我思故我在

笛卡尔首先怀疑外部世界的知识是不可靠的，因为它来自感觉、想象，而感觉是模糊的、主观的，因而是不可靠的。接下来他又怀疑身体不是真实存在的，因为谁也无法保证它不是我们在梦中看到的影子。看似不可怀疑的数学也是值得怀疑的，至少有一种可能，三角形内角之和等于180°不过是恶意精灵设下的骗局。

普遍怀疑使笛卡尔失去了一切可靠的根基，他完全漂浮起来。但是他还是发现了绝对不可怀疑的东西，即"我怀疑"本身：我可以怀疑一切，但我怀疑本身是不能怀疑的，怀疑是思想，所以我思是不可怀疑的。正如行动必然有行动者一样，思想必然有思想者，因此"我思故我在"。这不是推论，而是直观、自明的命题。"我思故我在"即是笛卡尔苦苦寻找的第一原理。

从我思可以自明地推出我在，我在即灵魂的存在。凡是我能够清楚明白地想到的东西都是真的，这是笛卡尔确立的理性演绎的原则。根据这个原则，他从我思出发推演出上帝和物质的存在。在我思的天赋观念中，上帝的观念是最引人注目的，因为它是完满存在者的观念。圆满实在者除了包含诸种实在性之外，还包含了存在这种实在性，因此圆满存在者是存在的。除了对上帝的存在做了这种本体论证明之外，他还进行了一种因果论的证明：上帝是圆满存在者，而我在是有限的存在者；有限存在者和无限存在者的因果关系不是对等的，虽然自然因果关系是对等的；有限存在者不可能自己产生无限上帝的观念，故上帝的观念肯定是从外部放入我思中的，而只有上帝能够放入这一观念，因此上帝是存在的。论证了上帝存在之后，物质世界的存在问题就迎刃而解了。笛卡尔说，我有关于外部事物清楚明白的观念，比如事物的形状、大小等，上帝不会欺骗我，我关于外部世界的观念是可靠的，因此外部物质事物是存在的。

笛卡尔从我思、从主体出发论证诸实体的存在，其所导致的结果是，主体和客体、自我和对象、身体和灵魂的分离：灵魂是非物质的纯粹思想，而身体是广延性的物质，二者是两种异质性的实体。由此世界和人被分成为两块碎片。

（三）上帝创世问题和唯意志论

笛卡尔证明了，上帝是存在的，是最高实体；我的灵魂是存在的，是一种实体，物质是存在的，也是一种实体。柏拉图把物质世界看作现象，既存在又不存在，处于生成变化之中，只有永恒不动的理念世界才是存在的。笛卡尔肯定了物质世界的实在性，把它看作与上帝、灵魂一样是实体性的存在，虽然它的实在性较上帝、灵魂弱。上帝作为最高实体是世界的创造者，是这个世界存在的原因。问题是，他是目的因，还是动力因，抑或其他原因？如果上帝是第一推动者，像机械论所认为的那样，那么上帝就是世界的动力因。笛卡尔并不这样认为。在认识论上，他是一个彻底的理性主义者，而在本体论、创世论上，他又是一个唯意志论者，否定了对创世的机械论、目的论解释。

希腊宇宙论认为，这个有序世界是神根据理念、把它赋予质料而产生的，但理念本身不是被创造的。基督教创世论主张，上帝从无到有自由创造了这个世界，甚至理念也是上帝创造的。上帝创造世界的意志不是理智所能把握的，它是任意的，不受任何理性法则约束的。只有这样，上帝才是至高无上的、全能的、绝对自由的。唯意志论者甚至认为，上帝可以创造自相矛盾的东西，因为上帝的创造是非逻辑的、超理智的。

笛卡尔是近代理性主义哲学的开拓者，但是在世界的创造问题上，他却回到了基督教唯意志论立场上。在他看来，上帝不是世界理性必然的动力因，也不是目的因。上帝不是根据永恒真理来创造世界的，否则上帝就受永恒真理的支配，受制于理性的必然性，就是不自由的、受命运摆布的。他认为，上帝是绝对自由的，表现为永恒真理也是其创造的。在柏拉图那里，真理是超时间的、永恒的，因此不是被创造的。上帝不是先有光的观念然后创造光，而是要有光就有了光。他任意地创造了这个世界，他是这个世界的自由因，而不是必然因：他可以创造也可以不创造这个世界，是否创造世界取决于其意志。反之，如果上帝根据观念、永恒真理创造世界，那就意味着他受到了约束，是有所不能的，而这是不可能的。上帝随时可以毁灭这个世界，也可以随时取消永恒真理。上帝诚然是善的，但是善并不是他创造世界的原因，否则他就会受到目的的支配了。如果说上帝自由地创造了这个世界，所以这个世界是好的，那么上帝的自由意志就是这个世界好的原因。由此笛卡尔把目的因从上帝创世过程中排除掉了。

对笛卡尔来说，上帝的意志是自由的，他创造了灵魂，灵魂的意志也是自由的。上帝创造了物质世界，但物质世界不是自由的，而是遵循数理必然性的。不过必然世界的最后原因即上帝却不是必然的，而是自由的。康德运用理性追溯现象世界的最后原因是自由因，但这个自由因是什么，除了能加以思想之外，他是不知道的。笛卡尔却知道，它就是上帝的意志。由此在近代哲学的开端，笛卡尔就把自由因果性确立为其形而上学的最高原理。不过，对于自由意志概念，笛卡尔并没有增加什么新的论述，只是沿袭了基督教唯意志主义的旧论。

在对上帝创世的问题上，笛卡尔背离了理性主义原则，站到了唯意志论的立场上，于他而言，意志高于理智，对上帝是这样，对人来说也是这样。灵魂的本质是思想，而思想包括感觉、想象、理解、意愿，因此它既是理性的存在，也是意志的存在。只要理性存在者坚持清楚明白的自明性原则，他就能把握真实的世界。但是笛卡尔却提出了这样一个问题：理性存在者为什么会犯错误？你可以说我没有遵守理性自明的原则，以至于出错。而笛卡尔认为，我犯错的根本原因不在于没有正确使用理智，而在于我的意志是自由的：意志自由使我犯错。在创世之初，上帝命令亚当和夏娃不要偷吃生命果和智慧果。只要遵循上帝的命令，他们就能永远快乐地生活在伊甸园，但是他们却没有听从上帝的命令，偷吃了智慧果。他们知道了善恶，却犯下原罪。上帝创造的一切都是善的，而人却不知道何为善，他只有通过犯罪才知道什么是善。上帝为什么不创造一种不会违背其命令的人呢？人为什么会违背上帝的命令呢？基督教的回答是，上帝是自由的，他也赋予人以自由。人是自由的，即意味着他有可能犯罪。动物按照必然法则生存，永远不可能犯罪。而人因为是自由的，所以犯了罪；他也因为是自由的，所以知道了什么是善恶。

理性主义者认为，只要正确使用理性，就永远不会犯错误。比如，一匹会飞的马是不存在的，我们的理性可以思维它，只要不对它是否存在进行判断就不会犯错误。对笛卡尔来说，理性是不会犯错误的，因为它只是对对象进行观念的思维，而不对对象的存在进行判断。只要保证概念的自明性和不违反同一律，我们就不会犯错误。我们之所以犯错误，是因为我们能决断的意志影响了对理性的使用。意志能力的范围远远大于理性所能思维的对象范围，乃至它可以突破逻辑同一律，做出超乎理性的决断。我们的理性可以思维金山，而对其是否存在则存而不论，但是意志却要对其存在进行判断。理性不是对事物的存在进行肯定和否定判断的能力，是自由意志要求理性对事物的存在与否进行判断。如果我们按照理性的自明性原则进行判断，我们的意志也不会犯错。但是意志往往会突破理性的范围，自作主张地进行判断。理性本身不会犯错误，但是一旦意志要求理性超出其能力范围之外做出判断，我们就可能犯错误。人的自由是任意的自由，但不是全能的，否则即使超出理性也不会犯错误。人会犯错，既证明人是自由的，也表明人的自由是有限的。

为了避免犯错，笛卡尔主张把自由意志纳入理性的范围，使之只去判断理性能够清楚明白把握的事情。试图使自由的意志成为理性的意志，表明他是理性主义者。基督教唯意志论贬斥理性，拒绝把自由意志纳入理性的范围内，认为这样上帝就受命运的支配了。

笛卡尔从世界返回自身，回到我思，并尝试由自我再返回世界，但是他却只能回到分裂的世界，而他所回到的自我也只是碎片化的、与世界分离的自我。真实的自我应当是内在于世界之中的自我，因此只有回到在世界中的自我，才真正回到了自我。笛卡尔开启了现代哲学回归自身的进程，却未能如愿。他从世界中退出，本意是以退为进，再次进入世界，在我思自明的表象中确证世界的存在，但是他却发现再也回不去了。

对于笛卡尔来说，世界是什么，世界的存在不再是自明的，无保留地予以接受的。同样，我是什么，我是否存在也不是直接确信的，而是可疑的。世界和人之所是之所以不再是自明的、直接确信的，在于世界整体已经破碎，人与世界相分裂，人不在世界中，通过世界人已经无法直接感知自身的存在。没有了世界，人也就无从知道自己缘何存在，进而也就无从知道世界为何存在了，世界和人互为陌路，相互对峙。既然人和世界的直接同一，人在世界中并通过世界认识自身的逻辑已经不复存在，那么世界的存在就不再是自明的，直接被给予的，而是需要证明的，需要通过自身予以确证。

近代主体哲学是回到自身，在自身中并通过自身的存在去证明世界的存在。笛卡尔所做的是，从外在世界复返内在意识，从不确定的、不明的世界回归自明的、确定的我思，并基于自明的我思证明我在，世界在。在我思中被确证的物质世界不是感性的世界，而是纯粹理智性的世界。物质是存在的，但不是作为感性性质的物质而是作为理智性质的物质而存在的，因此它并不是感性知觉的对象，而是理智思维的对象，而且是数理思维、"几何学论证的对象"①。广延性的物质可还原为连续的量，其运动是位置的移动，因此在我思中被表象的物质就是数理机械论所把捉的物质，在我思中被表象的世界就是数理机械论意义上的自然世界，这个世界是一个自然必然性的世界，而且是几何必然性的世界。如果说近代科学凭借假设并在经验的检验中证明数理机械论的合理性，那么笛卡尔则在方法上，在我思中并通过我思对数理必然的机械论进行了合理性的论证，并且从先验的数理逻辑出发实际构造了一个机械必然性的物质世界。

但是整个世界是否就是这种数理必然性的世界，人是否就是这个世界的一部分？或者说数理机械论是否也能用于解释人的存在和行动？笛卡尔否定了这种可能性。他通过我思证明了我在是思维着的精神，除了我的身体作为广延的物质属于自然世界外，我在、精神并不是物质，因此不属于物质世界，因此数理机械论不适用于解释我在和行动。虽然我能够思维物质，表象必然性的自然，但是我自身却属于非机械的世界。如果我是理智性的存在，纯粹思维着的实体，那么虽然我不属于几何必然的物质世界，却仍然处于逻辑必然的存在状态中。虽然物质和精神是异质的，却都是必然的，只不过一个是物质必然的，另一个是逻辑必然的：自然是物质机器，人是思维机器，由此道德也就失去了赖以建立的本体基础。

但是笛卡尔并未深陷自然必然和逻辑必然之中，而是为道德保留了地盘。他不是在自然和思维必然领域之外开辟目的论领域，像苏格拉底那

① ［法］笛卡尔：《第一哲学沉思集》，庞景仁译，商务印书馆1986年版，第76页。

样，不仅追问世界何以如此存在而非别样存在，还探求世界这样存在而非那样存在的目的，而是在坚决否定了目的论之后，恢复了基督教自由意志论以为道德的本体论基础。对他而言，人不唯是思维着的存在，而且是自由的存在；人因其自由意志而像上帝。自由意志是无差别的选择能力，即人在意愿任何事情的同时也能不意愿，存在做和不做、肯定和否定、追从和逃避两种可能的选择，而无论做出哪种选择，都是无差别的或无所谓的，不受必然性强迫的，哪怕这种选择是无理由的、任意的。即使理智提供给我必然的东西，它对于我也是无差别的，我能意愿它也能不意愿它，能确认它也能否认它，能追从它也能逃避它，而并不受制于理智的必然。① 对笛卡尔来说，自由意志不是隶属于理智的能力，而是"比理智大得多、广得多"的能力，它能够突破理智的限制，把自身扩展到理智之上。正是因为意志是自由的，可以摆脱理智而做出任意选择，所以我会犯错、犯罪。错误和罪恶的产生并不是因为苏格拉底说的无知，而是使用自由意志的结果。虽然人像上帝，但不是上帝，上帝和人是自由的，但上帝的自由是无限的，上帝意愿怎样就是怎样，无论他怎样意愿都是好的，真的，是他所知道的，不是盲目的。但是人的自由是有限的，当他的意志超越了理智的界限时，他的自由是盲目的，他就不知道真假、善恶，无从辨别真假、善恶，就可能把假的当作真的，恶的看作善的，从而做出错误的或罪恶的选择。对于上帝，不存在善恶、真假之分，他所意愿的就是真的和好的，他所意愿的就是他所知道的，但是对于人，却存在善、真假之分，他应当意愿其所知道的。

意志没有理智是盲的，因此笛卡尔主张把意志限制在理智的范围内，要意志意愿其所知道的。他不否定那种无差别/无所谓的自由，但是他认为这种自由"不过是最低程度的自由"，那种无理由的无差别/无所谓态度"与其说是在意志里表现出一种完满性，不如说是在知识里表现出一种缺陷"。如果我总是清楚地知道"什么是真，什么是善"，那么我就不会费事去掂量应该采取什么样的判断和选择，"我就会完全自由，决不会抱无所谓的态度"②。也就是说，意志意愿其所知道的，意志就不再是盲的，它选择的就总是真的和善的，而不是假的和恶的，而意志越是倾向于

---

① ［法］笛卡尔：《第一哲学沉思集》，第60页。

② 同上书，第61页。

理智所清楚认识为真的和善的，它的选择也"就越自由"：我关于"上帝的恩宠和自然的知识当然不是减少我的自由，而是增加和加强了我的自由"①。因此摆脱无理智、盲目、无差别的状态，进入理智清醒、有理由的选择状态，恰是一种更高的自由意志：它总能意愿真的和好的，而不意愿假的和恶的，因而就不会犯错和犯罪。

这样，在笛卡尔那里，就存在两种自由：一种是无差别的非理性的意志自由，一种是有差别的理性的意志自由，后者比前者在自由度上更高。如果说他恢复了无差别意志自由的概念，表明他身在基督教大传统之中，那么他更倡导理性化的自由意志概念，主张把自由限制在理智的真和善的范围内，认为这种自由是更完美的，这又表明了他理智主义的取向，以及对基督教自由传统在一定程度上的偏离。现代性的自由观念区别于基督教传统的自由观念之处在于，前者把非理性的自由意志理性化了，理性化的自由被看作真正的自由。笛卡尔跨出了自由理性化的第一步，就他来说，我所以犯错和犯罪，原因不是上帝给予我自由意志，也不是我不当地使用理性，而是我超越理性，逾矩使用自由意志。只要我始终把意志置于理性的界限内，意愿我所知道的，不意愿我所不知道的，那么我就不会出错和犯罪。

但是笛卡尔也面临理智和意志、必然和自由的紧张和冲突：到底是理智使我自由还是意志使我自由，是我意愿我所知道的使我自由，还是我知道我所意愿的使我自由？在他那里，意志本身是自由的，能意愿理智的规定，也能意愿不受理智的限制，而一旦意志被限制在理智的范围内，意志是否还是自由的？理智思维是逻辑必然的，我思在表象中所把握的自然是数理必然的，被逻辑必然的理智所规定，被数理必然性的真理限定的意志还是自由的吗？笛卡尔排除了目的论，对他来说，理性乃是数理理性，它能把握数理真理但把握不了善，数理真理是与善分离的，由此一来，为理性所规定的意志不会出错，但却不能保证它不会作恶，因为真的并不一定是善的。意志是非必然的，亦即是偶然的，理性的真理是必然的，偶然的意志接受必然的真理的规定是如何可能的？如此理性化的意志还是自由的吗？存在一种必然性的自由意志吗？对于这些难题，笛卡尔是很难给出答案的。

---

① ［法］笛卡尔：《第一哲学沉思集》，第60—61页。

实际上，理智和意志是否一致，必然和自由是否相容是现代哲学的基本问题，它们的提出和解决构成了现代哲学发展的内在逻辑。必然和自由的问题也是现代道德哲学的基本问题：在自然必然的世界里，如何开出自由，从而为人的道德义务奠定本体论基础乃是现代道德哲学的不二法门。

（四）斯宾诺莎：两种必然性和理性的自由

笛卡尔确立了近代哲学的主体性原则，斯宾诺莎却颠覆了它，确立了实体性的原则。近代哲学由以出发的原则有两个：一个是笛卡尔确立的主体原则，另一个就是斯宾诺莎确立的实体原则。近代哲学的内在渴望就是回到自身，但是回到怎样的自身？笛卡尔认为就是回到我思，结果导致人和世界的分离。建立在人和世界分裂基础之上的笛卡尔哲学是浪漫的而非古典的，其气质，按照席勒的说法，是感伤而非朴素。对于斯宾诺莎以及后来的谢林来说，回到自身就是回到实体/整体，进而通过回到世界而回到自身，但不幸的是他却遗失了主体原则，没有把人作为主体确立起来，反而把人降低为个别样式。笛卡尔回到主体，遗失了实体，斯宾诺莎正好相反，回到实体，遗失了主体。后来黑格尔综合两者，提出了"实体即主体"的原则，而在他提出这个原则的时候，近代哲学也就终结了。

（五）斯宾诺莎的实体性原则

笛卡尔哲学的终点恰恰是斯宾诺莎哲学的起点。理性思维既是分析还原性的，也是综合演绎性的。笛卡尔从我思、主体回溯到上帝、物质实体，斯宾诺莎则从实体、神出发来演绎思想、物质世界。

斯宾诺莎把实体看作"在自身内并通过自身而被认识的东西"[①]。也就是说，实体是以自身为依据的，自身是自身存在的原因。亚里士多德从逻辑角度把实体看作只能做主词而不能做谓词的存在，即只能规定而不能被规定的存在。如属性即以实体为前提，对实体进行规定，而不是实体以属性为前提，对属性进行规定。由此他认为，实体是个体性的，虽然他后来也承认存在如人这样的普遍实体。斯宾诺莎强调，实体是在自身中并通过自身存在的东西，因此实体是独立而不是依附性的存在。就此而言，他像亚里士多德一样把握了实体的要义。

---

① ［荷兰］斯宾诺莎：《伦理学》，贺麟译，商务印书馆2009年版，第3页。

斯宾诺莎说："自因，我理解为这样的东西，它的本质即包含存在，或者它的本性只能设想为存在着。"① 实体就是一种自因的存在。经院哲学提出，本质先于存在，现代存在主义哲学却提出，"存在先于本质"。只有神或实体是自因的，也只有神的本质必然包含存在，从神的观念可推出神的存在。

在自身并通过自身而存在的自因实体是无限的和唯一的，而不是像笛卡尔说的那样有三个，即上帝、灵魂和物质。斯宾诺莎回到的实体不是个体实体，而是有无限多样式的普遍实体，这样的实体就是自然或世界。实体即神，内在于万物之中而非超越于万物之上。故斯宾诺莎的自然观又被称为泛神论的自然观。

唯一实体有多重属性和无限多的个体样式，所谓"理一分殊"。个体样式是对实体的分有、分殊，以个别的方式表现实体的属性，因此是"在他物内通过他物而被认知的东西"②，亦即是在实体内并通过实体而存在和被认识的东西，其本质不包含存在。广延和思想是实体的两种基本属性，前者通过无限多的物质得到体现，后者则通过无限多的个人得到表现。人作为个体不是实体，而是样式，是思想属性的个别表现。实体是主词，个体是谓词。固然斯宾诺莎把人从孤立于世界的游魂式存在状态解放出来放入实体、自然、神之中，超越笛卡尔更真实地回到人自身，但是他却降低了人：人作为个体只是实体属性的个别样式，不具有笛卡尔赋予人/灵魂的实体性的存在地位。后者把人从万物中突现出来，前者却将人湮没在万物之中。

实体是圆满性的存在，具有最大的实在性，是万物的实在因。万物在实体中产生并仍在实体中，问题是，万物是如何在实体中发生并存在于实体中的？斯宾诺莎认为，实体把自身释放和呈现出来，万物的产生就如同实体的"流溢"。在某种意义上，他是一个新柏拉图主义者，对后者来说，善的理念是最高理念，其他理念和万物都从中流淌出来。这不是从无到有的创造过程，而是从有到有的溢出过程。

（六）必然性与自由

对笛卡尔来说，上帝自由创造了世界。而对斯宾诺莎来说，万物从实

① ［荷兰］斯宾诺莎：《伦理学》，第3页。
② 同上。

体中的产生是一种必然的流溢。任何事情的发生都是有原因的，是由他物引起的，因此自然界是必然性的，没有任何偶然性。自然界的必然性是强的必然性、几何学的必然性，即所有事物的发生只有一种可能性，而不存在相反的可能性。对斯宾诺莎来说，赫拉克利特所说的一物既存在又不存在的情况是不可能的，因为世界本身是几何性的。

斯宾诺莎排斥了任意的自由，提出了相融论的自由，即"必然即自由"，自由和必然是一致的，自由是合乎理性的："凡是仅仅由自身本性的必然性而存在，其行为仅仅由它自身决定的东西叫做自由。"① 这样的自由和外在强制是相对立的。比如，一个人要去打猎而未受到阻止，那么他就是自由的。实体按照其本性必然流溢出万物，因而实体既是万物产生的必然因，也是其自由因。在一个由自然因果锁链捆绑的必然世界里，存在内在的而非超越的自由。

笛卡尔诉诸上帝的自由意志理解世界存在的原因，而上帝的自由是非理性的、任意武断的、偶然的。斯宾诺莎反对这一点，认为意志和理性、必然和自由是同一的，不存在绝对任意的自由，只存在绝对必然的自由。

斯宾诺莎把自由等同于绝对的必然性，由此一来，道德还是可能的吗？尽管他自己试图建立本体论和伦理学同一的体系，他的主要著作《伦理学》就是前面所讲的本体论，后面讲伦理学，伦理学以本体论为其基础，但是道德在绝对必然性的自由基础上能否建立起来还是一个未知数。古代苏格拉底和柏拉图区分了目的必然性与自然必然性，把伦理学建立在目的必然性基础之上。近代笛卡尔分离了自然必然性与自由因果性，虽然他没有明确把伦理学建立在自由因果性逻辑之上，不过他肯定不会把它建立在自然必然性之上。斯宾诺莎把笛卡尔分开的自然必然性和自由因果性同一起来，提出自由即必然的观点，并把伦理学建立在自由逻辑之上，但是对于他来说，把伦理学建立在自由之上也就等于建立在必然之上，他在前进一步的同时又后退了一步。

斯宾诺莎在排除了目的论，提出了自由即必然之后，试图在必然自由的基础上建立现代伦理学。对于他来说，在必然自由的基础上建立伦理学是可能的，关键取决于我们能不能正确使用理性。在一个必然世界里，所有事物的存在和行动都是必然的，人作为个体样式也是必然的。但人也可

---

① ［荷兰］斯宾诺莎：《伦理学》，第4页。

能是自由的。当人完全被情感、欲望所支配的时候，他就是自然必然的，因为情感、欲望是由外物引起的，不是由自身支配的，因而被情感支配的人是被动的、绝对必然的。他就被情感所奴役，没有任何自主性。那些贪官就是为情欲所支配的人，虽然他们看起来很富有、很光鲜，但本质上却是物欲的奴隶，陷入欲望的深渊而不能自拔。但人也能是自由的，如果他按照本性的必然法则来行动的话。他怎么样才能出乎自己本性的必然法则而行动呢？关键就在于正确使用理性。人作为个别存在，有身体和心灵，身体受到自然律支配，而心灵则是理性的，能在实体中并通过实体来认识实体，从而理解万物和自身。一旦按照理性的认识来行动，他就是自由的。情感之所以支配我们，就在于我们在心灵中只有关于情感发生的模糊概念，而不能清晰认识情感发生的原因。如果我们能具有情感发生原因的清晰观念和知识，那么我们的心灵就是主动的。心灵的理性能力使人具有了自由的可能性，我们要想成为自由的，就必须听从理性的命令和指导，而不能完全为情欲所支配。遵从理性指导生活就是按照我们本性的必然法则生活，这种生活是自由的。对斯宾诺莎而言，自由就在于对必然的认识，获得必然的清楚观念，当我们搞清楚了必然性，我们就能主动地行动。情感是奴役我们的力量，理性是使我们自由的力量。在自然必然世界中，很多人为情欲所束缚，是不自由的，只有一部分人按照对世界和自身的理解，在理性的指导下生活，因而是自由的。

　　斯宾诺莎认为，万物存在的基本力量就是存在者的德性。人的本质是心灵，心灵存在的基本力量或德性是理解。为情欲所支配的人不是完全意义上的人，而是和动物一样的人。古希腊德性论认为，人有四德性，即智慧、勇敢、节制和正义。亚里士多德进一步又把德性区分为理智德性和伦理德性两种。斯宾诺莎对德性的理解是自然意义上的，仅保留了理智德性，而最高理智德性就是对实体、自然、神的理解。当人认识了神、掌握了实体的必然性的时候，他也就获得了最高的自由。就此而言，斯宾诺莎是一个彻底的理性主义者，把理性置于情感之上，认为理性一旦认识了情感发生的原因，就能支配情感，使人获得自由。基于这种理性的自由，伦理学才是可能的，斯宾诺莎即是把伦理学奠基在这种理性自由基础之上。

　　近代哲学开端于笛卡尔之回返自我，但是自我却从世界中分离出来。他在自由意志中找到了人犯错误的源头，但又主张自由意志的理性化，形成无差别自由意志和理性化自由意志的并立，必然与自由的紧张。

斯宾诺莎回到实体，把实体看作必然的，一切事物都从实体/神的必然性而出，因而也是必然的，正如三内角之和等于二直角之和是从三角形的必然性而出的一样。理性的本性就在于不认为事物是偶然的，"而在于认为事物是必然的"。斯宾诺莎的实体世界是绝对合理性的决定论体系，一切事物都能在实体中并通过实体得以认识，而实体本身是自因的，能够通过自身，在其自身中加以认识。任何认识无非是发现理性的必然性：或者是外在的因果必然性，或者是内在的出乎本性的必然性。无论哪种必然性，任何样式的事物的存在和属性都是已经被如此规定了的：或者被外因所决定，或者为自身本性的必然性所确定。斯宾诺莎同笛卡尔一样，否定了目的论，因此在理性必然的世界里并不存在目的，善，对事物的认识除了知道它存在或发生的必然性之外，并不知道这种必然性是好的还是坏的，更无从知道它是必然的，是否因为它是好的。真和善是脱离的，必然世界是真实的，却不是善的。也就是说，善不是理性必然的，而是情感意义上的、主观的，"我们并不是因为判定一物是好的，然后我们才去欲求它，反之，乃是因为我们欲求一物，我们才说它是好的"①。因此真理是客观必然的，善是我们主观情感欲求的，因此真的不是善的；不是因为真一好，我们欲求它，而是因为我们欲求它，它才是好的。

真理是客观必然的，善是主观好恶的，但这并不意味着斯宾诺莎容许自由意志，相反，他彻底否定了自由意志。在他看来，意志和理智是同一的，因此意志即理性意志，是必然的，而非自由意愿的。无论实体还是人的意志都是理性必然的，不是自由选择的。实体是唯一的和必然的，它由之产生的一切事物也是唯一的和必然的；不是说在这个世界之外还存在另一个可能的世界，神可以意愿这个世界，也能够意愿另一个世界，他能不要这个世界而要另一个世界。世界是理性必然的，它的反面是不可能的，否则是自相矛盾的；一个其反面可能存在的世界是不可能的，是违反理性必然性的，那种认为神的意志是自由的看法无非是认为，与这个世界相反或更好的世界是存在的，它可以也能够为了相反的或更好的世界而否定这个世界。斯宾诺莎坚决否定神的自由意志，否定他能够意愿与此岸世界相反的彼岸世界。在他看来，神是必然的，其意志也是必然的，他只能意愿必然的世界，必然意愿其反面不可能的世界。因此他只能接受和肯定现

①　［荷兰］斯宾诺莎：《伦理学》，第130页。

存的必然世界，安于命运。同样，人也只能在必然的世界中，通过必然的
世界存在和行动。他没有自由意志，不是说他能够要这个世界，也可以弃
绝这个世界，那是不可能的和虚幻的。自己的一切存在和行动都已经决定
了，改变不了了。对于自己的命运，怨天尤人，妄图改变是无意义的，相
反，"我们对于命运中的幸与不幸皆持同样的心情去镇静地对待和忍
受"①。对斯宾诺莎来说，自由意志论蕴涵了对世界和人的怨恨和拒绝，
必然的理性意志论包含了对世界和人的无条件肯定和接受。由此一切皆必
然的决定论就转化为否定自由意志，不反抗已被规定世界的宿命论。

　　斯宾诺莎否定了自由意志，也就偏离了基督教自由传统，归于理性主
义传统。但是否定自由意志，意味着不能把错误的原因、恶的原因归于人
的自由意志，而只能归于理性观念的缺陷，归于痛苦的情感。由此一来，
我是否就能因为原因不在于我而逃避责任，逃脱处罚呢？其实斯宾诺莎废
黜自由意志并不等于否定自由本身，相反，他复返古代斯多葛主义的理性
自由传统，恢复了纯粹理性主义的自由理念。基督教的意志自由是和必然
相对立的，自由意味着不必然，不受必然性的限制。斯宾诺莎理性主义的
自由并不完全和必然性对立，两不相容，而是能够与之同一和融合的。所
谓自由就是出乎必然的存在和行动，"凡是仅仅由自身本性的必然性而存
在，其行为仅仅由它自身决定的东西叫做自由"②。但并不是任何出乎必
然的存在和行为都是自由的，只有出乎自身本性的必然性，内因或自因的
存在和行为才是自由的，受他物所必然决定，受制于外因或他因的存在和
行为就不是自由的，而是受强迫的，③ 因此自由是和外在必然性、外因相
对立的，与内因、内在本性必然性是同一的，两种必然性的区分对应着自
由和强制的对立，一种存在和行为如果原因在其自身本性，就是自由的；
如果原因在他物，就不是自由的。

　　神不存在自由意志，但神是自由因；神作为实体，是在自身中通过自
身存在和行动的，因此它的存在和行动是不受任何外在强迫的，是由他物
的原因必然引起的。在它之外没有其他实体，相反一切事物都在它内，通
过它而存在和行动，它完全是出于其自身本性的必然性，按照其自身本性

①　［荷兰］斯宾诺莎：《伦理学》，第 95 页。

②　同上书，第 4 页。

③　同上。

的法则而存在和行动的。因此神的自由不在于不受必然性限制的无差别的选择，而在于不受外在必然性强迫，出乎自身内在本性必然性法则而行动和存在，神的自由和神的本性必然性是同一的。这种神性必然性的自由是一种实体性/整体性的自由，普遍性的自由，建立在普遍必然的神性法则之上，以普遍理性的命令为基础。神与实体是一体的，神并不超越于世界之上而是内在于世界之内，或者就同一于世界，因此神作为自由因，第一因，并不是万物的外因，而是万物的内因，[①] 因此以神为原因，出乎神性的必然性法则而存在和行动的存在者就是自由的而不是受外在强迫的。而且从根本上来说，只有以神为内因，以实体本质为自身本质，遵循世界整体普遍法则的存在者才是自由的，这种自由承载的是整体的普遍性必然性。后来黑格尔论述中的自由即是这种实体性的普遍自由而非个体性的自由，紧接他的莱布尼茨则否定了这种自由，倡导一种纯粹个体性实体性的自由。

　　神/实体是必然的也是自由的，在神/实体中的人的存在和行动是必然的，但也是自由的吗？人不是实体，而只是实体中的分殊，即实体的样式/个体。实体是在自身中并通过自身被认识的东西，样式/个体则是在他物内并通过他物而被认识的东西，因此如果实体是自因，依其本性必然性而存在和行动，那么作为样式/个体，人是受外因影响的，他身在必然的世界/实体中，是受外在的因果必然性制约的，在这个意义上他不是自因的，而是受外在原因、外在必然性强迫的。这表现在他有身体上，是受制于外在必然性的，他的各种情感/情绪表明其心灵是被动的，如果他完全为情感所支配，他的存在和行为不是自主的，"而受命运的宰割"，因此是不自由的。但是除了情感，人还是理性的存在者，而且人作为实体的分殊，是在一定方式下表现实体/神的个体，具有自身本性的必然性，虽然他是他物中通过他物而存在和行动，但是他并不是完全被动的，也能够是主动的，有些行动是在自身中通过自身，出乎自身本性的必然性而出的。因此人既是被动的也是主动的，在必然实体中既受制于外在的必然性，也出乎自身本性的必然性而生活。在人身上，同时存在两种必然性，外在的必然性使他不能免于外在强制，内在的本性必然性使其是自由的，当然人的自由是有限的，不同于实体不受限制的自由。

---

　　① ［荷兰］斯宾诺莎：《伦理学》，第 22 页。

斯宾诺莎把情绪看作是人受制于外在必然性的东西，因为情绪的本质必须通过外界原因的本性与我们的本性相比较才能得到解释，人只要受情欲的激动，它的本性便会相异，背离其本性，因此情绪是奴役我们的力量。而理性是使人主动的力量，与人的本性是相符合的。因此遵循理性的指导而生活，就是"绝对地依照他自己的本性的法则而行动"①，就是出乎其本性的必然性的生活，即是自由的生活，自由的人即是"纯依理性的指导而生活的人"。对斯宾诺莎来说，理性是一种理解能力，一种把握必然性的能力。它能通过概念把握普遍的必然性，也能通过直观把握永恒的形式，并从永恒的形式看一切事物，认识一切事物永恒的必然性。因此理性不仅能理解个体事物的普遍必然性，而且能够理解神/实体的永恒必然性。对于人来说，能够认识实体的必然性，必然也能够认识自身存在和行动的内在必然性，因为人作为实体的样式/个体，在他物中通过他物，人只能认识自己外在的必然性，只有在实体中通过实体，人才能认识自身在实体中存在和行动的内在必然性。人愈认识实体，愈认识自己，愈理解神，愈理解自身本性的必然性，人也就愈自由，愈能遵循理性的指导，出乎自身本性必然性而生活。人的最高自由可以达到像神一样的实体性的/整体性的自由，因为当理性认识和理解神/实体的永恒必然性之时，人就愈发接近神，具有神性，愈发能够按照神性的必然性法则而行动，神/实体的本性必然性法则就会成为理性存在者遵循的法则，神/实体而非分殊样式就是人存在的内因，人就有最高程度的自由。神/实体使人自由，而理性使人像神/实体一样自由，认识和理解神/实体是人自由的认识论前提。人的自由还体现在人越认识实体和自身本性必然性，也就越主动，人的观念就越清晰，越遵循理性的指导，从而克服情欲对人自身生活的奴役，使情感受到自主理性的统治，因此人就会越少受到外在必然性的强迫，摆脱外在的强制，越多发乎内在本性必然性而生活，进而越来越自由。

斯宾诺莎从笛卡尔的主体性原则中退出，回返到实体性世界中，重申了整全的统一性原理，逻辑上勾画出主体性哲学的实体本体论前提，合理论证了实体世界的必然性。但是正如黑格尔所说的那样，他把实体性原理推向极端，以至于否定了主体性原则，在强化实体性世界的同时，弱化了

---

① 〔荷兰〕斯宾诺莎：《伦理学》，第 194 页。

个体的独立性和自主性。主体即实体，主体以实体为前提，但实体也是主体，实体内在于主体，通过主体和在主体中表现自身，而斯宾诺莎只强调了前一个方面，而忽略了后一个方面。实体分殊为个体，个体是实体之样式，但不仅仅是样式，也是具有实体性的个别存在。它不仅在他物中通过他物存在，而且在实体中通过实体而存在。但是斯宾诺莎却只强调个体的样式性质，而忽视了个体是能够表现实体的东西，是实体性的个体，本身也是一种实体。斯宾诺莎废黜了目的论和神学自由论，构想了一个具有数理逻辑必然性的理性化世界，在这个世界上不存在理性能够把握的善，也不存在能够否定和反抗这个必然世界的自由意志，一切皆必然，任何发生和存在的事情都应该作为不可更改的命运安静地接受和承担。虽然斯宾诺莎以理性必然性的方式刻画了世界的整体特征，否定柏拉图主义和基督教对必然世界的否定，而且在绝对必然的世界里为人的自由开拓了地盘，创造性地提出了不受外在必然性强制，与内在本性必然性同一的自由观念，但是我们看到，他把自由理性化和内在化了，在披露一种必然性的自由理念的同时，也展露了这种纯粹理性自由的必然性，完全排除了意志的自由选择。从性质上说，他勾勒的自由乃是一种实体性的自由，这种实体性自由压制了个体性自由，消解了基督教意义上的个人自由，走向另一个极端。同时他还面临理性和情感、自由必然性和情欲必然性的冲突：如果理性自由是必然的，理性存在者是必然自由的，那么情感的奴役对于它根本上就无从存在，它无需克服情感的支配而必然是自由的。

（七）莱布尼茨：三种必然性与自由意志

就本体论来说，笛卡尔哲学的问题是，作为最高实体的上帝是完全任性的，他的自由意志是非理性的，他可以创造世界，但也可以随时毁灭这个世界，而这似乎和其最高存在者的地位不太相符，因为他缺少智慧、理性，尽管全能却不全知。斯宾诺莎的实体、神则是完全理性和必然的，没有自由选择的任何余地，神似乎被一种命运所支配而不得不"流溢"这个世界，而这与神的自由意志又是冲突的，和基督教的上帝观念格格不入。斯宾诺莎的上帝是理性的，却失去了选择的自由，他似乎也不是善的，他按照必然性产生了这个世界，这个世界"好"仅仅是因为它是实在的。在上帝自由的问题上，斯宾诺莎和笛卡尔各执一端，自然引来了进一步的批评。莱布尼茨既批判笛卡尔无视必然性的绝对自由意志，又批判斯宾诺莎取消了选择自由的绝对必然性。

莱布尼茨哲学的两个基本问题是，自由和必然的关系问题以及事物的连续性或不可分性问题：这两个问题让当时最有才智的人卷入巨大的争论中而找不到周全的解决之道。第一个问题涉及恶的起源问题，因而它不仅是哲学问题，还是道德哲学和神学问题；而第二个问题完全是哲学问题，是针对笛卡尔和斯宾诺莎的实体概念提出来的。

（八）单子论

在笛卡尔那里，实体是可分的，共有三类实体：最高实体上帝、物质性实体和精神性实体。在斯宾诺莎那里，实体是不可分的，只有一个同一实体，所有个体事物都通过这个实体而存在。对他而言，所有可分者都是有限的，必然通过其他事物而存在，这是不符合实体概念的。实体是无限的，在自身并通过自身而存在的。问题是，不可分的东西到底是一个，还是多个，或者无限多个？对莱布尼茨而言，一切复合事物都是可分的，但它们都是由不可分者构成的。什么是不可分者？当然是实体，但不可分的实体不是只有一个，而是有无数个。他称无数不可分的个体实体为单子。为什么不可分的单子有无数个？因为复合物是由不可分的单子组成的，如果单子只有一个，就不可能组成复合物，所以不可分的单子是无限多的。

单子是精神性的实体，因为物质的实体是可分的，至少在逻辑上永远不是不可分的。单子作为精神性的存在具有不同层次：最低级的单子几乎没有知觉，但是具有有机性，类似最原始的生命体；较高级的单子有一定的知觉；之上是有清楚知觉的单子，即灵魂；然后是具有理性统觉的单子；最高级的单子是上帝。上帝是创造单子的单子，天使单子次之，然后是人类灵魂单子，再往下是动物、植物、有机物单子。人之上的单子是纯粹灵魂形态的单子，没有身体，而人既有灵魂也有形体。自然事物是由单子组成的，但是都呈现出物质形态。精神性的单子复合而成的自然事物却是物质的、有形态的。何以如此？莱布尼茨说，这是由于我们的有限知觉能力导致的，在我们看来是物质的东西，在上帝眼里却是单子。我们不具有和上帝一样的直观能力，因此我们看到的只是模糊的单子，或单子的影子。从根本上说，世界是单子的世界，物质世界不过是单子的现象世界，世界之所以呈现出实体和现象两个界面，根本原因在于我们看不清，不能如其所是地看物，如果我们运用理性如其所是地看，物质不过是精神，即单子。

莱布尼茨说，单子是没有"窗户"的，单子之间只有纯粹形式的或理念的关系，不可能有相互的外在作用或影响。单子是完全封闭的、内在于自身的，而所有单子都包含和分有了整个宇宙，即使最低级的单子也是一个整体，包含整个世界：万物皆备于单子。认识这个世界不需要到外部去，单子只需反思自己的本性就行了。心学大家王阳明说，"心即理"，理不在心之外，何必劳神于心外求理呢。王阳明之心体多少有点像莱布尼茨的单子，既是独立的，又是整全的。整个世界作为表象存在于单子之中，单子就像一面镜子，通过它所在的视角呈现整个世界。低级单子知觉模糊，表象的是物质世界，高级单子知觉清晰，表象的是灵魂、单子世界。因而单子之间虽然不能相互作用，却能相互表象。单子不仅有知觉表象能力，还具有欲求能力，正是欲求推动着单子表象的变化。

莱布尼茨认为，所有单子的存在都是偶然性的，只有上帝/单子是必然的，本质包含存在的，他所创造出来的单子都是可以被他毁灭的。由单子构成的自然世界是相对必然或偶然的世界，它遵循物理必然的规律：这种规律不是斯宾诺莎意义上的几何必然律，而是一种根据律或充足理由律。事物的存在和发生是有原因的，但是这种原因不是绝对必然的原因，而是充足的原因。逻辑、理性必然性和物理、事实必然性是不一样的。斯宾诺莎所说的几何必然性遵循同一律，是纯粹理性的或逻辑的必然性，其反面是不可能的。而莱布尼茨所说的是另外一种必然性，其反面是可能的，它不是理性的或逻辑的必然性，而是事实的必然性；物理事件并不遵循逻辑的必然性，而是事实的必然性，它是可以发生也可以不发生的，可以这样发生也可以那样发生的。这种自然必然性事件遵循的是充足理由律，而充足理由并不内在于自然事物当中：任何自然原因性都在外在于它的其他事物当中；自然世界发生的一切现象都是有充足理由的，最后的理由不在自然之内，而在自然之外。比如石头热，其原因是太阳晒，太阳何以能晒又是有原因的，太阳晒是石头发热的理由，但不是最后的理由，最后的理由是没有理由的，因而不可能在自然之内。作为一切自然事物充足理由的是上帝/单子，而上帝本身是没有原因的。

上帝是如何创造这个宇宙的呢？上帝创造世界的理由是什么呢？理性主义者的信条是，任何事情的发生都是有原因的，没有原因的事情是不可能发生的。所以当休谟攻击因果律时，其结果是摧毁性的。当然现代量子论突破了近代科学的因果论，因为量子的活动是没有原因的。不过在莱布尼茨这里，世界的发生是有原因的，上帝即是世界得以产生的原因，那么上帝创造世界的原因是什么呢？莱布尼茨这种追问本身预设了上帝是理性的。莱布尼茨的充足理由律则预设了这样一个形而上学的问题：为什么是有而不是无？为什么这个世界存在而不是不存在？我们可以设想世界是虚无，或设想上帝没有创造世界。但是这个世界已经存在了，不是无。莱布尼茨认为，这一定是有原因的——根本原因就是有比无好，上帝认为，这个世界是最好的，所以他创造了这个世界。莱布尼茨这种观点被讥讽为莱布尼茨主义，即理性乐观主义。这个世界充满战争、不幸和恶，但是莱布尼茨却说，即使如此，也不能否认这个世界是最好的。伏尔泰在小说《老实人》中对此进行了辛辣的讽刺。小说主人公即是一位莱布尼茨主义者，即使不幸得了伤寒快要死了，他还称这个世界是最好的。18世纪葡萄牙发生了里斯本大地震，死了6万多人，于是有人质疑莱布尼茨主义者，为什么会发生这么大的灾难？为什么会有这么多无辜者死去？难道这也是最好的么？一些劣迹斑斑的人死了，是活该，但那么多人是清白无辜的，却也一同死了。对于莱布尼茨主义者来说，大地震仍然证明了这个世界是最好的，因为通过大地震这个恶可以造成更大的善，比如，在废墟之上可以兴起更大更繁华的都市，出生更多的人口。

莱布尼茨说，上帝是理智的，他有很多个世界的观念，我们这个世界只是其中的一个。比如，有一个亚当、夏娃可能没有犯罪的世界，还有一个亚当可能犯罪而夏娃没有犯罪的世界等。只要其中一个条件发生变化，就会产生一个完全不同的世界。而上帝最终创造的是亚当和夏娃犯罪的可能世界。上帝并不是按照几何的必然性而是有所选择地创造世界的，所以上帝是自由创造世界的。上帝根据什么原则来选择和创造这个世界呢？根据最佳原则。上帝选择创造一个最好的世界。最佳就是这个世界得以被创造的充足理由。上帝之所以选择创造一个最好的世界，是因为上帝是智慧的。而一个有恶的世界恰恰是最好的世界。莱布尼茨说，坏事能够产生更好的结果，通过恶产生的善比没有恶而产生的善更大。比如，上帝派其独生子来救赎的世界比一个无须救助的世界更善，对善的意识只有通过恶才能获得，通过犯罪我们至少知道了什么是善，而不知道善的人就和动物一样。因此允许恶的世界是一个更好的世界。伏尔泰嘲讽了莱布尼茨的这种"神义论"，捕捉到存在恶的最好世界所内含的悖论，但是这并不能否定莱布尼茨最好世界理论的积极意义，伏尔泰的理解是对它的一种坏的理解，对它的一种好的理解是，它从存在论和道德论双重层面最大程度地肯定了我们此岸尘世的世界，从而无限地远离了基督教正统教义，走进了现代理性主义，因此对他的神义论应从人义论的镜像去理解，看作对人，对尘世生活道德合理性的最高辩护。

（九）调和两种自由

莱布尼茨哲学的主要倾向，从认识论来讲是调和经验主义和理性主义，从形而上学来讲是调和斯宾诺莎绝对必然的世界和笛卡尔任意创造的世界。笛卡尔认为，这个世界是被上帝创造的，上帝创世完全是自由的，是没有任何理由和原因的，是无差别和无所谓的（indifference）。自然世界是有差别（difference）的机械世界，上帝无差别的自由是这个差别世界产生的原因。创造还是不创造世界，是他愿意不愿意的问题，对于这个问题上帝是中立的，无论怎样，他都是绝对任意、无须理由的。他所意愿的就是好的和真的，而非好的和真的是他所意愿的。只有这样，才能体现出上帝的全能和自由意志。因此上帝创造的世界不可能不是好的，其中蕴涵着永恒真理。斯宾诺莎则走向另外一个极端：这个世界的根据在于其实体性，是从实体中流溢出来的，实体、神即是万物的根据和存在理由。实体在产生万物时也是自由的，它是万物的自由因；它不是因为其善而生出这个世界，而是完全自发的、出乎本性地流出这个世界。因此这种流溢过程是必然的过程，而必然的也是自由的。实体的自由不是笛卡尔意义上的无所谓、中立、无差别的选择自由，而是没有选择的，合乎自身本性的必然性的自由。对斯宾诺莎来说，只有一个可能世界，那就是现实自然世界，其所遵循的是几何性的逻辑必然性，其对立面是不可能的。由此一来，在这个世界的本原发生问题上，笛卡尔和斯宾诺莎对立起来，前者主张这个世界是偶然产生的，而后者则认为这个世界是必然产生的。他们都承认自由因，而对自由的理解却完全相反。莱布尼茨尝试在绝对必然的自由和任意的自由之间寻找中间道路以调和两者。他认为，产生这个世界的原因是自由的，但是这种自由不是任意的，也不是绝对必然的，而必须是可以选择的，否则道德和宗教就是不可能的。从为道德和宗教奠基的角度讲，莱布尼茨必然批判斯宾诺莎，但他也并没有因此回到笛卡尔的立场上，因为无差别的自由是没有经过理性选择的、完全任意的。

　　从其个人品格上看，莱布尼茨有解决当时一切纷争、调和不同立场的气质。宗教改革以来，基督教分化出大大小小上百个派别，聚讼纷纭、攻击谩骂，及至引发德国"三十年战争"。在哲学上，分出了英国的经验主义传统和法国的理性主义传统，即使在理性哲学内部也分歧严重。莱布尼茨试图寻找一个包容性的原则，把不同派别的观点融合、统一在这个原则之下，进而建立综合统一的哲学体系，彻底解决当时宗教和哲学的纷争。莱布尼茨之后的黑格尔以及现代的罗尔斯、哈贝马斯都在做类似的努力。中国哲学讲究道统，有一个比较清晰的传统和发展脉络，其中儒家主流、佛道边缘，因而没有太多的选择、重组。儒家归宗孔孟，内部纷争也不多见，只是宋明才有理学和心学的纷争，而晚清以后又归于心学正统。西方哲学不是这样，而现代西方哲学更是流派纷呈，纷争不断。能否找到统一的原则来结束纷争？莱布尼茨、黑格尔和罗尔斯都尝试寻找这样的原则。罗尔斯找到了中立正义原则，在不同"主义"面前保持一种无差别的立场，试图把各种"主义"都融合在形式正义原则下。黑格尔用绝对精神来调和一切，通过绝对精神的自我发展把所有哲学理论都纳入其中。而莱布尼茨在认识论上，着力调和经验主义和先验主义，在形而上学上，则重点调和两种自由和两种真理。

　　莱布尼茨通过区分两种不同的真理来实现其对两种自由的调和。他认为，真理可以分为两类：一类是永恒真理或理性真理，是绝对必然的，遵循矛盾律、同一律，其反面是不可能的，如逻辑学、几何学、形而上学真理都属于这类真理。另一类是事实的真理，事实真理是在时间和空间中发生的事情的知识。事实真理不是绝对必然的，遵循的是适度性原则，即充足理由原理：就是说，一种自然事实的发生与否取决于这种发生是否合适，适度即是其存在和发生与否的理由。事实真理所根据的适度性原则使之不具有绝对的、逻辑的必然性，而只具有相对的、弱的必然性，他称之为物理的必然性或假设的必然性。因为对于已经发生的自然事实来说，其反面的情况也是可能的，因此物理或假设的必然性不是一种强的必然性。自然事实是否发生的最终原因取决于，这样发生是否合乎这个世界的整体的好，如果这个事实的发生有利于产生最好的整体，那么它就必然会发生。如何判断事物的发生是否适度？就是把它放回到宇宙和自然的整体当中，孤立地看事物的发生是无法进行判断的。

　　这种适度的物理必然性的原则是建立在道德必然性原理基础之上的，

即建立在至高智慧者无愧于自己理性选择基础之上的。这个世界如何发生体现的是其创造者上帝的智慧和意志，如果自然事实的发生就整体来看是不适当的，就意味着上帝之实不符其名，就意味着上帝的选择是非智慧的。莱布尼茨把物理事件、自然事件的原因追溯到了上帝那里。在笛卡尔那里，上帝无差别地任意地创造了这个世界，在斯宾诺莎那里，实体出乎本身必然性地流出了这个世界，而对于莱布尼茨来说，笛卡尔的上帝过于任意，显得没有智慧，斯宾诺莎的上帝没选择自由，好像受到一种铁的必然性、命运的摆布。实际上，上帝是智慧地、自由地创造了这个世界，他是自由的，因为他是在诸多可能世界中有所选择地创造它的；他是智慧的，因为他选择的是他的理智告诉他的最好的世界。

在莱布尼茨那里，实体是个体，人就是这样的个体实体。他在自身和通过自身而存在和行动，在其自身中包含着自身存在和行为的原则和力量。实体是主动的，"能够"认识、欲求和意愿并实现之。人作为这样的个体实体是自由的。

人的自由具备这样三种因素：

首先，人是理智的。自由就在于合乎理智地产生某种行为。理智是一种认识能力，具有自身的一些概念，并通过这些观念来把握事物。人有欲望和激情；当我们处于情感状态时，我们就受到模糊观念的支配而处于被动状态，而被激情所支配的人对自身状况是无知的、是被情感奴役的，因而是不自由的。当人使用理性、具有关于情感对象清晰观念时就是自由的。这秉承了斯宾诺莎的观点，也是柏拉图的观点，后者在《理想国》中就指出，受欲望支配的人是受奴役的人，而主人则是能控制自己欲望、有节制的人。斯宾诺莎说，一种情感只有用相反的情感才能予以控制，例如当一个人为仇恨所支配时，理性往往是不容易解除这种情绪的，这时只有借助相反的情感，动之以"爱"情，才能遏制之。但是对于希腊哲人来说，理性是最强大的，理性能够控制情感，正如灵魂能够控制身体一样。莱布尼茨也认为，只要我们使用理性、具有对象的清楚观念，就可以控制情感、恢复清醒，我们就是自由的，因而理性、对必然性的认识是人自由的根本条件。

其次，人是自发性的。所谓自发就是指一种行为的发生根据是在行为者自身当中，而不是在其自身之外，身外行为是被动引起的、他发的。自发意味着在自身并通过自身而行动，在自身之内就拥有行动的原则。如果我们行动的原则在自身之外，这种行为就不是自发的。自由就在于自发性。任何个体实体都有严格的自发性，是内在的、自因的活动的。个体实体、单子是没有窗户的，不受外在作用影响的，因此任何行为的发生都是自身引发的。个体实体内在有一种知觉、意识，而人是有自我意识的，这种意识是按照一定规则展开的，是受人的欲求、意志推动的，所以个体实体行为的最后动力在于其意志。每个个体实体依据其观念的清晰程度对其他单子会有不同的现象呈现，有的单子本身不是物质，但是看到的却是物质。就人来说，人的灵魂是清晰的单子，而他的身体则是模糊的单子，因而其所呈现给他的就是身体而非单子，灵魂就是以身体为中介看世界。但是人的灵魂是内在自足的，并不受身体的影响。人作为灵魂的单子，其行动的原因在其自身，虽然最终服从于上帝。

最后，人的行为是偶然性的。这种偶然性是一种道德的必然性，道德必然性＝偶然性。对于斯宾诺莎来说，只有必然，没有偶然，而对于莱布尼茨来说，偶然就是必然，是一种弱的必然。人的行为的发生遵循的是最佳原则。每一个有限个体都欲求对他来说最好的事情，虽然这种欲求不一定就是最好的，只有上帝的欲求直接就是善的，因为我们的知觉不是最清晰的。人是遵循善的道德必然性原则而欲求善、做好的行为的，这是一种弱的、目的论的必然性行为。这种行为不是绝对必然的，其反面是可能的。例如你可以选择上大学，也可以选择不上大学。我们现实的行为是在诸种可能性中做出选择后发生的。凡是出于选择而发生的行为都是偶然的，不是绝对必然的，因而是自由的。但是这种偶然性当中又包含着必然性，是一种弱的必然。

人的自由就由这三种要素构成：首先是人有理智，能够认识到做什么不做什么，认识到这样好那样不好，而不是完全受感觉和情绪的支配；其次是人是自发性的，他的行为必须由自己判断、根据自身的规则来决定；最后就是偶然性，人的行为不是绝对必然的，而是在多种可能性当中做出选择后发生的。当然也有这种可能性，即我们不使用理智，而是像希腊人那样诉诸神灵，占卜、算命，求助于神谕给他做出判断，让神谕成为指导他的原则。但是在莱布尼茨这里，最终的判断是由我们自己运用理性做出的，我们的理性也是能够判断好坏的。当然，我们作为有限的理性存在者，只能判断看起来是好的或坏的，最终好还是不好，需要求诸上帝。

笛卡尔开出了近代哲学的主体性原则，斯宾诺莎拓展了近代哲学的实体性原则，而莱布尼茨则发展了个体性原则，建立了单子论体系。莱布尼茨哲学显然是对斯宾诺莎实体哲学的反叛：不仅在实体的理解上，而且在必然和自由的关系上，他都站在斯宾诺莎的反面开展自己的哲学论述。在斯宾诺莎基于实体主义激进推进现代性思想理念，拒斥基督教之际，他却努力在发展现代性思想的同时，维护基督教传统，试图在现代实体主义的基础上为基督教核心理念作辩护，以调和新旧传统。

笛卡尔通过我思的本体论证明确证了我、物质都是实体，但是斯宾诺莎却否定了我、物质是实体，只承认神/自然/世界整体是普遍统一性实体，一切个体存在者不过是其分殊样式，在他物中通过他物而存在，并不是在其自身通过自身存在的实体。但是对于莱布尼茨来说，实体却是个体性的，他通过对连续性和不可分性的二律背反的思辨得出，只存在不可分的个体性实体，不存在大一统的连续的斯宾诺莎式的普遍实体，普遍实体也是由个体实体集合而成的。由此他彻底打碎了斯宾诺莎的普遍实体，而把世界看作由个体实体/单子构成的复合体。由单子构成的复合世界是实在的、真实的，而不仅仅是现象，因为构成万物的不是样式而是个体实体。斯宾诺莎所沉思的世界是绝对必然的，是没有任何偶然的。莱布尼茨对于这样的世界坚决予以否定，认为这种绝对的几何式的必然性是盲目的，是不合创造这种世界的创世者的智慧的。他并不是否定几何必然性，而是拒绝用这种数理逻辑来理解世界和万物。莱布尼茨的一个重要贡献是区分了三种必然性：一是形而上学的/几何学的/逻辑的必然性，这种必然性就是斯宾诺莎所理解的必然性，即绝对的必然性，其对立面包含矛盾：一物是必然的，是指它的反面是不可能的，因此绝对必然性遵循矛盾律。二是物理的或假设的必然性，这种必然性是相对的必然性，本质上也是一种偶然性，因为其对立面并不包含矛盾，事件这样发生而非那样发生是必然性的，并不意味着事件那样发生而非这样发生是不可能的，事件相反地发生是可能的，因此这种物理必然性不符合矛盾律，而是合乎充足理由律。就是说，事实的存在和发生不是没有理由/原因的，没有充足理由/原因的东西是不存在和发生的，任何事实这样发生而非那样发生是有理由/原因的。适用于物理事物的充足理由原则是适度或合宜，[①] 表现为自然中的秩序和普遍运动法则。具有物理必然性的充足理由原则实际上就是近代

---

① ［德］莱布尼茨：《神义论》，朱雁冰译，三联书店 2007 年版，第 490、35 页。

科学所确立的机械论的因果律，自然事物遵循的充足理由原则就是效果因/作用因的法则，因此莱布尼茨接受了科学机械论效果因原则解释自然的真理性，把自然世界看作机械的和因果必然的，只不过这种必然不是数理逻辑性的绝对必然，而是不排除偶然性的相对的必然，因为与这个如此必然发生的世界对立的世界是可能存在的，世界是可以不这样发生的，而不是只能，不能不这样发生的。

三是道德必然性，这种必然性与物理必然性一样，不是绝对的、数理逻辑的或形而上学的必然性，而是相对的、偶然的必然性，遵循的也不是矛盾律，而是充足理由律，只不过使得一种行动是道德必然的原则不仅仅是适度或合宜的原则，而是最好/最佳的原则。也就是说，决定一个人这样行动而没有那样行动的理由是，这样行动而非那样行动是最好的，这种活动所以是道德必然的原因在于，只有这样活动而非那样活动才是最好的，虽然能够这样活动，也可以那样活动，但是你应该最好这样活动而不是那样活动，否则你的活动是不道德的。物理领域的充足理由律即是机械因果律，而作为道德必然性充足理由原则的最佳原则则是目的论，适于道德目的论的领域，莱布尼茨把它限定在作为单子的人类灵魂王国，"灵魂按照目的理由法则通过欲求、目的、手段进行活动"，物体/躯体的活动则"按照作用因法则或者运动法则"。因此对人的行动就不能仅用机械论效果因来解释，说明人何以这样行动而非那样行动的物理机械必然性，而是用道德目的论来解释，揭示人如此行动而非别样行动是最好的道德必然性。进而，在莱布尼茨这里，必然的世界就一分为二：一个是物理必然的作用因世界，一个是目的理由的世界；一个是物理自然世界，一个是人的灵魂世界；一个是机械运动世界，一个是道德行动王国，神恩王国。两个世界是一致的，预定和谐的，而且物理的必然性是奠立在道德的必然性之上的，[①] 作用因世界是以目的因世界为基础的，因此不唯人类灵魂世界是好的，而且物理世界也是好的，不仅世界是必然的，而且必然的世界也是好的，并且是最好的；世界作为单子世界是实在的、真实的，而真的世界也是善的、最好的。这样，在笛卡尔和斯宾诺莎接受近代科学数理机械论，把目的论驱除于世界之后，莱布尼茨重新恢复了目的论，重建了真与善的一体；他并没有否定机械论，而是把它限制在物理必然性领域，从而

_____

① ［德］莱布尼茨：《神义论》，朱雁冰译，三联书店 2007 年版，第 35 页。

开出了道德必然性的目的论领域。

斯宾诺莎的实体世界是自足的，能够在自身中并通过自身加以认识，但是莱布尼茨由单子构成的世界却不是自足的，并不能够通过自身并在自身中获得最终的充足的解释，也就是说，世界的充足理由不在其自身，而在他处。因为至少对自然来说，导致自然事件发生的充足理由不在它本身，而在另一自然事件，这自然事件的理由又在其他事件，以致对一个自然事件充足理由的追溯是永无止尽的。按照充足理由律，没有理由，就没有任何事情发生，任何事情的发生都不是没有理由的，因此自然世界的发生是有充足理由的，既然其理由不在自身，那么显然在超自然的存在，上帝即自然，是整个世界存在和发生的充足理由。上帝是必然存在的，这是具有形而上学/几何学必然性的真理。绝对必然存在的上帝是否像斯宾诺莎的神那样，也是在其本性中绝对必然地创造了世界？形而上学/数理逻辑必然性意味着合乎矛盾律，反面是不可能的，因此在其本性必然性中创造世界的上帝，绝对必然地创造世界，没有选择；上帝的存在是必然的，但如果他也是必然地创世，那么上帝是不自由的，他如同自动机器一样，创世就等同于流溢，就不是从无到有，而是从有到有，这是与基督教创世说根本背离的。莱布尼茨否定了这种理解，主张作为世界充足理由、第一因的上帝不是绝对必然地，而是自由地创世，就此而言，他与笛卡尔是一致的，认为上帝的意志是自由的，世界是上帝自由意志的产物。但是他与笛卡尔又是有区别的，不赞同唯意志论的观点，把上帝的意志看作是绝对自由的、无差别的、冷漠的、无理由的任意武断的，世界的发生完全是无缘无故偶然地，而是有理由、有倾向、合乎/配得上其智慧和仁慈的，世界是理性地必然发生的。上帝除了有自由的意志外，还有理智和大能。上帝的理智不是近代主导的数理逻辑/形而上学的理智，只能合乎矛盾律地思维，思考唯一可能的/必然的世界，而是思辨理智，目的理性，能够合乎充足理由律的思维，设想无数可能的、完善程度不等的世界。上帝创造世界，不是撇开其理智，绝对地无中生有，而是从理智提供的无数可能世界中进行选择；上帝创世意志不是绝对自由的，他所创造的世界就是他所意愿的世界，而是受理智规定的，他所意愿的世界是他所理解和知道的可能世界，可能世界不是他创造的。但上帝仍是自由的，因为他所意愿创造的可能的世界不是唯一的，没有选择的而是有无数可能的世界供他选择，他有选择的自由，也能够自由地选择。上帝的自由选择也不是任意的，而是合乎理智、有理由的，没有理由就没有事情发生的原理也是上帝遵循的原理；上帝的选择应该显示其智慧和仁慈，而不仅是其权力/大能。能够配得上上帝选择的理由是最好原则，只有选择创造最好的可能世界方与其智慧和仁慈是相称的。不是因为上帝意愿选择的可能世界是好的，他创造它，而是因为其中一个可能的世界是最好的，上帝意愿选择和创造它，上帝的自由意志被理性化，是合乎理性的。笛卡尔曾经力图把自由意志理性化，但是他所要实现的理性化乃是数理逻辑理性的理性化，而莱布尼茨推演的神性意志的理性化是充足理性、道德理性的理性化，前者是不自由的、绝对必然的，后者是自由的、道德必然的；在前者，上帝所创造的是无目的的必然的世界；而在后者，上帝创造的是最好的可能世界，虽然他能够不选择创造最好的可能世界。

斯宾诺莎从数理逻辑思维世界，无论从外在还是从内在来看，世界都是绝对必然的，本身是中性的，不是好的也不是坏的，其好坏取决于我们怎么意欲它，对我们是否有利。但是对于这样的被绝对规定了的世界，斯宾诺莎并没有打算否定它，不是因为它本身不好/不坏就不要它，抱怨和讥笑它，而是由理性清醒地予以接受，并通过回归内在本性的必然和直观实体/神性的永恒形式的内在必然，与道偕行，同一于世界赢得自由。莱布尼茨否定了斯宾诺莎这种中性必然的世界，开出了一个最好的世界，这个世界不仅是必然的、实体性的，而且是好的，并且是道德上最好的世界。斯宾诺莎通过否定基督教自由创世说，取消了还存在另外世界的可能，从而肯定了现有的世界；而莱布尼茨恢复了基督教自由创世说，不否认存在好的、更好的世界的可能，但是他却以一种基督教护教论的形式最大化地肯定了这个世界，否定了另外的世界。因为这个是最好的，其他世界可能是好的、更好的，但都不是最好的，因此上帝创造了我们这个最好的世界，而这意味着他不会也不意愿否弃、毁灭我们这个世界，我们这个世界虽然存在恶，但是存在恶的这个世界恰是最好的世界，上帝不会因为恶而不要和抛弃它。

基督教提出自由意志的隐秘意图是为神义辩护，同时也是为了否定人，把恶、原罪的责任归于人的自由意志。莱布尼茨不否认，在最好的世界中，人是自由的，并且秉持基督教传统，把最好世界里的恶之起源定位于人的自由意志，但是他并没有由此否定人、人的世界，反而肯定人的自由意志选择最好的可能以及必然的趋向。人的自由包含三重因素：清晰的理智、自发性和偶然性/道德必然性。理智认识是自由的灵魂，自身做出决断的自发性和排除了逻辑和形而上学必然性的偶然性或道德必然性是自由的躯体和基础，个体实体的自由即在于通过自身做出决断，即根据为理智认识到的善之动机做出决断。[①] 也就是说，个体实体作为单子灵魂的人，不是任意地、武断地、无理由地进行决断的，而总是选择最好的，而且总是选择理智所清晰认识的善的，当他自发地做出他的理智认识到的好的决断/行动时，他是自由的，"产生意志者——不论它是善的还是恶的——始终是我们自己，因为这是我们的行动；始终也有使我们采取行动的理由，但并未因此而有损我们的自发性或者自由"[②]。他的意志虽然受到理智的指引，但理智对他的自由意志的引导不是绝对必然的，而是道德必然的或偶然的，他有做出恶的选择的可能。我们的理智告诉我们什么是善和恶，而我们的自由选择决定了我们行动的善与恶。无论善和恶，我们的行动和存在都参与和形成了我们这个最好的世界。因此我们的存在和行动本身是对最好世界的证明。

二　康德与道德的自由本体论奠基

从笛卡尔、斯宾诺莎到莱布尼茨的理性哲学的进展，是从主体思维到实体思维的逻辑开展，必然和自由的问题是这种逻辑展开中展露的核心问题。笛卡尔退出世界，回到自明的我思，并以退为进，通过我思对客观世界进行了本体论证明，尝试重新回到世界，不过我所回归的世界却被撕成两片，统一的世界不复存在。斯宾诺莎接着笛卡尔，不是绕道我思进入世界，而是直接退回世界，理性演绎了统一的实体世界，不幸的是他在恢复实体原则的同时却丢掉了近代自我标识的主体性原则。莱布尼茨试图统和二者，既保留实体原理又成全主体原理，提出了作为个体实体的单子，构思出由单子构成的预定和谐的复合世界。然而，莱布尼茨并没有赢得统一的世界，而是导致世界更深刻的分裂。这是因为其精神原子主义的思维逻辑与实体主义的思维逻辑是背离的，他所把握的实体单子乃个体化实体，而非统一的实体，也非统一实体的个体，而仅是自足的个体、独体，世界

---

① ［德］莱布尼茨：《神义论》，第343页。
② 同上书，第349页。

不过是独体的集合体而非实体，因此从根本上来说，他捣毁了实体主义原理。

　　三家之说中的核心问题是，在必然的世界中自由是否可能。他们无一例外地对自然进行了合理性论证，接受一个自然必然性的世界，同时也都承认在必然性的世界中自由是可能的，道德和宗教必须基于自由而不能以自然必然性为基础。笛卡尔和莱布尼茨坚持一种与绝对必然性、自然必然性不相容的自由，认可基督教的意志自由，并对之加以理性化，以之作为道德的前提。但是不同于基督教的自由最终导致对此世的放弃，两家反而间接绕道神学本体论，证明了现存世界的实体性，肯定了现有的世界；莱布尼茨更是以一种神义论的形式论证了现有的世界是最好的世界，从道德目的论层面否定了世界的无价值，鲜明体现了近代入世理性主义的精神。斯宾诺莎在自由论上与其他两家迥异，提出了与内在必然性等同的自由观念，而他也以此种自由，无限肯定了必然的世界，坚决否定了基督教对此世的无视和舍弃。

　　从三家之说到康德哲学，近世哲学发展又经历了一次转折。康德退出了近世之实体主义逻辑，再次回归笛卡尔主体主义思维。不过，他之复返的我思不是实体性思维的灵魂，而是纯粹主体性的逻辑功能，先验的统觉，自然法则的颁布者和立法者。我思是表象世界得以被表象和认识的逻辑前提，也是世界被区分为表象和本体两个世界的认识条件；世界不是在其自身通过自身被认识，而是在我思中通过我思被认识，不是我思在世界中通过世界被认识，而是世界在我思中通过我思被认识。他颠倒了斯宾诺莎实体主义思维逻辑，恢复了主体是实体的认识根据，而非实体是主体的认识前提。这种绝对主体主义的逻辑使他成为一个现代柏拉图主义者：他划分了两个世界，形成了现象和本体分离的二元论世界观念。这种世界观念的现代特征在于，主体是世界的中心；主体既是其世界表象的出发点，也是其归宿点。在我思中并通过我思，一个数理性的自然必然性的表象世界被构造出来。对于这个世界，康德既赋予它经验的现象的实在性和知识对象的有效性，但也剥夺了它先验的形而上学的实在性。他所以把知性限制在现象世界，既为知识划界，道出知性的限度：哪些是可知的、哪些是不可知的，也意图开出超越的本体领域，释放一个非自然必然的自由世界，以为道德和宗教奠定本体基础。康德以此把知性和理性、真与善、知识和道德分离开来，而把自由置于自然之上，善置于真之上，道德置于知识之上，降低了现象世界的价值。

（一）知性立法与自然必然的现象世界

康德通过对知性的分析和批判，得出了这样的结论：知性给我们带来的是一个坚固可靠的陆地，我们就置身在这样一个由知性所构建出来的、由知性综合统一所带给我们的自然必然性的世界之中。知性是一种规则能力，也是一种立法的能力。通过知性的立法，它为我们确立了一个有规律、合乎秩序的自然界，这个自然界，按照康德的说法，就是我们赖以立足的大地。这个大地是实在的，当然是经验实在的，而不是先验实在的，也就是说，它的实在性是在我们的感性直观中得到确证的。就此而言，康德是一个实在主义者，确切地说是一个经验的实在主义者。经验的实在论是康德的基本立场，也是贯穿在《纯粹理性批判》中的一个基本立场。他对理性形而上学、理性神学以及理性心理学的批判都建立在这种经验实在论之上。

对于康德来说，有限的人类能够把握的实在只是一种通过知性的立法而在直观中通过直观被给予我们的经验现象的世界。这个世界是人类能够立足的唯一一块陆地：它其实仅是一块孤岛，被一片凶险的海洋所环抱，这个海洋就是理性的海洋，这个理性的海洋即是可思而不可知的世界。知性通过立法为我们确立的世界是我们可以知道的一个世界，这个世界在不断地扩大：人类通过知性对表象的综合统一的过程就是一个不断填海造田的过程，是一个扩大陆地的过程。但是无论知性如何扩大现象世界，仍然有一个不可知的海洋环绕着它。

知性为我们确立的世界，为我们填造的大地本质上是一个月下世界，而不是一个日下世界。在近代人观念里，知性就是一种自然之光，能够为我们带来光明，把我们置于光亮的世界之中，让我们可以在上面立足。知性的先验范畴，或者说作为最高的综合统一能力的统觉或先验的自我意识就是为我们带来光明的光源。但是知性之光只是一种"月光"，而不是一种"阳光"，因为知性范畴本身不是先验实在的形式，而是空的形式；它不是自身发光的光源，它的光是借来的，正如月光来自太阳，然后折射给我们一样。知性之光通过先验范畴为我们呈现的对象是先验对象，先验对象就其本身来说是不可知的；但是知性范畴综合直观，恰使得经验成为可能，对经验对象的认识成为可能，只有我们能够看到对象，对象才显现给我们。但是透过知性之光，我们看到的却不是如其所是地呈现出来的事物，而是现象地显现出来的事物，我们看到的不是事物本来的样子，而是其显现出来的样子：这种显现不是呈现而是遮蔽了事物本身，因此我们看到的永远只是物的表象，而不是物的实在。

（二）第一洞穴和第二洞穴

知性能让我们看到世界的现象，却看不到世界的本体、世界的所是，也就是我们只能看到事物像什么，而看不到事物是什么。所以知性带给我们的是一个月下世界，这个世界虽然有光，但却不是那么透彻澄明的朦胧之光，通过它，我们在这个世界里看到的不是事物的真实状态，而是其所是被遮挡的状态。这个月下世界相当于柏拉图在《理性国》第7卷中所说的人类日常状态下的生活世界——一个影子般的洞穴世界。我们就生活在这样一个洞穴世界中。当然它又不同于柏拉图所说的洞穴世界。后者是第一洞穴世界，是纯粹感性的、没有理性的世界，即没有实在性、变动不居的虚幻的世界。我们通过自身经验知道，纯粹感性的世界是一个知觉表象出来的杂多的、混乱的世界，是没有明光的、暗淡的影子世界。柏拉图说，如果我们不使用理性，只通过感性看世界的话，那么我们就生活在一个如同洞穴的光影世界里。洞穴里有光，但却是人造的光。柏拉图说，在洞穴里，囚徒都被锁链即被感官捆绑着，只看到墙壁上投射的影子。影子从哪里来？由光照而来。光又从哪里来？火把燃烧产生了光，囚徒看到的就是这种火光投射到墙壁上的事物的影子。

但是康德构建的洞穴是第二洞穴。知性运用先验概念、原理综合统一直观表象构造出现象世界，这个世界是我们能够看到和知道的世界。这个世界是实在的，虽然其实在性不是先验的实在性，而是经验的实在性，属于第二层次的实在性，第一层次的实在性是感性的实在性。知性所确立的表象世界不是影子世界，而是具有比影子更多实在性的世界。相对于先验实在性来说，即相对于没有遮蔽的、事物是其所是的本体实在性来说，知性所构造世界的实在性是低一层次的，所以它属于第二洞穴。

在第二洞穴之外，即在知性所构造的陆地之外是一个不可知的海洋。在柏拉图那里，洞穴之外是太阳的世界，所有事物却呈现出其自身所是的理念世界。洞内囚徒应当打破枷锁，完成灵魂的转向，从洞内走到洞外，进入可知的理念世界。对于康德来说，虽然人生活在第二洞穴之中，但是他有一种先天的内在倾向，要跨越这块陆地的边界，进入那个不可知的海洋探险。也就是说，理性试图突破知性所构造的现象世界的界限，走出月下世界，寻找只有它能够把握的理念世界，力图透过事物的现象把握事物的所是。但是理性却永远也认识不到事物的所是。

要把握事物的所是就必须把它放到整体中，也就是说，事物的存在不是单独显现出来的，而是在整体中显现出来的。从逻辑上说，部分只有通过整体才能被认识，只有认识了整体，对于部分的认识才是准确的，相反，不可能通过部分来认识整体，而只能通过部分不断接近对整体的认识。现代科学即是通过对部分的认识把握整体的，通过知性范畴不断地综合统一直观构造出一个经验对象，一类经验对象，直至普遍的对象。但是知性范畴不是最普遍的范畴，它可以把握种和类，但是不能把握由种和类所构成的整体。但是知性仍然有一种内在的冲动，要透过现象认识事物的存在，虽然它对事物存在的认识永远是未完成的，也是不可能完成的。理性是一种不同于知性的能力，它把我们从知性的大地上引领出来，进入一个可思而不可知的世界。这个世界就环绕在现象世界的周围，理性尝试通过理念去认识它，思维它。知性带来的是一个可知世界，虽然有未知的东西，但未知的东西总是可以知道的：未知是以可知为前提的，未知的东西只不过是将来可知现在还不可知的东西。但是理性所带给人类的、引领人类去把握的却是一个不可知的世界。理性所呈现的是，这个世界作为理念世界是人现在不知道、将来也不知道、永远也不可能知道的世界。知性不仅表象一类对象，而且还试图把握先验的对象，即未知的 X。理性在知性所提供的大地上思考事物的存在和事物所是的整体。但是它却陷入背谬的思辨当中。

康德完成了自我启蒙，知道如何正确使用理智。接下来他将继续完成其第二次理性启蒙，即揭示理性运用的界限，知道正确使用理性的方式。理性的运用有两种：一是内在地运用；二是超越地运用。内在地运用理性即是把理性的理念仅用于对知性经验对象进行更大范围的综合统一，以扩大知识：这种运用是合法的、正当的。当理性尝试突破经验界限，超越运用理念去把握物自身时，它就会陷入谬误或二律背反当中：这种运用是非法的、不当的。

（三）自由与必然的二律背反

理性的二律背反是理性在运用理念思考事物的所是和整体时所陷入的自相矛盾状态。共有四个二律背反。第一个是关于时间和空间的二律背反，即对于世界在时间上是否有一个开端，在空间上是否有一个界限的问题，理性分别提出了两个相互矛盾的命题。

第二个是关于事物是可分还是不可分的二律背反。事物可分还是不可分的问题，是莱布尼茨哲学的基本问题，他通过对这个问题的思索提出了单子论。康德把这两个二律背反归为数学性的二律背反，认为这两个二律背反的正题和反题都是错误的。

第三个是关于自然和自由的二律背反。这个二律背反的正题主张，在自然的因果性之外存在一种自由的因果性，反题则只承认自然的因果性，否定自由的因果性。

我们主要看正题的论证。假设除了自然的因果性之外没有其他因果性，也就是说，不存在自由因果性。如此一来，一切事情都是按照自然的因果性发生的，都是以一个在前的状态为条件的。但问题是，如果一切事情都按照自然因果律发生，任何发生的事情都有其原因，而这个原因外在于这个发生的事情，那么自然界将永远没有一个开端，也永远找不到自然因果性原初的开始。因为自然因果链条是无限延伸的：为了解释一个事件，我们可能要无穷追溯它得以发生的原因。比如，为了解释事件 A，我们推出原因 1，而为了解释原因 1，我们又推出原因 2，以此类推，无穷尽焉。而这意味着我们对事件 A 的任何解释都是不充分的、不完备的，因为它不是最终的。对一个事件进行完备的解释，意味着找到了一个原因能够充分地解释它，而不再需要追溯这个原因的原因。但是如果只存在自然的因果性，那么对一个事件的解释是不完备的和不充分的，因为永远有未知原因等着被发现。这违背了自然解释的充足理由原则。依据这个原则，没有充分原因就不会有任何事情发生。既然 A 已经发生了，那么就有导致 A 发生的原因，但是按照自然因果律，你却不知道到底是哪一个原因最终导致 A 发生：找不到原因，就意味着 A 不会发生。自然因果性不足以完备解释事情的发生。如果完全按照自然因果性解释世界，那么自然界就没有事情发生，永远处在永恒的状态。因此除了假设自然因果律之外，还必须假设自由的因果性。自由的原因意味着它能决定事情的发生，而不需要再找理由。因此基于理性的充足理由律，反题不成立；要充分地解释自然就必须引入自由，除了自然因果律之外还需假定自由的因果律。

反题主张，世界上一切事情都按照自然因果性发生，没有自由因果性。一切在自然中发生的事情都不是自由的，而是必然的，只能运用自然因果律加以解释，尽管这种解释是无穷无尽的。你不能把另外一种因果性，即自由因果性拿到自然中来，对它进行一种自由因果性的解释，否则就是越界的、非法的。

对于数学性的二律背反，正反两个命题康德都予以否定，主张这个世界既不是有限的也不是无限的，既不是不可分的，也不是可分的，而是既是有限的也是无限的，既是可分的也是不可分的。

对于第三个二律背反，他肯定正反两个命题都是正确的，但是要确定它们各自所适用的范围和所代表的人类利益。

正题是理性主义者的独断论主张：除了有自然的因果性之外还存在自由的因果性。正题的主张有其合理的地方。因为它关切到人类实践的利益。在康德看来，"一切通过自由而可能的东西都是实践的"，因此自由是人类实践的基础，即道德和宗教的基石。[①] 理性主义者之主张在自然的必然性之外还存在自由的因果性、为自由辩护，即是为道德和宗教奠基。如果没有理性主义者对自由的肯定，如果不承认自由是存在的，而是一切都是自然必然的，那么人就永远生活在一个自然必然的世界里，被束缚在第二洞穴里，永远是被缚的囚徒，那么道德和宗教就是不可能的，他永远无法成为一个道德的人，永远也不能够希望什么。[②] 在一个只有自然因果性支配的世界里，一切发生的事情都是有原因的，而这个原因又是由另外的原因所决定的，所以这个世界就是一个被规定的世界，任何人都受盲目的命运的支配，他不过是命运的一个木偶而已。

所以正题虽然是理性独断论的主张，但是应该予以肯定。它在思辨的层面上论证自由的存在，最终目的和关切却在实践，意在使人突破盲目命运的支配，进入自由的领域，自己支配自己的命运，呈现做人的尊严和意义。如果只有反题是正确的，那么支撑人生活下去的支柱，即道德和宗教就将坍塌，人就将从一个道德的人、一个有希望的人蜕变为一个自然物、

---

① ［德］康德：《纯粹理性批判》，邓晓芒译，人民出版社2004年版，第608页。
② 同上书，第389、390页。

一个理性的动物。但人不唯是理性的动物，而且是理性的人格、理性的灵魂，具有绝对的价值和尊严。任何人格都是不可毁灭、不可替代的，都占据一个在世界中独有的位置。而如果这个世界是一个自然必然性的世界的话，那么人格也就不复存在，一切都将受制于盲目的命运。

康德孜孜以求的中心问题是，道德和宗教如何可能？道德和宗教的基石是什么？对他来说，道德和宗教是不可能建立在自然必然性基础上的，只有在自由的基础上，道德和宗教才是可能的。在启蒙时代，曾经展开了一场关于道德如何可能的大争论，而争论的焦点是，如果没有上帝，道德是否可能？换言之，道德是否以宗教为基础，没有宗教是否就没有道德？法国无神论唯物主义者不承认上帝的存在，认为除了物质必然的世界之外，没有什么上帝。伏尔泰认为，即使有一个上帝，他也只是自然的设计者、机械世界的钟表匠，而在创造了这个世界之后，他就束手不再关心这个世界，而放心地退隐了。在自然界中发生的一切事情都是按照自然规律发生的，在人类世界发生的一切事情都是由人自己决定的，上帝不干预。因此法国启蒙主义者认为，即使没有上帝，人也能够成为道德的人，宗教并不是道德的基础。当然，法国启蒙主义确立的道德是功利主义道德，它建立在人性必然性基础之上。它预设趋乐避苦是人的自然本性，从中推演出最大多数人的最大幸福原则。

但是对于康德来说，建立在感性必然性基础上的功利主义道德严格说来不是道德，根本没有显现出人的价值和尊严，这种道德的人和同样趋乐避苦的动物没什么太大的差别。只有建立在自由之上的道德才是真正的道德，这种道德意味着理性存在者独立于自然必然性之外，自己规定自己，自主遵循自己所立的法则。只有遵循普遍道德律的人才是真正有人格尊严和价值的人。康德之所以强调第三个二律背反，并花费大量篇幅来探讨这个问题，就是要为道德奠定本体自由的基石。

海德格尔说，康德的《纯粹理性批判》是一部形而上学的奠基性著作，此言不虚。但是他说康德为之奠基的形而上学是存在论的形而上学，[①] 却只说对了一半，而另一半即是道德形而上学。《纯粹理性批判》后半部分论述的的确是一种存在论，一种关于意志自由、灵魂不朽和上帝

_____

① 　[德]海德格尔：《康德与形而上学疑难》，王庆节译，上海译文出版社2011年版，第1—3页。

存有的理性存在论。但是康德思考意志自由、灵魂不朽和上帝存有这三个存在问题，并非主要为了建立存在论形而上学，相反，最终是为了建立道德形而上学：

> 因此，在人们称之为纯粹哲学的这种探究中，理性的全部装备实际上都是针对所提到的这三个问题的。但这三个问题本身又有其更深远的意图，即，如果意志自由，如果有上帝和来世，那么应该做什么。既然这涉及到我们与最高目的的相关的行为，那么，明智地为我们着想的大自然在安排我们的理性时，其最后意图本来就只是放在道德上的。①

就此而言，《纯粹理性批判》不仅是一部理论形而上学的著作，也是一部道德形而上学的著作。

事实上，康德解构了理论形而上学。理性尝试把握意志自由，灵魂不朽和上帝的存在，结果要么陷入谬误之中，要么陷入纯粹的理想之中。要使理性从存在论思辨的谬误中摆脱出来，就必须对思辨理性进行限制，限制它只作调节性的内在应用，以扩展对现象界的认识。康德在此颠倒了柏拉图主义。对柏拉图来说，理念应该作超越的运用，不应该作内在的运用，在康德这里，理念应该作调节性内在运用，而不应该作构成性超越运用：知性构成的可知世界是中心，理念世界被边缘化了。

但是在康德看来，存在理念虽然在理论上是消极的，在实践上却是积极的，虽然不能作理论上的超越运用，却能在实践上作超越的运用。这样，他就完成了对人的实践的一次提升，把道德带入超越的本体世界之中。对他来说，超越的世界不是在沉思中呈现出来的理念世界，而是在道德实践中构建的自由的王国，在这个超越的自由王国里，人是目的。

因此在康德这里，发生了一次形而上学重心的转折，形而上学由传统存在形而上学向道德形而上学转变。康德解构了存在论问题，把存在问题转化为道德问题，转化为自由问题。"使一切都从属于自由"成为康德为其哲学体系拟订的任务，而自由即是其用以构造其哲学大厦的拱顶石；只要我们不嵌入这块拱顶石，那么大厦拱顶就会失去外部支持而倒塌，然

---

① ［德］康德：《纯粹理性批判》，第 609 页。

而，一旦我们嵌入这块拱顶石，这个结构就会变得自我支持。① 不唯康德，乃至整个德国古典哲学的最高的概念不再是存在，而是自由：它围绕自由问题而铺开，竭力证明人是自由的，为人的自由权利辩护。"如果人是自由的，或既然人是自由的，那么人应该怎么行动才是自由的？"这即是康德和德国古典实践哲学为之旋转的基本问题。

正题作为理性独断论的主张，肯定自由因果性的存在。对康德来说，从纯粹思辨的角度看，它是错误的，但从实践的角度看，它是正确的，蕴涵着对道德实践的关切。但是自由并不是自明的，而是需要证明的。康德哲学的任务就是证明自由是存在的。

反题是经验论的主张，关切的是理论的利益。理论和实践是人类最基本的两种关切。对存在的思考，为什么西方哲学投入那么大的努力呢？为什么要思考存在之为存在？存在是什么？我们可以不思考啊。孔子除了言人之初性本善之外，从来不言性和天道。孟子承接孔子，试图言说性和天道，发展出一种心性儒学来。宋明儒学对人性和天道进行了最为祥备的论说。对人类来说，对存在是什么、世界为什么有而不是无的追问是根本性的问题。在宇宙中只有人提问和思考这样的问题，尝试获得关于存在的智慧是人类的根本利益。对人来说，哲学是必然的。只要人是理性的存在，那么他就会追问存在，爱智慧，从而必然存在哲学。

反题是经验论者提出来的，关切的是自然的知识，要求对所能认识的经验现象不断地加以综合把握，直至认识自然现象的整体。经验论坚持用自然因果性原理解释自然，因此有利于人类对自然的认识，有助于人类知识的增长，但是却不利于自由的道德实践，因为它否定自由的可能性。当然经验主义也有与自身相一致的道德，即功利主义道德。但是对于康德来说，唯经验主义摧毁了道德实践的基础，剥夺了道德和宗教的力量，使道德和宗教成为不可能。如果世界只是自然必然的现象整体，不存在自由，那么人将不可避免地陷入一种非道德主义的境地，整个道德实践体系就会垮台。

因此，正是基于对人类理论和实践的双重考虑，康德主张正题和反题都是正确的，它们代表了人类不同的关切。对人而言，他不仅要认识这个

---

① ［德］亨利希：《在康德与黑格尔之间》，乐小军译，商务印书馆 2013 年版，第 137、142 页。

世界，知道这个世界，还要懂得应该做什么，怎么做人，不唯关心人类知识和智慧的增长，也应关心人存在的价值和尊严。

康德对第三个理性二律背反的具体解决方案是，自由和自然必然是可以共存的。对于同样的一个事件，同样的一个结果，可以有两种解释。①一方面可以用自然因果性来解释，即找出这个结果发生的自然原因，然后再找原因的原因，如此不断追溯下去。另一方面也可以用自由的因果性来解释，即看它如何自发地发生。也就是说，对于同样一个结果，可能由两种原因引起：一是自然的原因，它之引起结果的发生是必然的；二是非自然的、自由的原因，它自发地引起结果的发生。比如，我从凳子上站起来，这是在自然中发生的一件事情，如果找我为什么站起来的原因，那么从自然因果性来说，可以找出很多原因，如我可能觉得坐在凳子上不舒服，或者凳子有钉子刺了我，等等。但是康德说，可能导致他站起来的真正原因是他想站起来，他自己决意站起来，并自发地开始这样一个行为。因此就发生的同一件事情可以有两种不同的解释；在自然因果性之外还存在着自由的因果性，只是自由因果性不存在于自然感性领域，而是存在于超感性的智性领域。在超越的智性领域，一件事情的发生，不是它是有原因的，而是它就是原因，它不是被引起而发生的，而是自行、自发发生的。

自由因果性和自然因果性并存的模型是什么？康德讲的自由是先验自由，即超越层面上的自由，本体意义上的自由。在这个意义上，亚里士多德的"不动的推动者"大致就是和它相对应的模型。不动的推动者即是神。在神之上是没有原因的，神就是原因，一种没有原因的原因。这个世界是由神推动起来的，而神是按照自然的因果性、自然的必然性推动这个世界运行的。神自身、第一推动者本身是不动的，并不遵循自然因果律，但他却自行开启和推动了这个自然系列。所以在不动的推动者那里可以找到结合两种因果性的模型。当然对康德来说，如果借助于不动的推动者的模型来理解先验的自由和自然必然的并行关系，那么这意味着我们将回到超验论，回到形而上学本体论。因此真正能够体现自由和自然结合在一起的模型不是神，而是理性存在者，或理性意志存在者，具有经验性品格和智性品格的人。

----

① ［德］康德：《纯粹理性批判》，第435—437页。

（四）自由的可能性

康德说，一切事情的发生都是有原因的，这是理性的基本原理。就已经发生的事情能够设想的原因有两种：一种是自然的原因性，另一种是自由的原因性。[①] 自然的原因是在时间中发生事情的原因。也就是说，在现象世界中已经发生的一个状态必然按照一个规则与前面的状态相联系，即任何发生的事情作为结果都是有原因的。一个作为原因的事件必然会产生一个结果，前后相继的两个不同状态具有相互连接的因果性，这是自然必然的。换言之，自然的原因是外因，它产生一个结果，并外在于这个结果，在时间性上先于这个结果。一个原因导致一个结果的发生，这个结果不是主动产生的，而是被动发生的，是被产生的；一个事情如何发生，就其自然因果性来说，就是它如何被发生。所有自然事情的产生都是由外在原因导致的，而不是自己产生的。所有自然现象都是被产生的，而不是自生的，由自身引起的。因此自然原因不是自发因，而是"他发"因。

自由原因是什么？康德分两层来讲。一层是宇宙论或本体论的自由，即先验自由或超越自由，另一层是实践的、道德的自由，即自律、自我立法活动意义上的自由。先验的自由或超越的自由即是超越于经验现象之外自行开始的一个状态，自发开启一个事件系列的能力。[②] 一个事件的发生不是被发生，而是自发生、自引起、自产生的，致使事情这样自发发生的能力就是自由因。一个事件的发生就自然原因来说是由另一个事件引起的，就自由原因来说是由自身引起的。自由原因不是外因、他因，而是内因、自因，不能往外推，从外部去找，而只能往内推、在自身上找。

自由原因是一种自因。在斯宾诺莎那里，实体是自因，是在自身并通过自身而存在的。但是自因实体不是超越的，而是内在的，它就是自然，因此，虽然实体是自因的，但是它作为自然又是自然必然性的，对他而言，自然与自由，自然因与自因是同一的。莱布尼茨反对斯宾诺莎，认为他的哲学使自由成为不可能，因为按照他的观点，一切都是必然的，即使偶然也是必然的，哪里存在自由？即使存在自由，这种自由也是虚幻的。莱布尼茨哲学的任务就是拯救自由，拯救道德，对他来说，自由即是非绝

---

① ［德］康德：《纯粹理性批判》，第 433 页。
② 同上书，第 433 页。

对必然的，其反面是可能的，因此自由即是选择。康德在对自由的理解上是接着莱布尼茨讲的，对他来说，自由因即自行产生或自发开启一个状态系列的能力，自由即绝对的自发性，[①] 自由的行为不在于其反面是可能的，而在于其独立于或超越于这个自然世界，是非自然必然的先验的东西。

近代哲学有两条论证自由的路数：一条是实体主义的路数，这是把世界看作一元实体，把自由放在与自然必然性同一的角度去论证自由是如何可能的，斯宾诺莎、谢林和黑格尔哲学是这个路数；另一条是主体主义的路数，这是在现象世界之外设置一个超越的本体世界，把自由放置于超越本体世界，从自然与自由的对立角度论证自由是如何可能的，笛卡尔、康德和费希特哲学是这个路数。对康德来说，在经验现象世界里只存在自然因果性，一切事情的发生都是必然的，被动产生的，而超越的本体世界是一个自发发生的世界，主动产生的世界，即自由因果性的世界，自由即是在超越意义上自发产生一个系列的能力。当然超越的自由能力所产生的结果落回到现象世界中，而一旦它在现象世界发生，即遵循自然的因果性。基督教唯意志论讲，上帝是超越的、自由的，但他却创造了一个自然必然的世界。按康德讲，自由原因是纯粹智性世界的因果性，也就是说，自由因果性是合乎理性的，自由发生的是合乎理性规律发生的；自由不是任意的，一种没有原则的因果性是没有根据的。

但是唯意志论者认为，自由是任意的，自由就是想怎么样就怎么样，而且就能怎么样。正如布里丹的驴子，假设给它两堆一模一样的草，它决不至于因为找不到吃这堆草而不是那堆草的理由而活活饿死，它想吃哪边的草就吃哪边的草，没有任何理由，完全凭意志偶然决定的。而理性主义者反对说，一切事情的发生都是有原因的，没有原因的事情是不会发生的；对驴子来说，两堆草是无差别的，它因为找不到任何吃这堆草而不是那堆草的理由而必然活活饿死。因此理性主义者和唯意志论者在如何理解自由的问题上提出了两种对立的观点。十七八世纪的牛顿主义者基本上都是唯意志论者，主张上帝是自由的，他没有任何理由、任意、偶然地创造了这个世界。而唯理论者莱布尼茨就自由是合理性的还是非理性的问题，与牛顿主义者展开了激烈的论战。他认为，上帝在创造世界的时候绝对不

---

① Rawls, *Lectures on the History of Moral Philosophy* (Harvard. 2000), pp. 280 - 282.

是没有理由的，如果没有理由上帝就不会创造世界，这个世界就不可能发生。上帝是全知的，他一定是根据理性原则自由创造了这个世界。

康德是一个理性主义者，他所说的先验的自发的自由不是唯意志论意义上的自由，前者是一种理性的因果性，而后者是一种非理性的因果性。康德强调超越的自发发生是合乎理性法则的，而不是没有任何原则的，或者说，自由即是一种理性因果性，是理性为自己"设立了能够自行开始行动的某种自发性的理念，而不允许预先准备一个另外的原因再来按照因果联系的法则去规定这个自发性的行动"①。

对康德来说，先验自由是实践自由的前提，如果先验自由不可能的话，那么实践自由也是不可能的。② 如果不存在先验自由，只存在一个自然必然的世界，那么在自然必然的世界里怎么可能有一种实践的自由呢？就实践自由来说，又可以分出两种：一种是消极意义上的实践自由，霍布斯和洛克讲的人在自然状态中的自由就是这种消极的自由：作为权利，它是人不受外在干涉和约束，按照自己意愿安排自己生活的状态；另一种是积极的实践自由，康德所说的自我立法的道德自由即是这种自由。就实践自由是意志对于感性冲动而来的强迫的独立性，③ 即能独立于自然原因而言，它是消极的；而就其作为按照法则的表象而行动的能力，或基于各种命令而行动的能力而言，它是积极的。④

康德又把自由分为感性的任意的自由与理性的意志自由，即实践理性。感性的任意或者是动物性的，受感性必然性的规定，被欲望所支配，或者摆脱了感性欲望的强迫而独立。理性的意志自由是人独立于感性必然性，依据理性法则自己决定自己。康德说，如果在感性世界中一切都是自然必然的，没有先验自由，那么人就永远生活在必然世界中，永远受盲目必然性的支配，就如同生活在柏拉图所说的洞穴里，看到的永远只是事物的现象，永远无法自行开启、自行决定去做什么，成为其自身。如果人被束缚在感性世界中，他就只能像他所是，而不能是其所是。所以必须假设自由，拯救自由，以拯救道德和宗教，也拯救人。如果先验自由是存在的，那么实践自由就是可能的。因为实践自由的逻辑是，虽然某物没有发

---

① ［德］康德：《纯粹理性批判》，第 433 页。

② 同上书，第 434 页。

③ 同上。

④ Allison, *Kant's Theory of Freedom* (Cambridge, 1990), pp. 64—65.

生，但它本来"应当"发生，[1] 因而它的原因在现象中并没有自然必然地被确定。实践的自由必须基于超越经验的应然前提，因而只在先验本体领域发生，因此是一种应当。即使它没有在现象界必然发生，也不影响其应当在本体界发生，应然和实然并不必然是一致的。对于本体实践行为来说，它是不受经验、感性欲望和外在条件影响的。不是所有外在条件都具备了，我才去做一个好人；不是只有社会秩序良好了，我才去做好事。应当发生的也有一种必然性：你是自由的、理性的，因此你就应该这样做，这是你的天职，无论外在条件好坏与否。孟子说，达则兼济天下，穷则独善其身，无论富贵还是潦倒，都不影响做道德的义人。生活不好你不去做好人，生活好了你才去做好人，这对康德来说，你并没有做一个纯粹的好人应该做的事情：对于好人来说，做道德的事情是无条件的，是不计较后果的。路人有难，任何人都应该去救，无论奖励不奖励，能不能得到赞扬。在经验现实的世界中，我们做好事不仅没有奖励甚至还可能受到污蔑。在这种情况下，我们怎么办？对于纯粹自由的人来说，这其实不是一个问题：他做他应该做的事情，而无论现实条件，现实后果如何。应当发生的事情实际上发生了，应该去救人实际上也救了他，那么这种事情发生的原因性就在其自身之内而不在其自身之外，不是因为好处或奖励等自然原因，而是因为他是自由的，他就应当这样做。但是应当发生的没有实际发生，这就意味着他没有正确使用自己的自由，意味着其人性的两面性：他既有崇高的一面，也有世俗的一面；既有光辉的一面，也有脆弱的一面；他既是理性存在者，也是感性存在者。人不是纯粹的理性存在者，而是有限的理性存在者。对于纯粹理性存在者来说，应当发生的就是实际发生的，神就是这样的。而人不是这样，他还是动物，所谓道德就是不断克服他的动物性，让理性越来越多，感性越来越少，用理性克制感性。对于神而言，应然即实然，对人来说，应然不是实然。先验自由即是这样，应当在现象世界发生的事情，却没有实际地发生。

在超越的实践意义上，自由的发生具有一种应当的必然性，但是在经验意义上，它却是或然的，可能实际地发生了，也可能不发生。同一事情发生的原因有两种，即在自然原因之外还有一种超验的自由原因。但是自

---

① ［德］康德：《纯粹理性批判》，第 434 页。

由原因是否有可能存在？① 这是康德提出的问题。现象的存在是经验的实在，但是这种存在不是完全充实的，而是显现出来的，还不是自在意义上的存在。康德设想自由是先验的，但问题是，这种自由是否能够在任何地方存在？如果存在，又是否与自然因果性、普遍自然规律共存？自由和自然是平行关系还是等级关系？斯宾诺莎、莱布尼茨主张身心平行说，认为身心没有交界，而是平行对应的：灵魂所想的恰是身体所做的，在自然世界之外是恩典的世界，上帝预定它们之间是和谐一致的，并不相互影响、相互作用。自由和自然是否也是平行的和一一对应的关系？比如，我想要站起来，在我想要的同时我就站起来了，那么这两个过程是平行的过程吗？还是另有一种可能，即实际发生的原因就是先验原因，先验原因就是经验发生的原因？我的意志决定、想要站起来即是我站起来的原因，自由自发的意愿能够导致实际的、现实状态的改变或发生？按照康德的说法，感性发生的原因是先验原因的图形、象征和表达。自然的发生是自由的表达、表现，但还不是自由本身。显然康德主张第三种自由和自然的关系，即模型论、表现论，而不是平行论，也不是等同论。

对于康德而言，应该从两方面去看一个自然事物：一方面把它看作现象，另一方面把它看作自在之物，现象是自在之物的显现。我们在看到现象的同时还要想到自在之物，从因果性上来说，对于现象中发生的事情除了寻找其时间性的自然原因之外，也要通过现象思考其本体，思维其自由的原因。

问题是，是不是所有现象之物背后的自在之物都有一种自由的原因，在用自然原因来解释事物的同时还要用自由原因来解释？是不是存在一个普遍的自在自由的世界？如果存在这样的世界，那么康德的自在世界就太大了。实际上，除人以外的自然事物仅处于自然必然的序列中，是不可能有自由的，如果认为自由无所不在，那么康德的自由因果性就太泛化了，好像万物都有自由的原因似的。在康德那里，自由除了是一种自发产生一个系列的因果性之外，还是一种智性的因果性，而这就排除了自然事物自由的可能性：自然不是智性的，因此自然中不可能有自由；只有智性的存在才是自由的，而人是智性的，因此人是自由的。因此，康德的自由范围是很小的，而不是像贝克所说的那样，自由无处不在。后来叔本华从康德

---

① ［德］康德：《纯粹理性批判》，第 435 页。

这里引出了作为本体的自由意志概念。对于康德来说，意志是理性的意志，即实践理性，自由意志是合理性的，自由因果性大致等于理性因果性，而叔本华却从自由意志中排除了理智：自在之物就是纯粹的自由意志，作为这样的意志，它是盲目的冲动，是没有理性、任意的。纯粹自由的意志把自己外化出去，客观化为自然界，所以自然界的本质就是意志，但客观化的意志是盲目的生命意志，被自然必然性所束缚，服从根据律，是丧失了本源的自由。直到人出现，重新赢得自由，意志自由的恢复才是可能的，但前提是人认识根据律，突破根据律，认识到自己本来是自由的，并且在有了这种认识之后，转识成智，彻底否定这个被根据律所捆绑的世界，不再欲求这个世界。因此自由就在于放弃这个世界，走向超越和彼岸。

康德对自由和自然的区分是非常重要的，从这里可以引出很多思想。叔本华就是从康德这里走出来的，他的一个创造是把在康德那里不是很清晰的现象与自在之物的二元世界转义为意志和表象的二元世界，把康德泛泛而谈的、没有明确规定的自在之物理解为绝对的自由意志。但是他的理解与康德哲学是有差异的。对于康德来说，自由是自发性的，同时也是智性的，自由意志即理性的意志。一个自发产生的事情同时也是合乎理智发生的事情，即一个自发发生的行为是按照理性的法则发生的行为。对康德来说，自由绝对不是任意的、没有原则的、盲目的自由。行动撇开理性就是盲目的，自由意志排除理智就是无知的意志。叔本华即是把康德意志中的理性拿掉而推出了其整个意志哲学体系。

康德继续思考与自然必然性相一致的普遍的自由原因的可能性的问题。自由的问题不仅是自由存在不存在的问题，还是以什么样的方式存在的问题。康德对这个问题的解决仍然是按照现象和本体的区分进行的。按照现象和本体的区分，任何发生的因果性都有两层：一是现象的自然原因性；二是本体自由的原因性。自由原因是什么样的原因？就主体来说，一种原因就是一种产生结果或状态的能力。康德把这种作为原因的主体能力称为品格或特性。一物的品格或特性即是它引起另一物发生的原因。事物有两种品格：经验性品格和理知/理智品格。[①] 经验性品格是按照自然发生的原因性，而理智品格是超经验的、本体的、自在之物的自由产生的原

---

① ［德］康德：《纯粹理性批判》，第437页。

因性。从事物经验性品格出发可以解释事物自然发生的必然性，从理智品格可以解释事物自由自发发生的必然性。不是所有事物都具有两种品格，大部分事物只具有经验性品格，而不具有理智品格。只有人才同时具有经验性品格和理智品格，用以解释其自然必然的行为和自由的自主行为。行为主体按照理智品格永远不具有时间性，而其经验性品格则是在时间中形成的一种因果性能力。经验性品格决定的行为是有生灭的，而理智品格规定的行为是没有生灭的，它不是发生，become 或 happen，而是“是”。所有时间性的发生都是有前后的，理智品格是超时间的，它所引起的行动是没有先后的。但是理智品格要落实到现象中，落实到时间中来。超时间的理智品格对人类来说是无法直接认识的，必须借助时间的图形才能予以认识。我们可以从人的经验性品格推出其理智品格，因为经验品格就是理智品格的模型或表现。按照理智的品格，它不受感性或现象规定的任何影响，它不是被规定的，因为它是规定者、具有规定能力。但是在本体世界里，无法察知任何事情的发生，见不到任何时间性的先后变化，因此对于理智品格，我们见不到它引起现象发生的任何原因，因为在其自身行动中，它是不依赖并摆脱了自然必然性中所见到的东西的。理智存在者自行开启一个感性的系列，但是这个感性系列本身却不是通过或在先验事物中发生的，而是被引起的，按照自然因果性由其他原因引发的。

　　康德通过人的行动阐明何以存在自由原因，它和自然原因又是如何共存的。就人来说，他首先是感性经验的存在者，可以被知性所把握。其次，作为自然存在者，他的行为是在感性世界中发生的，而他在自然中的行为是连贯的、一致的、同一的，标识为这是他的而不是其他人的行为。人在自然生活中形成的这种行为的同一性、一贯性表现为一种品格、性格。品格就是一个人惯有的和特有的行为方式、处世风格，它往往决定一个人的命运。但是人除了是现象中的人、自然的人之外，还是本体意义上的人，是其所是的人，超越现象的、只能用智性来把握、通过理性的先验理念来认识的人。这是具有理智品格的人，而他的理智品格就是其存在的同一性，是他是其所是的因果性方式，是其自发开启一个行为系列的自由原因。这种理智的原因性可以类比于实践行动的原因性。理性颁布的实践法则是一种命令、戒律，允许我们做什么或不做什么。但这种戒律只是一种应当，就是作为具有理智品格的存在者必须做的。先验领域也是必然的领域：理性存在者是自由的，他作为自由的存在者，就应当做配得上其自由的行动，做一个自由的人应当做的行动，这对于他来说是必然的，而这种必然性是一种应当的必然性，是理性存在者作为理性存在者必须完成的行动。这个应当只存在于先验领域中，在自然中不存在应当：在自然领域，只有自然必然如何发生、怎样发生，而没有为什么如此发生或应当怎样发生的问题。你不能问圆应当具有什么属性，只能问圆必然具有什么属性。对于在理智的实践领域所发生的事情，我们只能问应当怎么发生。自在的、本体的人所做的行为有其特有的规定性或必然性，是自行开启一个系列的存在者必然做的。当然，这样一种应当的行动只是可能的行动，其根据是先验本体领域发生的一种理性的可能行动，是根据概念产生的行动，是理性自发给自己规定的行动。理性自身具有概念、法则而不是经验，理性从概念、法则出发设定秩序，这种设定是自发的或自我规定的。理性能够保证其自发性，因为知性和理性都是一种自发能力，而不是被动引发的能力。理性自我设定、规定自己的秩序，并按照这个秩序而存在。所以在先验领域存在的事物都是自我规定的存在，是其所是，完全自在自为的存在，自律的存在。理念世界具有必然性，但是这种必然性是自己规定的、自己给予自己的，因而也是一种自由的因果必然性。在先验的领域，人是具有理性品格的纯粹自由的存在者，由他们构成了一个道德王国、目的王国：它不是叔本华意义上任意的、盲目的意志自由的世界，而是独立于自然必然世界之外的理性的自由王国。康德最终解决自由和自然二律背反的意图就是在自然必然世界之外勾画出一个理性的自由世界。人即生活在两个世界中：既生活在自然必然世界中，也存在于超越的自由世界里，其生存的意义就在于，从生存的必然世界进入存在的自由世界。

康德举例子说，假设一个人撒了一个恶意的谎言，产生了严重的社会后果，[1] 那么该如何解释这个人的行为？可以按照自然原因追溯这个人撒谎的原因，如他个人的经验品格等，而他的这种经验品格可能来自糟糕的教育、不良的朋友关系，也可能源自他本身浮躁、轻率、没有羞耻感等恶劣的天性等。但是康德认为，仅仅诉诸经验性原因解释撒谎是不够的。如果完全是因为其生活环境造成了他的不良品格，导致其不好行为的发生，那么这就意味着导致他撒谎的原因不在于自己，而在于社会，他可以不为自身所做的行为承担责任。

————————————

① ［德］康德：《纯粹理性批判》，第 447 页。

　　现实主义者马基雅维里说，在一个人们普遍都是坏人的社会里，你做好人，那么你是不明智的。你只有也做坏人，你才能生存下去。所有人都贪污，你不贪污能行吗？你不得不贪污，否则你就活不下去。从道德上来讲，这种逻辑实际上是为自己的行为找借口：天下人都是黑的，我也不能不黑，因而责任不在我：自己的行为是被产生的，其原因在社会，而不在自己。这种逻辑本质上是一种强盗逻辑：每个人都是坏人，所以我抢劫坏人，天经地义。但是理想主义者康德说，你可以对一种行为做这种自然因果性的解释，但这并不能减轻行为者的责任。路过一个待救的婴儿，你却不施以援手，即使你找出再多理由为自己辩解，都终究不能掩盖你在道德上是不当的，无论如何你都不可能是道德的：你没有做你本应该做的事情，因此你应该责备自己，而不应随便找一个理由圆圈过去。在先验意义上，人是自由的理性存在者，一切行为都是由自己决定产生的，而不是被规定产生的。既然一种行为由你自己来决定做还是不做，那么无论做还是不做你都要承担责任。作为自由的理性存在者，你就应该这样做而不那样做，不是因为不这样做你会受到谴责。

　　因此对于一个人的行为，不仅要从经验性品格方面解释，还要从智性品格角度解释。康德的启蒙道德就是告诉我们，你是理性的自由的存在者，自由即意味着行为的原因在你自身，而不在他/它。即使你撒谎是被产生的，是在某种情况下迫不得已、不得不这样做的，这也不意味着你在道德上可以减轻自己的责任，相反，你永远是有亏欠的。即使天下都是恶人，你也应做个好人；你可以识时务地做坏人，但这意味着你是不道德的。

第三章　霍布斯与启蒙道德的发生

霍布斯是启蒙现代道德哲学的奠基人、开启者。霍布斯强调"智慧",认为"智慧"不是从古典书籍中获得的知识,而是从思考人、反思人中得来的知识,因而他再次提出了"认识你自己"的启蒙原则。[①] 在古希腊,苏格拉底提出"认识你自己",要求人们从伦理直觉走向道德反省,认识和关心灵魂的完善,关注善本身,自觉过一种本身善的生活。苏格拉底将哲学从天上带回到地上,从自然研究转向关注人事,又将哲学从地上再带回到天上,从现实的伦常转向超越性的普遍道德。中世纪基督教则要人彻底摆脱尘世生活,转向上帝。若基督教哲学也提出"认识你自己",那么它就是指认识自己的神性,放弃世俗的现实,转向唯灵的实体,上升,过一种被救赎的精神生活。近代霍布斯重新提出"认识你自己",却意在回归人性本身。

近代启蒙哲学的核心是理性精神,即忠于理智的诚实精神。"忠"于理智即自觉自愿地恪守合理性的法则。"忠"于理智也意味着,我有所知,有所不知,搞清楚什么是我能知道的,什么是我不能知道的,对于我所知道的,要知之为知之,对于我所不知道的,要不知为不知。世界上存在着我不可知的东西,我要承认自己的无知,但这不意味着我可以放弃理智,而是可以对所不知的存而不论。在基督教那里,上帝或启示是理性所不能理解的,因而要求牺牲理智:不因其是可理解的,所以才信,而恰因其是荒谬的、不可理解的,所以才信,不是先理解后信仰,而是先信仰后理解。霍布斯在现代早期喊出"认识你自己",也是要人承认理性的有限性,肯定理性有所知、有所不知,有所为、有所不为,但是他并不因为理性有所不知而否定整个理性,启蒙的理性精神恰在于,认识能够认识的,

---

① ［英］霍布斯:《利维坦》,黎思复、黎廷弼译,商务印书馆 1985 年版,第 2 页。

知道能够知道的，而非以不可知的否定可知的，可知的否定不可知的。

一　自由问题

有人，例如施特劳斯学派，把马基雅维里看作现代道德哲学的奠基人。其主要依据是马基雅维里在其著名的《君主论》一书中，提出了这样一个现代哲学的原则，即区分理想和现实，事实和价值，分离"是"与"应当"的原则。在他看来，古典时代的柏拉图和亚里士多德从理念，从人应该处于其中的理想状态出发来看待人，并从这种理念、应当来对照、反思和改造现实的社会和人。而他认为，古典哲学的这样一种路向在根本上是错误的。我们认识人、思考人是从人事实上是什么样子开始的，而不是从人所是的理想状态开始的；人实际上是什么样子就是什么样子，然后在这种事实真理之上，去思考人能具有什么样的道德，建构什么样的社会和国家。基于人性的事实真理建立道德体系是现代道德哲学的逻辑支点和基本原则。如果说古典伦理学是从"善"，从目的论出发理解人，基于人性善的观点去思考社会和国家，那么启蒙道德哲学则是从现实出发，从人事实上是什么出发来思考人应该是怎么样的，从人是什么样子的推出人应该是什么样子的。这样，它就颠倒了古典伦理学基本的逻辑进路。就此而言，马基雅维里是现代道德哲学的开端。

像马基雅维里一样，霍布斯也不再关心超越现实的理想世界，转而关注现实的可经验的东西；他不再信奉目的论的世界观，降低了对人的道德的诉求，回到自然的人性，关注人实际上如何生活，而不再关心人应该怎样生活。

近代自然科学的迅速发展以及机械唯物论的产生，使得霍布斯相信世界是物质的，物质是遵循自然必然规律运动的。同时，他将对自然的认识运用到对人的认识上，将机械唯物观运用到人性研究上，他的人性研究据此发生了根本性转变，由此，他成为近代意义上促使人性理解发生转变的第一人。在霍布斯看来，人不再是合乎善本性的人，而仅仅是一个自然人，一个充满激情和欲望的动物。在自然条件下，人之为人是一个事实的生命存在物，价值上是中立的。近代启蒙道德就是从这一基本人性出发，追问人能够做什么，应该做什么。霍布斯排除了希腊人性向善的目的论，也排除了基督教人性罪恶说，他的"人"只是一种原子式个体，无伦理性的主体。

霍布斯认为，人是充满欲望和激情的自然存在物。他不再追求善，而是将生命置于最高地位，追求基本的生存需求的满足，以保全生命。人也追求善，生存的基本需要以及财富、权力等都是善，只不过是较低级别的善，与古典哲学所确立的最高层次的善不同。他不再假设理想性的人性，而是从低处设想，认为人仅仅是一种追求基本生命需求满足的存在物，其最基本也是最重要的价值就是生命保全。人的意志是以生命为中心旋转的，为此可以无所不用其极，而最好的方式是通过征服获得生命安全。任何自然人都恐惧死亡、想方设法逃避死亡，并以此保全生命。对霍布斯而言，生命保存和逃避死亡是一体的，前者是积极意义上的延续生命，后者是否定意义上的保全生命。

霍布斯先是接受良好的人文主义教育，之后又接受了近代科学的理性精神，因此在精神上，他像马基雅维里一样冲出了信仰的重围，摆脱了神恩的羁绊，带着理性的眼光回到自然，回到人性。"认识你自己"就是认识自然人性，搞清楚在自然中的人是什么，而不是神恩中的人，信仰中的人是什么。在信仰主义的视域，欲望、血气、激情被看作恶的东西从灵魂中清除掉，只有理性、意志、信仰和爱才被看作是构成灵魂的东西。古代柏拉图主义视野中人的灵魂是由理性、激情/血气和欲望组成的，意志是在其视域之外的，虽然理性的欲望约等同于自由，但它更接近于理性自由，而非意志自由；理性是规定人，区别于动物的东西。虽然基督教信仰主义在人性中加入了自由意志，这使它与希腊时代区分开来，但是其自由意志是在消极的意义上被看待的，信望爱比意志更高。经过人文主义和科学主义洗礼的霍布斯，当他回到人性中来时，他看到的人性是怎么构成的呢？自由意志是否被纳入进去了呢？

我们看到，霍布斯不同于柏拉图，他把意志加入人性中，又不同于基督教，意志被他积极地确立起来。在其早期的《法原理》和晚期的《利维坦》论人部分中，他从人的感觉、想象和理性讲起，然后谈到人的欲望、激情，而在泛论激情、欲望的章节中他谈到了意志。虽然在他那里，知、情、意的人性结构还没有像洛克、休谟和康德那样十分清晰地呈现出来，但是其大致轮廓基本上是明白可见的，大体上意志和理性、情感一样登入人性殿堂，成为其基本成员了。他说，在动物和人身上都存在一种欲望和嫌恶、希望和恐惧交替的状况，即权衡、斟酌；在我们就一件事情欲求/嫌恶去做/不做进行权衡的过程中，我们是自由的，而在我们结束在欲望和嫌恶、做和不做之间的自由权衡的时候，我们形成了意志："在斟酌之中，直接与行动或不行动相连的最后那种欲望或反感，便是我们所谓的意志。它是意愿的行为，而不是意愿的能力。"① 也就是说，意志就是我们权衡中的最后一个欲望或反感，最后决定了做或不做。因此意志是在欲望和厌恶、做与不做的权衡中发生的，在某种意义上，它就是欲望，或斟酌后的欲望，而不是基督教意义上的无差别的意志，也不是纯粹理性的欲望——它可能是理性的欲望，也可能是非理性的欲望。人在欲与不欲、做与不做的权衡中是自由的，而人的意志的行为是结束自由权衡，最终选择欲或不欲，做或不做，但这不是说意志不是自由的，意志是自由的，因为意志的行为是自愿的行为——无论最终是欲还是不欲，做还是不做，我都是自愿的："由于贪婪、野心、情欲或对该事物的其他欲望而开始的行为固然是自愿的行为，由于嫌恶或因惧怕不采取行动的后果而开始的行动也是自愿的行为。"② 当然这种意志自由不是基督教无差别意义上的意志自由，后者是愿意或不愿意中立选择的自由，是被决定了的自由，这种自由霍布斯更愿意称之为人的自由，即人自愿的行为的自由，而不愿称之为意志自由，因为相对于欲与不欲的权衡的自由而言，意志作为最后一个欲望是不自由的。如此说来，霍布斯对自由意志的理解是迥异于基督教的；在欲与不欲、做与不做的斟酌、权衡阶段，他与基督教的意志论是非常接近的，不过已经有殊异了，因为在这个阶段还没有形成意志，人还处在前意志状态，而对于基督教而言，要与不要的权衡已经是意志状态，意志即在于愿或不愿的自由，而在意志做出要还是不要的选择的时候，仍然是自由的，是它自由地选择的，但是在霍布斯这里，在权衡结束，选择做出之时恰是意志形成之时，而在选择一旦做出后，选择的自由、权衡的自由也就不复存在了。

意志一旦形成，选择的自由就没有了，但这不是说人不是自由的了，对于霍布斯来说，人仍然是自由的，只不过人的自由不在于意志的自由愿意与不愿意，而是人在做出意志选择之后，决定欲或不欲之后，出于意志自愿行动的不受阻碍。霍布斯在基督教中立、无差别意志自由概念之外独

---

① ［英］霍布斯：《利维坦》，第 43 页。
② 同上书，第 44 页。

立提出了一种全新的自由概念。就他而言，按照定义，"自由不过是缺乏对运动的阻碍"①。换言之，自由就是不受阻碍的运动，任何事物只要其运动不受阻碍就是自由的。因此霍布斯的自由是在最为广泛的意义上讲的，也是在最低限度的意义上讲的，不仅人，而且自然事物，只要其运动未被阻碍就是自由的，自由从人，上帝所具有的性质被降低到动物、水这样的能运动的事物也具有的性质：

> 不论任何事物，如果由于受束缚或被包围而只能在一定的空间之内运动，而这一空间又由某种外在物体的阻碍决定时，我们就说它没有越出这一空间的自由。因此，所有的生物当它们被墙壁或锁链禁锢或束缚时，或是当水被堤岸或器皿挡住，而不挡住就将流到更大的面积上去时，我们一般都说它们不能像没有外界阻碍时那样自由地运动。②

当水无阻碍地流动时，水就是自由的，如果把它放到盆里，它就不自由了，而如果打破盆，它又能重获自由。如此说来，自由不是意志的自由，因为水没有意志。人是有意志的，也是运动的，而且是出于意志运动的，如果人的意志行为未受阻碍，那么人就是自由的，但不是说人的意志是自由的，而是说人的意志行为是自由的，自由仅仅在于其意志运动不受阻碍。什么样的阻碍使人、水失去行动、运动的自由呢？对此霍布斯前后的认识有所变化。在《论公民》中，他说的阻碍首先指外在的障碍，如阻挡水的器皿、堤坝，阻碍人自由行动的栅栏、围墙等，它们属于"外在的和绝对的"阻碍。在这个意义上，自由不与强制、奴役相对立，即使被关起来的人只要多多少少还有点活动空间，他就多多少少是自由的，即使是奴隶和仆人，也是自由人，只要他们没有被捆绑住手脚，或被投入大牢。但是如果主人、自由公民被捆绑住手脚，投入大牢，他却是不自由的。所以我们看到，霍布斯的自由是非常低程度，可以说是最低程度的自由，这种自由低到连奴隶也算得上是自由人。当然，他提出这种自由的意图是明晰的，那就是为他主张的绝对君主制辩护，批驳那些认为这种政制是牺牲自由的奴隶制的人，认为，即使在这种政制中，也存在自由，即使

① ［英］霍布斯：《论公民》，应星、冯克利译，贵州人民出版社 2003 年版，第 97 页。
② ［英］霍布斯：《利维坦》，第 162 页。

是其意志受制于绝对君主的臣民，奴仆也是自由的，因为他们的手脚没有被捆绑，整个国家也不是一个大监狱。除了自由在于不受绝对的外在阻碍之外，他还说，自由也不在于受内在的阻碍。这种内在的阻碍主要是指"由我们自己的选择所引发的阻碍"，或者是因为恐惧而引发的阻碍，"就像不会有人阻止船上的人自己跳进海中，如果他自己想这么做的话"①。但是在《利维坦》中，霍布斯放弃了内在阻碍说，而只把自由看作没有外在阻碍的运动状态：

> 自由一词就其本义说来，指的是没有阻碍的状况，我所谓的阻碍，指的是运动的外界阻碍，对无理性与无生命的造物和对于有理性的造物同样可以适用。②

但是有些障碍不是内在于事物之中吗？如水就没有向上流动的能力，因此水不是就没有向上流动的自由吗？霍布斯说，这种内在阻碍并不是自由的反面，不是因为这种内在阻碍，水就不是自由的，水仍然有运动的自由，只要它不被外在阻碍，虽然它确实因为这种内在阻碍而缺乏运动的力量、能力。缺乏运动能力并非就没有自由，自由不在于缺少运动能力，而只在于缺少运动的外在阻碍。但当运动的阻碍存在于事物本身的构成之中时，我们往往就不说它缺少运动的自由，而只说它缺乏运动的力量，像静止的石头和卧病的人便都是这样。

对于人来说，恐惧往往是阻止其行动的内在阻碍，但是霍布斯否定恐惧是限制人自由的东西：

> 畏惧与自由是相容的。例如一个人因为害怕船只沉没而将货物抛到海中时，他是十分情愿地这样做的。假如他愿意的话，也可以不这样做。因之，这便是有自由的人的行为。同样的道理，人们有时仅只是因为害怕监禁而还债，同时由于并没有人阻拦他不还债，所以这便是有自由的人的行为。③

---

① ［英］霍布斯：《论公民》，第 97 页。
② ［英］霍布斯：《利维坦》，第 162—163 页。
③ 同上书，第 163 页。

也就是说，恐惧不是使人缺失自由的力量，出于恐惧的行为不是非自由的行为，而是自愿的行为，假如这种行为没有受到外在阻碍，它就是自由的行为。

霍布斯对世界持一种机械唯物论的观点。对他来说，世界是因果相连、机械必然的世界，而人就处在这样的决定论的世界之中，毫无例外的是，人的任何一种行为都是有原因的，都是被必然决定了的。如此说来，人的一切行为都是必然的，因而不是自由的。但是霍布斯并不这样看，相反，他认为，自由与必然是相容的，只要人在行为时没有受到外在阻碍，即使他的行为是必然的，他也是自由的，正如水按照其本性必然往下流动而不受阻碍，水就是自由的一样。

> 自由与必然是相容的。比如水顺着河道往下流，非但是有自由，而且也有必然性存在于其中。人们的自愿行为情形也是这样。这种行为由于来自人们的意志，所以便是出于自由的行为。但由于人的每一种出于意志的行为、欲望和意向都是出自某种原因，而这种原因又出自一连串原因之链中的另一个原因，其第一环存在于一切原因的第一因——上帝之手中，所以便是出于必然的行为。……因此垂察并规定万事万物的上帝也垂察人们按自己的意志行事的自由，使之必须带有刚好只做出上帝所愿的行为的必然性。[1]

基督教的"自由"是愿意与不愿意的无差别性，意愿的同时也能够不意愿，而且意愿与不意愿是等值的，因此自由与必然是对立的，自由是非必然的，超出必然之上的。理性主义的"自由"也是非必然的，如果人受到激情和欲望的支配，那么他的行为就是必然的，因而是不自由的。但是，霍布斯却坚持人是在因果必然性的世界中行动的，若他未受外在阻碍，那么他也是自由的，他的自愿的行为，出于意志的行为同时也是必然的行为，从世界层次上看，是被决定了的，但是这并不影响他是自由的。在他那里，自由被降到最低限度，只要不受外部阻碍，一个人的行动即是自由的，自由与必然并不冲突，相反，自由和必然是相统一的：自由是必然的，必然的也是自由的。

---

① ［英］霍布斯：《利维坦》，第163—164页。

　　在必然世界中，人是自由的。在自然中的自由人一开始并不就生活在社会中。亚里士多德认为，人是天生的社会性动物，社会性即是人的自然本性，但是在霍布斯看来，人天生是非社会性的个体性动物，每个人都把追求自我生命的保存作为最重要的事情，趋乐避苦、贪生怕死是每个人的必然倾向。因此人一开始并不生活在文明社会、政治社会中，而是生活在自然状态中。在自然状态下，人是平等的，也是自由的，也就是说，他的行动不会受到任何外在的阻碍。就像石头必然要下落一样，每个人都必然趋利避害、爱生怕死，都按照其本性不受阻碍地出于自己意愿逐利乐生。换言之，如果一个人不是趋乐避苦、爱生惧死，而是趋苦避乐、爱死怕生，那么他是不自然的，违反本性的，也是不合理性的，相反，

　　　　如果一个人尽全力去保护他的身体和生命免遭死亡，这既不是荒诞不经的，也不应受指责，也不是与正确的理性（right reason）相悖的。可以说，不与正确的理性相悖，就是按照正义和权利去行事的。"权利"这个词确切的含义是每个人都有按照正确的理性去运用他的自然能力的自由。①

　　至此我们看到，霍布斯对自由的思考终于结出了果实，由自然自由直接推出了自然权利的概念，而这一推演并非简单的逻辑推理，而是具有决定性、转折性意义的思想奠基，至此道德和政治就有了新的可靠而自明的基础。如果基督教从人的意志是自由的出发，推出人要为自己的罪负责任，从人自由意志的捆绑中得出了人必须依靠神恩信仰称义，自由是基督教信仰和道德的不二法门，如果在现代早期开端处，笛卡尔通过怀疑，从我思中推出了我在，为第一哲学找到了可靠自明的基础，那么霍布斯则从人的自然自由中直接推出了自明的自然权利——自由即权利，为现代道德和政治奠定了第一原理。不是性善论、目的论，也不是终极目的论、灵魂得救论，而是自然自由、自然权利论构成了现代道德和政治的根基。

　　按照霍布斯的逻辑，自然状态即合乎自然的状态，在其中没有不自然、违背自然的事情发生，也就是说，每个人都按照其自然本性，合乎理性地生活着。但是仅仅合乎本性、理性地生活还构不成人的自然权利，还

_____

　　① ［英］霍布斯：《论公民》，第7页。

只是自然的必然性。只有自由才形成权利，也就是说，只有当一个人是自然的、好生怕死的，并且是其所是，不受阻碍、尽其所能地去做得生免死的事情时，那么他所做的一切才是出乎自然的、合理性的，因此是正确的，他自由地做一切有利于他好生避死的事情就是正当的，他自由地利用所有基于他自己的理性和判断认为最适合的手段去做任何事情即是正义的，而他得以合乎理性地去做所有有利于他生命保存的事情的自由就是他的权利："著作家们一般称之为自然权利的，就是每一个人按照自己所愿意的方式运用自己的力量保全自己的天性——也就是保全自己的生命——的自由。"① 因为只有基于自由，以自由为前提，他才能做一切不损害自己生命的事情。我使用自己的理性去做任何保存生命的事情，我就是自然的、妥当的，而只有我是自由的，我才能不受妨碍地做一切保存自己生命的事情，自由是我得以保全自身的权利。所谓自然权利就是理性的自然自由，合理的自由就是所有人的自然权利。

确立了自由即权利，从中推出义务、法也就不难了。希腊古典时代的自然权利不是从自然自由中推出来的，而是从自然义务、自然目的中推出来的，人性的目的、善是一切义务的根据，从善的义务中才产生权利。但是霍布斯却颠倒了这一逻辑：自然权利成为自然义务的前提，自然法是从自然权利中演绎出来的。

> 谈论这一问题的人虽然往往把权与律混为一谈，但却应当加以区别。因为权在于做或不做的自由，而律则决定并约束人们采取其中之一。所以律与权的区别就像义务与自由的区别一样，两者在同一事物中是不相一致的。②

也就是说，自然权利在于做或不做的自由，而自然法是规定人们到底选择做还是不做的法则；自然权利意味着自由，自然法意味着义务，自然法从自然权利中推出，义务源自自由。自然法是发自正确理性的命令，"理性所发现的诚条或一般法则"要求人必须服从。它建立在自然权利之上，是维护自然权利而不是损害自然权利的，其一般原则是，"禁止人们

① ［英］霍布斯：《利维坦》，第97页。
② 同上书，第97页。

去做损毁自己的生命或剥夺保全自己生命的手段的事情，并禁止人们不去做自己认为最有利于生命保全的事情"①。和平是保全生命的首要条件，也是主要的善，因此自然法的一般法则是，尽可能力求和平，在和平不可得时在战争中寻求救助。从这个自然法总则中霍布斯推出了 20 条自然法，② 如权利转让或放弃法则，守信正义法则，感恩、体谅、宽恕、不蔑视人、平等、一视同仁法则，等等，所有这些自然法，他认为，可以用一个法则来概括，即"己所不欲，勿施于人"③。

霍布斯自然自由即自然权利原理的提出，是哲学史上的重大事件，标志着早期现代启蒙理性精神的诞生，意味着道德哲学范式的推移，当其从自然自由即自然权利原则推演出自然法道德体系的时候。在希腊古典思想中，是没有"权利"概念的：人的存在是一种目的论的存在，人人都为欲求至高的善而存在，"是人所是"是一种义务而不是权利。中世纪基督教"原罪说"认为人的存在本身就是恶，从而否定了人存在的必要性，剥夺了其存在的权利。但是霍布斯却否定了基督教的"原罪说"，把不受阻碍的存在自由视为人不可剥夺的自然权利，肯定人之为人的存在本身是正当的，不应受谴责的。霍布斯从人事实性的"自然存在"推出自由保全生命乃人自然的"权利"，意味着启蒙道德哲学完成了道德合理性论证逻辑的根本转变：启蒙道德哲学的基本理路就是从"是"推出自由"权利"，再从自由"权利"推出道德"义务"、道德律或自然法。

麦金太尔否定了启蒙道德哲学的这一合理性推论，认为从自然本体论的"是"推不出道德的"应当"。但是霍布斯认为，从"是"能推出"应当"。当然霍布斯的这种合理推论不是麦金太尔所说的分析性推论——这意味着结论蕴含在前提中。古典道德哲学预设人性善，由此推出道德律是可能的，因为道德律就蕴含在善本性中。而霍布斯所说的人性是中性的，人是事实性的存在、自然性的存在，道德法则并不逻辑地蕴涵在其人性前提中。由此他如何可能从人性事实中推出道德法则呢？霍布斯从人的自然自由出发做出了这一推论。在他看来，和平与安全是所有人都追求的目的，然而人人按照自然本性追求生命保全，却陷入死亡的恐惧之

---

① ［英］霍布斯：《利维坦》，第 97 页。
② ［英］霍布斯：《论公民》，第 15—37 页。
③ 同上书，第 120 页。

中。对死亡的恐惧促使人自由地运用理性制定法则，并恪守法则以保障和平与安全的生存状态。保全生命是道德存在的前提，道德律根源于人的自我保全动机，反之，道德也是人获得生命保全的前提条件。道德之为善就在于它是达致和平幸福生活的手段。

二　霍布斯与启蒙道德哲学的开端

从其思想背景来看，马基雅维里还是文艺复兴时代的人，尚处在浓郁的人文主义传统之中，以复兴古代精神传统，恢复人性价值为要务。中世纪从神出发，强调神性价值，而文艺复兴时代恢复了古代的人文传统，从神转到人，强调从人道出发来看待人和神。但是对于启蒙道德哲学来说，人文主义传统是作为背景而存在的，它本身是建立在现代科学主义传统之上的。科学主义传统是以人的事实理性和形式理性为中心建立的，而人文主义传统是以人的价值理性和实质理性为中心建立和延续的；现代科学的形成标志着现代与古代，乃至与中世纪基本精神的决裂，开始走上全新的精神文化道路。启蒙道德哲学即是以这个正在形成中的科学传统为基础而发展起来并形成自身精神传统的。从这个意义上说，马基雅维里还是人文主义传统中的人，虽然在某种程度上他已经与它分离了。而霍布斯则实现了一次精神蜕变，从人文主义传统中走出，走进了现代科学传统，并借用和转化现代科学主义的观念和方法建构了自己的道德哲学体系。因此霍布斯是现代启蒙道德哲学的真正开端者。

现代科学最主要的标志是其精确有效的数理实证方法，以及能加以证明、确证和检验的知识系统。人文主义传统虽然也有一套知识体系，却是侧重于价值的知识体系，而且不够精确。它主要诉诸共通的价值感，依靠人同此心、心同此理的基本预设，通过内在的反省和体悟来确证普遍和共同的价值。现代科学则不同，它确立了一种抽掉价值的形式主义的方法论原则，能通过客观的可分解的程序获取和验证关于自然对象的精确知识。早期现代哲学是在近代科学的基础上发展起来的。无论理性主义还是经验主义哲学家都把现代科学的形式主义方法移植到哲学对世界和人的认识上，改造了人文主义传统，也改造了道德哲学传统，尝试建立确定性的价值知识体系，把道德哲学变成科学。人文主义传统的道德哲学体系并不具有"科学性"，因为其整个体系都是建立在某种价值承诺的前提之上的，而不是建立在价值中立自明前提之上的。所以就人本主义传统而言，你接受还是不接受它取决于你自身是否认同它所承诺的基本价值前提，你接受了你就属于这个人文主义传统，你不接受，那你就在它之外，因此人文主义传统严格来说是一种"道统"，有明显的价值取向，不完全是中立和客观的，不具有超越性的普适性。而现代启蒙道德哲学则试图使自身成为科学，建立客观普遍的、人人都接受的价值体系。

就把道德哲学建成科学而言，马基雅维里不大可能是启蒙现代道德哲学的奠基人，他仍然身处西方人文主义大价值传统之中。而且在他所处的时代，近代科学还刚刚萌芽，没有成为一种主导的传统，人文主义传统，即亚里士多德主义、柏拉图主义的哲学传统、罗马法学传统都在他身上打上了深刻的烙印。

霍布斯则完成了从人文主义到科学主义的转变。在他生活的 17 世纪，现代科学正在兴起，逐渐征服了整个欧洲。霍布斯早期接受的是人文主义教育，他广泛阅读了古希腊人文经典以及基督教拉丁文经典，并没有受到科学太大的影响。霍布斯还用英文翻译了荷马史诗，并进行了注释性评述。随后他跟随一些贵族到欧洲游历。在法国巴黎的时候，在一个朋友家里，他偶然看到了书桌上放着的欧几里德《几何原本》，就顺手翻了几页，马上被它严密的演绎论证所吸引、折服。他意识到，几何学是真正严格的知识体系，是真正的科学，人文主义传统在这种严密体系面前是站不住脚的。经过这次偶然的机缘，他完全转变了，从人文主义者转变为科学主义者。近代科学通过观察和实验，在搜集事实、材料基础之上，应用数学方法，从事实中概括出普遍的规律，提取出一般的公式。霍布斯认为，这种方法应该是所有科学体系采用的方法。

培根是近代经验主义哲学的奠基者和开拓者，他把经验主义的认识方法完善化了。但是他重视经验，却轻视数学，在把经验看作科学认识基础的同时，却忽略了数学演绎方法在科学认识中的作用。笛卡尔是近代理性主义哲学的奠基者，他重视数学，却轻视经验，纯粹从"物质是广延的原理"出发演绎出了一套数理机械论体系。因此近代经验主义和理性主义分别抓住了近代科学两方面——经验和数学——中的一个方面。霍布斯，一个唯物主义者，却强调理性思维的过程是一个概念加减的过程，理性思维即是一种计算性思维。在这个意义上，他综合了经验主义和理性主义，把经验和理性统一了起来，形成了完整的机械论唯物主义体系。

霍布斯把科学分为关于自然的研究，即自然科学，和对于人的研究，即道德哲学两种，并把道德哲学又分为关于纯粹道德，即自然法的研究，以及关于公民，即关于国家的研究。研究人的最终目标是认识国家是如何构成的。对他来说，方法上要求认识人是什么就要认识国家是什么，而认识国家是什么，就要分析构成国家的是什么：构成国家的是公民，因此对国家的研究就等于对公民的研究。公民是在国家建立之后才产生的，而在国家产生之前，人并不是公民而是自然人，处在非国家的自然状态，因此对公民的研究需要先行研究自然状态和自然状态中的人。认识国家首先必须认识什么是人，只有了解了人性，才能知道国家是怎么来的，构成国家的公民是什么样的，才能知道什么样的人适合建立什么样的国家。因此霍布斯道德哲学对国家的研究建立在关于人性的研究之上。近代科学分析和综合的方法是其道德哲学的基本方法，而对人性的观察、分析则是其道德哲学认识的起点，从此出发，他推论出整个自然法道德体系，进而推论出其国家理论。把国家还原到公民，然后到人，再从人性出发论证道德的必要性，建立国家的必要性，这既是一个分析的过程，也是一个综合演绎合理论证的过程。

人文主义传统对道德和国家也有合理性的论证，却建立在价值论前提之上，即人性善或者人性恶的前提之上。孟子言性善，人人皆尧舜，因此主张内圣外王，推行仁政，建立人人皆尧舜的道德理想国家；怎么让人变得更好，怎么让人人皆尧舜是国家的义务，国家承担着道德教化的功能。基督教言性恶，主张国家应建立在对恶的预防和阻止上。孟子认为，仁政根源于仁心，而基督教认为国家是必要的恶，是否定性的，它不是让人变得更好，因为在此岸中，人永远背负着一个十字架，而是不让人变得更坏，最终在彼岸获得救赎。

但是近代以后，从霍布斯开始，论证国家合法性的逻辑发生了转变。霍布斯力主建立绝对君主制的国家，而绝对王权国家的人性前提是自然人性论、中性人性论，而非人性善论，或人性恶论。也就是说，人性是无辜的，没有善恶之分。在建立国家之前，人并不是生活在社会里，而是生活在自然状态中，仅仅是自然人和理性动物而已。对动物来说，是无善恶之分的；老虎天生吃羊及其他动物，没人说它是恶的。人性也是这样，作为一种自然动物性的存在，他做任何事情——如掠夺他人——都出于其自然本性，本身没有任何道德的意义。儒家讲率性而为，而所率之性是善性，不是自然性。对霍布斯来说，人率性而为完全出于其纯粹自然的天性，本身既不是性善论意义上的，也不是性恶论意义上的。①

康德在完成了其崇高的道德体系之后，在讲到建立国家基础的时候说，现代公民社会的前提不是道德人性论，或者人性善论，而是理性人性论。他认为，有什么样的人就应建立什么样的国家，适合建立什么样的国家取决于有什么样的人。适合建立现代共和国家的人是理性的人，而理性的人不一定是道德的人，即使一个魔鬼民族也能建立现代意义上的公民共和国家，只要这魔鬼民族是有理性的，只要它愿意建立一种宪政法权体系。② 实际上，康德主张，建立国家的材料既不是人性善的人，也不是人性恶的人，而是非道德意义上的人，可以说是自然自由意义上的人。只是他认为，即使这样的人是恶棍，只要建立一种良好的体制，也能把他造就为好的公民。

排除了性善论、性恶论，霍布斯确立了其道德哲学的中性人性论、自由人性论基础。自由的人性既不善也不恶，既可善，也可恶，关键在于，从这种自由人性论中推出何种道德，推出何种意义上的现代国家。就此而言，马基雅维里就不完全是一个现代哲学家，因为其《君主论》的一个基本原则是，国家以恶的人性论为前提，而不是以自由的人性论为条件，故而他之建立公民社会的人性前提落入基督教道德传统之中，而非恢复了古希腊罗马道德传统。苏格拉底认为，人性是趋向于善的，柏拉图理想国即是建立在美德之上的公民国家，邪恶的人被排除在外，不具有公民资格。在霍布斯这里，人性是自由中性的，祛除了人身上的一切道德的、政治的、文化的印记，人被还原到纯粹自然状态，仅仅是理性的动物。古希腊人也认为，人是理性的动物，但其理性是伦理性的，在霍布斯这里，理性仅仅是推理思维能力，概念加减计算的能力，本身不具有任何道德价值，仅有一种工具价值。

霍布斯试图从自由人性论推出自然法道德体系，展开对自然法道德体系的合理性论证。道德的合理性论证即是从"是"推出"应该"，从人是什么样的推出人应该是什么样的。道德是一种应当，但是在自然状态里，人只是事实性的存在，他如其实际所是的那样做他所做的，而这是由其自

---

① ［英］霍布斯:《论公民》，第10—11页。
② ［德］康德:《历史理性批判文集》，何兆武译，商务印书馆1990年版，第125页。

然本性决定的，是没有任何道德属性的。而他要做的就是从没有道德属性的人性推出人应当做什么，在自然条件下，人应该怎么做。人实际做什么和他应该做什么，是两回事，但是现在需要从他实际上做什么推出他应该做什么，不应该做什么，建立行为道德判断的准则。

关于自然人性，霍布斯提出了两个基本假设。① 首先，人性是由欲望、激情构成的，或者欲望、激情构成了人性的主要部分。由欲望、激情构成的人性呈现出的一个主要特征是贪欲。贪欲导致人与人之间相互冲突，处在一种不可避免的战争状态。中国古代经书《尚书》中有关于人性的这样一种区分，即人都有人心和道心，人心指的就是人的欲望和激情。在欲望和激情的支配下，人是自爱、自利的动物——他只关心自己，不过他关心的不是自己灵魂的完善，也不是自己灵魂的得救，而是自己的生存：他所做的一切都是为了保全自己的生命。"人心惟危"，人一旦陷入这种只关心自己保存的状态，那么他就是凶险的，总想着占有更多的东西，乃至不惜剥夺别人的东西为己所有。人心是自爱的，所有的欲望和激情都围绕着自己的生命展开、绽放出来。人心是自利的，即使帮助、照顾他人也是为了自己，总是想方设法在与人打交道的过程中增加自己的利益。霍布斯认为，人心还有一种对荣誉、声名的渴望。② 对荣誉的欲望来自于人与人之间的一种比较，这种比较也是自爱之心而不是仁爱之心的一种表现。人与人在交往过程中会自然而然地形成比较，或者拿自己与他人比较，或者拿他人与自己比较，而无论怎样比较，他都关心自己在人际关系之中，在群体之中相对于他人所占有的地位是什么样的，是否是优越的，更强大、更出色的。

这种荣誉、虚荣之心说到底是一种追求被别人承认的欲望。③ 在与人的共处并存中，每个人都希望他人认可自己，最起码承认自己不比他人差，进一步承认自己比他人更卓越、优秀、优胜，要他人予以更多的尊重。除非你生活在一个分裂、孤立的环境中，否则你一旦走进人际关系中，比较就开始了，承认欲望就产生了，因为人对自己的关心使得他关注他在他人心目中到底是什么样的，有多大分量。承认欲望支配着人的行

---

① ［英］霍布斯：《论公民》，应星、冯克利译，贵州人民出版社 2003 年版，第 4 页。

② 同上书，第 5 页。

③ ［英］霍布斯：《利维坦》，第 65—71、93—94、117 页。

为，而为了提高、获得他在群体中的地位、分量，他展开了与他人的竞争。当一个人在群体中，没有得到他所认为的地位，或没有得到应得的承认和尊敬时，他就感觉自己好像受到了奇耻大辱，遭人蔑视。一般来说，礼节就是一种符号化的荣誉系统，即承认系统：只有在这个位置上，你才能享受到与之相称的一种礼节待遇。在古代，礼遇、礼节上的规格代表了对人尊重的程度和水平，从士大夫、卿、公、国君，礼节、礼遇层层递进，物化和固化了的承认和尊重也随之节节攀高，直至天子，获得最高的承认和尊重。为什么很多人朝朝暮暮迫切想着往上升迁，就是因为他欲求获得越来越多的承认和尊重。人性如此，对承认的欲望与生俱来。一个普通的百姓是无名的，享受不到什么礼节待遇之类的东西，因为你没有这个地位，也就享受不到相应的承认与尊重。与人相处，人必然追求被认可，所以在人群之中生活，人不完全是独立自足的人，不依赖他人的人，至少在心理上还依赖别人的承认。故而虽然自爱之心使人爱自己、关心自己，但是他也需要别人的认可，不由自主地就生活在他人的目光中。我们的面孔是为他人而存在的，有很强烈的人伦道德含义。人脸不是自然的脸，不是动物的脸，动物与动物相见的时候纯粹是欲望，不是吃掉就是被吃掉，而人与人相见时，面孔呈现的是承认和尊重的要求。

　　霍布斯另外一个人性假设是，人是有理性的动物。无论是生命欲望，还是承认欲望都是人之人心的表现，但是理性却是人之"道心"，使人能做出选择与谋划。动物式激情是随时出现，随时消失的，而理性之"道心"却是人有意识的持续朝向某个目标努力的能力。当然霍布斯所说的理性与古希腊人的理性是不一样的。在柏拉图那里，理性作为"道心"，指示一种实质性的理想秩序，把握的是理念和善的可知世界。而在霍布斯这里，理性作为"道心"，在知识上是一种计算能力，即概念加减的纯粹计算性思维的能力，在道德上是一种实践理性，即一种正确理性，正当理性（right reason），一种立法能力——它能为人的行为颁布法则，以为人的行为立法，规范人的行为。① 在柏拉图那里，理性能够决定人的行为的善恶，因为善就是一种思想、秩序，是合理性的，因此理性是一种目的理性，一种把握内在价值秩序的能力，由理性支配的行为就是一种善的行为。但是对霍布斯来说，理性不是价值理性而是正确理性、形式理性，一

---

① ［英］霍布斯：《论公民》，第 7 页。

种能颁布命令的立法能力，由它所规定的行为不是一种善的行为，而是一种正确、正当的行为，因为行为的善性不是由它所决定的，而是由人的欲望、情感来决定的。

为什么是这样的？唯物主义者在道德上往往是伊壁鸠鲁主义者，即快乐主义者、幸福论者。对他来说，人的行为善恶是由快乐和痛苦决定的，令人快乐的行为就是善的，令人痛苦的行为就是恶的，善不是一种理性的秩序，而是感性的幸福、快乐。就霍布斯而言，决定善恶的也不是理性——不是只要合乎正确理性的就是善的，而是只有根据正确理性做出的、为我们带来快乐的行为才是善的，决定行为道德价值的不是理性，而是快乐。正确理性能做的是使我们按照正确的规则获得善，避免恶；虽然理性无从决定善恶，但是怎么获得善，怎么避恶却是正确理性能决定的，促成我们实现的。善恶是由情感决定的，但是有时受欲望、激情的支配，表面上看是快乐的，实际上却是有害的。只有理性才能够告诉我们怎么做对自己才是真正善的。正确理性不能决定善，却是实现目的的手段。所以在霍布斯那里，正确理性不是古典意义上的"道心"，那种道心涉及善、理想的秩序，而是现代意义上的"道心"，作为这种"道心"，它能为人确立趋善避恶的一般法则；它在人的行为中的作用是关键性的，但不是决定性的。

在柏拉图那里，"道心"、目的理性是主导性的，激情、欲望都受它的支配，四美德本质上是理性的美德。而在霍布斯这里，关系被颠倒了，在激情、欲望和"道心"——正确理性三者之中，欲望和激情占有主导性地位，因为它们决定我们行为的善恶，而正确理性只提供我们行为的规则和方式，所以不是理性决定我们的情感和欲望，而是我们的理性受制于情感和欲望。

三　霍布斯与启蒙道德哲学转向

启蒙道德的发生意味着西方道德发展的一个重要转折点，即由道德意识阶段进展到道德自我意识阶段。就伦理与道德的区分来看，伦理是客观的，道德是主观的，前者是实体性的，后者是主体性的。[①] 而就道德而

---

① ［德］黑格尔：《法哲学原理》，范扬、张企泰译，商务印书馆 1961 年版，第 41—43 页。

言，其主观性也是分意识的主观性和自我意识的主观性两个层次的。道德意识是相对于伦理无意识、伦理直觉而言的，是由苏格拉底带入城邦，引入西方的，它要求人们从伦理习俗和伦常的直觉中解放出来，回到自身，反思自身活动应该遵守的普遍法则和欲求的普遍的善，自知自觉地做个好人和义人。道德意识区别于道德自我意识之处在于，虽然它要求人们知道什么是"是非善恶"并居善由是，向善取义，但是"是非善恶"对于它而言是客观的，是不以其意志为转移的，而道德自我意识却主张，不仅知道何为"是非善恶"，而且"是非善恶"是由主体理性建构起来的，我是不是好人、义人是由我自为建立起来的、自我规定的，一切善和义背后都有一个主体理性、自我意识。启蒙道德哲学发生了由道德意识到道德自我意识，由意识到自我意识的裂变，而推动西方伦理道德精神发生这种巨大转折的人，在纯粹哲学领域是笛卡尔，在实践哲学领域则是霍布斯。

（一）从是到应当

对于启蒙道德的发生，韦伯强调它的宗教背景，认为在新教"伦理"与近代市民社会"伦理"之间存在一种关联性，只有理解了前者，对于后者的理解才是可信的。韦伯的态度代表了相当一部分人的立场，他的成功也激发了人们从宗教那里寻求启蒙道德发生根据的兴趣和热情。对此我们不可小看，应当充分重视宗教对于理解启蒙道德本质的必要性。但是我们不能由此得出，从宗教道德可以推出启蒙道德，充其量它只是我们理解启蒙道德的必要条件罢了。除此之外，西方古典伦理道德，人文主义传统也是我们理解启蒙道德必不可少的前提。启蒙道德与古典伦理，人文主义道德之间存在着断裂，真正构成启蒙道德基础的乃是科学主义的思想方法。之所以说马基雅维里只是开启了启蒙道德哲学之端绪，而霍布斯却是启蒙道德哲学之奠基人，在于前者仍处在人文主义传统中，虽然他拒绝了古典伦理道德的理想主义，回到现实主义传统并以此勾画启蒙道德之思想基础，但他并没有为启蒙道德合理性论证提供所需的概念和方法，后者却成功实现了从人文主义到科学主义的蜕变，找到了在现实主义的人性论之地基上演绎道德合理性的方法和概念。

除了宗教把道德植于神性之外，无论古典道德还是现代启蒙道德都深植于人性之中。虽然都有着从人性论到道德理论这样一种相同的合理性论证结构，但是古典和近代人性论—道德论结构的实质却大相径庭，完全异质的：同样从"是"到"应当"，但古今道德中"是"与"应当"的关系却根本不同。

根据麦金太尔的概括，古典伦理道德体系具有一种三重性结构：未经教化的人性或事实的人性；道德戒律；人成为人的真实目的。道德戒律是使人从现时状态转向真实状态，从潜在向现实转变的中心环节，是使人实现其目的，自我实现称其所是的东西。① 也就是说，古典道德是以目的论的世界观和人性论为前提的，世界是好的，人性是善的。换言之，人的真实存在是合目的的，本真的人就是好的人，真善是一体的，真人就是好人，道德不过是推动和促进人从不真的人变为真人，由真人变为好人的推力，人是其所是就是善其善，尽性即是向善、尽善，止于至善。因此道德即内在于人性之中，从人性推出道德，从是推出应当乃是自明的、显白的。

但是 17 世纪科学兴起，目的论遭到废黜，机械论世界观得以确立，由此来看，世界是中性的、不善不恶的，是没有价值意味在里面的。把这种机械论的解释方法应用到对人的认识上，产生了对人的机械论的理解，人也被看作是中立的、不善不恶的，仅仅是一种纯粹的自然存在物。霍布斯是近代最早废黜目的论，对人展开科学机械论解释的人。人是自然人，在无拘无束的自然状态下，他是贪婪的，是为所欲为、不择手段的，也是虚荣自负、权力欲旺盛的，但他完全是无辜的，其所作所为不过是其天性的绽放而已。在文明社会里，人可能是温顺、节制、谦逊的，但那是害怕受到惩罚，受法的约束、驯化的结果，人的天性其实没有变，只是被压制了，文明即意味着天性欲望的压抑，后来精神分析理论的核心观点即源于此。在霍布斯看来，只要揭开文明的面纱，把人放回到无法无天的自然状态，人野兽一样的贪婪本性即暴露无遗，只是我们文明人可能不愿面对这个"残酷的事实"。对霍布斯而言，人既不是善的，这是中西古典伦理—道德哲学基本的人性理解，也不是有罪的，这是基督教基本的人性预设，而是天真率性的，人不过是理性的激情动物罢了，对他既不能寄望太高，人人皆尧舜，也不能怒其不争，似乎人人堕落不堪，罪孽深重。近代人对人的看法是"科学的"，不偏不倚中立的，人人不过是孔夫子所说的"中

---

① ［美］麦金太尔：《德性之后》，龚群、戴杨毅等译，中国社会科学出版社 1995 年版，第 67—70 页。

人"而已，他既非上人，也非下人，既不再欲求至善，止于至善，也不至于背负沉重的十字架，苦于依靠自己脱离原罪的绝望，而是激情四溢，不惜一切保全生命的："若为生命故，一切皆可抛"，生命被看作高于一切，人人为生命竭尽所能，但也因为担心失去生命，人人都陷入"死亡的恐惧"之中。这就是霍布斯对人的全新理解。既区别于古代，也不同于中古时代，他开启了对人理解的新时代，开启了对人的现代性理解。启蒙近代与传统的决裂首先发生在对人性的理解领域，"贪生怕死"成为现代人性的基本规定。现代人性虽然不那么高贵，但也不那么卑贱、无能。相对于古代和中古而言，现代人取的是中道。而霍布斯是人性现代性的开拓者。对于人性理想主义者来说，可能对此失望，但是对于敢于直面"事实"的现实主义者来说，一切希望却诞生于此；在古典理想主义伦理—道德哲学失败之处，恰是现代现实主义道德哲学走向成功之处。

但是我们看到，霍布斯的这种中性人性论实际上把道德置于危险的境地。在这种人性论之上，道德是否可能？如何可能？这是休谟提出的问题，即从"是"能否推出"应当"的问题，[①] 亦是麦金太尔用以批判启蒙道德哲学的问题。古典道德哲学不存在这样的问题，因为目的论的世界观预设了存在的就是好的，或者更精确地说，只有好的才存在，因此人性是好的，人之所"是"即是善的，好就内在于人性之中，道德不过是使蕴涵在人性中的好实现、显现出来而已。但是现代中性的人性完全是事实性的，也是无辜的、不好不坏的，不内含任何价值，人仅仅是一存在物，即激情＋理性的自然物而已。换言之，近代人性论是非道德主义的，而古典人性论是道德主义的，道德蕴涵在人性里面，自然可以从人性中，从"是"中推出道德应当，道德的善恶；但是从非道德性的人性论是根本不可能推出道德应当的，前提中不包含的东西在结论中自然也是不会出现的。由此，麦金太尔对近代启蒙道德哲学的指责是有理据的，启蒙道德哲学基于中立人性论对道德合理性的论证的失败是必然的。

但是麦金太尔所说的启蒙道德哲学失败之处恰是其成功之处。从古典伦理道德哲学的是与应当，人性论—道德应当之目的论结构来看，霍布斯乃至整个启蒙道德哲学的根基是脆弱的，乃至是垮掉了的。非道德主义的中立人性与道德应当是完全异质性的，一个是纯粹事实，另一个是价值；

---

① ［英］休谟：《人性论》（下），关文运译，商务印书馆1980年版，第509页。

一个是纯粹存在，另一个是应然，两者在逻辑上是断裂的，缺乏从人性论到道德应当的桥梁。但是如果囿于目的论的人性论视角来看霍布斯对人性和道德的理解却是张冠李戴，风马牛不相及的。近代科学主义而非人文主义的方法论背景已经使霍布斯背离了目的论人性论，因此再用目的论来评判他的中立的人性论就是倒错的。霍布斯回到中立人性论，旨在从中推出自然法—道德，虽然其人性论—道德论的结构是非目的论的，但这并不意味着从非目的论的人性论就推不出道德，只能说他之从人性推出道德的合理性论证是不同于基于目的论从人性到道德的合理性推论的。同样是从人性推论道德，但这是两种完全异质性的合理性推论，如果用一种推论批驳另一种推论，逻辑上即是错误的。古典道德的合理推论是假言的，即"如果且因为你的目的是某某，你就应该做某某行为"。从这个道德推论形式可以看到，目的论的人性论是前提，是道德应当的充分条件，从目的论人性中直接可以推出道德的应当，道德应当就蕴涵在目的论人性中。在霍布斯这里，道德推理也是假言的，但这种假言判断推论不同于目的论的假言判断推论，不是像麦金太尔所说的——"如果你要想得到 X，你就必须做 Y"①，如此一来，这就是一个分析性的推理判断，即前件是后件的充分条件，从前者可以充分地推出后者——而是这样一种假言推理判断，"只有你遵守自然法／道德律，你的生命才能真正得到保全"。这种推理判断表明，道德律是生命保全的必要条件，而不是保全生命是服从道德律的充分条件，因此对于霍布斯来说，问题不是从保全生命的人性中推出道德律，道德律是可欲的，它就蕴涵在对生命的欲求中——实际上对生命的欲求并不必然包含对道德律的欲求和服从，人性中的确不内含道德律，人是非道德性的存在，而是人若要保全生命，就应当遵从道德律，道德律对于生命的欲求而言是绝对必要的。这里也存在从人性到道德的推论，但这种推论不是分析性的，前提蕴涵了结论，而是综合性的，即反向、追溯性的，从人性出发推出了人性得以可能的必要条件；道德不是内含于人性之中，而是外在于人性，成全和确证人性的一个条件。因此霍布斯从中性人性出发对道德合理性的论证在逻辑上是自洽的，不存在逻辑上的断裂，他从人性中对道德的合理推论完全区别于古典伦理——道德之目的论的推论。前者强调的是，道德对于人性是必要的，后者突出的是，人性对于道

---

① ［美］麦金太尔：《伦理学简史》，龚群译，商务印书馆 2003 年版，第 187 页。

德是充分的。

由此，我们还可以从霍布斯对道德的合理性论证推出这样一个结论：道德乃是理性的创造和建构。非目的论的世界观、人性观决定了世界和人都是中性的，是非道德的，换言之，世界上本没有道德，有的只是铁的事实，只是人为了保全自己，应用"正确理性"构造出了自然法体系，道德的应当法则。因为只有这样，每个人才能保全自己，否则就是无休止的战争状态，人将永无宁日，每天都生活在死亡的恐惧之中。从这里我们看到了启蒙道德自我意识的觉醒，认识了道德不过是自我理性构造的产物。当然霍布斯自己还没有意识到这一点，或者说即使他能得出道德乃是创造出来的东西，但是他却认为，创造自然法/道德律的不是人的理性，而是上帝的权力意志。① 因此从事实的人性到应然的道德，中间是断裂的，麦金太尔找不到沟通二者的桥梁，断言启蒙道德的合理性论证必然崩塌，但是他没有看到，恰是人的创造力连接了两者，人的理性或者上帝的权力意志构造或创造了本来没有的道德律/自然法。在某种意义上，霍布斯已经开启了后来尼采创造性道德的视域，摧毁了古典非创造的永恒不变的道德秩序。

在霍布斯那里，自然法/道德律所以能够被构建出来，是因为纯粹自然生存的悖论唤醒了人的理性。人人不惜一切欲求生命的自然状态是混沌的战争状态，"无法无天"的狼人为了保全自己不顾一切，爆发出惊人的创造力。然而人人欲求保全自己的结果却是人人不能保全自己，时刻面临死亡的恐惧。因此在自然状态里，人是自相矛盾的，他的生存是悖论性的，是不合理性的：人人在死亡的恐惧中求全生命；目的是保全生命，采取的方式却是自我毁灭式的。自然生存的悖论性、矛盾性，生的渴求与死的恐惧综合起来惊醒了人的"正确理性"，它为人构造出了克服死亡恐惧，保全生命的自然法/道德律。从人性演绎道德，不是人性中包含了道德，而是道德是对人性中的矛盾，生存中的悖论的克服和超越，是人的自我拯救。

（二）从自然权利到自然法

霍布斯革新了对人性的理解，在中性人性论的基础上重建了人性与道

---

① ［英］霍布斯：《利维坦》，第 277—279 页。

德、是与应当的关系，创造性地建构了适应于人欲求自我保全的生存性质的自然法—道德律。但是霍布斯对启蒙道德的革新还不仅限于此。他不仅提出了科学机械论的人性论，而且还从这种人性论中推衍出自然权利论，自然法道德就建立在这种自然权利之上。随着道德被奠基于自然权利而非自然义务之上，霍布斯实现了启蒙道德的一个新转向，推动启蒙道德的根基发生新的转移。

在古典道德伦理中并不存在自然权利的概念，即使存在也是从属于自然义务的，"前现代的自然法学说教导的是人的义务；倘若说它们多少还关注一下人的权利的话，它们也是把权利看作本质上是由义务派生出来的"①。因此在古典伦理道德中，居于核心和优先地位的是自然义务和善。这是因为古典伦理道德目的论的人性论决定了，善是内在于人性中的目的，善是可欲的，人本性是欲求善，向善的，为善尽善乃是人之为人的内在要求，做个好人乃是顺应人之天性呼求的自然义务，恪守达乎人性完善的自然法、道德法则亦是人当然应尽的自然义务。只有在践行人的自然义务的前提下，才有人应享的自然权利，自然义务始终是优先于自然权利的，善总是优先于正当、正义的。从另一个层面来看，古典伦理设定人的本质是社会性的，合乎人性的社会是有序的等级社会，不是人作为孤立个体独立于社会之外而存在，而是社会先于个人而存在，自然的正义即在于每个人都据有适合其天性的分位，人人各安其位、各尽其分，担负其位赋予他的义务，合力毕其功于共同的善。

但是霍布斯颠覆了传统伦理道德的目的论人性前提，也抛弃了社会性的人性论，使人从目的论的道德义务中脱离出来，向善为善已不是内在于其人性中的呼求，他完全成为非道德性的自然必然王国中的单纯生命个体。自然必然的王国不是统一的共同体，而是由原子式个体组成的集合体。从伦理性的共同体到非道德性的原子集合体，霍布斯完成了对人的精神上的解放，让他从等级化的伦理道德秩序中超脱出来，解除了人身上的自然道德义务的束缚，除了生存的必然性，生命意志欲求自我保存的必然性之外，他完全成为无拘无束的放纵着的自然存在物，即没有任何道德伦理属性的非社会性的赤裸的欲望原子。因此霍布斯哲学是现代个人主义的滥觞。他完成了对人的抽象，揭示了伦理道德根基的非伦理道德性质；他

---

① ［美］施特劳斯：《自然权利与历史》，彭刚译，三联书店2006年版，第186页。

回到了道德建构的原点，即人性的原初状态，为启蒙道德的合理性建构奠定了人性基础。

虽然霍布斯剥除了古典人性论中的一切规定，对于人而言仅剩余单纯的生命意志，但是这并不意味着生命原子一无所有，仅余下自保的冲动。从人人竭尽所能保护其生命的生命意志出发，霍布斯推出人人具有自然权利。古典伦理道德从目的论人性论中推出了人的自然伦理道德义务，霍布斯则从机械论人性论中排除了自然道德伦理义务，却从中推出了自然权利。启蒙道德哲学因此发生了一次重大的精神转变，"重点由自然义务转向了自然权利"①。施特劳斯称自然权利乃是一种道德事实，道德即从自然权利中推出来的。这是一种误解。自然权利在霍布斯那里绝不是道德性的，而是非道德性的，因为它是从人人欲求自保这一人性事实，从人之所"是"中推出来的，即使自然权利作为事实，也是超道德性的事实，而从非道德性的事实推不出道德的事实，只能推出非道德性的事实。不过从自然权利推出自然义务、自然法道德却是一种从事实到价值的推论，而如何从事实推出价值则是另一个问题。

就权利而言，一般是以信约、法律为前提的，也就是说，权利来自于信约或法律的约定或规定，权利意味着一种法权。但是霍布斯既然退回到无法无约的自然状态，如果存在一种自然权利，那就意味着这种权利不是来自法律的设定，他也没有说它是上帝赋予的，那么它只能来自自然，来自存在本身。自然状态是一种既成的事实的状态，也是一种无法无天的混沌无序状态，在其中除了单纯生命存在之外，除了生命这个已经存在了的无法改变的事实之外，没有目的，没有意义：它是一个冷酷的原子世界，原初的欲望世界，除了欲望还是欲望，除了生命欲求之外，不存在其他更高欲求。因此对于古典哲学而言，这个世界是不真实的、不好的，人只关注生命、身体而不关注灵魂，沉浸于大地上的一切却不渴望天上的一切，这样的世界，这样的人是不义的、不正确的，也就是不应该存在的，更何谈什么权利。但是我们看到霍布斯跨出了惊人的一步，这一步使他与传统哲学彻底决裂。在古典哲学基于道德目的论否定纯粹既成事实性的生命世界，不承认其是应该存在的时候，他抛弃了附加在既成事实性生命之上的一切道德规定，从而也扔掉了道德应然对事实性生命的贬低和否定，肯定

---

① ［美］施特劳斯：《自然权利与历史》，第186页。

了事实性存在的生命，承认了既成的生命存在的正当性，即生命本身就是一种权利，存在本身即是一种天然权利。自然生命不是可鄙的，不是不应该存在的，相反，自然赋予我生命，让我有此身，生命对于我而言不是要不要、该不该存在的问题，而是作为既成的事实被给予我了，是我不得不生活，如何生活的问题。自然给予我生命，因此自然也就同时赋予我生活的正当性，生活下去的正确性，换言之，我存在故我正确，我生活故我正当，自然赋予我生命也赋予我生活的权利。因此为了保护自己，"我们就不该因为自我防备而受责"，除了自我保护，"我们不可能用别的方式去行动"，"因此，如果一个人尽全力去保护他的身体和生命免遭死亡，这既不是荒诞不经的，也不应受指责，也不是与正确的理性相悖的。可以说，不与正确的理性相悖，就是按照正义和权利去行事的"①。由此霍布斯从被给予的生命存在推出了生命的自然正义，自然正当性，从事实推出了自然权利。权利是对自然生命的肯定，对生命存在的承认。肯定和承认自然生命把霍布斯与古典哲学、基督教思想区别开来，后者立于道德和宗教的立场，以关注灵魂生活的正当性否定了关注身体生活的正当性，用至高的善否定了至低的自然生活，因为只有好的才被允许生存，不好的就不应该存在。而前者又走向另一个极端，从至高点上掉下来，用基本的自然生活的正当性解除了更高生活的正当性，斥之为虚妄不实的"理想主义"，废黜了对最高价值生活的欲求。对于霍布斯来说，存在的就是正确的，现实的就是正当的，现实的就是合乎正确理性的。后来尼采看出了启蒙道德深藏的问题，即它虽然使道德回到大地，回到自然，试图肯定大地和生命，但最终却导致大地的渺小化，人衰退为只思饱暖舒适的末人，高贵在现代成为不可能的事情。

　　霍布斯否定古典高贵的道德，回归自然正当，自然正义，但这并不意味着他否定道德，他真正的意图是从生命的自然权利出发重建道德，把道德建立在现实主义的地基之上，改造传统理想主义的道德。问题是，从自然权利如何能够推出自然法道德？在霍布斯那里，自然权利是区别于自然法的。自然权利在于"做与不做的自由"，而自然法则"决定并约束人们采取其中之一"，因此自然权利与自然法的区别就像"自由与义务的区别一样"。在这里，如何从自由推演义务还是个问题。问题不仅是区分自然

---

① ［英］霍布斯：《论公民》，第 7 页。

权利与自然法，而且是怎么样从自然权利推出自然法。从另一方面看，自然权利不是来自立约，而是来自自然权力。对此霍布斯并没有直接讲，但是我们可以通过他对主权者的权利来源的类比得出这个结论。霍布斯讲到，取得主权有两种方式，即通过自然之力获得和通过立约获得，由此主权者的权利也由两种方式产生，即以自然权力取得权利和按约产生权利。对于上帝来说，他统治人类和惩罚人类的"自然权利"不是来自于他创造了人类，而是来源于"他的不可抗拒的力量"。在自然状态下，人人有自然权利，人的这种自然权利显然不是来自立约，自然状态是无法无约的状态，那么只能来自每个人的自然权力。也就是说，每个人通过自身的自然力量获得自然权利，所谓自然权利不过是每个人应用自己的力量按照自己愿意的方式保全自己生命的自由。按照施特劳斯的说法，霍布斯的权力概念有两层含义：力量（potentia）和权力（potestas），它一方面是指人能（can）做的事情，另一方面是指人可以（may）做的事情。[①] 自然权利即派生于人可以做事情的权力，每个人都有自然权利，因而皆有可以自由地保全自己生命的权利。问题是从这种来自自然权力的自然权利中如何推出自然法，如何从人人可以尽自己所能保护自己生命推出人人应该、应当服从道德律。显然从"可以"无法直接推出"应当"，在我所能的范围内我可以保护自己生命免受侵害，但这并不意味着我就应该服从道德律，除非服从道德律、自然法有利于我保全生命。自然法乃是自我保存生命的必要条件。所谓自然法乃是正确理性的命令，它为了最持久地保存生命的可能，"规定了什么是应该做的，什么是不该做的"。因此自然法是为自我保存的基本权利而存在的。我可以自由地做一切有助于自我保存的事情，但是我只有按照自然法/道德律的要求去做我应该做的事情，我保全生命的权利才能够真正得以实现。

自然法还可以从自然权利的悖论中推导出来。霍布斯谈到在自然状态下，每个人都有三项自然权利，即自我保存的权利，为自我保存采取各种必要手段的权利和前两项权利综合起来形成的"自然赋予了每个人在所有东西和事务上的权利"。据此可以看到，霍布斯享有自然权利的原子个人俨然是一个独立的主人，万物和世界的统治者，万物和世界都由他来支配。自然状态中的每个人，在道德上一无所有，但是在权利上却无所不

---

①　[美] 施特劳斯：《自然权利与历史》，第 198—199 页。

有。当然这只是权利上的而并不是事实上的；在权利上，人人都是万物拥有者，但事实上却并非如此：如果所有人都拥有对万物的权利，人人都是万物的拥有者，他什么事都可以做，其结果只能是人人相互为敌，那么人人享有自然权利的自然状态就不是和平状态而是战争状态。而且由于势均力敌，战争状态是永久性的。由此就产生了一个悖论，拥有万物的权利与自我保存的权利是相互矛盾和冲突的。自我保存的权利是基本权利，一切权利都是从这个基本权利衍生出来的。我拥有万物是为了自我保存，我为了保全自己可以拥有整个世界，从自我保存的权利可以推出拥有万物的权利，但是人人拥有权利却导致人人都为权利而战，从而陷入生命的冒险和死亡的恐惧之中，自我保存因此成为一个问题。拥有万物的权利本来是为了维护自我、保存权利的，却导致相反的结果，损害了自我保存的权利。由于缺少伦理—道德的维度，人人生而拥有世界不是带来和谐和平，而是混战，人人自危。如果人都不怕死，这种混战可能会永久持续下去，也可能相互残杀，最终毁于一旦。但是对死亡的恐惧唤醒了人的理性；只有依靠理性的命令，建立道德，规定"什么是应该做的，什么是不该做的"，才能走出悖论困境。从这里我们再次见识到正确理性的功能。一方面，霍布斯把自然权利与自然法区分开来，强调自然赋予人自然权利，人生而正当，可以无所不有以保全自己，因此他借此无限地肯定和承认了自然生命。另一方面，人的无所不可的天赋权利却自相矛盾，自我否定，肯定和承认生命的自然权利却导致人为了权利而展开对生命的杀戮，最终无情地否定了生命。之所以会产生这种自相矛盾，根源在于，在原子主义的自然状态中，每个人无所不可的自然权利是相互独立和排斥的。人在自然权利上的矛盾是生存层面上的矛盾，这种矛盾每天都会在为权利发生争执和战争的时刻被深深经验到，而这种反复发生的矛盾的经验必然会唤醒人的理性，因为只有理性能克服和摆脱矛盾，建立自成一体的道德体系，指导人走出自然权利的混战状态，进入和平的道德王国。在霍布斯那里，理性再次扮演了拯救者的作用，如果没有理性，虽然人有权利享有万物，却事实上可能一无所有，性命不保，而理性能发现和意识到存在于自然权利中的矛盾，通过发出正确的命令，颁布自然法/道德律能"最持久地"确保自我保存的权利，道德即是维护自我保存权利的必要条件。

自然法道德的总则是为了自我保存，应当力求和平。正如对身体和性命的关注取代了对灵魂的关注一样，霍布斯用基本的也是较低的善——和平或安全取代了更高的善。而和平之所以成为生命欲求的根本善，是因为自我保全被视为基本的自然权利，和平或安全对于自我保全而言是根本的前提条件。霍布斯从自我保全的自然权利中推出，人应该放弃"对一切事物的权利"，"在对他人的自由权方面满足于相当于自己让他人对自己所具有的自由权利"①。

（三）从好人到好臣民

在霍布斯看来，人的自然状态是"狼对狼"的战争状态，而人惧怕战争和死亡，于是理性觉醒，为之制定了自然法或道德法则。自然法内在于人的理性中，只要人有内在良心，就必然遵守自然法："自然法产生的义务位于无时不在、无处不在的内在的法庭或良心中。"② 另一方面，"自然法在内心范畴中是有约束力的。也就是说，它们只要出现时便对一种欲望有约束力"③。自然法是简单易知的，也是简单易行的。因此只要人人都遵守自然法，即内心道德律，人们就能够从战争的自然状态走向和平的自然状态，进入自然的道德世界。

然而，霍布斯认识到，人们知道自然法，并不就遵守自然法；"人不可能摆脱自己这种不理性的欲望，即为现在的利益而抛弃未来的利益（这不可避免地要带来无法预期的恶）"，其结果必然是，人不可能总是认识到自然法并服从自然法。④ 更严重的是，自然状态中的人们陷入这样一种自然权利与自然法的逻辑悖论之中：道德律是人自我保全的必要条件，而生命保全也是人遵守道德律的必要条件。因为在道德世界的无政府状态中，并没有外在的束缚要人服从道德律，人完全凭借内在良心遵守道德律，而一旦有一个人违背了自然法，那么守信的前提就崩溃了，自然法即全部失效，所有人都将被再次抛入无法无天的战争状态，而和平丧失则意味着任何人的生命安全都将无法得到保障。因此，要想人遵守道德律，必须以保证他的生命安全为前提，而要想保证他的生命安全，则他必须遵守道德律。道德是脆弱的，人们服从自然法是有条件的，而不是无条件的，道德只是工具、手段，而不是目的，他之遵守自然法是因为它能保全生

---

① ［英］霍布斯：《利维坦》，第98页。
② ［英］霍布斯：《论公民》，第38页。
③ ［英］霍布斯：《利维坦》，第120页。
④ ［英］霍布斯：《论公民》，第39页。

命，而不是因为他服从自然法，所以他能保全生命；他不服从自然法就不能保全生命，而如果他不能保全生命他就不服从自然法。

道德律是保全自我生命的必要条件，而生命安全又是遵守道德律的必要前提。由此，自然状态的人们进入一种权利与自然法的循环状态。要想走出这种循环状态，摆脱不确定的安全状态，只有依靠理性的第二次启蒙。不同于第一次促使人从自然状态进入道德世界的理性启蒙，它是一种工具理性的启蒙，目的是建立国家来保障生命的绝对安全。这个要建立的国家就是霍布斯所说的"利维坦"，一个人造巨人，尘世中的上帝，即绝对君主制国家。

苏格拉底的道德启蒙是从伦理国家走向主体道德，而霍布斯则是从个体道德走向绝对国家，这是否意味着在他这里，将要发生由主观道德到伦理实体的转向呢？其实不然。从表面上看，利维坦是一个主权完整统一不可分割的共同体，而且是一个有灵魂——主权者，关节——官员，神经——赏罚，理智和意志——公平和法律的人造的生命体，一个大写的人，一个同一的人格，因此看上去是一个所有人都归属于它的统一的伦理实体，但是实际上却不是，本质上它不过是一架人造的机器，一个道德中空的纯粹法权国家，一个仅承担保护所有人生命安全与和平的公安机构："国家本质上成了公安，不过它仅限于［保障］'公共'安宁、安全和秩序。"①

在霍布斯那里，随着利维坦的产生，自然法与人法、道德和法权彻底分离了，分属两个不同的世界，前者属于自然个体道德世界，后者属于公共君主实证法的世界。在自然状态下，人们为了和平和生命安全而听从正确理性命令，服从自然法，从纯粹的自然人进化为道德人、好人、义人，虽然他们作为好人不是那么纯粹，是因为好生怕死而成为好人、义人，而不是因为是好人而舍生取义。但是人们又因为好生怕死，为了永久和平与生命保全而完全否弃了自然自由和自然权利，为了生命而把自己彻底交给了绝对君主、主权者，成为受其统治的臣民。人从自然状态进入了国家，也由好人转身为好臣民，而好臣民不过是绝对驯服于利维坦，只知道保全生命的非道德人、超道德的人，从好人到好臣民因此不是进化而是蜕化，

---

① ［德］施密特：《霍布斯国家学说中的利维坦》，应星、朱雁冰译，华东师范大学出版社2008年版，第96页。

虽然他感觉更安全了，但是在道德上也更空无了。人们跨入国家，也放弃了自然法，人们因为道德沦丧，自然法无济于永久和平与安全，才不得以建立人造的利维坦来救济，进入人立的法权国家来弥补，但是利维坦不是对自然道德状态的成全，人法也没有成全自然法，法权更没有成就道德，相反，利维坦意味着道德的滑落，人法意味着自然法的毁灭，法权意味着道德的沦丧，法权国家的确立意味着道德和平世界的破灭。老子说，失道而后德，失德而后仁，失仁而后义，失义而后礼，而这种失是损失、丧失，失而后得的东西低于已失的东西。同样在霍布斯这里，从自然到社会，从自然法到人法，从道德到法权，从好人到好臣民，也是失落，法权即来自于道德的失落，国家即来自道德的不济。

国家主权者是君主，他具有至高无上的权力。他拥有立法权，有权制定国家法，强制每个人必须遵守，而道德律是内在的良心法，被挤压进了完全私人的内在空间，只能在人法顾及不到的地方靠人自觉恪守。虽然绝对主权者独立于实证法之外，并不遵守它们，但是他应当遵守自然法；臣民服从于君主，而君主服从于上帝，或者服从于内在的良心，受内在道德律的制约。

利维坦分出三个领域：一是公共领域，主权者负责保障公共的安宁与和平；二是私人领域，这是臣民日常的个人生活领域，他享有民法赋予他的个人权利；三是内在领域，即自然法约束下的道德生活领域。民法是由自然法转化而来的，它们在内容上并无大的差别，它们的区别主要在于，自然法是不成文法，是道德律，是刻在人良心上的需要内在服从的法则，而民法则是主权者制定的成文法，是保障臣民外在和平与安全的强制性的行为法则，规定臣民什么是必须做的，什么是禁止做的。因此利维坦是一个没有道德性的法权机器，道德被赶进内在领域、法所不及的地方。

第四章　自由与幸福

霍布斯的自然法道德理论是激进的，与古典自然法理论传统决裂了。而洛克是温和谨慎的哲人，小心调和基督教自然法传统与近代自然法理论，置身于基督教自然法传统思考近代自然法理论。

对基督教来说，人的生命是有罪的，也是不自由的，因此人的生命是被否定的，是没有权利和正当性的。霍布斯最离经叛道的地方就在于，他否定了基督教对人的生命的否定，肯定人的生命是无罪的，也是自由的，因此是有权利和正当性的，而从人生命自由的自然权利出发，他推演出任何人都应该恪守的自然法/道德律。从自然权利推出道德律，不是分析性的推理，而是综合性的演绎，不是分解，而是建构，即正确理性依据自然权利合乎理性地建构了道德律。洛克否决了霍布斯这种背离基督教自然法传统的建构主义的自然法理论。在他看来，人的理性是软弱无力的，它除了能认识自然法，指导人遵守自然法之外，不可能单独建构出自然法。他仍然忠于基督教自然法传统，并转向基督教自然法传统寻找根基，试图从基督教自然法传统中重新推演自然法。

一　自然法与自由

自然法或道德律是被建构的观点与古希腊关于自然法是永恒的思想不同，也与基督教自然法理论不同。就自然法传统而言，大致可以分出两个发展脉络：一是发自苏格拉底，形成于斯多葛主义的理性主义的自然法传统，依据这个传统，自然即法，事物的自然，本性本身即具有规范的意义，合乎自然，尽其本性即是事情不变的法则；任何事物都不能违背自然，背离自身本性，而必须、必然出乎自然，依乎本性而存在和发生。因此事物的自然本性即是事物的法则，不是事物为自然立法，而是事物的自然本性为事物立法。自然法就是自然之法，依照法就是依照自然，法就内在于事物的自然本性中，事物的自然本性就是法则。事物的自然本性是合乎普遍秩序的，是同一的理性规律的表现，也就是说，事物的自然固然是其自身的界限、条件和法则，但是事物的自然法不是各自孤立存在的，每个事物都有其独自的自然法，而且是同一的，都是统一的理性命令、秩序的显示。"天命之谓性"，同一的普遍的逻各斯，道、法、秩序内化为万物的自然，化为万物的本性。因此合乎自然法就是合乎普遍的理性秩序，服从理性命令，对于人而言，就是服从正确理性的命令，遵道而行，合乎自然的生活即是遵照理性的命令而生活。因此自然法是理性主义的法则，是客观必然的而不是主观任意的，是不以人的意志为转移的，是任何意志都无从过问和改变的。古希腊哲学主张理性主义的自然观，认为自然法来自于理性的理念，所以自然法是永恒的。

在这个传统中，理性是决定性的，它既是自然法的依据、来源，也必须由理性来认识和遵守。自然是立法者，理性也是立法者，自然法不过是正确理性的命令，在此意义上，自然法只和客观理性相关而与意志无关，它不是来自意志的命令。亚里士多德、斯多葛主义乃至托马斯主义都属于这个理性自然法传统。虽然对于托马斯主义来说，自然法来自上帝，上帝是立法者，但是我们仍然可以说理性是立法者，因为上帝作为立法者，不是运用他的意志而是他的理性来立法的，他不是把自己的意志命令化作人和事物的自然、本性，自然法乃是其意志命令，而是把自己的理性命令化成事物和人的自然、本性，自然法乃是其理性的命令，因此自然法来自上帝，也来自自然，同一于理性。

近代的格老秀斯之回归和接续的自然法传统就是这种理性主义的自然法传统。对他来说，自然法根植于事物的自然，人的本性之中。人的自然不是孤立的个人性，而是社会性，因此自然法不是个体性法则，而是适合于社会性的法则。换言之，人的社会性自然为人立法，它确立的不是个人主义的，而是社群主义的自然法则：自然法的源泉是对与人的思维能力相一致的社会交往的尊重，即自然法来自自然人的社会交往，被理性地或以"正确理性命令"的形式传达出来。① 他的一个重大突破是，虽然身在基

---

① ［美］扎克特：《自然权利与新共和主义》，王崇兴译，吉林出版集团 2008 年版，第 182 页。

督教理性主义自然法传统中，却有意无意地走出了这个传统，进一步向纯粹理性主义自然法传统靠拢；如果基督教托马斯主义自然法是神学理性主义自然法，自然法建立在神圣理性之上，那么格老秀斯的自然法则除去了置于它之上的神学，乃至自然神学的前提，使它完全建立在人性自然之上。当他说，即使没有上帝，自然法也是存在的时候，① 对他来说，正确理性就是自然法的源泉，即使上帝确立了自然法，也不是因为他意愿如此，而是他所以意愿自然法，是因为存在自然法。因此在自然法的来源问题上，他是比较彻底的唯理主义者。对于唯理主义来说，有没有上帝不是决定性的，没有上帝也不影响自然法的有无，有上帝也无从改变自然法，上帝也要服从自然法。紧随其后的霍布斯秉持了格老秀斯的这种理性主义，不是从上帝那里，而是回到人性自然中寻找自然法。对于他来说，上帝对于自然法的形成是必要的，但不是充分的，因为自然法根本上是从人性自然中推知的。不过，虽然都坚持发展一种"自然"主义的自然法，霍布斯不同于格老秀斯的地方在于，他不再从社会性方面而是从个体性方面理解人性自然，把自我保存而不是人类保存、社会性生活看作人性自然的本质规定，不是从人的自然社会性推断自然法，而是从人的个体自我保全推定自然法。也就是说，不是人的社会性为人的生活立法，而是人的个体性、生存性为人的生活立法。因此前者是社会性自然法，后者是个体性自然法。普芬道夫追随和发展的自然法路线大体上也在理性主义传统内，只是他尝试调和人的个体性和社会性，推演兼顾两方面人性的自然法。虽然身在现代早期业已初步成型的理性主义自然法传统中，洛克却没有容身于这个传统中，而是偏离了这个传统，投向另外一个自然法阵营中，虽然他也兼收了理性主义自然法理论的一些思想要素。

　　二是意志主义的自然法传统。这个传统是基督教所固有的，却不为希腊罗马人所知。依据这个传统，我们的世界，包括自然法都是上帝从"无"中创造出来的，而上帝的意志是绝对自由的，不受理性约束的，他想创造这个世界也可随时毁灭这个世界。上帝是世界和人的至高无上的立法者，但不是上帝的理性在立法，而是上帝的意志在立法。上帝的意志本身就是法，他对人的意志就是自然法；上帝的意志作为自然法，内化为人的自然本性，人必须遵照自然法行动。虽然同样讲自然，但是意志主义的

---

① ［荷兰］格老秀斯：《战争与和平法》，何勤华译，上海人民出版社 2005 年版，第 89 页。

自然不是理性秩序，合乎理性而且为理性所知的规则，而是意志命令，意愿要求，它是意志的表现，或表达的是上帝的意志。因此意志主义的自然不是实在论，本质论意义上的实质规定，而是表现主义意义上的显示、映现，它的本质在自身之外，是上帝意志的显示、传达。晚期经院哲学大家苏亚雷兹的一段话准确道出了意志主义自然法理论的基本要义：

> 自然法晚期存在于那些出自上帝意志的神圣命令或禁令中，上帝是自然的创造者和统治者；所以，因其存在于上帝那里，对它能对某个既定事物下命令或禁令而言，这个法不是别的，正是永恒法；另一方面，就它存在于我们身上而言，这同一个自然法是理性的判断，它向我们揭示上帝的意志，告诉我们什么必须做或不做……自然法所指的事物善恶的整个基础就是上帝的意志，而不是理性的判断，甚至不是自身的理性判断，也不是这些事情本身被自然法规定或禁止。这个观点的根据看起来是说，除了被上帝命令或禁止的行动外，行动没有善恶之分；因为上帝自身不会根据一个行动的善或恶而向任何人命令或禁令一个特定的行动，而是根据此行动的正当或不正当，因为上帝的意志决定这个行动做或不做。①

洛克早期接触自然法，写有关于自然法的长篇论文，但是他并没有追随格老秀斯的理性主义自然法传统上，而是回到基督教意志主义自然法传统上。对他来说，自然法是被上帝创造的，因此从来源上说，自然法不是来自于正确理性，不是此岸的、内在的，而是超越的、彼岸的，是由上帝颁布的。对霍布斯而言，自然法是基于人性事实，从自然的自我保存出发而推出和确立起来的正确理性的命令。洛克却否认自然具有立法规范意义，理性能够颁布自然法，直言自然法是上帝创造的，是上帝意志的命令而非其理性的命令。

洛克在自然法的立法者问题上显然持一种唯意志论的观点。他反对从上帝下降到人，从内在的层面来谈自然法，而是坚持反过来始终从人上升到上帝，从超越的层面来谈自然法。自然法就是神圣意志的命令，至上意

---

① ［丹麦］哈孔森：《自然法与道德哲学》，马庆、刘科译，浙江大学出版社 2010 年版，第20 页。

志构成了法的形式因，① 也就是说，上帝意志是法之为法的原因，没有上帝意志就没有法。自然法出乎上帝的自由意志，是其意志自由的表现，或上帝的意志即法。上帝的意志先于其理智而立法，因此法不受理性的限制，相反，理性受到意志的限制，只能认识他已经意愿和决定了的法。洛克把自然法建立在上帝的自由意志之上，就此而言，他和霍布斯对自然法基础的理解是一致的，所不同者只在于后者把自然法建立在人的自由而非上帝的自由之上。霍布斯区分了自然法和自然权利，前者是义务，后者是自由，自然法即从自然权利，从自由演绎而来的。洛克也区分了自然权利和自然法，由此可见，霍布斯对他的影响是明显的，前者基于这样的事实，即我们有使用物的自由，后者指命令或禁止做什么，即义务。② 洛克如霍布斯一样，也在权利与义务、自由和责任的关系中思考自然法。霍布斯从权利推出义务，从自由推出责任，实现了传统自然法逻辑上的一个颠倒。而洛克扭转了霍布斯，再次颠倒了被霍布斯颠倒了的自然法逻辑，即从自然法推导出自然权利，从所尽义务看自由的程度。从人来看，的确如此，他有从服从自然法而来的自然权利，而无从自然权利而来的义务。洛克总是在上帝和人的关系中，即在上帝是创造者，人是被创造者的关系中思考人的权利和义务，而不是像霍布斯那样，撇开上帝，仅仅就人自身，就人之自然来看人的自由和责任，所以当他从被创造者的身份来看人时，他首先看到的是人负有对上帝的义务，即服从上帝的意志即自然法的义务，并据此享有权利，而不能先行主张对上帝的权利。因此对人而言，自然法先于自然权利，上帝的意志先于和高于他的意志。

　　自然法的逻辑又被颠倒过来，据此能否说，洛克背离了近代自然法原则呢？不能这么说。因为他把在人那里被颠倒的东西又在上帝那里给颠倒回来了，把霍布斯赋予人的自然权利的优先性赋予了上帝。人作为被创造者，没有创造自己，也没有创造他人，更没有创造世界，而是他一出生，世界就已经被造好了，因此他并不拥有世界，也不具有关于事物的所有权，即没有使用物的自由，以及任何多于他人的关于事物的权利。③ 人没有自由权利，上帝却有。上帝是创造者，他创造了世界，也创造了人，因

---

① Locke, *Political Essays*, edited by Goldle, 中国政法大学出版社影印本, 2003 年, 第 82—83 页。

② Ibid., p. 82.

③ Ibid., p. 268.

此他拥有世界，具有事物的所有权和自由使用事情的权利，而且他只有对世界和人的权利，而没有对世界和人的义务。

上帝创造世界，拥有世界的所有权，可以支配万物的生存与灭亡，而自然法建立在上帝的意志之上，因此上帝是高于自然法的，他可以不遵守，也可以随意改变自然法。但这只是逻辑演绎的推断，并不意味着事实就是如此：既然自然法体现上帝的权力和意志，就不会随意被他改动。洛克的超验自然法意在说明，只有回到宗教神学或上帝意志那里，才能真正解释自然法，或推出整个自然法体系。

上帝的意志是自由的，有对于世界和人的绝对权利。上帝的意志即法，上帝的命令即出乎上帝的自由意志，它不是上帝的义务，但却是人对于上帝的义务。对于上帝而言，自然权利优先于自然法，对于人而言，自然法优先于自然权利。因此洛克对自然法的理解仍然是现代性的，是建立在权利和义务，权利与法的区别之上的，并且是把自然法放置于自由意志之上的。虽然他背离理性主义自然法传统，回归基督教意志主义自然法传统，但是他不是照搬而是革新了这个传统，赋予它以现代形态，即自由主义的意志主义自然法形态，正如霍布斯赋予理性主义自然法传统以自由主义的形态一样。

其次，自然法作为上帝的意志命令，意在告诉人们什么是应当做的，什么是不应该做的，什么是正确的，什么是错误的。但是上帝的意志命令是超越的，而且是任意的、隐秘难知的。一种极端的意志主义认为，理性是无能的，无法认识神意，只有通过信仰、启示，只有依靠神恩我们才能把握上帝的意旨。但是在神意、自然法是否为理性所知的问题上，洛克放弃了激进的意志主义或信仰主义的观点，而持一种理性主义的观点。对他来说，理性固然不是立法能力，自然法并不是正确理性的命令，而只是上帝的意志命令，只有上帝是立法者，只有上帝的意志为人立法，但是理性能够认识上帝的意志，认识自然法。换言之，上帝为人确立的自然法是可以通过理性被人所了解和知道的，自然法是理性认识的对象，虽然不是理性本身。[①] 按照理性主义自然法传统，自然本性即自然法，理性命令即自然法，知道自己的自然本性，尽心尽性就能知道自然法；理性不仅是自然

---

① Locke, *Political Essays*, edited by Goldle, 中国政法大学出版社影印本, 2003 年, 第 268 页。

法，而且能够知道自身即是自然法。但是洛克否认理性本身就是自然法，人的意志，包括理性都不是为人立法的东西。在自然法的来源问题上，他是坚定的意志主义者，而且是神圣意志主义者，但是他也毫不犹疑地肯定，理性不能立法却能认识法，上帝的意志可以为理性所知。他是自然法认识论意义上的理性主义者。当然，理性不能通过铭刻于心的内在观念或天赋观念直接推理得知自然法，如果那样的话，自然法就纯粹是理性的了。上帝的意志是超越的，但它也是要内在化的，否则它是无法为理性所知的，它只有内化为事物的自然、秩序，表现于万物的关系之中，理性才能通过自然、秩序、关系把握上帝的意志，认识自然法。对洛克来说，上帝的意志化作事物的秩序，万物的自然就是上帝意志的表现，这也是为什么上帝的意志能够为理性所知的根本原因；理性只需认识自然，就能认识自然法，因为自然就是自然法，自然法就是上帝的意志。① 由此洛克似乎绕了一圈，又绕了回来，即在围绕意志主义的自然法理论转了一圈之后又绕回理性主义的自然法理论，与之殊途同归了。就自然法为人所知而言，它只有作为事物的自然才能为理性所知，理性能从万物的秩序中推知自然法，推知上帝的意志，因此意志主义的自然法在认识内容上与理性主义的自然法是同一的。上帝的超越意志内化于自然之中，超越的自然法内在于人的本性之中，因此其意志理性化，自然法理性化了，意志主义自然法与理性主义自然法最终趋于一致，后者不过是理性化的意志主义自然法罢了。自然法来源上的意志主义和自然法认识上的理性主义的联合，使得意志主义和理性主义自然法在洛克这里融通了，它们的差异远没有表面上看起来的那么大，从内容上看，它们基本上是没有区别的。如洛克从井然有序的自然秩序中发现的上帝意志即自然法，就是荣耀上帝，保存自我和保存社会，② 除去第一个法则有别之外，后面两个自然法原则同样也是理性主义自然法的基本法则。当然，我们也不能否认这两种自然法理论所存在的深刻差异。首先，在理性主义于自然并通过自然发现自然法的地方，意志主义却借助于自然发现了超乎自然的上帝意志。也就是说，在前者，自然就是法，我们通过自然，在自然中就能认识自然法；在后者，自然本身不是法，我们必须通过自然去认识在它之上的上帝意志。前者始终就自然

① Locke, *Political Essays*, pp. 102 – 104.

② Ibid., pp. 105 – 106.

来论自然法，后者却必须在上帝和自然的关系中论自然法：它增加了一个神的维度，我们必须始终通过上帝的意志认识人性自然，也在人性自然中发现上帝的意志。

对洛克来说，自然法之为法，或称得上法，就必须具有强制性，也就是说，它能约束人，使之成为人的义务，服从自然法就是责任。一种不产生义务强制性的法很难称得上是真正的法。然而，自然法如何配称为法，它何以产生义务的必然性或强制性？理性主义自然法理论诉诸自然必然性，也就是说，它主张一种内在约束性的自然法义务论，指出自然法之所以产生一种义务的强制性，是因为自然本身的必然性，或理性的必然性，一个理性存在者的本性决定了他的行动必须这样，应该这样发生而不应那样发生，否则是不合自然，违背理性，泯灭良知的。霍布斯认为，人的自我保存的本性必然性是人愿意服从自然法的根本条件，每个人都是出于自我保存的需要和要求而接受自然法和恪守自然法的。但是对于洛克来说，仅仅有自然、理性的内在必然性未必产生自然法的义务，因为万物从根本上讲是空的，不过是上帝意志的表现，一个不反映上帝意志的事物可能根本就不存在。因此事物自然的必然性不是来自自身，而是来自上帝意志的参与与赋予。因此即使自然法具有自然的必然性，产生义务，也不是因为其自身，而是因为上帝，上帝是一切自然法义务强制性的根源。上帝是一切物的创造者，自然的立法者，他具有对所有事物的绝对权利而没有义务，他随时可以灭了它们，正如陶工毁灭他手中的陶器一样。相反，人作为上帝的造物，只有对上帝的义务而没有对上帝的权利，上帝的意志对于我们具有绝对的权威，他把我们从无中创造出来，如果他高兴，他也能把我们化作无，因此服从他的意志是正义的也是绝对必然性的。上帝，自然法的创造者，颁布命令的正义权力，自身意志的表达者，既意愿自然法是我们道德生活的法则，也使它充分地为我们所知，那么任何理解它的人都应该把它作为义务加诸自身。[①] 不是像霍布斯所说的那样，自我保存的必然性是我服从自然法，把自然法作为义务加于自身的原因，而是上帝至上的意志和创造者的无限权威是我们把自然法加诸自身的根本原因。自然法义务的强制性因此是至高的和神圣的，也是外在的、强加的，而"求诸

---

① Locke, *Political Essays*, edited by Goldle, 中国政法大学出版社影印本，2003 年，第 119 页。

己"才是产生理性主义自然法义务论的关键所在。

总而言之，对洛克来说，人类的一切道德法则都应该基于上帝这一前提而推出。他以上帝创造世界为前提，以上帝与人之创造者与被创造者、主和仆、父与子的关系为模型，从权利和义务、所有者与被所有者、自由和责任的存在逻辑出发，推出人必须听从上帝的意志命令，遵守上帝创造的自然法。人是上帝的创造物，但是他又不同于其他万物。他是有理性的，能通过认识世界来认识上帝，进而有义务服从上帝的律令。

在此之前，格老秀斯提出，自然法可以独立于上帝，上帝的存在与否不是自然法存在与否的充分条件，因此上帝不是自然法义务强制性的根源。但是，基于"任何一种法都必须具有权威性"的逻辑，洛克为了使自然法能成为真正的、具有权威性和绝对有效性的法，把它作为义务加诸我们，他放弃了自然法来源于理性这一传统观念，而将其归为上帝意志。对他而言，理性自然法是一种道德律，是道德"应当"。理性只要求人们应当遵守自然法，却没有外在强制人们必须遵守自然法，若将自然法归结为人类理性或永恒的秩序，它就丧失了外在权威性。但是，若自然法来自于上帝的权力和意志，人作为上帝的创造物，不仅"应当"遵守道德律，而且有义务"必须"恪守道德律，否则就要接受上帝的惩罚，接受"末日审判"。上帝通过设立奖惩机制，使得自然法能被遵守；而奖惩机制若长久有效，就必须预设灵魂是不朽的。因此，上帝存在，灵魂不朽就成为洛克自然法得以成为真正法的前提。

（一）自然法与自由

对霍布斯来说，在自然状态下，人不仅是平等的，也是自由的。自然自由是一种权利，是先于法或义务而存在的。每个人都有对一切事物的自由权利，而为了生命保存和安全，任何人都必须放弃或限制这种权利，服从正确理性的命令——自然法或道德义务就是这样产生的。但是洛克颠倒了霍布斯的自然法逻辑：不是自由先于自然法和道德律，而是自然法和道德律先于自由，自由不是人遵守道德律的前提；相反，自然法是人自由的条件，自由不是权利，而是义务，自由即是一种自然法规定下的理性自由、道德自由。

对洛克来说，对于自由的问题，要始终从上帝和人，从创造者和受造者两个层次来谈。洛克的唯意志论表明，上帝是绝对自由的，他的意志不受任何法则的制约；相反，他的意志就是法，法源出于他的意志。不是因为法，他是自由的，而是因为他是自由的，所以才有法。但是对于人来说，他只是创造者的创造物，"唯一的最高主宰的仆人，奉他的命令来到这个世界，从事于他的事务"，"他要他们存在多久就存在多久，而不由他们彼此之间作主"①，因此上帝对于人具有无限的权力和权利，人却因为上帝而不具有先于法，或无法的自由，上帝是主人，而人只能做上帝的仆人，奉他的命令，从事于他的事务，性命不能自己作主。据此能否说人作为上帝的仆人根本上是不自由的呢？洛克借助上帝否定了人的绝对自由，但是也借助上帝赋予人有限的、相对的自由，这种自由就是在自然法中，通过自然法被规定了的自由。不是从自由推出自然法，而是从自然法推出自由，只有在自然法的约束之下和恪守道德律的前提之下，自由才得以产生出来。这与霍布斯的消极自由，即不受阻碍的自由相比，具有摆脱他人意志，服从普遍道德律的积极意义。

按照洛克的说法，被造的人在进入政治社会之前，处在自然状态。不过，这个状态并不像霍布斯所说的那样，是无法无天的混战状态，而是有法有天的自然社会状态，而且是"一种完备无缺的自由状态"，在其中每个人"都在自然法的范围内，按照他们认为合适的办法，决定他们的行动和处理他们的财产和人身，而毋需得到任何人的许可或听命于任何人的意志"②。换言之，在自然状态里，人人都是自由的，有自己独立自主的意志，可以按照自己的意志决定自己的人身、财产和行动。洛克甚至说，每个人的自由是无限的。但是如果人的自由真的是无限的，那么可以肯定的是，人们必将陷于一场无休止的大战之中。但是完备的自然自由状态并未陷入战争状态，这是因为人的自然自由并不是任意的自由、放任的自由，像菲尔麦爵士所讲的那样，自由就是"各人乐意怎样做就怎样做，高兴怎样生活就怎样生活"③，而是理性的自由，合乎自然法的自由："自然状态有一种为人人所应遵守的自然法对它起着支配作用；而理性，也就是自然法，教导着有意遵从理性的全人类：人们既然都是平等和独立的，任何人就不得侵害他人的生命、健康、自由或财产。"④ 不是自由使人受

---

① ［英］洛克：《政府论》（下），叶启芳、瞿菊农译，商务印书馆 1996 年版，第 6 页。
② 同上书，第 5 页。
③ 同上书，第 16 页。
④ 同上书，第 6 页。

理性的指导，遵从自然法，而是理性使人自由，自然法使人成为自由人，或者说自由就在于遵从理性，服从自然法，没有理性，不以自然法为准绳，就没有自由：

> 人的自由和依照他自己的意志来行动的自由，是以他具有理性为基础的，理性能教导他了解他用以支配自己行动的法律，并使他知道他对自己的自由意志听从到什么程度。在他具有理性来指导他的行动之前放任他享有无限制的自由，并不是让他得到本性自由的特权，而是把他投入野兽之中，让他处于和野兽一样的不幸状态，远远低于人所处的状态。①

无限制的放任的自由是非人的自由，无理性的自由乃是野蛮人的自由，只有理性的自由，使用理性克尽自然法的自由才是人的自由。

自然状态是完备的自由状态，也是非奴役的状态。在这种状态中，人人是自身的主人，而不受役于人。自由不在于不受约束，不受限制，而在于受理性的约束，自然法的限制。律法构成了对人的制约，人不能突破法，而只能在法规定的范围内支配自己的人身、财产和行动。理性使人成为人，但是也带给他限度，使他不能为所欲为、无所不为，而是有所为，有所不为。理性、自然法为他规定了什么是正确的，什么是错误的，什么应当做，什么不应当做，而他只应该做对的，不应该做错的。由此，理性、自然法界定了人能支配的行动范围的大小，多少和远近，但这是否就是说，法限制乃至缩小了人的自由呢？洛克不这么看：自由与自然法不是相互冲突的，而是同一的，自由不是绝对任意的，只有上帝的才有这样的自由，而是受约束的，自然法就是约束人的意志的东西，但是这种法的约束不仅不减少，反而增益了人的意志的自由：

> 法律按其真正的含义而言与其说是限制还不如说是指导一个自由而有智慧的人去追求他的正当利益，它并不在受这法律约束的人们的一般福利范围之外作出规定。假如没有法律他们会更快乐的话，那么

---

① ［英］洛克：《政府论》（下），叶启芳、瞿菊农译，商务印书馆1996年版，第39—40页。

法律作为一件无用之物自己就会消灭；而单单为了使我们不致堕下泥坑和悬崖而作的防范，就不应称为限制。所以，不管会引起人们怎样的误解，法律的目的不是废除或限制自由，而是保护和扩大自由。这是因为在一切能够接受法律支配的人类的状态中，哪里没有法律，哪里就没有自由。这是因为自由意味着不受他人的束缚和强暴，而哪里没有法律，哪里就不能有这种自由。①

没有限制看起来有无限的自由，但是霍布斯却告诉我们，这样的自由只会导致无休止的混战；没有法似乎最自由，想怎样就怎样，无法无天看样子自由最大，实际上这样却可能使人堕入万劫不复的混乱深渊。因此自由不是没有限制，也不是有限制就没有自由，自由并不与限制相对立，而与无法相对立，自由就在于服从法，听从理性的命令，遵守自然法：自由即是在"所受约束的法律许可范围内，随心所欲地处置或安排他的人身、行动、财富和他的全部财产的那种自由"②。由此，自由与奴役相对立，自由即在于不受奴役，被奴役即不自由。何为奴役？奴役不是人身受到他人的强制性支配，不是财产被占有，这些都只是奴役的外在表现，而是不受另一个人的"任意意志的支配"；只有我的意志不处在他人的任性意志支配之下，我的意志才能支配我的人身、财产和行动，我才是自由的，否则我一旦处在他人的意志支配之下，我即丧失自由，遭受奴役。我的意志是受约束的，但是只受理性、自然法的约束，除了自然法的约束之外，我的意志不受任何绝对的、任意的权力意志的约束："人的自然自由，就是不受人间任何上级权力的约束，不处在人们的意志或立法权之下，只以自然法作为他的准绳。"③ 自然状态是受普遍自然法约束的自然社会状态，因此是自由的状态。但是一旦有人罔顾普遍自然法，把他人置于自己的意志支配之下，那么这就意味着他取消了他人的自由，使他人遭受奴役。任何形式的奴役都是不合自然正义的，是违背自然法的。而一旦违背自然法，那么这就意味着，他陷他人于战争状态，无异于向他人宣战，不仅他人，而且任何人都可以执行自然法，解除他的奴役和对他人意志的支配，

---

① ［英］洛克：《政府论》（下），第 35—36 页。
② 同上书，第 36 页。
③ 同上书，第 16 页。

恢复自然的自由状态，恢复自然法的统治。据此可知，自由对于人而言是根本性的，是人之为人的基本规定，至少与生命、财产的价值是相等的，甚至是更重要的，生命和财产得以保全的根本前提即是自由。没有自由，没有一个人对自己人身、财产和行动的支配，就无以保证生命、财产。"免受这种强力的压制，是自我保存的唯一保障"，一旦一个人被置于他人意志的支配之下，那么他将失去自由，遭受奴役，生命和财产也将陷于危险之中，因此"这种不受绝对的、任意的权力约束的自由，对于一个人的自我保卫是如此必要和有密切联系，以致他不能丧失它，除非连他的自卫手段和生命都一起丧失"①。因此，对于洛克来说，自然状态下的人不可能为了生命或财产而否弃自由，相反，为了保全生命和财产，他必须维持自然法统治下的自由状态；即使因为自然自由状态难以为继，需要建立国家，进入政治社会状态，也不能因为生命和财产而不要自由或牺牲自由，就像霍布斯自然状态中的自由人那样，而必须建立自由的国家以保全生命和财产。

洛克被称作现代自由主义的滥觞，但是他所理解的自由和现代个人自由主义的自由并不是完全一致的。对后者来说，自由首先是权利，它是人承担义务的条件，而对洛克来说，只有人在法的规定范围内负责任地行为，他才是自由的，尽义务的状态就是他的自由状态。这种自由观点贴近于德国古典哲学，如康德和黑格尔就把自由看作一种理性的自由。就洛克而言，理性是自由的根本前提，即人只有使用理性，才能做出符合道德律和自然法的行为，才能成为自由人，人的自然自由即是一种道德自由，即受自然法/道德律规定的自由。上帝的自由是非理性的，只依从自己的全能意志；而人的自由是理性的，服从上帝意志之命令、遵守自然法的行动才是自由的。因此洛克的自由观念是混合型的：上帝的自由是唯意志主义的自由，人的自由是理性主义的自由。在自由的问题上，他既是一个意志主义者，也是一个理性主义者；在对上帝自由的理解上，他是意志主义者，在对人的自由的看法上，他又是理性主义者。意志主义和理性主义在他身上以一种奇怪的方式结合在了一起。

在自然状态下，人是生而具有理性的，也是生而自由的，他因为是理性的，受制于自然法而是自由的。但并非所有人都是理性的，因而也并非

①　[英] 洛克：《政府论》（下），第16—17页。

任何人都是自由的，因为"人的自由和依照他自己的意志来行动的自由，是以他具有理性为基础的，理性能教导他了解他用以支配自己行动的法律，并使他知道他对自己的自由意志听从到什么程度"①。例如，那些由于天生的缺陷而理性发育不足，不能使用理性的人，如精神病患者、白痴等，以及尚未达到正确使用理智来指导自己的儿童，都不是自由的人、不能让他按照自己的意志行事。他们都需要监护人、导师帮助或代替其使用理性，以谋求他们的幸福。对于呆子来说，他可能永远都不是自由的，终生都摆脱不了监护者的监护，而对于儿童来说，他是由父母，尤其是由父亲监护和管理的，但是年龄和教育会给他带来理性，而随着他理性的成熟，在他能使用自己的理性的时候，他能摆脱父亲的监护，成为按照自己的意志行事的自由人吗？还是他仍将受到父亲的监护，由父亲替他使用理性，使他处在有理性而不使用理性，或不经他人的引导，即不经父亲的引导就不敢也不会使用理性的不成熟状态、不自由状态呢？洛克自己提出了这样的问题，后来的康德也提出了同样的问题，即启蒙的问题。

首先是要不要启蒙的问题。对于这个问题，没有人会否定对孩子进行启蒙，即使父权论者，即主张父权就如上帝那样享有对孩子的绝对权力和权利的那些人也不会拒绝对孩子的教育和启蒙，让他们彻底处在蒙昧状态。其次是进行什么样的启蒙，什么程度的启蒙的问题。在这个问题上，父权论者和现代启蒙主义者分道扬镳了。前者虽然允许启蒙孩子，但是只提供有限的启蒙，并不愿启蒙孩子使他成为成熟的人，按照自己意志行动的人，即使他有理性，其理性却不是其自身意志的表现，而是其父亲意志的表现，换言之，父亲的意志就是他的理性，他在父亲意志的支配下合理性地行为，他所做的就是把父亲的意志理性化，化作自己的理性行动，正如上帝的意志就是人的理性，自然法，人所做的一切貌似理性的行动不过是上帝的意志的表达一样。所以父权论者是非启蒙主义者，而在神权论层面上，洛克是非启蒙主义者，前者主张，儿子的理性行为表达父亲的意志，后者主张，所有人的理性行为都表现圣父的意志。

不过在人权论层面上，洛克却是一个坚定的启蒙主义者。这表现在他用人权反对父权，主张人权论而坚决反对父权论。对他来说，自然状态中的人，包括亚当和夏娃，都是启蒙了的人——上帝在造人的时候，就把人

---

① ［英］洛克：《政府论》（下），第39页。

创造为启蒙了的人："亚当生来就是一个完整的人，他的身心具有充分的体力和理智，因而他一生出来就能自己维护自己，并照上帝所赋予他的理性法则的要求来支配他的行动。"① 启蒙了的人就是理性的人、自由的人，遵从自然法，按照自己的意志行事的人，摆脱了监护，独立使用理性在自然法的范围内行使自己意志的人。亚当和夏娃的子孙后代并不生下来就是理性的人，而是婴儿，他们必须由父母将之抚养成人。所有父母"根据自然法"都有"保护、养育和教育他们所生的儿女的责任"，但是他们不能把"儿女看作他们自己的作品，而是看作他们自己的创造者，即他们为其儿女对之负责的全能之神的作品"②。也就是说，父权是不成立的，虽然神权是不能否认而且恰恰以之为前提的。所有人都是上帝的作品，只有上帝具有对他们的所有权，而人不具有对他人的所有权。人作为人是理性的，按照自然法支配自己意志的人，孩子还不是这样的人，因此父母按照自然法的要求有义务照料他们，把他们抚育成为与父母一样的理性和自由的人：让孩子成为理性和自由的人是父母对上帝应尽的责任。

人是从儿童阶段成长起来的，而儿童阶段是理性潜藏的阶段，理性不成熟的时期，需要家长的监护，父母必须照料子女至其能够独立运用理性之时。"支配亚当的法律就是支配他的所有后裔的法律，即理性的法则。"③ 也就是说，自然法是支配一切人的东西，也是使所有服从自然法统治的人是自由人的东西。但是孩子暂时还不受自然法的约束，因为他的理性还未成熟，还不能正确使用自己的理性，也就不能受理性认识或公布的自然法的限制，因此他暂时还不是自由的。但是"上帝既赋予人以一种指导他的行动的悟性，就让他在他所受约束的法律范围内享有一种意志的自由和正当地属于意志的自由范围内的行动的自由"④。换言之，上帝终将让所有人都成为理性的、自由的人。孩子还缺少理性指导自己的意志，但是他应当成为理性的意志自由的人。父母承担了上帝托付的这种义务，有责任在孩子未长成人期间教育他，"直到理性取而代之并解除他们的辛苦为止"。父亲代他运用智力，替他拿出主张，规定他的意志并调节他的行动，"但是当儿子达到那种使他父亲成为一个自由人的境界时，他

---

① ［英］洛克：《政府论》（下），第 35 页。
② 同上。
③ 同上。
④ 同上书，第 36 页。

也成为了一个自由人"①。支配父亲的自然法也是最终支配儿子的自然法，父亲因为遵从自然法而成为自由的人，儿子也因为服从自然法而成为自由的人："如果这种理性的状态、这种成年使一个人自由，同样的情况也可以使他的儿子自由"；如果自然法"曾使父亲自由，它也该使儿子自由"，"在一个人尚未达到自由的状态，他的悟性还不适于驾驭他的意志之前，必须有人来管理他，作为支配他的一种意志。但是过了这个阶段，父亲和儿子，正如导师和成年之后的徒弟一样，都同等地自由了，他们同样地受制于同一法律，不论他们只是处在自然状态而受自然法的约束或受一个已成立的政府的明文法的约束，父亲对他的儿子的生命、自由或财产，都不再享有任何管辖权"②。据此可以推知，父母有对儿女的监护权，但是这种监护权不是从父权，即从父亲的所有权推出来的，而是从父亲对上帝的义务中推出来的，它是短暂的而不是永久性的，随着儿女长大成人，理性成熟，它随之被解除了。

对洛克来说，人要为上帝负责，而作为父亲，他对上帝尽的责任就在于做一个启蒙者，帮助自己的孩子从一个非理性的人成长为理性的人，成为一个遵守法则的自由人。父亲应当依照上帝颁布的自然法教导孩子，而一旦孩子成为理性之人，他就只服从上帝及上帝的意志命令，理性发现的自然法则，而无须再听从父亲的教诲和监护。在理性面前，孩子与父亲是平等的。这是洛克从理性自然法义务论的逻辑得出的现代启蒙主义的结论。它完全不同于中国近代自然进化论的启蒙主义逻辑，依据这种逻辑，自然是进化的，人也是进化的，因此后面一代应该强于上一代。

洛克的理性主义立场使他主张，"法"不是阻碍自由，而是促使人走向自由的东西。而现代中国人是缺失这种理性主义的。中国人有理性，但却并非成熟的恪守普遍法则的理性，而是不成熟的不受普遍自然法约束的理性，在这个意义上，中国人还不是自由的，还处于需要监护的状态，我们还需要启蒙。依据中国的传统，"父慈子孝"是一种相互性的义务，是伴随父子关系始终的。但是我们并没有从中提炼出自然法或道德律的观念，找到超越父与子差序关系而彼此平等和共同遵守的普遍法则。在洛克这里，父与子的关系是一种伦理关系，即子对父有孝顺之心，父对子有养

---

① ［英］洛克：《政府论》（下），第36—37页。
② 同上书，第37—38页。

育之恩，而养育之恩是暂时的，孝顺之心却是长久的。在这种伦理关系之外，在父子之间还存在着一种道德关系，依据这种关系，父子作为平等的和独立的自由人，共同遵守同一的自然法律令，而父子的人伦关系并不影响他们作为自由人因为遵守自然法而产生的道德关系。

虽然洛克的《政府论》篇幅短小，却很好地论证了自由与道德律/自然法的关系问题，是现代自然法道德理论的经典之作。《政府论》既与英国"光荣革命"有关系，是洛克为君主立宪制做理论上的辩护之作，论证了有限政府存在的正当性与合理性，又与美国宪政革命有直接关系，美国宪法正是由受洛克影响的联邦党人制定的。

（二）平等与道德

早期现代哲学关于道德合理性的论证涉及是与应当、自然权利与自然法、自由与道德律以及平等与自然法诸多论题。在霍布斯那里，就存在从自由、平等推出自然法/道德律的合理性论证。在自然状态下，人人都是平等的，享有相等的自然权利，从这一基本原则出发可以推出平等主义的道德德性法则。例如，人为了保全自己而力求和平，而要实现和平，每一个人都必须同等地放弃对事物的权利；我对他人享有的权利与他人对我享有的权利是对等的，彼此的义务也是相同的。这暗合了基督教的道德金律："你愿意别人怎样对你，你就怎样对待别人。"对霍布斯来说，平等原则是整个启蒙自然法道德哲学的基石之一，正是在平等的基础上才产生了人与人之间的相互义务。

对洛克来说，自然状态是自由的状态，也是平等的状态，"在这种状态中，一切权力和管辖权都是相互的，没有一个人享有多于别人的权力。极为明显，同种和同等的人们既毫无差别地生来就享有自然的一切同样的有利条件，能够运用相同的身心能力，就应该人人平等，不存在从属或受制关系，除非他们全体的主宰以某种方式昭示他的意志，将一人置于另一个人之上，并以明确的委任赋予他以不容怀疑的统辖权和主权"①。在上帝所创造的人人平等的世界里，任何人都没有高于另一个人的权力和权利，所以就产生了人与人之间平等相待的义务。比如，人类相互友爱的义务，正义和仁爱的德性准则即是从这种平等原则推出来的。一般的自然法

_____

① ［英］洛克：《政府论》（下），第5页。

也是建立在平等原则之上的："人们既然都是平等和独立的，任何人就不得侵害他人的生命、健康、自由或财产。"① 人人都是上帝的创造物、仆人，被赋有同等的地位，因此"在同一自然社会内共享一切，就不能设想我们之间有任何从属关系，可使我们有权彼此毁灭，好像我们生来是为了彼此利用的，如同低等动物生来是供我们利用一样"②。根据基本的自然法，每个人都平等地保存自己的生命，而在自身保存不成问题时，他应该尽其所能保存其余的人类，做一切有助于他人的生命、自由、健康的事情。在自然状态下，人人都具有自然法的执行权，有权要求他人遵照自然法支配自己的意志，有权"惩罚违法自然法的人"。

平等原理在古典道德哲学中是不存在的。古希腊人崇尚等级制，柏拉图强调人与人之间是不平等的，认为"四美德"中的"智慧"和"勇敢"并不是任何人都具有的，"智慧"仅归少数的统治者所有，"勇敢"只归战士所有，只有"正义"和"节制"才是普遍的，是所有人都能养成的。人与人的不平等产生了彼此相异的义务，例如，统治者的义务就截然不同于战士/护卫者的义务。古希腊的伦理城邦即是建基于人的不平等前提之上的。

在基督教那里，上帝与人不可能是平等的，而且上帝与人之间的差距是巨大的，但是人与人之间是没有等级的，在上帝面前是平等的；基督教的邻人爱的道德即是建立在人是上帝平等的造物原则之上的。

儒家伦理传统建立在不平等的人伦关系之上。虽然它试图构建一种普遍化的道德，如孟子从人性的"四端之心"中推出人普遍具有的四种美德，但"四德"最终落实到现实当中仍然是以人伦差等关系为前提的。所以，儒家道德并不是基于人与人之间的平等推出人应该遵守的道德的义务。儒家的道德黄金法则，即"己所不欲，勿施于人"本身若要成立，就必须假定人与人之间是平等的，只有这样，它才能成为约束性的法则，若是基于差等关系，这条法则是无效的。但是儒家道德哲学却从来就没有深入反思道德律的这一前提。

西方早期现代自然法道德是以基督教道德为背景的，其自由、平等原则即源于基督教的"平等"观念和"自由意志"理念，换句话说，启蒙

---

① ［英］洛克：《政府论》（下），第6页。
② 同上。

道德哲学的根基源自于基督教。在一定意义上，启蒙道德是基督教道德的世俗化的转化。启蒙道德哲学从理性层面对其加以转化，从平等中推出了人应该同等遵守道德律，克尽友爱、仁爱的义务。洛克基于上帝面前人人平等的原理，推出了三个最基本的自然法则：首先，人人都是上帝平等的造物，因此人人都有自我保全的第一义务，不过保全生命不单是霍布斯所说的自然权利，而且是人对上帝应尽的和履行的一种义务；其次，人是上帝创造的，人类没有权利损害生命，因此在满足第一原则的前提下，不可伤害他人的人身、财产安全；最后，人在有余力时，在力所能及的范围内应尽力保护和帮助他人。

虽然霍布斯开启了早期现代启蒙道德哲学，并将其与希腊古典哲学，中世纪基督教哲学割裂开来，但是洛克又重新弥补了启蒙道德与基督教道德断裂的缺口。洛克的思想逻辑是：上帝拥有世界万物的所有权，世界的一切都按照上帝的意志安排好了，人是依照上帝意志来到人世间的，因而人有义务遵从上帝的命令行事。虽然洛克将道德义务的根源归结于上帝，但他诉诸上帝之神性而非人性的根本目的却在于，从上帝命令出发推出人应该如何成为道德的自由人，推出人平等遵守道德律的义务。

（三）财产权和道德

有人认为，洛克的伦理思想存在着一个悖论：他从上帝意志出发推出整个自然法道德体系，同时他又从人的自然权利出发推出自然法道德体系，《政府论》下篇关于财产权的论述即遵循这一逻辑。实际上，洛克对财产权的论述也是基于上帝意志论背景的；财产权并不是撇开上帝意志，人在自然状态下独立享有的权利，因此在他的道德哲学中并不存在合理性论证的悖论问题。洛克赞同霍布斯的说法，即起初上帝是隐遁和沉默的，当道德出现，人们遵守自然法处于和平状态时，上帝开始显现了；自然法是上帝颁布的，人类道德状态即是上帝创造的自然状态。只是霍布斯认为，在自然的和平状态之前，世界处于混沌的自然战争状态，他即从这种自然人性中推出了一系列自然道德法则，而洛克则自始自终都从上帝的意志命令出发推演自然法及自然权利，并没有在合理性论证上发生从神到人的逻辑转换。

对于霍布斯来说，自然权利是优先于自然法的，因为自然权利是人与生具有的，而为了摆脱无限的权利所引发的战争状态，进入永久和平状态，人类理性颁布了自然法。但是洛克不同意霍布斯的观点，认为自然权利并不优先于自然法，相反，它是上帝的意志，是自然法所赋予的。在洛克这里，权利是由法、义务产生的，所以它是一种法权，即它是一种由法所赋予的权利，它是以法为前提的，是在立法的基础上形成的。既然法来自于上帝的意志命令，那么权利同样也来自于上帝的意志命令。

财产权是洛克着力探讨和申辩的权利，在他那里，它既是一个政治哲学的概念，也是一个道德哲学的概念。相比于霍布斯对生命权利的强调，洛克更看重财产权，这也是他与霍布斯对现代道德哲学贡献的区别所在。

洛克基于这样一种思考而提出了财产权问题，即人如何才能断言某种东西是为自己所拥有的，也就是说，如何从理论上论证占有财产的正当性。我拥有某物是一个事实，但是我如何证明我拥有某物是正当的？我拥有物的权利来自何处？

"上帝既将世界给予人类共有，亦给予他们以理性，让他们为了生活和便利的最大好处而加以利用。"因此在太初时期，并不存在私人所有物，天下万物"就都归人类所共有，而没有人对于这种处在自然状态中的东西原来就具有排斥其余人类的私人所有权"。但是把共有的自然物划给私人使用似乎又是必不可少的——既然那些自然物是给人类使用的，"那就必然要通过某种拨归私用的方式，然后才能对于某一个人有用处或者有好处"①。问题是，到底以一种什么样的方式拨归私用，把人类共有的东西变成私人所有的东西，并且他因此具有自由使用它的权利。这是洛克自然法道德哲学要解决的核心问题。而他所以竭尽所能证明私人财产是一种权利，其深层的意图是维护人的自由。在洛克看来，若自由仅仅停留在理智意志当中，而不能支配一定的东西，就很难保证它是真正的自由。人可以自由支配自己的身体，而只有当他能自由支配一定财产的时候，他才称得上是真正自由的，他的自由才是有保证的：财产权即是人自由的保障，若没有财产权，不知有多少人会沦为奴隶。

洛克的财产权理论是他留给现代人最重要的思想财富之一，是值得我们深入反思的。儒家伦理主流向来重"义"而轻"利"，没有充分认识到"利"对于"义"的积极作用，而洛克的财产权理论为我们提供了可资借鉴的思想资源。

---

① ［英］洛克：《政府论》（下），第18—19页。

霍布斯主张，世界是属于每一个人的，而每个人都是单纯的原子个体，而未能形成共同体。洛克认为，在自然状态下，一切都是公有的，没有专属于某一个人的东西。自然状态即自然法统治的状态，而自然法统治的状态也是和平状态，从某种意义上说，亦是社会状态。自然社会状态是富足的状态，上帝把整个世界都给予了人类，但是人却一贫如洗，不能私自拥有任何东西，不能把共有的东西划归自己所有。在洛克看来，只有一种方式能把人类共有之物转化为自我私有之物，而且这种转化是自然正确的、正当的，这种方式就是劳动：

　　土地和一切低等动物为一切人所共有，但是每人对他自己的人身享有一种所有权，除他以外任何人都没有这种权利。他的身体所从事的劳动和他的双手所进行的工作，我们可以说，是正当地属于他的。所以只要他使任何东西脱离自然所提供的和那个东西所处的状态，他就已经掺进他的劳动，在这上面参加他自己所有的某些东西，因而使它成为他的财产。既然是由他来使这件东西脱离自然所安排给它的一般状态，那么在这上面就由他的劳动加上了一些东西，从而排斥了其他人的共同权利。因为，既然劳动是劳动者的无可争议的所有物，那么对于这一有所增益的东西，除他以外就没有人能够享有权利，至少在还留有足够的同样好的东西给其他人所共有的情况下，事情就是如此。①

劳动是我把人类共有的东西拨归私用，使之成为排他的私用财产的正当方式。而劳动既是我的权利、所有物，也是我的义务，人之为人即是劳动者。换言之，劳动既是上帝的命令，也是自然法的要求：

　　上帝将世界给予全人类所共有时，也命令人们要从事劳动，而人的贫乏处境也需要他从事劳动。上帝和人的理性指示他垦殖土地，这就是说，为了生活需要而改良土地，从而把属于他的东西、即劳动施加于土地之上。谁服从了上帝的命令对土地的任何部分加以开拓、耕耘和播种，他就在上面增加了原来属于他所有的某种东西，这种所有

———————

① ［英］洛克：《政府论》（下），第19页。

物是旁人无权要求的，如果加以夺取，就不能不造成损害。①

我通过劳动有权利把某物占为己有，获得对它的财产权。正是我的劳动将财产从公共所有物中划分出来，把所有人的公有物转换成我的私人所有物。

"上帝命令他而他的需要迫使他不得不从事劳动"；上帝也把世界给予那些勤劳和有理性的人加以利用，而非给予那些懒惰和好事纷争的人予以强取豪夺。② 因此劳动是上帝的意志，是人的理性要求，它促使共有事物成为个人的财产。洛克的财产理论带有深刻的新教伦理的印记，或者它就是对新教工作伦理的世俗化转化；它既赋予勤劳以肯定的道德价值，同时也主张人通过勤奋劳作获得的财富是正当的，肯定和正名财产的道德意义。因劳动而产生的财产权既是我的权利，同时也是他人的义务，即他人不能侵犯我通过劳动获得的对事物的所有权。由此也可以看出，洛克关于财产权的合理论证逻辑仍然基于上帝的意志命令，并不像有些人所说的那样，劳动是人的活动，是人的所有物，是人可以自由支配的权利，从这种自由权利产生出财产的权利，从而产生出道德的义务。

二 回归人性论

17 世纪英国科学运动主导了欧洲，而到了 18 世纪，法国人登上了欧洲启蒙运动的中心舞台，浩浩荡荡，连带引发了德国启蒙运动。因此在英、法、德三国启蒙运动中，法国启蒙运动是最激烈的。法国思想家比较热情，既是思想者又是行动者，不像德国人，尽管在思想系统性和深刻性上有高度成就，在行动上却滞重迟缓。法国大革命是由法国启蒙运动引起的，是思想引发行动的范例。而在英国，思想往往是落后于行动的，洛克的《政府论》就不是在光荣革命之前，而是在其后完成的；革命党人并不是洛克思想的实践者，洛克思想本身反而是在革命之后，即君主立宪体制确立之后出炉的。洛克的思想没有超越实践，相反是对其反思的结果。但是其反思恰逢将实践上升为理论的时代要求，顺带为法国启蒙运动送去

① ［英］洛克：《政府论》（下），第 22 页。
② 同上书，第 22—23 页。

了星火，而法国启蒙运动却点燃了政治革命之火。法国大革命家都是启蒙运动的孩子，伏尔泰、卢梭的学生：他们要把自由社会理想落实为实践，不是从无到有、摸着石头过河，而是按照理念来建构和改造现实。哲学从思想王国走出，走进现实王国。用马克思的话来说，英国哲学家解释世界，法国哲学家则意图改造世界。当然像卢梭这样的哲人并没有成为哲学王，他最多算是旗手，而他的学生们却把理论变为实践，成为启蒙思想之"王"。

洛克是近代哲学的重要人物。他写了两本书，一本是《人类理解论》，另一本是《政府论》，都是近代启蒙哲学经典之作。尤其《人类理解论》更是经典中的经典，被称为"启蒙的圣经"。它何以有如此高的地位呢？这是由其所起的作用决定的。

法国启蒙思想的源头即是洛克。伏尔泰早期在英国游历时接触到洛克的《人类理解论》，旋即把其经验主义的认识论和方法引入法国，迅速震撼了法国人，正如休谟的经验怀疑主义惊醒了康德一样，洛克让伏尔泰和法国人从形而上学的迷梦中清醒过来，开始面对实际，回到自身现实，由此引发了浩大的启蒙运动。德国哲人虽然又回到纯粹思想领域，但是他们却都有一种渴望，即通过解释世界，有朝一日改变世界。他们提出一种普遍主义的科学和一种普世主义的道德哲学，以征服和改造世界。启蒙哲人大都站在世界主义立场上，作为人而不是作为法国人、德国人从事哲学思考；他们反对民族主义，反对特殊性的东西，追求普遍适用于所有民族的道德。

从历史上来说，洛克《政府论》对美国政治革命产生的影响是巨大的，美国能建立比较成熟的现代自由民主体制与洛克提出的有限政府理论是分不开的。而洛克的《人类理解论》在思想上更深刻地影响了苏格兰启蒙运动和法国启蒙运动。两部启蒙著作所以分殊地对现代启蒙运动发挥了作用，与它们不同的理论逻辑，以及洛克的精神转变是有关系的。虽然同为其著作，但是从《政府论》到《人类理解论》，洛克的思想逻辑却发生了近似颠覆性的转变，以致可以说它们呈现给我们的几乎是相反的两个洛克。就前著而言，洛克穿着新教，尤其是加尔文主义清教自然法传统的黑衣在论说，这也是为什么这部著作大大影响了清教主义的美国的原因：相同的清教主义伦理政治理念是两者相互接受、引发共鸣的精神基础，以致它好像就是为新教国家人民而写的一样。就后著来说，洛克现身为现代主义启蒙哲人；如果说笛卡尔是先验主义哲人的话，那么洛克就是经验主义的笛卡尔式哲人。如果前此洛克还身在新教自然法传统中，并通过绕道新教主义来到现代，演绎启蒙现代主义伦理政治的话，那么此时的他已然走出新教伦理传统，彻底回到理解着和意欲着的自我，开启"认识我自己"的浩大工程了。如果前此他还在传统中并通过传统容纳和吸收现代主义思想，缺少对自身出入其中的传统的反思和批判的话，那么现在他坚决出离了传统，回归自身，立于自身，反思我能认识什么，认识多少，应该欲求什么，如何欲求和行动，反省我思我欲的前提，展开自我批判，力求在自明我思和自由我欲基点之上架构现代主义知识和道德。前此他从超越到内在，从神圣到世俗，从上到下，从上帝到人，从上帝意志到人的理性，从自然法到自由，从自由到权利；此刻他的逻辑倒转过来：从内在到超越，从世俗到神圣，从下到上，从人到上帝，从可知到不可知，从理性到信仰，从理性到上帝意志，从自由到道德规则，从自由到幸福。前此他在上帝和人的关系中，以创造者—受造者、所有者—所有物为模型，以权利—义务关系为构成形式思考上帝和人，把上帝看作创造者、所有者、全权者，而把人看作受造者、所有物、完全义务者。在思考人的权利和义务时，他处处离不开上帝；无论自然法的来源，还是自然法作为义务施加于人的权威性，无不预设上帝的意志。如果没有上帝，就没有人，即使有人，也没有自然法，即使有自然法，它也不作为义务被遵守。但是就当前来说，他不再时时回到上帝，即使谈上帝，也不是就上帝谈上帝，而是先行回到理解和意欲的自我，就自我来谈我所能理解和信仰的上帝。他已经能悬置上帝，或撇开上帝来思考人，因为他回到感性确定性的自我，而这个自我知道我能知道什么，意愿什么：我能自己思想，我必须自己理解和决定；虽然我是有限的，但是只要我能运用理智去理解我所能理解的，不去理解我所不能理解的，我就能在理解了我欲求什么，不欲求什么之后，在我所能欲求的范围内做我应该做的。这样的自我就是自由的，自主的自我，他就是启蒙了的、理智成熟的、能正确运用理智的人，知道如何去知和行，而无须处处时时回溯上帝，预设上帝的人：

　　　　一个水手只要知道了他底侧线的长度，就有很大的用处，他虽然不能用那线测知海底一切深度，那亦无妨。他只知道，在某些必要的地方，他底侧线够达到海底，来指导他底航程，使他留心不要触在暗

礁上沉溺了就够了。这里，我们底职务不是要遍知一切事物，只是要
知道那些关系于自己行为的事物。如果我们能找寻出一些应遵循的准
则，以使理性动物，在人所处的现世状况之下，来支配他底意见，和
由意见而生的动作；则我们便不必着急，怕有别的事物逸出我们底知
识范围之外。①

《人类理解论》首先是一部认识论著作，它解决的问题是，反思人类
知识的起源、界限和范围与我们获得知识能力的大小。洛克像笛卡尔一样
主张哲学是科学。哲学作为完整的知识体系，必须建立在自明的前提之
上。但是哲学知识体系不是笛卡尔式的演绎体系，而是经验知识体系，构
成这种知识体系开端的不是先验的"我思"，而是经验的我思；必须回到
经验的我思，从直接的感觉和知觉出发，通过感觉和知觉经验推证外部
世界。

洛克认为，一切知识都是经验知识，我们的知识仅限于感觉经验范
围，超出经验范围的东西，属于不可知的领域。因此在他看来，经验现象
世界是可知的，经验现象之外的本体世界是不可知的，经验的东西是可说
的，超经验的东西是不可说的：人们应该做的就是，说可说的，对不可说
的存而不论；知之为知之，不知为不知，不能不知以为知，知其所不知：

　　　　人们如果仔细考察了理解底才具，并且发现了知识的范围，找到
　　了划分幽明事物的地平线，找到了划分可知与不可知的地平线，则他
　　们或许会毫不迟疑地对于不可知的事物，甘心让步公然听其无知，并
　　且在可知的事物方面，运用自己底思想和推论，以求较大的利益和
　　满足。②

《人类理解论》除了是一部认识论著作之外，还是一部道德哲学著
作，它不仅探讨知识论，也探讨道德论；不仅研究真的问题，也研究善的
问题，因为它之从对象回到自我，从外部世界回到自身，不仅回到了感
觉，理解着的我，而且也回到了欲望的我，在感觉和反省中显现和给予的

---

① ［英］洛克：《人类理解论》，关文运译，商务印书馆 1959 年版，第 4—5 页。
② 同上书，第 5 页。

情感的我,① 不仅回到我思, 还回到我能、我愿, 具有意志的我。在感觉和反省中除了知觉、理解能力之外, 还有欲望、意志能力。因此洛克返回的自我是三重性的自我: 欲望的自我, 理解的自我, 意志的自我。他具有三重人性: 欲望、理智和意志。霍布斯在洛克之前已经回归人性, 而他对人性的理解大致也分为欲望、意志和理智三个层面, 但还只是雏形。洛克对三重自我、三分人性的划分则初具规模和型态, 而这种划分在休谟那里则基本定型, 自此他们为现代人提供了认识自己的人性构架。理智是认识能力, 通过它我理解自己和世界, 批判地考察我能确定我知道什么; 欲望和意志都与我的行动相关, 也与我的道德相连, 从欲望、意志中可以推出我的行为发生的原则和道德规则, 它们告诉我应该做什么。

三　自由与幸福

我们先来看洛克在《人类理解论》第 1 卷第 3 章里对天赋实践原则的批判。此前他批判了天赋观念论。理性主义者笛卡尔和莱布尼茨认为, 我们心中有天赋观念, 只要反躬自省, 就能认识这些天赋观念, 如实体、灵魂、上帝等。从这些先天的天赋观念出发, 无需综合任何感性经验, 理性主义者就能推演出关于整个世界的知识, 证明世界和上帝是存在的。笛卡尔从自明的 "我思" 出发论证了世界和上帝的存在, 莱布尼茨则通过对 "实体" 概念的分析推出了单子构成的世界。康德吸取了理性独断论的教训, 强调就其自身来看, 先天观念仅是没有内容的空的形式。洛克则坚决反对天赋观念论, 认为一切观念要么来自外部经验, 要么来自内心反省。

存不存在先天的道德法则呢? 洛克认为不存在。有一些知性法则看起来是先天的, 例如, 巴门尼德说的存在者存在、不存在者不存在, 就是先天的思维原理, 是不能驳斥的, 也是不能诉诸任何经验的。"整体大于部分", "三角形内角和等于 180 度" 等也是这样的理性命题。洛克认为, 这些命题是普遍的, 能为理性所认识的, 但却不是天赋的, 它们仍然必须通过后天经验才能被认识。在道德领域, 也不存在先天自明的实践法则。洛克不否认存在人类普遍遵守的道德法则, 但是这些道德法则并不是天赋

---

① ［英］洛克:《人类理解论》, 第 199—203 页。

的，即使人类普遍同意也不能证明它们是天赋的，而它们必须通过实践经验被认识。他也不否认像公道、正义、守信这样的基本道德法则为所有民族所承认，但他并不认为这就能证明它们是先天道德原则。在强盗社会里，强盗也讲正义、信义，否则恐怕它一天也维持不下去。但是这并不能说明正义是天赋的道德原则，因为虽然强盗对自己人讲信义，但是他对他们圈子之外的人却不讲信义，因此他是自相矛盾的，他所讲的正义、公道并不是真正意义上的正义、公道。

每个人都有自然的需求和欲望，任何人都趋乐避苦，那么"趋乐避苦"是不是先天道德原则呢？洛克认为不是："趋乐避苦"只是人先天自然的倾向，并不是先天道德法则。"己所欲，施于人"或"己所不欲，勿施于人"这样的道德金规则，以及康德所说的道德律，即你应当按照能成为普遍道德法则的准则行动，都被认为是适用于所有民族的普遍道德原则。洛克不否认道德金规则是所有人都应当遵循的普遍法则，但是这种作为人类社会基础的道德原则并不是天赋的。一方面这些普遍道德法则是存在的，但另一方面它们并不先天内在于理性之中，必须通过经验而非理性直观或反省才能知道。为什么呢？因为如果这些法则是先天普遍的道德法则，那么这就意味着我们只要一思想就会会按照这些法则来行动，连反思都不需要。但是实际上我们往往对这些法则问为什么，它们能否作为普遍道德法则需要论证，给出理由。而真正天赋的东西是不需要论证和理由的，是直接呈现出来的，我们只要思想就会直接知道它，直接照着它行动。对于洛克来说，除了通过经验确证道德法则的普遍性之外，是无法根本保证其必然性的。但是正如康德所认识到的那样，仅仅通过经验认识到的道德法则，怎么样才能保证它是普遍的而且是必然的呢？对此洛克是无力回答的，显示了其经验主义的局限所在。

洛克认为，"己所不欲，勿施于人"的普遍性是需要论证的，因此是非天赋的。"守约"作为基本的道德要求，也不是天赋的，而是来自人们的约定。如果你问一个基督徒，人为什么不可食言？他会说，为了死后能进天堂，所以他守信用。而他为什么渴求享受天堂幸福呢？因为掌握悠久生死权的上帝要求他这样做。对于霍布斯信徒来说，人之所以不可食言，是因为君主颁布法令要求他这样做，否则利维坦就会惩罚你。如果你问一个古希腊哲学家，他会说，食言是不诚实的，有损人的尊严，"是与人性中的最高优点，即德性相反的"。显然对同一德性，不同的人有不同的理解，因此它不可能是先天普遍的，否则每个人必然会给出一致的理解。它肯定是约定的，在社会生活习俗当中经过多年熏陶、教化而形成的。

　　既然洛克否定了道德实践原则是天赋的，那么这就意味着，一切道德原则都来自我们实践的生活，都必须从经验中获取，在传统与习俗得以形成的生活情境中认识，不可能通过反思理性的先天观念和原理推导出来。洛克的整个路向是经验主义的，主张通过反思人性的构成来构建道德法则。

　　在驳斥了先天的道德原则之后，洛克开始构建其经验主义的道德体系。他在第 2 卷第 21 章论"能力"（Power）中集中论述了这种经验主义的道德理论。洛克认为，经由反省，我们知觉到的能力有两种：一是理解能力，即知性能力，通过观念认识外部世界的能力；二是意志能力，即选择能力，开始或停止、继续或终结某种行为的能力，要或不要、做或不做的能力。这两种能力都和人的自由有关。而在这 1 章里，洛克开始讨论自由，这是非常了不起的规划。18 世纪法国唯物主义在讲观念的起源等认识论问题的时候，几乎是不讲自由的——自由和认识论有什么关系呢？我们所认识的世界是一个因果必然性的世界，哪里有自由可言呢？我们的认识活动是一种反映，是被动的，也是没有自由可言的。但是洛克却把自由纳入其认识论体系中，而他所以能做到这一点，是因为他在人性中发现了自由—意志能力，而道德就建立在它之上。

　　在基督教那里，意志本身是自由的，也就是说，任何意志在意愿的同时能不意愿。意志与必然是相对立的，任何意愿都不是必然的，它的反面总是可能的。但是，洛克却把意志和自由区分开来，把它们看作两种不同的能力：意志本身是一种能力，一种决定或意欲、意愿做什么或不做什么、自动的或自发的行为能力，"自由"也是一种能力，但作为能力，它不是意志的属性，不能说意志本身是不是自由的。对于奥古斯丁来说，意志是意愿或不意愿的能力，在意愿与不意愿上，意志是自由的，任其选择。但是洛克认为，意志不是意愿不意愿的能力，而是意愿做或不做什么的能力，它不是一种在要或不要、意愿或不意愿之间自由选择的能力，而是在做或不做、行动或不行动之间选择的能力，而这意味着，意志、意欲本身是不自由的，但是它在决定了的行动上是自由的。

　　什么是自由？"一个人如果有一种能力，可以按照自己心理底选择和指导，来思想或不思想，来运动或不运动，则他可以说是自由的。"① 洛克之把自由与意志区别开来，重点强调的是，自由乃是一种能不能行动的能力。意志是一种意愿、意欲行动或不行动的能力，而自由则是一种能行动或不行动的能力，也就是说，意志在于要不要做，愿不愿做，自由则在于能不能做，行不行，意志与自由的区分就相当于意愿与能的区别。基督教神学在确立自由意志论题之初，就深刻遭遇了我意愿和我能之间的分裂，只是我要和我能之间的断裂不是自由意志本身的裂变，不至于把自由和意志割成两截，而我们看到，洛克却奇妙地借助我要和我能的分离而把自由和意志分裂开来，把意志降低为我愿，意味着我所愿的我却不能，这样意志就从属于自由，而不是相反。自由即是能，我能，而且是我能我所愿的，我所愿所思的是我能的；如果是我不能的，那么即使是我所愿所想的，我也不是自由的：

> 如果一种动作底施展和停顿不是平均地在一个人底能力以内，如果一种动作底实现和不实现不能相等地跟着人心底选择和指导，则那种动作纵是自愿的，亦不是自由的。因此，所谓自由观念就是，一个主因有一种能力来按照自己心理底决定或思想，实现或停顿一种特殊那样一个动作。在这里，动作底实现或停顿必须在主因底能力范围内，倘如不在其能力范围以内，倘如不是按其意欲所产生，则他便不自由，而是受了必然性底束缚。②

就自由来说，自由与思想、意欲、意志是统一的，"离了思想、离了意欲、离了意志，就无所谓自由"③。也就是说，自由要前设理解和意志，自由以意志和理智为前提，没有理智和意志就不存在自由，意志和理智属于自由，意志和理智是自由的必要条件。一块石头，没有思想，没有意志选择，因此不可能是自由的，凡自由的存在者必然是理智和意欲着的存在者，而只有人是理智和有意志的，因此只有人才可能是自由的。但是反过来，不能说有思想和意志就是自由的，"有了思想、有了意欲、有了意

---

① ［英］洛克：《人类理解论》，第 208 页。
② 同上。
③ 同上。

志，亦不必就有自由"①。有思想、意志的人并不就是自由的，虽然自由的人肯定是有理智和意志的人，理智和意志并不是自由的充分条件，并非理智和意志本身就是自由的，自由属于意志，而是相反，自由不属于意志，意志本身不是自由的而是必然的。

一个人能够想其所想，按照其意志去行动，他就是自由的；他是自由的，意味着他能做或不做，想或不想由他自己决定的事情。但是一个人可以意愿、决定做什么或不做什么，他却并不一定就是自由的，也就是说，对于做或不做什么，他可以有自己的意志、意愿，而如果他没有执行或不执行的能力，没有做或不做什么的能力，则他就仍然是不自由的。只有他能做他愿做或不做的事情，他才是自由的，自由不在于愿不愿做什么，而是能不能做其所愿的事情。一个人站在桥上，突然桥塌了，他掉进水里，这个人自由么？他不自由，因为他不想掉进水里，可是他却不能做其所想，即阻止自己掉进水里。所以意志不是自由的。一个人睡着了，被抬进一个屋内，和一个他喜欢的人呆在一起，但在他被抬进去后屋子锁上了，他没办法出来。当他醒了以后，看到自己同一个可意的人儿在一起，他宁愿留在屋里而不愿出去。这个人是自由的么？就其欲求来说，他是自愿留下来的，但这并不意味着他是自由的，其所愿意做的事情，即和他喜欢的人在一起并不是他能做的，因为他是被抬进去的，所以他不是自由的，而就其不能离开屋子来说，他也没有出来的自由。②

自由就是人能够按照自己的意愿或选择开始或结束一个行动，在其能力范围内决定做或不做某件事情。对那个关在屋子里的人来说，他没有能力走出去，因此不是自由的。一个躺在轮椅上的人，就其行走来说也不是自由的：他可以想象自己行走，但却没有能力做他想做的事情。洛克强调的是，自由在于人有没有能力做或不做自己想做或不想做，喜欢或不喜欢做的事情。所以不是要不要自由，而是能不能自由。

对洛克来说，自由不属于意志、意欲，意志、意欲不是自由的，但是自由属于人或主体，因此人或主体是自由的，也就是说，自由是人的自由，而不是意志的自由。③ 不存在意志自由或不自由的问题，只有人才存

————————

① ［英］洛克：《人类理解论》，第 208 页。

② 同上书，第 209 页。

③ 同上书，第 208—211 页。

在自由或不自由的问题。人按照指导有选择地做与不做，自由即专指人这一主体所具有的选择能力。如果一个人"借其心理底选择或指导"，愿意做什么，就能做什么，愿意不做什么，就能不做什么，那么他就是自由的。如我想从座位上站起来，我就能站起来，我想坐下来，我就能坐下来，则我是自由的。我的自由就在于我能做我自己所意欲的，"一个人底自由亦以其能做其所意想的为限，超出这个界限，则我们便不知如何还能想象其为自由"①。如果人有按照自己的选择和决定做或不做一件事情的能力，人有能力按照自己的意志做自己喜欢的事情，则他就是自由的，自由是在人的能力范围内发生的。人在其能力范围内得偿所愿、不受阻碍地做事，则他就是自由的，反之，超出其能力范围，即使他得偿所愿或未受到妨碍，他也不是自由的。我的自由与我行动的能力大小是相关的，当我有所决定或有所选择时，我为或不为的能力越大，我的自由就越大，"各种动作如果是一个人底能力所能及的，则他在这方面，便可以说是完全自由的"②。

　　人是自由的，但是意志不是自由的。意志或意欲是产生一种行为的能力，但是它不具有做出这种行为的能力，意志能意愿一种行为的发生，但却不能做出这种行为，使这种行为能够实际发生。而人做的是他能做的，他能做的决定了他的意志，他愿做的往往是他能做的，他能做的也是其愿做的。因此，"如果有一种人底能力所能实现的动作提示在他底思想中，要他立刻实现，则他在意志作用方面或意欲作用方面，便不能说是自由的"。也就是说，他能做的恰是他必须意愿这样做的，"因为依靠他底意志的那种动作如果是必然要存在的，或不存在的，而且那种动作底存在或不存在如果又是完全依靠于他底意志底决定和选择的，则他便不能不意欲那种动作底存在或不存在。或此或彼，他绝对地要意欲一种，或此或彼，一绝对地要选择一种"③。自由在于"动作的能力或不动作的能力"，意志在于想到或意愿那种动作，但是它没有那种动作能力，由此而来，就不是意志决定自由，因为仅仅意志不能使一种动作发生，而是自由决定意志，一个人可以意欲做还是不做什么，但是无论他最终决定或选择做还是不做

　　①　[英]洛克：《人类理解论》，第215页。
　　②　同上。
　　③　同上书，第216页。

什么，他所做的或不做的一定是他能够做的或不做的，如果他意欲的是他不能做的，那么这种行为或动作根本就不会发生。因此他的意志一定是被他的自由，即他之所能规定的：他意愿的是他能做的，他能做的是他愿意做的，"因为人底能力所能及的一种动作只要提示在一个人底思想中，则他便不能不选择那件动作底实现或制止，他必须在两者中选择一种，而且根据他底选择或意欲，那种动作底实现或制止亦就必然地相因而至，而且成了真正自愿的。不过那种意志作用，那种选择彼此的作用，是他所不能免的，因此，他在那种意志作用方面，是受必然所支配的，是不自由的"①。

人的意志是不自由的，而是必然的，被决定的。人的意志是由什么决定的呢？洛克说，是人的欲望。欲望是"人心对一种不存在的好事所感到的一种不快。身体上任何种痛苦、人心中种种不安，都是一种不快。所感到的痛苦或不快有多大，则连带生起的欲望亦有多大，而且欲望和痛苦甚至分不出来"。因此欲望即意味着匮乏、痛苦、不快，表明人需要满足的东西还没有得到，有待实现和满足的东西引起了苦恼："欲望与不快又是相等的。我们需要任何不存在的好事的欲望有多大，则我们对它所生起的痛苦亦有多大。"②

人意愿其喜欢的事情，其行为源于欲望，而欲望是一种否定性的东西，意味着不幸、不快、痛苦，处在想得到而没有得到、没有满足和没有实现的状态中。如果我们欲求的东西实现了，我们就不再欲望了。比如，口渴了想喝水，而一旦喝到水，"渴"望就被满足，欲望就被消除了。所有欲望都意味着一种难受和不快的状态。意志即受这种欲望支配，发动行动去解除痛苦、满足欲望。我们的行动不是由快乐引起的，而是由痛苦直接引起的。对人来说，欲望是必然的，任何人都有各种各样的欲望，这些欲望不是由人自己来决定的，就像生命一样，要不要生命不是人能选择的，当你想到要不要生命时，生命已经给予你了，而任何生命必然伴随着各种欲望。

只要有所欲望就意味着有所未足，只有欲望满足的状态才是幸福的状态。欲望状态是亏欠状态，而恰是这种不足、不快决定了人的意志，人即

---

① ［英］洛克：《人类理解论》，第216—217页。
② 同上书，第221页。

受到这种不幸的折磨，被推动着去实现欲望，解除不快。因此人的意志是由不快、未实现的好事，而不是由已经实现的东西、快乐来决定的："不过能时时直接决定意志，使它营各种自愿动作的，还在于欲望中所含的不快。这种欲望，或者专注于消极的不存在的好事，就如人在苦痛中意爱懒惰；或者专注于积极的不存在的好事，就如快乐底享受便是。"[1] 不快或者苦恼，痛苦或欲望，就是人行为的源泉和动机；欲火攻心，促使人不得不采取行动去实现自己的欲望。如果人满意于现状，没有感到一点不快，那么他就无欲无求，处在自足知足状态，他的意志也就不会发动起来。对洛克来说，使人处在欲望、不快状态对于人类生命来说是必要的，也是上帝的意志："全知的造物主，既然明悉我们底身体组织，而且知道什么能决定意志，所以他就使人发生了饥渴底不快，以及其他种种自然的欲望，使它们接着时候发动起来，以来促进并决定人们底意志，使他们来保持生命，维系种属。"[2]

人的意志不是自由的，而是由欲望决定的，是必然的。人的欲望很多，不同阶段有不同的欲望，而这些欲望和不快直接决定了他的意志去要他所匮乏的东西。何以只有不快能决定意志，而"最大的积极的好事并不能决定意志"呢？这是因为好事乃至很大的好事，纵然被人承认，却并不能直接促动我们的意志，而只有在它按照比例激起我们的欲望，使我们感觉需要，生起不快之时，它才能决定我们的意志。[3] 不管有多大的好事，"它如果不先在我们心中引起各种欲望来，使我们对它底不存在感觉不快，则它便不能达到我们底意志，我们亦没有进入那种好事底活动范围中"[4]。任何好事必须成为行为的动机才能决定我们的意志，而它要转化为我们行为的动机，就必须转化为激发我们欲望、产生不快的东西。例如富贵优于贫贱，富贵是美好的，贫贱是难堪的、不快的，所以你要摆脱贫穷。但是如果有人恰恰安于贫贱的生活，如人不堪其忧，而"回不改其乐"的颜回，贫穷对他来说就不是不快的，他就不会形成改变贫穷的欲望，他反而"乐"在其中。再比如，美德是好的，一个有德的人可以得到别人的尊敬等，但是如果我对于美德并没有产生一种欲望，没有美德并

---

① ［英］洛克：《人类理解论》，第 222 页。
② 同上书，第 222 页。
③ 同上书，第 223 页。
④ 同上。

没有让我感到不快，那么我就不会主动养成美德，而宁愿做一个无德之人。如罪犯就对犯罪有欲望，老想着杀人抢劫，而不会想着去帮助人，对他来说，他没有做好人的欲望，对做好人也没有什么感觉。任何事情或目的要转化为行动就必须把它转化为可欲的，否则它就不可能成为行为的动机。康德的道德律很好，但对洛克来说，如果它对于我不是可欲的，对不遵守道德律，我没有感到不快、痛苦和羞恶，那么它对于我就像空中楼阁一样，只是摆设而已，它无法转化为我的欲望、行为的动机，我不会遵照它而行动。康德的道德律是排斥欲望或感性的动机参与进来的，一个人必须是出于对道德律本身的尊重去行动的，因此它在洛克这里是无效的。

不是好事，而是不快决定意志的另一个重要原因是，"因为我们恒常地要希望幸福"；我们只要感到不快，便觉得自己不是幸福的，不是"往幸福路上走的"，而且我们感到多大的不快，就缺乏多大的幸福。痛苦、不快是和幸福不相容的，因此一旦我们感到痛苦、不快，我们就一定决意消除痛苦、不快，以此作为获得幸福的第一步。① 对洛克来说，人作为感性的存在，必然有很多欲望，也必然是趋乐避苦的：其意志总是被促使选择做令其快乐的或好的事情，而减少或清除令其不快的事情。人生来就必然欲求幸福，但它却不是直接规定其意志行动的原因，当下的不快或痛苦才是直接决定其意志行动的决定性因素。

人的意志是由欲望决定和引起的，这种不快之所以能够引起人的行为，恰恰是因为人人都欲求幸福。所以最终引起人行为的原因是他对幸福的欲求和渴望。什么是幸福？幸福就是快乐，最大幸福就是最大的快乐。追求幸福、快乐是人的天性。但是这种快乐反而在人身上引起不快，因为幸福是欲望要达到的状态，而欲求幸福本身却说明幸福还没有实现；如果人实现了幸福，他就感觉不到幸福了。因此对幸福的恒常追求常常转化为具体的欲求、不快，然后促使他行动。"各种好事，只有被他认为是他幸福底一个必然部分时，才能打动他。因此，其余一切好事，只要他不认它们是他现在所已满足的（在思想中）幸福底一部分，则那些好事纵然在外表上或实际上是很大的，亦不能打动他底欲望。因此，各个人恒常地所追求的，就是这种观点下的幸福，他所欲望的，就是能形成他的幸福的任

---

① ［英］洛克：《人类理解论》，第224、227页。

何部分。"① 按照洛克的逻辑，人人恒常地欲求幸福，所以总是感到痛苦，于是就采取行动，解除痛苦，达于幸福快乐。因此快乐和痛苦，幸福和不幸相互对应，没有痛苦也就没有快乐，没有不幸也就没有幸福。神不去追求幸福，他就生活在幸福中，所以他感受不到不幸。人追求幸福，是因为他缺少幸福，而幸福意味着没有痛苦。人欲求幸福是必然的、不能选择的。你不追求幸福是不可能的，追求痛苦而不追求幸福的人是不存在的。

　　既然人的意志是由欲望驱动的，那么人的意志行为是必然的，而不是自由的。如此一来，人的自由是否就是不可能的呢？洛克不是一直在说，意志不是自由的，但是人是自由的吗？人的自由又从何而来呢？来自理智。对洛克来说，意志固然由欲望所决定，但是并不完全被欲望所规定，即使被欲望决定，它也并不是纯粹被欲望所决定，如果这样的话，那么意志行动就完全是必然的，人就没有任何自由了。意志实际上是被理性的欲望所规定的，而能够按照理性的欲望意志和行动的人就是自由的人：他不再被盲目的欲望所牵引，为不真的幸福追求所左右，理性是使人摆脱必然欲望成为自由人的决定因素。欲望虽然时刻规定人的意志，但是人心中的理性却具有理解、探究的功能，首先能"暂停动作，不急来满足，不急来实现它的任何欲望"，接着"它可以自由来考究那些欲望底对象，自由来考察他们底各个方面，自由来把它们同别的物象相互比较。人之所以有自由，正是由于这一点"②。欲望并不是随时随地规定意志的，即便如此，理智也能打破、中止、悬置欲望，而在欲望被中止的时候，"我们可以在意志决定以前，在动作（由那种决定而来）实现以前，有机会来考究、观察、判断我们所将要做的善或恶。在适当的考察之后，我们如果判断出，我们所做的是自己底职责，而且在追求幸福方面，我们所能做的，所应做的，亦就限于此，则我们自然会按照公平考察后所得的最后结果，来欲望、来意志、来动作"③。如果一个人能根据理性的欲望，即能按照他应该做的那样去追求幸福，那么他就是自由的，他所能做的就是他应做的。他应做的是实现其真实的最大幸福，他的自由即在于做实现其最大幸福的事情；如果他能实现其理性欲望的最大幸福，那么他就是自由的。

---

① ［英］洛克：《人类理解论》，第 229 页。
② 同上书，第 233 页。
③ 同上。

　　理性自由是洛克幸福论的核心。对洛克而言，理性即意味着自由，人依靠和运用理性，就能支配盲目的欲望，从黑暗中走出来，追求和实现真正的幸福，如此他就是自由的，他就不再任性地追求幸福，而是理性自由地追求幸福。就此而言，洛克完全从基督教唯意志论自由主义传统中走出来，回归于希腊古老的理性主义自由传统。

　　根据理性的判断决定自身的行动，或者按照理性认识的善来追求幸福，人就是自由的。由理性的欲望规定意志不是对自由的限制，"这种情形不但不限制自由，减少自由，反而促进了它、加强了它，那不但不缩小自由，而且自由底目的和功用还正在于此"①。换言之，意愿或不意愿是不被理性规定的，是没有理由的，意志是自由的，相反，其意志被理性的善所规定，去追求理性的幸福，则他就是自由的："欲望或选择的能力，如果被善所决定，则正同动作能力被意志所决定一样，都是一种优点"，是自由的，"我们如果不被人心在判断动作底善、恶后所得的最后结果所决定，而被别的事情来决定，则我们便不是自由的。因为自由底目标，正在于达到我们所选择的好事"②。人作为理性的存在者，受自己组织的支配，"不得不受自己思想和判断底决定，来追求最好的事物"，而这并不意味着他是不自由的，而恰是自由的。

　　对最大幸福的必然追求恰是人自由的基础，或者说，人的自由恰在于必然地追求幸福，不恒常地追求幸福反而意味着不自由，自由就意味着按照理性必然性恒常地追求幸福：

　　　　追求真正的幸福是一种必然性，这种必然性正是一切自由底基础——智慧本质底最高的美点，既然在谨慎地、恒常地来追求真正坚牢的幸福，所以我们自己如果心存顾虑，谨防自己将想象的幸福认作真实的幸福，那正是我们自由底必需的基础。普遍的幸福就是所谓最大的善，亦就是我们的一切欲望所趋向的。我们如果受了必然性底支配，来恒常地追求这种幸福，则这种必然性愈大，那我们便愈为自由。③

---

①　[英] 洛克：《人类理解论》，第 224、227 页。
②　同上书，第 234 页。
③　同上书，第 235—236 页。

　　这里的问题是，人性必然的欲求幸福怎么可能是自由的？追求幸福的必然性怎么能和自由等同起来呢？如何理解人不追求自己的幸福恰恰是不自由的？我们必须回到对自由的理解谱系上来。在斯多葛主义那里，自由是纯粹的理性自由、思想自由，其中一义即指人虽然无法改变世界，但却可以改变对世界的态度。笛卡尔也说，虽然我们无法改变世界，但是我们却能够改变自己。基督教的自由是超越的自由，是中立的、无差别的自由，是非必然性的，是与必然性相对立的自由。在霍布斯那里，对自由的理解发生了巨大转变：自由与必然性是相融合的，自由即在于不受外在阻碍、按照自己的意愿生活，它并不排除必然性，相反，必然的也是自由的，只要它不是被迫的。

　　洛克是在不受他物支配，只受自己理性支配、与必然性相容的意义上讲自由的，"所谓人底自由，就是不受别物底支配，只受为判断所指导的欲望底支配"①。对于每个人来说，他一生中有很多欲望，表现为他在现实生活中有很多不快和痛苦。欲望填满一生，我们没有任何摆脱它的能力。对于宗教信徒来说，摆脱欲望的困扰看上去是可能的，但是对于自然人来说，是不可能的。人的各种行为是由其欲望决定的，他的行为一旦做出就意味着他是被欲望所支配的。但是这时候，人并不完全是被动的，他有一定的主动能力，这表现在，他能暂停欲望，对涌现出来的欲望进行考察、判断，看它到底是不是好的，是否真正有利于他的幸福。当他感受不到欲望满足所带来的幸福快乐时，理性就介入其中了。理性不能决定欲望的产生，但可以中止欲望、对其加以反思，这时人就有了一定的自主性，不再完全被欲望所控制。理性首先中止欲望，然后对其加以判断，根据幸福的标准加以选择，被选择的欲望就转化为不快和痛苦，进而转化为行动。理性让人有了在欲望面前的自由。按照洛克的说法，我们的意志是由不快和欲望决定的，我们时刻感受到它们的胁迫，身不由己，但是理性能介入其中，对其价值进行衡量抉择，由此他就有了一定的自由。自由就在于他能自主地考察和衡量欲望及其对象，根据整体的幸福做出决断。当然理性也会犯下各种错误，但是这并不影响理性能给人带来自由，因为理性把人从完全受欲望支配的被动性中解放出来，为其赢得了一定的自主性。洛克在前面否定了人的自由意志，但是在这里，他又恢复了人的自由意

---

　　①　［英］洛克：《人类理解论》，第253页。

志：人的自由就在于理性支配欲望。如果理性判断欲望是合乎我们职责的，是在追求幸福方面我们应该做和能够做的，那么我们就应该追求和实现它，让这种欲望决定我们的意志。当理性决定了欲望的时候，我们的行为就是自由的，而非盲目的、被动的。根据理性对欲望好坏的判断来追求幸福，不是限制人的自由，而是加强人的自由，人恰是最自由的。如果我们不运用理性实现我们的欲望，我们就完全受制于自然必然性的规定，从而是不自由的。

如果欲望受到理性的指导，我们所欲求的恰是合乎理性的行为，那么这样的行为是必然的，"因为要选择，要追求真正的幸福或最大的好事，那亦正是人性中一种必然性"①。一种欲望到底是好是坏，是根据我们的幸福由理性来判断的。如果我们欲求理性所知道的，我们就是自由的，如果理性所知道的却并不是我们所欲求的，则我们不是自由的。自由的行为必须既为理性所知道，又合乎人的意志。当人按照理性的判断决定意志时，他是自由的。因为当欲望由理性指导时，他是按照理性的善行为的。洛克说，人是理性存在物，他不得不按照自己理性的决定追求最大的幸福。追求善、幸福是人性的必然，而按照理性判断指导自己的意志，恒常追求幸福的人是最自由的人，就像神一样：

> 最自由的主体就是这样被决定的——我们如果一观察比人较高，而且享受完全幸福的那些神明，则我们很可以合理地判断说，他们在选择好事方面，虽比我们更容易被决定些，可是我们并没有理由来断言，他们比我们较不自由，较不幸福。……上帝一定不能选择不是善的东西。因为全能者虽然有自由，但是他如果被至善来决定，那并不是没有道理的。②

基督教对自由的理解是完全不同的。基督教的自由意味着，你既可以向善，也可以向恶，无论向善或向恶都不是必然的。古希腊哲人认为，人性是善的，而且必然向善去恶的。洛克说，按照理性的指导追求最好的事物，是人性的必然，但这并不意味着人不自由。不追求幸福是非理性的，

① ［英］洛克：《人类理解论》，第 236 页。
② 同上书，第 234 页。

是不自由的。这对基督教来说是难以接受的。因为基督教的自由恰恰是指人不是必然如此的，而是有选择的。在洛克这里，人失去了不去追求好的事物的可能性，丧失了追求坏的事物的自由。苏格拉底说，就其本性来说，所有人都必然追求好的东西，但是为什么还有人追求不好的东西呢？这是因为他不知道那是坏的，而误以为那是好的。而基督教却强调人有选择好的自由，但也有选择坏的自由，选择善不是必然的。亚当偷吃禁果，是恶的行为，但是他也可以选择不这样。所以在自由的问题上，洛克和希腊人是接近的，而与基督教传统是背离的。

什么是不自由？不自由就是受到别人的支配，在别人干涉和胁迫下追求好的或不好的。不受他人支配，按照理性的指导追求幸福是自由的，也是必然的。人对善和幸福的恒常追求是必然的，但是恒常追求幸福的必然性却并不减少人的自由，而恰恰体现了人的自由。[①] 人是自由的，但是如果他的自由却在于作恶，那么他不是使自己蒙羞么，他还配得上是自由的人么？这种自由还有什么意义呢：

脱离了理性底束缚，而且不受考察同判断底限制，只使自己选择最坏的，或实行最坏的，那并不是自由；如果那是自由，是真正的自由，则疯子或愚人可以说是世上唯一的自由人。但是我想，没有人会因为这种自由，而愿做一个疯子；只有已经疯了的，那就无话可说了。追求幸福的恒常欲望，以及追求幸福时这种欲望所给我们的限制，没人会认它们为自由底束缚，或者至少说，没人会认这种束缚是可抱怨的。全能的上帝自身亦是被幸福底必然性所束缚的；而且任何有含灵之物愈受这种必然所支配，就愈能走近无限的完美和幸福。[②]

洛克在这里继续批判基督教中立的自由——依据这种自由，无论意愿做还是不意愿做什么都是任意的、无差别的，也是无理性的——指出，这种自由使人处于黑暗之中，模棱两可之中。这样的自由实际上有损于自由的价值，这样的人不配称为自由的人。希特勒是自由的，但是由于缺少理性，他的自由是疯狂的。对幸福欲望的理性限制不是对自由的束缚，相

---

① ［英］洛克：《人类理解论》，第235页。
② 同上书，第235页。

反，是自由的实现，自由就在于必然地做最好的事情，就在于理性必然性地追求幸福，阻碍对幸福的追求，我们就是不自由的。上帝是不受幸福的必然性所支配的，这是由其本性所决定的。所有理性的存在者都受幸福必然性的支配，他越受到这种必然性的支配，就意味着他越靠近自由和幸福。因此基督教自由和洛克的自由是完全不同的，前者认为，自由在于超然中立、无差别，而后者认为，自由即必然，是被规定的，它更接近斯宾诺莎意义上的自由：自由就在于认识必然，出乎内在本性而行动，率性而为。

每个人都追求最大的幸福，而且追求幸福是必然的，这是一切自由的根基。洛克对自由和幸福关系的这种理解是非常有意义的，这意味着争取自由与对幸福的追求是一致的，追求幸福与维护自由是不相冲突的。中国宋明理学讲"存天理，去人欲"。只是人欲是去不掉的，因为它是人生而有之的东西，对于人来说是必然的东西，因此用天理灭人欲是泯灭人性的。人有欲望，也有理性，理性可分辨好坏、认识天理，但认识天理是为了克制人欲而非灭人欲。

我们看到，洛克把道德基础放在对幸福的理解上。亚里士多德认为，所有人都追求善、幸福，而幸福的中心内容是德性。洛克讲的幸福完全是尘世的幸福，构成幸福核心的是快乐、人欲。更为重要的是，他把自由和幸福结合在一起：自由就在于不受支配地追求幸福的必然性，真正配得上自由的行为是追求幸福的理性必然性行为，人的自由就在于追求最大、最普遍的幸福，从而追求幸福就是人不可剥夺的权利。

洛克避免了法国启蒙理智主义功利道德的潜在困境。功利主义道德的原则是追求最大多数人的最大幸福，它潜在地包含一种开明专制主义，因为追求最大多数人的最大幸福蕴涵着可以牺牲少数人的幸福。为上帝进行辩护的哲人莱布尼茨说，上帝之所以允许恶，恰恰是为了通过恶彰显更大的善。这也潜在地包含着为了大多数人的善，可以牺牲少数人。但是洛克把自由和幸福统一起来了，自由就在于理性地追求最大的幸福，幸福建立在自由的基础之上；他不说最大多数人的最大幸福，而说个体合理的最大幸福，从而避免了功利主义的道德强制。

第五章　自由与同情

　　现代启蒙道德是一种区别于古典伦理和基督教道德的现代形态的道德，自由论取代至善论和神义论成为其逻辑基石，因此它呈现出自由道德的样态。以至善论逻辑展开的古典伦理是一种止于至善的美德伦理，以神义论逻辑铺开的基督教道德乃是因信称义的信仰道德，而以自由论逻辑铺陈的启蒙现代性道德却是自我立法和服从义务的责任道德，朗现出在其自身并通过自身自由自觉、尽职尽责的道德成熟。启蒙成熟道德的理性化又使自身分化出除法国百科全书派理性功利主义之外的两种形态；一是康德代表的以自由为前提，以理性为建构原则的理性主义道德形态；二是休谟代表的以自由为前提，以情感为构建原则的情感主义道德形态。前者志在依据自由理念，向内开出理性道德律，自由即在于道德自律，自己规定自己按照普遍法则行动以尽天职，而通过自律的道德行动，行动者为自己和所有人确证和成全了自由。不过，康德的理性主义道德体系基本上否定了感性、情感的道德意义，它被斥为他律的道德原则而从自律道德大厦中被赶出去了。由此康德的理性道德体系因为排除了情感的因素而冷峻和肃穆有余，温情和情意不足，太合理，也太不合情，与一般民众的道德感知和体会存在着差距，属于高端和高阶的道德体系。相反，起自苏格兰启蒙道德哲学，及至休谟、斯密的道德思想却摒弃了合理而不合情的道德理性主义，立足于人的健全的感觉，发展出合情而去理的情感主义道德体系。不是理性指导、制约情感，也不是理性对立于情感、隔离于感情，而是以情感为主、为目的，以理性为仆、为工具，情感指引和制约理性，道德感即是一切道德价值的根源。道德不是理性用事，而是感情用事，应该合情而不背理，但如果情与理发生冲突，那么情应当优先于理，以情动人，哪怕不合理。而在诸种道德情感之中，休谟、斯密特别朗显了同情的作用，在某种意义上同情在情感主义道德中发挥了如同理性在理性主义道德中的作用，而同情道德在民众中似乎有着更为广泛的影响力，更为契合民众健全的感觉。不过，即使道德情感主义强调道德的合情性，其前提仍然是自由，虽然其自由的逻辑迥异于理性主义的自由逻辑。以自由为其前提，即意味着道德是一种责任，要求人为其行动负责，其行为本身即是尽义务。不同于合理性的道德责任论，责任即在于行动合乎普遍道德律，合情性的道德义务论则主张，人应当出乎普遍的道德感觉，同于道德共通感而行动。

一　道德的情感转折

霍布斯和洛克联袂开出了英格兰现代哲学传统：在认识论上他们是经验主义者，虽然在本体论上，霍布斯是机械唯物主义者，洛克是唯意志论的自然神论者，但是在道德上，他们却都是理性主义者——理性而非意志或情感是人道德行为的立法者或执法者、指导者。就霍布斯而言，人人都是自爱自利，追求自我保存的，但是他们却因此而陷入残酷的生死斗争状态，谁也无法确保自身的生存；死亡的恐惧唤醒了他们的理性，为他们颁布了作为道德律的自然法，他们只要遵从自然法就能够自我保存，而他们为了自我保存，也应当遵从自然法，只要他是有理性的人。对于洛克而言，理性不是立法能力，只有上帝是立法者，上帝的意志命令即律法，但是人的理性能够认识和执行上帝的命令。虽然上帝有至高无上的权力，不服从其命令的人将受到惩罚，但人并不是依靠上帝的神恩而遵从上帝意志的，像奴仆一样服从上帝律法，而是通过理性参与上帝的意志，自主地服从上帝律法。而且人人都爱自己，追求自己的幸福，但是只有追求普遍幸福的行为才是道德的，而理性能够释放"自爱的建设性的、行善的潜能"，把人"从利己主义和破坏中解救到造福他人"，帮助他合理地追求自己的幸福，即通过公共幸福实现自己的幸福。①

洛克唯意志论自然神论和理性主义道德深刻地影响了英国自然神论和法国启蒙功利主义道德，但是他这种唯意志论自然神论却遭到英国本土剑桥柏拉图主义的挑战，后者提出了唯理性论的自然神论。对它来说，唯意志论的上帝既是粗暴的立法者，律法源自其无理由的自由意志，也是外在的立法者，其所颁布的命令并不出自其理性本性，也非内在于万物的本性

---

① ［加］泰勒：《自我的根源》，韩震等译，译林出版社2001年版，第366页。

之中，毋宁它作为其无条件的意志被强加给理性，强制理性去执行。它用"趋向善的本性的目的论学说反对意志论"，认为上帝的智慧、公正和正直等是比他的权力、意志和统治权更好的东西，[①]　上帝与其说是唯意志论的立法者，不如说是理性和至善的立法者，他既合乎其智慧地创造了有序的世界，也为自然颁布了永恒的法则，而这些法则就内在于万物的本性和人的理性之中，能够为人的理性所确立和认识。

　　剑桥柏拉图主义虽然强调爱的重要性，但它在道德上却仍是理性主义的，这与其一贯的理性精神是一致的。但是紧接其后的沙夫兹伯里却在承续理性主义自然神论的同时，在道德上实现了新的突破，即没有延续与自然神论理性主义相一致的道德理性主义，而是别开生面地开出了道德情感主义，自然神论理性主义和道德情感主义在他那里达成一种创造性的组合，正如在洛克那里，唯意志论自然神论与理性主义道德形成了一种奇特的组合一样。他认为，上帝是智慧和仁慈的，他设计、创造了一个有秩序、和谐和最好的世界，而且作为伟大的守护神，他推动和激励着万物向善："依据您建立了它们神秘的行动动力。您以一种不可抗拒的不倦力量推动它们，通过神圣的、不可违背的律令，构造每一个特殊生物的善，就像最好的可以与完美、生活和整体的活力相称一样……您是最初的灵魂、传播者、生命的源泉、振奋人心的整体。"[②]　宇宙是合理性的和善的，而宇宙的善即在于其秩序、比例与和谐。人的灵魂与宇宙是一体的，善即内在于人的灵魂中，秩序与和谐即内化于人的灵魂中，由此人的理性就能够认识整体和自身灵魂的善。但是对他来说，人不仅理解秩序、善，更重要的是他还爱事物的秩序，灵魂的善不仅在于秩序与和谐，更在于热爱宇宙的善，因为"宇宙的善就是被爱，因为本质上它是可爱的，这就是要说的一切"[③]。这种爱出乎善，建立在秩序之上，因此是理性的情感。不过，这种爱只是柏拉图爱欲的翻版，真正使他取得突破的却是他把这种理性爱等同于基督教圣爱的世俗化形式，即仁爱：灵魂的善不仅在于内在的秩序、和谐与均衡，更在于仁爱或仁慈的动机。当然，沙夫兹伯里还仅处在"从关于秩序、和谐与均衡的伦理学到仁慈的伦理学的转变"的"岔道

①　［加］泰勒：《自我的根源》，韩震等译，译林出版社 2001 年版，第 378 页。
②　［英］沙夫兹伯里：《特征》，转引自泰勒《自我的根源》，第 382 页。
③　［加］泰勒：《自我的根源》，第 387 页。

口"上，① 基于仁爱的道德感伦理学要等到他的继承者哈奇森出场，经由他的发挥，才会成为独立于理性主义，并与之比肩的情感主义道德理论。

哈奇森是苏格兰人，不像霍布斯、洛克和沙夫兹伯里那样是英格兰人。他早期所受教育的文化传统是经院哲学的亚里士多德主义传统。② 随着 1707 年苏格兰与英格兰的合并，苏格兰开始在经济、政治和文化上与后者融合，开启了自身的启蒙运动和现代转变，而哈奇森即是苏格兰启蒙运动的转折性人物，不仅从亚里士多德主义传统中转化出了启蒙理性自然神论，而且承接洛克认识论的"观念分析方法"，回到人性，为道德奠定了认识论基础，③ 更是接过和阐发了沙夫兹伯里的道德感理论，像后者一样成功地将道德哲学的主要焦点从"唯理论移向对激情的全新关注"④，形成了情感主义的道德系统，使情感主义成为苏格兰启蒙道德哲学区别于法国理性主义启蒙道德哲学、最富有自身特色的东西。

哈奇森在宗教上是理性自然神论者。在他看来，上帝是智慧和善的，因而不可能是穷乏的，不可能有与普遍的善相对立的私人目的，也不可能有任何低级的欲望或情欲。上帝不会做有违其智慧和善的事情，因此他设计和创造的世界必然是最好的和完美的，一切都是有秩序的与和谐的，一切都恰到好处，"最佳秩序可以在整体中得以实现"。即使存在某些恶，它们"有时对更高的善是必要的，因而被仁慈地安排存在"，因而"许多天生的或自然的特殊的恶必须被许可"，但是"秩序、和平、健康、欢喜、快乐"在自然"这个大家庭中""依旧盛行，超过我们所观察到的所有的恶"⑤。所有存在物都是合目的的，既合乎自身的善，也合乎普遍的善，其喜乐就在于"积德行善、以德为乐"。上帝是最佳秩序的设计者，它关系到人的德性和幸福，也是仁慈的立法者，其所立的律法是"有益而公正的，适合于整体的利益和完善"，还是公正的道德管理者，对他而言，"没有任何一个不足道的受恩宠者会在他那里发现与普遍的善或其律法的神圣权威不一致的偏心倾向：当普遍的利益和维护这些律法的威严需

① ［加］泰勒：《自我的根源》，第 386—392 页。

② ［美］麦金太尔：《谁之正义？何种合理性？》，万俊人等译，当代中国出版社 1996 年版，第 346—348 页。

③ 同上书，第 340、358 页。

④ 同上书，第 356 页。

⑤ ［英］哈奇森：《道德哲学体系》上卷，江畅等译，浙江大学出版社 2010 年版，第 193—194、185—186 页。

要执行惩罚时，任何私下的想法都不能阻止这种惩罚"。即使有些人的运气比其他人的运气好，这也不是不公正的偏心，而是"整体的最佳秩序和和谐所需要的"①。

哈奇森在道德上把洛克回归人性的认识论观念分析方法和沙夫兹伯里的道德感理论结合了起来，实现了道德的情感主义的现代转折。洛克对知识和道德的论述不是从对象而是从主体出发的，不是从本体论或神义论而是从人性论出发的，他从对象回到人性，从神性回到人性，对人性进行了知性、意志和欲望情感的三分，并基于人性的这种构成论述了知识的起源和形成，论证了理性主义的功利性道德。哈奇森对认识论的兴趣不大，其全部精力几乎都投注在对道德的合情性论证上。他对道德的论证跟随洛克，是从人性构成出发展开的，虽然他是理性神论者，但这却没有导致他从神性出发论证道德，即便存在这种论证，也是附属性的。

哈奇森大体上把人性的构造分为三个部分，即知性、意志和激情，而他关注的是后两种人性能力，着力从中推出道德感理论。在他那里，知性能力包括感觉和意识，知性的行动就是对外部事物的感觉、意识、判断和推理；意志是对对象或事件的一种欲求能力和行为能力，他按照传统的方式，把意志活动分为欲求、厌恶、欢乐与悲哀四种类型；激情和欲望是杂多的，每种激情和欲望都能在适当场合独立产生，并伴随着暴躁、混乱和不安直至其得到满足为止。②

哈奇森把众多的激情和欲望分为两类：一是自爱、利己、自私；二是仁爱、仁慈、利他。他认为，这两种情感构成了一切意志行为的动机：

> 由于一种意志追求自己的利益，并拒绝相反的事情，另一种意志追求其他人的利益，并拒绝那些威胁其他人利益的罪恶，所以可以再一次将意志的行为划分为两种类型。前者我们可以称为自私，后者我们可以称为仁慈。③

霍布斯只承认人有自爱之心，即使有仁爱之心，它也应被还原为自爱

---

① ［英］哈奇森：《道德哲学体系》上卷，第177、194页。
② 同上书，第8—13页。
③ 同上书，第9页。

之心。哈奇森拒绝霍布斯这种极端的人性自私的观点，认为人人皆有自爱之心，亦有仁爱之心。正如每个人都有对自己"最高完善和最大幸福的永远不可改变的冲动"一样，所有人的"灵魂在其自身理解的范围内，有一种追求最大团体的最大幸福和最大完善的冷静的冲动"，在我们身上任何时候都存在着两大决断："一个是为了我们自己的最大幸福，另一个是为了最大的普遍利益。每一个决断都独立于另一个决断；每一个决断都具有这样的力量，这种力量限制它的那种类型的所有特殊感情，并使这些感情服从于它自身。"① 因此自爱和仁爱是并存于人性中的情感，不能把仁爱看作自爱的变形，认为我们不可能有对他人幸福的欲求，除非把它设想为达到我们自身幸福的手段，或者说，即使存在对他人幸福的欲求之心，这种欲求之心也只能在它是实现我们自身幸福的手段上去理解，而不能设想它本身是单独存在的。但实际上，"仁爱对我们而言是天生的，对其他生命的些许注意将激起对它们的善意"，我们也常常会觉察到"对他人幸福的欲求"，而这种欲求并不是达到自身幸福的手段，毋宁说，"高尚的仁爱必定是一种终极性欲望，在不考虑私人善时，它仍然存在。我们通常感受到的这类终极公共欲望，是不带有任何私人善的目的的，也不是作为同一事件的从属性欲望的"②。自爱可以掺杂仁爱，但是仁爱一定不能掺杂自爱，凡是仁爱必然排除了自我利益，"如果有什么仁爱的话，它必定是无私的"，"因为凡能想到的最有用的行为，一旦我们觉察出它仅仅只出自自爱或利益而已，它就会丧失仁爱的所有表象。这样，任何人类行为都不会比火或铁的发明更为有益"③。

仁爱和自爱一起构成我们人性的两种终极性原则，"上帝既设计了普遍幸福，也设计了每一个个体的幸福，只要这种幸福与普遍的幸福是一致的"④。这两种原则作为推动人行为的两种力量，"有时会共同发生作用，有时各不干涉，有时在某种程度上彼此对立"⑤。当基于两种原则的行为发生冲突时，我们当如何来判断：哪种行为更有价值？哪种行为是道德

---

① ［英］哈奇森：《道德哲学体系》上卷，第10—11、50页。
② ［英］哈奇森：《论激情和感情的本性与表现，以及对道德感官的阐明》，戴茂堂等译，浙江大学出版社2009年版，第16—17页。
③ ［英］哈奇森：《论美与德性观念的根源》，高乐田等译，浙江大学出版社2009年版，第103页。
④ ［英］哈奇森：《道德哲学体系》上卷，第50—51页。
⑤ ［英］哈奇森：《论美与德性观念的根源》，第102页。

的？哪种行为是不道德的？出自自爱的行为和出自仁爱的行为是否都是道德的行为？

首先，哈奇森否定了我们仅仅通过对上帝意志和法则的遵从就可以判断一种行为的道德性，由于他对上帝的理解是一种理性神论而非意志神论，因此对上帝本性的遵从不是遵从其无限权能意志，而是其善良、神圣和公正，而这意味着"这些道德上的完善必定是事先就已被我们知晓了的，否则遵从神的意志和法则的解释就没有价值"①。

其次，哈奇森也不认为，我们对行为道德性的判断能从理性和真理出发推来。道德理性主义者认为，我们可以从一种行为是否符合普遍理性法则来判断它是道德的还是不道德的。但是哈奇森否定理性具有这种道德功能，认为它既不能提供我们行为的动机，我们行为的动机永远是自爱或仁爱，而不是知识，也不能把我们的行为构成为道德的、德性的，因为我们的行为只是情感性的表现。只有合乎我们道德感的行为才是道德性的，符合我们道德感的品质才是德性，不是理性而是道德感才是我们判断行为和品质是否道德，是不是德性的能力。②

什么是道德感？哈奇森认为，道德感即是我们先天就有的一种进行道德感知和判断的感官或能力：

> 正如每一个人通过密切的观察和反省会使他自己确信的那样，存在着一种认可某些感情和随着这些感情而产生的行为的天赋的、直接的决断；或者说对于行为之中当下显现的卓越存在着一种天赋的感官，而无须涉及任何我们通过其他感官或凭借推理可知觉到的品性。当我们将这种决断称为感官或本能的时候，我们并非把它假定为扭转较低类型的、依赖于身体器官的官能或本能……它也许是灵魂本身始终拥有的一种固定不变的决断，就像我们的判断和推理能力那样。③

从这段话中，我们大致可以看到他提出的道德感的三个特点。首先，它是一种感觉，作为一种感觉，它无须推理就能直接表达对所感觉对象的

① ［英］哈奇森：《道德哲学体系》上卷，第55页。
② 同上书，第55—57页。
③ 同上书，第57页。

赞同或不赞同，认可或不认可。其次，它是一种道德判断能力，凡是通过道德感，与道德感一致，被道德感所认可、赞同的行为或品质即是道德的或是有德性的，反之即是不道德的或无德性的。同样，它能够就自爱驱动的行为和发自仁爱的行为做出裁决，判断它们中哪一种行为是道德善的。最后，道德感不完全是主观的，也是客观的，不是说一种行为是道德善的，因为它是被道德感所赞同的，而是说一种品质被道德感所肯定和赞美，因为它是卓越的和优秀的。①

　　然而通过这种天赋的道德感，什么样的情感和行为被它赞同和认可，因而是道德善的？出自自爱的行为和发自仁爱的行为何者是道德善的？哈奇森认为，出自自爱的情感和行为不是道德善的或恶的，而是自然善的或恶的，"个人或利己的感情，只要限定在某个范围内，就不仅对于个体的善，而且对于社会来说，都有种自然的有益性。没有它们，任何人就其作为个人而言就不完整"②。只有出自仁爱的情感和行为才是道德善的，道德善即在于有益于公共利益的情感和行为：

　　　　在比较各种行为与品性的时候，我们不仅重视自私感情的力量，而且重视仁慈感情的力量，因为正如我们在上面所看到的，通过上帝明智的设计，我们的道德感更加认可这样的感情，也就是那些对于公共利益最有用和最有效的感情。……我们的道德感直接认可的是冷静而又稳重的善意；对于冷静的感情来说，它最认可的是最博爱的感情。③

　　正如自爱和仁爱是人的两种并存的基本情感一样，出于自爱和仁爱的行为是人的两种并行不可偏废的价值行为：前者是自然善的行为，后者是道德善的行为。哈奇森认为，一个最仁慈而又最智慧的社会不是自然善的社会，也不是单纯道德善的社会，而是自然善与道德善、个人利益和公共利益、自爱与仁爱、个体最大幸福与社会最大幸福相一致的社会。

　　至此我们看到，哈奇森通过对人性的分析，基于道德感对道德进行了

---

① ［美］麦金太尔：《谁之正义？何种合理性？》，第359—360页。
② ［英］哈奇森：《道德哲学体系》上卷，第143页。
③ 同上书，第224页。

新的论证，即合情性论证，通过这种论证，自爱的行为被排除在道德之外，而仁爱的行为获得了道德感的道德正名。虽然他在道德上是情感主义者，偏离了其所从出的苏格兰亚里士多德理性主义道德传统，但是正如麦金太尔所道出的那样，他精神上仍然在苏格兰亚里士多德主义传统之内，即使他给这个传统带来了冲击，但却没有与之决裂，而是以一种新的形式论证了这个道德传统的内容，即以情感主义的形式证明了理性主义的道德价值和德性；虽然形式不同，但实质却相同。麦金太尔认为，真正与这个传统发生决裂，形成一种"英国化颠覆"的是哈奇森的承继者休谟：他抛弃了"奇特的苏格兰思维模式"，赞成与之不同的英国化的"那种理解社会生活及其道德结构的方式"①。

就实质来看，麦金太尔说得没错，休谟的确背离了他所从出的苏格兰传统，精神上倒向现代的英国。他不仅在认识论上是洛克式的经验理性主义者，而且在道德上是洛克式的道德主义者，虽然他接过哈奇森的"道德感"概念，但却用它颠覆而非确证了传统道德，论证启蒙现代道德：在霍布斯和洛克运用理性为出于自爱的行为进行道德正名的地方，他运用道德感，即同情感为利己动机的行为进行正名，把哈奇森从道德王国中赶出去的自爱原则又请了回来。只是休谟的"英国化颠覆"不像麦金太尔所讲的那样是消极的，而是积极的，它恰恰奠定了苏格兰启蒙道德哲学的基本形态。

二　情感在人性中的位置

启蒙道德哲学是一脉相承的，虽然它大体上分为情感主义和唯理主义两派，两个派别的思想风格迥然不同，但是它们的逻辑构架是基本一致的，属于同一个范式，即启蒙道德哲学范式。从霍布斯、洛克、休谟以至卢梭、康德，他们追寻的基本问题是"道德何以可能"的问题，即如何进行道德合理性论证或合情性论证的问题。

在西方，宗教是精神同一性的象征。但是近代的三十年战争却导致宗教的大分裂，欧洲人在基本价值上的统一性丧失了。由此可以说，近代自然科学的兴起，启蒙运动的发生具有某种精神上的必然性。无论各个国

---

① ［美］麦金太尔：《谁之正义？何种合理性？》，第371—372页。

家、民族对于宗教观、人生观、价值观有多么的不一致，在一些最基本的问题上，所有人都应该有共同的准则。启蒙道德哲学就尝试着建立了一种普世性的道德，以代替分裂的宗教。从这个角度来看，休谟的道德哲学属于启蒙道德哲学范式，是其中的一脉。无论它与霍布斯、洛克道德哲学有多么不同，其思想逻辑是一致的，关注的核心问题也没有发生变化，即对道德进行论证，不过他要做的不是对道德进行合理性论证，而是接着哈奇森对道德进行合情性论证。

启蒙道德哲学之所以是启蒙道德哲学，就在于它基于人性论进行道德合理性的演绎，即从有限人性中推出自然法或道德律，论证道德是必要的，阐述理性如何使自然人成为道德人，如何让人从自然的必然王国走入自由的道德王国，通过道德，人性的弱点得到克服，人性得以成全。然而由于内忧外患重重，近代中国道德哲学却未能完成"从人性推演道德"，"从是推出应当"这一艰巨的道德合理性论证工作，不能不说是一个遗憾。

休谟既不像霍布斯那样悲观，认为自然状态的人如同"狼"一样，也不像洛克和哈奇森那样乐观，认为自然状态是和平的，人的仁慈、慷慨可以是无限的。他不承认有自然状态，而主张人是社会性的。即使假设存在自然状态，他也指出，自然状态中的人自私。慷慨有限，介于极端自私和极端慷慨、自爱与仁爱之间。休谟对于人性的这种态度代表了18世纪哲人对人性的一般理解：持中不偏，对人性既不过于悲观，也不过于乐观。霍布斯从生命自由出发演绎道德律，道德律被看作人保全生命的必要条件。洛克从上帝的命令出发推演道德的应当，指出人类应当遵守的道德律即是上帝的意志。休谟综合了霍布斯和洛克，既不同于洛克，从上帝意志出发论证道德律，而是消解了宗教，回归人性，也不同于霍布斯，从生命欲求出发论证道德律，而是从人的基本情感出发止于道德德性。

休谟的主要著作《人性论》完成了霍布斯和洛克在人性论领域开拓的工作。霍布斯在祛除了目的论之后，在机械论的视域下审视人性。他初步划分了人性的三个领域，即理智、意志和激情，并尤其突出了激情的基础性作用，但是他并没有随之弱化理性的构成性和指导性功能。洛克在认识论层面上回到了人性，反省了人自身心性的三种能力，即欲望、欲求能力，意志、意欲能力和理智、理解能力。不过他对三重人性的认识是有限的，虽然其对人类理智、理解能力的研究是深刻的，但是其对欲望和意志的探讨却是顺手牵羊、顺带论及的。休谟在他们两人的基础上，基本上廓清了人性的三重构成，即知、情、意，与三重领域，即知识、审美和道德，以及三重价值，即真、美和善，并分别就人性的这三重价值领域展开了系统论述，遗憾的是他的重点落在了真和善、知识和道德上面，从而忽略了对美和审美的详尽研究。休谟对人性的三重划分基本上奠定了现代人性论的雏形，康德三大批判所及的三重人性领域隐约与他形成呼应，只是在休谟这里还能基本上维持人性的统一，而在康德那里，真、美、善、知性、反思判断力和实践理性却相互分裂开来。

虽然在人性构成和领域分布上，休谟与霍布斯、洛克大体一致，但是，他却在人性能力的位序和比重上与他们发生了根本性的分歧和转变。这就是他否定了理性在人性中的主导和支配作用，而把这种作用交给了情感。虽然霍布斯和洛克在认识论上都是经验主义者，在道德哲学领域是幸福主义者，空前强化和放大了欲望、激情在人性中的位置，但是他们终究是理性主义者，没有也不打算撼动理性在人性中的支配地位，削弱道德哲学的理性主义特质，即便如后来的道德功利主义者置幸福、快乐于中心地位那样，也没有消解其理性主义的道德哲学类别。但是休谟却走出了他们没有走出的那一步，在人性论上成为一个最弱的理性主义者，动摇了能把握、确定真理的理性信念，也成为一个最强的情感主义者和功利主义者，突出了情感在人性中的中心位置和对于行为道德性的构成性功能，无情地、最大程度地弱化了理性在道德行为中的作用。在知、情、意三者中，知性除了认识之外，对意志和情感几乎没有什么影响，即使有影响，也是辅助性和从属性的，而不是决定性的；相反，情感影响和决定了意志，人的意志行为是因为合乎情、动乎情而发生的。在理性还是情感决定意志的问题上，休谟毫不犹豫地选择了情感而否定了理性。

对霍布斯来说，人的生命欲望决定着意志；对洛克而言，人的一切意志行为都引发于欲望和不快，是为了逃避痛苦而发生的。虽然他们强调意志行为中的情感因素，却没有排斥理性的作用，反而强调理性对于意志的指导作用。但是，在休谟这里，情况却发生了颠覆性的变化，即不是理性而是情感才是决定人意志行为的决定性因素，人的一切意志行为都是避苦求乐、追福避祸的结果，都是喜悲、爱恨情绪的表达，都是由情感主导的。

而休谟给出的理由是深刻的。他提示我们认真思考，理性在我们的行动中所起的作用到底有多大，在行动的时候，我们到底是理性主义者还是情感主义者，是理性用事，还是感情用事。按照他的说法，"理性单独决不能成为任何意志活动的动机"①，这是因为理性固然能够推理和判断，但是理性的推理、判断并不能对意志产生作用。理性要么形成对观念的抽象关系的推断，如逻辑学、数学即是理性在观念之间进行抽象推断的知识体系，而这样的理性知识很难对我们的意志产生什么实质性的作用，因为它只涉及观念、逻辑世界的事情，而意志行动却发生于"现实的世界"，因此理性和意志如隔云泥；要么形成对事实、对象及其因果关系的认识和推断，但这种关于事实、对象的知识也不能直接触动我的意志，产生任何行为，它必须借助对象给予我的苦乐、祸福感觉，通过我对对象的欲恶、趋避而发生的行为间接地影响我的意志。我的行动的发生由情感引起，并且首先和主要因情感而引发，理性固然也有功于我的行为的发生，但却是次要的和从属性的，就此而言，"理性是、并且也应该是情感的奴隶，除了服务和服从情感之外，再不能有任何其他的职务"②。换言之，人的苦乐、祸福、喜悲、爱恨等情感主宰了任何行为的发生。

斯宾诺莎说，理性并不能说服情感，只有情感才能影响情感。休谟也直言，"除了相反的冲动而外，没有东西能反对或阻挡情感的冲动"，因此只有情感能够影响情感，理性是无力的。人从根本上来说是一种情感动物，而不是一种理性动物；"情感是一种原始的存在"，并不能被"真理和理性所反对，或者与之有矛盾"③，它原则上独立于理性直接和首要地决定人的意志行为。一种行为的产生总是源于一种强烈的情感冲动，如果抑制这种行为的产生，只有激发相反的情感方有可能，而在行为的激发或抑制过程中，理性只能充当看客或辅助者角色，而情感是其主人。

对于休谟来说，一种行为只有合不合情的问题，不存在合不合理的问题，即使存在合不合理的问题，也是一种情感行为合不合理的问题。即使一种情感行为存在合不合理的问题，这样的问题也仅仅限于下面两种情况：当情感对象不存在而被假设为存在，或情感对象存在而被假设为不存在时，这样的情感是不合理的；当一种情感行为发生时，这种行为不是达

---

①　［英］休谟：《人性论》下，关文运译，商务印书馆 1980 年版，第 451 页。

②　同上书，第 453 页。

③　同上。

到目的的手段或方式，那么这种情感行为是不合理的。① 只有在这两种情况下，即涉及对象的存在或不存在，目的—手段的关系是否恰当，理性才能够参与进来，通过辅助和校正情感或情感行为使之既是合情的也是合理的："我们一看到任何假设的虚妄，一看到我们手段的不足够，我们的情感便毫无反抗地服从于我们的理性。我允许认为某种水果有美味，因而对它产生了欲望，但是你一旦提醒了我的错误，我的欲望就停止了。"② 但是除去这两种情况，也就是说，一种情感或情感行为既不是建立在虚妄的假设上，也没有选择达不到目的的手段，那么对于这种情感或情感行为，就只有合不合情的问题，而不存在合不合理的问题，只要它合情，哪怕再难以理解，它也不是不合理的，那么它就应该发生，而不应该受到不合理的指责。我们看下面这段话：

> 人如果宁愿毁灭全世界而不肯伤害自己一个指头，那并不是违反理性。如果为了防止一个印第安人或与我是完全陌生的人的些小不快，我宁愿毁灭自己，那也不是违反理性。我如果选择我所认为较小的福利而舍去较大的福利；并且对于前者比对于后者有一种更为热烈的爱好，那也同样不违反理性。③

休谟列举这几个例子大概是想说，一种为了自己的一个指头而不惜毁灭全世界的行为，一种不追求自己最大幸福而追求较小幸福的行为是合乎情感的行为，这种行为尽管看上去是不可理喻的，是理性无法理解的，但却不是不合情的，尽管一个理性的人是不可能这样做的，他不可能不追求最大幸福而追求较小幸福，也不可能仅仅为了自己的一个指头不被损坏而毁灭全世界。至此，我们明确感到了合理的行为和单纯合情的行为的巨大差异，乃至对立。休谟彻底的情感主义是不是也走火入魔、陷入极端了呢？是不是也暴露了单纯情感主义的人性弱点呢？那个感情用事的人为了发泄自己的情绪而不顾一切，不惜代价，是否也太疯狂了?! 若人单纯是一种情感动物，为情感所左右而情绪起伏，不知道他会干出什么惊天动

① ［英］休谟：《人性论》下，第454页。
② 同上书，第455页。
③ 同上书，第454页。

地、不可理喻的大事来，说不定整个世界都可能因为他一时的冲动而陷入万劫不复的深渊。对于我们来说，合情而不必合理的行为值得如此肯定吗？

现代启蒙理性主义并没有走入单纯理性主义的极端，无论霍布斯还是洛克，即使是康德也都没有坠入"存天理，灭人欲"的极端理性主义的泥潭，而多少保留了人欲的基础或条件。但是追随苏格兰启蒙情感主义道德哲学，有点昏了头的休谟却有滑入"存人欲，灭天理"的极端情感主义深渊的巨大危险。一种脱离理智的情感主义仅仅象征性地吸收合理主义，这种留下巨大的理性真空，开出广阔情感天空的情感主义是否时时有陷入疯癫的隐忧呢？一种行为是不是只要合情而无须合理呢？如果这样，这种情感主义就是非理性主义、超理性主义，也就可能不合理性，毁灭理性。而在一种情感行为突破理性限度的时候，理性是无力的。休谟所以认为在情感问题上理性无力、软弱，诚如在信仰问题上理性之无能为力一样，端在于他错误地理解了理性，即仅仅把理性看作认知理性，除了思维还是思维，处于经验存在和逻辑领域之外，它一旦进入广大的实践领域就盲目无知，只好束手就擒了。实际上，理性不仅是知性、认知推断能力，而且它一旦进入实践领域，就会蜕变为实践理性、正确理性，对这种理性休谟也是悄然承认和默认的，并在解释正义之起源的时候，引入了它。如果没有它，就难以想象休谟如何能够解说其奇特的正义理论。另一方面，休谟之极端的情感主义并没有走火入魔，而他所以能避免这种危险，关键在于他牢牢抓住了同情感，假如没有它，他的这种非智主义、反智主义的情感主义恐怕将撕破其温良审慎的外衣，显示其疯狂的那一面了。

在否定了理性，肯定情感对意志的决定性作用，否定了合理性行为，只承认情感行为之后，休谟接下来思考的一个问题是，如何区别道德行为和一般情感行为，或者说什么样的行为是道德性的行为？如何区别道德的善恶、德行和恶行？休谟能够区别合理的行为和合情的行为，并且在他看来，情感行为是主要的行为，合情合理的行为只是少有的行为。问题是，在什么意义上一种行为是道德性的？既然他坚决否定存在单纯合理性的行为，那么可以肯定的是，他必然坚决否认单纯合理性的行为是道德性的行为。而这是否意味着合情性行为即是道德性的行为呢？

对霍布斯来说，一种行为的道德性取决于它是否合乎自然法/道德律；合乎自然法/道德律的行为就是道德的行为，因为自然法是正确理性的命令，所以道德的行为即是合乎正确理性的行为。对于洛克而言，一种行为的道德性决定于它是否合乎法则，所谓道德即是"各种行动和这些规则的关系"，在于合乎或遵守规则，而这些规则包括神法、民法和舆论法三种：根据是否合乎神法，可判断一种行为是罪恶的还是尽责的，依据是否合乎民法，可知一种行为是犯法的还是合法的，而按照舆论法或国家风尚，能够判断一种行为是德行还是坏行。① 依据他的自然法理论，可以知道，道德的行为即是合乎自然法的行为。只是他在《人类理解论》中似乎遗忘了自然法，除了他说的神法勉强和自然法能够搭界之外，舆论法代替了自然法，这是否意味着他放弃了自然法理论呢？这是个复杂的问题。但是不管怎么说，无论哪种法则，它都是理性的或能够被理性所认识的，因此道德的行为即是合乎理性法则的行为是无疑义的。但是休谟却毅然决然拒绝了合理性的行为是道德性行为的可能性。

一方面他继续前此已经定案的说法，即一切行为都是情感性行为，理性不能决定意志成为行为的原因、动机或起始性因素。也就是说，一种行为不可能是单纯合理性的行为，我不可能根据我知道的原则就发生为行动，知识是知识，行动是行动，关于对象或任何事物的知识无法直接转化为我就此行动的动机，真正触动我行动的不是知识，而是情感，我关于对象的操作的知识，以及行为上的目的—手段关系的认识最多附着在我关于对象、目的的情感上面从属性地规定我的意志，发生为行动。因此理性是"完全没有主动力的，永远不能阻止或产生任何行为或感情"，而道德行为"被假设为影响我们的情感和行为，而超出知性的平静的、懒散的判断以外"。因此道德行为是合乎情感、出乎感情的行为而不是理性的、出乎理性的行为。就道德行为而言，只存在合不合情，善不善，可赞美还是可责备的问题，而不存在合不合理，真不真的问题。行为之所以有功，并非因为它们符合理性，行为之所以有过，也并非因为它们违反了理性。"理性既然永不能借着反对或赞美任何行为、直接阻止或引生那种行为，所以它就不能是道德上善恶的源泉，因为我们发现道德的善恶是有这种影响的。行为可以是可夸奖的或是可责备的，但不能是合理的或不合理的：因此，可以夸奖的或可以责备的同合理的或不合理的并不是一回事。"②

----

① ［英］洛克：《人类理解论》，第 329 页。
② ［英］休谟：《人性论》（下），第 498 页。

因此道德行为的区别不取决于理性，理性是完全不活动的，永不能成为像良心或道德感那样的行动的源泉。一切道德行为，或任何行为要成为道德的行为都肯定是由良心或道德感所决定的行为，道德感决定了一种行为是善的还是恶的，是可夸奖的还是可责备的。什么是道德感呢？就是苦乐、祸福、快与不快的情感，有用无用的功利感/利益感。

> 一个行动、一种情绪、一个品格是善良的或恶劣的，为什么呢？那是因为人们一看见它，就发生一种特殊的快乐或不快。因此，只要说明快乐或不快的理由，我们就充分地说明了恶与德。发生德的感觉只是由于思维一个品格感觉一种特殊的快乐。正是那种感觉构成了我们的赞美或敬慕。①

休谟不仅在理性的功能上否定理性的主动性，突出理性在情感面前的软弱和无助，从而澄清理性不足以构成道德区分的原则，更重要的是他还就道德理性主义的自身逻辑证明，那种建立在理性之上的道德，用合理不合理来辨别一种行为是否属于道德行为的做法是根本错误的，对他来说，道德理性主义在逻辑上完全是讲不通的。下面一段话是他对道德理性主义的典型批评：

> 有人主张，德只是对于理性的符合；事物有永恒的适合性与不适合性，这对于能够思考它们的每一个有理性的存在者是完全同一的；永恒不变的是非标准不但给人类、并且也给"神"自身，加上了一种义务：所有这些体系都有一个共同的意见，即道德也和真理一样，只是借着一些观念并借着一些观念的并列和比较被认识的。②

按照罗尔斯的说法，休谟这段话是专门针对道德理性主义者克拉克说的。③ 就这段话来看，休谟对道德理性主义的基本逻辑是十分清楚和把握恰当的，不存在曲解的情况，因此他对待道德理性主义是公正的。道德理

---

① ［英］休谟：《人性论》（下），第511页。
② 同上书，第496页。
③ Rawls, *Lectures on the History of Moral Philosophy* (Harvard, 2000), pp. 81 – 83.

性主义是从事物的存在出发的。对它来说，任何事物都有其自身的存在，都是其所是而不是其所不是。世界是合理性的，是有秩序的，而每个事物的所是对于整个有序世界来说是适合的。问题是从事物的存在、所是并不能直接明白地显示事物的应当、所应是，从其自然不能直接推出自然法。就理性来说，存在论意义上的理性只是理论理性，或思辨理性，能把事物、世界的存在、所是指示给人看，但却不能告诉我们事物、世界的应然、应当，它能指示真理却没有一并说出善，它能说出人是什么，但是却说不出人应该做什么。关键是从事物的所是，或者说，从人之所是能不能推出人之应当，从人是什么演绎出人应该做什么，过值得过的生活。道德理性主义认为，这是没有问题的，它的逻辑就是能从人之所是推出人之所应，从人实在的或存在论意义上的"是非"推出道德论意义上的"是非"，从人之存在的适合性推出人该当承担的天职，简言之，是从人的自然推出自然法，从人之"所是"推出道德律。问题是，这如何可能？这是休谟在这里要追问和发难的问题。对他来说，难以理解的是，理性不过是理论理性，或认知理性，作为这种理性，它最多就是发现真理，揭示对象的存在，以及事物或观念之间的实在或逻辑关系。除此以外，它还能做什么呢？理性作为认知理性始终接触的不过是事实和关系，从这样的事实和关系怎么可能推出价值、应当，从真怎么可能推出善呢？对他而言，真是真，善是善，真不是善，善也不是真，从此推不出彼，因为它们在逻辑上不存在蕴涵关系。这个问题也就是他机敏和天才地提出来的"是"与"应当"的推导问题。①

他举了两组例子，以此从根本上否定了从"是"推出"应该"的可能性，指出这种推理的荒谬性。他认为，道德理性主义从事的推理就是这种荒诞的论证。一组例子是，一颗大树的种子发芽、长成树苗，最后也成为一颗大树，但却导致母树灭亡；与之相类似，一个人在长大后杀害了自己的生身父母，如俄狄浦斯杀父娶母等。另一组例子是，血族通奸在人类社会中是存在的，在动物世界里也是存在的。② 对他来说，如果杀害父母被称之为忘恩负义，是不道德的，那么何以与之具有相似存在关系的毁灭大树的小树却无人称之为忘恩负义呢？如果能够从人类的血族通奸行为推

① ［英］休谟：《人性论》（下），第509页。
② 同上书，第507页。

出这是人不当为的，那么为什么动物类似的行为却没有人说它是不当为的呢？从存在论来看，人和动物、植物在杀死父母、血族通奸的事情上性质是相同的，如果能从一种存在关系中推出道德的善恶，那么同样也能从与之类似的另一种存在关系中推出道德的善恶。但这是不可能的，没有人能从生物的存在关系中推出它们之应为的义务，虽然我们从人的存在关系中推出了人的行为的道德性。因此人的行为的道德性并不遵从理性的逻辑，而是另外的逻辑，即情感的逻辑。

休谟对道德理性主义的批判应该说是切中要害的，但也不是无懈可击的。他的批判只适用于启蒙现代非目的论的道德理性主义，它对于古典目的论道德理性主义却是无效的。因为古典目的论道德预设了事物是存在的，而且其存在是好的，事物是自然的，而且其自然是好的；人不仅有其心性，而且心性善，据此，在逻辑上它能从人自身好的心性——"所是"推出人的应当、应该。既然人心性是善的，那么他就应该是好的，做好的事情，过值得过的生活。当年苏格拉底就曾遭遇类似休谟式的难题，即如果仅仅从理论理性或认知理性出发，把世界看作纯粹存在的或生成的世界，把人看作这个生成世界的一部分，仅从存在论或生成论方面解释人，那么这将无力解释人的行为何以是道德的，动物类似的行为何以不是道德的，无法说明小树杀死大树，儿子杀死父亲，前者何以是自然的、必然的，后者如何是非道德的、恶的。苏格拉底的伟大贡献在于，他为破解此难题，提出了善的概念，并以此区分了人与自然，道出了人不仅是存在的、生成的，而且是好的、自身善的；人既是善的，那么人就应该关心灵魂的完善，过好的生活；人既是善的，那么人就应当尽善，善是人的存在论目的论规定，尽善则是人的义务。

现代启蒙道德理性主义大体上取消了目的论，不再把人看作自然善的，就此而言，尽善就很难说是人的义务了，因为人仅仅是生成论或纯粹自然论意义上的人，其存在本身不具善性，因此从理论上来说，无法从人单纯自然的存在推出人之道德应当，从人之"所是"推知人之"所应是"。但是休谟忽略了，理性不仅仅是理论理性；如果就理性作为理论理性而言，它的确只从事认识、求知，像他所讲的那样只关注真理问题，只就事物的真伪进行判断，只提供知识，而无法把知识化作规则。即使能把它化作规则也只是技术性的规则，不具有任何道德属性，在此意义上，休谟对道德理性主义的批判是准确的。但理性不仅是理论理性，还是实践理性、正确理性，作为这种理性，它能够进行实践的推理，做出道德的判断，而不仅仅是判断真伪。人之不同于动物就在于，他是理性的，他不仅能理论地使用理性，而且也能实践地使用理性，把理性转化为实践理性或正确理性，就人之"所是"发布命令，让人做合乎其"所是"，合乎其自然的事情；如果人是存在的，那么他应该成为其"所是"，如果人是自然的，那么他不应该做违背自然的事情，即违背人伦或心性的事情；存在是存在，但当"是"其"所是"的要求提出时，"是"就是应然的规定，自然是本性，但是如果你不应当违背自然这一要求被提出后，自然就是法，就是道德律。动物不是理性的，永远不会向自己提出这样的要求，它永远是它自身，但却永远不能"是"其"所是"。对于小树来说，它杀死母树是自然的，但是对于人来说，杀死父母就是违背自然的，是不应当做的。休谟所以不能区分这两种行为，是因为他没有实践理性、正确理性的概念，或者说他把实践理性还原或消解为理论理性。

休谟在否定了理性能够做出从"是"到"应当"的道德合理性论证的可能性之后，彻底走向了情感主义。对他来说，什么是道德的行为？道德的行为即是完全主观的情感性行为，是由人的苦乐喜悲所决定的行为；一种行为是道德的，不是因为其自身是好的或有价值的，不是行为本身是道德的或不道德的，而是旁观者或判断者对该行为的祸福感觉、苦乐感情使然的。譬如，故意杀人之被称为恶，不是理性从这种行为本身推出来的，而只是出自我们对这种行为的感觉而形成的一种情感判断：

> 当你断言任何行为或品格是恶的时候，你的意思只是说，由于你的天性的结构，你在思维那种行为或品格的时候就发出一种责备的感觉或情绪。因此，恶和德可以比作声音、颜色、冷和热，依照近代哲学来说，这些都不是对象的性质，而是心中的知觉；道德学中这个发现正如物理学中那个发现一样，应当认为是思辨科学方面的一个重大进步，虽然这种发现也和那种发现一样对于实践都简直没有什么影响。[①]

休谟的这种道德情感主义因此可以看作一种道德主观主义，容易陷入

---

① ［英］休谟：《人性论》（下），第509页。

道德相对主义之中。因为行为的道德价值不在自身，而在旁观者或道德判断者的主观情感、感觉中，随着判断者情感的波动而波动。幸运的是，休谟发现了人身上共通的同情感，正是这种同一的、共同的和共通的同情感作为一切道德感，即苦乐祸福感的总枢纽和根源，保证了发乎道德感，合乎道德感的行为道德性的可靠性、稳定性、客观性。一种行为只有当它最终发乎同情，归于同情，合乎同情的时候，才是道德的，也才是普遍的。而持有这种作为道德标尺的同情感的判断者、旁观者被他称为公正的旁观者、判断者。没有或不预设这样一个旁观者，休谟的道德情感主义将陷入极端主观主义的泥沼中。

三　自由逻辑

康德花费 10 年心血写就了《纯粹理性批判》，它在为科学奠基的同时也为道德和宗教开出了自由领地，奠定了道德和宗教的本体论基础。以自由为体的道德和宗教显示了一种依靠自身自我尽职担责的责任论道德、义务论宗教。英国传统中的道德哲学先于德国古典哲学实现了现代转折，最早建立了基于自由的现代性道德体系。但是在这个传统中却没有人像康德那样殚精竭虑对自由进行一种本体论论证，以为道德和宗教重新奠基。他们大多追随近代科学而放弃了目的论逻辑，以一种因果性逻辑思考自然，在由自然转到人时，他们依托基督教创世说背景，先入为主地假定一个原初自然状态——此自然状态并非脱离，孤立于自然界的一个孤岛，而仍然是自然的一部分，遵循自然的必然性——因果性逻辑依然是基本逻辑。但是，它也是自由的状态，而不完全是纯粹自然必然性的状态——这种自由状态既是无政府管束、无政府统治的自在自足的"自然"状态，也是无外在阻碍依其意愿的方式生存的"自然"权利状态。因而，在此原初自然状态中，人既是必然的，服从因果性法则，也是自由的，他有权利按照自己喜欢的方式、不受人干涉地过自己的生活。必然和自由并不冲突，而是相互一致的。对于康德来说，自由要在自然之外寻得，自然之中一切皆必然。因此，基督教自由传统对康德的影响仍然很深。不过，他理解的自由是较高层次上的，是意志自发、自我规定意义上的积极的、无限的自由，而霍布斯和洛克创造性开出的自然必然性中的自由是消极的、有限的自由，这种自由不是改变自然本性，或超越自然天性，自发规定的自由，而是顺从自然，率性而为不受他人干扰的行动的自由。这种自由虽然是最低限度的，但却是前所未有的，基本上否定了基督教传统的自由观念，同时也为现代道德架起了逻辑支点。

霍布斯在自然观上是机械唯物主义者，确信一个非目的论的必然性的自然世界。但是在对人的理解上，他并没有彻底贯彻机械唯物主义，如18世纪的唯物主义者那样把人看作机器，而是承接了已愈千年之久的自然法传统，知道虽然人也遵循自然律，但是人所遵守的自然法即是道德律，它来自理性的正确命令。但是，他在接受自然法传统的同时也做出了两个大胆的革新：一是他丢弃了目的论，不是在目的论而是在自由论的前提上重建了自然法，自然法被看作自由人为了保全生命而由其理性颁布的法则；二是他倒置了权利与义务的关系，认为不是义务优先于权利，而是权利优先于义务，自然权利不是来自自然法，而是自然法来自自然权利，具有生命和自由基本权利的人为了保证这两项权利而由理性颁布了自然法，自然法作为道德律的基础是自然权利而不是义务。据此霍布斯转换了自然法学说，使之具备了现代的形态，他也因此将道德建立在生命自由的自然权利之上。但是霍布斯的道德奠基还不是很牢靠，因为在其基本的自然权利中，自由是低于生命的，自由不过是保全生命的一个必要条件，还不是人的根本条件，因此对于他来说，自由人可以为了生命不惜牺牲自由，不要自由而宁要生命，接受一个君主专制的社会。

虽然洛克跟随霍布斯接受了自然法传统，并且纠偏了霍布斯的自然权利论，重新设置自然法的根本性，但是他已经决定性地偏离了霍布斯，脱离了理性自然法传统，真正在现代的意义上开出了自由和为道德奠基。固然，他没有像康德那样为开展自由而创制出那么宏大的自由书篇，但是他却先于康德，回到自我，通过对人的认识和认识能力的考察，在为科学奠定经验论的认识论基础的同时，开出了自由，从而奠定了道德的基础。《纯粹理性批判》是为科学和道德奠基的著作，先于它成书的《人类理解论》也是这样的著作，从某种意义上说，它就是经验论版本的《纯粹理性批判》。这一点是以往我们所忽视的。我们简单地认为，它不过是一部讲经验认识论的经典著作，虽然他用了全书最长的第21章讲人的自由能力，我们却根本不能领会他用如此长的篇幅讲自由的深意。现在我们可以说，作为全书的中心章节，洛克关于自由的论述是其对现代道德哲学最重要的贡献之一，凭此他成功地实现了对于道德基础的釜底抽薪和更新。

　　洛克首先否定了基督教传统中中立性/无差别的意志自由概念，对他来说，"自由不属于意志"，不存在意志在意愿的同时还能不意愿的问题。人是自由的，或者说"自由是属于主体和人的"，"一个人如果有一种能力，可以按照自己心理底选择和指导，来思想或不思想，来运动或不运动，则他可以说是自由的"①。人的意志本身不是自由的，而是必然的，因为它不是由理性决定的而是由欲望、不快、快乐、幸福决定的，或者说对痛苦的去除与对幸福的欲求决定着意志。人的意志大部分时间都被各种欲望和不快所支配，又总是被追求幸福的必然性所左右。人的意志不自由，但是这并不影响人是自由的，这是因为人心中有一种能力，即理性判断力，能够暂停和中止欲望、不快对意志的支配，在这些欲望、不快决定意志之前，考察和判断这些欲望和不快所决定的意志的行为是善或恶的，是不是我们的职责，是不是我们出乎幸福的追求所能做的和应做的，然后根据我们在"公平"考察判断之后所得出的结果来欲望、意志和行动，这时我们就是自由的，当然也是必然的。就我们的意志仍然受欲望的决定而言，我们的意志是必然的，但就我们是根据理性的判断和选择来欲望，在理性的指导下来欲望、意志和行动而言，我们是自由的。甚至我们的意志也是自由的，如果我们的意志是理性化的欲望，根据是否合乎幸福，出乎职责，合乎善来欲望和行动，那么一种受理性指导的意志，即理性化的意志就是自由的。在这里我们看到，洛克成功地把自由和必然融通起来。对他来说，人都有"恒常追求幸福的决心"，换言之，人必然追求幸福，幸福就是人的目的，追求幸福乃是人之天职。但是追求幸福的必然性并不减损人的自由，而是自由的基础，人之自由就在于按照这种追求幸福的必然性来行动，我们越是按照幸福的必然性行动，我们也就越自由，"如果我们受了必然性底支配，来恒常地追求这种幸福，则这种必然性愈大，那我们便愈为自由"②。人的不自由就是因为违背了这种必然性，或者受错误的欲望，或者因为错误的判断而没有按照普遍的幸福欲望行动而导致的。因此人的自由离不开理性，人只有按照理性的指导追求真正的幸福，出乎真实幸福的必然性行动才是自由的，"所谓人底自由，就是不受别物

---

　　① ［英］洛克：《人类理解论》，第215、208页。
　　② 同上书，第236页。

底支配，只受为判断所指导的欲望底支配"①。换言之，人的自由就是不受他物支配，无阻碍地在理性的指导下追求自己的幸福，而且自由地追求幸福即是人的责任。

洛克撇开自然法传统，不是在自然权利的层面上而是在人的实践能力上面确立了自由，在否定了基督教的无差异的意志自由的同时，开出了新的自由观念。这种新的自由概念与必然性是不排斥的，相通的，不是超越的，而是内在的，与人追求幸福的普遍欲望的必然性是一致的，人的自由就是不受阻碍地追求普遍幸福。由此自由与道德连接起来：对普遍幸福的追求就是人应尽的天职，自由就意味着应当去实现普遍幸福。但是就洛克来说，他的这种自由道德不是情感主义的，理性在其中扮演着重要的作用乃至关键的作用。尽管幸福、善恶是由情感决定的，幸福就是快乐，善就是普遍幸福，但是人自由地追求幸福却离不开理性的判断，相反，只有在理性的指导下，理性地欲望幸福和追求幸福，人对恒常幸福的追求才是自由的，而陷入对幸福的错误判断和欲望的人将是不自由的。当然洛克也决定性地降低了理性的地位，提高了情感的阶序，因为毕竟理性无法决定善恶、幸福，善恶不被理解为理性的秩序、法则，而幸福也不再与德性直接相关，即不再与德性相配。休谟基本上是沿着洛克开出的自由道德之路往下走的，但是他在把道德置于自由之上的同时，却开出了情感主义的道德，同情取代理性成为道德判断的原则。

在其体系性的著作《人性论》中，休谟把自由和必然对立起来，并且试图用必然消解自由。对他来说，外界物体的活动都是必然的，"在它们运动的传达、互相之间的吸引以及互相凝聚这些作用中间，并没有丝毫中立或自由的痕迹"，每一个对象无不被一种"绝对的命运所决定了要发生某种程度和某种方向的运动，并且不能离开它运动所循的那条精确的路线"，因此一切物质的活动都必须承认是必然的。② 在自然物质世界中不存在自由。

休谟所说的必然性是在其经验决定论意义上的必然性。这种必然性是由事物恒常的结合产生的，所谓必然性即指现象的恒常的连接和结合，心灵能够由此从一个对象转到它的恒常伴随物、由一个对象的存在推断另一

---

① ［英］洛克：《人类理解论》，第 253 页。
② ［英］休谟：《人性论》（下），第 437—438 页。

个对象的存在，只要出现对象之间的恒常结合，我们的心灵就能据此进行推断，因此"我们不论在什么地方发现这两个情况，我们就一定要承认那里有一种必然性"①。我们经验的现象和观念的活动都是必然的，不存在自由。而他所说的自由又特指基督教传统意义上的自由，即无差别的、无谓的或中立的、机会意义上的自由，这样的自由与其现象和观念的恒常结合与推断意义上的必然性是相对立的，对他来说，"所谓机会或中立性只是由于我们知识的缺陷而存在于判断中间，并不存在于事物自身，事物自身在任何情形下都是一律地必然的"②。通过指出一切自然现象和我们观念的推断无不是必然的，他不留余地地否定了基督教中立和机会意义上的自由观念。

既然自然是必然的，那么人的行为是不是也是必然的呢？他毫不犹豫地说，是必然的。而且为此他不惜把人降低到自然动物的水平上。自然现象和人事的结合在性质上是相同的，遵循同一原则。也就是说，人的性格、动机和行为之间的结合与任何一种自然事物活动的结合一样，具有同样的恒常性，而且"没有任何一种结合比某些行为与某些动机和性格的结合更为恒常而确定的了"，"现在我们必须表明，动机和行为之间的结合既然像任何一些自然活动的结合一样、具有同样的恒常性，所以它在决定我们由一项的存在推断另一项的存在方面对于知性的影响也是一样的"③。正是因为在人的动机、性情和境况之间存在一种恒常的结合和必然性，所以我们就能据此对一个人的行为进行推理、预测，如从其动机和性格推知其行动，从其行动推知其性格和动机。

由动机到行为的发生是必然的，亦即人的意志活动是必然发生的。但是如果人的行为是必然的，而且具有与自然一样的必然性，那么道德和宗教不面临着危机，人难道就可以不为自己的行为负责吗？休谟不这样认为。他说，恰恰相反，如果人的行为是机会的或中立的自由的，那么人反倒可以不为自己的行为负任何责任了，因为按照中立自由或机会自由的观点，人的性格和他的行为之间不存在必然的联系、恒常的结合，而是偶然的联系、短暂的结合。如此一来，行为的发生也就不以其性格为原因，由

---

① ［英］休谟：《人性论》（下），第438页。

② 同上书，第442页。

③ 同上。

其性格也并不必然引出行为，他也就可以不为此承担责任，因为这种行为不是或不完全是由他引起的。

因此人的意志行为的必然性不但无损于道德和宗教。反而有益于道德和宗教。如果没有这种必然性，道德和宗教反而会被推翻，神律和人律会被破坏，人就会不负责任，赏罚也将无从落实。对他而言，一切人律和神律都建立在"奖赏和惩罚之上"，也就是说，奖惩是人服从律法的动机。奖赏产生善行，惩罚防止恶行，这就意味着必须在赏罚和律法、动机和守法行为之间建立恒常的结合，使得守法和赏罚之间的关系是必然的："如果人类行为中没有因果性的必然联系，那么不但所加的惩罚不可能合乎正义和道德上的公平，而且任何理性的存在者也不可能会想到要加罚于人。"① 但中立自由或机会自由理论却取消了赏罚和行为之间的恒常结合、必然关联，使得善行不赏，恶行不罚，"人对于那些有意图的、预谋的形式，也像对于偶发的、偶然的行为一样，不负有任何责任了"，"行为本身也许是可以责备的，它可能是违反道德和宗教的一切的规则，不过那个人对它并不负责；行为既然不是发生于他的性格中任何持久的和恒常的性质，并且在事后也不留下这一种性质的痕迹，所以他就不可能因此成为惩罚或报复的对象"②。因此不是中立的自由或机会概念，而是必然性概念才是道德和宗教的理论基石。

如此一来，休谟就把道德建立在必然性的基础之上了，道德的逻辑就是一种必然性的逻辑而非自由的逻辑。然而实际并非如此。当休谟说性格和行为之间是恒常结合、必然连接的时候，他的确否定了人的行为是机会的、自由的，但是这并不排除人的行为在另外的意义上是自由的。他自己也提到自发的自由与中立的自由的区别，与暴力相对立的自由和与必然相对立的自由的区别。如果他否定了中立的自由、非必然的自由，那么他并没有否定不受人干涉的自发的自由，非暴力、无强制的自由，而这样的自由和必然性并不是对立的，他所说的行为必然性也与这种自由不是矛盾的，而是相容的，必然的行为也是自由的行为，因为与性格恒常结合而发生的行为是以性格为原因的，由性格引起的，因此是自发的，非暴力强迫发生的。因此人的行为并不是由他者或对象，外在的原因引起的，而是由

---

① ［英］休谟：《人性论》（下），第448—449 页。
② 同上书，第449 页。

其自身性格和动机引发的，人的性格、动机就是其行为的原因，所以人的行为既是必然的也是自由的。因此休谟在自由的问题上，是典型的相容论者。①

不过在《人性论》中，休谟并没有直接道出这一点，只是到后来的《人类理解研究》出版，他再次回到自由与必然的问题上时，才意识到要"调和"两者，并由此明确提出了相容论的自由观念。② 他不再完全拒斥自由，只谈必然，而是提出自由是可以按照意志决定行动或不行动的一种能力。他说："这种假设的自由是普遍被人认为是属于各个人的，只要他不是一个狱囚，只要他不在缧绁之中。"③ 也就是说，人只要不受捆绑、阻碍，外在强制地按照自己的意志决定行动或不行动，则他就是自由的。现在他也不再说必然是道德的条件，而是说：

> 自由对于道德也是一个必然的条件，而且人类的行为如果没有自由，也就没有道德上的性质，因而也就不能成为赞赏或厌恶的对象。因为各种行为所以能成为我们道德情趣（如好恶）的对象，只是因为它们是内在的品格和情感所流露于外的一些标志；因此，它们如果不由这些根源而来，只由外部的强力而来，则它们就不能引起我们的赞美或谴责。④

因此他和洛克、霍布斯一样，把道德的基础放在了自由上面。虽然他没有说必然是道德的前提条件，但这并不是说他放弃了这一点，他仍然坚持这一点，因为对于他来说，自由和必然是通融的，不是排斥的，作为道德前提的自由的行为同时也是必然性的行为。我们的行为发自我们"内在的品格和情感"，是我们性格和情感"流露于外的一些标志"，这种由"内在根源而来"，而不是由"外部的强力而来"的行为是自由的行为，作为自由的行为，它"引起我们的赞美或谴责"，是我们"道德情趣、好恶的对象"，因此是道德的行为。而就我们的内在性格和情感与行为之间具有恒常的结合而言，我们自由的道德行为也是必然的行为；自由的行为

① Russell, *Freedom and Moral Sentiment* (Oxford, 1995), pp. 3 - 4.
② ［英］休谟：《人类理解研究》，第 85 页。
③ 同上。
④ 同上书，第 89 页。

和必然的行为是同一的。

休谟追随洛克，把自由从超越领域纳入内在领域，肯定了必然性的行动也是自由的行动，只要我们的行动是不受外部强力支配的。因此自由就进入人类必然的生活领域，由此建立的人类道德世界就既是必然世界，也是自由世界，"道德依赖于必然和自由"①。行动是必然的，行动的原因在于行动者的性格，行动和行动者脱不了干系；行动是自由的则表明，行动是行动者不受外力强迫，本乎自己的性格而做出的，因此行动者应为其行动负责。

休谟对自由和必然的理解与洛克基本是一致的，不过在对奠基于自由之上的道德的理解上，休谟却偏离了洛克的理性主义路线，对他来说，不是理性而是情感方是道德建构的基本原则。对洛克来说，行动者的意志是受不快和幸福欲望决定的，而只有被理性的欲望规定的意志行动，被真正幸福的欲求决定的意志行动才是自由的，因此理性是洛克功利主义道德的建构原则。而休谟则把重心从理性移到情感，虽然他不否认理性在道德行为中的作用，但是他认为那种作用是有限的和辅助性的；理性不过是情感的奴隶，真正规定意志的、起决定作用的是情感，只有情感是规定意志行为的原则。道德上的善恶、美德和恶行也不是由理性决定的，而是由道德感决定的。一个行为、一种情绪、一种品格的好坏，美德还是恶行不是根据它是否合乎理性法则或秩序来决定的，而是看它能否合乎情，是否让人感到快乐或不快，因而是否引起赞美或谴责来决定的，或者是否使人骄傲或谦卑，爱或恨来规定的。只有令人快乐的、让人赞美的或让人感到骄傲的、可爱的行为、性格或情绪才是道德的、好的或有德性的。而一切道德感的根源是同情，即我们所以会对一种行为、性格、情绪感到快乐或不快，喜或怒，爱或恶，骄傲或谦卑，予以赞美或责备，是因为同情，恰是普遍的同情、共同的情感使得一种性格、行为引起我们对它的赞许，对其感到愉快，它因此是道德的。因此对于休谟来说，不是理性，而是同情，共同道德感构成了道德的基本原则。

四　同情与正义

基于自由的道德必然是义务论或责任论的道德，设定自由即意味着行

---

① Buckle, *Hume's Enlightenment Tract* (Oxford, 2001), p. 227.

动者应履行自身的义务，并为自己的行动承担责任。对于理性主义者如康德来说，自由即在于通过理性自我规定，自我颁布和自我服从普遍法则，无论欲求什么，都应当按照普遍的理性命令而行动，出乎普遍义务而行动，任何行动都应当是履行普遍的义务。虽然霍布斯反对出于理性的正确命令即自然法而行动，不主张人出于义务而保存生命，而要求合乎自然法而行动，出于生命欲求而履行义务，但是严格说来，他在道德上仍然是理性主义者，要求人克尽义务，合乎义务地保全生命。洛克大体上和霍布斯的立场是一致的，在他看来，虽然人是必然追求幸福的，出于对普遍幸福的欲望而行动的，但他是以一种理性的方式欲求幸福，在理性的指导下追求普遍幸福的。在休谟这里，我们看到，他却基本上抛弃了理性的原则，代之以同情的原则，现代道德哲学的形态由此发生了一种转折，首次完整地呈现出一种情感主义的形态。这种情感主义道德仍然是一种义务论，只要它是建立在自由之上的，只是对它来说，一种道德行为作为一种合乎义务的行为，不是合乎理性的法则的行为，而是合乎普遍情感，按照普遍情感的要求而发生的行为，不是遵循普遍的理性命令是义务，而是听从普遍的共同情感的呼声是义务。对康德来说，理性能够为自由存在者颁布普遍的和绝对的命令，而对休谟来说，人类共有的同情要求自由存在者回应人人共同共有的普遍情感，听从普遍感情的声音、呼求，自由和责任的问题即产生于道德情感的结构内。①

就启蒙道德哲学而言，只有休谟把同情原则置于如此基础的地位上。不过应注意的是，他所依赖和凸显的同情是 sympathy，而不是 pity，也就是他所说的同情不是一般理解的怜悯、恻隐，而是同情感、情感感应、共同情感。它比怜悯更为基本，因为怜悯也是基于同情产生的，而不是同情是从怜悯发生的。休谟重用同情（sympathy）原则，意在说明人类的情感是可以普遍传达的，一个人的情感并不围于自身的范围，而是能溢出去，为别人所传递，其他人也能感受到来自他的情感，引发共鸣，产生感应。没有人是没有感情的，也没有人是麻木无所感的，对他人的忧乐无动于衷的。"完全孤独的状态，或许是我们所能遭到的最大惩罚。"② 如果我们自己的感情没有引起他人的同情、感应、共鸣，无法传达给他人，那么我们

---

① Russell, *Freedom and Moral Sentiment*, p. 5.

② ［英］休谟:《人性论》（下），第 400 页。

的乐会衰落，我们的痛会有难以承受之重。纵使天地间的万物都归一个人支配，他是天地之王，"可是你至少要给他一个人，可以和他分享幸福，使他享受这个人的尊重和友谊，否则他仍然是一个十分可怜的人"①。不唯我们的忧乐需要有人分享，同样我们也需要分享他人的忧乐，忧他人之忧，乐他人之乐，与人同乐同忧。所谓人同此心，心同此理是也。在休谟看来，人性的类似关系——也就是孔子讲的"性相近"关系，血统关系，接近关系以及相识关系是一种情感，能引发同情、感应，在人与人之间普遍传达的根本条件。因此同情、同感是一种人类的普遍情感，一种人类共通的感觉，作为一切道德感的根源，它又是一种道德的共通感，作为美感的原则，它也是一种审美共通感。它标示的是，一种情感、感觉，无论是道德的情感还是审美的感觉都能在人与人之间普遍传达，形成共同的情感，共通的感觉，而这种情感、感觉一旦形成，就会反过来产生约束，生成义务，要求人们按照这种普遍传达的情感、感觉行动，不可违背人们普遍共有的情感、共通的感觉而单独行动。因此同情即是健全感觉（common sense），普通人类理性。不遵循同情的原则，即是感觉不健全，脱离了普通人类理性的表现。

对于休谟来说，同情是人性中一个强有力的和积极的原则。通过它，人与人之间的隔离被打破了，每个人都走出了自我孤独的状态，与他人连接起来，相互感应和联通，有乐同乐，有忧分忧。同情既把自我引向他人，也把他人带向自我。或者说，同情并不只指向他人，而且也指向自我。他人的忧乐不仅引起我的同情，我的忧乐也会引起他人的同情。在这方面，怜悯、恻隐就仅同情的一部分，因为它仅仅是指向他人的，因他人而起的。而且怜悯还只是因为他人的痛苦、不幸而引起的一种不快，但同情却不仅是由于他人的痛苦而引起的，他人的快乐、幸福同样也能引起它。对于休谟来说，凡是对自己有用的和愉快的，只要对他人是有益的和愉快的性格、性情和行为等都是给人以快乐的，反之是给人以痛苦的。只要是使自己和他人快乐或痛苦的，对自己和他人有用的或无用的东西都是可同情的，有同感的，只不过前者使人为之赞美，后者让人为之谴责，前者是美德，后者是恶行。怜悯作为一种同情，其特殊性在于，这种由他人痛苦引起的不快，并不是可谴责的，相反是值得称赞的，是一种美德。

①　［英］休谟：《人性论》（下），第400—401页。

　　怜悯之在同情原则中所占的有限部分决定了，休谟的同情道德不是一种怜悯道德，因此它必然超越基督教的怜悯道德，而成为现代性的道德。这在它对待骄傲和谦卑情感的态度上就反映出来了。我们知道，希腊伦理是肯定骄傲、自豪，反对谦卑的，这在亚里士多德对"大度"，有关荣誉的德性的肯定性论述中可见一斑。虽然节制是希腊四伦理德性之一，但它和谦卑完全不是一回事。基督教道德形成后，骄傲、自豪不再被视为一种德性，而是被当作恶行遭到摒弃，而谦卑代替节制成为一种主要德性。及至近代，霍布斯仍然延续了基督教道德对骄傲、自豪的否定性态度，把骄傲、虚荣自负看作导致自然状态、战争状态的罪魁祸首，由此它也就在和平的道德状态中被自然法所排除，由谦卑代替了。如果说基督教道德把怜悯置于突出地位，必然否定与怜悯情感相冲突的骄傲，肯定谦卑的话，那么霍布斯则因为看到骄傲对生命的危险，出于生命安全与和平的需要，基于理性的深思熟虑而否决它，肯定了谦卑。但是在休谟的同情道德中，骄傲却令人难以置信地复活了。他之所以能够做到这一点，是因为他既降低了怜悯的情感作用，也弱化了理性在道德中的功能，特别凸显了具有普遍的情感传达作用的同情的基础地位。

　　按照休谟的划分，情感的对象要么是自我，要么是他人，因此根据对象的不同，人的情感就分为两大类，即骄傲和谦卑、爱与恨。骄傲是一个人因为自己的美德、美貌、财富和权力等对自己感觉满意而在心中产生的愉快感，谦卑则是指相反的不快感。如果我们的同情仅是指怜悯，那么我们可能不会对一个骄傲、自豪的人有好感，或感到愉快，并因此赞赏他。但是对于休谟来说，同情是人性情感的共通性、一致性、感应性、传染性、传达性，因此愉快能够引起愉悦，不快能够引起不悦，既然骄傲、自豪的人因为自己的价值而感到愉快，或者说他的美德、财富等是使他愉快的东西，那么这种骄傲的愉快也必然会传，传达给他人，引起他人的愉快，乐他之乐。当然对自己价值的过分自负是令人不快的，但是"当我们真正具有有价值的品质时，重视自己却也是最可以称赞的。任何性质给我们自己带来的效用和利益是德的一个来源，正如它给予别人的愉快一样；而在生活行为中，最有用的确是莫过于一种适当程度的骄傲，因为骄傲使我们感到自己的价值，并且使我们对我们的一切计划和事业都有一种信心和信念"①。循此同情逻辑，休谟否定了基督教道德对谦卑的称赞和对骄傲、自尊的贬抑。就他而言，那些伟大的行为和心情，英雄德性，伟大豪迈的心灵性质都是一种"牢固的和坚定的骄傲和自尊，或者就是大部分沾有那种情感的"，因此是为人类所钦佩和推崇的，而不是为我们所痛斥和反对的，或者至少一种由"有节制的骄傲"暗中鼓动的行为，"世人是自然加以尊重的"。对于我们来说，我们应该搞清楚我们在世界上的等级和地位，知道我们自己的身份和价值，以此建立与我们价值和身份相符合的骄傲和自尊心，并据此规整和"调整我们的行为"。虽然休谟背离了基督教的道德教诲，恢复了英雄德性和骄傲的道德价值，但是我们也看到，在他这里，英雄德性和骄傲的道德价值也是大打折扣的，是被严格限制在有益于个人和社会利益的范围内的，而且是以普通的人类同情感对之加以评判考量的。如果我们颠倒过来，不是从一般人类普通情感来评价英雄德性，而是相反，从英雄德性来看待人类普通情感，那么评判的结果是不是就不一样呢？谁又规定我们不能这样来观看呢？后来的尼采完成了对休谟视角的颠倒，因此他看到的和休谟看到的完全就是不一样的，对同情和英雄德性的理解是根本不同的。

同情使我们乐人之乐，怜人之苦，由此我们尊重他人的适度的骄傲和自尊，也要求他人尊重我们自己的自尊和骄傲。但是休谟同时也承认，骄傲和自尊会引起人的嫉妒和仇恨：并不是所有快乐都会引起快乐，相反，快乐会引发不快，不快会引起快乐。通常人们对一个对象的判断并不是根据其自身的价值做出的，因此一个具有自身价值的人并不一定让人尊重。这是怎么回事？同情原则失灵了吗？对休谟来说，是的，同情原则有时是会失灵的，这是因为在人性中存在着一个和同情原则完全相反的根本原则，即比较原则。

同情是由对象本身引起的，因此它是人性中的同一性原则，朗现的是人性的共同性、共通性、一致性、普遍性。比较原则是人性中的差异原则，朗现的是人与人之间的差别、比例关系、差序关系。因此同情并不是与自爱、自私相对立的，而是与比较相对立的。根据同情原则，直接观察他人的快乐，自然会带给我们一种快乐，但是根据比较原则，他人的快乐会让我们的快乐减弱，令我们痛苦；反之，即使他人的痛苦就其本身而

---

① ［英］休谟：《人性论》（下），第639页。

言是令人痛苦的，但是通过比较，却增加了我们自己幸福的感觉，给我们以快乐。由此我们就会发现，我们很少根据对象的内在价值来感觉和判断它们，而是"根据它们和其他对象的比较来形成它们的观念，因此，随着我们观察到他人享有或大或小的幸福，遭到或大或小的苦难，我们就据以估量自己的幸福和苦难，并因而感到一种相应的痛苦或快乐"①。从这里，我们也就不难理解，何以他人的幸福会引起我们的痛苦，他人的痛苦却令我们幸福，何以一个幸福的人会使我们嫉恨，一个痛苦的人会让我们幸灾乐祸。同样骄傲和自尊在引起人同情的时候，也会产生一种比较，特别是当骄傲至于自负时，必然会时刻产生出一种令人不快的比较，使一切人都感到难受。休谟认为，人人都有些骄傲，而骄傲又有一种自然倾向，容易通过比较而引起他人的不快，因此"骄傲就普遍地被人责备和谴责"② 了。

通过同情，我们称赞骄傲和自尊，但是通过比较，我们又普遍痛斥骄傲和自尊。到底哪种人性原则更优先呢？从休谟对骄傲和自尊的基本肯定立场来看，他似乎更趋向于同情原则优先于比较原则，而且他也更强调同情原则的普遍性和根本性，他的整个情感主义道德也都是基于同情原则建立起来的。但是对于他来说，比较原则仍然是和同情原则并列的一个人性基本原则。如果是这样的话，他可能就没有意识到这样一个与同情相反的原则对其道德体系所具有的潜在的破坏作用，因为他基于同情原则建立起来的情感道德体系，一旦基于比较原则来看或判断、衡量的话，可能整个都立不住脚，就会崩溃，因为同情和比较原则是相互消解的。休谟应该思考如何用同情原则来克服比较原则的破坏性，将它纳入同情原则的范围内。若如此，其同情道德体系将是稳固的，但是他却没有这样思考，而只是提到，只有当一种情感、情绪强烈和活泼到一定程度时，同情原则才能压过比较原则，成为主导原则。③ 显然在很多情况下，同情原则和比较原则是并列的，因而是相互冲突的，或者是相互解构的。休谟的同情道德体系中这个根本难题如此显眼，而他又如此无力加以解决，以致我们似乎在与他同时代的卢梭那里看到了对他的某种回应：一方面他极力强调人性比

---

①　［英］休谟：《人性论》（下），第412—413页。
②　同上书，第639页。
③　同上书，第637—638页。

较原则的消极后果；另一方面他又借助同情，实则怜悯原则克服比较原则，引领人走出不道德的社会，进入伦理的共和国。

休谟的同情原则是情感共通性原则，因此它不等同于爱的情感原则，无论是指向自身的自爱原则，还是指向他人的仁爱、慈善原则。但是同情和自爱、仁爱都能够发生关系，与前者结合，构成人为的正义德性的起源，与后者结合，则成为自然社会德性的来源。

休谟对人性的理解是比较持中的，既不认为人性是极端自私的，以至于除了自己，不爱任何其他人和物，也不认为人性是极端慷慨仁慈的，爱他人超过了爱自己，而是认为人性既是自私的，爱自己甚于爱他人，也是有限慷慨和仁爱的，不限于仅爱自己。不过，在人对他人的爱中，他对自己亲戚和相识的爱是最大的，因此他的爱仍然是有偏私的，其仁爱始终是有限的。① 由于人性是自爱自私的，这使得人与人之间的社会结合是很困难的，虽然不是不可能的，即使是可能的，也是非常有限的，即最多在家庭、家族成员以及与此家庭、家族相熟的人之间形成结合，超出这个狭窄的熟人圈子之外，更大的社会结合是不可能的了，因为人们的爱和感情的连接是超不出亲戚和熟人圈子的。

从这里我们看到，休谟持中的人性论的真实意图所在：弱化仁爱这种社会性情感的社会功用，破除苏格兰启蒙道德哲学对仁爱这种社会化道德情感的迷信，告诉我们，自爱和有限慷慨的人们不可能通过自然的社会性的仁爱情感自然地发生结合，形成社会，依赖仁爱的纽带连接社会是不可靠的。休谟对仁爱作用的降低，对儒家道德有着有益的启发和警示意义，至少提示儒家道德，依赖普遍的和社会性的"仁"，通过忠恕的原则，推己及人，由亲亲、仁民到爱物，这整个情感逻辑链条是否一体顺畅、牢固，尤其由亲亲到仁民能否有效实现，或者根本上从亲亲是否就必然推出和进展到仁民等，这些问题都需要细致谨慎地加以检讨。

休谟由自然人性否决了人自然形成社会结合的可能。但是对他来说，社会的结合对于人而言又是必要的和有利的。在纯粹自然状态下，人的欲望和需要是无限的，可是人满足欲望和需要的能力与手段却是软弱和有限的，能够满足人的财物也是稀少的和不稳定的，因此只有相互依赖，彼此结合起来形成社会，生活在社会中，人才能克服和弥补自然能力和手段不

---

① ［英］休谟：《人性论》（下），第 527—528 页。

足的缺陷，才能保全下来。因此社会对每个人都是有利的，虽然每个人都是自私的，但社会却是他实现自己利益的必要条件。而人们之间天然的家庭结合，也使人们看到和察觉到社会结合的利益所在。但是人的自然的家庭结合并不足以把人们带入社会之中，不是说他通过家庭生活知道了社会结合的利益之后，就会自愿与他人，特别是家庭、家族之外的陌生人结合起来进入社会，相反，人的自私和对亲人的偏爱和偏私，使得他为自己和亲人取得财物的贪欲是"难以满足的、永久的、普遍的、直接摧毁社会的"①。一方面，人是自私的和偏爱的，天然是不适合过社会生活的；另一方面社会对于每个人又是有利的、必要的，人出于自己的利益考虑，是需要加入社会的。人的偏私是无法改变的，休谟据此反对改造人性，而自然的仁爱情感又无力给"我们感情的偏私提供一种补救"，因此只剩下人为的措施来限制和补救人的这种偏私了。这种人为的补救就是使用知性判断和制定人人遵守的正义法则，即稳定财物占有，根据同意转移所有物，履行许诺的法则，从而把人们结合起来，使之共同生活在社会中，走出偏私的自然状态。

当然人不是出于公益，也不是出于私人的慈善，而是出于自己的利益而制定并遵循正义法则，"乐于把他们置于那些使人与人交往更加安全、更为方便的规则的约束之下"。也就是说，自私是建立正义的原始动机，人们最初"只是由于利益的考虑，才一般地并在每个特殊例子下被诱导了以这些规则加于自己的身上，并加以遵守；而且在社会最初成立的时候，这个动机也就是足够的强有力的"②。

休谟认为，人性中有亲和社会的因素。人在自然中是脆弱的，为了生存就必须分工合作。所以人其实一直就生活在社会当中，正是社会才使他的生存得以可行。人性中的爱使得亲人相合，组成家庭，从而产生社会，因此人性当中有社会结合的因素存在。同时休谟也承认，人性中也存在着反社会的因素，即自私自利的情感。不唯如此，即使在亲情中也蕴含着不利于社会结合的东西。在儒家看来，亲情不可能是反社会的：一个如此爱自己父母子女的人怎么可能会反社会呢？因此儒家更多地从积极的意义上看待亲情，亲亲原理被看作整个人伦社会的基石，但是却也因此普遍忽视

---

① ［英］休谟：《人性论》（下），第532页。
② 同上书，第539页。

了亲亲原则的消极意义。不过儒家的亲亲伦理原则是符合中国实际的。中国社会自古到今，宗法血缘关系深厚，已经渗透到社会生活的方方面面、角角落落，使得中国社会就是一种人伦社会，也已经进入每个中国人的细胞和骨子里，每个人都是道道地地的伦理性的人。正是这样一种特殊的社会伦理生活形态造就了中国强大的亲亲伦理，也阻挡了儒家的视野，使之不能深入观看和揭示亲亲人伦社会的固有缺陷，提出更好的社会组织原理。

而休谟的独特之处就在于，他看到，人首先爱自己，其次爱自己的亲属，而恰恰是这种使人组成社会的亲情蕴藏着反社会的因素。甚至在他看来，亲亲对于社会的消极作用远远大于其积极作用。它是需要加以克服的东西而不是加以培植的东西。因为这种亲情本质上建立在自私之上，把社会关系建立在亲疏远近之上。虽然休谟可能夸大了亲情的否定性作用，但是总体上他对亲亲伦理的认识应该说是比较准确的，我们应该像他那样，不赋予它更多积极的组织社会的功能，不完全在其之上建立整个社会，使之成为社会基石，而更多地看到其消极的意义，思考克服它，使之消极作用降至最弱和最小的办法。儒家就是放大了亲亲伦理的社会组织功能，而小看甚至没有看到其破坏社会的非社会性作用。虽然我们不能消灭亲情，这是不可能的事情，但是我们需要克制它的不足，把它看作有限的组织原则而不能看作整个社会生活的核心原则。

亲情是家庭的纽带，但是一旦将其放入社会中，它就会引发和放大人性的自私，人就会变得贪婪；"几乎没有任何一个人不被这种贪欲所激动；而且当这种贪欲的活动没有任何约束、并遵循它的原始的和最自然的冲动时，每个人都有害怕它的理由"[①]。由这种亲情纽带引发的贪恋极有可能成为反社会的因素。人依靠自己的经验就能体会到反社会的情感会使人们重新回到自然状态，而在自然状态里人是无法生存的。经验告诉人们，社会生活是有利于人生存的。但是亲亲情感却阻碍了人们顺利进入社会。在这种情况下，人只有克服自身的缺陷才能进入社会，而这就需要理性发明规则，以克制和弥补人性自私导致的不足。另外，自然界提供财物的不足也是导致人的贪欲和加剧纷争的重要因素。为了克服这种不足，也需要理性制定正义规则，确定和分属他人通过自己的正当劳动和幸运应得

① ［英］休谟：《人性论》（下），第 532 页。

的财物。

在如何对待人性自私的问题上，我们看到，休谟由情感主义者转变成了理性主义者。他的一个重要见识是，他不否认，更不是不承认人性的自私，而是充分地肯定和承认人性中的人欲。同时他也不主张人完全是自私自利的，只有人欲，没有天理，只有人心，没有"道心"。相反，他承认人性中存在天然的或自然的社会性的情感和德性："许多自然的德都有这种导致社会福利的倾向，这是无人能够怀疑的。柔顺、慈善、博爱、慷慨、仁厚、温和、公道，在所有道德品质中占着最大的比例，并且通常被称为社会的德，以标志出它们促进社会福利的倾向。"① 他强调，这些社会性的情感和德性是人性中固有的，而不是人为教化的结果，虽然不能排除教育所起的作用。现在的问题是，既然人性中存在这么多自然的社会德性、社会情感，换言之，人有"道心"，人心存有"天理"，那么何以它们不足以克制人性中的自私、贪婪，以道心克服人心，以天理支配人欲，使人自然进入社会，组成社会，过天然的社会生活呢？

儒家讲人有人心、道心，有人欲，存天理。虽然儒学重视人心、人欲的非社会性，反社会性，人心唯危，而道心唯微，但是它却终究把重心放在了道心、天理上面，强调道心能够克制人心，天理能够克服人欲，因此人们能够自然地进入社会，过自然的伦理的社会生活。对儒家来说，人心会遮蔽道心，人欲会掩盖天理，以至于人欲存而天理去，但是只要正心诚意，修身养性，就能够祛除人心的危殆，人欲的躁动，使道心巩固，天理流行，道心支配人心，天理克制人欲，甚至于存天理、灭人欲，彻底依靠道心战胜人心，天理控制、根除人欲，取得道心与天理的永久心性统治，从而一劳永逸地建立伦理道德王国。显然儒家低估了人欲的力量，轻视了人心的能量，而高估了道心的力度，提高了天理的胜率。

休谟基于对人性的反省和观察，既看到人欲的强度，也没有忽视仁爱、仁慈这样的社会性德性情感的作用。但是他却不承认道心能够克制人心，不相信仁心足以战胜私欲，找不出自然的社会情感克服自私人性的蛛丝马迹：

的确，人类心灵中任何感情都没有充分的力量和适当的方向来抵

---

① ［英］休谟：《人性论》（下），第620—621页。

消贪得的心理，使人们戒取他人的所有物，并借此使他们成为社会的合适的成员。对于陌生人的慈善是太微弱了，不足以达成这个目的；至于其他情感，则它们反而会煽动这种贪心，因为我们看到，我们的财富越大，则我们越有满足我们一切欲望的能力。因此，没有一种情感能够控制利己的感情，只有那种感情自身，借着改变它的方向，才能加以控制。①

对于休谟来说，自私需要克制，但不是消灭。但是道心、天理似乎不足以克制私欲。以社会性情感克服自私情感，不能说一点成效没有，但是却不足以使人性发生扭转组成稳固和永久社会。克制自私的关键是"改变它的方向"，而能够使之转变方向，由独立私欲转变为与社会一致，与人互利互惠的欲求的，只有理性，制定规则的理性。也就是说，在克制人欲使人步入社会的问题上，不存在人性善恶的问题，而"只有人类智愚程度的问题"，人欲不能依靠仁心，只有"它本身才约束住自己"，而它是通过理性为之建立"财物占有的稳定这种规则而约束自己的"②。

如此一来，休谟在道德上把理性排除之后，又在人为德性，即正义的来源上请回了理性。约束人欲的正义规则不是自然生成的，而是理性建构的，人为建立起来的。休谟一直把理性看作认知理性、理论理性，而看不到理论理性可以转化为实践理性，为意志提供行为的规则。在这里，他为了克制人欲而恢复了理性，制定人为正义规则的理性不是理论理性，而是建构性的实践理性，只是他对此茫然无知。

休谟从人性自私和有限的慷慨中推出了正义的法则，即人出于自我利益的考虑制定并遵守正义的法则，而这种法则的遵守，不仅能够保护自己的财产不受侵犯，而且也使他人的财物得到保证，有利于社会和平，对所有人都是有益的。休谟的这个思路对于我们是有教益的。我们应该意识到理性规则对于克制人欲的重要性。对于中国人来说，其实并不缺乏各种各样的法则，但是我们并没有充分意识到其意义。若意识不到理性法则的重要性，则我们的利益就不能获得长久保障，从根本上看，将是受损的。因为没有理性法则的规范和约束，整个社会就会分崩离析，倒退到自然状

---

① ［英］休谟：《人性论》（下），第532—533页。
② 同上书，第533页。

态。中国至今尚未完成启蒙，中国社会还不是一个完全启蒙了的现代社会。我们应该通过对西方现代启蒙道德哲学的了解和学习，从人性基础和道德条件入手反思中国社会现代化的内在理路，思考一个启蒙了的现代社会的运行逻辑。

对休谟而言，理性制定的法则并非就是道德法则，理性法则能否成为人应当遵守的道德法则取决于情感而不是理性本身。理性法则本身是没有道德意义的，只有遵守这种法则的行为是让人感到快乐或有用的，遵守这种法则被认为是好的，从而愿意遵守它，它才成为道德性的法则。因此理性法则的道德意义完全是由主观情感赋予和添加上去的，属于第二性质，而不是法则本身具有的，理性只是起到发明创造法则的作用而已。

霍布斯、洛克和休谟都论证了道德何以可能的问题。前两者从人性事实出发，运用正确理性论证道德规范的正当性，而连接事实与价值之间的桥梁是正确理性的演绎和推论。这是启蒙道德哲学的本质所在。道德律就是正确理性演绎的产物，是正确理性为弥补人性缺陷而建构起来的。启蒙道德律可以看作是对人性的一种保全、补全和成全，在不否定人性的条件下适度克制人性，节人欲，存天理。现代功利主义道德即是基于人人欲求幸福的原理建立起来的启蒙道德，"最大多数人的最大幸福"是其基本道德法则。这种道德看似不高尚，却是人类不能缺少的底线道德、最起码的道德，即哪怕人出于自我利益考虑也要遵守的道德。

正义规则是人类理性确立的，因此是普遍的，但是仅仅理性制定的规则本身并不会对人的意志行为发生作用，对休谟来说，理性是软弱无力的，并不能指导人的行为，只有情感能决定人的意志，因此理性设立的正义规则只有诉诸情感，只有人们在情感上接受了正义规则，它才能作为义务被人们所遵守。正义规则能打动人的情感吗？这直接取决于它是否有助于人们的利益。显然正义规则对人们是有利的，因为它就是出于人们的利益而被制定的。虽然单独的一个正义行为可能是违反公益的，甚至是出自私利的，但是针对所有人的正义规则从整体来看，"对于全体和个人都有无限的利益"，而且社会上每个人都能感觉到这种利益，每个人也都向他人表达和传递了这种利益感觉，并且表示决心，愿以这种感觉来调整自己的行为，而如果他人也照样行事的话，那么正义就作为一种协议或合约，"借那个被假设为全体所共有的利益感觉而确立起来；在这种感觉支配之下，人们在作出每一个单独的正义行为时，就都期待其他人也会照样行事"①。正义由以产生的共同的利益感把人们联合起来，使之愿意如他人一样，或意愿他人如自己一样遵守正义规则。但是依靠利益感这种"自然的约束力"建立的正义只是自然法则的义务，还不是道德的义务，不具备"道德的约束力"，即依靠"是非感"产生的约束力。对休谟来说，在社会最初成立之时，也就是人们刚脱离自然状态进入社会之际，依靠利益感这种自然约束力维护正义是有效的，但是随着社会的扩大以至于一个民族产生时，利益感就难以维系扩大的社会了，因为这时人们之间的共同利益感被稀释了，他们不可避免地变疏远了，越来越陌生了。在这种情况下，就需要人人共通的同情感来建立正义规则的道德约束力了。正义既是理性的，即正义法则是由理性制定的，也是情感性的，即正义规则是由情感赋予其道德意义，使之成为正义德性的。

对休谟来说，同情是人类共有的主观一致的普遍情感，它不随关系的疏远，利益的大小而发生改变，即使我们在自己的行为中已经看不到维持正义秩序所得到的"那种利益，并且可以追逐较小的和较切近的利益"，我们也永远不会看到"我们由于他人的非义所间接或直接遭受的损害；因为我们在那种情形下，不会被情感所蒙蔽，也不会因为相反的诱惑而抱有偏见"②。即使非义行为距离我们很远，乃至与我们的利益无关，它仍然使我们"不高兴"、不愉快，我们仍然感到它是损害人类社会的，而且只要谁和这样的非义的人接近，谁就会遭到他的损害。对于和我们利益无关的人所遭受的非义的损害而发生的不快，"我们通过同情感到他们所感到的不快；而且在一般观察之下，人类行为中令人不快的每样事物都被称为恶，而凡产生快乐的任何事情同样也被称为德；所以道德的善恶的感觉就随着正义和非义而发生"③。我们通过同情感到令他人不快的非义是恶行，是坏的，令他人快乐的正义是德性，是善的，进而感到一切令人不快的非义都是恶行，是恶的，一切令人快乐的正义都是德性，是善的。德性受到人们的普遍称赞，从而正义就成为人应克尽的道德义务，对人产生普遍的道德约束力。恶行受到人们的普遍谴责，因此莫以其小而为之。

①　[英]休谟：《人性论》（下），第539页。
②　同上书，第539—540页。
③　同上书，第540页。

休谟基于同情的道德感对正义德性的论证，麦金太尔认为，是不成功的。在他看来，起于自利动机的正义规则只有借助于同情才成为正义德性，因此休谟只有"乞灵于同情"才能在"可以用来无条件地坚持普遍绝对规则的理由与可以从我们特殊的、起伏不定的受环境控制的欲望、情感和兴趣中得到行为及判断的理由"的鸿沟之间架起桥梁，但是从逻辑上看，同情根本无从作为桥梁连接这个鸿沟，因为他所说的同情"不过是一种哲学上的虚构而已"①。麦金太尔的这个批评是武断的、毫无理由的，他凭什么说同情作为道德感是一种哲学虚构呢？他难道能够否认人类普遍的共同情感或道德的共通感吗？人作为生活在社会中、相互依存的社会性存在物，而且是具有感觉和情感且能传达感觉和情感的社会性存在物，他们之间自然就会生成一种同一的情感场域，形成一种人我同心同乐的道德共通感。如果他们连这种情感也没有的话，只能说他们已经丧失了人作为社会存在物起码的健全感觉和情感，变得麻木不仁了。

在休谟那里，广泛的同情是道德感之源，通过同情，人为的正义规则被确立为道德义务，应养成的人为的德性。同样，一切具有导致社会福利倾向的自然性格、品质、性情，如柔顺、慈善、博爱、慷慨、仁厚、温和、公道等，借助人类广泛的同情都受到普遍赞美，因而都被看作社会性的德性。② 不仅那种使人在社会上履行义务的品质受到称赞，而且那些仅仅有助于自己，促进自己利益的品质也受到人们的普遍称赞，如慎重、节制、节约、勤奋、刻苦、谋略和机敏等也被看作德性，只不过是一种私德，即一种个人性的德性。

休谟的道德理论奠基在人的同情之上，因此其坚固性取决于同情的基础是否牢靠。而同情是否坚实确实也是一个问题。这个问题休谟是意识到的。他看到，我们的情感是容易变化的，也是分亲疏远近的，我们对于接近我们的人比对远离我们的人较为容易同情，对于熟人比对于陌生人较为容易同情，对于同胞较对于外国人更容易同情。如此看来，我们在基于同情进行道德判断的时候，是很难保证公允的，对与我们亲近的人比对与我们疏远的人较容易做出道德的评判。由于每个人所处的位置和关系都是不

---

① ［美］麦金太尔：《德性之后》，龚群、戴杨毅等译，中国社会科学出版社1995年版，第64页。

② ［英］休谟：《人性论》（下），第620—621页。

一样的，因此每个人的同情感也都是不一样的，由此每个人基于他自身所处的地位和关系而对一种行为、性格、情感做出的道德判断都是不一样的，也是混乱的，完全主观的，任何人都是根据自己的利益权衡做出的，而不是一致的、普遍的和客观的。对于这种责难，休谟只得指出，我们对品质、行为的道德判断不是由理性或由观念的"比较"得来的，而是由一种道德的鉴别力，由审视和观察某些品质或行为时所发生的快乐或厌恶的情绪得来的。虽然对象的远近是不同的，道德旁观者或判断者的地位和位置是有差异和变化的，但是他们并不是从各自的特殊观点出发进行道德判断的，而是置身于"某种稳固的、一般的观点，并且在我们的思想中永远把自己置于那个观点之下，不论我们现在的位置是如何"而做出道德判断的。也就是说，我们并不考虑对象和我们之间的远近亲疏关系，而是始终在同一观点下，根据责备或赞美的情绪做出一般的道德判断的，我们同一的、一般的道德判断克服了这种亲疏远近关系，及至忽略了我们自己的利益。这种超越特殊观点、亲疏远近关系和利害考虑的，一般的、稳固的观点就是同情。对休谟来说，同情不是随着人与人关系的变化，个人利益的权衡而变化的，为亲疏远近和利害考虑所左右的，它是我们人性中"冷静的和一般的原则"，不仅对理性具有权威，而且支配着我们的道德判断和意见。说白了，同情就是人类普遍一致的共通感，共同的利益感，人之为人所共有的普通情感，在某种意义上是先天的，或者至少是与人同在的原初的社会性的同一情感。这种情感是超越偏私的，因此基于这种同情感做出的道德判断是公正的、不偏不倚的，这种判断作为情感判断，作为称赞或责备，是主观的，但也是普遍的、必然的，可普遍传达的，也要求人人同意的。在这个意义上，休谟的同情感相当于康德所说的审美共通感，或者就是一种道德共通感。①

虽然休谟说，同情原则超越或克服了比较原则，基于同情的道德判断不是由理性的或观念的比较得来的，比较原则毕竟也是和同情原则一样是根本的人性原则，人性的同一性原则总是伴随人性的差异性原则的，那么在这种情况下，人与人之间的亲疏远近关系，每个人的利害考虑和比较也还是无法在我们的道德判断中根本消除的，而是始终会影响我们做出普遍公正的道德判断的。既然人性是自私的，慷慨和仁爱是有限的，人性的偏

① ［英］休谟：《人性论》（下），第 623—626 页。

私倾向是难以根除的，人与人之间的利害比较是根本性的，人何以能克服和超越人性中这种强烈的情感倾向，站在一个"明智的旁观者"立场上，普遍同情地评判自己和他人的品质和行为，同时屏蔽掉私人的亲疏远近和个人的利益考量呢？而且又如何保证人不是暂时的，而是永恒地、同情地进行道德判断呢？从总体上来看，休谟一直在回避内在于人性中的这种内在冲突和紧张，而他除了片面强调人性同情原则之外，并没有很好地得出解决同情原则和比较原则紧张和冲突的办法。卢梭显然比他更清楚地看到了人性中这两种原则的张力，从而也就比他更有意识地着力来解决它们之间的冲突和紧张问题。

第六章　幸福与自由

　　洛克和牛顿是18世纪欧洲启蒙运动的灵魂，前者的经验主义认识论成为苏格兰共通感或怀疑主义认识论，以及法国感觉主义认识论的滥觞，后者的实验科学作为一切科学的范本，激发了后来者创立道德的"科学"，政治的"科学"，艺术的"科学"，跻身于道德、政治和艺术诸科学领域的"牛顿"的冲动。法国本来是笛卡尔数学理性主义的故乡，但是随着伏尔泰把洛克经验主义认识论和牛顿实验科学介绍给法国人，经验理性主义即迅速取代数学理性主义，经验科学取代演绎科学成为法国启蒙哲人主导的思维方式和科学范式，法国人的精神气质为之一变，诞生了把经验主义和科学理性推向极端和形而上学化的唯物论和无神论，即百科全书派。

　　伏尔泰谨守着洛克的经验主义，使理性不超出经验范围之外，恪守牛顿的科学理性主义，不对自然做出超出机械论的解释，即使他也谈论形而上学，但却把它限制在经验理性主义的范围内。同时他也同他们一样，是自然神论者，主张对上帝做合乎理性的理解，激烈批判一切不合理性的宗教，视其为应被打倒的"丑类"。因此对伏尔泰而言，启蒙不过就是经验主义、科学理性主义和自然神论的合体，他在小说《天真汉》中塑造的天真汉即是通过经验理性主义和自然神论的教育而从一个天真无知、懵懂颟顸的野蛮人蜕变为一个开化、能够理性思考自然和人事，以及正确行动的人。[①] 他坚决批判莱布尼茨式的理性乐观主义，不视这个世界是一切可能世界中最好的世界，而视其为既善也恶，不是最好但也可承受的现实世界;[②] 也反对帕斯卡尔的理性悲观主义，不同意他对理性的牺牲，对人的

　　① 《梅里美/服尔德名作集》，傅雷译，河南人民出版社1998年版，第300—308页。
　　② 同上书，第272页。

绝望及向信仰的跃进，否定在极端的善与恶之间做选择，申张这个如此世界还有可爱之处，人仍有可为和希望。①

总之，他回归和坚守中道清醒或常识的理性主义，在经验和超验、理性与信仰、乐观和悲观之间走钢丝，搞平衡，避免由一种极端陷入另一种极端，力求在有恶的世界中寻求善，为这个"如此"不完美但亦可进取完善的世界辩护。但是他的后继者——百科全书派虽然没有退回到理性乐观主义和悲观主义，像他一样奉洛克和牛顿为精神导师，却把经验理性主义引向绝对，得出了唯物论的结论，同时抛弃了自然神论，不再寻求把道德建立在有神论基础之上，而是彻底将其扭转，把它建立在自然人性论之上，人性的必然性即是道德的根基，直至他们在把道德政治化之时，才又恢复了道德的自由前提。

一　道德决定论

传统的基督教把道德的基础放在宗教上面，一方面人的道德只有以信仰上帝为前提才是可能的，因为道德律令即是上帝的命令，另一方面人的意志本来是自由的，但却在堕落后失去了。由此他不能依靠自身称义为善，只有依靠神恩才能脱罪得救，也不能仅仅通过恪守上帝律法称义，还必须因信才能称义，并且人之成为道德的，意愿担负义务，还是以上帝分立天堂和地狱、赏善罚恶的无限权威为条件的。总之，人不能通过自身成为道德的人，人的道德预设了上帝的意志，上帝的权威保证了道德义务被履行。但是在英国启蒙时代，产生了以洛克为代表的自然神论，信仰的基督教被其纳入了理性的范围内。自然神论或自然宗教乃是启蒙主义的有神论或宗教，因为它是合乎理性的，凡是不可思议牺牲理性的东西都被删除了。自然神论既肯定上帝创造了自然，也限制了上帝，令他不再干涉自然，赋予自然一定的自在性。自然神论更重要的意义在于它是一种道德神论或道德宗教，它试图重建宗教和道德，上帝命令和道德法则之间的关系。与信仰或启示宗教强调上帝的意志和神恩相比，自然宗教更强调人的理性的自主性，道德的独立性，关系的重心从上帝转到人，不是理性合乎上帝意志，而是上帝意志符合理性，"虔诚地为了上帝而生活的问题，现

---

① 　［法］伏尔泰：《哲学通信》，高达观等译，上海人民出版社 2005 年版，第 138—162 页。

在则变成了有理性地生活的问题"，"同样是遵从上帝意志的问题，然而，现在是根据合理性来理解"①。换言之，不是道德以宗教为前提，而是宗教以道德为条件。

但是，自然神论固然赋予人一定的道德自主性，却仍然没有解除上帝和人、上帝命令和道德律令的关系，没有把道德从宗教前提中解放出来，使之完全回归人性。而且无论信仰宗教还是自然宗教，都不主张完全从人性出发建立道德，或者对它们来说，人不可能完全依靠自身成为道德的，道德终究离不开上帝，一种无神论的道德，或与无神论相容的道德是不可想象和思议的，只要有道德，就必然预设了有神论。伏尔泰是理性主义者，也是洛克式的自然神论者，然而紧随他接受洛克的百科全书派却没有像他一样承继其自然神论，而是消解了自然神论，发展出比较彻底的无神论，竭力把自然，把人从上帝的庇护中分离出来，也把道德从宗教的限制中解放出来，建立不需要上帝，完全从人性出发，合乎理性的道德。为完成这个任务，百科全书派首先必须澄清宗教不可能是道德的基础，其次必须证明无宗教的道德是可能的，无神论与道德是相容的。

百科全书派激进地批判宗教，认为它是导致人类无知、迷信、错误和盲从的渊薮，历史事实不仅证明了这一点，就其内在逻辑来看也是如此。这样的宗教怎么可能是道德的基础呢？首先上帝的概念即是暧昧模糊、成问题的，人类并不具有关于上帝的清晰的知识。其次被看作道德根基的上帝的意志是独断的、变化无常的，是人所无法理解和认识的，他永远也说不出它是什么。最后上帝是自相矛盾的，自身是不道德的，"它一会儿命令人去行善，一会儿又指使人去犯罪、去轻举妄动；它时而是人类的朋友，时而又是人类的仇敌；它时而是慈善的、有理性的和公正的，时而又是无理性的、任性的、不公正的和专制的"。因此无论从哪个方面来看神，"它都不能作为永远保持不变的道德的基础"②。

不仅上帝不能作为道德的基础，而且上帝还与"一切健全的道德，一切对人类有用的道德，一切于社会有益的道德"是"完全不相容的"，因为上帝最终是否定人性的，宗教道德是建立在对此世从根本上弃绝之上

---

① ［加］泰勒：《自我的根源》，韩震等译，译林出版社 2001 年版，第 366 页。

② ［法］赫尔巴赫：《自然的体系》下卷，管士滨译，商务印书馆 1977 年版，第 222—224 页。

的，而健全有益的道德，"一如我们的义务"却建立在"人的本性之上，建立在存在于有智慧的生物之间的关系之上。这些有智慧的生物，从他们的每一个方面看，都是爱慕自己的幸福、忙于自我的保存、营造社会生活以便更可靠地达到自己的目的的。一句话，应该把事物的必然性作为道德的基础"①。

由此百科全书派就把宗教神性道德与自然人性道德对立起来，坚决否定前者，而把后者作为真正的道德予以肯定。它瓦解了道德的宗教基础：道德不再以上帝的自由意志和绝对的权威为前提，而是以人性的"必然性"而不是自由为充分条件，从人性的"必然性"即"趋乐避苦"的必然性出发即可建立全部的道德——不是基于自由我们应当有一种道德，担当义务，而是基于自我保存的欲求和追求幸福的必然性我们应当有一种道德，"宁可要美德而不要恶行"，而且不能不是道德的，必然是服从义务的，

> 这些义务是必然的，因为它们出自我们固有的本性，而且也因为，如果我们对于那些不采纳便不能获得幸福的方法弃而不取，我们是永远不能到达我们给自己拟定的幸福的。这样说来，为了得到巩固的幸福，我们就不能不博取同我们结合的人们的爱戴和援助；这些人，只有当我们为他们的福利而劳动的时候才会爱我们，尊重我们，帮助我们实现自己的计划，并为我们自己的福利而工作。正是这种必然性，人们称之为道德的义务。它是建立在能够决定有感觉的、有智慧的、倾向于一种目的的生物去从事于为达到目的所必需的那种行为的某些动因的考察之上。②

这种基于人性必然性的道德是不需要上帝的，甚至连预设上帝也是不必要的。赫尔巴赫认为，并非非得预设上帝的意志和权力才能保证人是道德的，相反，人性的必然性足以保证人是道德的，即承担道德义务对于他而言是必然的，"人由于自己的本性不能不爱德行；由于强迫他寻找幸福和逃避痛苦的这同一必然性，他也不能不害怕犯罪。这种本性使他不得不

---

① ［法］赫尔巴赫：《自然的体系》下卷，第 225 页。
② 同上书，第 226—227 页。

与那给他快乐的东西和给他损害的东西二者截然分开。"① 由此无神论和道德就是相容的，不是说只有有神论者或自然神论者才有道德，无神论者同样可以是道德的，只要他回归自然，复归人性，并且合乎理性，他就能认识自己的本性必然性，按照自己的本性行动，从而他就能发现依据自然他应该对别人做些什么，他的本性就会使他明白自己的义务，他就将承认，要保存自己并获得持久的幸福，他必须抵抗自己的情欲经常盲目的躁动，为了与人善意相处，他就必须以一种与人的善意相适合的方式活动。因此他只要知道自己的本性，不违背自己的本性必然性，他就会知道"什么是德行"，如果他在理性的指导下按照本性必然性的要求去行动，那么他即是有道德的。

因此祛除上帝的无神论者并不必然是不道德的，放纵邪恶，无操守的，也并不必然是放肆败坏、无理性的享乐主义者和纵欲主义者。一个人只要是自然的与理性的，只要其本性没有被扭曲，其理性没有被盲目的情欲所扰乱，他就"不能不"感到道德义务是"必需的"，他就必定会感到德行乃是其达到幸福的"最可靠的道路"。而且他只需对自己的本性、同一社会的人的本性、自己的需要、满足自己需要的方法加以"深思熟虑"，那么他即"不能不认识到一些义务，不能不发现什么是对自己应该做的，什么是对别人应该做的。这样，他们有了一种道德；也有了为使自己符合于这种道德的种种真实动机"②。无神论者乃至宿命论者就在这种人性必然性上建立其道德体系。

基督教为了论证人堕落的原因不在上帝而在人自身，提出了意志自由的概念，把善恶的区分归结为人自由意志的恰当运用与否，而在人堕落后，他失去了自由，服从于自然的必然性，以致他必须依靠上帝的神恩和信仰才能在彼岸恢复自由。因此自由对于基督教信仰和道德至关重要。近代笛卡尔和莱布尼茨基本上承接了基督教的这种自由观念，但是斯宾诺莎、霍布斯和洛克则拒绝了这种意志自由，主张一种与必然性同一的自由，并且这种内在自由成为道德的基础。洛克在《人类理解论》中对自由的论述直接影响了伏尔泰和百科全书派，成为后者重要的思想来源。伏尔泰在其《哲学辞典》"自由"词条中，大体上为法国人阐明了一种洛克

---

① ［法］赫尔巴赫：《自然的体系》下卷，第294页。

② 同上书，第288页。

式的自由概念。他首先像洛克一样，否定了基督教唯意志论无差别、任意意义上的意志自由概念，指出这种意志自由是"荒谬的"、无意义的，因为任何决定意志的行动都是有理由的，"许多细微的情节决定了你去做这些你所谓无所谓的动作。你在做这些动作时和做另外一些动作时一样，都不是自由的"①。其次他也像洛克一样强调，"你的意志不是自由的，然而你的行动是自由的"，自由即在于你做你的意志绝对必然要求的事情或行为的能力，一个能做其意志必然要求的行为的人即是自由的人，"你在任何时间、任何地点都是自由的，只要你在做你愿意做的事情"②。自由作为你能做你意愿做的事情，与自然必然性不是对立的，而是能够融合的，因此这种自由就是一种自然的自由、内在的自由，而不是超越的自由、先验的自由。伏尔泰敏锐地看到，这种自由其实是一种最低限度的自由，因为连动物在某种意义上也具有这种自由。"在这种条件之下，我的猎犬是跟我一样自由的；它在看见一只兔子的时候必然有奔跑的意志，而且有奔跑的权力，要是它的腿上没毛病的话。"③ 遗憾的是，伏尔泰在转接过洛克的自由概念之后，并没有像洛克那样在这种最低限度自由基础之上思考道德，建立自由即是追求幸福的必然性的功利主义道德。

伏尔泰对爱尔维修有直接的影响，他们曾经相互通信探讨洛克关于自由的论述。④ 虽然爱尔维修相关信件没有保存下来，但是从他在《论精神》中关于自由的简要阐述来看，他基本上认可洛克对意志自由的否定，在他看来，我们不能形成关于意志自由的任何观念，它是一种神秘的东西，根本就不可能存在那种同等地意愿做或不意愿做的无差别自由，这种自由只会导致有意愿而无动机，有结果却无原因的事情的发生，但那是不可思议的，一切意志行为都是有动机的，一切结果都是有原因的，"事实上，如果追求快乐的欲望是我们一切思想、一切行动的原则，如果所有的人都继续不断地倾向于追求他们的幸福或表面幸福，我们的一切意志就无非只是这种倾向的结果。在这个意义之下，我们就不能把任何明晰的观念

---

① ［法］伏尔泰：《哲学辞典》，《十八世纪法国哲学》，北京大学哲学系外国哲学史教研室编译，商务印书馆1963年版，第96—97页。
② 同上书，第97—98页。
③ 同上书，第95页。
④ ［苏联］蒙让：《爱尔维修的哲学》，涂纪亮译，商务印书馆1962年版，第67—68页。

加到自由这个名词上去了"①。也就是说，我们的意志行为是必然的，即是必然欲求幸福的，在这里面没有意志能意愿幸福也能不意愿幸福之自由，无论他怎么意愿，他都必然要追求幸福。不仅追求幸福是必然的，而且达到幸福的手段的选择也是必然的，"追求幸福的欲望将永远使他选择他认为最合乎他的利益、爱好、感情，总之最合乎他心目中的幸福的那个主意"②。意志的自由是不可理解的，但是我们能够形成可以理解的自由概念，这种自由概念即是不受阻碍、自由地发挥能力，自由的人"就是一个并没有披枷戴锁，并没有关在牢里，并不像奴隶那样因为害怕惩罚而战战兢兢的人"③。不过虽然爱尔维修承认我们能够形成关于自由的明晰的概念，但他显然更多的是在政治层面上看待这种可理解的自由，并没有在本体层面上、道德层面上突出和明确自由的概念。相反，在这些层面上，他更多的是从人性必然性方面认识和理解的，他主要还是一个道德决定论者而非道德自由主义者。其实就整个百科全书派来看，他们一方面是道德决定论者，另一方面又是政治自由主义者，必然和自由、道德和政治在他们那里是分离的。这一点在赫尔巴赫那里以一种体系化的形式彰显出来。

在自然观上，赫尔巴赫是严格的或强的机械决定论者，认为一切都是必然的，自然事物都是遵循因果规律的。他把人还原为纯粹自然的一部分，人仅仅是自然的人，就此而言，人的灵魂和物质是一样的，"都服从于同样的物理的法则"。据此他彻底否定了意志自由，乃至一切形式的自由，如人行动的自由、选择的自由，把人、人的一切活动都看作是自然必然的：

　　　　人在他的一生中没有一刻是自由的；他每一步都必然要受引起他的情欲的对象的种种真实的或假想的利益的指引。这些情欲，在一个不断追求幸福的生物中乃是不能没有的；它们的能力是必然的，因为这能力要靠着它们的体质来决定；它们的体质是必然的，因为这体质要靠着进入它的组织里面去的那些物理的原素来决定：至于这个体质

<hr>

　　①　［法］爱尔维修：《论精神》，北京大学哲学系外国哲学史教研室编译：《十八世纪法国哲学》，第453—454页。

　　②　同上书，第454页。

　　③　同上书，第453页。

的种种改变也都是必然的，因为这些改变乃是物理的和精神的事物不断作用于我们的那种方式之必然而不可避免的一些结果。①

由此我们看到，赫尔巴赫在对待人的问题上是激进的机械决定论者，在他那里，人和动物一样，连最起码的自发性都没有，连一刻的自由都没有，人既不是其形体的主人，也不是其观念的主人，既不能自己做主不去选择他认为是最好的东西，在其意志被其选择所决定的时候，也不能自己做主不照他所做的那样去做。一切都是彼此连接着的，没有原因的结果是不存在的，因而偶然是不存在的，"在物理世界中，一如在道德世界中，所有一切都是不得不按照自己的本质而活动的种种可见或隐蔽的原因的必然结果。在人里面，自由则只不过是包含在人自身之内的必然"。最终他得出了自然和人都被因果锁链连接和捆绑的强的宿命论的结论："支配物理世界的种种运动的必然，也同样支配着道德世界的种种运动，因而在道德世界内一切都服从于定命。"② 由此，正如自然是被决定的一样，道德也是被决定的，建立在人性的必然性之上。

但是由此否定自由，只承认因果必然性，甚至不惜得出一切都处在永恒不变的自然秩序中的宿命论的结论，自然和人岂不都成了机械，即自动机，自然和人、生物和人、物理世界和道德世界岂不归于同一，同受自然必然性规律的支配。如此一来，岂不把人降低了，人被还原为纯粹机械，等同于动物乃至于植物了吗？

二　功利主义道德

古代伦理是美德伦理，关注的是人的灵魂的完善和城邦的正义，基督教道德是禁欲道德，关注的是人的得救和神的正义，百科全书派道德是功利主义道德，关注的是人的幸福和社会的正义。古代伦理和百科全书派道德都是理性主义的，但前者是目的理性主义的，后者则是工具理性主义的；前者从人的善的本性出发建立个体与城邦同构的伦理秩序，后者则回

---

① ［法］赫尔巴赫：《自然的体系》下卷，第 177 页。
② ［法］赫尔巴赫：《自然的体系》上卷，管士滨译，商务印书馆 1977 年版，第 191—192页。

到人的自然本性，建立了自然必然的道德秩序；前者基于理性、激情/血气和欲望的三分，确立了理性与激情的联盟及其对欲望的统治，后者虽然承袭了人性的三分，但是却没有建立理性对激情和欲望的统治，只是实现了情感和欲望的理性化、普遍化。对前者而言，欲望欲求理性所知道的善，但对后者而言，理性知道欲望真正欲求的是幸福并引导之。基督教道德是以信仰为前提的，虽然新教道德把信仰理性化，也是入世的，但终究是弃世的，倒向神恩的，而百科全书派道德则是以理性为条件，全面自然化和世俗化了。前者厌恶和否定世俗情感和欲望，以获得永恒恩典和幸福为旨归，它视人生不过是"过渡"，"一次短促的旅行"，"对尘世的福利没有欲望，对旅途中遇到的人没有友谊"，"对自身和后代的幸福一起无动于衷"，相反后者强烈呼吁把情欲从禁欲主义的枷锁中解放出来，恢复其本来的人性面目，并"激发人的感情欲望"，强调人之为人，就在于他有情感欲望，"消灭了欲望也就消灭了灵魂；人没有感情就没有行动的原则，也没有活动的动力"①。

　　百科全书派的一个基本倾向是，从一切理想主义的高地上下来，如实地看人，回归自然，如其自然所是的那样看人，而不是上升到超越的理念世界，应然地看人，从至善看人应该是什么样的。相反，人是内在的自然的一部分，不能违背自然的规律，亦有其自身遵循的自然法，他自然是什么样的，他就是什么样的。应该从人自然是什么样的出发思考人的道德是什么样的，道德即建立在人性必然性之上；不是说人性应当符合善，而是说善应该符合人性，不是人性应符合道德，而是道德应符合人性。也就是说，百科全书派要解除道德理想主义的魔咒，复归现实主义的道德，不高看人，也不高估人。但是它也反对道德悲观主义，认为人性已然堕落，人失去了自由，无能依靠自身立法成为道德的人，只有依靠神恩才能恢复善性，成为有德行之人，而是主张人是自然的，人性是无辜的、好的，或至少是天真的、不善不恶的，但也是可塑的、可善可恶的。"说人是一种力量与软弱、光明与盲目、渺小与伟大的复合物，这并不是责难人，而是为人下定义。"② 狄德罗这段话可以说代表了百科全书派对人的基本理解和

---

　　① ［法］爱尔维修：《论人的理智能力和教育》，北京大学哲学系外国哲学史教研室编译：《十八世纪法国哲学》，第485—487页。

　　② 《狄德罗哲学选集》，江天骥、陈修斋、王太庆译，商务印书馆1983年版，第44页。

态度：既不把人看作神或天使，也不把人看作魔鬼或恶棍，人即是介于神与魔鬼、天使与恶棍之间的中间等级的存在者。对于这样的人，不能因为他不是天使或神而失望或绝望，弃绝做人；也不能因为他是恶的而怨天尤人，怒其不争；他本来就是那样的，你不能因为他不是那样的而责难他，不能因为他不是你期望和意愿的那样而拒绝他，他是自然的，你不能期许他应该是超自然的。他事实上是这个样子的，而你却认为他不应当是这个样子的，应当是另外一个样子，本来"应当"应该适合人性，而你却主张人性应该适合"应当"，你因为人不适合"应当"而弃绝人世，人不合乎你的道德而否定人的存在。

基于对人性的如实理解，百科全书派在道德上首先做的事情就是从道德理想主义和信仰主义的框子里解放出来，直接回归自然，回归人性，在认识论上回到人的感觉和经验，在道德上则回到人的感性，即欲望情感，回到人的肉体感受性，即快乐和痛苦的感觉——全部道德即发源于此，虽然基于此的道德不再是理想主义的或信仰主义的道德，而是追求幸福的功利主义道德。爱尔维修包括赫尔巴赫在内即是百科全书派这种功利主义道德的系统阐发者。

爱尔维修不是从高处看人，即使存在人性的高峰，他也要把它还原到低处，因为高处是由低处堆积起来的。他把科学和认识论中的还原主义原封不动地移植到道德领域，力图像科学那样把道德推回到人性的原点，然后通过理性把它建构为绝对确定性的科学。因此，对于爱尔维修及百科全书派，我们不要指望他们对人性有多高的理解和评估，当然也不要期望他们对于人性有多么卑劣的理解和看法，对他们来说，人再低也低不过自然，对人性的理解一切都以自然为限，逾越自然，无论高于它，还是低于它，都不合乎他们自然主义的精神。

对人的最低的自然的理解是把人完全看作身体性或肉体性的存在而非灵魂的或精神的存在，从而肉体的感受性即是人作为生命物最基本的自然特性，舍此人连动物或生物也不是了。爱尔维修即对人进行了一次彻底的还原，直到把人身上的一切精神属性都剥除掉，只剩下肉体感受性，直到与动物或生物无异的自然人呈现出来为止。正如肉体感受性——饥饿、需要——是一切动物的生命动力一样，肉体感受性，即肉体的快乐和痛苦则是人的生命的推动力，而且是"唯一的动力"，"永远是支配人的行动的唯一原则"：

　　我证明过灵魂在我们身上只不过是感觉能力；精神是它的结果；人身上的一切都是感觉；因此肉体的感受性乃是人的需要、感情、社会性、观念、判断、意志、行动的原则；最后，如果可以用肉体的感受性来说明一切，承认我们身上有其他的能力就是无用的。

　　人是一部机器，为肉体的感受性所发动，必须做肉体的感受性所执行的一切事情。这是一个水轮，为一股水流所推动，使活塞上升，从而使预定流入准备盛水的容器的水随着活塞上升。①

　　如果自然满足了人的一切需要，没有了痛苦，也就没有了快乐，那么人就"懒得动了"，而这是不可能的，因为人的需要是无止境的，是难以轻易满足的，因而人总是感到痛苦，总有对快乐的需要。痛苦是"支配穷人，亦即最大多数人行动的原则"，快乐则是"支配贫民之上的人，亦即富人行动的原则"。同理，肉体的感受性，即快乐和痛苦亦是人们脱离自然原子状态，结合成为公民社会的主要推动力。②

　　人能感觉肉体的快乐和痛苦，并追求快乐，逃避痛苦，爱尔维修把这种"经常的逃避和寻求"的情感称之为自爱。与苏格兰启蒙哲人强调人的仁爱情感，弱化自爱自私情感不同，爱尔维修着力突出人的这种趋乐避苦的自爱情感，弱化乃至只字不提仁爱情感。即使他提到仁爱情感，他也是把它还原为自爱情感，认为前者只是后者的变形。在他看来，"使我们整个儿成为我们的，是对我们自己的爱"；自爱是人人所共具的，是与人不可分离的，它是人身上永久性的、不可改变的恒常的情感，一切千差万别的情感和性格都源于它，都是它的"各种不同的变相"。人们因为爱自己，要求自己幸福，因此人们要求享受幸福的权力，因为权力乃是实现自己幸福的最可靠的手段。权力乃是我们一切欲望的共同对象，而诸如"财富、爵位、荣誉、妒忌、尊敬、正义、美德、褊狭以及一切人为的感情"都不过是用这些不同的名目化装起来的"权力之爱"，而这种权力之爱终究亦不过是变形的自爱。③ 如正义，即建立在权力的平衡之上，人们

---

①　[法] 爱尔维修：《论人的理智能力和教育》，《十八世纪法国哲学》，第499页。

②　同上书，第496—497页。

③　同上书，第503页。

爱正义，其实是爱权力，"尊重权力"。

由肉体的感受性产生出基本的趋乐避苦的自爱情感，继而由自爱情感在人身上引起"各种各类的感情"、欲望。这些情感有两类：一是自然直接赋予我们的情感，如自然通过饥渴、冷热使人知道各种需要，然后由这些需要引起各种快乐和痛苦情感；二是社会性的情感。神赋予物质以力，那些服从运动规律的物质元素借此最终达成平衡和形成自然的秩序，赋予人以感受性，即快乐和痛苦的感觉，而由这种感受性产生出人的思想、行动，激起人的厌恶、喜爱、柔情、愤怒，引起人的欲望、恐惧和希望，向他揭示一些真理，导致一些错误。人精神上的这些情感，"相当于肉体上的运动"；"运动创造、消灭、保持、推动一切"，"感情也同样地使精神界得到活力"。如"贪婪引导着船舶远涉重洋；骄傲填平了山谷，削平了山岳，开通了穿过岩石的道路，建筑了孟斐斯的金字塔，开凿了美利斯的湖泊，树立了罗得斯的巨像"①。

人人自爱，趋乐避苦，这意味着人人都追求个人的利益。任何人都把一切可以使自己得到教益或快乐的东西称为有益的，反之则是有害的，因此人们总是从自身利益出发对各种行为进行判断，比如每个人都"全神贯注于自己的幸福"，只把对自己有利的行为的习惯称为正直，也只把正直之名给予对自己个人有利的行为。个人如此，小团体、小集团，乃至大到整个社会、国家也无不如此，自身利益无不支配着了其判断。因此，如果自然界是服从运动规律的，"那么精神界就是不折不扣地服从利益的规律的。利益在世界上是一个强有力的巫师，它在一切生灵的眼前改变了一切事物的形式"②。如狮子在人眼里是残忍的动物，而对于昆虫来说，它却是像羊一样温和的动物。

人在本质上是自己爱自己，设法使自己的生存幸福，因此利益或对于幸福的欲求就是人的一切行动的唯一动力。③ 然而，个人的幸福是由什么构成的呢？幸福即快乐，个人的幸福是否即意味着总是快乐的而没有痛苦呢？幸福是否即意味着拥有财富和权力呢？爱尔维修认为，幸福意味着持续的快乐，"如果说生命是由无数个不同的瞬间组成的，人们要是都能以

---

①　［法］爱尔维修：《论精神》，《十八世纪法国哲学》，第 468、470 页。

②　同上书，第 460 页。

③　［法］赫尔巴赫：《自然的体系》上卷，第 273 页。

一种同样愉快的方式填补这些瞬间，就会人人都同等幸福"①。但是并非生命的每个瞬间都被快乐填充着，总有一些瞬间是不被快乐填满的；每当一种需要得到满足时，人是幸福的，但是总存在从一个得到满足的需要到一个新产生的需要之间的空隙，而填补这两种需要之间的空档的往往是游手好闲的厌倦无聊，这时人很难说是幸福的。如何填满生命的瞬间，排除需要满足之后的厌倦和无聊呢？爱尔维修认为，只有劳动能解决这个问题。以往劳动被看作是一种坏事，本身即是一种痛苦，因此是被拒斥的。但是爱尔维修则肯定劳动，为劳动的积极意义辩护。在他看来，劳动产生幸福，"劳动，在适度的时候，一般说来乃是使用那种无任何需要满足、无任何官能上的、不用说最强烈最短促的快乐享受的时间的无上妙法"，"忙碌的人就是幸福的人"，因为"一切必要的忙碌，填满了一个已满足的需要与一个重新产生的需要之间的空档"，使人在任何时刻都尝到快乐。② 由此观之，那些在干自己的活计，做自己的行当，搞自己的业务，显示自己本领的法官、锁匠、差役、艺术家等都是快乐的，他们避免了厌倦无聊，相反，那些不劳作，游手好闲的人则无聊致极，感受不到幸福。

爱尔维修把人性还原到其肉体感受性，即快乐和痛苦的感觉上来，把自爱自利看作人行为的推动力，但是人追求其自身利益和幸福的行为并不是道德的行为，而只是出自其肉体感受性的行为，因而是自然必然性的行为，和动物出自其本能寻找食物的行为在性质上是一样的。什么样的行为才是道德的行为呢？爱尔维修认为，利益固然是我们对各种行为价值进行判断的依据，但是仅对个人或小团体有利的行为并不具有道德的价值，而只有对于大多数人、公众，对于整个社会有利的行为才具有道德的价值。也就是说，只有合乎公共的利益、社会的幸福的行为才是道德的行为，反之有损于公共利益的行为即是罪恶的行为。③ 被视为道德金律的"己所不欲，勿施于人"，在爱尔维修看来，并不是道德的第一准则，而只是从属性的第二准则，只有最大多数人的最大幸福，或人民的幸福，公共的利益才是最高的法则。④ 同样，美德也不是对个人有益的品质，而是有益于共同幸福的品质，公益乃是美德的目的，美德所指使的行为乃是它用来达到

---

① ［法］爱尔维修：《论人的理智能力和教育》，《十八世纪法国哲学》，第 527 页。
② 同上书，第 528—530 页。
③ ［法］爱尔维修：《论精神》，《十八世纪法国哲学》，第 457—458 页。
④ ［法］爱尔维修：《论人的理智能力和教育》，《十八世纪法国哲学》，第 547、550 页。

这个目的的手段："美德无非是那种追求人们的幸福的愿望；因此我看成现实化的美德的正直，在各个不同的民族和政府里，无非是各种有益于国家的行为的习惯。"① 譬如一个人单是行善还不足以"当美德之名"，只有当他的一切行为都以"公益"为目的的时候，他才是正义的；他如要行为正直，就应当"仅仅倾听和信任公共的利益"，而不能听信周围人或自己的利益，个人利益总是使他"利令智昏的"。

　　但是爱尔维修却面临着这样一个问题，即在个人利益与公共利益、个人幸福与最大多数人的最大幸福之间是断裂的，它们是否一致是可疑的。这个问题也是后来的功利主义者边沁所遭遇到的难题，即如何从心理事实推出道德应当，如何从我的趋乐避苦心理所支配的对幸福的追求引出对最大多数人的最大幸福的追求。② 他既然把肉体的感受性看作道德的根本原则，那么就肉体的感受性而言，任何人都必然是趋乐避苦的，从而是自爱自利的，也必然是追求个人利益和自身幸福的，因此他不可能顾及公共利益和社会的最大幸福。换言之，从自然怎么可能推出道德？每个人自然都是利己主义者，自爱和利益是其一切行为的动机，从他身上怎么可能推出有益于公共利益的行为，他怎么可能做出合乎最大多数人的幸福的行为，如果这种行为超出了其自爱自利的范围，或者有利于公益的行为有损于个人利益的话？问题的关键在于，个人利益与公共利益是否天然的一致。如果不一致，那么要么道德是不可能的，人们没有做合乎公益行为的动机，要么道德是可能的，但这意味着必须牺牲个人利益，消除人的情欲，即肉体感受性。基督教道德就是这种道德。如果个人利益与公共利益是一致的，那么这种一致是个人利益符合公共利益，还是公共利益符合个人利益？如果是前者，那么这意味着公共利益优先于个人利益，个人利益以公共利益为目的，人们有做合乎公共利益行为的动机，如仁爱或同情等，哈奇森、休谟和斯密的道德哲学即符合这种原则。如果是后者，则意味着公共利益是个人利益的总和，人们追求个人利益即有益于公共利益，他们自己的利益始终是目的，即使他们追求公共利益也是为了个人利益。符合这种原则的道德哲学又有两种形式：一种是自发的形式，即每个人都自然地追求自己的最大利益，但却自发地产生社会的最大利益，曼德维尔私利即

---

① ［法］爱尔维修：《论精神》，《十八世纪法国哲学》，第 465、467 页。
② ［美］麦金太尔：《德性之后》，第 80—81 页。

公益的道德哲学即属于这种形式，斯密揭示的由"看不见的手"自发调节的市民经济生活的原则也属于这种形式；另一种则是理性主义的形式，即理性的利己主义形式：人既是感性的，也是理性的，他既是个体，自爱自利，追求自身幸福，也因为利己的利益的需要而与人结成社会，因而不是孤立的，而是社会性的。虽然社会是为他而存在的，而不是他为社会而存在的，既然他也是社会性的，那么这即意味着他与他人是普遍联系着的，他与他人的利益乃至与社会的利益是相互关联着的，甚至是同一的，否则，如果他只追求自己的利益，他将被逐出社会，在自然状态下过单独的野兽般的生活。

个人总是有限的，如果他"欢乐过度就对它的本性有损，或者更确切地说，他的个别性本身也包含着它的彼岸，可以越出于自己本身以外去毁灭自己"，而如果这种自我毁灭经常发生，那么它就会唤醒他的理性，使他意识到"理性倒是一种有用的工具，可用以适度地约束这种逾越，或是更确切地说，可用以在逾越了规定的限度的时候维护自己本身"。但如果一个人追求自己的利益过度，任意侵害他人的利益，导致人们之间的利益发生冲突以至于他们自我毁灭或相互毁灭的话，那么这种自我毁灭或相互毁灭也会唤醒他的普遍理性或社会理性，使他意识到，他应当限制自己的利益，以与他人、与社会的利益相一致。他应当像对待自己一样同等地对待他人，如此他自己的利益就会得到保证和实现，

> 正如对于人一切都是有用的，同样，对于一切人也是有用的，而人的规定、人的使命也就在于使自己成为人群中对公共福利有用的和可用的一员。他照料自己多少，他必须也照料别人多少，而且他多么照顾别人，他也就在多么照顾自己；一只手在洗涤另一只手。但是他在哪里，哪里就是他适当的位置；他利用别人，也为别人所利用。①

黑格尔在《精神现象学》中所揭示的这种启蒙理性功利道德即是法国百科全书派的理性主义道德。对于百科全书派来说，一种行为是不是道德的取决于它是否合乎理性；它是理性化的，因而建立在正确理解的利益

① ［德］黑格尔：《精神现象学》（上），贺麟、王玖兴译，商务印书馆1979年版，第97—98页。

之上，还是非理性的，完全出乎情欲，由个人利益支配。一种基于正确理解的个人利益的行为即是合乎公共利益的行为，一个人只要是理性的，按照理性的要求去行动，那么他追求个人幸福的行动将把他引向有益于公共幸福的行动，换言之，人是自爱自利的，他的情欲可以符合公益，同样也可以违反公益，而只要是理性的，并使用理性，他就会知道其真正的利益是与社会利益一致的，他就会认识其各种道德愿望，即对社会的各项义务，各种维持社会秩序的办法，以及认识尽可能最好的立法，从而也就不会违背公益，只做有益于公益的事情。① 赫尔巴赫下面的一段话准确道出了启蒙功利道德的理性主义原则：

> 一个有感觉有理智的动物，在有生之日，他时时刻刻都不能不注意自己的保存和安乐；他应该为自己求得幸福；但是，经验和理性很快给他证明，如果没有援助，光靠自己他是不能给自己提供为幸福所必需的一切东西的；他和一些同他一样有感觉、有理智、专心于个人的幸福、并且能够帮助他获得自己所愿欲的东西的人们一起生活；他觉察这些人，只有在对他们的安乐有关系时，才给自己方便；因此他得到结论：为了自己的幸福，就需要自己在行为上，时时刻刻出之以一种宜于得到最能协力于实现自己目的的人们的欢心、称赞、尊敬和援助的方式；他看到，对于人的安乐，最需要的还是人，并且为了使别人有利于自己的利益，就应该使他在协助自己计划的实现中发现种种真实的好处：把真实的好处给与人们，这就是有德行；有理性的人因此不能不感到，成为有德行的人是对自己有利的。②

不过，百科全书派启蒙理性主义功利道德却遭到了麦金太尔的激烈批判，他称其为"现代迷信"，而它本身恰是打着反对迷信的旗帜的。他从三个方面论述了作为"现代迷信"的百科全书派启蒙道德。首先，它把人从其所身处的共同体中抽离出来，变成了孤立、抽象的自然的人，把本来是社会性的、具有各种具体的身份、承担不同社会角色的人变成了单一的、原子式的无差别的个体。其次，它所倡导的理性是"忠实于非个人

---

① ［法］爱尔维修：《论人的理智能力和教育》，《十八世纪法国哲学》，第489—490页。
② ［法］赫尔巴赫：《自然的体系》上卷，第273—274页。

性的、无偏见的、公正无私的、统一的和普遍的理性本身",这种理性脱离具体社会语境而被使用,因此是抽象的,它被用于实现功利性的目的,因而是工具性的。百科全书派尝试运用这种抽象理性完成对启蒙功利道德的合理性论证,即从人性事实推出道德应当,从自我追求自身最大幸福的必然性推出我应当追求普遍的幸福、最大多数人的最大幸福,从我必然追求个人利益推出我应当实现公共利益,但是理性的工具性质决定了它不可能完成从是到应当的道德合理性演绎。最后,它相信同一的道德合理性,一切道德分歧都可以通过道德合理性论证最终达成"共识",但是这对于脱离了传统的启蒙抽象理性来说不啻于一场迷梦。①

　　麦金太尔是从他所认同的亚里士多德主义道德传统出发来审视和批判启蒙功利主义道德的。如果亚里士多德主义道德代表了全部真正的道德,那么他对启蒙功利主义道德的批判是无可挑剔的。但是,如果他不能证明亚里士多德主义道德就是唯一合理性的道德,那么他就可能像他批评的启蒙道德是"现代迷信"一样,自己也将陷入对亚里士多德主义道德的"迷信"之中。他口口声声说启蒙功利主义道德脱离社会传统,是在个体、自然理性的基础上建立起来的,但是他没有看到的是,它恰是在传统等级社会解体,一种基于个体自主理性的自发秩序的现代社会正在形成,为适应这种自发秩序社会的需要而建立起来的,亚里士多德主义道德传统已经不能适应这种自发性社会的需要了。同样,亚里士多德主义实质理性也不适合用于对个体自发秩序社会伦理进行合理性论证,只有普遍的形式理性才适合完成这个任务。如果我们从建构主义的视角去看启蒙形式理性对功利主义道德的合理性论证,我们会发现它并不是不合逻辑的,虽然基于普遍形式理性寻求道德合理性论证的"共识"倒的确是一个难题。

　　对于爱尔维修来说,人虽然是理性的,大多数人却并不是主动的,人的肉体感受性和无知也决定了他不可能完全是自我做主的。人更多的是环境和教育的产物,是由立法和教育所塑造的,而不是自主使用理性,自我立法,自我规定的。同样,人成为道德的人,即其行为是合乎公益的,不是靠人自身单独就能够完成的,他不能自发地或自主地使自身幸福与公共幸福是一致的,相反,这是由立法和教育造就的,只要建立良好的法律和教育机制,不管是什么样的人都可以被塑造成为有德性的人:"假如制定

---

　　① 〔美〕麦金太尔:《三种对立的道德探究观》,第58、172—200页。

了良好的法律，这些法律将会让公民们顺着他们要求个人幸福的倾向，把他们很自然地引导到公共幸福上去。造成各个民族的不幸的，并不是人们的卑劣、邪恶和不正，而是他们的法律不完善，因而也是他们的愚蠢。"①对于爱尔维修而言，问题不是由道德的人进行立法和教育，而是立法和教育出道德的人，不是人通过使用理性如何依靠自身自发成为道德的，自主做合乎公益的行为，而是通过立法和教育如何使人成为道德的，其行为是合乎公益的。在他看来，"法律造成一切"，道德成为立法和教育的活动，也成为一种技术性的人为干预活动，一门追求幸福的艺术；②人如何恶劣是"无关紧要的"，只要有关于自然和人性的真理，那么就能使人们幸福，因为每种真理就是"改善公民状况的一种新的方法"，也无论人是多么邪恶的，只要建立奖惩机制，给予罪行以惩罚，给予美德以奖励，使人们从美德中得到利益，就能扬善抑恶，使人成为有美德的人。道德还意味着强制，迫使人是有德的，或做出牺牲；就个人而言，他是"从来也不为别人的幸福牺牲自己的幸福"的，正如河水不会倒流一样，任何人都不会违抗自己利益的洪流，但是为了公益，却需要牺牲个人的暂时利益。因此公共的人道或幸福有时对于个人来说是"残酷无情的"，当一艘船长期漂泊，饥饿使得人们抓阄决定牺牲一人给他们提供食物的时候，人们会毫不犹豫地把他杀了，而这艘船即是任何国家的象征，它表明，"为了公共的幸福，一切都变成了合法的，甚至变成了道德的"③。就此而言，爱尔维修是一个道德强制主义者。

爱尔维修这种道德法律主义和强制主义过于强调法律和教育等人为的作用，而忽视了人性的积极作用，导致自然和道德、人性和美德等关系的扭曲和紧张。在他那里，人完全成了一块可被任意雕琢的石头，人性成了可随意供人进行道德实验和塑造的材料，人毫无自性可言。他表面上回到了自然，把道德建立在人性之上，但是实质上很难说他回到的自然是真正的自然，人性是真实的人性，道德是真正合乎人性的，毋宁说，人性是合乎其道德的。正因为如此，他遭到了狄德罗的批评，后者指责他没有绝对的正义，把普遍的利益看作道德的本质，教育而非机体造就了美德，把物

①　［法］爱尔维修：《论人的理智能力和教育》，《十八世纪法国哲学》，第537—538页。
②　［英］伯林：《自由及其背叛》，赵国新译，译林出版社2005年版，第16页。
③　［法］爱尔维修：《论人的理智能力和教育》，《十八世纪法国哲学》，第536—537、463页。

质幸福看作情感的目的等。① 更重要的是，狄德罗主张真正回归自然，在他看来，人的自然远不像爱尔维修所看到的那样是纯粹被动性的、可塑造的材料，而是单纯的、自足的、快乐的和好的东西，在某种意义上，它本身即具有规范意义，能够为一切人为的东西提供标准。因此根本不需要改造人性，或塑造人性，毋宁说，需要改造的是一切既有的道德及文明。对他来说，不是自然符合道德，而是道德应该符合自然，不是通过法律和教育把人造就为道德的，那样只会破坏自然，加剧自然和道德的分裂和紧张，而是回归人性自然，使法律和教育适合于人性自然，建立合乎人性自然的道德。②

三　幸福与自由

法国百科全书派在自然观上是机械决定论者，在道德上是决定论和功利主义者，在政治上却是道德论和自由论者。早期现代直至启蒙时代，西方哲学的一个基本取向是道德和宗教分离，道德和政治分殊。基督教时代，道德和宗教是一体的，即道德以宗教为基础，道德律令就是上帝的意志，义务基于上帝赏善罚恶的至上权威。从近代开始，道德转向自然化、世俗化，逐步从宗教的包围中突围出来，不仅宗教与道德的关系倒转过来，即与其说宗教是道德的基础，毋宁说道德是宗教的基础，或至少对于宗教应该从道德的角度予以理解，而不是相反，如自然神论即是如此；而且道德最终摆脱了宗教，甚至取消了宗教，赢得了自主的地位，百科全书派无神论功利主义道德即如是。在希腊古典哲学那里，道德与政治是一体的，道德是政治的前提，政治是道德的政治，以实现公民的美好生活为目的。对柏拉图来说，个人与城邦是同构的，灵魂的完善与城邦的善是同一的。但是从马基雅维里区分了是与应当，转向现实主义政治以来，道德与政治开始疏离，道德被归入私人领域，政治被归入公共领域，它可以是非道德主义的。霍布斯承续了这个趋势，对他而言，自然状态是战争状态，可因自然法的颁布而成为道德和平状态，但是一旦由自然状态进入政治社

---

① ［法］勒费弗尔：《狄德罗的思想和著作》，张本译，商务印书馆1985年版，第118页。

② Diderot, *Political Writings*, trans by Mason and Wokler, 中国政法大学出版社影印本，2003，第42—45、71—74页。

会，自然法便由实证法所替代，人们立约建立的是法治的国家，人们之同意进入国家不是为了道德的完善，而是保护自己的生命安全与和平。洛克进一步加深了道德与政治的分离，对他而言，自然状态是自然法约束下的自然权利状态，人们签订契约组成政治社会，是为了保护自己的生命、财产和自由的权利，而不是为了幸福或道德完善，因此其所进入的社会乃是法律保护下的法权社会，而不是道德社会。后来的康德也是如此，他所构建的公民共和社会即是法权社会，它只承诺保护公民的自由权利，并不承担对公民进行道德教化的职能。但是我们看到，在法国启蒙哲人群体中，却少有人把道德与政治分开，独立于道德，只依靠法律构建公民社会。毋宁说，他们大都把政治与道德统一起来，要把政治置于道德的根基之上，建立道德的国家，大有复归古典哲学的气象。

孟德斯鸠区分了共和制、君主制和专制三种政府形式，提出它们各自有不同的原则，而共和制政府的原则即是美德，因此共和社会是道德性的，虽然他说这种道德是政治性的道德。不过与其强调共和政府的美德原则相比，他更着力突出三权分立，以权力约束权力的政府自由原则。法国启蒙政治的重镇卢梭既主张通过社会契约建立起来的共和国根除奴役，保证所有公民是自由的，又主张共和国是伦理性的，其公意是普遍理性化的，永远是正确的，所有公民的意志必须符合公共意志，秉持公意的政府永远是好政府，服从公意的公民永远是好公民。而百科全书派同样坚持恢复政治的道德前提，力主把其功利主义的道德运用到政治上，建立功利主义的政治，反对过于消极地看待政府，即只是看守和维护人民的权利，无为于人民的幸福，相反，倡导为人民的福利而谋划的有为政府，认为只有为人民的利益而服务的政府才是好政府。

百科全书派基本上否定了霍布斯意义上原子式的自然状态，认为人并不是作为孤立个人，像狼一样生活在自然战争状态，也不像卢梭意义上的单纯野蛮人那样自爱自足，独立不依，如野兽般独来独往，离群索居，老死不与人往来，毋宁说人是社会性的，自始就生活在社会中，虽然这种社会也可以是自然的，所谓自然状态不是前社会性的，而是社会性的状态："社会是大自然的产物，因为正是大自然决定人在社会中生活。"① 就此而言，百科全书派与洛克是一致的。但是洛克主要从构成性的意义上理解自

---

① ［法］赫尔巴赫：《自然政治论》，陈太先、眭茂译，商务印书馆1994年版，第3页。

然社会，由此他把自然社会看作自然法约束下的自然权利状态，而百科全书派则从起源上理解自然社会，就此把自然社会看作功利性的自然道德社会。

按照人的自然本性，人们自保自爱自利，渴望幸福生活。但是经验和理性告诉人们，他们不能单靠自己达到自己的目标，只有生活在社会中，依靠和通过他人才能实现他们的利益。因此，人们出于自己的需要和利益而联合起来组成了社会。也就是说，人们之所以加入社会，是为了保存自身，过幸福的生活。一旦社会不能满足人们的需要，有违他们的幸福，那么他们就有权退出社会生活。社会是为了满足人们的需要而存在的，因此社会一旦形成，就有义务保障人们的安全和物质福利，帮助他们享用他们有权享用的一切。社会的合理性和正当性就在于，它能保证最大多数人过幸福的生活，因此社会必然是道德的社会。但是，社会为个人而存在，而非个人为社会而存在并不意味着，只有社会承担对于个人幸福的义务，而个人不担负对于社会幸福的义务，毋宁说，"正是满足本身需要的必要性要求人们承担某些义务，并坚决要求他们履行这些义务"①。人们为了自己的利益而组成社会，这不是说他们可以为了自己的利益而罔顾他人的利益，社会的共同利益。相反，他们哪怕是为了自身的利益，也必须顾及他人的利益，符合社会共同利益，他们自身的幸福不是建立在损害他人和社会幸福之上，而是建立在有益于他人和社会幸福之上的。出乎其感性，人们必然追求自己的最大幸福，而这意味着他可能会与人发生冲突，最终谁也不可能实现自己的幸福。出乎其理性，人必然意识到，真正懂得本身的利益，合理地爱护自己：爱自己即意味着也爱其他社会成员，帮助自己也就是帮助别人，为了自己的幸福也需要为他人做出牺牲，个人利益与他人利益，自身幸福与社会幸福是一致的。因此人在社会中生活，要求他必须是理性的，而他是理性的即意味着他必然做有益于社会幸福的事情；他做有利于社会幸福的事情则意味着他是合乎道德的，"合乎道德的行为意味着热爱社会，增进同我们命运相关的人们的幸福，以期促使他们也乐意增进我们的幸福"②。因此人因为自爱而与人组成社会，也必须爱社会，而为了过社会的生活，他应是理性的和道德的，承担对于公益的义务。对个

---

① ［法］赫尔巴赫：《自然政治论》，陈太先、眭茂译，商务印书馆1994年版，第12页。
② 同上书，第9页。

人与社会彼此承担对对方义务的人是道德的人，社会是道德的社会，因此自然社会状态主要是一种道德社会状态。

自然社会除了是一种道德社会之外，还是一种权利社会。这是因为自然社会是由自然法，即人类健全理性或正确理性调节的社会。百科全书派确信，正如自然存在合乎事物本性的自然规律一样，在人类社会中也存在内在于人性及其关系中的永恒秩序，即自然法。只要人不被各种成见、激情和欲望所主宰，而是听从理性的声音的话，那么他是会发现和认识写在"我们心中"的自然法的。① 赫尔巴赫认为，自然法简单、明了，是大地上一切居民都能懂得的，"凡是理性示意于我们的一切的法都可以叫做自然法，因为它们的基础就建立在我们本性之中"，"任何人只要能强行克制住自己的情欲，深思长想，极力弄清自己对人类的责任是什么，他就会发现，组成为人类的一切个人都从大自然那里获得同样的权利、同样的心愿和同样的需要，以及同样一些东西的憎恶。他必然得出结论：他为自己所希望得到的一切就是他应该为他人所做事情的标准"②。自然法赋予自然社会中的人以自然权利，其中最重要的即是财产权、所有权。洛克所揭示的自然社会也是理性，即自然法支配下的自然权利社会，对于他来说，自然法是指向权利的，社会也是以权利为基础的，但是赫尔巴赫却把自然法和权利下调了一个层次，对于他而言，自然法和权利仅仅是手段，从属于功利和幸福，不唯自然权利，即便自然法都是为公共利益服务的，"都是用来维护和巩固个人全部幸福所仰赖的社会；它们都向我们提出一些要求，不履行这些要求我们就得不到幸福；它们只有一个根源——人对幸福的企求，只有一个共同目的——为了人的幸福"③。因此自然社会呈现出来的主要特征不在于它是自然法权的社会，而是功利主义的道德社会，不是自然法权优先于社会幸福，而是社会利益优先于自然法权。

自然道德社会是很难长久维持的，这一方面是因为人们往往受私欲的支配，一味侵害他人利益和社会利益，破坏自然法；另一方面是因为无知，人们认不清自己的真正利益，不知道或误解自然法，导致人们看似追求自己的幸福，实则背离了自己的幸福。由此就需要对自然社会进行补

① ［法］狄德罗：《自然法》，《十八世纪法国哲学》，第425—427页。
② ［法］赫尔巴赫：《自然政治论》，第22、13页。
③ 同上书，第22—23页。

救，补救的方式即是建立政府，成立国家。

按照霍布斯的观点，人们是因为在自然状态下自己的生命和自由得不到保证，不得已走出自然状态，立约建立政府的，而人们建立政府的目的是保证自己的生命权利，还为此不惜牺牲了自己的自然自由的权利。按照洛克的观点，政府起源于自然社会状态不足以保障人们的生命、财产和自由，为了保障这三项权利，人们放弃自然社会组成了政府。因此总起来说，无论霍布斯还是洛克都认为，人们是为了保证自己的权利而立法建立政府的，由此所建立的国家即是法权国家。但是法国百科全书派却主要不是从权利保障的角度理解政府的起源，而是从功利的角度看待政府的，认为人们是为了自己的幸福建立政府的，好政府是最大化地满足和增进人民幸福的政府。

关心自己的幸福始终是人的首要关切，利益支配了人的一切行为，包括立约组建政府。在赫尔巴赫看来，人们出于本性的需要，出于"企求幸福"而联合起来成立了公民社会："公民之所以听从法律、公共意志和最高权力，只是希望这样做比按他们个人的企图和幻想去做能够使他们更可靠地获得长久的幸福，而按个人企图和幻想去做，反而常常事与愿违。……有钱有势者的权力和威信之所以得到穷人的承认，是因为后者期待着前者的帮助和保护。社会的权力建筑在它能保证自己的成员获得某些好处上面。最后，治人者的权力只能建筑在人民由于统治者的才干、关怀和美德或获得的福利上面。"① 政府的合法性和正当性即建立在人民的同意上面，而人民的同意不仅是让政府保证自己的权利，更重要的是实现自己的利益。爱尔维修认为，政府、最高权力和法律固然要保护公民的生命、财产和自由功利，但是人民的福利、公共利益才是最高的法则，是政府和立法的最高原则。② 也就是说，立法的主要依据不是人民的权利，而是人民的幸福，无论任何法律都必须给人们带来好处，为大多数人造福。

基于这种功利主义原则的政府不是消极的政府，仅以保护人民的权利不受侵犯为目的，而是积极的政府，必须为社会谋幸福，为人民增加福利。而人们联合组成社会，同意服从代表人民公共意志的政府，也绝不仅仅满足于它保护自己的生命安全不受内部和外来的侵犯，还要求它积极有

① ［法］赫尔巴赫：《自然政治论》，第41—42页。
② ［法］爱尔维修：《论人的理智能力和教育》，《十八世纪法国哲学》，第543—550页。

为，为人民争取更大的幸福，享受更多的劳动果实。由此，政府也就绝不仅仅是一种警察或公安机构，好政府也不仅限于维护社会安定，国家富强，最重要的是看它是否公正分配财富，保障人民"过幸福生活"，"这个幸福"即是判断政府好坏的"唯一依据"①。同样，积极的好政府不仅是法权性的机器，还必须是道德的机体，亦即它应当是慈善和仁爱的，它应当接近人民，听取人民的呼声，了解人民的需要、意愿和苦难，关心人民的幸福。治人者应该与普通人一样服从同样的道德准则，具备健全的理智、人道、正义和坚强诸美德。好政府不只是要求人民遵守法律，更要对人民进行道德教化，使人们的行为符合公益，造就有美德的公民。它不应该压制人们的个人利益，也不应当阻止人们爱自己，而应该"善于引导人们为社会造福"，抑制人们的私欲，使欲望高贵化，应该启蒙人们，让他们认识到自己的真正利益，引导人们的观点和判断，培养他们"具有天然义务、公道原则、公益心、爱护社会、忠于祖国、重视道德、志趣高尚这些观念"，并培育公民的良好风尚，培养其强健的体魄②。总之，政府不是价值中立的，而是道德的，负有"教育人民的使命"，它应该指导人民，培养人民的健全理智，使他们公正无私、讲人道，把他们塑造成符合公益的道德公民。

百科全书派在道德上是自然决定论者，在政治上是道德功利主义者，同时也是自由论者。霍布斯在道德上是自由主义者，而在政治上却是绝对王权主义者：只有君王是绝对自由的，虽然还受自然法的约束，臣民则失去了自然自由，用以交换君王许诺的安全；或者他的自由仅仅限于人身自由，一种最低限度的不受妨碍的人身自由。洛克则保持了在道德和政治上的同一，无论道德还是政治都是自由主义的，是以自由为支柱的。百科全书派也把道德和政治同一起来，功利主义道德是其政治的基础，政治是功利主义的道德政治，但是他们在主张道德决定论的同时却主张政治自由论，认为，政治固然是道德性的，人民幸福是其最高原则，但是这种道德政治却不是专制主义的，更不是基于奴隶制的，无论专制还是奴役都与以公益为目的的政治是不相容的，毋宁说，只有自由与这种功利政治是相容的，没有自由就没有道德，就不可能有幸福：

----

① ［法］赫尔巴赫：《自然政治论》，第 64 页。
② 同上书，第 289—291 页。

　　既然道德在于关心社会利益——这是无可怀疑的，那末没有自由就不可能有真正的道德。奴隶只能对暴君有益。唯有在自由的人民中间才能遇见爱护公共福利、愿意为全民谋利益、为追求始终以道德为基础的真正荣誉而热情奋发的人。①

因此自由是道德，也是人民幸福的必要条件：

　　人民的幸福表现在以法律维护社会秩序和均势，表现在公民人身安全和他们的私有财产有保障，表现在全体公民不用过度劳动就能满足自己的需要。但是，只有在自由的条件下，这一切才能实现。

　　没有自由，无论国王也好，臣民也好，都不能享受长久的幸福。②

同样，没有自由，也不可能有好政府，自由亦是功利国家的必要条件：

　　在自由被无限权力恣意消灭了的国家里，大多数人既无休息，也无安全，更无幸福。只有在自由占统治地位的地方，社会才能强盛，也只有在那里，人们才有祖国。

　　爱祖国——这就是合乎情理的爱自己。这种爱教导我们高度尊重和爱护保护我们的政府，高度尊重和爱护保卫我们的人身和财产不受侵犯的法律，高度尊重和爱护保卫我们的社会，是社会劳动构成我们幸福的基础。但是，只有自由能够保证公民获得这些权益，没有自由就得不到这些权益，所以没有自由就没有祖国。③

百科全书派在自然观和道德观上不是决定论者，自然和道德不都是必然的吗？它何以还大讲自由，并且认为自由是道德和政治的必要条件？它是

---

① ［法］赫尔巴赫：《自然政治论》，第 271 页。
② 同上书，第 267、236 页。
③ 同上书，第 266 页。

一种什么样的自由？在这里，我们看到，百科全书派着力讲的自由不是本体论意义上的意志自由，也不是在自然意义上与必然性相对立的自由，而是社会性的自由、政治性的自由，这种自由是在人际关系中呈现出来的，是不受他人人为干涉、强制的状态，因此它与压迫、强制是对立的，自由即不受他人支配、强迫的自在自为状态，也是与专制、奴役相对立的，自由即不被剥夺、不被奴役的独立自主状态。这种人际自由、社会自由不与自然必然性相冲突，因为它根本就不是在物理自然意义上相对于他物而言的，而是在人际关系、社会意义上相对于他人、某种人格实体如国家而言的。在自然意义上，人作为自然人，是自然的一部分，因此从属于自然，像所有自然物一样受自然规律的规定，其行为是自然必然性的，但是人作为人，还生活在群体中、社会中，与人产生关系。在这种关系中，如果人不能按照其自然必然性去行为，而是受到他人人为的干涉、压制乃至奴役，那么这就意味着他是不自由的，不能自己作主的。如果通过这种关系，人并没有受到奴役和压迫，他能够自己作主，做自己能够做的事情，那么他就是自由的，而他这种自由与其本性必然性并不矛盾，毋宁以其为条件。

这种人际自由在近代最早由马基雅维里、霍布斯和洛克予以阐发，而在法国启蒙哲人中，孟德斯鸠最先阐释了这种自由。在他看来，政治自由不在于想做什么就做什么，在一个国家里，即在一个法律的社会中，"自由只能在于能够去做应当想做的事，而不被迫去做不应当想做的事"，因此自由即是"做一切法律许可的事的权利；如果一个公民能够做法律禁止的事，那就不再有自由了，因为别的人也同样可以有这种权力"①。他认为，只有三权分立并且相互牵制的国家才是自由的国家；而他也认为，只有英国建立了这样的自由国家体制。百科全书派大体上承续了洛克和孟德斯鸠意义上的社会自由观念，他们在政治上大都主张保护人民的生命、财产和自由权利，坚决反对绝对权力的专制主义和奴隶制。狄德罗就认为，没有人天然就被赋予命令他人的权利，自由乃上天所赐，任何人类成员，主要具有理性，就享有自由的权利，自由即具有对自身的所有权，所

---

① ［法］孟德斯鸠：《法的精神》，北京大学哲学系外国哲学史教研室编译：《十八世纪法国哲学》，商务印书馆 1963 年版，第 39 页。

有政治权威都必须建立在人民的自由同意之上。[①] 他还区分了三种人际自由，即自然自由、公民自由和政治自由。自然自由即自然赋予每个人依其所愿处置自身的权利；公民自由是社会确保任何公民能够做不违背法律的事情的权利；政治自由则是一个民族不异化其主权，创制自己的法律或通过立法联合起来的状态。自然自由紧随着理性能力，是人区别于动物的主要特征，一个丧失自由，被恶人控制的奴隶是连狗都不如的。因此人之为人即在于人是自由的，如果天底下没有什么权力能够改变我的身体组织，把我变成一个动物，那么也就没有任何权力能够处置我的自由。即使上帝也只是我的父亲而不是我的主人，我只是他的孩子而不是他的奴隶。[②] 显然狄德罗像卢梭一样喊出了启蒙时代确立自由的最强音。爱尔维修进一步把自由及其功利主义道德政治联系起来，认为一种政治是自由的还是专制的，对于民众的教化完全是相反的：在一种自由的统治之下，人们是坦率的、忠诚的、勤奋的、人道的，而在一种专制的统治之下，人们则是卑鄙的、欺诈的、恶劣的，是没有天才也没有勇气。无论一个人的统治还是少数人的统治都是一种专制的统治，人民没有对于自由、财产和生命的所有权，只有在一切人统治的政制中，公民是自由的，他服从的只是为自己制定的法律，而且他是幸福的，因为这种自由政制致力于大多数人的幸福。[③] 但是爱尔维修对自由的论述是不充分的，在他那里，政治自由相对于道德强制来说是次要的和微弱的。百科全书派中只有赫尔巴赫较为充分地论述了自由与幸福及与道德政治的关联。

赫尔巴赫认为，人是自由的，并且大自然还赋予人爱自由的情欲，希望每个人珍视自己的存在。每个人都爱自己、谋求幸福、争取个人利益，自由即是"生活在社会中的人为了自身幸福能够去做一切为其本性所允许做的事情"[④]。人的这种社会性的自由不等于完全的独立自主，实际上这是不可能的，因为人是社会性的，他必然处在社会中，并通过社会生活，一旦离开社会，他将无以生存。自由也不等于为所欲为或任性，正如必然性法则制约着自然界一切生物一样，必然的自然法则也"制约着人

---

① Diderot, *Political Writings*, pp. 6，186.

② Ibid.，pp. 186 - 187.

③ ［法］爱尔维修：《论人的理智能力与教育》，《十八世纪法国哲学》，第 539、510—511 页。

④ ［法］赫尔巴赫：《自然政治论》，第 238—239 页。

们并维持社会秩序",个人违反它们,"迟早就会受到命运恶化或福利毁灭的惩罚",整个社会如果不遵守自然法,必然导致社会秩序紊乱,道德败坏,罪恶丛生。真实的自由等于理性的自由,合乎法则或法律的自由;每个人都自我保存和谋求幸福,但是如果他不合乎理性地追求自己的利益,那么他的自由是没有限制的,他的行为就是任性的,受制于盲目的冲动,"其结果就会害自己也害别人",最终任何人的自由都无从得到保证。如果一个人的自由发展到"拒不服从根据公道、理性和社会利益制定的法律时,自由就会带来危害。人们一旦越过了法律规定的界限,那他们享受自由就成了非正义行为"①。对于生活在社会中的人来说,他们就得"服从普遍的规范或准则","让自己的全部生活都听从自然和理性所制定的法律的支配",如此他们就是自由的。没有法则就没有自由,自由即是"理性法则允许的范围内"的自由,服从正义的法则即意味着"享受公民所希望享受的那样的最充分的自由"②。

　　人人爱自由,这源出于每个人追求幸福的必然性,而自由却要求合乎理性,服从法律,理性和法律是人获得自由的必要条件。但是人追求幸福也要求他必须合乎理性,遵从普遍法则,使个人利益符合公共利益,而人实现自身幸福却也要求他是自由的,自由亦是其获得幸福的必要条件。如此一来,岂不是陷入了自由和幸福的逻辑循环?到底自由是幸福的前提,还是幸福是自由的基础?当自由和幸福发生冲突的时候,哪个优先?如果自由优先,则意味着这是一种自由主义的幸福论;如果幸福优先,则意味着这是一种功利主义的自由论。百科全书派的赫尔巴赫属于后者,对他来说,幸福原则优先于自由原则,从根本上来说,自由源出于人的幸福的需要;人若是幸福的,他就必须是自由的,没有自由则没有幸福,没有对幸福的欲求也就没有对自由的欲求,没有对幸福、公意的爱也就没有对自由的爱,人因为欲求幸福,人才要求自己是自由的。因此,"整个社会的福利"就是社会成员的"自由的标准"③,而不是相反,享有自由是社会成员"幸福的标准"。自由意味着人把自己的情欲限制在理性道德的范围内、理性法律的范围内,凡是理性、道德、公益统治的地方,人民就是自

---

① [法]赫尔巴赫:《自然政治论》,第237—238页。
② 同上书,第238、242页。
③ 同上书,第239页。

由的；凡是法律统治的地方，人民就是自由的。反之，在人统治法律的地方，人民便是奴隶，而没有理性、道德，不讲公益的地方，则没有自由，只有暴政和专制。

百科全书派在道德上是一种决定论，甚至是一种激进的机械决定论，但是它因为保留了社会性自由，并把这种自由看作道德的条件，而使它最终没有陷入道德专制主义的深渊；然而，在它把幸福作为优先于自由的原则确立起来，即自由从属于幸福的欲求时，至少在逻辑上预设了它随时都可能为了幸福而牺牲自由，正如霍布斯为了生命而在国家中牺牲了自由一样。

第七章　两种自由的冲突

　　休谟道德思想源出于苏格兰启蒙道德哲学，而后者的主流是道德情感主义，因此休谟的情感主义道德并非他独立开源出来的，而是走了捷径和便道的。但是休谟也不是无所作为，述而不作，而是把苏格兰道德情感主义、英格兰经验主义和洛克的功利主义结合起来，用前者改造了后者，转化出一种功利性的道德情感主义，在理智和情感何为道德原则的问题上彻底"牺牲"了理智，确立了情感对于理智在道德上的优先性。把道德的考察放在人性论之上，赋予这种考察以现代科学的形式，并且在对人类理智的研究中，通过必然与自由关系的探讨划出自由的地盘，为道德包括宗教奠定了新的基础，使道德情感主义从目的因果论的框架中转出，纳入自由因果论的框架内，是休谟对于道德情感主义最重要的发展。与休谟同时代的卢梭本来身在法国理性启蒙主义阵营，功利主义的道德理性主义是这个阵营道德思想的主流，但是他却反叛了这个阵营，激烈主张道德的反智主义。这种反智主义的道德在他第一篇论文《论科学与艺术》中所塑造的"幸福的无知"的苏格拉底形象上初露端倪，而后在其主要著作《论人类不平等的起源和基础》（以下简称《基础》）、《爱弥儿》中得以进一步展开，形成了完整的情感主义的道德理论，而同情是这个理论的主要原则。由此，他就与休谟遥相呼应，在道德理性主义居于主导的启蒙时代为道德情感主义之鼎立，二分道德领地立下界碑。相对于休谟来说，卢梭不仅把道德情感主义置于自由之上，更是敏锐地洞察了自由和道德情感的微妙关系，竭力探究保有自由，与自由一致的情感道德理论。对于他来说，同情的道德是确保人自由的重要屏障。

一　道德的自由基础

卢梭是在自然法理论传统中述作自己的道德政治思想的。就此而言，他更多地出于政治理论的需要才涉及道德哲学问题的，而非在近代认识论—形而上学的背景中思考道德的本体基础问题。按照他的逻辑，人类经历了自然状态、社会状态和国家状态三个阶段，其中只有自然状态是好的，社会和国家状况都是很糟糕的。前者是人自由和平的状态，后者则是战争和奴役的状态。在霍布斯、洛克所设想的自然状态中，人是理性的和会说话的动物，也就是说，人业已是人，因理性而与动物相分离了。但是卢梭却坚决反对刚脱离动物进入原初的自然状态的人是理性的和会说话的，就他而言，这是人在社会中的状态，而不是自然中的状态，而自然状态是严格区别于社会状态的，区别的标志不是有无政府，而是理性和语言，自然状态中的人是不会说话和进行理性思维的，仅是服从自然本能和情感的野蛮人。但是野蛮人也是人，已经与单纯的动物区分开来，而区分开人和动物的不是理性或语言，而是自由："在禽兽的动作中，自然支配一切，而人则以自由主动者的资格参与其本身的动作。禽兽根据本能决定取舍，而人则通过自由行为决定取舍。""因此，在一切动物之中，区别人的主要特点的，与其说是人的悟性，不如说是人的自由主动者的资格。"[①] 卢梭对人的这个本质的规定是全新的和前所未有的，是完全现代的，道出了现代精神对人理解的核心原则。希腊人从目的论，从至善论方面思考人，人被看作是理性的、性善的、合目的的人；基督教从信仰论，从神义论层面对待人，把人当作是性恶的，因信称义得救的人。卢梭说出了人的本质的现代性规定，而且只有在卢梭这里，人的现代性的本质规定才清晰地呈现出来：人不是性恶的，也不是性善的，而是自由的；人也不是称义的，也非尽善的，而是称天职、尽义务的。

霍布斯虽然为现代精神开出了端绪，确立了既非希腊也非基督教而是现代的人的基本规定，说出了人是自由的，但是他并没有真正确立自由人的本体地位，对于他而言，自由还仅是一种权利，一种从属于生命的权

---

① ［法］卢梭：《论人类不平等的起源和基础》，李常山译，商务印书馆1962年版，第82、83页。

利，因生命权利而获得自身正当性的权利，而尤为致命的是，自由对于人是消极的，本来是生命条件的自由却导致生命难保，陷人于万劫不复的战争状态，因此人为了进入和平状态，不得已放弃自由来换取生命的安宁，接受君主专制政府。洛克着力纠正霍布斯的错误，把自由和生命、财产放在同等地位，反对牺牲自由乃至财产换来生命的保证，强调自由是生命和财产保证的基本条件，三者缺一不可，但是他仍然只是把自由看作与生命和财产价值等值的一种正当权利。虽然他在对人类知性理解力的考察中探讨了人的自由能力，把它放置在道德的基础上，但是他依然未能凸显自由对于人的本质规定的本体意义。只有卢梭往前迈出了关键的一步，一举锚定了人的本质内核：既不是生命，也不是财产，而是自由；生命和财产固然很重要，但是自由高于它们。人可以为了自由牺牲生命，放弃财产，但不可为了生命或/和财产而不要自由，因为自由是人的一切能力中"最崇高的能力"；如果人抛弃他"所有天赋中最宝贵的天赋"而屈从于一个残暴或疯狂的主人，即是堕落，把自己降低到禽兽水平，他不再配称为人，失去了做人的资格："一个人抛弃了自由，便贬低了自己的存在，抛弃了生命，便完全消灭了自己的存在。"①

随着卢梭说出"人是自由的，没有自由，人不再是人"，可以说，西方精神历史真正进入了现代时刻。他道出了现代精神的核心原则，也说出了现代区别于古希腊时代和基督教时代的本质规定。德国古典哲学家们听到了卢梭的现代呼喊，从康德起，都竭尽全力从形而上学本体论、道德实践论各个层次演绎卢梭道出但未能证明的"自由是人之所是和实践的原则"，而在这个意义上，德国古典哲学是真正现代的哲学，即自由的哲学，而卢梭是它的精神先知。

麦金太尔否定启蒙道德合理性的论证，即从"是"推出"应当"是成立的，而如果他的批判是正确的，那么这等于是对启蒙道德哲学釜底抽薪。但是施特劳斯却对现代启蒙道德哲学有着不同的理解。在他看来，古代道德哲学的基础是性善论，而性善意味着尽善，止于善即是人之义务，也意味着义务先于权利，尽善的义务高于享有善的权利。但是他也看到，现代启蒙道德合理性论证的前提更换了，不是目的论，而是自然自由意义

---

① ［法］卢梭：《论人类不平等的起源和基础》，第135—137页。

上的人性论构成其论证基础，由此自然权利论成为其论证的基本逻辑。①

确如施特劳斯所言，从霍布斯、洛克到卢梭的启蒙道德合理性论证的前提是自然权利论。在霍布斯那里，自我保全的权利是人最基本的自然权利，自然法即是基于这种自然权利推演出来的。而所谓自然权利即是自然自由，即按照自己的意志使用人身和万物以保全自己生命的自由，也就是说，人靠自己而不靠上帝来保全自己，他有使用他认为适合的手段来保全自己的权利，即由自己而不是由他人代替自己判断和选择合适的手段以保全生命的自由。

在霍布斯那里，生命和自由是基本的自然权利，而洛克又在这个权利清单上加上了财产权。但是在卢梭那里，情况却发生了转变，自由被他放在了权利清单的第一位。对于霍布斯来说，人们可以为了保全生命而放弃自由，绝对君主制国家即是基于这种逻辑建立起来的。对于洛克来说，财产权是最重要的，没有财产权就不可能保障生命和自由权利，因此他主张建立有限权力的政府以保障三项基本权利，特别是财产权。卢梭紧接着霍布斯和洛克而来，跻身于现代自然法理论传统中。但是对于他来说，在人的基本自然权利中，自由是优先的，在价值上自由高于生命和财产，生命和财产从属于自由。卢梭一生都在高喊自由，认为人区别于万物的本质不是理性或仁爱，而是自由，道德和政治必须建立在人的自由基础之上。他坚定地主张，人生而自由，哪怕"孩子们生来就是人，并且是自由的；他们的自由属于他们自己，除了他们自己而外，任何别人都无权加以处置"②。放弃自由的人就不再是人，人只要作为人，无论如何是不能放弃自由的，否则，"放弃自己的自由，就是放弃自己做人的资格，就是放弃人类的权利，甚至就是放弃自己的义务"。奴隶就不再是人，因为他放弃了自己的自由，而一旦他放弃了自由，这种放弃对他来说，是绝对意义上的损失，等于放弃了一切，"是无法加以任何补偿的"。也就是说，自由对于人来说是绝对的价值，是无价的，一旦失去将无以补偿。而且一旦放弃了自由，就意味着，你是人却不愿意做人，因此你就不再是道德的人，也不可能是道德的人："这样一种弃权是不合人性的；而且取消了自由意

①　［美］施特劳斯：《自然权利与历史》，彭刚译，三联书店 2003 年版，第 185、232 页。

②　［法］卢梭：《社会契约论》，何兆武译，商务印书馆 1980 年版，第 15—16 页。

志的一切自由，也就是取消了自己行为的一切道德性。"① 因此自由既是
人的存在，人之所是，也是人之应当的基础，人行为道德性的前提，一切
自然法、道德法则都应从人的自由推出来。霍布斯的自然法即建立在生命
和自由权利之上，洛克的自然法则与财产、生命和自由三项基本权利紧密
相关，而对于卢梭来说，自然法首先建立在自由权利之上，因为自由是人
的本质。

因此在这个意义上，施特劳斯的把握是较准确的，即启蒙道德哲学从
"是"到"应当"的合理性论证不是建立在目的论之上，而是建立在生命
还是自由何者优先的自然权利论之上。麦金太尔对启蒙道德哲学的攻击没
有抓住要害，因而是不成立的。古代伦理学的前提是目的论，基督教道德
哲学的基础是神义论，而启蒙道德哲学的论证逻辑是自由论。所以你要攻
击启蒙道德哲学，就必须抨击其自由论逻辑，只有这样，你才算抓住了
要害。

虽然对霍布斯来说，权利即意味着自由，但是他却把自由放在次要的
位置上，而且他只讲生命的自由，自由是从属于生命的，而不讲自由的生
命，把自由置于生命之上。洛克比霍布斯前"进"的地方在于，自由和
生命被放在了同等位置上，在他看来，一个人不能为了生命而舍弃自由，
当然也不能为了自由而舍弃生命。卢梭则推动了一种根本性的转变，把自
由作为绝对的价值和优先的权利确立起来，对他来说，一个人可以为了自
由而不要生命，但是不可以为了生命而不要自由。他的这种转变是对启蒙
思想的推进和深化，直接影响了德国古典哲学。如果说休谟在认识论上唤
醒了康德，那么卢梭则在道德哲学上唤醒了康德，自由成为其道德哲学的
基石。

当卢梭说自由是人的本质的时候，他尝试从本体论上证明人"是"
自由的，虽然他并没有真正完成这个工作。《爱弥儿》第 4 卷萨瓦省牧师
的"信仰自白"可以说是卢梭哲学的一个完整表述，从中可以看出，他
竭力上升到存在论层面思考世界，思考人的自由存在问题，虽然它是以一
种自然神论的形式呈现出来的。

卢梭的思维进路完全是现代启蒙性质的。他没有按照传统的路数，从
神或从自然的沉思中展开合理性的演绎，在神域或自然域中思考人的存在

---

① ［法］卢梭：《社会契约论》，第 16 页。

和行动，而是倒转过来，回到人自身，从自我的感觉、理智、意志、情感出发，通过反思我的感觉、心性存在和行动的条件与依据，反身性地推演人自身的存在、世界的存在、上帝的存在，并回头通过世界和上帝的存在确证自我的存在和行动。如果前者是实体主义的思路，那么卢梭走的是主体主义的进路。他在对自然的感觉和思考中看到了自然的和谐秩序，从中推知自然中和在其上的上帝的存在，由此他了解了人在上帝创造的自然中的主人位置，又从自身的心性存在中发现了上帝的存在。但是，当他据此把握个人在人类中的地位的时候，他发现，自然如此和谐有序，而人类却如此混乱无序。自然是好的，而人类却满是罪恶。这是他一以贯之的观点。这不是说，人类本来就没有秩序，而是有秩序的，而且是有道德的秩序。人类之所以既有序而又无序，根子在于，人是自由的，而且他总是滥用自己的自由。他通过反省知道，他有感觉、理智，也有意志和情欲。他还通过自省自己的意志活动知道他是自由的：他不是被动的，而是能动的，他的这种能动即在于其意志，"我的意志是不受我的感官的影响的，我可以赞同也可以反对，我可以屈服也可以战胜，我内心清楚地意识到我什么时候是在想做什么就做什么，什么时候是在完全听从我的欲念的支配"①。但是我虽然时刻都有意志的能力，却不一定时刻都有贯彻意志的能力，这是我的意志的弱点，而"当我责备我这个弱点的时候，我所服从的是我的意志；我之所以称为奴隶，是由于我的罪恶，我之所以自由，是由于我的良心的忏悔；只有我在我自感堕落，最后阻碍了灵魂的声音战胜肉体的本能倾向的时候，我心中才会消失这种自由的感觉"②。由此卢梭从自身否定性的意志经验中自省地得出了人的意志是自由的，人是自由的真理："一切现行动的本原在于一个自由的存在有其意志，除此以外，就再也找不到其他的解释了"；"无论是根本就没有原动力的存在，或是一切原动力都没有任何的前因，总之，凡是真正的意志便不能不具有自由。因此，人在他的行动中是自由的，而且在自由行动中是受到一种无形的实体的刺激的，这是我的第三个信条"③。

　　人是自然自由的，或是生而自由的，但是如果这种自由不遵循理智的

---

① ［法］卢梭：《爱弥儿》下卷，李平沤译，商务印书馆 1978 年版，第 400 页。

② 同上。

③ 同上书，第 401 页。

判断，遵循人类秩序，即道德律，听从天性良知，顺乎其良心为善去恶，那么它将不可避免地被人滥用，进而人将失去自由。上帝使人自由，人是主动的和自由的，能按照自己的意愿行事，因此他应该为自己的行为负责，而不应由上帝为其行为负责；人类是昏乱的，这不是上帝的错，而是人自身的错，是人滥用自由所致，人的自由是人类昏乱的原因，而不是上帝使人自由是其昏乱的原因。

卢梭固然借助自然神论的形式，从哲学本体论层面论证了人是自由的，但是这种论证还是粗略的，未能深入和全面展开，很多论述还只是断言而缺乏合理性的演绎。固然，他开启了从本体论证自由的先河，但也只是开端而已。承接卢梭问题的德国古典哲学穷根究底的理性精神决定了它必然沿着卢梭开出的道路系统、深远地走下去，继续追问和论证人是什么？自由是什么？人是自由的吗？自由问题是现代哲学最艰深的问题，而正是对自由问题在本体论和道德哲学层面上的全面持续思考造就了德国古典哲学，也造就了现代哲学的高峰。在本体论上论证自由，此前没有任何人做过这样的尝试。康德是在哲学上系统做这种尝试的第一个现代哲人，他的《纯粹理性批判》在对知识进行了合理性论证，杜绝了怀疑主义对科学的攻击之后，通过对第三个二律背反的讨论，从本体论方面论证了世界作为现象是必然的，作为本体是自由的，自由在自然之外。康德直言，他写作《纯粹理性批判》的内在意图不唯是对科学进行奠基，而且也为实践和信仰保留了地盘，为道德和宗教做了奠基。也就是说，在纯粹自然必然性领域是没有道德和宗教的地盘的，必须在自然必然性领域之外开辟自由领域，唯有自由是道德和宗教的前提。他把世界二分为现象世界和本体世界，前者遵循的是自然的因果律，后者遵循的是自由的因果律，而人作为理性的存在者是自由的，自由即本体意义上的人之所是。但是对于康德来说，自由只是一个理念，其实在性还没有得到证明，人"是"自由的尚未被确证。因此，康德虽然提出了自由的本体论证问题，但是他却没有完成这个伟大的任务，自由的实在性问题反而在他这里成为悬而未决的问题。其后的德国古典哲学承接了"康德问题"，但却回到了自我意识，意图通过对自我意识前提条件的反思呈现或理智直观自由。黑格尔对自由的自我意识论证是最著名的：自由是在原初的承认斗争中呈现的——人为了意识到自身而展开了争取承认的生死斗争，贪恋生命的人不被承认，宁可死也不愿失去独立的人被承认；前者成为依赖性的奴隶，后者成为独立的主人，主人的自由通过奴隶的承认被确证和意识到。

如果现代道德哲学可以用德国古典道德哲学来标记的话，那么卢梭是这个标记得以被标注的关键所在。卢梭把自由看作人的本质，而德国古典哲人深以为然。尽管当时德国社会还是封建社会，但是德国古典哲人们已经在思想上紧跟卢梭迈过了现代世界的门槛，当他们把自由作为全部道德哲学的拱心石树立起来的时候。如果霍布斯是启蒙道德哲学的开端，那么卢梭就处于启蒙道德哲学发展的转折点上。前者开启了自由功利主义的道德哲学传统，后者则开启了"自由主义"的德国古典道德哲学传统。如果把德国古典道德哲学看作整个启蒙道德哲学的最高峰，则这个高峰形成的关键拐点是卢梭。

二　两种自由的冲突

卢梭先后完成的三部著作《论科学与艺术》《基础》和《社会契约论》构成其哲学思想的完整框架。但是，如果我们仔细加以解读的话，我们就会发现，在《基础》与《社会契约论》之间存有一个断裂带。在《基础》中，卢梭揭示了在纯粹自然状态下，个体是自由的，而在人进入社会之后，这种个体自由丧失了。[①] 对他来说，自然状态是好的，而社会状态是恶的，从自然到社会不是发展、进步，而是倒退、腐化。在社会中，人分化为主人和奴隶。主人看似是奴隶的支配者，实际上却是离不开奴隶、受奴隶支配的奴隶，也就是说，在社会状态下，人人都是奴隶，没有真正自由的主人。在《社会契约论》中，卢梭的观点发生了改变。虽然他讲"人生而自由，却无往不在枷锁之中"，但是对他来说，社会枷锁并非总是囚缚人，使人丧失自由，沦为奴隶的枷锁，也可以是一副好的枷锁。它作为法律、伦理规范不仅不限制自由，反而能使人重新恢复自由。在自然状态下，人作为个体是自由的，而在良好的共和国家里，虽然人人都受到法律、伦理义务的约束，但是他们却感觉不到自己失去了自由；在戴上"枷锁"前，他们是自然自由的，而在他们自愿戴上"枷锁"之后，他们虽然失去了自然自由，但却收获了社会性自由。前此，他们是自在的

---

① ［法］卢梭：《论人类不平等的起源和基础》，第 83、96、106—110 页。

自由的，现在，他们在自己约束自己、自己规定自己的意义上是自由的。① 在自然状态下，人的自由是纯粹个体性的自然自由，而在社会状态下，人的自由是社会性的公民自由、共同体性自由。在伦理政治社会里，人不是作为单独个体而存在，而是作为共同体的个体表现而存在。他关心的不是个体，而是共同体，他从属于并献身于共同体，承担起维护和再生产共同体的责任。他代表的不是个人或家庭，而是共同体，他是公共生活的参与者，如希腊公民一样，是生活在广场、公共领域内的公民。自然自由个体在其自身，"独善其身"，关心的是个体的安全、道德的完善，而自由公民则要"兼济天下"，兴平国家。个体和实体、个人自然生活和公民社会生活代表了两种完全相反的存在形式和生活形态，前者是退的状态，后者是进的状态。每个生活在两个领域中的人，都要知所进退，进则关注天下国家，退而关注自身。儒家讲究进，修身养性之后齐家治国平天下，但前提是，天下有道，如果天下无道，你仍然平治天下，就是助纣为虐，而你应该做的是退回自身、独善自身。

　　就卢梭而言，自然状态是人可退守的最后领域，在社会昏乱的时候，人就不应该搀和其中，而应该从中退出，退回到自足自在独立的自然状态，也就是个体自由的状态。相反，一旦作为公民，你就要走出自然状态，进入受约束的社会，尽公民对于国家的义务。由此在卢梭那里，就存在两种自由，即个体自由和公民自由，而它们是相互冲突的，要个体自由，就不能要公民自由，反之亦然。两种自由不能两全，自然和社会是两个相异的自由领域，不存在重合的可能性。

　　卢梭在自然状态和公民社会之间插入了一个中间状态，即不平等的社会状态，这个社会状态是从自然状态进展而来的，但是却使人失落、丧失了自由。这样一来，在卢梭那里，就存在一个从自然状态到不平等社会，再到公民国家的连续过渡，与之相伴的是一个从个体自由到个体自由的丧失，再到公民自由的恢复的连续进度。问题是，何以发生了这种过渡，从一种自由到另一种自由的转换是如何进行的？人在进入丧失自由的不平等社会后如何可能再进入平等自由的公民社会？当一个人状态良好的时候，他可能会有自我完善、尽善尽美的内在渴望，但是，如果他已经腐化堕落了，他还有摆脱恶而进于良善的内在渴望吗？换言之，一个已经腐化了的

---

　　① ［法］卢梭：《社会契约论》，第 23、29—30 页。

社会还可能变好吗？

就我们自己切身的经验观察来看，中国社会是什么样的社会，是良好的，还是不好不坏的，或是腐化了的？也许它是一个不那么良好的社会。在这样的社会里，人人都主张公平，呼唤正义，但是说的是一回事，实际做的却是另一回事，没有几个人真去做公平正义的事情。因此，如果这个社会是不公平的话，那么责任其实不在他人，而在每个人，我们潜在地都是不正义的。比如，在教育上就存在很严重的不公平问题，在老师对待学生的态度背后，就充斥着太多的权力、财富等外在因素。一些名校，送礼成风，而送礼者的目的无非是希望老师对自己的孩子更好一点。虽然人人心里都清楚，老师应该公平地对待每一个孩子，可是他作为家长却首先想到的是打破这种正义，因此我们作为家长是败坏的。你可以说这是社会造成的，别人都会这么做，如果我不这样做我就会吃亏。可怕的是，我们现在陷入了这个怪圈而不拔，明明知道腐败是不对的，却又不得不那样做。不可否认，社会整体环境出了问题，但这并不意味着，就个体而言，他只能这样做，而是他有责任不这样做。作为这样的社会，中国社会是否还有扭转的可能，已经败坏的人能否还会有一天"脱胎换骨"，转变成既知道公平正义也能践行公平正义的公民呢？

卢梭即面临这样的问题，即在不平等社会中个体自由已经丧失了，人又如何可能恢复自己的自由呢？丧失自由的人是否还渴望寻找自由和恢复自由呢？本来好的人已经变坏了，那么他又如何可能重新变回好人呢？另外，对于卢梭来说，如何统合个体自由和公民自由呢？他既肯定个体自由，也肯定公民自由，但是它们却分属于不同的领域，而这两个领域又是此消彼长的：要想获得公民自由就必须走出自然状态、放弃个体自由，二者不能共存，反之亦然。一方面，他主张通过签订契约放弃个体自由、进入共和国家，获得公民自由；另一方面，他又主张退出公民社会，回到无忧无虑的个体自由的自然状态。

我们从《红楼梦》中的主人公贾宝玉身上就隐约看到那个纠缠卢梭的难题。他出生在官宦之家，接受的是正统儒家教育，人人都希望他正心诚意修齐治平。但是他本性却是道家风骨，成天和一帮丫鬟小姐在一起吟诗作赋，自然无为，无心修齐治平。随着家道的败落，他最终皈依佛家。总其一生，他走的是一条由进而退的人生之路，依次从社会退回到自然，直至退回空无之境，退到无处可退。卢梭主张回到自然，但不是回到虚无，因此他的主张与道家形成共契。道家要求人们坐忘名利，从社会回到本真状态，即返回逍遥自得其乐的自由状态。卢梭要回归的自然状态类似道家的自然逍遥的状态，在其中人是自在自足的，因为欲望少或没有多少欲望而不需要依赖他人，因而是自由的。卢梭把这种田园牧歌式的自然状态看作人最本真的状态；既然人都从这种自然而来，那么他也就渴望回到自然那里去。但是卢梭也意识到，自然回不去了，而且既然人已经走出了自然，他也就没有退路了，对于他来说，"上屋抽梯"，只能往公民社会、往共和国的实体自由前进，只能进不能退了。

因此卢梭的思想是矛盾的：一方面有往后退的愿望，另一方面又有迫不得已向前走的意志，但是他又无法统一两者。不过，这也恰是卢梭对现代性思想的最重要贡献：个体自由和公民自由、个人道德和公民伦理之间的矛盾在他这里第一次完整地呈现出来。从霍布斯到洛克，英美自由主义的道德政治进路是，按照个体自由的逻辑一股脑儿地走下去，不回头，对它来说，根本就不存在个体和社会、个体自由和公民自由之间的冲突，因为公民自由可还原为个体自由，在民主国家里人享有的公民自由就是个体自由。在自然状态下，人是个体自由的，而当他进入公民社会的时候，公民社会就建立在个体自由之上，并保护个体自由，不存在个体自由和公民自由的内在紧张问题。

但是在卢梭这里，现代性思想的内在紧张和冲突却出现了。卢梭为什么不愿意接受洛克个体自由主义的逻辑呢？当人走出自然状态时，他为什么必须放弃个体自由，接受非个体性的、实体性的公民自由呢？这可能涉及欧洲大陆和英美所走出的不同的现代性道路问题。1688 年光荣革命之后，英国确立了现代自由民主国家的框架，再没有发生什么大的变动；美国在经过了一次革命、一次内战之后也进入了现代世界而少有什么大的变动。而法国经历了和封建势力的反复斗争，光是共和国就建立过五次，在第二次世界大战之后方才进入成熟的现代社会状态。德国发动了两次世界大战，在第二次世界大战后才算进入了成熟的现代社会状态。为何英美如此轻松，而德法却如此曲折地进入现代社会呢？这就和卢梭的问题有关系了。英美哲学的进路很简单，就是把个体自由的逻辑贯彻到底，不存在把个体自由转化为实体性公民自由的问题，而欧洲大陆哲学从卢梭开始，一方面强调个体自由，另一方面又不满足于个体自由，想成为希腊实体性公民自由传统的继承者。

　　在卢梭这里之所以有两种自由的内在冲突，和他的古典情怀是有关系的。其获奖论文《论科学与艺术》即是这种情结的初次呈现。按照启蒙主义者的一般观点，科学艺术的发展应该是有利于敦化风俗、推动社会进步的。但是卢梭却和启蒙唱反调，认为科学艺术的发展败坏了风俗，和伦理是相背离的。他提出"无知的幸福者"① 的观念，意指人的知识越少、越淳朴就越幸福、越高尚，相反，人雕饰越多，文明程度越高，则伦理就越败坏，淳朴和天真的本性就越容易丧失。如何保持淳朴善良呢？越无知越好，越无知就越幸福。中国"文化大革命"期间盛传"知识越多越反动"，就是讲道德和知识是成反比的。近代很多大科学家、哲学家在思想学术上声名远播，在道德品质上却臭名远扬，比如培根，比如民国时期的北大教授们。他们的知识是顶尖的，但是其道德却没有随着知识的增长而增长。因此卢梭的观点不是没有道理，倒是在经验中获得了印证。但是他和启蒙主义者起了冲突。

　　既然科学艺术不利于风俗敦化，那么是不是就不需要科学艺术了呢？对于卢梭来说，是的，他宁愿不要科学艺术，也不能不要淳朴的伦理和自由。他之所以不满足于科学艺术以及个体自由和道德，是因为他发现古代公民社会和现代市民社会完全不同，前者是伦理性社会、实体性社会，个体在其中是作为公民，作为整全的个体而存在的，他关注的是城邦而不仅是自己灵魂的完善。他推崇希腊的斯巴达，因为它是完全的公民社会，没有私人状态，没有个体观念，人们连吃饭都在公共食堂进行。在吃完饭之后，他们就到训练场上训练，时刻为城邦的荣誉而战、为承担公民的责任做准备。但是现代自由社会却是个体性的，是个体的集合体，没有形成统一体、公共体。就公共体来说，它是个体的目的，公共体高于个体，而就集合体来说，它从属于个体，只是个体维护自身利益的工具。卢梭反对现代个人自由的社会，渴望恢复古代的公民社会。这即是为什么他在《社会契约论》中主张放弃个体自由而进入公民自由世界的原因。由此在他的思想中产生个体和社会、个体自由与共同体自由的紧张和冲突就不难理解了。

---

① ［法］卢梭：《论科学与艺术》，何兆武译，上海人民出版社 2007 年版，第 31、58 页。

三　自由与好人

个体自由和共同体性公民自由的冲突是卢梭道德哲学的基本问题，其实质是，如何调和古代和现代的自由和伦理—道德问题。西方在进入现代阶段的时候，面临的一个重要问题就是古今问题，即完全切断和古代的联系，还是恢复、保留乃至发扬古代精神原则的问题。英美是另起炉灶，抛开古典传统而从个体自由出发建构现代道德和政治。欧洲大陆却始终无法完全割舍掉希腊情怀，希腊社会在某种程度上即是法国和德国哲人的社会理想，他们有意在现代恢复和重建古希腊伦理社会，虽然这种理想社会在某种意义上是他们构造出来的。而要把古代社会在现代建立起来所面临的问题是，古代社会是公民社会，而现代社会是个体社会，把古代社会移植到现代不可避免会出现冲突。卢梭和其后的德国古典哲人的选择是在恢复古典社会理想的同时不否弃现代社会理念，也就是说，在恢复公民自由和伦理的条件下不抛弃现代英美传统确立起来的个体自由和道德——对他们来说，个体自由和道德是现代社会所取得的成就，而古代公民社会基本上消解了个人自由和道德。古代社会的问题是强调共同体而消解了个体，现代社会的问题是强调个体而消解了共同体。现代社会抛弃了共同体性自由而突出了个体性自由，它是个体的累加集合体，而不是同一的有机整体。卢梭既不想放弃个体自由和道德，也欲恢复共同体性公民自由和伦理。

如何建立两种自由、个体道德与社会伦理的统一呢？卢梭提出了这个问题，也试图解决这个问题。他的《爱弥儿》尝试搭建起个体和社会，个体自由和公民自由之间的桥梁，为两者统一创造条件。康德没有走卢梭的道路，而是回到了现代个体自由主义传统，他是这个传统的伟大思想者，强调个体自由意志暨履行普遍道德义务。黑格尔重新回到卢梭，他要建立的现代社会就是试图包容个体自由和公民自由，包容个体道德和社会伦理的市民社会—国家。其《法哲学原理》的基本思路就是综合古今，克服现代社会强调个体而忽视整体，古代社会强调共同体而忽视个体的两偏倾向，在现代个体自由基础上恢复公民自由原则。

《爱弥儿》一般被看作一部教育学著作。但是你不能单纯从教育学角度去理解它，因为它实际上是一部论道德和政治的著作。教育就是政治，因为教育关系到培养什么样的人，而培育什么样的人又关系到可能建立什么样的社会——任何时候人都是构成社会的原材料，原材料的好坏直接决定其所构成的社会建筑物的好坏。原材料好，由其所构筑的建筑物就是好的，反之就是不好的，除非上帝化腐朽为神奇。但是人不可能具有上帝的能力，用不好的材料建筑出好的社会，对人来说，好的社会的前提是好人的存在。如何寻找好的材料呢？好的材料如果是现成的，人人都是好人，这个民族是原始民族或新生的民族，没有太多败坏，那么这个民族就可以建立起一个非常美好的社会。美利坚民族就是新的民族，而英德则是罗马晚期从原始丛林里走出来的野蛮民族，经过千年基督教驯化了的民族。美国人大多来自新教徒，没有经历过千年的腐败和污染，其伦理道德是纯洁的，因此原材料很好，由他们所建立的社会一开始就肯定是很好的社会。如果人开始腐化，但是还没有彻底腐化，他就需要接受教育，通过教育把他培养成自由和道德的人，再由他们组成好的正义社会。就此而言，中国教育是有很多问题的，因为它培养的都是一些适应社会需要的人，而不管其所适应的社会是好的还是坏的，是真的还是假的。真正的教育应该根据所要建立的社会理想来培育人，应该培养能由之建立良序社会的人。

对于卢梭来说，一个棘手的问题是，从自然状态进入社会状态，人容易变坏或可能变坏，一个变坏了的人怎么还可能重建自由的和伦理性的公民社会呢？在自然状态下，没有理性和不会说话的野蛮人是自由的，使其保有自由的是其自然素朴的自爱和同情感，但是在社会状态下，有理性和会说话的文明人是不自由的，是被套上了无情枷锁的囚徒，而导致人被社会枷锁囚缚的恰是理性和比较：由于理性和比较，人的同情感丧失了，陷入自私自尊的假面中，进而丧失了自由。[①] 把人天赋自由的丧失归咎于理性和比较意识，这不能不说是卢梭令人震惊的"怪诞"理论，与18世纪法国启蒙运动主流价值背道而驰。按照后者的观点，理性恰是使人自由的力量，康德的全部哲学体系就是要证明，正确使用理性是人自由的必要条件。因此虽然卢梭确立了自由是人的本质，人之为人的资格，直接明白地说出了现代精神的核心原则，就此他是现代精神的诞生地，无人出其右。但是他却坚持，人自由的必要条件是同情，强行贬低了理性，提高了情感，开出了现代同情道德。只是在写作《社会契约论》的时候，卢梭才又曲折地回到理性上来，不得已承认，走出奴役的社会进入自由的国家，

---

① ［法］卢梭：《论人类不平等的起源和基础》，第184页。

离不开理性的立法。

按照他在《基础》中所讲的，在原初自然状态下，人是无知和无言的，是被本能所支配的，但这不是说人完全是被动的，相反人是独立自足的，这主要是因为人的欲望、需求很少，仅限于其基本生命需要的程度，人很容易满足，因此人并不为外物所累，同时也无须过多地依赖他人，他依靠自身就能够满足所需。人这时是独来独往的个体，自由自在的原子，虽然不能说他与他人老死不相往来，但至少不怎么在乎与他人的往来。对他来说，他最关心的事情不是别人，而是自己，他更多的时候沉浸在自身中，注意保存自己，爱自己。自爱心是野蛮人最自然的情感。他不在乎他人，正如他人之不在乎自己一样，他之不依赖他人，正如他人之不依赖自己一样，每个人都是自己的唯一的观察者，是世界中关心自己的唯一存在物，是自己才能的唯一评判人，而不是通过他人来观察自己，谋求他人来关心自己，通过他人来评判自己，因为这时人是无知无言的，根本就没有一种比较意识，被一个他者惊醒与之比短长。因此自爱的人不是自私的人，也不是自尊的人，无论自私还是自尊，都是基于理性比较的，建立在人与人之间关系之上的，而原始野蛮人对于基于比较之上的私利和尊严是无知的。他自己就是其全部生活，以及整个世界的中心和焦点，他的存在具有内在价值，虽然他不一定明确地意识到这种价值。

不仅人对他人是无知的，就是对于善恶他也是无知的。自爱的人是自然良善的人，但不是道德上善良的人，他天性是本真的、无辜的，也是非道德的。因此卢梭反对霍布斯，道出人非天生是恶的，而人之所以不是恶的，"正因为他们不知道什么是善"一样，不知道什么是恶。对于霍布斯来说，自然状态中的人是恶的，而且是理性的和无情的。但是卢梭却主张，野蛮人既不是恶的，也不是无情的，而是有情的，自然的怜悯心即是人天赋就有的一种基本情感。人是自爱的，这使他只关心、关注自己而无心旁顾他人，而这也有使他陷于孤立、孤独与他人老死不相往来的危险中，但是，人之所以没有陷入这种境地，就是因为人除了自爱，爱自己，也同情、怜悯他人，同情、怜悯有力地"缓和了他的自爱心"，使他避免了陷入与人隔绝的地步，同时也防止了人由自爱心生出与人比较和计较的自尊心，或者即使在人类生出自尊心之后，它也能够"缓和了他的强烈的自尊心"①。休谟也强调同情的作用，认为它是人进行普遍的道德判断的情感基础，它能够有效地确立正义规则的道德价值，使之成为一种社会性的道德义务，从而遏制人性自爱、偏私对社会的破坏，把自爱、自私、偏私的人性导向有益于社会的方面。不过，卢梭更多的是说同情是人先天具有的情感，它是在人进入社会之前，在自然状态下就已经具有的一种自然情感，或者说是一种自然美德。人可以是无知的，但是这并不影响他具有一种最普遍和最有益的自然美德，即同情。这也不是说，人的这种自然美德会随着社会的产生而消逝，即使人脱离自然进入社会，人的同情心也不会随之泯灭，而是继续作为人的自然天性发挥社会性的作用，构成一切社会美德所从出的源头。因此通过它，不是说克服，但至少能够"缓和"基于理性比较的强烈社会自尊心的破坏性作用。而且，后来卢梭的确是借助同情情感、美德来缓和乃至克服爱弥儿的自私、自尊之心以使之肯定地由个人走向社会，步入国家。休谟虽然提到人性的两个原则，即同情原则和比较原则，而且认为这两个原则是相互冲突的，但是他并没有明确提出以同情来克服或消解比较的消极作用，而卢梭却明确意识到并做到了这一点。

人具有自我完善的能力。② 这使得他脱离自然状态，进一步向前走入社会。当人从自然走入社会时，他的基本情感发生了蜕变，怜悯心一点点被蚕食、遮蔽，为自尊心所取代；理性比较战胜了同情心，同时人的自由也随之丧失了。进入社会后，他首先遇到的是另一个人。当他意识到那一个人是他的同类时，他的情感就发生了转变，从自爱、爱己走向关注他人和需要他人关注，自尊之心在他身上开始滋生：他渴望他人专注的目光，期待着他人的赞同、表扬和肯定，甚至希望别人关注自己比关注他本人还多。于是在这种状态下，人和人之间开始有了比较：每个人都希望自己比别人强、比别人美、比别人好，而不希望比别人差、被人看不起。这时人关注的焦点就从自身挪到了他人，关注他人对自己一举一动的评价，并专门为了他人的评价而活着，也为了他人好的评价而有意展示自己，表演自己，从而在某种程度上丧失了自己，为他人所左右。自然的人出乎本能地自我展示而不需要表演。但是，当他进入社会后，他就产生了自尊心，就

---

① ［法］卢梭：《论人类不平等的起源和基础》，第99—103页。
② 同上书，第109页。

希望他人承认和好的评价，开始失去自我。卢梭说，社会是表演者的舞台，我所演的是别人眼中的我，而真实的我却不知道在哪里：我其实失去了自我。人们在别人眼中发现的不是自己，而是刻意构造出来的自己，社会成为一个异化的舞台。为了得到社会的承认，人们展开了激烈的、残酷的相互竞争，财富、权力乃至美貌都是人们竞相追逐的对象，甚至为了显示自己的不同和获得最高的评价而不惜与人争斗，这样人就变坏了。因此卢梭是人性异化论的先驱，黑格尔和马克思的异化理论不过是卢梭异化理论的升级版本。卢梭认为，自尊之心是导致整个社会成为异化场所的罪魁，而当自尊心占据人的全部身心后，他因为受表扬而高兴，因为被贬低而难受和报复，因为看到别人好而嫉妒：社会中的丑恶皆由人的自尊心引起。进一步讲，人从自由人堕落成为受奴役的人，分化为穷人和富人、强者和弱者、主人和奴隶，强化了他的异化状态。由此不难理解，卢梭为什么坚决批判社会，主张回到自然。从这里我们也能明白，中国人为什么这么讲"面子"，为了得到他人好的评价而如何把自己制造成君子、好人，也因为面子而使人与人之间陷入争斗、嫉妒和报复的漩涡之中。社会中的恶是怎么产生的？你可以从物质的角度来解释，说是欲望引起了恶，而根源其实在于人的自尊之心。这是卢梭对此的解释。

这种巨大的社会转折是在由家庭社会到民族社会形成之后发生的。如果说，在家庭社会阶段，共同生活的习惯产生了人类最温柔的情感，即夫妇的爱和父母的爱，连接这种爱的不是血缘、亲情，而是自由和相互依恋，正是这种自由和相互依恋是"联系这一小社会的唯一的纽带"；那么在民族社会阶段，人与人的联系增加了，来往频繁了，关系亲密了，于是人们之间的比较就开始了，人们即完全走出了自身，走出了自爱，不再仅关心自己，注意自己，而是"开始注意别人，也愿意别人注意自己。于是公众的重视具有了一种价值"①。每个人都开始在乎别人，也希望别人在乎自己，而且他已经离不开别人的承认和尊重，害怕别人的蔑视和侮辱了："人们一开始相互品评，尊重的观念一在他们心灵中形成，每个人都认为自己有被尊重的权利，而且一个人不为人尊重而不感到任何不便，已成为不可能的了。"② 因此在社会中，人的自尊心产生了。不同于自爱之

---

① ［法］卢梭：《论人类不平等的起源和基础》，第 118 页。
② 同上书，第 118 页。

心完全建立在每个人的自身存在上，自尊心虽然要人重视自身存在的价值，但是它却恰恰不是建立在自身内在价值之上的，它不是因自身价值而产生骄傲、自豪感，而是建立在相互关系和相互的价值比较之上的，依赖于并且也要求别人承认和尊重的情感，离开别人的眼光和关注、重视，自尊是没有意义的。那些善舞的人、最美的人、最有力的人、最灵活或最有口才的人是最受尊重的人，他们也是最能感受到自己存在的尊严的人，最具有自尊心的人，因为他们是相互比较中的优胜者，是最被重视和关注的人。但是对于卢梭来说，人刚步入社会就已经产生的自尊心，对人自己而言却不是太好的东西，因为它是人类走向不平等的第一步，有的人得到尊重，有的人却受到轻视和凌辱，也是走向恶的第一步，那些从他人的侵害中感受到蔑视和侮辱的人会诉诸报复，"报复的恐怖代替了法律的制裁"，摧毁了人天赋就有的怜悯心，人成了好杀而残忍的动物。

虽然随着语言的产生和理性的成长，人的自尊心得以发育，并且因为这种自尊心的唤醒，人类社会失去了自然状态和家庭生活的悠闲自在和自由，纷扰和复仇也搅乱了原来生活的和平与宁静。但是卢梭仍然认为，人类刚刚步入的社会状态并不是最糟糕的，相对于自然状态和家庭社会来说，它略逊一筹，但是相对于即将到来的划分"你的"和"我的"私产的社会来说，又是高出一筹的，因此民族初成的社会介于自然状态和私有社会之间，人的生活介于原始状态的"悠闲自在"和私产社会"自尊心急剧活动"之间。换言之，人虽然在自爱之心之外生出了自尊之心，但是此时的自尊心还没有过度膨胀，急剧扩张，而是比较适度的，人并没有因为自尊心而丧失自由，虽然人不再可能像自然状态那样处身其中，悠闲自在，不依不靠，而是有所依靠，即需要他人的关心、关注、重视，难以忍受被人凌辱。但是人并没有完全为他人所左右，为他人的眼光和评价所俘获，而是能够通过他人发现和看到自己，通过他人的承认和尊重来确信自身的价值，在对他人的蔑视进行复仇的过程中迫使对方承认和尊重自己的价值，重建自己的价值，因此寻求他者的承认和尊重并不必然就会带来自身自由的丧失，而仍然能够保持自己的自由和独立。因此卢梭说，人类进入社会的初期，"应该"是人类生活过的"最幸福而最持久的一个时期"，在这个时期，人们"都还过着本性所许可的自由、健康、善良而幸福的生活，并且在他们之间继续享受着无拘无束自由交往的快乐"①。

　　但毕竟好景不长，由于一个"不幸的偶然事件"的发生，即"冶金术和农业这两种技术的发明"，引发了社会的巨大变革，平等消逝了，私有制出现了，劳动成为必要的了，森林变成了用人的血汗灌溉的农田，随之自由丧失了，奴役和贫困萌芽和滋长起来了。财产的私有制是一剂催化剂，既催化了个人财富的积聚增加和社会的扩大，也促进了人的一切能力的发展，人的记忆力和想象力、理性发动和活跃起来了，智慧也达到了它可能达到的最高程度，自尊心随之也加强了，并开始急剧扩张、膨胀。人的命运和等级不仅取决于他拥有财产的多少，而且也决定于他拥有的诸如聪明、才能、技巧、体力、美丽或功绩等素质，因为"只有这些性质才能引起人的重视，所以，每个人都必须很快地具有这些性质或常常利用这些性质"②。这个时期，人们不仅为自己活着，而且也是为他人而活着，不仅活着，而且还要尊严、体面地活着。或者说，不是为了活着而给人看，而是为了给人看而活着。人越来越在乎别人，在意他人对自己的看法、评价，而为了"好看"，为了体面，为了别人的好看法、高评价，他不得不刻意扮演、表演某种角色。"自己实际上是一种样子，但为了本身的利益，不得不显出另一种样子。于是，'实际是'和'看来是'变成迥然不同的两回事。"③ 由此，自尊心的膨胀不是使人是其自身，而是失去自身，生活在自身之外；不是通过他人，在他人那里发现和确信自身，而是自身丧失在他人的"看法"或意见中。人的自由丧失了，"从前本是自由、自主的人，如今由于无数新的需要，可以说已不得不受整个自然界的支配，特别是不得不受他的同类的支配。纵使他变成了他的同类的主人，在某种意义上说，却同时也变成了他的同类的奴隶：富有，他需要他们的服侍；贫穷，他就需要他们的援助；不穷不福也决不能不需要他们"④。掉入利益和自尊漩涡中的人们由此也陷入无休无止的战争状态。霍布斯认为，自然状态是战争状态，社会状态是和平状态，卢梭颠倒了他的这种看法，道出形成战争状态的不是自然状态，而是社会状态，而社会所以是战争状态，是因为私有制，人们为了利益而发生冲突，因为自尊心的增强，

---

① ［法］卢梭：《论人类不平等的起源和基础》，第 120—121 页。
② 同上书，第 124 页。
③ 同上书，第 124—125 页。
④ 同上书，第 125 页。

人们出于虚荣自负、出人头地、高人一等的比较优势，强烈地被人关注的优越感而展开竞争和倾轧。后来，当富人发现这种永无宁日的战争状态对他们是不利的时候，就诱骗穷人接受他们制定的有利于他们保护私有财产权的法律，从而走出了战争状态，进入了法律社会、政治社会。但是法律给富人"以新的力量"，却给穷人、弱者身上加上了一副枷锁，他们加入政治社会如同进入一个牢笼，在获得和平的同时却完全失去了自由，成为奴隶，而富人摇身一变成为享受和平的强者和主人。

　　人类可完善化的进程从自由始，而以普遍的奴役终。自爱和怜悯的野蛮人是自在自由的、无拘无束的，而自尊和自私的文明人因为争夺荣誉和利益而自缚手脚，成为被缚的囚徒，难以弥补地损失了自由。丧失了自由也即意味着人不配称人，失去了做人的资格，因此一个给人套上枷锁的社会就是非人的社会，人们过的是非人的生活。从自然到社会，人的自爱蜕变为自私，怜悯心被强烈的自尊心所取代，人从自由的存在者堕落为自我捆绑的囚徒。欲望的容易满足造就了野蛮人的自爱自足，欲望的放纵导致了文明人的自私自利和对他人的依赖。怜悯心把每个人导向弱者、受苦的人，不去损害人，而自尊心却把他人引向自身，要求他人尊重自身，仰望自己，而为了使自己成为强者和快乐的人，不惜把所有人损为弱者和受苦的人。怜悯心和自尊心完全是相反的，在前者，每个人体会到的是人与人的同一性、共同性，作为同类的感应性、亲和性、契合性、相似性，激起的是人类共有的人道情感、仁慈、悲悯和博爱；在后者，任何人都关心他在其他人眼中的价值，与他人比较自己的特异性、优越性、突出性，博得万千宠爱和荣誉于一身，激发出来的是嫉妒、怨恨、竞争。问题是自爱何以蜕变为自私，怜悯心何以抵挡不住自尊心的侵袭？人还能恢复或建立自身的自由吗？自由是否还是可能的，自私和自尊能否克服，是不是只有回到自然状态，才能恢复人的自由，并且只有恢复人的自爱和怜悯，才能恢复人的自由，而在社会中，人类将永远是自缚的囚徒？这对于卢梭来说是根本性的问题。

　　对于卢梭来说，回到自然，对于个人而言是可能的，但是对于整个人类而言是不可能的。人类既然已经走出了自然，回头的路业已切断，梯子已经撤掉，人类只有进路，没有退路了。退回自然，固然能够恢复人的平等和自由，但是继续前行，人是否就只有被套上枷锁，处于不平等和被奴役状态呢？卢梭并没有落入这种社会退化论、历史虚无论的悲观情绪之中。"人生而自由，却无往不在枷锁之中"，但是也要看是什么样的枷锁，并不是所有的枷锁都是束缚自由的。那种不能表达所有人的意志，而只是表示少数人的意志的法律是残害自由的枷锁，但是如果有一种法律，表现的是全体人民的共同意志、普遍意志，那么这种法律就不是摧毁自由的枷锁，而是建立自由的枷锁，或者说，就是保证自由的屏障。有没有这样的法律，以及基于这种法律之上的国家呢？对于卢梭来说，迄今人类创立的法律都还不是自由的法律，建立的国家都还不是自由的国家，自由的法律和国家是人类走出不平等和受奴役的政治社会之后要实现的目标，是人类进步的方向。然而这是如何可能的呢？直接从自然状态进入自由国家？这看来是不可能的，因为这需要从社会退回到自然。从不平等和不自由的社会进入自由和平等的国家？看上去似乎可行。卢梭提到，当社会不平等、不自由发展到极致，需要极端暴力加以解决的时候，社会就会又回到起点，所有人都是平等的和自由的了。在极端情形下恢复自由和平等的人们能否在推翻暴力专制政体后，坐下来签订卢梭所说的、将把人们带入自由的共和国的原始契约呢？可能，也不可能。如果回到社会历史起点上的人还是社会性的人，即自私和自尊的人，则即使能够，他们却不一定愿意签订自由的原始契约；如果他们是社会性的，同时不是那么自私，自尊心不那么强烈，也就是他们仍然是自爱的和具有怜悯心、同情心的，则他们既能够也愿意签订那样的自由契约，因为这样的契约是合乎他们的人性的。卢梭选择的即是后者，而他的这种思路是在其论教育的著作中隐晦透露的。对他来说，社会人性中的自私和过度的自尊心是消极的，是不利于人组成社会的，只会导致社会陷入战争状态，进而可能坠入不平等和奴役的暴政中。而自然人性中的自爱和社会性的怜悯心却是积极的，有利于人组成和平的政治社会，而且能够在一定程度上克服自私和自尊的消极作用，至少可以"缓和"自私和自尊的破坏性，把它限定在适度的范围内，不致使社会因此陷入可怕的内战深渊。《爱弥儿》这部著作担负了这样的任务。通过对爱弥儿自然的教育和社会性的教育，一个社会性的而不是自然性的自由人成长起来和诞生了，而这样的人就是未来的自由公民，他们能够而且愿意签订契约，进入自由的共和国。这样，《爱弥儿》就把《基础》和《社会契约论》连接起来，揭示了从社会到国家转变的可能性，以及实现这种转变的人性条件。

卢梭所选择的教育对象是爱弥儿。对爱弥儿施加的教育是一种自由的教育，要旨是把他从一个自然的自由个体培育为一个社会的自由公民。他区分了两种教育，即"人的教育"和"公民的教育"，前者是使人成人，从自然人成为道德人、好人的教育，是基础，有了好人自然就能建立好的社会；后者是使人成为公民社会的好公民教育，是对人的最高教育。① 对卢梭来说，对爱弥儿进行"人的教育"是很难的。使自然人成为一个人，然后再使之愿意成为公民，这就跨越了两个层面，涉及人的一个关键的实质性转变问题，即从好人到好公民的转变问题。这个问题是亚里士多德最先提出的。好人是纯粹道德意义上的人，而好公民则往往是伦理意义上的人。好人能够是好公民，但也可能不是好公民。举个简单的例子来说，公民社会的政治家关心整个社会的福祉，而他为了这个社会的幸福或繁荣，可能会采取一些非道德的手段，因为道德的手段可能无法达到目的，只有非道德的手段才能达到目的。也就是说，为了整体的利益，他必须牺牲一点道德。相反，一个纯粹的好人，在面临这种二难抉择的时候，不可能放弃道德，从而难以避免造成对公民社会的损害。因此政治家和好人不是一回事，两者甚至可能是相互冲突的，"好心办坏事"说的就是这种情况。卢梭要做的是，既把爱弥儿培养成一个好人，又把他培养成一个好公民。在他意愿成为好公民的时候，不以牺牲好人道德为代价，他作为好人的同时也是一位好公民。而当一个人从好人转变为好公民时，个体自由就蜕变为公民自由，个体道德就转变为公民伦理。爱弥儿的教育即涉及这样的问题：怎么样在使得他成为一个自由的自然人，说服他在他愿意和能够成为一个好公民时放弃自己的个体自由呢？就此而言，卢梭写作《爱弥儿》的抱负是很远大的；在某种意义上，它应该与柏拉图的《理想国》对照着来读，因为卢梭也想成为像苏格拉底那样的人物，致力于培养其"理想国"所需要的好公民。

在此我们还要提到的一个问题是，卢梭的这本著作实际上和现代中国是有关系的。现代中国所面临的一个根本问题就是开出民主的问题，而开出民主的前提是要有意愿进入民主社会的人，即公民。如果人人喜欢专断甚于民主，如何可能建立民主社会呢？而选择民主还是选择专制，选择做公民还是做臣民，是由每个人自己来决定的。而一个没有自由意愿的人、一个不渴望自由的人、把生命看得比自由更重的人，最后选择的必然是专

---

① ［法］卢梭：《爱弥儿》上卷，李平沤译，商务印书馆1978年版，第9—11页。

制，他宁可为了安全和幸福而放弃自由，选择做臣民。什么样的人决定了他会有什么样的社会选择。我们面临的社会选择是开出民主社会，而这意味着要有，如果没有至少应培育意愿民主的人，而意愿民主的人必然是渴望自由的人，一个不渴望自由的人早晚会投入专制的怀抱。所以开出民主的关键是找出适合它的原材料。而在现有的社会条件下有没有可能把这种人培育出来，能不能创造出它所需要的自由民呢？

卢梭的《爱弥儿》为我们提供了很好的借鉴。他这部著作的目标就是造就自由的人，即意愿进入共和社会而不是专制社会的人。我们的教育是不是也在朝着造就未来自由公民的目标前进呢？目前来看，有这个苗头，但是总体来说，还远远不够，甚至与之相背离，这不能不说是我们国家教育面临的一个重大问题。其实民主已经成为我们国家的民众的共识了，马克思主义讲民主，中国特色社会主义实践也把建立人民民主社会作为目标，允诺人民当家作主。既然如此，那么我们现在要做的就是把人民民主社会所需要的意愿"当家作主"的人民培养出来。

对爱弥儿的教育是按照他的年龄，分幼儿、儿童、少年、青年和成年五个阶段进行的，他先后连续经历了幼儿期的哺育和家庭教育，儿童期的感观教育，少年期的理智教育，青年期的情感教育和成年期的爱情教育。前三种教育属于自然的教育，重在培养具有健全感觉和理智的"成熟的儿童"和独立的个体，使之成为一个人，即自由的个体。在这三个阶段的教育结束时，爱弥儿只具有一种个人性的道德德性，其中自爱是中心。在这些阶段，爱弥儿主要接触的是自然、物，而不是人，对他来说，唯一得到培育的情感就是自爱，他唯一关心的就是他自己，他不管别人，别人最好也不要为他操心。"他对谁都没有什么要求，也不认为他对哪一个人有什么应尽的义务。他在人类社会中是独自生活的，他所依靠的只是他自己。"① 因此爱弥儿即是卢梭在《论人类不平等的起源和基础》中所描述的那个在自然中独来独往的自由独立的、只关心自己的野蛮人，只不过他不是自然中的野蛮人而是社会中的野蛮人，虽然身在社会中却如同置身世外的自然人。但他也不是就此停留在野蛮人状态，而是要走出自然和野蛮，主动进入社会之中；人类的野蛮人阶段只不过压缩为其儿童和少年阶段，他还要进一步成熟，进入青年和成年阶段，接受社会性的教育，成长

---

① ［法］卢梭：《爱弥儿》上卷，李平沤译，商务印书馆 1978 年版，第 284 页。

为一个社会性的人，未来的自由公民。

贯穿第 1 卷到第 3 卷的基本原理是，"只有自己实现自己意志的人，才不需要借用他人之手来实现自己的意志，由此可见，在一切的财富中最为可贵的不是权威而是自由"①。对于教育者卢梭来说，自由在价值上高于生命，自由乃是最高的财富，当面临生命和自由二选一的时候，人应该宁可不要生命也要自由。裴多菲有一首广为流传的赞美自由的诗，其基本精神十分契合卢梭的气理："生命诚可贵，爱情价更高。若为自由故，二者皆可抛。"罗密欧和朱丽叶为了纯粹的爱情而不惜抛弃生命，对他们来说，爱情的价值高于生命。但是自由的价值比爱情更高，更遑论生命了。自由就是自己决定自己的意志，而不是依附于他人的意志，由他人为自己作主："真正自由的人，只想他能够得到的东西，只做他喜欢的事情。"②当我做我不喜欢、非我所愿的事情的时候，就意味着我的意志非为我决定，我就失去了自由。自由是卢梭教育的第一原理，依据这个原理，他要求从人出生之日起就应该把人作为潜在的自由人来看待和教育，而不应该作为工具、作为父母的家庭财产来对待和养育。

（一）自然自由的个体

自由原理是如何贯彻到第 1 卷到第 3 卷中的呢？第 1 卷是关于婴儿的抚养和语言的教育。在婴儿的抚育阶段，父母的作用很大。卢梭要求和呼吁现代的父母们承担起抚育婴儿的责任，无论多忙都必须倾力抚育之。从这个阶段起，卢梭就着力强调自由问题。他说，在现代社会里，人一生下来就被戴上了各种枷锁，担负着接踵而来的各种责任，直到死也无以解脱枷锁，因为他存身于其中的棺材即是其最后一副枷锁。婴儿的襁褓则是他人生的第一副枷锁，是对他的第一重束缚。他主张打开这个枷锁，解开包裹，解除束缚，使婴儿自在地生长，以免导致婴儿身体的变形和不自然的生长。他还吁求人们用母乳喂养孩子，强调在婴儿阶段，语言教育越少越好。

第 2 卷是对儿童的感觉、感官教育，即对儿童五种感官，即视、听、嗅、触、味感的教育。这种教育没有别的途径，就是让孩子多接触自然，

①　［法］卢梭：《爱弥儿》上卷，第 80 页。
②　同上。

融入自然，使其感官受到触动、得到培育，产生敏锐的感觉、具有发达的感官。在五种感官之外，他强调人还有第六感官，即"共通感"，即把五种感官打通之后形成的融通式的感官，它是人感知同类的最重要的感官，伦理道德实际上就建立在这种同类共通感之上。儒家说，"人同此心，心同此理"，这种"同心"、"同理"感就是从人类共通感官衍生而来的。如果从小就对我们进行这种感官教育，我们自然就会形成关于人之所以为人的共同感觉：只要一个人开口说话，就没有我不懂的，每个人都具有关于人之为人的基本共通的感觉。这样我们在伦理道德上很容易达成共识，取得一致。

对儿童的教育就是触动他的感官，形成健全的感觉，其目的是培养健康的、成熟的儿童。① 这一点是很重要的，我们现在的教育培养的就不是成熟的儿童，而是早熟的儿童：他们本来还是孩子，可是却牺牲了他们本该玩耍的时光，过早增加他们的知识，过度让他们了解不该知道的东西，过快使他们学会使用大人的话语和想法来说话、思维。马克思说，希腊人是健康的和成熟的儿童，他们活泼、好奇，尽情绽放自己，大量时间用来游历和参加各种竞赛，以及无畏地探知神秘的世界。卢梭的儿童教育培育的健康和成熟的儿童是自由的儿童，即不受任何阻碍地感知自然，自由、独立地了解自然的儿童。

第3卷是心智的教育。卢梭认为，对人情感的教育越晚越好，因此在爱弥儿从儿童进入少年阶段后，教育的重点转向培养他的心智，让他在健全感觉的基础上探索和思考这个世界。当然他在这个阶段的思考仅限于对自然物的思考，还没有上升到对人的思考。心智教育即是初步的科学教育，但不是简单地灌输知识。在此基础上，再让他学习一些技能、手艺，而掌握一门手艺即意味着学会了劳动，劳动则意味着能自食其力。卢梭认为，做一个手工劳动者容易使人保持独立，而农业技艺往往会受到自然条件的限制，则不易使人保持独立。② 整个教育都是围绕着人的自由独立进行的。尽管少年还是未成年人，还需要监护，但是爱弥儿却始终是自由的存在者。监护人的目标就是把他培养成独立自由的人。鲁迅曾提出这样一个问题，即我们如何做父亲？在封建时代，做父母就是树立自己的权威，

---

① ［法］卢梭：《爱弥儿》上卷，第202—210页。

② 同上书，第262页。

始终把孩子当孩子看待。鲁迅却提出，你培养的不是孩子，而是有朝一日能独立、自食其力的人。做"好"老师和"好"父母就是培养自由的人，虽然这很难，但却是中国最需要的。我们的教育主要是智力教育，较少技艺教育，而且我们不知道心智、技艺教育的根本是自由的教育，是培育自由的人。

卢梭造就的自食其力的少年是一个自爱的人，他关心自己，但不自私，损人利己，因为他还处于自然状态而没有怎么接触人。笛福的小说《鲁滨孙漂流记》肯定多少影响了卢梭，其所培养的爱弥儿就相当于自然荒岛上的鲁滨孙。鲁滨孙的感觉、思考和手艺不是围绕他人，而是围绕自己形成、展开和获得的，即使有人在他面前经过，他对那个人的感觉与对动物的感觉是一样的。他不需要别人对自己动什么脑筋，也不需要对别人动什么脑筋，不要求对别人有什么权利，也不承担什么义务。爱弥儿是独立生活的，"他所依靠的是他自己"，虽然他是身在社会中的自然人，他却总和社会擦肩而过；他比任何人"都更应该依靠他自身"，他是一个自由独立的少年，完全达到了他那个年龄所能达到的圆满境地。①

（二）自由与同情

前三卷是对自然人的教育，第4卷和第5卷要完成对爱弥儿的社会教育，使他与人接触、把他带入社会。按照卢梭的看法，人在进入社会之前，必须是自食其力的独立少年。这样他才有条件进入社会，开始另外一种成长。也就是说，人进入社会的前提是自由的人，他是以自由人的身份开始其自身的社会化的：从自由始才能保证以自由终，从不独立始则很难保证以独立终，通过社会教育，使爱弥儿由自然意义上的自由个体成长为社会性的自由个体。

在《基础》中，卢梭讲，人一旦进入社会就失去了自由，丧失了自身，因为他依赖于他人，生活在他人的评价和眼光当中；他为了得到他人的承认而学会了表演，戴上了假面具，他在别人眼中看到的不是真实的自己，而是虚假的自己。现在卢梭要通过社会教育在人际关系当中重塑自由、恢复人的独立性，但这如何可能呢？人在社会中如何保全自己的个体自由呢？在这里，我们看到，在《爱弥儿》中，卢梭的思路和其在《基

① ［法］卢梭：《爱弥儿》上卷，第284页。

础》中的思路完全不同，在后者，他完全否定社会，在前者，他却认为通过社会、在人与人的关系中人也能保持自由，也能让人承认和赞赏真实的自己。如何实现这一点呢？卢梭讲到了同情，提出通过同情道德的教育培育社会性的自由个体。对他来说，同情不是使人丧失自己，而是重新发现自己、建立自己的道德情感。从自然到社会，他由不在乎他人的目光到开始关注他人对自己的评价，其情感经历了从自爱到自尊的转变。对卢梭而言，自爱始终是"很好的"，"始终是符合自然的秩序的"，它对于人担负的"保存自己"这个自然的义务和第一个最重要的天职来说是必要的。但人的自爱之心又是脆弱的，在自然中，人固然能够保持良好的自爱之心，一旦与人接触，进入社会中，人的自爱之心容易蜕变为自私之心，产生与人比较短长的自尊之心。如人首先是爱自己，而从这第一个情感中产生出来的第二个情感就是"爱那些同他亲近的人"，"爱保持我们生存的人"，因此人的爱人之心是自私的，是分亲疏远近的。自爱心所涉及的只是我们自己，不与人比较，而且容易满足，但是自私心却"促使我们同他人进行比较，所以从来没有而且永远也不会有满意的时候"。由自爱心生出的是敦厚温和的性情，会使人成为一个好人，而从自私生出的却是"偏执妒忌的性情"，必然会把一个好人变成一个坏人。对他人、邻人的爱还容易激起强烈的自尊心。因为爱是相互的，"为了要受到人家的爱，就必须使自己成为可爱的人；为了要得到人家的偏爱，就必须使自己比别人更为可爱，至少在他所爱的对象的眼中看来比任何人都更为可爱。因此，他首先要注视同他相似的人，他要同他们比较，他要同他们竞赛，同他们竞争，他要妒忌他们"[①]。

自尊心是从自爱心来的，只不过这种自爱心不是一种"绝对的情感"，无法在人们的情感中坚固下来成为主导的情感，而会发生变形，在伟人中它会变为骄傲，在小人中它会变为虚荣。对于自尊心，卢梭有两方面的认识：它可以是好的，也可以是坏的；可以是适度的，也可以是过度的。如果自尊心过度，那么他就可能走向虚荣和自负，完全囚缚于他人的评价当中。但是如果自尊心适度，则它可以使人坚守自己，在另外一个人眼中看到真实的自己。人之所以能够相互承认，就在于人与人之间建立了自由的、真实的关系，而不是奴役的和竞争的关系。因此关键就在于如何

---

① ［法］卢梭：《爱弥儿》上卷，第292页。

保持适度的自尊心，让他人不过高评价自己，也不贬低自己，而是如其所是地评价自己。当别人过高或过低评价自己的时候，要立即加以制止，让别人如实地承认自己的价值。适度的自尊反对为了别人的赞赏而不择手段。而要保持这种适度，就必须依靠同情道德，用社会性道德情感约束个人自尊心，防止其过度，在要求别人评价自己的时候不要争取超过自身价值的东西。

无论自爱还是自尊都容易使人陷入不平等和不自由的境地中，不足以使人成为社会性的自由的人。对于卢梭来说，人如何才是自爱的，而又不因自私和自尊而丧失自由呢？对于休谟来说，对于人性的自私需要以补偿的方式，通过制定人为的正义规则，并诉诸人类普遍的同情感使之愿意服从正义义务来把它引向有利于社会的一面。而对于人的骄傲，基于比较而生的自尊心，他一方面没有像卢梭那样完全消极地看待它们，另一方面他也的确束手无策，无能为力，并不主张仅凭同情心就能克服人性的比较倾向。但是对于卢梭来说，他完全倒向了同情，即怜悯心，认为唯一能够确保爱弥儿自由而不被自私和自尊心胁裹而去，缓和与克服它们的就是人的这种社会性的怜悯心。因此同情、怜悯的教育即是爱弥儿进入社会，成为社会成员所必须接受的社会情感教育。

因而对爱弥儿进行社会教育的第一步是同情教育。使人走向他人，同时在他人那里找到自己，就是同情教育的意义。卢梭主要从消极方面理解人性。他似乎站在一个很高的层面看人类，因此他在看人类的时候总是带着一种悲悯情愫。他又总是从大多数人的生存状况和基本情感来把捉人类的一般生存状况和普遍情感，或者说，他骨子里头有一种平等主义的价值观，不承认人性的差异和等级，因此在他那里，大多数人、民众就代表人类，少数人、上等级的人和大多数人与低等级的人是一样的，他们之间的差别是不存在的，人类就是民众，民众就是人类："是人民构成人类，不属于人民的人就没有什么价值，所以用不着把他算在数内。各种等级的人都是一样的，如果承认这一点的话，则人数最多的等级就最值得我们尊敬。"① 因此卢梭整体上对人类抱持的是一种平民主义的观点。既然人都是平等的，那么人也都是一样的，具有相同性、共通性。其平民主义的立场决定了他把大多数人的性质和情感看作是人类共有的和相同的、一致

---

① ［法］卢梭：《爱弥儿》上卷，第310页。

的。身体的柔弱、人生的苦难对于所有人而言都是没有例外的、共通的，前者表明人的力量是不足的，因此人需要他人，依赖他人，共同的利益把人们联系起来，形成一群，组成社会。孤独者是"真正幸福的"，即原初状态中独来独往的野蛮人是幸福的，全能的上帝则是绝对幸福的，但是步出自然状态的人却是柔弱的，人的理性、想象力变强大了，但人的身体却不如从前了。对于变弱的人来说，那种孤独者所享有的真正的幸福是他不可能得到的，那只是他久远的回忆而已，但是合群的幸福却是他所特有的，与人合作、联合而产生的幸福对孤独者来说也是无法想象的。不过，卢梭也强调，合群者的幸福相对于孤独者的幸福而言，是"微小的"、相对的，并非是真实的。总体上来说卢梭消极地理解甚至否定地对待社会性的幸福，而自始至终眷恋野蛮人曾经处过的无知的自足的幸福状态。由此也就不难理解卢梭何以不忍去看人类"幸福的面孔"，认为这样的面孔中虚假的东西大于真实的东西，看到这样的面孔，与其说唤醒了自己的同类情感，感觉到人与人的一致，通过他人的面貌想到自己，认识到自己，毋宁说激起自己的比试之心，无时无刻想到的不是人与人之间的差异，并制造这种分殊；如果他人比自己幸福，则播下嫉妒和报复的种子；如果人不如己，则燃起骄傲和虚荣的火焰，而无论妒忌还是虚荣，通过他人的幸福面孔，都无法看到真实的自己，体会不到相互的一致，而是产生相互的敌意、疏远、纷争和冲突。因此要想让爱弥儿顺利成长，防止他滋生骄傲、虚荣、嫉妒和复仇精神，必须保证不能让他接触到那些幸福的人，看到幸福的面孔，而应该和那些不幸的人打交道，多看那些痛苦的面孔，因为只有痛苦的人生才是真实的人生，痛苦的面孔才会唤醒人们真实的同类感情，复苏人人有之的怜悯之心，感知人类的一致、同一，从而把人们连接起来，结成一体。

对卢梭而言，快乐、幸福并不是人性的本相，相反，"人并非生来就一定能够做帝王、贵族、显宦或富翁的，所有的人生来就是赤条条地一无所有，任何人都要遭遇人生的苦难、忧虑、疾病、匮乏以及各种各样的痛苦，最后，任何人都是注定要死亡的。做人的真正意义正是在这里，没有哪一个人能够免掉这些遭遇"①。因此痛苦才真正是构成人性的东西，同人的天性不可分离的东西，通过痛苦，"我们才能更好地看出我们天性的

---

① ［法］卢梭：《爱弥儿》上卷，第304页。

一致，看出他们对我们的爱的保证"。所以怜悯心是人天生具有的同情感，共同的人生痛苦和苦难天然地能够打动人心，一个受苦人的面孔自然能够让我们感受他的痛苦，引起我们的恻隐之心，不由自主地、设身处地地为之着想，想把他从中解救出来。嫉妒心是痛苦的，而怜悯心是"甜蜜的"，前者把人引向恨，后者则把人引向爱。快乐的人容易使人生嫉妒心，带来纷争，产生苦难，而唯有痛苦的人才会使人生出同情心、怜悯心，让他想到他曾遭遇的痛苦，从而超出自爱，走出孤独，能够而且愿意设身处地地想到他人，意识到与他人的一体性、同类性，在他人身上，通过他人之身体会人类的共通性，建立普遍的共感性。

卢梭说，当我们进入社会与人接触时，最能感触和打动我们的不是那些权贵们，如果他们触动了你，只能说明，你的自尊心过度膨胀，产生了嫉妒心，也希望跻身于他们的行列。为了进入上流社会，你会不择手段，就像项羽当年看到秦始皇巡视的威风场面，就想"取而代之"一样。能够打动我们的也不是不如我们的人，他们只会使我们产生鄙视之情。真正能够打动我们的是那些陷于不幸和苦难当中的穷苦人，一见到他们，他们马上就会使我们对之产生怜悯和同情之心，而这种同情之心不会使我们丧失自己。卢梭说，人之所以合群，之所以能走入社会，愿意和他人生活在一起，就是由于同情身体柔弱和痛苦不幸的人。这种对于柔弱和痛苦人的共通感既指向他人，也指向自己；当我看到别人受苦的时候，会立即想到自己也可能遭受到与其同样的痛苦，从而由他人回到自身。身体再强壮的人也会生病，也不能以一抵十。我们之所以亲爱人类，是因为我们面临共同的苦难，即使富人和君王，也有不如老百姓的那一天。所以，人生是苦难的，充满生老病死这些让人烦恼的事情，即使英雄豪杰在短暂辉煌之后也会体会到或比常人更多地体会到人生的苦涩。如果苦难只属于一部分人，那么就不会存在普遍的同情心，或同情心只限于一部分人之间。

对卢梭来说，同情属于人类普遍的情感，因为人类的主体是人民，而人民是受苦受难的人。如果我们不是人，对人类也就没有任何责任了，因而我们有使自己和他人摆脱苦难、获得幸福的责任。如果我们不是力量不足，也就不需要和他人联合了，组成社会就意味着我们是不足的，正是因为任何人都不可能是绝对独立的，所以才需要社会性的结合。但是这种结合却有两种方式：一种是丧失自身、依附于人的结合；另一种是自由人之间的结合。《爱弥儿》所要达到的目标是，即使依赖他人，他也不丧失自由；即使与人进行交际，他也不会失去自身。我们要理解黑格尔所说的，人的外化、客观化并不是人自身的丧失，而是重新赢得自己。卢梭说，我们之所以爱我们的同类，与其说是因为我们感受到了他们的快乐，不如说是因为我们感受到了他们的痛苦，在痛苦中我们会更好地感受到我们天性的一致。当我们看到他人遭受痛苦时，我们就会联想到自己也可能遭受类似的痛苦，我们就会直觉到我们本性、本质的一致，就会相互友爱。我们天性的一致性和情感的趋同性为我们爱的结合提供了基础。他人的痛苦不是把我们赶走，而是把我们吸引过去，自然而然地产生怜悯之心，情愿帮助受苦之人。爱人就是一种人道感，它建立在人类的共通感之上；每当有人陷入苦难中，我们就有义务去帮助他，不忍心我们的同类遭受如此苦难而弃之不顾。这种同情心就是博爱之心，也就是儒家所说的不忍之心、恻隐之心。

如果说共同的需要通过利益把我们联系在一起，那么共同的苦难则通过同情感把我们联系在一起。卢梭在此基础上提出了三个同情原理。第一个原理是，"人在心中设身处地地想到的，不是那些比我们幸福的人，而只是那些比我们更可同情的人"①。我们不会与富人或贵人"将心比心"，他们已然形成的与人的距离阻挡了我们把自己看作与他们一样的或类似的人，进而在看到他们时会产生一种好感和同感，能够设身处地地替他们着想，而他们似乎也不需要我们这样做。相反，每当看到他们时，激起的是我们的比较之心，无论是如他们还是不如他们，抑或超过他们，总是在与他们的比较关系中看待他们和自己，从而既不能如实地看待他们，也不能如实地认识自己，导致相互的错觉，产生误解和纷争。而那些不比我们幸福，遭受很多苦难的人，令我们怜悯的人，容易让我们产生亲近感，能够"将心比心"，设身处地地去理解和感受他们所遭受的痛苦，如实地看待他们，关心和留意他们。因此，从这里我们看到，卢梭天生和富贵者有一种不和与反感，而与平民、贫苦者、民众的性情天然切合和亲近。就此而言，他是一个民众的柏拉图主义者，与基督教同情道德是如此靠近。在幸福与不幸，快乐与痛苦的关系中，幸福如何分割了人类，快乐如此陷人类于不平等之中，而唯有不幸这条纽带才能把人们连接起来，只有痛苦显示了所有人人性的真实和一致，唤醒了一切人共命运、共患难的人道情感，

---

① ［法］卢梭：《爱弥儿》上卷，第306页。

克制和否定了高人一等、无比优越的距离感。而这在使得卢梭成为一个平等民众主义者的同时，也使他成为一个反贵族主义者。

　　第二个原理是，"在他人的痛苦中，我们所同情的只是我们也难免遭遇的那些痛苦"①。这个原理道出了同情原理的真意。我们之所以怜悯他人，是因为我们也会遭遇和他人一样的甚至更为惨烈的痛苦和不幸，他人的现在可能就是我们自己的明天。卢梭对人生的经验纯然是否定性的，他似乎洞悉了世事的无常和人生的偶然不定，快乐荣华不过如过眼浮云，短暂而不可靠。幸福是不真实的，真实的是我们每个人都可能遭遇和不可避免的痛苦，痛苦是我们所有人恒长而普遍的经验和记忆。因此怜悯是我们天然的情感，只要是人就会有一颗怜悯之心，而我们所以同情他人，就是缘于我们自己也是柔弱的，是难免受苦的，我们从他人痛苦的面孔中看到的其实是我们自己，透过他人的脸孔，我们回到了自身。那些帝王、贵族、富人所以无视臣民，轻视平民，虐待穷人，是因为他们被一时的荣华富贵遮住了眼睛，陷于虚幻之境中而不自知，而变化不定的命运终究会让他们从迷梦中惊醒，意识到他们和常人、穷人、受苦人无异，甚至最后下场还不如他们，到那时他就不会蔑视民众、受苦人，狠心对待他们，而是会同情他们的痛苦和困难了。因此怜悯带来和平，与人为善。由此卢梭的确拉平了贵族和民众、富人和穷人之间的差距，或者说，他所说的怜悯之心消解了他们之间的距离，而他的这种平等主义立场实质上是民众主义的立场，基于这种立场，贵族和君王的幸福是如此虚幻不真、不值一提。

　　第三个原理是，"我们对他人痛苦的同情程度，不决定于痛苦的数量，而决定于我们为那个遭受痛苦的人所设想的感觉"②。卢梭的这个原理说的是，一个人的痛苦无论有多大，可是如果我们认为他对他的痛苦没有什么感觉，或者说他不觉得痛苦，那么我们可能就不会同情他，正如我们并不可怜拉车的马一样。而富人所以不可怜穷人，原因就在于他以为穷人愚蠢到不知道痛苦的来由，他们活该遭受不幸，因此不值得同情。但是穷人、受苦人就是人民，人民才是人类，他们比任何人都值得我们的尊敬和同情。大多数人、穷人不是牛马，对痛苦麻木不仁，而是真正的人，无

---

① ［法］卢梭：《爱弥儿》上卷，第 307 页。
② 同上书，第 309 页。

时不感受到痛苦。人民不是愚蠢的，而是一样具有聪明智慧的，"而且，常识的丰富还远远胜过于你"。人民、穷人的痛苦并不是来自自己，而是来自环境，来自"压在他身上的严酷的命运"，也就是说，他们的痛苦都是外在强加于他们的，没有任何办法"可以使他的肉体不感觉疲劳、穷困和饥饿；他的聪明智慧也不能使他免受他那个地位的痛苦"，甚至会使他"痛上加痛"。因此人民、受苦的人是可怜的和最值得怜悯的，我们应该想到，受苦的人是知道自己的痛苦的，而他是不应该遭受如此多的不幸的。但同样是痛苦，对于卢梭来说，富人和贵人的痛苦却不是可怜的，因此是不值得同情的。这是因为富贵人的痛苦不是外来强加给他的，而是他自己招致的，因此是活该的："有钱人的痛苦，不是来之于他的社会地位，而是来之于他的本身，是由于他滥用了他的社会地位。即使他比穷人还痛苦的话，那也没有什么可怜的，因为他的痛苦都是他自己造成的，能不能幸福愉快地生活，完全取决于他自己。"① 换言之，富人所处的地位本来是足以让他无痛苦的，他不会遭受到穷人那样的外在的痛苦，因为没有人能够强加给他痛苦，而他却痛苦，原因在他自己，是他自己导致自己受苦，怨不得别人，而只能怨自己，他应该为他自己的痛苦承担后果，因此他虽然痛苦，却不可怜，不值得同情。穷人则不一样，他的痛苦不是自己招致的，因此他不应当为自己的痛苦担责，他本来无过错，却承担如此痛苦的后果，因此他是可怜的，值得我们所有人同情的。如此，卢梭就把富人、贵族推上了被告席，对之加以同情道德的审判，结果是富人、贵族完全是非正义的，他应该为自己的痛苦负责，也应该为穷人的受苦承担责任，是他们强加不幸于穷人，而穷人是清白的、无辜的。因此我们应该同情穷人，而不应该同情富人，他如果幸福，那是遭人痛恨的，他如果不幸，则是他活该如此的。到了这一步，我们看到，卢梭有点偏激了，多多少少带着穷人的怨恨在看与谈论富人和贵族了。

通过把痛苦置于幸福之上，强调受苦人比幸福的人更是人，穷人比富人更值得同情，卢梭建立起来的怜悯心的确能够成功地遏制人的攀比心和虚荣心，扼杀人的自私心、自尊心的滋长，而使人善感、动情，助长"人同此心"，"将心比心"，人人相同、共通的人道情感。然而对爱弥儿的同情教育并没有到此为止，他还要接受历史的教育，并通过历史教育来

---

① ［法］卢梭：《爱弥儿》上卷，第310页。

进一步观察人类，洞悉人性，以强化他的同情感。卢梭要爱弥儿透过那些历史人物的命运沉浮认识这样一个"真理"：那些曾经的征服者和统治者，实际上都是些"可怜人"，他们的命运实在好不到哪里去，表面上他们风光无限，往里面看，你会发现他们还不如我们普通人，我们应该为我们不是历史上的英雄人物，为不是奥古斯都、安东尼而庆幸，因为那些人即使成功，"也是很惨然的；他将发现，他们的欲望和伤心的事情随着他们的幸运而愈来愈繁多；他将发现，他们虽然是上气不接下气地拼命前进，但始终达不到他们的尽头"，等等。① 所以对于爱弥儿来说，不是想着有一天成为"人上人"，而是只想做个"普通的人"，以免落入与人争攀的陷阱中，失去自我，失去自由。

对爱弥儿的同情教育，使他在自爱心之外，还生长出一颗怜悯之心，而怜悯之心是社会性的情感和美德，也是一切其他社会性情感和美德的源头，从中可以自然生长出仁慈、仁爱、正义之心。爱弥儿是自由的，原来是自爱而无所爱的，但是在他的怜悯心苏醒之后，他不仅自爱，而且有所爱了，不仅爱己而且爱人了；不仅是自然人，而且是道德人；不仅自然善，而且道德善；不仅有自爱心，而且在怜悯心之上良心也被唤醒了，能够自主行善致善了。他的爱人之心起于同他相似的人，同他有关系的人，与他有共同想法和情感的人，"同甘共苦的人"，然后及于所有人，"在个人的爱之外再产生使他和整个人类视同一体的爱"②。在把爱推及整个人类的时候，他也就越来越正义，"爱人类，在我们看来就是爱正义"。而且"为了防止同情心成懦弱，就必须要普遍地同情整个的人类。这样，我们才能在有所同情的时候，就首先是同情正义"。或者说，"由自爱而产生的对他人的爱，是人类的正义的本原"③。而同情心是实现人从自爱到爱人的基础，从而也是正义的根基。至此，对爱弥儿的同情教育算是完成了。这种教育把怜悯之心深植于爱弥儿的情感根底，推动他由孤独的自然状态进入交互的社会状态，而同情心作为本原性的社会性德性和情感，保证他沿着社会性的道德人的方向成长，直至成为一个成熟的自由自主的担当社会性义务的公民，同时也预防他蜕变为自私、自尊、虚荣过度的

---

① ［法］卢梭：《爱弥儿》上卷，第339页。
② 同上书，第323页。
③ 同上书，第326页。

人，落入因攀比、竞争而自我招致的可怕奴役的枷锁中。

儒家的爱人建立在人性善的基础上，卢梭的同情则建立在自由基础之上。固然儒家和卢梭学说之间有很多相通之处，现代新儒家仍然讲恻隐之心，强调其他的情感都从恻隐心推出，但是卢梭讲同情却是为了实现人的社会化，使人走出纯粹自然的个体自由状态，走入社会的个体自由状态，成为社会的自由人而提出来的。当人在爱人时并没有失去其个体的独立性，相反，他是作为独立的个体在爱人，他不是在《基础》中那个甫一进入社会就失去自身自由的人，而是在同情中找到自由，在他人那里发现自己也是受苦的人，自己和他人一样是弱小的人，因此激发了人道爱心的人。因此儒家和卢梭同情道德的根基是不同的，前者是性善论，后者是自由论。

人在社会中要进行两种道德教育：一种是同情的道德教育，使人成为社会的自由个体；另一种是自然宗教的教育，使人成为自由的有良心的人。自然宗教在启蒙意义上就是道德宗教，区别于信仰的启示宗教，因为上帝对于它不再是信仰对象，而是颁布道德命令的自由的至善者，它的要义不在灵魂之救赎和良心之称义，而在要求人们怎么样做一个好人。对爱弥儿进行同情道德教育的目的是让他在社会中发现自己，对他进行自然宗教教育的目的同样是使他发现自己，即发现他在社会秩序中处于什么样的位置。这是对人实现社会化教育的第二步：人要成为社会人，就必须对自身在人类中、在社会中的位置有正确的认识，否则自尊就可能过度膨胀，人与人之间就可能走向相互奴役和丧失自我，而不是相互承认和发现自我。因而道德教育和宗教教育都是必不可少的。在道德教育阶段，爱弥儿通过与他人之间的同情关系来发现自己，而在自然宗教教育阶段，则要回溯到、诉诸最高存在者，在人与上帝的关系中寻找他自己在人类当中的位置，从而正确地融入社会。自然宗教教育还要使爱弥儿更深入地认识到他是有自由意志的——上帝创造了人，赋予他以自由意志，而自由意味着责任，而不是任意，因此人是自由的，意味着他要为自己的行为承担责任，履行义务，做一个善良的人，因为人性本善。人性的善不是通过理性，而是通过直觉显示出来的，人有先天的趋善避恶的良知良能，只要保护好这种良知良能不受污染，他就能成为一个道德的人，就不会被各种虚荣自负所奴役，保持其本然自由状态。通过宗教教育，卢梭要告诉我们的是，人人都有良心，人人都应该按照自己的良心去做，然后在与别人交往、在获得别人对你的评价时，按照自己的良知来看待这种评价，当他人的评价与自身不相符的时候就要拒绝之，而不能由此而生出虚荣自负之心。良知也意味着把自己的善良本性实现出来；你是一个好人，那么你就要做一个好人，通过做好人来赢得他人的称赞，而这种称赞和你本身的内在价值是一致的，这样一来，你就能遏制自尊心的膨胀，以免陷入万劫不复的奴役之中。

第5卷是爱的教育。随着爱弥儿长大成人，他不需要再观察人类，而是必须参与社会了。先前的道德和宗教教育业已为他踏入社会创造了条件，他现在也能进入社会了。他融入社会的第一步就是找到一个伴侣，寻找适合自己的爱人。这时爱弥儿是作为一个成熟的或即将迈入成熟门槛的男人出现的，对于他来说，他要寻找属于自己的另一半，一个适合他的女人。按照卢梭的理解，男人和女人是互补的，一个男人应该找一个真正的女人，一个女人也应该找一个真正的男人。他强调，男人应该是具有男子气概的，有血性的和主动的，女人则应该是女性化的、顺从和被动的。只有男人和女人各自保持其本然状态，他们才是互补的，从而才能结合为一个整体，进而男人在女人那里看到的就是完整的自己，而不是残缺的自身，反过来，对女人来说也是如此。因此真正的爱情就是自己的完整化的实现，而不是使自己被异化、被对方所支配。因此男女之间的爱情是伦理性的和成全人的，它的自然结果是走进婚姻组成一个家庭共同体，这个共同体就是一个最小的国家：男人成为父亲，女人成为母亲，作为国家的组成部分，他们就"是"公民，承担国家赋予他们的义务。而从他组建家庭的那一刻起，爱弥儿就从自然人过渡为一个公民。爱弥儿漫长的教育里程基本结束了。通过这个持续和漫长的教育最终取得的成就是，他并没有因为社会化而失去自由，而是维持了个体自由，最后他将通过缔结社会契约换取另外一种自由，即公民自由。

四 从好人到好公民

卡西尔在其所著《卢梭问题》中提出，"卢梭问题"就是自由问题。[①] 为什么自由对卢梭来说会成为一个问题？在霍布斯和洛克那里，自

---

① ［德］卡西尔：《卢梭问题》，王春华译，译林出版社2009年版，第48—56页。

由首先是自然的个体自由，即不受强制、阻碍的自由，或合乎自然法的自由。但是在自然状态下，任何人的自由都是没有保障的，他们的自由反而使他们容易陷入混战之中。为了补救这种状态，霍布斯不惜让人们干脆放弃自然自由，签订契约建立绝对君权的国家，让强大的利维坦来保障人们的安全，只允许他们保留最低限度的、不受阻碍的人身自由。而在洛克那里，自由人达成契约建立权力相对有限的政府，签约的个人没有为了安全、财产而放弃自己的自然自由，而是让政府保护自己的自由。英美的国家体制更接近于洛克的有限政府体制，在这种体制下个体自由是有保障的。但是18世纪法国人卢梭却不是很赞成英美自由主义。在《论科学与艺术》中，他就反对科学艺术、反对个体自由主义，而更亲近强调尽国家义务的公民自由主义、实体自由主义。他推崇斯巴达，虽然斯巴达人很穷，但是他们却不需要什么财富，生活也不讲究，没有科学，也没有艺术，他们只是一心锻炼自己，培养自己为国家服务的美德，准备为国家战斗。古罗马共和国的公民也是如此。他称赞他们的公民自由精神，并用它来抵制和克服现代个体自由精神。就此而言，现代个体自由在他这里的确成了问题。

但是，在他写的《基础》一书中，他对自由的认识发生了转变，成为个体自由的倡导者。在自然状态下，每个人作为个体是自由的，但是在人进入文明状态之后，个体自由却丧失了。而在其第三本书《社会契约论》中，卢梭再次变成公民自由主义者，否定个体自由。在个人自由和公民自由之间摆来摆去，这就是卢梭的问题。他试图既保存个体自由，又不否定公民自由，但是他似乎又找不到统一和兼顾两种自由的模式。这在某种程度上造就了他本人分裂的性格。有没有可能容纳个体自由和共同体自由呢？卢梭没有找到这样的途径。受卢梭深刻影响的康德也没能解决这个问题，而且还带来了新的康德问题，即他在引入和恢复个体自由的同时消解了共同体自由，使公民自由成为问题。只有黑格尔把两种自由都纳入了其精神哲学体系中，在家庭、社会和国家一体三分的关系中，个体自由被置于市民社会领域，实体自由被构筑于国家领域，两种自由同时存在并相互制约。

但是卡西尔没有看到的是，卢梭问题除了是自由的问题之外，还是关于道德和伦理冲突的问题。如果说在希腊，苏格拉底亲身感受到了道德与伦理的分裂和冲突，那么在现代卢梭则亲身经验了道德和伦理的分离和紧张。

如果加以严格区分的话，正如黑格尔所看到的那样，伦理与道德是不同的。伦理是人与人之间形成的实体性的关系，是客观的，呈现为家庭人伦的生活，国家公民公共的生活。道德是当人们从客观的伦理生活转身回到自身内在意志和意识后产生的，因此它是主观的，呈现为自觉的内省的良知的生活。① 如果伦理生活是求诸人，那么道德生活则是求诸己，如果伦理生活诉诸整体善、公共善，道德生活则诉诸个体善、内在善，前者追求家庭或国家最大的善，后者追求自我人格的尊严或个体最大的幸福，前者实现的是家庭亲亲正义，或国家分配正义，后者达到的是灵魂或良心正义。伦理性的人生活在实体中，即家庭和国家中，前者是血亲私密的生活世界，后者是公共共同的生活世界，一个人因为容身于亲亲关系、国民关系中并按照这种关系来生活而是伦理性的人，他或是亲人、家属，或是公民、臣民，他由于这些身份而取得对家庭、国家的认同以及家庭和国家对他的承认。道德性的人从实体回归自身，生活在内在的良知世界中，他是立于天地之间依道而存在的独立自主的存在者，知道心中的道德律，并自觉自愿地按照良心法则遵道而行。伦理性的人，作为家属，公民是有血统的、国界的，有连续的习俗传统的，他按照亲疏远近与人建立伦理的关系；作为公民，他划分敌友，视本国公民为朋友，外族非我族类，乃至是敌人。但是道德的人，作为人，没有血统，也没有国界，也不生活在传统习俗当中，而只生活在普遍的良心中，对于他来说，他是世界公民，没有亲疏远近，没有敌友之分，只有放之四海而皆准的法则，人皆应遵道而行，一律平等。

如果伦理意识是一种集体意识，那么道德意识则是一种个体自我意识。道德意味着个体追寻自身完善的内在要求，它最早出现在希腊，苏格拉底是其提出者。苏格拉底呼求希腊人反躬自省，关心自己的灵魂是否完善，走上独善其心之道。而伦理的生活则意味着一个人是为实体、共同体、城邦、国家而生，"鞠躬尽瘁死而后已"；天下兴亡匹夫有责，家事国事事事关心，力有余则达济天下，在"亲民"中达于至善。在斯巴达和古罗马共和国，公民过的就是止于亲民至善的伦理生活，于此时，个体和城邦之间没有裂隙，相反却深度融合在一起。但是随着城邦的毁灭，实

---

① ［德］黑格尔：《法哲学原理》，范扬、张企泰译，商务印书馆1961年版，第161—163页。

体沦丧了，只剩下孤零零的个体，于是就生出了安顿个体灵魂的斯多葛主义道德，拯救堕落灵魂的基督教信仰。因此个体意识的诞生是道德和道德意识发生的前提或必要条件。

在现代的开端，霍布斯和洛克并没有扭转斯多葛主义或基督教道德的基本路向，从其个体主义前提转向实体主义前提，实现从个体道德到实体伦理的转折，而是延续或承继了斯多葛主义和基督教个体主义道德进路，虽然祛除或弱化了基督教信仰主义精神，但是他们仍然通过退出政治社会，从实体状态向前回溯，回到非实体性的个体自然状态，从实体伦理回到了前伦理的自然个体道德，在思想上重演了从希腊伦理世界向罗马帝国、基督教法权和道德世界蜕化的历史进程。因此霍布斯和洛克的道德哲学是个体主义的道德哲学，其所关心的不是实体，共同体的善和正义，而是个体、个人的善和正义，虽然不再关心个体灵魂的安宁或救赎，却关心个体生命的安全或自由、财产。

但是卢梭在他进入现代殿堂之后走出的第一步却是逆潮流而动，在普天之下都在呼唤保护个体权利并以之建立现代道德的时刻，他却对此不屑一顾，从现代回到古代，从个体回到共同体，从主体道德回到共同体伦理，并痛心疾首地高呼用共同体伦理克服个体道德。他出道的第一本书《论科学与艺术》标志着他的精神回到了斯巴达和古罗马的伦理世界，情不自禁地大声赞美古代伦理世界朴素的天下为公的公民美德而非天下为己、由己的道德性个体美德，为发现古代伦理的共同体世界之不同于现代道德的个体世界而欢呼，指示现代人回归自己精神的故乡。可惜的是，古代敦朴直觉的伦理世界毁于反思和浮华的科学与艺术。但是在《基础》中，卢梭从古代伦理立场上退下来，回到现代道德立场上来，他之回溯到原子自然状态，不过是重复了霍布斯和洛克的现代思想经验。在自然状态下，每个人都是个体，在其自身之中，而少与他人往来，因此他是自然的和道德性的存在者，自爱和怜悯心是其两种基本的自然道德情感。然而，这并不是卢梭最终的观点，在《社会契约论》中，他的立场又一次发生转变，再次反对个体，反对道德，回归伦理，回到共同体，不过不是回到古代伦理世界，而是构建了一个共和伦理的世界，这个世界是一个同一的伦理实体，每一个公民都具有公共的美德。如果说在霍布斯和洛克那里，从自然道德状态开出了纯粹法权君主国家和有限政府，那么在卢梭这里，从道德自然状态却开出了法权性的伦理国家，道德人蜕变为伦理人。

　　因此在卢梭这里，不仅个体自由和公民自由是相互冲突的，而且伦理和道德也是分裂的和相互冲突的：在自然状态下，人是道德的，而在进入国家后，他是伦理的，他在成为伦理性的公民后却牺牲了个体道德，他没有设想一个共和国能将个体道德和实体伦理统一起来。对他来说，似乎只能在两种自由、道德和伦理、自然社会和国家之间做出非此即彼的选择。他之所以没有把两者统一起来，是因为他消极地理解"社会"。他说，在自然状态下，人是好的，但是一进入"社会"，他就变坏了，在从自然人变成"社会"人的时候，他本然的好的品质沦陷了，从平等陷入不平等，从自由堕入奴役。所以在他的观念里，似乎不存在个体性的社会，社会与个体是不相容的，因此在人从自然走出后，如果这是必然的，如果要保证他仍然是自由的，那么看来只有跳跃，绕开个体性的社会，直接进入国家或把自然状态改造为国家，进入共和体。因此在自然和国家、个体和共同体之间，不存在一个第三者——中介来综合它们之间的关系，缓冲个体自由和共同体自由、个体道德和实体伦理、自然和国家之间的冲突。德国古典哲学就不再像他那样过于消极地理解"社会"，即把社会看作否定个体的，而是积极地看待"社会"，对它来说，即使"社会"存在恶，是不完满的，这种不完美的东西也有它存在的合理性，就像康德看到的那样，自然从善开始，而人的历史却从恶开始，但是这种恶是必要的，否则人就永远处在被大自然包裹中的不成熟的婴儿状态，而无从进入成熟的自由的自我展开和发展的成人状态。恶并不就是完全消极的，也有其积极的一面，在某种意义上它是推动人类社会发展的动力杠杆。为社会的恶辩护可以说就是一种人类正义论，或国家正义论，正如神义论是就人间恶证明上帝是正义的一样，人类正义论就社会的恶推动了人类进步，良序国家的建立证明它是必要的。

　　但是对卢梭来说，却不存在这种人类或国家正义论；恶是被彻底否定的，应该避免的，因此只有放弃和脱离恶的社会，才能直接进入国家，建立完全伦理性的共同体。马克思承接德国古典哲学，重建了这种人类正义论或国家正义论。马克思认为，国家不是在自然状态中产生的，而是在社会状态中产生的，是社会发展的内在矛盾促成了国家的产生，国家即是调和或解决社会对立阶级矛盾和斗争的产物。

　　霍布斯和洛克为了说明国家的起源而回溯到人类原初自然状态，卢梭为了解释人类不平等社会的起源而回到人类原初自然状态。原初自然状态是卢梭的一种假设，是法律意义上的而不是历史意义上的，① 也就是说，它只是假设的无人法统治的状态，而不论它存在不存在都不影响其逻辑上的有效性。他之回到自然状态也只是暂时的，其最终目的是探讨人法统治下的不平等社会是怎么产生的，探讨不平等社会得以产生的自然前提。不过，虽然卢梭同霍布斯和洛克一样都回到自然状态，但是他与他们回归的自然状态却是根本不同的。对后者来说，自然状态是理性的，人人都是会说话、能思维的理性人，但是对于前者来说，自然状态固然很美好，人却是野蛮人，既不怎么会说话，是沉默的，更多地通过肢体动作来表情达意，也不会理性思维，没有对象意识也没有自我意识，更多的时候沉浸在情感世界当中，无思而有情。也就是说，原初的人不是理性的人，而是情感性的人，人可以没有理性，但不能没有情感，否则无以标示人和动物的差异了。自然野蛮人是幸福的，一方面，他自在自由，既无需过多地依赖于物，也不需依附于人，因为他需要的很少，无思也少欲，而欲少则强，少欲则刚，自然能自立，在其自在之中。另一方面，他是"情本体"的存在者，有合宜的自爱情感。自爱者心无旁骛，只关心自己，顾及自己，爱自己的存在，而不需也不必关怀他人或被他人关注。自爱不同于自私，自私是在人进入社会之后才产生的，它建立在人与人的比较之上，而自爱是沉浸在自身之中的天然情感。自爱的人也有怜悯之心，每当看到同类受到伤害之时，他就会流露出这种情感，所以怜悯是一种消极的情感，因为它是在人看到他人受苦之时发出的。不过，这种怜悯之心是有限的，它作为一种天然萌发的情感，与在社会中发展起来的同情、仁爱是两回事。正如孟子所说的那样，恻隐之心是仁之端，它的发展扩充才是仁，自然的怜悯也不过是同情、仁爱之端，扩充前者才有后者。

卢梭的这种表述在中国哲学里也有对应的表达。《尚书》有云："人心惟危，道心惟微。"就是说，人有两心，即人心和道心，人心即人的各种情感欲望，道心即仁心、良心；人心可使人背离人道，陷人与危险境地，而道心则使人恪守人道，但是它微妙难存。儒家关注道心、仁心，不太关注人心、人欲，并且主张以道心克制人心，仁心克服人欲。但是实际上，人之两心不可偏废，不能只讲其一；人心是人现实的存在规定，而道

---

① ［美］普拉特纳：《卢梭的自然状态》，尚新建、余灵灵译，华夏出版社 2008 年版，第80 页。

心是人超越的存在规定，后者应该引导、支配前者而不是摧毁前者，毕竟人心是人自然的规定。

对卢梭来说，自然人也有两心：一是自爱之心；二是怜悯之心。自爱之心即人心，它使人沉浸在自身当中，而且是容易知足的。怜悯心即道心，看到他人受苦就动之以情，想法助其解脱。现代市民社会即是以人心而不是以道心为基础建立起来的，没有人心的解放，没有对于人欲的正名，没有对于自身幸福的肯定，市民社会肯定出现不了，而如果没有道心，没有仁心，则更高的道德也出现不了。因此人心和道心都是必不可少的，是相互补济的。但是传统儒家只讲仁义道德，忽视人心，而现代人似乎又只讲人心，仁义缺一边。如果只讲人心，则"人心惟危"，可能把人带入险境，只讲道心，则道心唯微，可能不着实际，因此道心不能完全脱离人心。每个人都是两心的结合体，人心即自爱心，是指向自己的；适度的自爱之心是好的，一个人如果连自己都不爱，怎么可能去爱别人呢？但是如果仅有自爱之心却是不够的，还必须有一颗道心，不至于陷入极端自私自利境地。

对卢梭来说，要维持人的自然自由、自然道德，就必然使人处在相互孤立的状态，而如果能保持自然人之间这种安然、自处、低交往状态，即如老子所讲的"小国寡民"状态，那么人的自然自由和道德就将一直持续下去。但是这种"寡民"状态是难以维系的，不仅自然生命是不断活动变化的，而且人还有一种不安于现状的可完善的潜能，因此在各种因素的作用下，人必然会走出那种隔绝状态，扩大与自然、与人的接触，前者获取更多物，后者接触到更多人。如果人只和自然界接触，那么他就可能会一直保留在原始状态，而只要与人广泛接触，他就会成长起来，社会道德关系就会出现。在人与动物的接触中，他感觉到自己比动物高级，感受到自身作为人的优越性，就此他作为人的自尊心开始发育了。也就是说，人的自尊感最早是在他与动物的比较中产生的，是无害的。而当人进入社会之后，通过人与人的比较也产生了自尊心，它是一个人相对于他人的价值优越感，但却是败坏人的一种情感。

依据卢梭的描述，随着与人交集的不断增加，他会寻找一个伴侣，组成一个家庭，前提是他能建造小屋或发现洞穴，供两人共同居住，所以如果人能建房子，他组成家庭的条件就具备了。组成家庭即意味着他进入了社会：家庭是最早最自然的社会形式，而爱则是连接男人和女人组成和维系家庭的基本情感。以家庭为基础，氏族、部落直至民族，大型的人类社会就形成了，人就从纯粹自然状态进入民族社会状态。

在自然状态下，人是情本体的存在，其基本情感是自爱和怜悯，而在社会状态下，人成长为会说话、能思维的理性存在者，但也仍然是有感情的存在者，而且前者依附于后者，因此人基本上还是情本体的存在者，只不过不是个体自然性的而是社会性的情感存在者。他的基本社会性情感即是自尊心，它是在关心自己存在的自爱基础上，在人际交往比较中产生的一种情感。生活在聚集起来的人群中的人们，因为会说话，就有了强烈向人表达的冲动，进而在交接互动过程中，产生了展示自己给其他人看的欲望，于此他就有了比较之心，意图在人群中脱颖而出，证明自己是优越于人的。于是在一个有公共目光注视的情境中，他的自尊心萌发并成长起来。① 也就是说，一旦一个公共的社会场域形成，每个人都开始注意别人，也希望别人关注自己，他人、公众的注意就会赋予被关注者以价值，使之感觉到自身的价值，并且他也欲以引起他人、众人注视的方式显示自己的价值，如果自己越被关注，他就越会感到自身的尊严、优越。自尊心产生于自己很重要，自己有了价值，而不是一无是处、无足轻重，它是在人与人的交集比较关系中形成的，而不是在自身，通过自身而发生的，它建立在他人、众人的尊重、认可之上，离开他人的认可、尊重，一个人不可能形成对自己的尊重。在自然状态下，他可以做到这一点，即无需他人的关注、重视，他也不求被人关注，他就沉浸在自身中，自己关心自己，乃至自己爱自己，自己尊重自己。但是在社会状态下，他人的关注却显得重要起来，如果一个人不被人关注的话，对于他是很难想象、不能接受的，因为这就意味着他被排除在社会、群体之外或至少被排挤在人群边际，退回自然状态。因此一旦进入社会，得到关注、受到尊重的尊重之心是任何人都会产生的，在某种意义上这是他成为人群一员的必要条件。而生活在人群中的每个人也都有受到认可的愿望，希望别人尊重自己，乃至把自己看成比他人更重要或至少与他人同等重要。

卢梭讲的自尊心实质上是一种渴求被人承认的情感，它是在人与人相遇的时候发生的一种情感；如果人与物的关系只是需要与被需要的关系，那么人与人的关系除了是相互需要的关系之外，还是一种相互承认的关

---

① ［法］卢梭：《论人类不平等的起源和基础》，第118页。

系，也许人与动物的区别就在于人有这种希望被自己同类承认的欲望，而动物则没有。

对卢梭来说，自尊心固然是一种社会性情感，但是这种情感所带来的后果却是严重的，即人的自然自由、自然道德因它而沦落，虽然还不至于完全丧失。自尊心的发生本身说明人不再自在自足，而开始依赖于人，因为他需要别人的认可、关注和重视，如果他的才、貌、艺、德、力得不到他人的承认，他会感觉自己被轻视、被侮辱，而在自尊心产生之后，这对于他是难以接受和承受的，乃至是让他感到恐惧的。由此自尊心就使他产生了对他人、群体的依赖，而且主要是情感、价值上的依赖，而不是物质上的依赖；他生活在人群中，也就是生活在别人的眼光、别人的评价之中，按照别人的评价和关注生活。不过，卢梭也讲到，自尊心虽然给人套上了一副枷锁，但是却不至于使人完全失去独立，丧失掉自由，受役于他人，它还是可以被接受的。其实，在以自尊心为主导的早期社会阶段恰是人由自然进入社会之后最幸福的一个阶段。卢梭大概是说，在自然状态下，人虽然是自由的，但是他却意识不到自己是自由的，因为他只有沉浸于自身的自爱情感里而没有自我意识，而在初入社会，并且产生了自尊心之后，在他与他人的比较中，通过他人的尊重、关注和承认，他能意识到自己的独立和自由。

但是，卢梭也看到了承认欲望消极的一面，即它既是使人意识到自由的条件，也蕴涵了使人丧失自由和不道德的种子。这是因为生活在别人评价之中的人，在他意识到受人尊重的意味后，就开始伪装自己，变得虚假贪婪，为博得他人好感、好意而不惜刻意迎合，而当得不到别人尊重，或感觉受辱的时候，他就不择手段地进行报复、复仇、发动战争。在某种意义上，复仇正义就是人从自然进入社会后的基本行为法则，因为当时还不存在法律，血亲复仇法则即是根本的自然社会法则。因此，如果一个人感觉被侮辱了，他就会采取复仇的方式去侮辱别人，赢回承认和尊重。于是，正如自尊取代了自然状态下的自爱一样，复仇就取代了自然状态下的怜悯而成为另一种社会情感。在自然状态下，每个人尽量谋求自己的幸福，同时也绝不损害他人幸福，并尽可能地帮助陷入痛苦中的他人，但是在社会状态下，复仇取代了同情之心，人的自然美德丧失了，人被带入不幸的险境。①

　　按照卢梭的描述，社会进展的第二个阶段产生了私有制。随着人自尊心的不断增强，加之技术的不断进步，即获取财物技术的持续进步，以及耕作技术和冶炼技术的巨大进步，农业得到发展，土地被大量开垦，土地私有制得以产生。因为越来越多的土地被人耕作，带来人口的增加，而人口的增加则使得土地不足，需要对土地进行分配，它由之从公有变为私有。卢梭遵循洛克的思路，认为劳动是产生占有土地及其产物的所有权的依据，而技术的进步和劳动的结合即是私有制产生的根源。洛克肯定私有制，但是卢梭却基本上否定私有制，认为它是一切社会不平等的起源。由它产生的最直接后果是人与人的贫富分化，社会出现了最显著的裂痕。富人奴役穷人，穷人依附于富人，在社会中奴役出现了，自由丧失了。自尊心虽然引发了人对人的依赖，但是由它引发的依赖还不是奴役，不至于沦陷自由，而在不平等条件下产生的这种社会依赖却是使人完全丧失自由的枷锁。对于洛克来说，财产权是确保自由的必要条件，一个极端贫困的人是很难保证自己的自由的，因此两者互济，并不冲突。但是对卢梭来说，私有财产权与人的自由和道德是相冲突的，似乎所有人都一无所有才能保障自由，私有财产权即意味着人的不自由，道德心的泯灭。

　　在自然状态下，所有人都是一无所有的穷人，但他却是自由的，而进入社会之后，由于私有财产权的产生，有的人成为穷人，有的人成为富人，人与人之间出现了不平等，人的自由也沦丧了，而如果没有土地分配，没有私有财产，就不会有人对人的相互依赖，人就不会失去独立。这也是为什么卢梭强烈反社会，尤其反现代市民社会的原因，因为市民社会建立在私有财产权的基础之上。对洛克而言，法律保障人的私有财产不受侵犯，但是对卢梭而言，建立在保障私有财产基础上的社会不是自由和平等的社会。私有财产权确立之后，一方面加剧了竞争，另一方面也引发了人们之间的利害冲突；自私代替了自爱，自尊心替代了怜悯之心，人人自尊又自私，人与人之间变得像狼与狼一样。霍布斯讲，自然状态是狼吃狼的战争状态，而卢梭则说，不是自然状态而是社会状态才是狼吃狼的战争状态。卢梭认为，私有制社会是难以维系的，于是后来穷人和富人签订了

---

　　①　［法］卢梭：《论人类不平等的起源和基础》，第119—120页。

契约，走出了这种战争状态，建立了国家。① 但是这个契约是由富人主导约定的，是有利于富人的契约，所以它在签订之初就是一个不平等的契约，是富人欺骗穷人签订的。

这就是卢梭对人从自然状态向社会状态过渡的描述。自然是好的，人是自由的和道德的，社会是坏的，人变得自私自利，并遭受奴役。因此整个发展过程是失败的。但是这个过程是不可逆的，人已经回不去了，因此对于卢梭来说，现在的问题不是回到自然状态，而是怎么样克服社会的恶，继续前行，恢复人的自由、平等和道德。而这个问题是其《社会契约论》要解决的问题。

就《基础》的逻辑来看，在和平的自然状态里是不可能产生国家的。因为在自然状态下，每个人都悠闲自在，彼此独立，不相往来。人人只关心自己，出于同情而适度关心他人，因此人们之间不会有冲突，也不可能有战争，从中也不可能产生共同体，因为没有产生共同体的需要。国家产生的前提是自然状态难以为继，由和平状态进入战争状态，只有建立国家才能使人走出战争状态，重新实现和平。

对这个前提霍布斯和洛克是同意的，正是从这个前提出发，前者推出了绝对君主制国家，后者推出了有限政府。卢梭也同意这个前提，只是他认为，战争状态不是发生在自然状态下，而是发生在社会状态下，他意图从社会的冲突中推出国家而不是从自然的冲突中推出国家。卢梭的这种逻辑在德国古典哲学那里得到了回应。对德国古典哲人来说，社会并不和平，而是充满了矛盾和斗争，国家即产生于社会关系的矛盾和冲突。康德即认为推动人类社会发展的不是人的合作，而是人的对抗，人的"非社会性的社会性"产生了国家的必要。

对于卢梭来说，除了私人财产是引发社会不平等和冲突的根源之外，生活在社会中的人的承认欲望也是导致社会冲突，使之陷入战争状态的根源；如果前者是导致社会冲突的外在条件，那么后者则是其内在条件。人类社会为什么不是和平的状态？外在地看，人们为了利益而陷入残酷的竞争，内在地看，人们是为了获得承认而进入战争状态的。霍布斯说，在自然状态下，人人都是虚荣自负的，而虚荣就是希望别人承认自己优越性的欲望和激情。人因为好荣誉而争强好胜，因为好胜而卷入战争，通过征服

---

① ［法］卢梭：《论人类不平等的起源和基础》，第 127—130 页。

让自己获得承认。对卢梭来说，承认的欲望不是发生在自然状态下，而是发生在社会里。在家庭里，并不存在冲突，因为爱的情感是家庭结合的纽带。但是当部落、民族形成，人与人之间的比较成为常态的时候，家庭爱的情感就不再起作用了，自尊、承认取而代之成为人们的主要情感和内在要求。① 人们不可能都是一样的，一旦聚集在一起，他们的长短高下就在公共视野中直接呈现出来，形成一个差序秩序，而每个人都想处于这个差序关系的中心，突出自己，显示自己，都想在比较中获得优势，让别人承认自己是最好的，或比较好的，承认自己是有价值的，有尊严的。人的自我价值感就是自尊感，自尊就是渴望他人在评价我的时候不贬低我，而是把自己看作有价值的，或者很有价值的，非同一般的，或者最有价值的、最出众的。在自然状态下，人是自爱、自得其乐的，不关心别人怎么样，也不需要别人关注，而当他的这种自我关心、自我关照被带入社会的时候，它就演变为自尊感，因为自尊感即建立在他人对自我的关照、关注之上。由此，自尊感所产生的后果是社会性的。你要求别人承认自己的价值，你也必须承认别人的价值，而为了得到他人的承认，冲突是不可避免的：承认本身包含着斗争，你必须为被人承认而斗争。

争取承认所必然引发的冲突一开始表现为一种复仇。在自然状态下，最多存在着为了争夺统治权而展开的动物一样的厮杀，失败者并不会再来复仇，但是在社会状态下，人与人之间的斗争首先表现为一种复仇，而复仇背后隐含的逻辑就是他受到了侮辱，被人欺负，不被承认，他要讨回公道，要别人承认自己。随着土地的耕作，技术的发明，私有制的出现，一种残酷的利益之争出现了，而这种斗争与承认的斗争结合在一起，又产生了一种取得比别人更大优势、更多权利的承认的斗争，这种斗争不纯粹是为生存、财富和利益，更主要的是为了取得生存的权利、财产的权利：不是自己的生命、财产要求被承认，而是自己生存的权利、财产的权利要求被承认；穷人和富人的斗争就蕴涵着这种承认权利的斗争。

当社会的这种承认斗争发展到一定程度的时候，就到了国家、共同体被创设的时刻，国家即是从社会承认斗争中诞生的。社会的矛盾不能通过社会来解决，只能通过比社会更高层次的国家来解决。这是卢梭《基础》中所隐含的逻辑。对这种逻辑，康德和黑格尔都有很好的把握。

---

① ［法］卢梭：《论人类不平等的起源和基础》，第118、124—125页。

卢梭的《爱弥尔》在逻辑上是承接《基础》的，而它实际上又是其《社会契约论》的导论，目的是通过对爱弥尔的自由和道德教化，使其走上进入政治共同体的道路——在某种意义上，爱弥尔即是作为适合未来共和国的公民而被教育的。爱弥尔接受了两种教育：一种是自然的人的教育，一种是社会的未来公民教育。通过社会教育，爱弥尔被培育为自爱、同情、仁爱和自尊的人。在《基础》里，他突出自尊所带来的负面影响，而现在他则强调自尊的积极意义。对于他来说，自尊心并不必然导致人类的严重冲突，即使它可能无可避免地会引发冲突，也可用同情、仁爱来约束它、限制它，以避免引发严重的社会冲突。爱弥尔接受的自然宗教教育则唤醒了他的良知，使他知道和判断善恶。最终他成为独立有爱心，自由而又有良知的成熟的人。

《社会契约论》主要讲如何开出国家，开出什么样的国家。它仍然回到和从自然状态讲起，而不是直接就讲共同体的开出。在这样讲的时候，卢梭似乎遗忘了从自然到国家还存在一个中间环节，即社会状态，给人感觉他绕过它直接从自然状态政治共同体。如何创建国家呢？卢梭驳斥了三种创建国家的理论。第一种是父权制论，它把家庭的结构模式推广或复制到国家，家国一体，国家实即家的扩大；中国是这方面的典范。第二种是强权论，是说谁的权力大，谁就应该统治，因此强者应该统治；古希腊流传着这种理论。卢梭反对这种理论，认为在自然状态下，因为强权而产生的统治是暂时的、非法的，当权力消失的时候，权利也就消失了。第三种是奴隶制论，在古希腊，奴隶制被认为是天然的，亚里士多德就认为灵魂比肉体要高贵，主人统治奴隶就像灵魂统治肉体一样，是合乎自然正义的。卢梭反对这种自然奴隶制，在他看来，人生而自由、平等，自由甚至比生命还重要，是人最宝贵的东西，就此而言，奴隶制是非法的、非人的，因为它使人生活在枷锁中，丧失了人之为人的自由和平等。

对于国家的建立，卢梭提出了自己的方式，这就是结合的方式。将要舍弃或转换自己自然或社会生活的人都是独立自由和自尊的个体，他们通过契约愿意加入什么样的共同体呢？显然，卢梭反对霍布斯式的绝对君主制国家，因为它以牺牲大多数人的自由为代价，虽然它使人们的生命有保证。他也反对洛克式的有限政府，这样的政府太小，而社会太大，政府从属于社会，不过是社会的守夜人，它很难真正克服卢梭所看到的那些社会冲突。他的选择是建立一个具有同一意志的共和国家，把松散的个体聚集体转换为同一的共同体或公共体，把自由的独立个体转变为自由的实体的公民，使其从独立道德个体蜕变为伦理实体的个体："我们每个人都以其自身及其全部的力量共同置于公意的最高指导之下，并且我们在共同体中接纳每一个成员作为全体之不可分割的一部分。"①

如何才能完成这样一种转变呢？原子通过聚变而生成同一的有机的分子，而不是原子的集合体。两种元素通过化学反应能生成一种新的同一的元素或事物，而不是元素的混合物。自由个体之结合，如果是联合，那么生成的肯定是联合体而不是统一体、同一体，而如果是聚变、聚合，或化合，那么原子式自由个体就将生成同一体、统一体而不是联合体或混合体："要寻找出一种结合的形式，使它能以全部共同的力量来卫护和保障每个结合者的人身和财富，并且由于这一结合而使每一个与全体相联合的个人又只不过是在服从自己本人，并且仍然像以往一样地自由。"② 对于卢梭来说，自由原子个体的结合就是发生一种类似聚合、化学化合的作用，把它们中和、统一起来，不是产生原子联合体，而是生成同一的共同体、共和实体。新生的实体并不通过剥夺人自然的自由和财产来实现，而是通过转让的形式来实现。但是卢梭讲的转让不是洛克意义上的有所保留的转让，即保留了个人生命、财产、自由的转让，而是一种毫无保留的转让；虽然在自然状态下，人人都是自己的主人，但是他们在进入实体国家的时候，都必须把其个体的生命、财产、自由无保留地全部转让给共同体，而不是转让给个人，或是阶级。对卢梭来说，要结合成真正的整体，个体必须倾其所有进行转让，而且所有人进行同等的转让。这种转让其实就是每个人向全体奉献自己，通过无保留的转让赋权缔结一个共同体，这个共同体就如一个大写的人，赢得了自身的意志和意识。但人们放弃的东西在这个共同体里又被恢复了，而且扩大和增强了，因为他由一个小人、小我，化作或聚变为大我、大人；共同体就是他自己，一个放大了的他自己，他自己就是共同体，共同体就是大写的他或人：

> 只是一瞬间，这一结合行为就产生了一个道德的与集体的共同
> 体，以代替每个订约者的个人；组成共同体的成员数目就等于大会中

---

① ［法］卢梭：《社会契约论》，第24—25页。
② 同上书，第23页。

所有的票数，而共同体就以这同一个行为获得了它的统一性、它的公共的大我、它的生命和它的意志。这一由全体个人的结合所形成的公共人格，以前称为城邦，现在则称为共和国或政治体；当它是被动时，它的成员就称它为国家；当它是主动时，就称它为主权者；而以之和它的同类相比较时，则称它为政权。①

每个人都把自身的意志和力量置于公意的同一命令之下，他就是共同体、整体不可分割的一部分，他的意志就同一于公共意志，与普遍意志重合、重叠。共同体之成为大写的人，就在于它形成了自己同一的意志，即公意。公意不是形式上的，不是众人意志的累加混合，而是实质上的，是统一的"一个"意志，是共同体、实体自身的意志；共同体不是一个死物，而是一个活物，是具有自身意志的大写的人格。相反，身在其中的我不再具有"自己的"意志，"我的"意志，或者说，"我的"意志不属于我，而是属于"我们"，"我的"意志就是公共意志/"我们的"意志，公共意志/"我们的"意志就是"我的"意志，个人意志和公共意志合为一体，个人消失了，蜕变为承担公共意志的公民。

通过这种神奇的化合、聚合，我成为我们，我们就是我，主体就是实体，或就是实体的主体、实体的个体，实体就是主体，就是由主体、个体来担当和表现、实现的实体。也就是说，由我、众我化合而形成的共同体是一个统一的不可分割的整体、实体，这个实体是有生命的、活的，它作为我们就是一个大写的我。自然状态的我是小我，经过转化，众小我放弃小我而形成了大我、我们。所以人从自然状态进入有机共同体状态，他的意志和力量不减反倒增强了。他的自由呢，他放弃了自然的自由，在共同体里又获得了什么样的自由呢？在卢梭看来，自由没有减少，同样也增加了，他失去了自然自由，但获得了公民自由，失去的是个体的自由，赢得的是实体的自由："我们还应该在社会状态的收益栏内再加上道德的自由，唯有道德的自由才使人类真正成为自己的主人；因为仅只有嗜欲的冲动便是奴隶状态，而唯有服从人们自己为自己所规定的法律，才是自由。"② 因为他的意志就是共同体的意志，共同体的意志就是他的意志，

① ［法］卢梭：《社会契约论》，何兆武译，商务印书馆1980年版，第25—26页。
② 同上书，第30页。

因此他不仅没有丧失自由意志，反而获得了更大的自由意志，即公共的自由意志，因为公共意志并不是外在的意志，就是我的意志，共同体是自由的，共同体中的任何人也是自由的。

通过"一瞬间"的聚变结合而诞生的共同体是伦理性的而非道德性的实体，是一种同一体，一个大写的人。卢梭又把这种同一性的共同体叫作公共人格、城邦、主权者、共和国。对他来说，共同体是具有同一性意志和理性的统一体，是一个完整的、不可切割的东西。从个体和共同体的关系来看，共同体是整体、实体，个人是整体、实体的一部分，他就生活在这个实体之中，以实体的意志为自己的意志，以公共的善为自己的目的。卢梭说，在自然状态下，每个人都是一个整体，一个个体实体，一个不可分的分母。而在社会状态下，个体和共同体的关系则是个体和实体的关系。实体是不依赖于他物的，在其自身通过自身而存在的，是自我规定的，而卢梭意义上的共同体就是这样的实体，它有自身的同一意志和普遍理性，止于公共的善，是自由的。因此它就是一种伦理性的实体。而实体中的每个个体都是实体的主体，如果实体是分母，他则是分母的分子，是实体的个体，作为整体的一部分，是实体、分母的表现者，而不是外在于实体的单独个体、一个分母，他所表现、表达和呈现的不是他自身，而是实体，他不是以自身为目的，而是以实体为目的："敢于为一国人民进行创制的人，——可以这样说——必须自己觉得有把握能够改变人性，能够把每个自身都是一个完整而孤立的整体的个人转化为一个更大的整体的一部分，这个个人就以一定的方式从整体里获得自己的生命与存在；能够改变人的素质，使之得到加强；能够以作为全体一部分的有道德的生命来代替我们人人得之于自然界的生理上的独立的生命。"① 他不在自身中和通过自身而存在，而是在实体中和通过实体而存在和活动。因此他与实体的关系完全是伦理性的而不是道德性的。

为什么建立这样一种伦理共同体呢？这源于卢梭对自由的深思。对他而言，在自然状态下，人的自由难以长久维持，而在社会状态下，私有财产和自尊心又引发了个体的不平等，产生了贫富、主从和主奴分化，导致穷人对富人奴隶般的依附，丧失了自由。所以为了挽救自由，他主张建立伦理性的共和社会，在他看来，只有这样的社会才能保全人的自由而避免

---

① ［法］卢梭：《社会契约论》，第 54 页。

个体社会的灾难。前提是个人必须放弃个体自由，融入共和实体中。进入国家的所有人将成为国家的公民，而公民是伦理性的。在他这里，国家是法权实体，也是伦理实体。服从公意和普遍理性的公民是普遍实体的个体，他以国家的意志为自身的意志，以国家的善为自身的善；他是参与公共生活的伦理个体，不是追求独善其身、人格尊严或最大幸福的个体人格。

国家和公民融为一体，二者是同一的，公民不是私人，而是公共的个体。家庭是不让别人看到的私人领域。但是人一旦进入国家实体，他就进入了一个公共的场合，一个敞开的、被所有人注视的公共领域。古希腊公民的活动大多是公开进行的，广场、公民大会、法庭、运动场等都是他们公共活动的领域。中国传统社会向来是家天下的社会，缺少公共的领域，即使有公共的领域也难逃被私人化的命运。古罗马共和国是天下为公的共同体，罗马人作为公民具有普遍的共性，是自由的，而作为独立个体则是不自由的。对卢梭来说，国家具有公共的意志，它把所有人的意志聚合起来形成一个意志，代表和显示所有人的共同意志。如果你还保留私人意志，国家的意志就会化合"你的"意志，让你感到不自由，"迫使"你放弃"你的"意志，归于同一的意志，作为公民服从和担当国家的意志，从而国家的意志就是你的意志，你的意志就表现了国家的意志。如果你按照自己的意志去行动就是按照国家的意志去行动，那么你就是自由的。相反，如果没有公共意志，则不会有公民自由或实体性的自由。就此而言，卢梭恢复了古代的实体性的伦理世界，虽然是在意志主义的意义上，而不完全是在理性主义的意义上。

国家是自由的，但它也颁布法律。国家的意志、公意就是法，或者法就是国家意志、公意的表达。"人是自由的，却无往不在枷锁中"，现在公民的身上就被套上了一副法律的枷锁，但是这并不意味着他不是自由的。虽然法律是"枷锁"，却也是自由的保证；脱离了法、无法的人是不自由的，在国家法律框架内生活的公民反而是自由的。

但是，对于卢梭来说，个体的自由在其公意国家中是成问题的。公民的自由是普遍的实体性自由，而非纯粹个人的自由，在共同体里，个人意志是不存在的，是被消解掉了的。在洛克那里，人在进入国家之后，作为个体仍然是自由的。上帝创造人的时候，不希望他像动物一样被动地遵守他的律令，而是希望他自由地遵守他的律令。洛克秉承了基督教的个体自由观念，把它贯穿到从自然到社会的全过程。但是卢梭却为了创建一种实体性的伦理国家而否弃了个体自由。对于基督教来说，个体人格具有绝对的价值，是不可替代的，在万物秩序中有其不可或缺的绝对位置。而卢梭却在其伦理实体中无情地消除了个体意志和自由，否定了个体的绝对价值。

在卢梭这里，个体自由和实体性自由、个体意志与公共意志发生了尖锐的对立，他无法解决这种对立。只有在黑格尔那里，这种对立才得到统一。他区分了两个领域：一个是法权社会领域，是保障个体自由和基本权利的，另一个是伦理国家领域，实体的自由和善得到了确证。不过对黑格尔来说，他也无力解决市民社会和国家之间尖锐的矛盾。马克思批判黑格尔，试图通过消除国家，解放个体，建立自由人的联合体，完成一场社会革命来解决市民社会和国家的紧张问题。卢梭的思路和马克思的进路是相反的，他要消除的恰是市民社会和个体自由，以确保公意国家和实体自由。

卢梭问题还涉及伦理和道德的转换问题。在卢梭这里，国家、主权者就是公共意志的人格化，我们构成了大我，每个公民是这个大我的一部分，作为分母的分子，是普遍实体的一部分。公共意志永远是正确的，公共意志就是他的行动应该遵循的一般法则，他只要服从公共意志，他就是正确的，他的行为就是正当的，他就是合乎伦理的。只要国家的各个阶层没有分裂，而是表现为同一的公共意志，那么它们也永远是正确的，是不违反伦理的。在自然状态下，没有对错、善恶之分，因为不存在普遍的意志和法则，人的行动和情感符合其自然本性，他自然就是善的和正义的。而在人进入社会之后，社会道德产生了，于是有了善恶、对错的区分。一方面人的自爱蜕变为自私、贪婪，另一方面人的自尊心引发竞争、复仇、报复，因此需要区分善恶、是非。道德和法是人从自然状态走入社会，出现了恶后产生的，无恶的世界是不需要道德和法的。老子说，"失道而后德，失德而后仁，失仁而后义，失义而后礼"，在有"道"、"德"的时代，不需要仁义，只有"道"、"德"失去的时候，才需要仁义。

从社会到国家，从个体到实体，不是一个继续退化、下降的过程，而是反过来进化、上升的过程，也是从个体道德转化为实体伦理的过程。在社会中，人还是个体性的，虽然与人发生了各种关系，但是并没有上达到与人化合、聚变生成伦理实体的层次，自爱、自尊和同情、仁爱、良心等个体性德性仍然是其主要德性。而公意国家是伦理的国家、伦理的实体。它永远正确，没有错误，超越了道德。人不是个人，而是生活在共同体中的公民，他与共同体的关系是伦理性的关系，这种关系突出地表现在，普遍意志是公民的本质，他承担共同体赋予他的义务。他关心的不是自身的善，个人灵魂的完善或得救，而是公共的善，国家的富强与人民的幸福，他关心的不是自身，而是祖国。只有过公共生活的公民才有祖国，只有伦理的人才有祖国，因为他就内在于他身在其中的共同体之中，仰赖其生息。关注自身完善的道德的人是没有祖国的，因为他是世界主义者，其所追求的普遍的法则和善超越了民族和国界。西方最早从斯多葛主义道德开始，就没有祖国的伦理概念了。反观中国，我们的国家观念始终是伦理性的，因为我们一直就生活在五伦之中，但是我们却匮乏放之四海而皆准的普遍道德法则。

中国社会现在出现了很多问题，人们往往把产生这些问题的根源归结于信仰出了问题。这只说对了一半，更重要的恐怕是，我们的伦理公共生活出现了问题，所以才导致出现包括宗教信仰在内的一系列问题。如果不解决中国人的公共伦理生活问题，其他问题的解决就很难抓住要害。

第八章 自由自律的启蒙道德形态

　　现代启蒙自由逻辑的道德是在古代目的逻辑伦理和中代神义逻辑道德的崩溃下兴起和建立起来的。古代目的论本体论描述了一个合乎目的、以善为因的世界，这个世界是整体性的，真和善乃至美是统一的，不存在是与善，是与应当的分裂。也就是说，世界之所是与其所善是合一的，人之所是的生活恰是其应该过的，值得其过的好的生活，好的生活就是其所是的生活。因此从是到善，从存在到伦理，从是到应该是直接相通的。反之亦然，不存在从是推不出善，从存在推不出伦理，从是推不出应当的本体论断裂。这样的世界不仅仅是生成着的合乎规律的世界，而且是存在着的好的世界、正义的世界。人也同样如此，不仅仅是生成世界的存在者，具有身体，更是存在世界的存在者，具有向善的灵魂，人不仅关心身体，更关心灵魂，德性的灵魂生活方是人的本质生活。而人的德性的灵魂生活是在城邦中得到实现的，城邦即是人的目的，人的目的就是作为一个公民生活在城邦中，城邦使人灵魂德性的生活成为现实，关心灵魂与关心城邦是一体的。因此对于古典哲人来说，做好人与做好公民是一回事，人的主观生活与客观生活，内在生活与外在生活是兼顾的，人可以在城邦中，通过做一个好公民直观作为好人的自己，人的主观见之于客观，人能够在外在生活中见证自己内在的生活。基于目的逻辑的伦理生活因此是完满统一的，好人与好公民，灵魂与城邦，个体与共同体，主观与客观，内在与外在毫无隔阂，相互映证。

　　中代基督教神义论逻辑的道德是在古代目的论逻辑伦理瓦解之后形成的。后希腊的西方世界的一个重大变化，前所未有之变局在于，西方人必须面对城邦衰败之严酷事实，必须安顿在走出城邦，走出公共生活领域，过一种公共生活成为不可能之后的生活。好人与好公民，灵魂与城邦，内在与外在之间的通路被阻断了，主观见之于客观的途径被堵死了，剩下来的，留给西方的领域只有一个，那就是内在主观、灵魂领域，人只能做好人，但不一定就是好公民，实无法做好公民，为城邦、为共同体尽公民的义务和天职了，而后希腊世界城邦凋零和混乱的现实，也打消了人做好公民的愿望——那是被视为令人恐惧和绝望的领域。只有退守内在世界，从纷扰的外部世界返回来，回到主观世界，他才会找到和平与宁静。于是人不屑于做好公民，而宁可做好人，立于天地之间的大写的人，不是立于城邦之中的小写的公民。柏拉图把城邦看作大写的人，人作为城邦公民成其大，但是现在，和天下相比，城邦成了狭小的领域，天下才是广大的领域，人只有在天下才能成其大。由此，城邦瓦解，灵魂与城邦一体的伦理生活解体所带来的消极后果是，人放弃了好公民的伦理政治义务和责任，视这种义务是纯粹外在的，与精神内在生活是格格不入的，是无意义的。人的精神逃回到纯粹内在的领域，退守灵魂世界，关心灵魂甚于国家，乃至鄙视国家，悬置国家，超然于国家之外。这种关心灵魂的安宁，乃至得救的纯粹内在生活，就是黑格尔，也是我们所理解的"道德"的生活，它是"伦理"的公共生活解体后的产物。对于前者来说，人们关心的是如何做好人，尽人的天职；对于后者而言，人们首先关心的是如何做好公民，尽公民的义务。做好人与做好公民至此分开，做好人的问题取代做好公民的问题，成为后希腊世界关注的核心问题，斯多葛主义、基督教道德无不如是。但是据此我们也看到，城邦解体后所带来的一个积极后果是，人心比地大，当人们走出狭小城邦之后，虽然躲入了内在灵魂世界，但与此同时人心却也打开了另一个更广大的"普天之下"领域，直接与宇宙相连通，人不再把自己看作城邦的一员，而是看作普天之下的个体，人不再是城邦主义者，敬奉的只是自己城邦的守护神，而是世界主义者，信奉的是天下之神，至高神。因此，如果说后希腊的生活是道德主义的生活，那么这种道德主义乃是一种普遍主义，它所要求于人的是，人作为人，应该尽人应尽的义务，而不论你是哪里的人，从哪里来到哪里去，都不要忘了，你是人，因此你应尽作为一个人的责任。同时道德主义也是一种平等主义；伦理是差等主义的，但是道德却消解了人的伦理分差，只把人作为同等的人看待，按人的天职去要求每一个人。

斯多葛主义在人与普遍理性秩序之间建立了一种道德关系，要求人按照"自然"生活，过一种内在自由、灵魂宁静的好人的生活。基督教道德在人与上帝之间建立了基于信仰称义的道德关系，要求人信仰上帝，服从上帝的律法，对上帝的信仰不分伯仲，在上帝的律法面前人人平等。斯多葛主义和基督教道德虽然还保留着古典希腊目的论逻辑，一则世界是合乎理性目的的，一则世界是合乎上帝创世意志终极目的的，但是无论理性目的论还是终极目的论，都把人导向内在道德，以灵魂的安宁，或灵魂的最终得救为满足。对于斯多葛主义来说，世界的真实与善在理性中是统一的，从是能推出善，从存在能推出应该，从人的理性本质中能推出完整的道德律法体系，善、道德法和应当都内在于人的所是和存在之中。就基督教道德而言，自然和上帝的关系是纯然目的论关系，上帝依据与其智慧相符合的方式创造了好的自然世界——因此应该以一种目的论的方式去理解自然——但是人却堕落和腐化了，犯了罪，与上帝分离了，丧失了依靠自身自由意志复返本真和善性的机会，因此虽然上帝创造了一个合目的的世界，但是人却背离了这个目的，他在世界中不能依靠自己为自己赎罪，相反，只有依靠上帝，服从上帝的意志和命令，坚定地信靠上帝，方能称义、获救，重获灵魂的永生和永福。从人的存在推不出应该来，从人之所是中推不出善来，从人的自由意志中推不出合理的道德法则出来，应当、善、道德律法无不需要上帝，方能成为人本己道德生活的一部分。斯多葛主义内化的、普遍平等主义的道德能够合目的地推导出来，但是却推不出现实的伦理共同体，人的道德目的止于灵魂的自由自足，作为理性灵魂的人乃天地间大写的人、顶天立地的人，无须、何须进入国家，它被看作灵魂的牢狱，而不是希腊人所说的人的真实目的，即人作为人就是伦理性的，灵魂的满足应该在大写的城邦中实现。同样，基督教也割裂了道德与尘世，人作为人是个体性的，因此是道德性的，他具有绝对的内在价值，其道德生活的目的不在国家，而在超离尘世的彼岸。无论斯多葛主义还是基督教，其普遍平等主义的道德与现实的国家存在严重的冲突和紧张，不存在从好人向好公民的过渡桥梁。

　　启蒙现代道德承接的是晚期希腊罗马的普遍理性主义道德和基督教神义论道德，并且更加坚决地回到人自身，回到人的主观性上来。如果斯多葛主义借助普遍理性秩序和目的论回到人自身，使人意识到在世界中的我，大写的我，基督教在人与上帝的关系中，借助至善大能的上帝回到自身，关注灵魂的得救，使人意识到其与世界的决裂，向上帝的皈依，那么启蒙现代道德哲学通过对客观世界的拒斥回归自身，颠倒了人和世界的关系，人与上帝的关系，在自我中并通过自我重构人与世界，人与上帝的关系，在我思或我的经验中建构世界和把握上帝，在人性论中推演道德体系。基督教的上帝是位格化的神，因此人也是位格性的人，呈现为个体人格。虽然启蒙现代道德试图摆脱基督教道德，但是在对人的根本理解上，我们看到，它还是受到基督教道德的绝对影响：它之回到人自身，不是回到希腊意义上的人自身，即社会性的，伦理性的人自身，而是回到后希腊意义上的人自身，即个体性的、原子式的人自身，无论先验主义的，还是经验主义的启蒙道德哲学，由之进行道德合理性推演的出发点无不是单独的、唯一的自我、个体。但是对于斯多葛主义和基督教道德来说，借助于理性目的论和神意目的论，从个体的人，从对人的肯定和否定的理解中不难推出一套服从自然的秩序或服从上帝意志的道德律法体系，而对于启蒙现代性道德来说，从人性论中能否推出合理化的道德法则却是一个不小的难题。这源于启蒙现代科学摧毁或悬置了一切意义上的目的论，真和善，事实和价值相互分离，善不内在于自然之中，自然仅仅被看作无目的的纯粹合乎规律运动着的机器，从如此理解的真的世界中找不到目的和意义，除了运动的规律之外，因此从是推不出应该，从人性中推不出善。这就是被休谟准确和敏锐把握到的启蒙现代道德合理性论证的"休谟难题"。

　　正确理解"休谟难题"是我们准确把握启蒙现代道德的关键。如果我们按照目的论的逻辑来理解启蒙现代道德，可以说休谟难题是成立的，启蒙道德合理性论证是失败的，正如麦金太尔所言，因为按照目的论逻辑框架中的道德哲学，真和善是一体的，善就蕴涵在人性之中，人性被看作善的，"是"好的，凡存在的都是好的，因此从善的存在，好的人性必然能推出人之所是的美德和律法。但是作为启蒙道德基础的人性是自然的，而自然是按照机械原因发生的，非按照目的原因发生的，因此人性是非目的论的，非善非恶的，中性的，从此人性中除了能够推出人事运作的实际因果律之外，是怎么也推不出应然道德律来的。但是如果我们不按照目的论逻辑去看待启蒙道德的合理论证，而是换一种思路，认识到启蒙道德哲学恰恰不是从目的论逻辑看待世界和人，从目的因果性中推演道德法则，而是从另外一种逻辑去理解世界和人，从另外一种因果性出发进行道德合理性的推演，那么就不存在道德合理性论证的"休谟难题"，因此也就难言启蒙道德合理性论证是失败的。即使失败，也不是麦金太尔意义上的失败，即是在缺失目的论，从非善非恶的人性论中根本不可能推出善恶价值意义上的失败。启蒙道德哲学另一种非目的论的逻辑即是自由的逻辑，另一种非目的因果性即是自由因果性：它试图按照自由因果性为道德奠基，把道德在自由的基础上建立起来，因此对于启蒙道德哲学而言，自由和道德的关系是基本的关系，从自由中能否充分推出道德律是根本难题，启蒙道德合理性论证的成败系于此难题的解决上。如果说启蒙道德的奠基和合理性论证是失败的，那么这就意味着自由无法充当道德的基础，在自由之上建立道德的尝试是不可能的。事实是否如此呢？我们将通过对作为启蒙道德哲学典范的康德道德哲学的考察来看个究竟。

一　康德对道德的自由奠基

康德通过第一批判在自然必然性之外开出了自由领域，而他之所以为自然与自由的理性二律背反所困扰和激励，着力开拓自由领地，就是因为要为道德和宗教保留地盘。按照他的理解，如果一切皆是自然必然的，那么一切都受自然因果性规律的约束，则一切皆同于物，与机器或自动机器／动物别无二致。如果一切事物存在的原因都在他物，不在自身，如此怎么可能有道德和宗教存留的余地呢？因此道德和宗教的领域必然在自然之外，在另外一种因果性即自由因果性世界之中。自由领域的开出等于拯救了道德和宗教，使其具有了可靠的地盘。当然，康德还只是为道德开出领地，指明道德的自由前提，并没有进一步展开基于自由的道德论述。但是既然他已经确定了道德的自由前提，那么接下来他就应该从自由出发进行道德的演绎，建立自由的道德体系。

康德第一批判不仅通过知性范畴的演绎论证了先天综合知识的可能性，为科学的合理性奠定了基础，而且在摧毁理性形而上学的同时，也为道德形而上学奠定了基础。通过两次奠基，康德在思辨形而上学的语境中悄然把实践问题引入进来，在限制知识的同时为道德扩展出地盘。更为精妙的是，康德在完成知识的"哥白尼革命"之际也实现了道德的"哥白尼革命"，悄无声息地把道德从目的论的逻辑中分离出来，将之挪到了自由基础上：善、完美的实在性、神圣的存在不是道德的前提，自然性的欲求、幸福、快乐，一切伊壁鸠鲁主义的诉求也不是道德的原则，道德的根基在自由之中，遵循的是自由的逻辑。从表面上看，康德所说的道德和传统的道德，特别和基督教律法道德没有什么不同，以至于叔本华慨叹，康德道德不过是基督教道德的一个现代翻版，而尼采也责怪康德说，他看上去是在批判知识、道德和宗教，实质上却最保守，对于知识、道德的基督教式的教义、教条根本没有触动，也不愿触动，没有展开对"知识"、"道德"本身价值的追问和批判。但是叔本华和尼采却没有看到，康德看似保守其实却是激进的道德革命：他已然更换了道德的基础，把道德置于自由领域，立于自由因果性逻辑之上了。不过康德在替换了道德的前提之后，面临的一个更艰深的任务是，如何在自由的基础上进行道德合理性的论证，从自由演绎出道德律，自由和道德的关系是分析性的关系还是综合性的关系，如果是后者，自由与什么条件综合才能推出道德律。这些问题的解决决定着康德道德革命的成败，他为道德打下的新的根基是否坚实稳固。

然而康德在紧接其后的道德哲学著作中，尤其在其系统论述其道德体系的《道德形而上学奠基》（以下简称《奠基》）中却没有沿着第一批判开启的进路直接往下走，而是后退了一步。直接接着第一批判的进路往下走就是从自由推出道德律，正如希腊古典伦理学从善、目的论推出德性论，基督教从神义论推出人义论一样。这种进路是演绎的和综合的，是从前提出发导出结论，从前因导出后果。但是康德却没有这样走；对他来说，虽然自由被开出来了，但是自由还只是可思想的东西，只能通过思维把捉到，而无法在直观中被给予，从可思而不可见的自由概念出发进行道德的演绎必然缺少自明性。道德涉及的是实践，因此道德演绎至少要求提供必不可少的实践的自明性，也就是说，超越的自由必须落入内在的领域，作为实践的自由被意识到，内在地被把握到。然而对于康德来说，超越自由内在化为实践自由，内化为自觉自由的行动，并由此展开道德律的演绎是一个尚付阙如的问题。康德终其一生都未能找到超越自由转为内在自由的途径。因此对他来说，由自由直接演绎道德律的进路是走不通的。这条道路黑格尔走通了，尼采也走通了，而他们走通的关键在于，他们摒弃了超越自由的概念，提出了内在自由的概念。

不过康德却走了另外一条演绎之路，即不是综合性的而是分析性的，不是由自由推出道德律，而是由道德律追溯自由，通过追问定言命令式作为实践先天综合命题如何可能而回到自由的演绎之路。因此康德《奠基》的思路类似于其第一批判的思路，后者通过对知识的分析把握认识可能的条件，附带逼出了作为道德可能性条件的自由，而前者则从实践自明的普通人类理性、日常道德意识出发，通过分析行为道德价值的构成和反思道德律实践的可能性条件，溯及了自由。如果第一批判发起了一场知识论上的"哥白尼革命"，颠倒了概念符合对象的逻辑，奠定了对象符合概念的逻辑，并顺带发动了道德上的"哥白尼革命"，更换了道德的基础的话，那么《奠基》就是第一批判道德革命的继续和深入，在替换了道德的根基之后又颠覆了希腊古典伦理和基督教道德之对象（善、神、快乐/幸福）决定意愿/欲求的他律道德逻辑，形成了意愿/欲求决定对象的自律道德逻辑。就他律道德来说，只有合乎善的意愿才是正确的、正当的、正义的，善优先于义，而对自律道德而言，只有合乎正义，正当的意愿才是善的，义优先于善，前者强调，你意愿什么决定了你怎么意愿，后者则意味着，你怎么意愿决定了你意愿什么。在前者，一个行为的道德性价值在于出乎善，你意愿它，因为它是好的；在后者，行为的道德性在于出乎义务、天职，它是好的，因为你意愿它。在前者，一个好的行为的道德性取决于应当实现的意图，依赖于行为对象，或结果的现实性；在后者，一个出自义务，称义的行为的道德性取决于"该行为被决定时所遵循的准则"，依赖于该行为发生"所遵循的意欲的原则"[1]。在前者，尽善是出自对善本身或至高存在的欲求或偏好；在后者，称义、尽责是出自"对法则的敬重的一个行为的必然性"。因此对于他律道德来说，被善或神规定的意志是善的意志，而对于自律道德而言，被普遍法则决定的意志是善的意志，而使意志成为善的意志的普遍法则就是："我决不应当以别的方式行事，除非我也能够希望我的准则应当成为一个普遍的法则。"[2] 把这个普遍法则转换为直言或定言的命令式就是道德的绝对命令："要只按照你同时能够愿意它成为一个普遍法则的那个准则去行动。"[3] 康德说，道德律能够在普通人类理性的道德意识里发现踪迹，因此它的存在是可能的，哲学所要做的不过是把普通人类理性模糊意识到的这个道德律区分出来，加以明确而已，并道出，道德律并非普通人类理性的原理，而是纯粹实践理性的原则，道德命令即是纯粹理性发出的实践要求。在普通人类的道德共通感中可以确证道德律或道德绝对命令是可能的，但是"这样一个实践的先天综合命题是如何可能的，以及这个命题为什么是必然的"却不

---

① 《康德全集》第 4 卷，李秋零译，中国人民大学出版社 2005 年版，第 406 页。
② 同上书，第 409 页。
③ 同上书，第 428 页。

能再求助于深置于道德共通感中的普通人类理性，而必须诉诸纯粹实践理性，通过展开对实践理性的批判追问自律道德得以可能的前提条件。对于康德而言，道德绝对命令如何可能的问题是核心问题，关系到整个自律道德体系的根基，决定着自律道德是"没有真实性的虚妄理念"、"幻象"，还是真实可靠的规范。

康德由此曲折地回到自由的问题，以为自律道德奠基。对他而言，意志自律的前提就是意志自由，只有自由的意志才能是自律的意志，不自由的意志不可能是自律的，而从意志的自由可以推出意志的自律，从自律可以推出道德律或道德命令，因为自由意志乃是理性存在者不依赖于外来规定它的原因而起作用时的一种因果性，即一种自发规定的因果性。任何因果性概念都带有"法则"的概念，即从原因到结果是有规律可循的，而不是混乱的，因此自由因果性也必然是合乎法则而发生的因果性，不过自由意志的因果性法则不可能是自然必然性的因果法则，那样的法则是他律性的法则，而只能是自律性的因果法则，即"意志是自身法则"，以自身意志为原因，自身是自己原因的法则。"意志对自己是法则"，也就等于是说，"除了能够也把自己视为一个普遍法则的准则之外，不要按照任何别的准则去行动"①。这个法则就是道德律、绝对命令。因此，"一个自由意志和一个服从道德法则的意志是一回事"，从意志自由可以推出意志自律，从自律进一步可以推出道德律。如此一来，通过分析意志自由的概念就可以得出道德原则，自由的概念蕴涵了道德原则。但是康德立刻意识到，道德原则不是一个分析命题，而是一个"综合命题"，是意志主观的准则和客观的普遍法则综合的命题，单纯意志的准则并不包含普遍法则。若从意志自由中演绎出普遍道德法则，还需要一个"第三者"。康德认为，这个第三者即是由自由的积极概念提供的实践理性概念。

康德强调，仅把自由归于意志是不够的，还必须把自由归于一切具有意志的理性存在者。任何具有意志的理性存在者都按照自由的理念去行动。意志自由的理性存在者的理性是实践的，也就是说，其理性对自己的客体具有因果性，它能够决定意志而发生行动。理性的因果性是自发的，是自己规定自身，自己是自己原则的创作者，因此理性的意志存在者是自由的，实践理性把它造就为自由的，符合自由的理念而行动的。实践理性

---

① 《康德全集》第 4 卷，第 454 页。

存在者"按照行动自由的理念规定自己",从中可以发现一种"行动法则的意识",即任何时候都必须使自己的主观原理作为普遍原理而有效,充当我们行为的普遍立法,按照道德法则而行动。由于我们同时是感性存在者,因此道德法则对于我们而言只是一种应当。

由此,从理性的实践自由理念导出道德法则,导出意志的自律原则,对于道德律的自由演绎应该算是完成了。但是康德仍不无忧虑地说,虽然可以从实践的自由理念中推知自律道德法则,但是仍无法"证明它的实在性和自身的客观必然性",因此对于道德原则的有效性和我们服从道德法则的客观必然性仍然"没有丝毫的进展"。而且康德坦白地承认,这里发生了一种看起来无法摆脱的循环:"我们假定自己在作用因的秩序中是自由的,以便设想自己在目的的秩序中服从道德法则;然后我们设想自己是服从这些法则的,因为我们已经把自由归于我们自己。"① 也就是说,因为我们是服从道德法则的,因此我们是自由的,因为我们是自由的,所以我们是服从道德律的。到底是从自由推出道德律,还是从道德律推出自由?就像鸡生蛋、蛋生鸡一样,康德绕来绕去,等于什么也没说。导致这种自由与道德循环的原因在于,意志自由和意志自己立法都是自主性的,二者可以互换,也就是说,二者是等值的,不过是同一个东西的两种说法而已,因此从自由演绎道德法则是失败的。

但是康德并没有轻易放弃道德律的演绎。他退回到两个世界的本体论二分逻辑上来,从理性存在者的二元存在本性中获取道德律有效性和必然性的证明。根据第一批判,世界分出现象和本体、感性世界和理知世界两层,理性存在者既属于感性世界,服从他律的自然法则,又属于理知世界,服从自律的理性法则。智性存在者只能按照自由的理念设想自己意志的因果性。自律和自由不可分地结合在一起,自律也和道德法则不可分地结合在一起,由自由能够推出自律,由自律推出道德法则,不存在逻辑上的循环,因为如果我们设想自己是自由的,我们就把自己置入知性世界,就会认识到意志的自律以及道德性法则。由此而来,道德的定言命令式是可能的,因为自由的理念使我成为理知世界的一员,我的任何行为都合乎意志的自律;同时我也直观到自己是感性世界的成员,因此我的行为

---

① 《康德全集》第 4 卷,第 458 页。

"应当"合乎意志的自律。①

　　康德对道德律的演绎是否成功，对自律道德的自由奠基是否坚实可靠？康德学者阿利森认为，康德的道德律演绎是失败的，因为固然康德回到第一批判确立的两个世界的区分进行道德律的推演，但是他却在知性世界和理性世界之间游移，混淆使用实践理性与纯粹实践理性。② 阿利森给出的理由有些牵强，过于吹毛求疵了。导致康德道德律演绎失败的真正原因在于，康德超越的自由概念无法为道德绝对命令提供基础。超越的自由必须内在化，作为内在的实践自由才可能为自律道德提供保证。但是对于康德来说，超越自由的内在化是不可能的，不存在超越自由转化为内在自由的现实渠道。本体世界和现象世界、体与用的二元疏离，缺少从本体世界进入现象世界的直接接口。康德以为可以通过回到世界的本体和现象、体和用、理性和感性的二元区分证明道德律的有效性和普遍必然性，但实际上是根本不可能的，本体自由的悬拟性、可思而不可见的先验观念性决定了，它是不可能被现实地意识到的，是不具备经验的或现实的实在性的，一种本身不具实在性的东西怎么可能为另外一种东西提供有效性、实在性和必然性的证明？不具有实在性的自由怎么可能为道德律的有效性、实在性和普遍必然性提供保证呢？康德的尴尬之处在于，他发动了一场道德革命，置换了道德的基础，不是目的论而是自由论构成道德的根基，颠倒了道德合理性的逻辑，不是对象决定意志，而是意志决定对象，道德目的、客体是理性意志创造出来的，但是当他试图从自由演绎道德律的实在性和必然性的时候，他却发现，自由本身的实在性和必然性还是个问题，没有着落。他用以证明自律道德不是"幻象"的自由倒有可能是一个没有实在性的"幻象"。如果康德连作为其整个批判哲学体系拱心石的自由的实在性都无法保证和证明的话，那么其整个认识论和道德论的"哥白尼革命"不过是幻觉而已。因此对于康德而言，如何证明自由的实在性是一个根本性的问题；如果我是自由的，我却不知道自己是自由的，意识不到自己是自由的，自由不内在于自身，那么我的道德意识和道德知识怎么可能建立起来呢？

　　康德的《实践理性批判》即着力解决自由的实在性问题。但是他的

---

① 《康德全集》第 4 卷，第 460—462 页。

② Allison, *Kant's Theory of Freedom* (Cambridge, 1990), pp. 227 - 229.

思路却完全颠倒了。在《奠基》中，自由是给予的，道德律是有待证明的，他打算从自由出发进行道德律的演绎，而在《实践理性批判》中，道德律是作为"我们先天意识到并且是必然确定的一个纯粹理性的事实而被给予的，即使假定我们在经验中找不到严格遵守这一法则的任何实例"。也就是说，道德律的客观实在性"仍是独自确凿无疑的"①，不需要演绎，也不需要思辨的和经验性的理性来证明。康德"阐述"了实践理性的最高原理，论述了纯粹理性能够是实践的，即能够直接规定意志，实践理性原理作为意志决定对象的原因，依据而发挥作用。因此实践理性原理即道德律的普遍实在性不是需要进行演绎的东西，而是实践理性批判的出发点，"批判可以不受指责地从纯粹实践法则及其现实性开始，并且必须从此开始"②。但是作为道德律基础的自由不是被给予的，也不可能是作为事实被给予的——这是康德一如既往坚持的观点——而是需要予以演绎和证明其实在性的。而自由的实在性是通过作为理性事实的道德律获得证明的。因为实践理性法则，道德律"只有在与意志自由相关时才是可能的，并且在以意志自由为前提时是必然的，或者相反，意志自由是必然的，是由于那些法则作为实践的悬设是必然的"③。既然道德律作为理性的事实被给予，其普遍实在性是不言而喻的，而道德律无非就是出于自由的原因性的一条法则，那么对于自由，"那本身不需要任何辩护理由的道德律不仅证明它是可能的，而且证明它在那些认识到这个法则对自己有约束的存在者身上是现实的"④。当然自由通过道德律获得证明的客观实在性不是可以直观的理论上的客观实在性，而只是实践的实在性。

但这里是否还存在自由和道德律的循环论证呢？自由是道德律的根据，因此应该由自由来论证道德律的客观实在性，而自由的客观实在性又由道德律的客观实在性来保证。不过康德认为，他避免了这种逻辑上的循环论证。他在《实践理性批判》的一个注释里说，自由是道德律的条件，道德律也是自由的条件，自由和道德律互为条件，但这并不是说自由和道德律在逻辑上是循环的。因为自由是道德律的存在条件，就此而言，自由是体，道德律是用，体决定用，而道德律是自由得以被我们意识到的认识

---

① ［德］康德：《实践理性批判》，邓晓芒译，人民出版社 2003 年版，第 62 页。
② 同上书，第 61 页。
③ 同上。
④ 同上书，第 63 页。

条件，虽然自由是存在的，但却不是可以直接被意识到、被直观到的，只有通过道德律，借助于道德律对它的意识才是可能的，体只有通过用才能被认识："如果不是道德律在我们的理性中早就被清楚地想到了，则我们是决不会认为自己有理由去假定有像自由这样一种东西的。"相反，如果没有自由，自由是不存在的，"则道德律也就根本不会在我们心中被找到了"①。

康德写作《实践理性批判》的根本意图仍然是为自律道德奠基，而为自律道德奠基就必须证明或演绎自由的实在性。但是康德却反过来阐明了道德律的实在性，并以道德律来证明自由的实在性。我是道德自律的，因此我是自由的；我是自由的，因此我必然在道德上是自律的。本来为道德奠基的自由概念却需要道德来为自己证明。虽然康德做出了本体和实践的区分，道德在实践上是作为事实被给予的，能够为实践的自由予以实践的证明，而在实践上被证明的自由恰是道德实践的基础。对于康德来说，只要自由不能被直接意识到，就不能从自由出发演绎道德律，反而必须通过道德律证明自由的实在性，他就总是摆脱不了循环论证的嫌疑。

康德要想走出逻辑上的循环，唯一的出路是实现超越自由的内在化，而一旦实现自由的内在化，就意味着自由和必然不再是不相容的，而是自由进入必然世界，先验的东西经验化，先验的自由转化为内在的自由，内在的自由是可以直接被意识到，是作为事实被给予的，由此出发就能够进行道德律的演绎。康德在《奠基》中所提到的自由，无论是先验的自由，还是实践的自由都往往是在超越的意义上谈的，而他之退到二分的世界，退入超越的理知世界，并以此为道德律进行自由的演绎则在背离道德奠基的道路上越走越远。他在《实践理性批判》中用理性事实的道德律为自由做实践的证明的做法本身也是以设定自由为超越的、不能内在化的、直接被意识到为前提的，姑且不论道德律作为理性事实是否成立，因此这种逻辑同《奠基》的逻辑本质上是一致的。

不过在实际上，康德自己也多少开启了超越自由内在化的视域，迈出了超越道德内在化的重要一步。在《奠基》中，康德提到道德律是一个先天综合实践命题，这意味着自律道德是超越性的，而超越性道德的有效性和普遍实在性是成问题的，需要演绎的。但是在《实践理性批判》中，

---

① ［德］康德:《实践理性批判》，第 2 页。

康德认为，道德律是作为理性的事实被给予的，其有效性和实在性是不成问题的，这就意味着道德律不完全是超越的，至少具有一种内在性的维度，自律道德也不完全是一种超越的道德，而多少是一种内在性的道德，因为只有内在性的道德律才可能说是作为一种理性的事实被给予的。他讲到，自律的法则作为道德的法则是超感性自然及纯粹知性世界的基本法则，但理知世界的副本应当存在于感性世界中，并且道德律直接地规定着意志，"通过意志准则的某种普遍合法则形式这个条件"直接地规定意志，从而道德律作为实践理性法则规定意志，从而超越的理性以"客观的、虽然只是实践上的实在性"，"把理性的超验的运用转变成内在的运用"，也就是让理性通过理念本身就是在"经验领域中起作用的原因"①。因此纯粹理性的实践运用即是纯粹理性的内在运用，超验的理性经验化、内在化了。自律道德的有效性和实在性是内在的，是可以直接被意识到的，而由这种具有内在性的道德所证明的自由也应该具有内在的实在性。如此一来，一种内在性的自由便呼之欲出了。如果自由是内在性的，那么它还需要间接地通过道德来证明自己的实在性吗？完全没有这个必要了。在完成《实践理性批判》之后，康德即开始有意甚至特意区分意志（wille）和任意（willkur）这两个概念。按照他的看法，前者是一种确定普遍法则的立法能力，后者是一种确定具体行为准则的执法能力，② 前者是超越的，后者是内在的，意志自由乃是超越的自由，任意的自由是内在的自由，意志为任意制定普遍法则作为它的准则，任意意愿自己的准则是普遍法则，因此任意能把超越的普遍法则内在化，把理性的道德律带入感性的自然中，使行为按照作为普遍法则的准则而发生。康德对意志和任意的区分是十分重要的，对于他走出自由—道德的循环是十分关键的。他只要把重心从超越意志转到内在任意，从任意出发进行自律道德的奠基，应该就能避免逻辑的循环，因为任意的自由的实在性是不需要借助内在道德来确证的，而应该是直接给予的，能够被意识到的，作为事实得到确定的。

康德把道路开出来了，但是他自己只在上面走了一小步。黑格尔和尼采接着他开出的内在自由之路走了下去，在他们那里，大体上说，自由意

① ［德］康德：《实践理性批判》，邓晓芒译，人民出版社 2003 年版，第 63—64 页。
② Allison, *Kant's Theory of Freedom* (Cambridge, 1990), pp. 129 – 130.

志是康德任意意义上的意志，是自由和必然融合的意志，即内在论意义上的意志，而他们的伦理体系就建立在这种内在论自由意志之上。

二　从自由到自律道德

（一）道德绝对命令

康德基于自由之上建构的道德乃是普遍主义和平等主义的道德，它是以差等伦理的破坏和缺失为前提的。希腊生活世界是伦理道德的生活世界，人作为人，是在人与世界、人与城邦两重关系中确立和确证自身的，前者关涉的是好人问题，后者关连的是好公民问题，而好人与好公民的问题都是关于成人的问题。只有在好人与好公民同一，既是好人，又是好公民，好人就表现为好公民的情况下，人才是完整的人、真实的人。当然，在苏格拉底之前，希腊人过的主要是伦理的生活，好公民的问题是他主要关心的问题，他关心的最重要的事情不是灵魂，如何做好人，而是城邦，如何做好公民。这可以从苏格拉底和雅典公民的对话中看出来。苏格拉底关心的是灵魂，问的是如何做好人的问题，这个问题超越了做好公民的问题。雅典青年在回答这种他们根本无法理解的问题时，可谓答非所问，因为他们还停留在伦理生活的氛围中，关心的最重要的事情是城邦，如何做好公民，因此当他们以伦理生活的逻辑去应答苏格拉底提出的道德善恶的问题时，自然是风马牛不相及了。苏格拉底通过其道德之问，力图把陷于伦理生活中的雅典青年拉出来，学会适应道德生活的逻辑。最终希腊纯粹的伦理世界动摇了，公民的道德意识被唤醒，一种取代关心城邦伦理生活的关心灵魂的道德生活出现了。而柏拉图扭转了苏格拉底单纯道德的取向，在《理想国》中把道德和伦理、好人与好公民、灵魂和城邦统一了起来，建构了人与世界、人与城邦两重关系的统一，在其中，美德既指涉灵魂完善的个人美德，也是公民服务于城邦所必备的公德；每个人做适合其所做的事情，同时他所做的也是正义城邦要求他做的事情，城邦就是一个大写的人，他生活在城邦中其实也就是生活在自身中。但是在古罗马时代和基督教时代，城邦解体了，一种在人与城邦之间的伦理关系中展开的伦理生活方式彻底消失了，自此苏格拉底倡导的在人与世界的关系中展开的普遍道德生活成为建构人的生活意义的主导生活方式。它要么是在普遍宇宙理性秩序中确立的自然道德的生活方式——这就是斯多葛主义道德，与其相对应的现实的生活形态即是抽象的原子式的法权生活——要么是通过信靠神的意志确立的人自身道德的生活方式，这是基督教道德，与之相应的是永福生活的应许，及其与世俗生活的对立紧张。

虽然启蒙时代是从回到希腊开始的，但是在伦理问题上，启蒙道德哲学却没有回到希腊，虽然它偏离了基督教道德的神—人之维，却仍然在基督教道德的阴影下。启蒙道德哲学是带着道德的眼光回到希腊的，因此它看到的是从苏格拉底开始的希腊精神，看到的是从城邦到灵魂的返回，主观道德意识的兴起。因此伦理被遮蔽是必然的，它无力也无从恢复古典伦理精神，在思考好人问题的同时也思考好公民的问题。好人与好公民的问题被彻底分开了，前者属于道德哲学的问题，后者属于政治哲学的问题，而道德和政治业已分离。马基雅维里首开先河，否定了好人问题，只谈好公民问题。近代自然法理论关注的是在自然状态下如何做好人，在法权性社会如何做好公民的问题，做好人与做好公民是相互否定的，霍布斯、洛克、休谟乃至斯宾诺莎、卢梭都是这样一种路数。只是卢梭比较特殊，他设想的公民社会不仅是法权性的社会，也是伦理性的共同体，好公民不仅在于守法，更在于服从和体现公意。总之，启蒙道德哲学遵循的是和斯多葛主义和基督教道德同样的逻辑，即只在人与世界的关系中思考人的道德性问题，忽视了好人与好公民的统一问题，不能同时在人与社会、人与国家的关系中把握人的伦理性问题。

打破人与国家的关系，把人置于广大之世界中思考其道德性问题表明，斯多葛主义的视野是世界主义的、普遍主义的，而不是城邦主义的，或民族主义的，因此斯多葛主义的道德乃是世界主义的普遍道德。同样，基督教道德打破了犹太教民族主义、地方主义的限制，在人与最高存在者的关系中思考人的灵魂的堕落和得救，因此它的视野是普遍主义的而非民族主义、地方主义的，因为它把在上帝面前人人平等的观念植入人的道德性之中，因此又必然是平等主义的。启蒙道德基本上继承和秉持了斯多葛主义和基督教道德的普遍主义和平等主义，着力提供一种普世的道德观念和价值。但是启蒙主义道德绝非斯多葛主义和基督教道德的翻版，而是在颠覆它们道德逻辑的前提下对普遍平等的道德进行了一种重建。如果说斯多葛主义和基督教道德是从世界，或神出发思考人的道德性的，启蒙主义道德则反过来，不是从世界/神，而是从人出发思考人应尽的普遍职分，或义务。不是世界的秩序，上帝的意志决定人的好坏、义与不义，而是人的实践理性为人发布行为好坏、义与不义的规则、道德律令。普遍平等主义的道德律法不是出乎天意或神意的命令，而是来自人的理性意志或实践理性的命令，是由人的理性意志建构起来的。如果说斯多葛主义和基督教道德是"客观主义"的道德形态，那么启蒙主义道德则是纯粹主观主义的道德形态。而最能代表这种主体主义普遍平等道德形态的就是康德的自律道德，它标志着普遍平等道德达到了其可能的最高水平。

斯多葛主义道德关注的是灵魂的宁静，基督教道德关注的是灵魂的得救，到了近现代，启蒙道德关注的是人的幸福，似乎不再关心人的灵魂的事情。但是康德主要却不关注人的幸福，而是关注人如何配得幸福，作为配得幸福的意志的善，人格的尊严成为他要人关心的最重要的事情。虽然他是从普通理性的道德意识谈善的意志的，但是他也从最一般的意义上通过把其置于世界之中来把握善的意志。而且，他所说的善的意志是指绝对的无条件的善的意志，一切善都以它为条件，而不是相反，因此它就是善本身，或者说它就自身而言是善的，仅仅因为意愿而是善的，并不是因为它所要达到的目的、达成的东西而是善的。这样的善的意志具有绝对的价值而不是相对的价值即价格，是构成人格尊严的本质性的东西。对苏格拉底来说，一切善的东西之所以是善的，是因为善本身使它们分有了善。但是对于康德而言，一切善的东西之所以是善的，是因为善的意志使然，不是分有善的意志，而是以善的意志为前提。至此，康德的道德哲学看上去是从善开始的，什么是善的问题是其基本的问题，和苏格拉底的道德逻辑几乎是一致的。苏格拉底完成了从伦理到道德的转折，提出了什么是善的问题。不能说在他之前没有人提出善的概念，但他们提出的善是伦理性的善，是具体的关涉家庭、城邦的这样的、那样的善，他们从未想过什么是不同于这种善的善本身。苏格拉底提出和追问善是当时的希腊人难以理解的，因为他的善不是家庭的善，也不是城邦的善，甚至也不是人的善，而是普遍的善，是善本身，是绝对自足的善，家庭的善、城邦的善只是多多少少分有它的有条件的善。苏格拉底完成了一次抽象，从具体的城邦生活抽身出来，置身于广大的本体世界，追问一切善以之为条件的善本身，进而回答人如何善，如何是好人的问题。在这方面，康德是苏格拉底主义者，他关心的也不是具体的善，如人的才能的善、幸福的善，乃至品质的善，而是善本身，绝对的无条件的善。康德如苏格拉底一样，从有限的、有条件的伦理生活实践中走出来，置身于最高最广的道德世界中，追问一切善以之为条件的最高的善。

不过我们还是能够看到两人的差异。这种差异就是古今普遍平等道德之间的差异。首先，苏格拉底的善本身是理念，最高的原型，万物的最高原因，是只有纯粹理性才能把握和认识的。康德的本身善是一种意志，一种因果性，能够止于善。这种本身善的意志是纯粹的意志，不是非理性的，而是理性的，但它的合理性不仅是指它能够为理性所把握和认识，而且是指它是纯粹理性造就的，纯粹理性本身就是实践的，它作为一种应当规定意志的能力，不是作为工具服务于实践的需要，而是"产生"一个"就自身而言就是善的意志"。因此善的意志就是理性的意志，就是实践理性。但是苏格拉底的善不是理性产生的，相反，理性合乎善本身，其善由善本身赋予。因此不是理性决定善，而是善决定理性。其次，一个更加显著的区别是，在苏格拉底那里，善优先于正当，对他来说，一切正当的都必须是善的，只有善的才是正当的，一个行为是正当的，是因为它是善的。正义也是一种善，不过是善本身使得正义成为一种美德，而不是相反，是正义使善成为善的。但是对于康德来说，正当是优先于善的，正义也是先于善的。这是因为纯粹理性是实践的，能够独立地规定意志，从而由它所造就的纯粹意志是绝对善的意志，意志是否善取决于纯粹理性，只有合乎理性的意志才是无条件善的。纯粹理性是通过普遍必然的法则而非主观的准则对意志进行规定的，因此合理性的意志就是合法则的意志，从而就是正当的意志、正义的意志，只有合乎正当性的或称义的意志才是好的意志。而不是反过来说，善的意志因为善而是合法则性的，因而是正当的和正义的，只能说，善的意志因为合法则性而是善的。① 正当与善的这种优先性的颠倒意味着平等道德两种普遍完全不同的逻辑。在苏格拉底那里，普遍平等道德的逻辑是目的论，世界和人是合目的的，因此只有合目的的，好的世界和人才是正义的和正当的，不能反过来说，只有正义的世界和人才是好的，康德普遍平等道德的逻辑是一种反目的论的、自由论的逻辑。按照这种逻辑，意志不是因为本来合目的性而是善的，而是因为理性的自身规定，自身是自身的原因而是善的，善是理性意志自身造就的，而非先在地内含于自身中，有待发现的。

康德普遍平等道德关心善的意志，自身善的行为。我应该做什么？这

---

① ［德］康德：《实践理性批判》，第86、87页。

是它面对的基本问题。我应该做合乎善的意志的行为，本身善的行为；做关乎善的意志、本身善、无条件最高善的行为就是我的义务，也是我的尊严所在，而出乎义务、克尽天职的行为就是具有道德性价值的行为。普遍平等道德要求任何人都应当出乎义务而行动，只有出乎义务，克尽天职的行为才是有绝对价值的行为，才是道德性的行为。一个出自义务天职的行为的道德价值不在于它要实现的意图，期待和达到的结果，而在于它所依据的准则，所遵循的法则。也就是说，规定意志的形式法则而不是质料内容使一种行为是出乎义务的行为，具有道德性价值。所以如此，又在于由原则而不是由结果规定的意志就是"绝对地和没有限制地叫做善的"①。什么样的原则能够规定我的意志是善的意志，做出合乎天职的道德行为来呢？显然，这种原则不可能是只适用于我的意志的主观的准则，而必然是适用于所有人的普遍的法则。这个普遍法则就是："我绝不应当以别的方式行事，除非我也能够希望我的准则应当成为一个普遍的法则。"② 这个普遍法则就是我应当遵循的道德律，它始终要求我所意愿的准则是一个普遍的法则，按照能成为普遍法则的准则而行动，我只有按照作为普遍法则的准则规定我的意愿并行动，我的意志才是善的，我所做的才是出乎义务的。使我为善，止于最高善的普遍实践法则不是我任意确立起来的，而是由纯粹理性加诸我的意志的，而且实践法则不单加诸我的意志，也加诸所有人的意志，任何人都必须遵循理性加诸的这个法则。对于我来说，并且对于任何人来说，我，我们必须服从法则，以之来普遍化准则，使之合乎普遍法则，我，我们也必须克服准则的主观性，通过对它的普遍形式化，使之成为被平等遵循的普遍立法的形式法则。

　　普遍的道德律对于完全善的意志存在者而言是完全必然地得到遵循的，但是对于不完全善的意志存在者，有限的理性意志存在者即人来说却不是绝对必然的，而是应当必然的，即绝对善的行动不是必然发生的，而是应当发生的，因此道德律对于人呈现为一种理性向之发布的定言绝对命令，"要只按照你同时能够愿意它成为一个普遍法则的那个准则去行动"③。或者等值地换成这样一个绝对命令："要这样行动，就好像你的行

---

　　① 《康德全集》第 4 卷，第 409 页。
　　② 同上书，第 409 页。
　　③ 同上书，第 428 页。

为的准则应当通过你的意志成为普遍的自然法则似的。"① 道德命令是对任何人都应尽自己作为理性存在者的义务的呼求，要求他关心意志的善，按照能够作为普遍法则的准则而行动。

道德绝对命令并不是空洞的公式，能够通过对我的主观的意志准则的普遍客观化具体地获得。我的准则是有内容和形式的，而能够通过普遍化成为普法法则的只有准则的形式，因此准则的普遍化过程就是抽掉内容，使准则形式化的过程。能够通过形式化成为道德律的准则必须满足两个基本条件，要么这个形式化的普遍准则不自相矛盾，是内在一致的，要么这个普遍化的形式准则虽然没有矛盾，但还必须是能够被意愿的，而不是不可欲的。

但是麦金太尔却对康德的普遍道德法则的检验标准提出批评。他认为，康德提供的合理检验道德法则的标准是无效的，按照他的检验标准，即只要能前后一致，且不与所有人意愿相悖地加以普遍化，则"很多不道德的和无足轻重的非道德准则都可以被康德的检验证明得与他所要坚持的道德准则一样正确"，例如，"除一种诺言外终生信守所有诺言"，"迫害虐待所有持虚假宗教信仰者"，"三月份的星期天永远吃淡菜"等，"都可以通过康德的检验，因为它们都可以前后一致地被普遍化"②。

麦金太尔固然看到康德道德法则检验标准的抽象性和空洞性，但是这不能改变他对康德检验标准所做批评的幼稚和荒谬性。他所列举的几个行为准则怎么可能被普遍化而不自相矛盾，即使不自相矛盾，又怎么可能不相互矛盾，即使不相互矛盾，又怎么可能不与人的普遍意愿相悖？显然，他没有很好地理解康德所说的合理性检验标准，错误地把实用理性或工具理性的合理性检验标准等同于康德的纯粹理性或实践理性的合理性检验标准，也误把人们的一般欲求等同于理性存在者的合理化意愿。如果他准确把握了康德的实践理性和善的意志概念，他就不会举出如此荒唐可笑能被普遍化的行为准则。

相反，我们看到，罗尔斯不仅没有否定康德的道德法则检验程序，而且更进一步把康德绝对命令的形成加以程序化，提出了绝对命令程序化的四个步骤：

---

① 《康德全集》第 4 卷，第 429 页。
② ［美］麦金太尔：《德性之后》，第 60 页。

（1）在 C 条件下，为了产生 Y，除非 Z，我想要做 X。

（2）在 C 条件下，为了产生 Y，除非 Z，每个人都想要做 X。

（3）在 C 条件下，为了产生 Y，除非 Z，好像遵守着一条自然法则一样，每个人都总是做 X。

（4）在程序（3）中的"似"自然法则结合其他自然法则，揭示出可能的一种普遍自然秩序。①

罗尔斯的绝对命令程序大体上符合康德准则的形式化要求，它以一种简洁而又准确的形式描述了特殊的准则普遍化，形式化为道德绝对命令的步骤，刻画了个体意志的主观准则上升到普遍客观的实践法则的进路。他还应用绝对命令程序于康德所举的第二个和第四个例子，考察了骗人的诺言和不为所动的行为准则能否通过程序化的检验和审查成为为所有理性存在者遵循的普遍道德法则的问题。遗憾的是，这种绝对命令程序没有清晰地呈现道德绝对命令作为普遍的形式化准则必须满足的两个条件。如果我们把这两个条件加上去的话，我们可以得到以下修改了的绝对命令程序：

（1）在 C 条件下，为了产生 Y，除非 Z，我愿意做 X。

（2）在 C 条件下，为了产生 Y，除非 Z，每个人都应该做 X，X 作为实践法则是一贯的，不自相矛盾的（完全的义务）。

（3）在 C 条件下，为了产生 Y，除非 Z，每个人都应该做 X，X 作为实践法则是没有矛盾的，而且是每个人都意愿服从的（不完全的义务）。

（4）在 C 条件下，为了产生 Y，除非 Z，好像遵守着一条自然法则一样，每个人都总是做 X。

在程序（4）（3）中的"似"自然法则结合其他自然法则，揭示出可能的一种普遍自然秩序。

康德普遍平等的道德本质上是一种形式主义的道德，它不是把质料，而是把纯粹形式作为意志规定的原则，因此与一种把质料而不是形式作为意志规定原则的道德即幸福论道德区分开来。根据康德的道德逻辑，只有形式道德是真正的道德，因为按照纯粹形式主义的理性实践法则做出来的行为才是正当的行为，从而是绝对的、无条件的好的行为，而只有无条件好的行为才是具有道德价值的行为。幸福论道德不是真正的道德，因为它赖以建立自身的实践原则是质料性的，是通过对象及其主观情感规定意志

---

① Rawls, *Lectures on the History of Moral Philosophy* (Harvard, 2000), pp. 168 – 169.

的，它可以是普遍的和理性的，但却是经验性的和主观性的，并不是先天的和客观的，它只能作为实践的准则，而不能作为实践法则规定意志。由准则规定的意志的行为是相对的、有条件的、好的，只具有相对的道德价值，而不具有绝对的道德价值。由此种对行为"道德性"价值的严格限定，康德实际上就把自己和洛克、休谟对立起来，把一切质料性的道德贬低为"非道德性"的道德，而只有形式道德才有资格被称为"道德"，唯有这种道德能够提升和保全人的尊严。

康德的普遍平等道德还是一种超越论的道德。这种道德要求人服从道德律，按照道德律行动。道德律作为实践理性的普遍法则，是纯粹理性向意志颁布的，规定意志的法则。康德的一个基本观点是，纯粹理性是实践的，能够独立地，无须其他经验性动机，如自爱、幸福的协助，先天地通过颁布道德律令以决定意志。并且道德律还是排他性的规定意志，即通过对自爱、幸福等质料性原则的拒斥，独有地决定意志，而非与质料性原则分有地决定意志。这样一来，由先天道德律所规定的意志就是纯粹理性的意志，即自由的意志，从而把人的意志从不纯粹的经验性任意中分离出来，从经验性的自然世界中超拔出来，使其进入超越的知性世界中，被带入超越的自由世界中，置身于另外一种秩序的超越世界中。道德绝对命令通过对我们行为准则的纯粹形式化，把我们从主观的、个别的状态中提取出来，置于一种客观的和普遍的秩序中，超越我们对最大化幸福的欲求，意愿一种配享幸福的德性生活。康德的超越论道德最大可能地提升了我们作为人的人格价值，让我们意识到我们的自由和天职，但是，他也遗失了超越论道德的内在性。虽然他能够做到内在论道德的超越化，从质料性道德中分化出形式道德，但是却不能实现超越论道德的内在化，实现形式的道德与质料性道德的统一。他能够做到准则的纯粹形式化，却不能反过来实现纯粹实践法则的准则化。康德在道德上走的是一条超越的上升之路，但是他在到达顶点之后，却止步不前，没有走上内在化下降的路。这也是后来尼采激烈批判康德道德哲学的关键所在。

（二）人是目的

目的是意志规定自己的客观基础的东西，也就是说，任何人的意志都是意愿目的的，是追求和达到某种目的的。而目的可分为质料的和形式的。质料的目的是主观的目的，作为动机规定欲求，形式的目的是客观的目的，是意欲的客观根据，作为对每个理性存在者都有效的动因而规定意志。理性存在者所预设的自己行为的结果，对象的目的，即质料的目的都是相对的，虽然它们在与特殊欲求能力的关系中被赋予价值，但是它们的价值是有限的，而不是绝对的、普遍的，因此质料性目的不能够为一切理性存在者提供普遍有效的和必然的原则，也不能提供对任何意欲都有效的和必然的原则，即实践法则。相反，形式目的不是作为意欲的结果而被预设的，也不是在与具体欲求的关系中确定自身价值的，而是因其自身才被欲求的，自身就具有独立的、绝对的而非相对于关系中的价值。它作为具有绝对价值的东西能够提供对于一切理性存在者都普遍有效和必然的实践法则。

什么能够充当这种形式目的呢？按照康德的理念，善的意志是具有绝对价值、本身善的东西，一切其他价值都以它为条件，而不是相反。因此善的意志作为存在自身就是一种具有绝对价值的东西，能够作为形式目的，即目的自身。而善的意志就是纯粹理性的意志，是由纯粹理性颁布的道德律所规定的意志，是遵循道德律行动的意志，因此善的意志就是理性存在者的意志。纯粹理性规定的意志是纯粹意志，就是实践理性，因而纯粹理性是实践的，能够规定意志，因此实践理性和纯粹意志是同一的，所以，理性存在者就是具有善的意志的存在者，他就是目的本身，他自身的存在，他的存在本身就具有一种绝对的和无条件的价值，他只能因自身的存在、存在自身而被欲求，因为其自身就是好的，因此不能作为手段而被欲求和使用。于是康德直言不讳地说："人以及一般而言每一个理性存在者，都作为目的自身而实存，不仅仅作为这个或者那个意志随意使用的手段而实存，而是在他的一切无论是针对自己还是针对别人的行为中，必须始终同时被视为目的。"[①]

康德是从价值论的层面谈及人，提出人是目的的价值命题的。当他以一种果敢的态度断言，人是目的的时候，心中想的是赋予人以无与伦比的价值，想把人作为具有绝对的、无条件价值的存在者树立起来，给予人以至上的尊严，以此公开表明他启蒙道德主义的人道立场。以其启蒙道德主义立场，赋予人无论多高的价值都是不过分的，因为启蒙道德主义的要旨就是把人作为人，作为天地间大写的人，作为顶天立地的存在者建立起

---

① 《康德全集》第 4 卷，第 436 页。

来。启蒙道德主义实质上就是一种人义论，是为人的存在辩护的，对它来说，世间再没有比人格的价值更高的价值，再也没有比做人更荣耀和有尊严的事情，再也没有比人仅仅因其存在就具有至高价值的存在。古典时代的希腊人如此眷念人世的生活，乃至他们的众神都为人的生活辩护，但是他们从来不知道人是目的，而只知道理念是目的，善本身是目的；也不知道人因其自身存在就是好的，而只知道，人因其分有善本身是好的，而不是本身就是好的。康德作为启蒙现代人的伟大在于，他肯定善本身的存在，善本身是因其自身而是善的，就此而言，他与苏格拉底、柏拉图是一致的，但是他却否定了善本身是非人的纯粹理念，而认为人就是善本身，人就是目的本身，就是一切善和价值之源头，而非善本身是目的，是一切善和价值之源头。古典时代希腊人认为，理性是人区别于动物的本质标志，而康德却强调，仅仅理性还不够，只有作为目的自身而实存的理性本性才是区分人和动物的内在标志。在他看来，一切对象都是通过我们人的行为获得价值的，其本身是没有价值的，因此其价值是有条件的，自然对象的存在固然不是依据我们人的意志，而是依据自然意志的存在者，但是无理性的自然存在者，"仍然只有一种相对的价值，乃是作为手段，因而叫做事物"①。什么是事物？在康德看来，事物是以其只能作为手段，具有相对价值而获得界定的，因此事物是一个价值论意义上的概念，而不是存在论意义上的概念。与事物相对的是人格，只有理性存在者才配称为人格，因为人格是一个价值概念，具有绝对价值的东西才能被称为人格，而理性存在者所以配称为人格，是因为人的理性本性"已经使它们凸显为目的自身，亦即凸显为不可以仅仅当做手段来使用的东西，所以就此而言限制着一切任性"。也就是说，理性存在者不是相对于我们来说具有价值的主观目的，而是客观目的，"亦即其存在自身就是目的的东西，而且是一种无法用任何其他目的来取代的目的"②。理性存在者作为客观目的、目的自身就是人格，而人格作为目的是无可替代的、唯一的，每一个理性存在者作为人格就是目的本身，因此每个人格都具有作为目的而不是手段的独一无二的绝对的价值。由此我们见到，康德把人提高到何种无以复加的地步，人格、理性存在者对于他而言，是多么神圣的存在。

---

① 《康德全集》第 4 卷，第 436 页。
② 同上书，第 436 页。

人是目的，对于基督教道德来说是陌生的。人不可能是目的本身，最多是自然的最后目的，只有上帝才是目的自身，具有绝对的无条件的价值。不可否认，基督教赋予人很高的价值，但是也不能否认，基督教剥夺了人的价值，赋予人原罪。因此现实的人作为罪人，只能作为手段，依据他与目的本身即上帝的关系，以他是否信靠上帝来决定他的价值大小，能否得救。得救的人是获得永生和永福之人，不再作为手段，而是目的，但也不是目的本身。康德说，人是目的，在某种程度上表明他背离了基督教道德的神本立场，而是站在了人本立场上，虽然他并没有剥夺上帝的绝对价值，但至少给予人以无条件的价值，在人堕落后被贬低到一文不值以来，前所未有地重新肯定和恢复了人的尊严和价值，使人在上帝面前抬起了头而不是永恒地低下头。当然，康德说人是目的，并不是说在任何意义上人都是目的，而是有所限定的。只有理性的存在者，具有理性和使用理性的人配称目的，理性存在者的理性本性使其能够作为目的本身而实存。具有理性和使用理性的人因为能够永远保持自身的同一性，作为独立和自由的存在才是一个人格，而具有人格的人方是目的。在康德那里，无论理性存在者还是人格都是超越的存在，是作为知性世界的成员而存在的；他所言的目的本身也是一个超越的概念，作为形式目的，它不是在质料的感性世界中，而是在超越形式的知性世界中的，因此从两方面来看，只有作为知性世界成员的理性存在者、人格才是目的本身，感性世界的人不配称为目的。在这个意义上，人是目的的观点贴近基督教道德的最终理想。

"人是目的"不仅是一个道德价值论命题，从中还可以引申出一个道德的绝对命令，提供对所有理性存在者都普遍有效和必然的实践法则，因为形式目的作为目的本身，同时"也是一个客观的原则，意志的一切法则都必须能够把它作为一个最高的实践根据而从它导出"。从"人是目的"的原则导出的实践命令，或道德的绝对命令是这样的："你要如此行动，即无论是你的人格中的人性，还是其他任何一个人的人格中的人性，你在然后时候都同时当做目的，绝不仅仅当做手段来使用。"[①] 这是道德绝对命令的第二个公式。

由这个绝对命令公式，我们可以看到，"人是目的"这个实践价值论命题不仅道出了作为人格的人性的绝对价值，更是道出了这个命题的道德

---

① 《康德全集》第 4 卷，第 437 页。

约束力，即它不仅要我们意识到我们自身内在的无限价值，而且对我们每个人都提出了道德上的要求，要我们在把自己当作目的的同时，也把他人看作目的，把所有人都当作目的。把自己和他人当作目的，不只是一种立场或态度，而且是一种道德义务或责任：我们有义务把自己和他人当作目的，我们有责任不做有损于人是目的的任何事情，我们有道德上的义务只做有益于人是目的的任何事情。手段和目的是相对而言的，手段是以目的为条件的，因此手段是有条件的和相对的，它的价值的大小是不定的，根据与目的的关系远近获得规定。因此如果把人当作手段，或仅仅当作手段，那么人就如同工具一样被对待，像使用工具一样被利用，他就被物化，只具有物一样的、工具一般的价值。这就可能意味着，人可能不被当作人，而是被当作牛羊一样的牲畜，当作会说话的动物，或如希腊罗马时期的奴隶被当作会说话的工具一样，或如现代社会的劳动者被当作制造商品的商品一样。

麦金太尔反驳康德说，"除我之外，把每个人都作手段"可以是不道德的，但它并无矛盾，即使在依据这种准则生活的利己主义者的世界里，在意志中也毫无不一致，因此它能够通过康德的合理检验，成为道德法则。[①] 但是他没有看到，当我把其他人当做手段时，我是不可能除外的，他人也肯定是把我当做手段的，这是和我的意愿相悖的，我是不能前后一致的。而且无论把人当作什么，只要是被作为手段来对待和使用，那么人的价值就被降低，人的尊严就荡然无存。而把人当作目的本身来对待，则意味着把人当作人来看待，视人为具有绝对价值的存在，不把他当作手段、物来对待和使用，禁止减损人之为人的价值。对于作为目的本身的人来说，只能使用物和手段，而不能当作物、手段被使用。

康德举了四个例子，从消极和积极两个方面阐述把人当作目的的道德命令的意义。第一个例子涉及人对于自身的必然道德义务。就生命来说，一个人应不应选择自杀来结束自己的生命？这里有两种情况。如果你因为不如意，生不如死，选择自杀，那么这意味着你就把自己的人格当做手段，当做可以忍受如意、无痛苦生命的手段。当这种如意生命不能维持时，你就取消生命，取消人格。"但是，人并不是事物，因而不是某种能够仅仅当做手段来使用的东西，而必须在他的所有行为中始终被视为目的自

---

① ［美］麦金太尔：《德性之后》，第 61 页。

身。"如果你不把人格当做服务于生命的工具来使用，而是把人格看作目的本身，那么这就要求你，哪怕很不如意，生不如死，不能也不应该自杀，因为把人格当做目的本身对待就意味着，你不能随意支配你的人格中的人性，"不能摧残他、损害他或杀死他"。如果你摧残、损害或杀死作为人格的你自己，你就没有把你自己的人格当做目的本身。因此如果你把自己人格中的人性始终当做目的而不是手段，你就应命令自己，任何时候都不可自杀。

　　第二个是关于对别人必然的或应有的义务的例子。你是否能有意对别人做出虚假承诺呢？如果你把自己当做目的，也把他人看作目的，那么这就要求你，不能也不应该对别人做出虚假承诺，因为你一旦做出这种虚假承诺，你就仅仅把自己当做目的，而没有同时也把他人当做目的，而是当作手段来使用，当作有利于你自己目的的工具来使用。如果你把他当作你自己目的的手段来对待，那么他也会把你当作他自己目的的手段来对待；如果你把他当作目的来对待，他也会把你当作目的来对待。你侵犯他人的自由和财产，你就把他人的人格仅仅当做手段来利用，"而没有考虑他人作为理性存在者，在任何时候都应当同时作为目的，亦即仅仅作为也在自身必然包含着这同一个行为的目的的存在者而受到尊重"①。你侵犯他人的自由和财产，他人也会侵犯你的自由和财产，你不把他人当作目的的，他人也不把你当作目的的，你把他人当作手段，他人也会把你当作手段，而你应该以目的对待自己的方式对待他人，或以目的对待他人的方式来对待自己。这就是康德的道德金律。他认为，他的这个道德金律比基督教的"你愿意人怎样待你，你就应该怎样待人"，或儒家的"己所不欲，勿施于人"这两种道德金律的表述更准确、更丰富，既包含了对自己的义务根据，也包含了对他人的义务根据，还包含了相互之间的义务根据，而后者"不可说是一个普遍的法则，因为它既不包含对自己的义务的根据，也不包含对他人的爱的义务的根据，最后也不包含相互之间的应有义务的根据；因为罪犯会从这一根据出发对要惩罚他的法官提出抗辩，等等"②。

　　以上两个例子都是从否定的或消极的方面论述以目的待人的道德命令

---

① 《康德全集》第4卷，第438页。
② 同上。

的含义的。第一个例子是就一个人的自身义务来说，你把自己当作目的对待，你就不能做有害于你是目的的行为，你就不应该自杀，自杀就等于你把自己降为手段，而你本不应该把自己作为手段对待的。第二个例子是就对他人的义务而言的：你是目的，他是目的，因此你不应该待自己以目的而待他人以手段，你不应该做出虚假承诺，也不应该侵犯他人自由和财产，否则你就是以手段对待他人，却以目的对待自己。康德举出的第三个和第四个例子是从肯定的或积极的方面来阐发待人以目的的道德命令的意义。前面两个例子他是从不与"待人是目的"的道德义务相冲突的方面，也就是不能待人以手段方面论述这个道德命令，后面两个例子则是从与"待人是目的"相一致的方面进一步论证这个道德命令。

第三个例子是就对于自己的偶然的/可嘉的义务来说的。你的人性中有达到更大的完善性的禀赋，"这些禀赋就我们主体中的人性而言属于自然的目的"。你可以尽心尽性地完善自己的禀赋，这合乎自然目的，你也可以"塞其兑，闭其门"，不求完善，只求保存。前者不仅与待己以目的相容，而且是促进作为目的的自身禀赋的，后者也与待己以目的相容，即"也许与作为目的自身的人性的保存相容"，但却不能"与这一目的的促进相容"。前者有点类似于儒家道德，要求你尽心尽性，止于至善；万物皆备于我，不仅把自己当做目的，而且积极完善作为目的自身的自己。后者类似于道家道德，反对尽心尽性，仁义礼智，只求法道，道法自然，自然无为，因此只要求人顺心保性，明哲保身，因而与促进人是目的的义务不容。就此而言，儒家道德更近于康德的道德。

第四个例子是关于对于他人的偶然的/可嘉的义务的。欲求自己的幸福是每个人的自然目的。如果你像对待自己一样对待他人，像对待自己是目的本身一样把他人当作目的，那么这要求你如促进自己的幸福一样尽自己所能去促进他人的幸福，像推动自己的目的一样尽可能地推动他人的目的。你不关心他人的幸福，也不阻碍他人幸福的实现，不是不可以，不是不合人性，但却与人性不能够积极地相契合；你并不尽自己所能增进他人的幸福，也不竭力增加他人的目的，也与作为目的自身的人性相一致，但只是与作为目的本身的人性消极的一致，而非积极的一致。如果他人是目的自身，作为目的自身的主体表象给你，那么他人作为目的，也是你的目的，反之，你的目的也是他的目的，你有义务增进他人的目的和幸福，正如他人有义务促进你的目的和幸福一样，或正如你有义务增加自己的目的和幸福一样，因为你的目的就是他人的目的。

人是目的，康德在《奠基》中还只是从实践目的论或道德价值论层面提出的，意在强调人格、人性的神圣性；"人虽然是够不神圣的了，但在其个人中的人性对人来说却必然是神圣的。在全部造物中，人们所想要的和能够支配的一切都只能作为手段来运用；只有人及连同人在内所有的有理性的造物才是自在的目的本身"①。由于康德的实践和道德有一种本体意味在里面，因此"人是目的"的命题也是在实践本体论上提出的，它鲜明地显示了人在整个世界中的位置，在万物中的地位。因此"人是目的"不是在自然目的论、世界目的论意义上提出的，不是说人是万物的目的，或世界的目的。人作为目的自身是知性世界中的存在，但知性世界作为本体世界，并不具有目的论的意味，虽然它是感性现象世界的本体原因，但却不是其目的性的原因。

整个启蒙时代人们在解释自然的时候，无一例外地采纳了机械论，抛弃了目的论。康德也是如此，并且还费尽心力为机械论解释自然的科学合理性进行辩护。但是康德并不像激进的启蒙哲人那样，彻底拒斥目的论，而是在一种弱的意义上恢复了目的论，按照作为反思判断力的原理而不是作为规定性判断力的原理对自然进行了一种目的论的解释：后者是一种强目的论，对自然的目的论解释具有客观实在性，而前者是弱目的论，它对自然的目的论解释不求有客观实在性的效力，而只是为理性获取质料性自然反思的统一性之用。

按照这种弱目的论原理，自然形成了一个由有机物外在地逐级构成的目的论系统，而这个自然目的论系统有一个最后目的，即人，"人就是这个地球创造的最后目的，因为他是地球上惟一能够给自己造成一个目的概念，并能从一大堆合乎目的地形成起来的东西中通过自己的理性造成一个目的系统的存在者"②。因此"人是目的"不是就其自身而言的，而是就人与整个自然的关系而言的：人在整个自然目的体系中地位是最高的，就是自然的最后目的。能使人成为自然最后目的的，要么是人类的幸福，要么是人类的文化。由于人的幸福在自然中并不总能够达到，因此自然意义上的人、以幸福为目的的人不是自然的目的，只有能熟巧地利用自然实现

自己各种目的的文化，才配称为自然的最后目的，对自然加以化成的文化意义上的人才是自然的最后目的。①

对康德来说，人不仅是文化意义上的人，作为文化的存在者，他是自然的最后目的，而且还是道德意义上的人。文化人不是超越的，而是内在于自然中的，而道德人则是超越的，高于文化人的，他是从本体看的人，而文化人只是从现象看的人。因此如果文化人是自然的最后目的，那么道德人就不仅仅是最后目的，而且是最高目的、终极目的。道德存在者因其自由而能把自己预设为最高目的，他的存在本身就是最高目的，"他能够尽其所能地使全部自然界都从属于这个最高目的，至少，他可以坚持不违背这个目的而屈从于任何自然的影响"。自然世界的所有存在物都是依赖性的事物，需要一个根据目的来行动的至上原因，"所以人对于创造来说就是终极目的；因为没有这个终极目的，相互从属的目的链条就不会完整地建立起来；而只有在人之中，但也是在这个仅仅作为道德主体的人之中，才能找到在目的上无条件的立法，因而只有这种立法才使人有能力成为终极目的，全部自然都是目的论上从属于这个终极目的的"②。

一方面，道德律作为我们运用自由的形式上的理性条件单凭自身来约束我们，我们因此就是目的自身；另一方面，道德律也给我们先天规定了一个终极目的，这个终极目的就是通过自由而可能的，在这个世界中"最高的善"，而道德律使我们对这个终极目的、最高善的追求"成为我们的责任"。

（三）自律道德

纯粹理性是实践的，也就是说，它通过颁布道德律能够单独规定意志；意志是行动发生的因果性，能够决定一个行为的发生。意志是受纯粹理性规定的，也就是服从道德律，遵从道德命令而行动的。因此理性和意志是一致的、一体的。但是问题在于，理性是命令者，而意志是服从者吗？理性颁布道德律，意志服从道德律而行动吗？理性是立法者，意志是执法者吗？意志是服从者、执法者，这是毫无疑问的，但它是否仅仅是服从者、执法者，而不是立法者？如果它仅仅是服从者而不同时是立法者，

---

① ［德］康德：《判断力批判》，第288—289页。
② 同上书，第294页。

那么这意味着法对于它是外在的，道德律对于它是外在强制性的，而受外在法、道德律强制的意志就不是自由的意志，而是被支配的意志，这与康德对意志自由的理解有着巨大的偏差。因此被理性支配的意志不可能仅仅是服从道德律的意志，还必须是立法的意志，理性与意志一致的最高条件是："每一个理性存在者的意志都是一个普遍立法的意志的理念。"①

理性作为实践理性与意志是统一的，它们不是两个东西的外在结合，而是内在结合，实践理性就是意志，意志就是实践理性，就是理性化的意志，理性所规定的就是意志所意愿的，意志所意愿的也正是理性所规定的，因此意志是服从者，也是立法者，意志所服从的法则正是意志自己确立的法则。换言之，"意志不是仅仅服从法则，而是这样来服从法则，即它也必须被视为自己立法的，并且正是因此缘故才服从法则"②。意志是自身法则的建立者、"创作者"，或者说，意志为自身立法，而它恰是因为自己是立法者而服从其为自身创作的法则。就此而言，理性的道德律就是意志为自身确立的，它所以服从理性道德律，是因为道德律是它意愿的，道德律之所以是它所意愿的，是因为它必然服从道德律。

康德认为，仅仅服从法则的意志还不足以保证意志完全服从法则，出乎义务服从法则，它仍然始终有可能是因为偏好、兴趣而服从法则，如此一来，它就只是合法性的意志，而不是道德性的意志。但是如果服从法则的意志同时还是自身最高立法的意志，那么立法意志就不再可能因为偏好、兴趣而立法并服从法则，因为依据兴趣和偏好无法确立普遍先天实践法则，最多只能建立经验性的实践准则。因此，只要意志是通过自己的准则普遍立法的意志，那么正是由于普遍立法的理念，"它不以任何兴趣为根据，并因此而在一切可能的命令式中，惟有它能够是无条件的"③。

由这种普遍立法的意志可以知道，人不仅服从他自己的普遍立法，而且有责任按照他自己的普遍立法的意志而行动。人是他自己行为的立法者和发动者。因此，"意志自律是一切道德律和与之相符合的义务的惟一原则；反之，任意的一切他律不仅根本不建立任何责任，而且反倒与责任的原则和意志的德性相对立"④。道德律不是外在于我，由理性强加于我的，

---

① 《康德全集》第 4 卷，第 439 页。
② 同上书，第 439 页。
③ 同上书，第 440 页。
④ ［德］康德：《实践理性批判》，第 43 页。

而是我的意志加诸我的，道德律就是我的意志本身，我的意志作为理性意志，把道德律作为自身法则加诸我，由此我的义务也不是外在强加给我的，而是我自己加诸自身的，我既把准则作为客观普遍法则确立起来，据此而言我是立法者；同时我又把普遍法则作为义务担当起来，出乎义务而行动，就此而言，我是我自身立法的执行者。我始终只服从我确立的普遍法则，而且我也始终规定我作为义务服从的道德律，我既是命令者也是服从者，我命令我自己服从道德律，我服从我所命令的道德律。就此来说，我是自律的。

康德强调意志自律的重要性。相对于其他两个道德命令的公式，他更看重意志自律公式的意义。他说，通过意志自律，人格的崇高和尊严才真正显示出来。服从法则，履行自己一切义务的人格是崇高的和有尊严的。它之所以崇高和有尊严，并不是因为仅仅服从道德律，而是源于它同时是它所服从的道德律的立法者，并只是因为它是作为立法者而服从道德律。因此人性的尊严正在于"这种普遍立法的能力，尽管是以它同时服从这种立法为条件的"①。一种行为的道德性就是根据它与意志自律的关系，即通过意志准则与可能的普遍立法的关系得以规定的，只有出乎意志自律的行为是具有道德性的行为，意志不是作为普遍立法者而做出的行为是非道德性的行为。一个行为能不能得到允许，取决于它是否与意志的自律相容，相容的是允许的，不相容的则是不允许的，而其准则与自律的法则相一致的意志则是神圣的、绝对善的。

康德把意志自律看作道德的最高原则，根据这个原则，意志对于自身来说是法则，而非对象是意志的法则，不是对象决定意志，而是意志决定对象能够成为自身的对象。如果由对象来决定自身，那么意志就不是自己规定自己，就是他律的而不是自律的，因为意志就不是普遍立法的意志。对于康德来说，自律原则是道德的唯一原则，他律原则则不是道德的真正原则。他把自己的自律道德与他律道德对立起来。在他那里，一切道德都可以根据是不是普遍立法的意志决定意志是自律的还是他律的。自律道德是意志以自身为对象，或以自身为法则而行动的，他律道德则是意志以对象为法则，借助于对象而行动的。如果意志不在自身中，而在外在于自己的对象的性状中，寻找应当规定它的法则，那么意志在任何时候都是他律

---

① ［德］康德：《实践理性批判》，第448页。

性的。"在这种情况下，就不是意志为它自己立法，而是客体通过其与意志的关系为意志立法。"① 他律的道德命令不是定言命令，而是假言命令，"我之所以应当做某事，乃是因为我想要某种别的东西"。也就是说，我并不是因其自身而应当做某事，而是因为我想要其他东西而应当做某事。我做某事的根据不在这件事情本身，而是在他处。例如，康德举例说，如果我想保持声誉，我就不应当撒谎；我不说谎是因为我想保持声誉，或者说，为了声誉，我应当不说谎；我并不是因为我不意愿说谎，所以我应当不说谎。而真正的意志自律的道德命令是定言命令，"即使我不想要任何别的东西，我也应当如此这般行动"。也就是说，我意愿如此行动，所以我就应当如此行动，我是应当如此行动的立法者，我也是我如此行动的服从者。说谎可能会给我带来耻辱，但是即使说谎不会为我带来耻辱，"我也不应当说谎"。任何时候都不说谎是我的意志，我的实践理性为我颁布的道德命令，即不说谎，我就应当服从。因此必须抽掉一切对象，"使对象对意志根本没有任何影响，以便实践理性不是仅仅管理外来的兴趣，而是仅仅证明它自己颁布命令的威望就是最高的立法"②。

康德道德命令的三个公式分别是从形式、质料和完备性规定三方面得以拟订的，因此它们是一个整体，而且三个公式是相互蕴涵的，是可以相互印证的。按照作为普遍法则的准则行动，强调的是行为的普遍性和一贯性，以及把它作为道德律令来服从的必然性，作为道德义务遵循的"应当"的强制性。人是目的，待人以目的，是把服从普遍道德律的理性存在者——人格当作目的本身，在把目的形式化的同时，凸显人格的崇高和尊严，显示其对于行为上的限制性的道德要求。意志自律道明了康德理性形式道德的本质，即无论是出于普遍法则的准则行动的道德命令，还是人人是目的的道德要求，它们不过是实践理性的普遍立法行动，也是纯粹意志的自身规定，自我命令，自我要求，自我服从，实践理性命令自己服从自己发布的命令，要求自己把人人是目的作为自己行为的限制性条件，意识到自己和他人的尊严和无条件价值，自觉做合乎人人是目的而非人人是手段的事情。因此康德道德命令的三个公式可以归结为一个公式，那就是意志自律公式，康德的道德哲学可以称作自律的道德哲学。

---

① 《康德全集》第 4 卷，第 449 页。
② 同上书，第 449—450 页。

　　这种自律道德的意义在于，它史无前例地赋予理性的人以绝对的道德自主性和自觉性，空前地确立了理性人无条件的实践主体性地位，意味着人的道德成熟和道德自由，一种真正的启蒙道德精神蓬勃而出。人不仅为显现在面前的自然立法，而且为自己的行为立法，人的理性不仅能够认识自然和沉思大全，而且人的理性还是实践的，能够为意志颁布命令，告诉它应当意愿什么，人应该做什么，应当意愿什么才是最好的，应该做什么才是配得上人格尊严的，称得上是自然的终极目的的。因此，人不仅能够是道德的，而且能够是最高的道德的；人通过理性的实践立法，自己把自己造就为目的本身，世界的最高的善，成为最好的好人，真正意义上顶天立地，乃至超越于天地之外的大写的人，配称世界中最高的价值存在者。基督教否认人能够为自己的实践立法，道德律作为自然法不是人的纯粹实践理性颁布的，而是上帝的命令，是至高存在——上帝颁布给人服从的。如果说康德的自律道德作为一种律法道德，强调人对普遍道德律的服从，克尽自己服从普遍道德律的义务，那么从类型上来说，它与基督教道德同属于一种律法道德，但是就律法道德而言，康德自律道德又是不同于基督教律法道德的一种律法道德。后者断然否认理性是实践的，能够为意志立法，发布普遍的客观法则，能够单独决定意志应当意愿什么，不应当意愿什么，从而坚决拒绝人能够通过自己的理性而是道德的，单单理性就能够造就一个大写的好人。基督教认为，人的理性是软弱的，不足以指导意志使之始终做好的事情，规导人任何时候都做好人。这是因为在基督教那里，人的意志的力量是强于理性的力量的，理性能够规定和认识普遍的律则，是一种必然的力量，但是人的意志是自由的，自由的意志是无差别意愿的，就是说，它在意愿的同时，能够不意愿，同一个事情是意愿还是不意愿完全是任意的，因此它是一种超越必然性的力量，它能够遵守理性的指导，但同时也可以取消理性的约束，理性不足以单独规定意志。即使是上帝的命令，即使人知道上帝的命令，人的理性也难以通过上帝的命令规定自由意志，人的自由意志可以服从，也可以不服从。而人最后选择了不服从，从而犯罪。人作为罪人，能否赎罪同样不能依靠理性，而必须通过信仰，依靠上帝的恩典。但是对于康德来说，理性是实践的，这是一个可以见之于普通人类理性的，见证于道德共通感的事实，从而理性规定意志，命令意志什么是它应当意愿的，什么是它不应当意愿的，是毫无疑问的，人的实践理性足以为自己的意志进行普遍的立法，或人的意志足以通过理性为自己立法，人是因为自己是立法者而服从自己立的法，人因为是立法者才是执法者，他既命令也服从。对于基督教而言，理性和意志是分离的，命令和服从是分离的，对理性的命令，意志不一定服从。对于康德来说，意志和理性是一个东西，意志就是实践理性，因此命令和服从是统一的，理性的命令就是意志要服从的，或者说意志服从的就是理性的命令。因此康德的律法道德是一种理性主义的律法道德，而基督教的律法道德则是一种信仰主义的律法道德，而且康德的律法道德是一种自律的律法道德，而基督教律法道德则是一种他律的律法道德。人的道德律是由实践理性确立起来，为人颁布，要人遵守的，归根到底是我自己规定自己做一个好人，不是外在强制我去做好人，是我自己意愿自己应当去做一个好人，也能够去做一个好人。但基督教道德律是上帝颁布，命令人遵守的，人不能通过自己成为道德的好人，而必须信靠上帝才能够做一个道德的人。康德自律道德还是一种自由主义的律法道德，而基督教信仰道德则不是一种自由主义的律法道德。意志自律表明理性是实践的，实践理性能够为意志普遍立法并要求服从自己的立法，因此意志是自己规定自己，以自身为法则的，证明了人的意志是自由的，自由具有一种实践的实在性。我自身是不是实在的我不知道，但我通过自律的道德行为见证了我是自由的，我的自由就表现在我的自律的道德行为中，一种道德的行为恰是一个自由人的行为，一个人通过道德能够知道自己是自由的，因义自由，道德上的义人证明自己就是自由的人，自由的人就是道德上的义人，自由和道德是一体的、等同的。基督教道德不是自律的而是他律的，对它来说，人已经是罪人，他不能够单独通过道德的行为就成为好人，而必须通过信仰，因信称义。因此基督教道德并不能见证人是自由的，恰恰相反，证明人是不自由的、有罪的、被捆绑的，道德上的好人不等于自由的人，人的自由只有通过信仰，在信仰中才能最终得到恢复。所以虽然同是律法道德，但是我们却看到截然相反的两种道德精神：一种是鲜明的理性主义的自觉自律，"为人由己"，尽己尽责，立己立人的启蒙主义精神；一种是明确的非理性主义的他律他觉，服从上帝，爱上帝，爱邻人如己的信仰主义精神。

　　普遍立法的实践理性使得道德是一种自律的道德，依据这种自律道德，不唯基督教道德是他律道德，就是希腊目的论的道德也是一种他律道德。目的论道德不是基于理性的普遍立法能力之上建立起来的，而是基于人与善本身/目的的关系建立起来的。苏格拉底要人不仅做好人，而且要意识到自己是好人，知道自己的善。他那句名言，没有人会做恶，人只要知道了善就一定为善；似乎表明道德不是他律的而是自律的。实质不然，即使我知道了善并为善，我也不是自律的，因为善不是我造成的，而我的行为是由善造成的，规定我意志的不是理性，而是善本身，即便我不知道善，我也为善，只不过我是无意识的为善，我的行为的道德性、正当性不是我的理性赋予的，而是善本身给予的，我因善称义。而真正的自律不仅意味着，我知道善，更重要的是，我的善是由我的理性造成的，我通过理性的法则而知道何为善，欲求什么样的善，不是善先行被给予，而是法则先行被给予，因此我是因义称善，善是我合乎法则欲求的一个结果，而不是我的法则是欲求善的一个结果。

近代以来形成的幸福论道德，包括古代的伊壁鸠鲁主义的快乐主义道德，参照自律道德来说，也是一种他律的道德。如果目的论道德和完美主义理性道德是把理性的对象，即善本身或者完善的实在性作为规定意志的根据，在意志与理性对象的关系中确立道德行为的准则，那么经验主义的幸福论道德则在感性的、主观的对象中寻找意志的规定依据，在意志与经验对象的感受、情感中确立道德行为的准则。这种准则也可能是普遍的，但不是先验的，而是经验的，是主观的，不是客观的，因此不足以充当普遍道德客观法则。幸福论道德是一种感性主义的或经验主义的目的论道德，快乐、幸福就是人人欲求的目的，一切道德行为都是为实现快乐、幸福所要求的，而快乐和幸福是基于主观偏好的，因此道德行为也是基于主观偏好的，一种道德行为并不是因为其本身，出乎普遍法则本身的要求而发生的，而是因为幸福的需要而发生的，因此它是他律的而非自律的。

康德把道德分为自律的和他律的道德，只有自律道德而不是他律道德才是真正意义上的道德。当然，他也不是完全否定他律道德，否认人对幸福的追求，因而有陷入道德禁欲主义的危险，只是他认为，应建立两者的价值等级，即他律道德从属于自律道德，以自律道德为条件，对幸福的追求建立在义务、德行之上。对他而言，真正的道德不是以幸福为目的的道德，而是以因义称善为前提，配享、配得幸福的道德。因此自律道德本质上可以看作一种正义论的道德，既关系到因义称善，又关涉到幸福的分配条件。

三　从自律道德到自由

批判时期的康德先后完成了《纯粹理性批判》和《奠基》两部大作，而在写作《奠基》的同时，大概在 1784—1786 年之间他开始着手修订《纯粹理性批判》第二版。在修订过程中，他本来打算增加一个附录"纯粹实践理性批判"，但是后来他却改变了这个计划，单独写作了《实践理性批判》，之后才相继完成了《奠基》以及《判断力批判》。康德为什么在写作《奠基》的同时还要写这样一部《实践理性批判》？为什么这本书的名字不是之前拟订的"纯粹实践理性批判"，而是去掉了"纯粹"一词，变成了"实践理性批判"？在这本书的序言里，康德交代了这个问题。

康德的《奠基》要解决的问题是为道德形而上学奠基，以为构建道德形而上学体系做准备。康德的思路是分析性的，即通过对一般道德意识的分析，发现或回溯到"善的意志"。什么是善的意志呢？康德说，善的意志就是服从命令的意志，遵守道德律的意志，就是把普遍的实践法则作为自己准则的意志。在分析了善的意志之后，康德接着探究了善的意志何以可能的问题。因为善的意志不是纯粹分析的概念，而是先天综合的概念，而对任何一个先天综合的概念都要追问其是如何可能的问题。这种遵守普遍法则或道德律的意志，或者说这种服从道德定言命令的意志是如何可能的？道德律之决定意志是如何可能的？道德律如何可能为我们的意志所遵守？康德认为，遵守道德律的前提是我们的意志是自由的。只有意志是自由的，道德律决定我们的意志才是可能的。所以我们要想论证道德律的实在性、道德律何以可能，就必须论证自由的实在性、自由何以可能，因而道德形而上学的奠基实际上就是对自由进行演绎，证明自由并不是主观的或悬拟的概念，而是客观实在的概念。以上即是《奠基》的进路，通过分析善的意志得出善的意志基础是自由，只有自由的意志才可能是善的意志，才能自我立法、按照法则行动。反之，受到外在支配的意志就不是自由的意志，道德律就是不可能的。但是在《奠基》中，康德为道德形而上学奠自由之基的目的是否实现了呢？实际上康德没有做到这点，他在两方面都失败了：首先，道德律、定言命令本身如何可能的问题没有解决，换言之，纯粹理性如何是实践的，如何能规定我们的意志、使我们的意志按照理性法则行动的问题，这是所有实践哲学所面临的界限问题，康德认为是无法解答的。其次，自由是否存在，自由是如何可能的问题也是没有答案的。虽然康德对自由的存在论证使他不得已回到了第一批判，通过本体界和现象界的区分，即知性世界和感性世界的区分，推出知性世界遵循自由因果性，而感性世界遵循的是自然因果性，但这仍只是停留在理性的推理层面，知性世界是否存在我们无法直观到，自由是不是实在的并未得到证明。这样，自由世界不具有经验的实在性，对于自由如何可能的问题，康德只能回答到此，自由仍限于一种悬设。

就康德而言，由于他始终把直观限制为感性直观，人不具有超越感性的理性直观能力，人永远无法超越感性、直接把握本体，纯粹理性只能思维而不能直观存在，自由实在性的问题恐怕永远是一个解决不了的问题。就现代哲学来说，除了突破康德设置的限制，在感性直观之上设定一种理智直观之外，对自由的本体论证明似乎也没有别的出路。费希特、谢林就是朝着这个方向开拓的，他们无不设定理性存在者具有理智直观的能力，自由是可以被理性直观到的，从而证明自由的本体实在性。但是之后的黑格尔也不相信在人身上有所谓理智直观，他认为我们可以借助概念思辨的运动来把握自在之物、把握绝对，证明自由的存在；只有宗教和艺术才诉诸直观，哲学并不需要。但是对康德来说，这些思路都是行不通的，他始终没有突破感性直观的意向，而不解决这个问题，如何为道德形而上学奠定基础的问题就终将是悬而未决的。如果不能证明自由的客观实在性，道德律不过是一种幻觉罢了，最后就只有功利主义的和目的论的道德是行得通的，行为的道德价值就只取决于感性的幸福。因此自由的问题对康德哲学来说是最核心的问题，关涉到其道德形而上学体系乃至其整个哲学体系的根基。

康德写作《奠基》本来是为道德形而上学进行奠基的，但他发现这是他无法完成的任务。在进一步修改《纯粹理性批判》的过程中，他逐渐有了这样一个新的发现，即纯粹理性是实践性的，或纯粹理性能够是实践的，即能够单独规定我们的意志，而这是一个基本的理性事实，是不需要什么论证的。我们在其《奠基》中看到，纯粹理性如何是实践的还是需要演绎的一个问题，就是说，纯粹理性能否规定意志是需要论证的一个问题。但是现在康德发现，追问和论证道德律、定言命令如何可能是不必要的，因为纯粹理性能够单独规定意志是一个基本的理性事实。基于这一发现，康德着手写作《实践理性批判》，主要任务就是揭示和阐释纯粹理性是实践的这个理性事实，然后在此基础上继续向前推进。也有学者认为，康德之所以写作《实践理性批判》，是因为他发现了实践理性的二律背反。不可否认，是有这方面的因素，但应该看到，最主要的原因还是康德发现了纯粹理性的实践性。

在《实践理性批判》的序言中，康德比较清楚地揭示了他写作"一般实践理性批判"而非"纯粹实践理性批判"的原因。"第一批判"所批判的是纯粹理性，即只要纯粹理性对其基本理念（自由、上帝和灵魂不朽）的运用超越了内在界限，纯粹理性在其思辨运用中就将陷入二律背反和幻觉之中，因此纯粹理性不能越界运用，只能在经验范围内运用，只能用于扩展经验的疆域或调节知识的范围。为什么对于实践理性的批判不是针对纯粹实践理性，而是一般实践理性呢？因为纯粹实践理性是没有问题的，它在实践使用中不会越界和产生幻觉，因为纯粹理性本身恰恰是实践的，它的实践运用就是正确的运用。而为什么要对一般实践理性进行批判呢？这是因为一般实践理性包含了纯粹实践理性和经验实践理性，真正导致理性在实践中产生错误的不是纯粹理性，而是经验理性，即后面讲到的功利主义理性。[①] 这种经验理性在实践使用中遮蔽了纯粹理性，因为经验理性被认为是唯一规定意志的东西，而纯粹理性对于我们的意志不具有规定性。实际上，纯粹理性具有一种实践功能、能够对我们的意志产生规定作用，而这恰恰是为经验理性所否定的。因此康德认为，不是纯粹实践理性，而是经验实践理性导致了僭越的运用。对康德来说，需要阐明的是被经验理性所遮蔽的纯粹实践理性，揭示纯粹理性是实践的这样一个理性事实。为此就需要批判理性的全部实践能力，包括纯粹理性和经验理性的实践能力。如果在这方面取得了成功，那么纯粹理性能力本身是不需要批判的，因为纯粹理性的实践运用并非僭越，而是其本身的功能和正确运用，它的僭越只是发生在理论的思辨运用当中。如果理性作为纯粹理性现实的是实践的，那么它就通过这个事实证明了它本身现实的实在性，而且反对它可能存在的一切玄想都是白费力气的，这实际上就回答了他在《奠基》中所设置的问题：在那里，康德自己对纯粹理性的实践性提出了质疑，并无法解决之。而在这里，康德思想发生了转变，不再费力去证明

---

① ［德］康德：《实践理性批判》，第 16—17 页。

纯粹理性的实践性，而是尽力去阐明这个理性的事实。一旦做到这一点，他也就证明了纯粹实践理性及其建立在其基础之上的道德律的实在性，对之的反驳也就不攻自破了。

（一）自由和道德律

康德在《实践理性批判》中要解决的中心问题是他在《奠基》中提出的自由和道德律的关系问题。在《奠基》中，他陷入了一种循环论证中：自由是道德律的前提，从自由中可以推出自律道德；相反，从道德律中也可以推出自由，自由也是以道德律为前提的；自由和道德律互为前提，这在逻辑上是不能成立的循环论证。如何走出这种循环？康德在《奠基》中回到第一批判，试图通过现象世界和本体世界、自然世界和自由世界的区分走出循环，但最终失败了，因为本体自由是无法直观的，虽然不是不可思维的。康德之后的德国古典哲学反对他对现象与本体、必然和自由的二分，也反对他把自由置于现象世界之外，而把自由纳入现象世界之中，论证自由世界就是必然的世界，必然的世界也可能是自由的世界。斯宾诺莎早就提出了这种自由概念，主张自由即必然，只是对康德和莱布尼茨来说，这样的自由是不可理解的，所谓自由是不必然的。康德始终认为，现象与本体、自然和自由就像水和油一样无法融合。现代哲学家，包括很多美学家反对康德，试图证明现象世界存在自由，自由根本不是康德超越意义上的自由，而是内在论意义上的自由，这种自由与必然不是对立的。人是自然的，但这并不影响他也是自由的，自然和自由是相融的。理性把自由作为无条件的绝对原因性提出来是一回事，但是证明其客观实在性则是另一回事。对于人来说，他只能保证经验的实在性，而无法保证先验的实在性，康德所讲的自由是先验的自由，理论理性无法证明它的实在性，但也不否定它的可能性。

自由概念在纯粹理性的思辨运用中是一个消极的、不具有实在性的概念，但是却在纯粹理性的实践运用中获得了实在性，是一个积极的概念。在《实践理性批判》中，康德说，凭借纯粹理性的实践法则——这种实践法则是理性的事实，自由的实践的实在性得到了证明。而"自由的概念，一旦其实在性通过实践理性的一条无可置疑的规律而被证明了，它现在就构成了纯粹理性的甚至思辨理性的体系的整个大厦的拱顶石"①。这句话对康德来说是非同寻常的：如果康德理性体系是一个大厦的话，那么自由概念即是使这个大厦得以稳固和平衡的拱顶石，一旦拿掉这个拱顶石，整个大厦就会坍塌。自由既是思辨理性所思维到的本体概念，也是其道德哲学的基础，没有自由概念，道德律的实在性就会受到冲击。自由还是其美学的中心概念，康德美学即是一种自由美学，美的感受、审美判断即建立在知性和想象力自由游戏的基础上，因而自由概念是康德理性哲学大厦的拱顶石，其可靠性决定了整个大厦的坚固程度。如果自由概念的实在性通过一条实践法则得到证明，那么其整个哲学体系就会得到保证。近代哲学呈现为自由哲学的形态，自由的因果性是近代哲学的内在逻辑。古希腊哲学的核心概念不是自由，而是善，在柏拉图那里，善是最高理念，决定理念世界的秩序，也决定分有理念的感性世界的秩序，因此善的理念是柏拉图哲学也是亚里士多德哲学的拱顶石。中世纪哲学的拱顶石不是善，而是上帝，也是"义"（Right），所谓正义就是在正确时间、正确地点恰如其分地做出正确的事情。全能全善的上帝创造了这个世界，但是这个世界却是有善有恶的，这是不是上帝的不义呢？基督教神义论认为，上帝是正义的，一个允许恶存在的世界是最好的世界，恶不仅没有否证，反而证明了上帝的大义。

康德提出了三个问题：我知道什么？我应该做什么？我希望什么？对于我应该做什么，他在《奠基》中告诉我们，我应该按照道德律做一个自律的义人。我为什么要这样做呢？因为我是自由的，自由人就应该为自己的行为立法，成为自己行为的原因。你是你自己行为的原因，所以你应该对你的行为担当责任。因此自由概念是康德道德哲学的基石，缺少这块基石，你就无法在康德意义上说你为什么按照道德律行动，否则你只能到希腊和基督教道德哲学那里寻找根据。现代道德哲学走的是不同于希腊和基督教道德哲学的第三条道路，是在综合了基督教"自由"主义和希腊"理性"主义之后形成的。当代西方哲人在遇到现代哲学诸多问题的时候，动辄就回到希腊，回到基督教，如施特劳斯、麦金太尔等就主张回到希腊，而新托马斯主义者则要求回到基督教，而这意味着他们以善或上帝为基石而不是以自由为基石复建哲学，回避或背离了现代哲学基本的自由

---

① ［德］康德：《实践理性批判》，第2页。

精神。对我们来说，首先要理解现代哲学的基本问题和内在逻辑，在此基础上推进解决中国现代哲学未竟的问题；建立中国现代哲学乃是我们应该尽力完成的使命，而要做到这一点，我们不应该回到希腊，回到基督教，而应该回到现代，回到康德，在自由的基石上复建中国现代哲学。

康德哲学乃是现代哲学的范型，他为现代哲学大厦放置了自由这块拱顶石，奠定了现代哲学的基础。不过自由却在他这里出了问题：不仅他自己致力于解决自由的实在性问题，整个德国古典哲学乃至整个现代哲学都着力解决自由的本体论证明问题。在《奠基》里，康德没有找到证明自由实在性的途径，而在《实践理性批判》中，他后退了一步，退到道德律本身的实在性上来，尝试在阐释作为理性事实的道德律的实在性的基础上，反过来推论自由的实在性。不过康德明确说，这种证明只是对自由的实践证明，而不是对自由的本体证明，通过这种证明所获得的自由的实在性只是实践的实在性，而不是本体论的实在性，因而就效力来说，自由的实践实在性是不如自由的本体实在性的。自由的实践实在性能够得到证明，但是通过自由实践的实在性却不能确证自由的本体实在性。解决这个问题的途径之一是放弃自由的本体证明，只完成自由的实践证明，也只承认自由的实践实在性，或把自由的本体实在性就等同于自由的实践实在性。费希特、黑格尔以及马克思即是按照这样的进路致思自由的。但是对于康德而言，这条路子却行不通。他始终严格区分理论和实践、本体和实践，即使他把实践置于优先于理论的位置上，也并不妥协而把实践的实在性等同于或高于理论的实在性。他自始至终都忠于自己的理智，忠于自己的理论理性，对他来说，存在问题以及存在真理问题永远是最高的问题，并且真是善的基础，道德和宗教即建立在本体论之上。既然如此，那么存在论、自由存在论问题对于他来说就永远是一个问题，自由的实践实在性永远不是自由本体实在性的显示，正如本体不能直接显现为现象一样。自由本体何以不能落入实践、功夫领域，恰如本体不能落入现象领域？这是由康德自缚手脚的逻辑所决定的。实际上，从体用关系来说，知性世界是体，感性世界是用，二者应该是统一的，本体世界应当在感性世界中呈现出来，我们在把握自然因果性的同时也能把握自由因果性。中国哲学说体是无形的，但是可以透过用来加以把握，所谓即用见体，现代现象学事实上就是这样做的，即通过现象把握本体，但是康德却不承认这种做法。

康德一开始就讲这部著作为什么叫做"实践理性批判"，而非"纯粹实践理性批判"。他的意思是，纯粹理性本身就是实践的，能够成为单独规定意志的根据，使意志按照纯粹理性的法则行为，并且纯粹理性在实践运用中不产生在思辨运用中所产生的辩证幻象。在这种情况下，对于这种肯定的、积极的理性能力就不需要进行批判，而真正需要批判的是经验理性，即现代哲学所说的手段理性或工具理性，虽然这在康德时代还只是苗头。当经验理性试图完全成为意志的决定根据，独断地决定意志时，纯粹理性就会被驱逐出去，它不可能规定意志，从而我们的道德实践就会出问题，因而真正需要批判的是这种不纯粹的经验的实践理性。

康德也揭示了写作本书的基本目标：为整个道德和宗教奠定基础。之前《奠基》的目的是为道德形而上学奠基，而这个基础就是自由意志，但是康德失败了，陷入自由和道德的循环当中。康德本来意图从道德律推出自由，接下来论证自由的本体实在性，为道德形而上学奠基，但是他对自由的本体实在性的证明是失败的。但是从逻辑上来说，自由的确是道德的本体论前提，而在自由的客观实在性无法得到本体证明的情况下，康德只有另辟新的道路，这条新路就是《实践理性批判》开出的道路：不是直接通过自由的本体证明来为道德哲学奠基，而是反过来，间接地通过道德律实践实在性的演绎来证明自由的实践实在性。由此康德就把整个论证思路反转过来了：不是从道德律推出自由，进而证明自由的本体实在性，而是通过道德律的实在性证明自由的实践实在性，为道德哲学奠基。如果通过这种方式能证明自由的实践实在性，那么整个道德哲学的基础就被奠定，自由就成为道德形而上学的拱顶石了。而自由能否成为这块拱顶石，关键取决于对道德律实在性的演绎。

为什么说自由是道德和宗教的前提呢？对于古希腊伦理学来说，道德和宗教的前提并不是自由，而是善的理念；善本身是最终的目的，是一切道德行为的最终依据，我们之所以这样行为，是因为这样做是善的。比如，为什么世界是"有"而不是"无"？这是古代形而上学的根本问题，而现代量子物理学再次把这个问题凸显出来了。巴门尼德提出"存在者存在，非存在者不存在"，但是他没有说明，存在是好的，不存在是坏的。柏拉图回答了这个问题，即世界之所以是有而不是无，是因为这样是好的，一个存在的世界要比空无要好。阿那克萨戈拉说，"奴斯"、理性是世界存在的原因，而苏格拉底和柏拉图接着这个思路说，存在不仅是因为合理，而且是因为好而存在的。苏格拉底还追问，怎样的生活才是值得过的生活？在他看来，不是活着就是好的，而是好的生活才是值得过的，其逻辑是存在源于善、因乎善。到了中世纪，存在和行动的前提发生了改变，不是善，而是上帝的义才是存在和行为发生的根本原因。上帝没有创造一个全善的世界，而是创造了一个有善有恶的世界，但是上帝是正义的，因为他用恶造就了更大的善，实现了更大的善，从而使世界不断趋向最大的善。人行为的原因不是善，因为人已经犯罪，已经不是善的，一个有罪的人在此世永远不可能是纯善的，无论他做多少善业也无法改变这一点，因此善不可能是人行为的根本原因。那么一个有罪的人应该如何过尘世生活呢？基督教给出的答案是，去过"义人"的生活；有罪者不可能去做一个好人，不可能因善而为，但是他可以做一个因信仰上帝而称义的"义人"，称义即其行为之根据。在这里，"义"不是 Justice，而是 Right。Right 的含义是正确、恰如其分、正当。义人即是按照正确方式做出正确行为的人，即出于信仰而行动的人，而不是做好事却不信的人。希腊目的论道德区分了善恶，基督教称义道德却扬弃了善恶，它们以之为依据的是两种不同的原则，即善和义的原则。现代启蒙道德则扬弃了善和义，确立了自由的原则。这个世界为什么存在而不是不存在？对此康德没有直接予以回答，但是如果我们按照康德的逻辑加以推演的话，我们可以说，既不是因为善，也不是因为上帝之义，而是因为自由才有了这个世界的存在。

通过其第一批判及相关道德哲学著作，我们看到，康德悄无声息地转换了道德形而上学的前提，将其从善和上帝之义那里转移出来，置于自由理念之上。康德的第一批判也为整个现代哲学进行了奠基，将其基础放在了自由的理念上面，自由因果性取代自然因果性成为哲学存在论的根本逻辑。科学解释自然的逻辑是自然因果性，由此自然被看作是机械必然的，没有自由可言。如果没有自由，道德和宗教就岌岌可危了，因为这意味着一切行为都根据自然必然性而发生，而不是我们自己选择的结果，行为者可以不为其行为承担任何责任，因为他行为的原因不在自身而在他物上。如果把自然因果性逻辑推广到人事上就会形成一种"宿命论"——置身于必然的世界，人只能束手就擒、坐以待毙，只能被动承受，而无从主动创造和抉择。但道德行为却是行为者必须承担责任的行为，因为它是自由的行为，或行为原因在自身而不在他者的行为上。动物是不需要为其行为承担责任的，例如，一只猫杀死一只老鼠，猫是不需要对自己的屠杀行为负责的。但是如果一个人杀死另一个人也是因为某种自然必然性的话，那么他的这种行为和猫杀死老鼠的行为就是一样的，因而没有任何道德性可言。

近代科学发展和膨胀的一个直接后果就是使道德丧失了地盘，因为它本身原有的地盘被科学摧毁、占据或接收了。正是在这种背景下，我们看到，康德如何以身肉搏写下第一批判、《奠基》和第二批判，其根本意图就是在必然世界之外为道德开拓领地，这块领地就是自由的本体世界。科学永远在自然必然世界中打转，一旦超出这个领域，它就不再是科学，而是哗变为道德形而上学。自由理念对于康德乃至整个现代哲学是至关重要的，如果没有自由，道德、艺术都将成为科学的附属物，就像中世纪哲学和科学成为神学的奴隶一样，最终恐怕只有逻辑学会被保留下来。20世纪就有这样的讨论，即在科学时代，还剩下什么是需要哲学进行研究的。比如量子力学就接管了哲学思考的有和无、必然与自由的问题；如果自然因果性是知性基本原理，那么量子力学对于量子微观世界的把握却突破了自然因果性原理——量子领域遵循的不是自然因果律，而是概率因果律，量子的发生是随机的、非必然的。按照康德的理性逻辑，自然因果性世界之外是自由因果性世界，但是量子力学却揭示了，在爱因斯坦相对论所描述的一切事件的发生都是有原因的宏观世界之外，还存在一个概率的世界，一个没有原因而自发发生的机缘世界。所以我们看到，现代科学的发展已经侵蚀了康德所开出来的非自然因果性的自由因果性世界。康德本来意图通过对科学的批判开辟出自由领域，以为道德和宗教奠定基础，但是量子力学却把他所开出的自由领域也接管过去了：一个非自然因果性的世界不是康德所说的自由世界，而是偶然概率发生的机缘世界。不过，也许量子论是一个契机，能够为康德对自由本体论的证明提供支撑：概率机缘的世界至少不是必然的世界，而是自发的偶然世界，也许它就是潜在的自由的世界，它的存在对自由的本体论证是有利的。如果说按照康德的观点，自由就在于自发性，就在于能自行开启一个系列，自由因就是没有原因的原因，原因无外的自因，那么量子力学在某种意义上其实已经印证了康德的自由因果性观点，至少量子世界与自由世界是可能相通的，由此康德殚精竭虑为之论证的自由实在性问题就有望解决了。但是到目前为止，还没有人能够就量子力学提出和思考这样一个根本性的问题，即量子世界是不是自由世界，还是在它之外才有自由世界。我们只有期待未来的哲人能像康德那样，有勇气对科学再来一次批判，当然这次批判针对的不是牛顿力学，而是量子力学，但目标仍是通过批判重新开出自由领域，不过不是从必然世界，而是从自发的机缘世界开出自由世界。

通过这样的追溯，我们大致明白了，为什么自由概念对康德来说如此重要：至少它关系到道德和宗教的存亡，行为道德责任的最终归属。现在康德不是直接论证自由的实在性，而是通过论证道德律的实在性间接反推出自由的实在性，因为自由是道德律的存在理由和前提。① 这种方法就是即用见体的方法，即由道德之用见自由之体，通过道德之用推知自由是实践理性运用主体的前提。上帝和灵魂不朽则是实践理性运用对象的前提，即实践理性运用到对象（"至善"概念）上时，必须预设上帝和灵魂不朽，否则止于至善将是不可能的，而"它们的可能性由于自由是现实的而得到了证明；因为这个理念通过道德律而启示出来了"②。因此康德说："在这里也就第一次澄清了这个批判之谜：为什么我们能够否认在思辨里面中诸范畴的超感官运用有客观的实在性，却又承认它们在纯粹实践理性的客体方面有这种实在性"③。三大理念即自由、上帝和灵魂不朽是超感官的，其所把握的是现象世界的最后根据和绝对前提；感性事物的前提不可能是感性的，而只能是超感性的东西。思辨理性超感性运用理念把握到的是本体世界或智性世界，但是它却因此陷入悖谬和幻想当中。因此思辨理性对理念的超感性运用是非法的，不具有客观实在性，但是实践理性对它们的实践运用是合法的，能够证明它们的实在性。

通过实践运用所获得的三大理念的实在性仅是实践的实在性，而这种实在性不能反过来证明其理论的本体实在性。三大理念的实在性是有差别的，其中自由实在性是作为意志规定的先天根据而获得的，上帝和灵魂不朽的实在性则是作为意志规定的对象而获得的，自由的实践实在性高于并先于上帝和灵魂不朽的实践实在性。

康德讲到人的两重性，即"由德性法则来确定的作为自由的原因性和由自然律来确定的作为自然机械作用的因果性"同时统一在同一个主体之内。④ 当人根据道德律行动时，他就处于自由因果性的本体世界中，就是一个道德的人，康德称之为 Person，即"人格"。从基督教来看，人

---

① ［德］康德：《实践理性批判》，第 2 页。
② 同上书，第 2 页。
③ 同上书，第 4 页。
④ 同上书，第 5 页。

格就是"位格"，指人具有独一无二、不可替代的位置，意谓每一个人都是无条件的存在，个体存在具有绝对价值。对康德来说，人格意味着绝对性、唯一性，它就是目的本身，是一切价值的前提。

作为本体的人遵循道德律，而道德律不是自然律，而是自由律。一个遵循道德律的人是自由的人，通过服从道德律，他超越了感性世界，成为智性世界的人格。但是人还有另一面，即他还处在自然状态下。处于感性世界中的人遵循的不是道德律，而是自然律，他不过是这个现象世界的一部分，他的行为是为自然必然性所规定了的，是没有自由的。人同时既是本体意义上的人，也是现象意义上的人，既是自由的人，也是必然的人，既是道德人，也是自然人。当然感性世界中的人也可以有道德，即他律的道德，虽然这种道德在康德看来不是真正的道德。我们可以把具有双重属性的人称为具有两种道德的人，即既是自律的道德的人，又是他律的道德的人；两种道德在人身上同时存在，并且不相互冲突。因此康德说："由此我也就懂得了，为什么至今还在向我提出的针对批判的最大反驳恰好都在围绕着两个要点打转：一方面，被使用于本体上的范畴在理论知识上被否定而在实践知识中被肯定的客观实在性；另一方面，那个似是而非的要求，就是使自己作为自由的主体成为本体，同时却又在自然方面使自己成为自己独特的经验性意识中的现象。"① 现象意义上的人只是像人，但还不是人，还是非存在的存在者或存在的非存在者，而本体的人则是其"所是"的人。人即是同时存在于和分属于两个并存的世界中的人。

(二) 纯粹理性的实践性问题

"实践理性批判"所要解决的问题是什么？它即是导言里提出的问题，"是否单是纯粹理性自身就足以对意志进行规定，还是它只能作为以经验性为条件的理性才是意志的规定根据"②。这个问题又分为两个层面：一是纯粹理性是不是实践的，是否单是纯粹理性就是规定意志的根据？二是经验理性是不是意志的规定根据，或是意志唯一的规定根据？实践理性分为纯粹的实践理性和经验的实践理性两种，这两者都能对意志进行规定，成为意志的规定根据，但问题是纯粹理性能否单独构成意志的规定，

① ［德］康德：《实践理性批判》，第 6 页。
② 同上书，第 16 页。

还是经验理性单独地决定了意志？

康德尝试阐明纯粹理性本身是实践的，能够单独规定意志，成为意志规定的根据，虽然经验理性也能规定意志，但却是非道德意义上的。与这个问题直接相关的是自由的概念，因为理性对意志进行规定的最根本依据涉及意志自由的问题。为纯粹理性所规定的意志是自律的意志，理性对意志的立法是自身对自身立法，不需要到外部寻找根据，而这一点得以可能的根本前提是自由。反之，一种不建立在自由之上的理性意志就是他律的意志。康德要通过纯粹理性道德律的实在性证明确证自由的实在性，而只有阐明了纯粹理性能够是实践的，并且只有纯粹理性是无条件地实践的，自由问题才能得到求证。因而康德再次重申，他在这里所进行的是一般实践理性批判，他只对规定意志的经验实践理性而非纯粹实践理性进行批判，相反，他肯定纯粹理性的实践性。一般实践理性批判的主要目的是"阻止以经验性为条件的理性想要单独充当惟一对意志进行规定的根据的僭妄"①。在现实当中，我们的意志往往不是被纯粹理性所确立的法则规定的，而是按照经验理性的要求去行动，后者往往将自己视为意志规定的唯一因素，而否定纯粹理性的实践运用，这是一种僭越。康德接着讲，当纯粹理性的实践运用被断定后，这种运用是内在的。内在和超越是相对的概念，超感性的本体世界是超越的，而感性的现象世界是内在的。当纯粹理性被证明能够单独规定意志时，这种实践运用发生于经验现象世界。纯粹理性的实践运用是我们从感性世界抬升到超越领域，但是康德为什么又说这是一种内在运用呢？康德不是自相矛盾吗？原来，理性的实践运用所产生的超越和内在的分别与其理论的运用所产生的超越和内在的区分，意义是相反的，即纯粹理性理论的超越运用在实践上是内在的，纯粹理性理论的内在运用在实践上恰是超越的或外在的："相反，自以为具有独裁地位的、以经验性为条件的纯粹理性运用则是超越的，它表现出完全超出自己领域之外去提要求、发命令的特点，这与有关在思辨的运用中的纯粹理性所能说出的东西是恰好倒过来的关系。"② 纯粹理性实践运用的"越界"不同于思辨理性的越界，后者是超越经验运用的僭越，而前者恰是经验运用的僭越，纯粹理性不允许有在经验内的实践运用，而只能超越经验之外

---

① ［德］康德：《实践理性批判》，第17页。

② 同上。

进行实践的运用。在理论上，纯粹理性的内在运用是合法的，超越运用是非法的，在实践上，纯粹理性的经验运用是外在的、超越的、他律的，因此是非法的，超越运用是内在的、自规定的、自律的，因此是合法的，理性的僭妄在理论和实践上是相反的。

虽然康德对超越和内在进行了一种实践的限定，虽然他说纯粹理性的实践运用是内在运用，但是事实上这是不可能的，说到底它还是一种超越运用，他之把纯粹理性经验性的实践运用看作"超越"的运用恰好证明了，在他那里，纯粹理性的实践运用仍然是超越的运用，它使我们超越感性世界，进入本体世界，但却"能上不能下"，不能使我们从超越世界回到经验世界中来。赫拉克利特认为，有上升和下降两条路可走，而且这两条路是相通的。但是在康德这里，这两条路是走不通的，从自然人上升为道德人可以走通，但是从道德人回到或下降为自然人却几乎走不通。对康德来说，理性道德律如何经验地内在运用始终是无法解决的难题。

《实践理性批判》的基本框架和《纯粹理性批判》基本是一致的，也是从纯粹理性出发，分为要素论和方法论两部分，其中要素论又分为分析论和辩证论两层。但是就分析论而言，《实践理性批判》不同于《纯粹理性批判》。在后者，分析论的逻辑是从感性到概念，再到原理，在前者却相反，是从原理到概念，再到感性，从上到下，走的是一条下降的路。当然这条下降的路紧接着《纯粹理性批判》的上升之路，二者形成完整的上升和下降过程。但是下降之路对康德来说困难重重，很难走通。

第一部分"纯粹实践理性要素论"之第一卷"分析论"分为三章：第一章分析纯粹实践理性诸原理，第二章讲纯粹实践理性的对象，第三章则是对纯粹实践理性动机的分析。

什么是纯粹实践理性原理？在康德看来，"实践的诸原理是包含有意志的一个普遍规定的那些命题"①。审美判断的命题是感觉，先天综合命题是知识，规定意志的实践命题则是行动，而在实践命题中对意志进行普遍规定的原则是实践原理。康德所说的实践不是一般理解的生活实践，也不是马克思主义意义上的生产实践，而主要是一种道德实践，而道德实践是以自由为根据的。一切通过自由成为可能的行为就是实践的，反之不基于自由的行为则不属于实践，因而只有道德行为才是实践的。技术行为不

---

① ［德］康德：《实践理性批判》，第 21 页。

是实践的，因为它基于自然因果性，而不是根据自由因果律。实践原理包含诸多实践规则，康德把它们区分为两种：一种是准则，另一种是法则。作为准则的实践规则是"只被主体看作对他的意志有效的"，故实践准则是主观的；而实践法则是客观的、普遍的，"对每一个有理性的存在者的意志都有效的"①。或者说，"法则规定何种事件应该发生，而准则规定何种事件实际发生"②。准则对意志的规定，对个人来说是有效的，但是准则所规定的意志并非理性意志，而是感性意志，即任意（Willkur）。意志是区别于任意的，后者是感性的欲求能力，而意志必须为理性所规定，是理性的欲求能力，即 Will。所以法则对应理性的意志，而准则对应感性任意。当然任意也可以为法则所规定，这时它就是理性的意志了。所以任意这种能力既是感性的，也可以是理性的，而意志则仅仅是理性的，它即是实践理性，不受感性、外在条件的影响。故在康德这里，自由包括两个层面：本体意义上的意志自由，它不能突破理性界限而运用到感性层面；感性意义上的任意自由，它既可以为准则所规定，也可以为法则所规定，既可以为感性所规定，也可以突破之而为理性所规定。如此对比，看上去意志似乎是必然的，而只有任意才是"自由"的，比较接近基督教的意志自由概念。基督教的意志自由是指，在如此欲望和行动时其反面是可能的，即可以不这样欲望和行动。如恺撒渡卢比孔河就是自由的，他可以选择渡河，也可以选择不渡河，无论他渡河还是不渡河，他都不是必然这样做而不能那样做的。在康德这里，自由任意与这种自由抉择能力比较一致。③

意志是理性的，而准则是主观的，因此它不可能根据准则来行动；法则是客观的，普遍适用于所有理性存在者，因此理性意志者必然受法则规定而行动。康德说："如果我们假定纯粹理性在自身中就能包含一个实践的，即足以规定意志的根据，那么就有实践的法则。"④ 理性存在者分为纯粹理性存在者和有限的理性存在者，人是有限的理性存在者，因为人兼具感性存在和理性存在两重性，可能为感性规则所规定，也可能作为感性

---

① ［德］康德：《实践理性批判》，第 21 页。

② ［美］贝克：《〈实践理性批判〉通释》，黄涛译，华东师范大学出版社 2011 年版，第 219 页。

③ 同上。

④ ［德］康德：《实践理性批判》，第 21—22 页。

存在者同时为理性规则所规定。这里潜藏的冲突是，一个理性存在者可能受到感性冲动的刺激、影响，其行为准则不合乎实践法则。康德举例说，一个人可能将有辱必报作为自己的行为准则，但这种准则不可能成为实践法则，因为它并不适用于所有理性存在者。贝克对此做了如下推理：

有仇必报通常是我的目标——准则或原理；

撒这个谎可以报仇——规则；

因此，我意图撒这个谎。①

从这个三段论可以看出，有辱必报不是实践法则，从其推出的"应该撒谎"的结论违背了理性原则。因为如果所有人都把有辱必报设定为法则的准则，必然自相矛盾。它只能作为适用于感性世界的准则而存在。

康德指出："在实践知识中，即在只是涉及到意志的规定根据的知识中，人们为自己所制定的那些原理还并不因此就是他不可避免地要服从的法则，因为理性在实践中与主体相关，即与欲求能力相关，而这规则又会以多种方式视欲求能力的特殊性状而定。"② 也就是说，人们不一定遵守实践法则，实践法则只能作为一种应然规则而存在。理性是颁布法则的能力，而不是一种对象能力。理性法则就是一种命令，它并不必然为理性存在者所服从，如果理性存在者必然遵守它，那么它就不是命令，而仅仅是义务了。命令对于意志不具有绝对必然的规定性，只具有"应当"必然的规定性，在这种意义上，它只是一种内在良知呼吁，呼求理性存在者应该这么做，而不能实际决定他就这样做。

实践理性颁布的命令有两种：一种是假言命令，一种是直言或定言命令。而假言命令又分为两种：一种是技术性命令，为技术行为所遵循，例如做医生就有其特定的技术规定，他可以遵守也可以不遵守，一个不好的医生就是不按规则来行医的人；另一种是实用性的、明智的命令，指导我们如何获得最大的利益和福祉。一切假言命令都是有条件的，其逻辑形式是，如果怎么样，那么应该怎么样。比如，如果你想生活幸福，那么你就应该好好工作。一切他律性的道德规则都是假言命令式的。如在霍布斯那里，作为道德律的自然法就是假言命令：自然法作为正确理性颁布的命令，不是绝对的，而是以和平与安全为条件的，即如果你想要安全与和

① ［美］贝克：《〈实践理性批判〉通释》，第94页。
② ［德］康德：《实践理性批判》，邓晓芒译，人民出版社2003年版，第22页。

平，那么你就应该遵守自然法。换言之，你应该听从自然法，如此你才能获得和平与安全。对霍布斯来说，如果一种自然法则不能保证和平与安全，那么你就可以考虑放弃之，人们之所以走出战争状态，就是因为只有这样，才有利于每一个人保存自己。另一种命令，即定言命令或直言命令是实践法则，而假言命令则只是实践规则或准则。定言命令，如不杀人，不撒谎等，是适用于所有人的，也就是说，是无条件的和绝对的。通俗点说，比如，应当诚实待人，如果你不是因为这样会带来好处，也不是因为不诚实会带来惩罚，而是因为这是无条件的义务而服从这个命令，那么它对你来说就是绝对命令；你所以诚实对人，是因为诚实本身就是正确的、合义的，也是好的；你因为诚实而诚实，为诚实而诚实。

在导言和序言里，康德已经讲了理论理性和实践理性之间的区别，即理论理性只能做内在的运用而不能做超越运用，而实践理性则允许进行实践意义上的超越运用——这种超越运用即内在运用。实践理性的这种特权建立在《纯粹理性批判》已经确立的三个理性理念，即自由、上帝和灵魂不朽之上，虽然在《纯粹理性批判》中它们只是消极的概念，不具有经验实在性。理性狭义地看是一种知性，是概念式地把握对象规律、为自然立法的能力，即知性运用先验范畴对杂多的感觉现象进行加工，将其综合统一为对象，并利用知性先天具有的原理为整个对象世界确立普遍的法则。知性的法则包括质、量、关系、模态原理等，而其中最根本的是因果律。因果律又被称为根据律，充足理由律，是知性为现象世界确立的规律。经验的现象世界是事实的世界，知性通过概念和根据律能够为我们提供关于事实世界的真理。纯粹理性是一种综合思维的能力，能越过知性确立和给予的现象世界，把握现象背后的本体，获得关于本体的知识，即物自体的知识，这种知识不是事实的知识，而是存在真理。但是康德《纯粹理性批判》的结论是，我们只能获得关于对象"现象"的真理，而不能获得其"实是"的真理。

从理论理性到实践理性的过渡涉及的问题是，我们的实践能否建立在理论理性所提供的真理之上，理论理性能否转化为实践理性，纯粹理性是不是实践性的，能否为实践提供法则？康德认为，这是可能的，即实践应该建立在理论之上，善应当建立在真理之上，实践理性即理论理性，两者是同一的纯粹理性，它们只是它的不同层次的运用，在它运用于直观对象的时候即理论理性，在它运用于主体意志的时候即实践理性。纯粹理性能够是实践的，或能够转化为实践的，它能够就它所掌握的关于对象世界和自身存在的真理，就人之所是推出人之所应为，并发布为绝对命令。休谟提出，从"是"推不出"应当"，但是对于康德来说，这是不成问题的。休谟之所以有此论断，是因为他只有理论理性的概念，或只有知性的概念，而没有纯粹理性或实践理性的概念，就此而言他是对的，因为知性当然只能认知，而无从实现从"是"到"应当"的实践推理。但是如果有一种实践理性，或者理论理性能够转化为实践理性，做实践运用，那么就能够实现从"是"到"应当"的实践推理，在此意义上休谟就是错误的。他之所以不承认理性能够是实践的，还在于他没有区分意志与任意，在他那里，只有任意的概念而没有纯粹意志的概念；纯粹理性不可能对任意有什么决定作用，如果理性只是知性或理论理性，它不可能规定任意，因此他是不错的，但是如果理性还是实践理性，它能够决定任意，即使不能完全规定任意，它至少还能通过直言命令规定纯粹意志——纯粹意志不是感性的，在某种意义上是理性的，那么他就是错的。对于康德来说，纯粹理性是实践性的，能够规定意志，至少能规定本体意志，因此从"是"能推出"应当"，从存在能推出义，从真理能推出善。当然，这只是就康德道德哲学本身的概念和逻辑来看是这样的，实际上是不是这样的，却不是很乐观。

在康德那里，真理有两种，即质料的和形式的、现象的和本体的真理。关于现象世界的知识至多给我们的技术实践提供规则，却不能为纯粹道德实践提供法则。质料性的规律只适用于感性现象世界，却不适用于超越领域的本体世界。如果我们有一种纯粹理性的真理，即形式的、本体的真理，那么这种真理，通过实践理性，就能直接拿过来转化为实践的规则。虽然康德区分了现象和本体、质料和形式，他却不认为理性能够认识本体或形式真理。在这种情况下，虽然康德有一种实践理性的概念，认为纯粹理性是实践性的，但是在他那里却仍存在一种从理论到实践的断裂。

古代哲学和基督教哲学能够很好地把理论和实践、真和善统一起来，例如在柏拉图那里，善的理念就是真的，可以直接为我们的行为提供指导。基督教哲学的上帝是最高的存在，同时也是最高的善，其所启示我们的真理可以直接作为实践的原则。但是到康德这里，理论和实践出现了分裂，理论向实践的直接过渡是困难的，因为他关于"是"的知识或真理是匮乏的，虽然他不否认质料真理，经验知识之转化为技术实践的规则是可能的。在康德之前，近代哲学是不存在从理论到实践的断裂的，但到了康德这里，道德实践却只能建立在"似是"而非的存在真理之上，即建立在自由、上帝和灵魂不朽的本体悬设、预设之上。通过理性的批判，他还把现象和本体、真和善割裂开来。我们关于这个世界的真理不能为我们提供道德实践的指导规则，我们关于义和善的知识也不是建立在存在真理基础之上的。即使他提出了一种实践原则，由于它不是建立在真理之上的，所以其根基显然是不可靠的，而一种可靠的实践原则应当建立在"如其所是"的真理认识之上，我们的实践事实上需要理性的真理，而这种真理却是理论理性所不能够提供给我们的。这是康德在理论和实践关系问题上的命门所在，其实质涉及的是道德实践的真理性基础问题。实践能否建立在真理之上？康德提出这样的问题，却无力解决。

《纯粹理性批判》所展示的是一条从现象到本体的上升道路，而《实践理性批判》所展示的则是从实践理性原理到感性的下降道路。康德说，认识不是概念符合对象，而是对象符合概念，概念不是对象的反映，相反对象是理性概念的构造，是概念综合统一杂多的结果。理论认识过程是概念对感觉对象能动的建构过程，而实践过程则是按照纯粹理性规则决定意志的过程。根据原则行动的根本问题是，究竟是意志决定对象，还是对象决定意志？这两种情况分别决定了两种不同的实践，根据欲求对象而行动的实践是经验的实践，其原则是质料性的，反之根据意志本身决定对象的实践则是道德的实践，其原则是形式性的。质料性的实践发生在现象世界里，而形式的实践则发生在本体世界里。

因果律是理性的基本原则。按照亚里士多德的说法，因果性原则有四种：一是质料因；二是形式因；三是动力因；四是目的因。近代哲学并未废弃亚里士多德四因说，而是加以转换，提出了新的"四因"论：古代提出的质料因在现代仍然存在，不过和动力因合为一体，二者共同从属于自然因果性，即充足理由律或根据律，自然现象就是根据质料因和动力因而发生的；由于受到近代自然科学的冲击，形式因即等同于规律，而目的因则基本上被废黜了。但是到康德这里，形式因又被恢复了，因为自然发生的现象不是自在的，而是知性根据先验范畴构造出来的，我们所看到的并非自在发生的世界，而是主体参与其中的、为主体根据因果律立法构造的世界。先验因果律和知性概念就是先天形式，通过这种形式知性把握感觉所提供的杂多的质料。在古代哲学中，形式是客观的，在康德这里，则是主观的。在《判断力批判》中，康德又部分恢复了目的因，试图用目的论来解释自然现象，但它只是调节性的，由这种目的因所提供的知识是弱知识。

就行动者来说，行动的原因是什么？可否用四因来解释？对康德来说，我做出一种行为的原因有两种：一是质料因，它事实上就是目的因，即我所欲达到的对象、所实现的结果，即我行为的目的就是我行为的原因。比如，拥有一套大房子即是我努力工作的原因。在这种质料性的或合目的的行为中，不是我的意志决定对象，而是对象规定了我的意志，这种行为的实践规则是功利主义的或情感主义的规则，或质料性的、目的性的规则。法国百科全书派功利主义的道德规则即是这样的规则，如追求最大多数人的最大幸福等。二是形式因，在知识中，知性概念、原理就是纯形式，它对感性质料进行综合就形成对象和对象的知识，而在主体实践中，真正道德的行为是基于形式法则的行为，道德行为的发生不是因为某种目的，而是因为纯形式法则、绝对命令；纯形式法则并不和欲求的对象发生任何关系，而是先于对象规定意志，被形式法则规定的意志本身是决定意欲对象和目的的根据。我对于对象的知识包括两个部分：质料和形式。对象的质料由感觉提供，而形式则由感觉直观和知性形式提供，我对对象的认识不是质料先于形式，而是形式先于质料。同样在我的实践当中，纯粹实践法则先于目的、对象规定我的意志，让意志根据法则来欲求和行动。在逻辑上，形式和质料不会同时规定我的意志，而是形式先于质料，法则先于对象决定我的意志行为：康德的立场完全是形式主义的和先验主义的。和这种决定我意志的形式因相一致的原因是自由因，或者说形式因就是自由因，是意志能够自我规定的原因。在亚里士多德那里，形式因也是目的因，而在康德这里，形式因不是目的因，而是自由因，形式或法则和自由是同一的。

康德在《实践理性批判》中做的最重要转变是他把形式因和目的因分开，把目的归于质料，而把形式和自由统一起来。康德把形式因作为道德实践的根本法则，如果能够证明形式因的存在是事实，那也就证明了自由因。所以他对道德合理性的论证就在于，证明形式法则在实践中能够决定我的意志，是我意志行动的原因，即动机。

（三）质料道德

康德《实践理性批判》的论证方法是分析性的；他从一般的道德经验开始，进到对这些经验的分析，进而退回到使其得以可能的前提上，得出作为理性事实的道德律。[①] 他现在通过分析知道，质料的和形式的道德原则分别代表两种不同的道德实践原则，质料性道德遵循质料性的或目的论的实践原则，而形式道德遵循形式的或自由的实践原则。康德在认识论里把质料和形式区分开来，我们之所以能够形成关于对象的知识，就在于把它们综合在一起，只有把感性质料和知性形式综合统一起来才构造出现象。在实践哲学中，康德仍然把质料原则和形式原则区分开来，但却无力加以统一，因为形式道德发生在超越性的本体世界里，而质料道德发生在感性现象世界里，分属两个世界的人的两种实践。这样，康德实践哲学就在分离开来两种道德的同时带来了这样的问题：形式如何作用于质料，纯粹形式的法则如何进入现象世界，与质料原则结合起来，产生实际的行动，使形式道德落到实处？康德一再强调形式先于质料的原则，意指不是目的而是形式法则决定我的意志，固然这种优先性原则保证了我的道德行为是自律的或自由的，道德行为不是跟着感觉走，而是由我的意志自主决定的，但是除此之外，他始终未能将两者同一起来。

上面我们讲到，实践的规则分为假言命令和直言命令两种。现在，我们能够形成对它的一种新的理解，即所有假言命令都是质料性的规则，都是建立在对象决定意志的基础之上的，而直言命令是纯粹形式的实践法则，是建立在意志决定对象的形式规则之上的。康德说，准则是实践原理，但不是命令，因为准则是主观性的，只适用于个人的。假言命令作为质料性的准则虽然是主观的，但却具有普遍性。比如，所有理性存在者的某种共同情感、同情感等就是具有主观性的普遍原则。因为假言命令都是有条件的，这个条件就是意志的欲求对象、结果，因此它只是实践规范，而不是实践法则。康德举例说，如果一个人在年轻时必须劳动和节俭，为的是老来不受穷，这样一个实践规则就是一种假言命令，因为劳动和节省由行为的目的，即避免老年受穷所决定的。它不能作为实践法则确立起来。实践法则必须是使意志自身决定自身的法则，即理性的纯粹形式，它

---

① ［美］贝克：《〈实践理性批判〉通释》，第132页。

必须先于对象和结果、不必顾及行为结果、单独和先行规定意志，这样的法则就是直言命令。

关于质料性实践规则，康德说："将欲求能力的一个客体（质料）预设为意志的规定根据的一切实践原则，全都是经验性的，并且不能充当任何实践法则。"[①] 为什么这么说呢？这是因为我们所欲求的对象，都是现实性的客体，是先于意志而成为规定意志的原则的。由对象所决定的欲求是经验性的，超越性的对象不可能现实地决定意志。从客观角度看，对象影响和决定意志；从主观角度看，对象给行为者带来满足的愉快感或匮乏的痛苦感。因而意志和对象一方面是一种经验的关系，另一方面是一种主观情感的关系。通过对象所感受的愉快或不快反过来决定我们的欲求，即我们都追求能够带来愉快的对象，为得到快乐而行动，因而这种愉快感就成为意志规定的主观根据，而质料性的实践原则因为建立在个体对对象的主观感受之上，因此是一种实践的规则。

康德进一步对质料性的实践规则进行归类，认为"一切质料的实践原则本身全都具有同一种类型，并隶属于自爱或自身幸福这一普遍原则之下"[②]。幸福是一种感性的善，不同于理性的善（圆满）。被幸福规定的行为是质料性的，建立在主体感受性基础之上，并依赖于对象的存在。无论快乐还是不快都是被动的，对象能够满足我们越多，快乐越大，我们也就越依赖对象。对象和欲求的关系有两种：一种是感性的，对象直接影响我们的情感；一种是知性的，对象对我们的知性产生影响，如求知欲。康德主要指前者。对象给我们带来的愉快，如果只是暂时的或一次性的，还不是幸福，幸福是对象给我们带来的快乐总和，是伴随着理性存在者整个存在的持续性的快乐。快乐和幸福都是感性的，属于规定意志的质料性原则，被这种原则规定的意志是任意，不是理性的自由意志。康德把幸福原则的决定根据称为自爱原则。例如，功利主义的最大多数人最大幸福原则就是自爱原则，建立在人们的利己性之上，只不过它不是一种非理性的利己主义原则，而是一种合理的利己主义原则。由自爱和幸福原则所规定的欲求能力是低级的，仍然处在现象世界之外。高级的欲求能力（意志）是由纯粹的理性法则决定的，它超出了现象界。

---

① ［德］康德：《实践理性批判》，第 24 页。

② 同上书，第 26 页。

　　康德要说明的是，质料性的原则所规定的意志不取决于快乐的类型，而取决于快乐的程度，一种质料性的实践行为是由对象提供的，由我们感受到的快乐的强弱大小决定的，而不取决于它是由感性的快乐还是知性的快乐引起的，无论感性快乐还是知性快乐，对意志的规定并没有根本区别。无论是感性对象提供的快乐，还是知识对象提供的快乐，都是质料性的，其对意志的影响都取决于快乐的程度。康德举例说，一个人能够把一本富有教益的书不经阅读而退还，以免耽误打猎；打猎的快乐是感性的，读书的快乐则是知性的，而前者对于他是强烈的。又如一个人从理性的交谈中退出来，宁可舍弃理性的快乐而去赌博。再如一个人用原本接济穷人的钱买票看戏，于他道德快乐就让位于感性快乐。人们往往选择感性快乐而放弃知性快乐，但这并不意味着两者是不同类型的实践规则，它们仍然是同一类型的，因为质料性实践规则建立在对象给我们带来快乐的基础上，而不取决于快乐的类型。二者只有程度的区别而无实质的区别。伊壁鸠鲁是道德上的享乐主义者，但是他所说的快乐并不是单纯肉体的或物质的快乐，相反，他把快乐分为不同的类型，他所崇尚的是能够使心灵得以安宁的高尚的精神快乐。但是康德认为，无论以什么快乐为原则，伊壁鸠鲁主义原则都属于道德上的幸福主义原则，都建立在对象对意志的规定之上。

　　康德说："获得幸福必然是每个有理性但却有限的存在者的要求。"①一个有限的理性存在者必然追求幸福，因而质料性实践规则的存在是合理的，在这个意义上康德并不主张道德上的禁欲主义，并不完全要求用理性法则把幸福原则完全排除掉。康德主张每一个理性存在者都有权利追求自己的幸福。他只是认为，道德不能完全或仅仅为幸福原则所决定，而遮蔽了更高的原则，即使人人追求幸福也应当按照合乎道德律的方式发生。但是质料性的道德完全排除了纯粹形式的理性法则，而把幸福原则作为意志决定的唯一根据。以幸福为原则的道德规则是经验性的、主观性的，只能作为实践的规范而不能作为实践的法则，只能对于个体有效，而不能对一切理性存在者有效。所以质料的规定根据只能经验地运用，而不能将其上升为客观和普遍的法则来运用。幸福原则取决于对对象的主观感觉，是无法获得统一规定的，在客观上必然是一种极其偶然的东西。例如，在主观

---

　　①　［德］康德：《实践理性批判》，第30页。

上个体可能会感受到强烈的快感，但是在客观上这种快感可能并不为他人所共有。

但是康德认为，自爱原则"绝对没有可能被他们冒充为实践的法则"①；尽管人们经常把自爱原则作为客观的理性法则来对待，但是事实上它只是主观有效的准则，永远不会拥有法则的客观必然性，因为它是由对象决定的。法则不是由对象决定的，相反法则决定对象。法则的客观性来自纯粹理性。如果有人认为自爱原则是能够适用于所有人的法则的话，那么这就是一种僭越，把单纯主观的原则提升为客观实践法则。康德所要批判的就是这样的道德僭越做法。

（四）形式道德

在定理一和二中，康德阐发的是质料性实践规则，对应的是质料性的道德，其基本特征是对象及关于对象的情感成为道德行为的发生依据，从而这种道德是经验性的和主观性的，只适用于现象世界。在定理三中，康德开始阐明另外一种道德，即形式的道德。准则既包含形式也包括内容，是内容和形式的统一，康德现在要把准则中的内容抽掉，而保留下形式作为意志规定的根据。实践原则的质料是意志对象，它要么规定意志，要么为意志所规定。如果它规定意志，就是质料性的实践原则，反之，就是实践法则，实践法则只能是普遍立法的单纯形式。因此一个理性存在者要么根本不能把主观的准则思考为普遍法则，要么只能把其中的单纯形式作为实践法则。

前面两个定理，康德阐明和分析了规定我们意志的质料性的规则，它是经验的、主观性的规则，因而不能充当普遍客观的实践法则。在定理三中，康德进一步分析怎样的原则能够成为实践的普遍法则。"如果一个有理性的存在者应当把他的准则思考为实践的普遍法则，那么他就只能把这些准则思考为这样一些不是按照质料，而只是按照形式包含有意志的规定根据的原则。"② 理性存在者的自我立法，就是要把它的准则作为普遍法则确立起来。准则具有主观性，可直接决定个体的行动，因而法则也必须同时作为个体的准则才能对实际行为发生作用。准则有两种：一种是质料

---

① ［德］康德：《实践理性批判》，第32页。
② 同上书，第33页。

性的准则，即我们的喜好和爱好决定行为的原则，这种准则必须普遍化才能被确立为法则；另一种是形式的准则，可以把这种纯粹形式的原则直接确立为普遍法则，康德认为，能够作为普遍法则的准则只能是形式的规则。质料是实践的对象和内容，任何实践都寻求达到某种结果、欲求某种目的，这些目的和结果就构成实践的内容和质料。实践者和对象就构成了客体和主体的关系，从客观上来说，实践对象作为客体规定主体，而从主观上来讲，任何一种对象要能够成为实践对象，就必须和我们的主观欲求发生关系。我们在生活中会碰到很多对象，如桌子、椅子、房子等，但并非所有这些对象都是我们实践的对象，只有能够引起我们爱好、喜好的东西才能成为我们欲求的对象。比如一块好看的石头可能会引起我们的雕刻欲，而一块普通的石头则不会。只有当我们欲求对象时，对象才成为规定我们意志的东西。此外，我们在采取行动去获取对象时，还要考虑这种行动可能产生的结果。对理性存在者而言，一种现实行为往往是三思而后发生的，比如，欲求的对象是否虚幻不实，行动的前因后果是否符合自然律，如果行为发生了，能否产生预期的结果、达到目的，是否会产生意想不到的结果，等等。我们不可能超越自然律采取行动，它是质料性实践行为必须遵循的规律；行为者必须考虑前因后果，并且要为其行为后果承担责任。这种质料性道德也是一种责任的道德，即人们必须为其行为后果承担责任，而不能完全不顾及其行为之后果。但是在本体世界里发生的行为恰恰是无须考虑后果的。

一方面，质料作为实践的对象，可以作为意志的规定根据，成为我们的喜好和欲望内容，由此形成质料性的实践规则，这种规则是经验性的、主观性的，但却经常被冒充为客观普遍的实践法则。另一方面，我们的意志虽然欲求对象，但是这种欲求却不是我们意志的规定根据。如果我们在普遍法则的约束下欲求对象，我们行为的发生不是先有对质料的欲求，而是先有法则对意志的规定，然后才按照法则来欲求对象。这种不是由对象来规定我们意志的原则并不完全排斥对象，尽管康德说在法则规定我们意志之前必须首先把对象排除掉，但是在法则规定意志之后对象还会再次出现。如果我们把一切质料即意志对象先行排除掉，那么除了普遍立法的单纯形式外就什么也不会剩下。理性存在者能够把纯粹形式确立为意志的规定原则和行为发生的原因。

因而遵照准则而发生的行为实际上包含两个部分，即形式和质料，正如认识当中的对象也是质料和形式的统一体，是感觉杂多表象和知性形式的综合产物一样，其中形式是普遍立法的法则，它先行规定意志，决定意志应该欲求什么样的对象，也就是说，这种欲求必须是合乎法则的。因此他说，一个理性存在者要么根本不能把主观的准则思考为普遍法则，要么只能把其中的单纯形式作为实践法则。

在康德那里，普遍立法形式对于"作为合理而理性的我们来说"并不隐晦难知，毋宁在我们的日常道德思维、情感和判断中皆可找到，至少潜在地为普通人类理性所承认，[①]　"准则中的何种形式适合于普遍立法，何种形式不适合于普遍立法，这一点最普通的知性没有指教也能分辨"[②]。适合普遍立法的形式是不自相矛盾的，自相矛盾的原则不能是普遍的。如果把一个原则推广到每一个理性存在者身上而不产生矛盾，那么这样的原则就能成为普遍法则。康德举例说，假如用一切可靠手段增加财产是我的一个行为准则，又假如我手里有一笔寄存物，而寄存者已经去世，他并没有留下任何遗嘱，那么我是否可以将其据为己有呢？按照准则，我是可以这样做的，因为它可以增加我的财产，并且没有人知道它不是我的。但是能否将下面这个准则，即"每个人都可以否认一件无人能证明是存放在他这里的寄存物"[③] 作为普遍法则确立起来呢？康德说，这个准则作为法则是自相矛盾的，因为如果所有人都遵守这一法则，就将不存在寄存物了。因而法则必须合乎法则的资格，必须是普遍的、自洽的、不矛盾的和自明的。

康德断言，一个普遍的法则不能是质料性的规则。幸福和自爱原则都是质料性的，那么它们能不能作为普遍立法的形式确立起来呢？从表面上看，每个人都是自私的，都追求自身的幸福。既然所有人都追求幸福，那么幸福原则能否作为普遍立法形式得到确立？康德说这是不可能的，尽管在每个人追求幸福的问题上人们可以达成一致，但是在什么是幸福的问题上人们却不可能达成一致，我们对于幸福的感觉依赖于对象，因而每个人都有关于幸福的标准。因而幸福原则仅是一种主观性的和经验性的原则。不久前，有人在街头调查"你幸福吗"，结果是，有的人不屑一顾，有的

①　Rawls, *Lectures on the History of Moral Philosophy*（Harvard, 2000），p. 255.

②　［德］康德：《实践理性批判》，第 34 页。

③　同上。

人茫然无知，有的人感觉幸福，有的人却感觉不幸。尽管每个人都追求自身的幸福，但是对幸福的具体内容却如此迥异，难以取得一致。即使达成了一致，在康德看来也只是一种偶然的巧合而已，仍然可能存在例外。鱼和熊掌，当不可兼得时，可能所有人都选择熊掌，但这种一致只是机缘巧合，不具有客观的必然性。所有人都追求富贵，按照功利主义道德来说，是可以作为普遍道德原则加以确立的，这符合"最大多数人最大幸福"原则，但是对康德来说这可以作为一个普遍的准则，却不能作为普遍立法形式的实践法则加以确立，因为法则必须是客观普遍的，必须适合于一切理性存在者，而上帝就不会把幸福或富贵作为自己的准则。因此把幸福、爱好作为普遍法则加以确立是根本行不通的，只有理性的纯粹形式才能作为法则确立起来。

康德展开对纯粹实践理性诸原理分析的目的是从实践理性准则中把作为普遍立法形式的实践法则分离出来，然后通过实践法则论证自由的实在性。现在他既然通过对实践理性诸原理的分析确证了唯有普遍立法形式是能独立地规定意志的实践法则，那么接下来他就可以此来求证自由。于此我们看到康德的如下自由演绎：

设　唯有准则的单纯立法形式才是一个意志的充分的规定根据；

求　那个唯一由此才能被规定的意志的性状。

由于法则的单纯形式只能由理性展示出来，因而绝不是感官的对象，所以也不属于现象之列；于是它的表象作为意志的规定根据就不同于在依照因果性法则的自然界中各种事件的任何规定根据，因为在这些事件那里进行规定的根据本身必须是现象。但如果没有对意志的任何别的规定根据，而只有那个普遍的立法形式能够用作意志的法则：那么一个这样的意志就必须被思考为完全独立于现象的自然规律，也就是独立于因果性法则，确切说是独立于相继法则的。但这样一种独立性在最严格的理解上，即在先验的理解上，就叫作自由。所以，一个唯有准则的单纯立法形式才能充当其法则的意志，就是自由意志。①

就意志而言，它是经验意志还是形式意志，是必然意志还是自由意志？如果一种意志被普遍立法形式所规定，它当然是自由的意志，而不可能是自然必然的意志。因为这种形式是理性提供的，而理性是超越于现象

---

① 　[德] 康德：《实践理性批判》，第36—37页。

世界之上的，理性法则所规定的对象不可能是自然必然的。在知性立法所确立的现象世界中，找不到纯粹理性形式，只有与质料结合在一起的知性形式（先验范畴和原理），包括遵循必然性的自然因果律，而知性形式一旦脱离现象，就是空的。单纯理性形式是超越现象之外使用的，其所规定的意志是自由的。"设定一个意志是自由的"，那么唯一适宜于必然地决定它的那个法则就是纯粹形式的法则，而不可能是质料性的法则。质料法则规定现象世界中的任意，纯粹形式的法则规定的是本体世界的自由意志。

（五）道德律的事实性

对康德来说，自由和普遍实践法则是"交替地互相归结的"①。问题是，自由意志和普遍法则是不是相互规定的？还是说一方规定另一方？逻辑地讲，自由是一种自发的因果性，应当是实践法则的前提，应该是先在的。康德不是问自由意志和法则是否不同，而是问，"我们对于无条件的实践之事的认识是从哪里开始的，是从自由开始，还是从实践法则开始"②。对于有条件的实践的认识是很容易的，因为这种实践由经验对象引起。但是无条件的绝对的实践如何才能加以认识呢？对于一种道德行为的发生，理性存在者除了知道普遍的形式法则之外，并不知道行为发生的根本原因，即自由因，虽然这种形式因是以自由因为前提的。当他按照普遍法则行动时，他并不知道自由是其行为的原因，他对自己的存在、自己的所是是无知的，他只知道世界的现象，并不知道世界本身是什么。在对世界和自身所是无知的情况下，他开始了道德行动。换言之，道德行动是以人们的这种无知为前提的：道德行为中的无知既是对于原因的无知，也是对于质料性后果的无知，道德行为即是在双重无知当中展开的，因而道德的真理性问题就是康德面临的根本难题。

一般来说，知行是合一的，道德是以真理为前提的，在无知的情况下如何能够展开确定性的道德行动呢？我们对绝对的道德实践的认识是从哪里开始的呢？康德如此问道，是从法则，还是从自由呢？康德认为，我们不可能从自由开始，因为自由无法为我们直接意识到，因为"自由的最

---

① ［德］康德：《实践理性批判》，第 37 页。
② 同上书，第 38 页。

初概念是消极的，也不能从经验中推论出这概念"①，我们能直接认识到自然因果性，但却不能认识独立于自然因果性的自由因果性。但是这并不影响我们对无条件的道德实践的认识，因为我们对它的认识不是通过自由，而是通过道德律、通过普遍的实践法则实现的。只要我们按照普遍法则行动，道德律就直接呈现给我们，而不需要从自由中推出来，相反，自由倒是根据道德律而被意识到的。实践理性把道德律作为能够不被任何感性条件所战胜的规定根据，直接地呈现给我们，我们通过道德律引出自由的概念。现在的问题是，我们对道德律的意识如何可能？为什么我们实践地使用理性就能知道道德律？康德说："我们能够意识到纯粹的实践法则，正如同我们意识到纯粹的理论原理一样，是由于我们注意到理性用来给我们颁布它们的那种必然性，又注意到理性向我们指出对一切经验性条件的剥离。"② 理性为我们颁布绝对命令的必然性是本体意义上的道德的必然性、应当的必然性，它来自理性存在者超越内在的要求，而不是来自自然因果律的外在强制。他作为理性存在者，只有接受普遍法则，并按照普遍法则行动，才算尽了天职，而普遍法则是内在的，是他自己加给自己的义务，它显示了人的人格尊严。

康德通过举例告诉我们，道德律是理性的事实，在普通人类理性当中就能发现，无需推演。他假设有一个色魔，其欲望是不可抗拒的，而恰好其欲望的对象就摆在他面前，但是这时如果在他面前恰好树立起一个绞刑架，一旦他享受了淫乐之后就把他吊死在上面，那么他的淫欲还会不会不可抗拒呢？他当然能够克制它，故欲望并不是必然的。但是这种克制并不是来自道德义务意识，而是来自害怕、恐惧。另一个场景是，一个君主以死威胁一个人，要他诬陷无辜的正人君子。如果他不做伪证，就将被杀；而如果他做伪证，就将违背道德法则。但是在道德上是不存在讨价还价的，无论是否面临死亡威胁，不可做伪证在道德上都是应当的。假如这个人要在生和义之间做出抉择，他会怎么做呢？孟子提出"舍生取义"，即使死亡也要维护正义。如果这个人舍生取义，就说明他有道德意识，但是他也可能不这样做，即把生放在义之上。在威逼利诱下，一般人实际上无法在两难中确定自己该如何选择，而大多数人可能会选择生而弃义。但是

---

①　［德］康德：《实践理性批判》，第38页。

②　同上。

康德说，无论选择生还是死，都说明他至少意识到道德律的存在。生的欲望不是对任何人都是不可抗拒的，人们并不都是出于求生而做事的，"所以他断定，他能够做某事是因为他意识到他应当做某事，他在自身中认识到了平时没有道德律就会始终不为他所知的自由"①。

康德提出了纯粹实践理性的基本法则，这个法则就是，"要这样行动，使得你的意志的准则任何时候都能同时被看作一个普遍立法的原则"②。这是纯粹实践理性颁布的道德律令。这个法则在《奠基》当中有很多阐述，但在这里需强调的是，纯粹实践理性的基本法则是作为理性的事实呈现给我们的，这个事实是通过对实践原则的分析得到的；前此他一直在追问："如果纯粹理性是实践的，那么其法则是什么，并且能够遵守这一法则的意志的本质是什么？"③　而他通过追问和分析得到了两种原则，即质料的和纯粹形式的原则，前者不具有普遍性和客观性，因而不能充当法则，只有纯粹形式的原则才能充当普遍客观的法则，而这个法则作为纯粹理性颁布给主体的纯粹实践法则是作为理性必然性事实呈现的。康德把关于这个基本法则的意识称为理性的事实。这里有一个问题，究竟是纯粹理性的基本实践法则是理性的事实，还是关于此法则的意识是理性的事实？康德自己的表述有前后不一致的地方，目前较通行的解释是由贝克提出的，即我们关于道德律的意识是理性的事实。④　这个事实不是从自由意志当中推出来的，自由作为道德律的前提条件还需要证明。道德律也不是建立在经验的或理性的直观条件之上的，因为任何直观都给予对象。但是道德律可以在"我们的日常道德判断和情感中被找到，甚至在我们的存在中，在我们的品格中被找到"⑤。然而道德律作为唯一的理性事实是如何在我们的道德意识中被给予的，道德律的意识是如何可能的？康德说，它来自实践理性自己原始立法的必然性：

　　　　我们能够意识到纯粹的实践法则，正如同我们意识到纯粹的理论原理一样，是由于我们注意到理性用来给我们颁布它们的那种必然

---

①　［德］康德：《实践理性批判》，第39页。

②　同上。

③　［美］贝克：《〈实践理性批判〉通释》，第200页。

④　同上书，第204—205页。

⑤　Rawls, *Lectures on the History of Moral Philosophy* (Harvard, 2000), p. 270.

性，又注意到理性向我们指出的对一切经验性条件的剥离。一个纯粹意志的概念源于前者，正如一个纯粹知性的意识源于后者一样。①

康德进而得出了整个《实践理性批判》中最重要的一个结论："纯粹理性单就自身而言就是实践的，它提供（给人）一条我们称之为德性法则的普遍法则。"② 有了这个结论，其整个道德哲学大厦的拱顶石就能找到，就可以推出自由了。纯粹理性自身单独就是实践的，不需要其他条件，而仅凭形式就能够规定意志。就一般道德意识而言，如果我们遵守法则而不预期某种结果，一般就不会有实际的行为，所以同时代的休谟就认为，理性对我们的意志是无能为力的，对快乐的欲求才是决定意志的根本原因，而且即使遵守法则也是为了带来快乐。康德说的为义务而义务的道德，对经验主义、功利主义和情感主义的道德来说是不可能的。康德认为，仅仅理性颁布的立法形式就能决定我们的意志，我们能够按照这种纯粹理性的形式法则做出行为，虽然其论证的说服力还有待于进一步巩固。纯粹形式的法则无论能够给我们带来什么结果，都能单独决定我们的意志，这在现实层面上是否有说服力还有待确证，许多道德哲学家对此是有保留的。纯粹理性是实践的，它为我们提供作为德性法则的道德律。确切地说，道德律是一种义务，是正当的道德德性的法则。当代社群主义伦理认为，德性是具体的、内在于生活实践的，而义务、法则则是抽象的、外在的，因此康德抽象形式的法则很难称得上是德性的法则。但是换一种视角来看，康德说的德性可能不是古希腊伦理意义上的德性，不是为尽伦理本分而必须具备的品质，而是一种把法则内在化而形成的品质，不是黑格尔所说的在家庭、社会和国家中表现出来的具体的伦理德性，而是普遍主体内在的道德德性。对康德来说，理性存在者处于知性世界、本体世界中，和感性现实世界是分离的，因而他不可能具有伦理性的德性。在《奠基》中，康德设想了一个目的王国，其中所有理性存在者都是一个人格，本身被看作目的，是有尊严的。对于目的王国中的人来说，如果他是有德性的，遵循作为德性法则的道德律，那么他的德性就只能理解为纯粹道德性的德性，是道德法则内化于自身，并按照其行动的普遍品质。

---

① ［德］康德：《实践理性批判》，第 38 页。
② 同上书，第 41 页。

康德认为，道德律作为理性事实是不可否认的，"只要我们能分析一下人们对他们行动的合法性所作的判断：那么我们任何时候都会发现，不论爱好在这中间会说些什么，他们的理性却仍然坚定不移地和自我强制地总是在一个行动中把意志的准则保持在纯粹意志、即保持在它自己的方向上，因为它把自己看作先天实践的"①。也就是说，在合乎法则的行为中，理性对于任何爱好的原则是不妥协、对之加以限制的，我们的道德法则意识参与其中，并成为意志的唯一根据。但是理性颁布的法则只是一种命令，只是作为"应当"而呈现出来的。人作为有限的理性存在者，受到感性的影响，不一定会在事实上遵守理性命令。也存在这样的纯粹意志，即完全把普遍法则作为自身的行动根据，其所意愿的正是理性所要求的，康德称之为神圣的意志。这种神圣的意志是一种实践理念，我们人类应当在道德实践中无限逼近之。

康德在《奠基》中对意志自律原则进行了阐释，他在《实践理性批判》中又重申了这个原则，其内容与之基本一致："意志自律是一切道德律和与之相符的义务的惟一原则：反之，任意的一切他律不仅根本不建立任何责任，而且反倒与责任的原则和意志的德性相对立。"② 但是在这里康德强调的是，意志自律原则是建立责任的原则，相反，一切他律的道德原则无法把责任建立起来。

康德对责任的理解同一般的理解是不同的。质料道德所说的责任，是指要对我们行为产生的结果承担责任，要求我们的行为必须从实际出发、产生合乎根据律的预期结果、目的。对结果或后果负责任，这在康德看来不是道德性地负责任，真正的道德责任必须建立在完全自律的基础之上。相应地，在韦伯那里，他把对结果承担责任的道德称为责任伦理，而把康德这种纯粹形式的、不计后果的道德称为意图伦理或心意伦理，这种伦理就责任伦理来看恰恰是不负责任的，因为它不管、不顾结果，哪怕有再坏的后果，只要合乎义务也会去做。这里问题的关键在于，如何理解责任。

康德进一步论说行为准则和法则之间的关系。"一个带有某种质料性的（因而经验性的）条件的实践规范永远不得算作实践法则。"③ 也就是

① ［德］康德：《实践理性批判》，第41—42页。
② 同上书，第43页。
③ 同上书，第44页。

说，幸福原则和自爱原则只能作为实践规范，而不能算作实践法则。这里的问题是，作为质料性的实践规则和形式性的法则之间的关系是什么样的？康德说，不可否认的是，一切意愿都必须有其对象，因而都是有其质料的。既然如此，这就意味着对象可以作为一种因素、条件而成为规定意志的东西，但是这种规定只能作为准则，却不能同时作为实践的法则而规定。冒充实践法则的质料性的实践规则是越界的，但是仅仅被视为实践准则的质料性原则是必要的，因为任何实践都必须是有内容的。那么法则和准则之间的关系是什么呢？康德在前面将二者对立起来，现在他又说我们的意志必须有对象，虽然对象不能成为规定意志的根本依据。现在的问题是，我们的意志既要遵守普遍的实践法则，以道德律为其根据，同时又欲求对象，做有内容的而非纯粹形式的行为。在遵守道德律的过程中我们必须先行排除对象，现在又允许我们欲求对象。这就涉及了质料性的准则和普遍实践法则的关系。康德说："所以，虽然准则的质料还保留着，但它不得作为准则的条件，因为否则这个准则就会不宜于用作法则了。所以一个限制质料的法则的单纯形式，必须同时是把这个质料加到意志上去的根据，但并不以质料为前提。"① 回想一下《纯粹理性批判》，在那里，康德说，我们的认识不是概念符合对象，而是对象符合概念，对象是由概念构造出来的。在这里，他也是这个意思，即法则先于对象来规定意志，这样对象就受到法则的规定，不是法则符合对象，而是对象符合法则。比如，每个人追求幸福的行为不是受欲求幸福的规定而发生的，而是受到普遍法则的规定而发生的，我们必须按照道德律的要求来追求幸福，而不是根据幸福的欲求来遵守道德律。我们的意志追求什么对象、以什么方式追求对象都是由道德法则规定的，而不是道德法则由我们意志对象和意欲对象的方式所决定的。之前被排除的质料规则被康德悄悄恢复了，当然这种恢复以形式法则为前提。他举例说，我们可以意欲自身的幸福，把它看作我们行为的根据，这是允许的，但前提是我对自身幸福的追求是符合义务的，即我对幸福的追求之根据不是幸福，而是义务。如果我把追求自身幸福赋予每一个人，只有当我把别人的幸福也一起包含其中时，它才能作为普遍法则，它就是促进他人幸福的法则。这里所说的促进他人幸福的原则只能是纯形式的原则，而不是对象性、质料性原则，合乎这种原则的行为不是

---

① ［德］康德：《实践理性批判》，第45页。

因为帮助他人感到快乐而发生的，而是无论能否得到快乐，都应该去促进别人的幸福，这是删除了质料的纯粹义务。

(六) 德性原则和幸福原则的冲突

康德虽然不否定幸福原则，而是要求幸福原则从属于德性法则，但是他仍然看到了德性法则和幸福原则不可避免的冲突。这种冲突表现在，幸福原则始终试图取代德性法则而成为我们意志的唯一规定原则，并自称为普遍的法则。从另外的角度来看，德性法则和幸福原则也是冲突的，因为德性法则必须把自身作为意志的唯一根据而否定幸福原则单独决定意志的倾向。这种冲突的根本原因在于，两者都把自己看作唯一的规定意志的原则。如果幸福原则不是把自己作为唯一的意志根据，而只是作为实践的规则，那么就不会产生冲突。康德强调，幸福规则对我们人类来说是难以认识的，而德性法则则是普通理性不用费劲思考就能知道的。幸福原则受到自然因果律、环境、性格、变易的情势的影响，故现实的追求幸福的质料性行为是需要三思而后行的。但是德性法则却始终处于每一个人的实践理性的掌控之中，它简洁明了，易于在实践中被遵守，因为出乎德性法则的行为不必计较结果，不用考虑环境、情势，只需"遵道而行"。而在现实层面上，可能意图是好的，结果却是难料的甚至是相反的，因为我们实际上是按照主观准则来行为，而很难按照普遍法则来行动。

康德《实践理性批判》中文译本目前已有不下四种，但是最有特色的译本还是牟宗三译本，虽然他是从英文翻译的。翻译的境界有三重，即信、达、雅，首先是信、准确，其次是达、通达，最后是雅，有味道。很多译本在信和达上做的还是不错的，但是感觉没有味道，雅功不足。当然，康德本人的文风也是导致很难译出雅味的重要原因。他早期文风还是比较优美的，但是中后期之后的文品转向晦涩，文风不雅。牟宗三的翻译总体上兼顾了信、达、雅，同时还附有自己的感悟，形成了扩展性的论述，这是很不容易的。他认为，康德的自律道德哲学和孟子道德哲学是接近的，二者可以互相诠释，故他在翻译中经常引用孟子的话来解释康德，或用康德自律道德来解释孟子。当然，对此学术界是有争议的。对我们来说，需要做的是通过具体的文本分析来进行对比和反复思考，慎下结论。不过，《孟子》中的一段话倒是很契合康德思想的。这段话是："大人者，言不必信，行不必果，惟义所在。"《论语》中孔子也有类似的言述，即

"言必信，行必果，硁硁然小人也"。这两段话，一个从正面、一个从反面说出了同一个道理。这个道理和康德纯粹义务论道德是相通的。孔孟强调，"行不必果，惟义所在"，追求"行必果"的行径乃小人行径，不具有道德性。康德的义务论道德强调，我们的行动不要太在意结果，关键在于"义"，即合不合普遍的义务或道德法则；我们唯有根据道德法则来行动，以此作为我们的行动根据，而不用考虑行动可能产生的后果。因此孔孟和康德都把普遍道德原则置于优先于对象，义务优先于结果的地位。

康德讲的第四定理是意志自律的原则。康德所确立的普遍道德法则是自律性的原则，与之相对的是他律性原则。康德强调，自律的道德行为由普遍法则决定。他律道德行为的决定根据不在行为者本身，而在行为者之外，而自律道德行为的根据在行为者意志自身当中。

德性法则是理性存在者必须遵守的义务，具有道德上的必然性。莱布尼茨区分了三种必然性：几何的或逻辑的必然性，自然的或物理的必然性和道德的必然性。德性法则是理性存在者应当必然遵守的，这种义务的必然性即是内在的道德的必然性。康德道德哲学是一种道义论，德性的原则即是道义的原则。

康德把道义原则区分于幸福原则，由此就产生了道德和幸福的关系问题——《实践理性批判》的中心问题之一。康德并非用道义原则否定幸福原则，而是试图统一它们。他明确指出，幸福原则不能作为普遍原则规定我们的意志，但这并不意味着幸福原则就被德性原则完全瓦解，而是在德性论基础之上建立幸福论。

《实践理性批判》所涉及的另一个问题是道德真理性的问题。我们的道德行为是在我们对于本体前提无知的情况下展开的，当按照道德律行为时，我们并不知道道德行为的本体原因，虽然我们的道德行为预设了自由、灵魂不朽和上帝的存在，因为它们是实践主体和实践对象得以可能的条件。此外，道德行为者对行为的结果也是无知的。因此道德行为是在双重无知中展开的，行为者唯一知道的就是作为理性事实提供给他的道德法则，他按照道德法则行动而不在意结果。罗尔斯认为，在原初状态下，理性存在者能够在"无知之幕"的背景下选择共同遵守的正义法则，虽然他们并不预知自己行为的结果，但他们也没有预设对于行动原因的无知。

德福关系和道德真理基础问题是康德道德哲学的两个问题；对幸福主义者来说，德福一致和道德真理并不是问题，只有康德道德哲学在把德性原则和幸福原则分离开后，才产生了这些问题。德性原则和幸福原则冲突的根本原因是，幸福原则作为普遍道德法则试图单独规定意志，从而瓦解德性原则对意志的规定。康德认为，幸福原则只能作为道德行为的从属原则，而不能僭越为主要的、排他的原则。他举例说，一般人往往把幸福原则作为普遍原则，例如，你的一位密友把做伪证作为其行为准则，因为他把自身幸福作为其神圣义务，而为了自身幸福他就可能做伪证，自身幸福原则是可以为做伪证提供辩护的。而德性原则禁止做伪证，这样幸福原则和德性原则就发生了冲突。康德在后面对德福二律背反问题有详细的探讨，而他提出的解决德福一致问题的基本原则是，德性原则是限制对幸福追求的条件，德性原则先于对象和结果规定意志，但是允许行为按照这种规定追求对象和结果。

康德说："幸福原则虽然可以充当准则，但永远不能充当适宜作意志法则的那样一些准则。"① 即使普遍幸福也不能成为意志的法则，因为普遍幸福在康德看来只是一般幸福，即在通常情况下对大多数人来说的快乐状况，是主观性的，并不具有绝对的客观的普遍性。幸福原则不是为所有理性存在者共同遵守的原则，对神那样的无限理性存在者来说，他就不会追求幸福。就像爱智慧的哲人一样，只有人才会追求智慧、爱智慧、做哲学思考，但是人并不具有智慧，而神是不爱智慧、不做哲学思考的，因为神本身就是智慧的。道德律对所有理性存在者都应当是有效的，康德在理性哲学的立场上做出这种论断，而基督教上帝的意志是绝对自由的、不受任何法则规定和约束的。康德认为，包括上帝在内的理性存在者都受到道德法则的规定；上帝的意志是神圣意志，是不会违反道德律的，它即是有限理性存在者的理念。康德把幸福原则、自爱原则看作道德上的劝告原则，即为了追求幸福你应该怎么做的原则，它不是命令，而是在有人不采用理性的方式和手段追求幸福时，对其进行理性的功利主义的劝告。儒家讲，富贵，人之所欲也，但必须取之有道；这个道，在康德这里，就是理性法则，或道德律。

（七）道德律优先于对象

《实践理性批判》第一章和《奠基》中的很多内容是重复的，而第二

---

① ［德］康德：《实践理性批判》，第48页。

章关于实践理性对象的分析则是康德的新创思。康德说："我所说的实践
理性的对象概念，是指作为自由所导致的可能结果的一个客体的表象。"①
换言之，实践理性的对象是通过自由而发生的行动的结果。如果一种行为
结果在感性世界中不是通过自由，而是通过自然因果性产生的，那么它就
不是实践理性的对象，而是一般技术性行为或明智行为的对象。关键是，
实践理性对象是通过意志自由行动导致的，作为这种可能结果而存在的实
践理性对象意味着意志和行动之间的这样一种关系，即判断一种对象是不
是实践理性的对象，就在于意志是否意愿采取行动，产生相关结果，如果
具有这种意愿，则该结果就是纯粹理性的对象。康德说，如果客体是产生
我们意愿的规定根据，在判断其能否成为实践理性对象之前，关键是看，
在身体上、物理上引起我们的行为的对象是否符合根据律，超乎根据律的
东西不可能成为意志的对象。比如，长生不死就不可能成为意志的规定根
据。相反，如果先天法则可以被看作行动的规定根据，这个行动就可以被
看作是纯粹实践理性所规定的，那么判断一个事物能否成为由法则所规定
的意志的对象，就不取决于该对象在生理上是否可能，而取决于我们是否
愿意做出针对该客体的行动。因而这一行动在道德上的可能性就必须是先
行的，即首先要看我们的欲求本身是不是合乎道德的，只有基于道德意志
的客体才是实践理性的对象。

因此，"实践理性的惟一客体就是那些善和恶的客体"②，也就是说，
并非所有对象都能成为实践理性的对象，一切合乎自然因果律的对象能成
为我们的欲求对象，但不一定能够成为实践理性的对象。自然对象和欲求
的关系是单纯的生理意义的关系，可以通过技术手段进行处理。只有善和
恶的东西才能作为实践理性的对象而存在。例如，自然界的一草一木可能
成为我们审美和认识的对象，但是具有美的或客观物质性质的存在却不能
成为实践理性的对象。善是实践理性的欲求能力的必然对象，而恶则是实
践理性的厌恶对象，这两者都依据理性的原则。

对于善和恶有两种理解：一种是经验、主观的理解，所谓善就是感觉
愉快，如果善的概念不是由现行的实践法则推出，这种善就是感性的，它
预设了快乐，并按照快乐来规定我们的欲求能力。相反，恶就是痛苦。康

---

① ［德］康德：《实践理性批判》，第78页。
② 同上书，第79页。

德认为，这是对善与恶的概念的误解，这种感性的善和恶仅仅是快乐和痛苦，和我们的主观感性密切联系，并不是理性的欲求对象；真正的善的概念和快乐是不同的，是由理性所传达的普遍概念来判断的。善的事物和快乐的事物关涉两种不同的判断，比如 X 是善的和 X 是快乐的就是两种不同的判断，后者是个人主观情感的表达，并不适用于他人，而前者则是理性的判断，适用于所有的理性存在者。所以善是实践理性的概念。

康德进一步区分善和快乐。哲学上对于善和快乐的理解是不同的。古希腊的快乐主义认为，善就是快乐，任何善都必须通过主观感觉而呈现，而理性主义哲学家，如苏格拉底则认为，善是理性的，善的理念是客观的秩序、原则。伊壁鸠鲁主义把善即快乐作为其基本原则，而斯多葛主义则把理性的秩序、自然的法则看作善。近代哲学对于善的理解延续了希腊和罗马传统，英国经验主义者认为，善是有用的，是使我们感觉快乐的东西。18 世纪唯物主义者认为，善即快乐，恶即痛苦，人人趋乐避苦，追求幸福的行为就是善的行为，而理性主义者认为，善是客观的实在完满性，斯宾诺莎、莱布尼茨就持这种观点。

康德对善的理解与之前所有哲学家都不一样。对他来说，善是理性的，但并非实在的完满性，而是自身善的东西。

"经院派的一句老话是：nihil appetimus，nisi sub ratione boni；nihil aversamur，nisi sub ratione mali（拉丁文：只以善为理由去追求，只以恶为理由去拒斥）。"① 康德对这句话进行了分析，指出这句格言中的善和恶的概念是有歧义的。善的第一重意思是，我们意愿某物就将其表象为善，这是以我们的主观意愿为条件的，我们的主观感觉是欲求的原因；第二重意思是，我们之所以欲求某物，乃是因为我们的意志使其为善的，在这里康德强调的是，合乎法则被欲求的东西才是善的。第二重含义的善是真正的善，是理性意志所欲求的对象，而第一重含义的善是独立于我们的意志，并规定我们意志的东西，即快乐，这是幸福论和他律道德所理解的善。由此，善有两种：他律的善，幸福、快乐；合乎纯粹理性法则的善，本身善。康德用德文把拉丁文的善（boni）和恶（mali）区分为：善（das Gute）和恶（das Bose）；福（das Wohl）和祸（das Weh）。康德这里所说的祸福就是幸福论或目的论意义上的善恶，大体上也是老子所说的

---

① ［德］康德：《实践理性批判》，第 80 页。

"祸兮福之所倚，福兮祸之所伏"意义上的善恶。他这里所说的善和恶是道义论意义上的善和恶，是实践理性的对象。福与祸表达的是快乐或不快的情感，如果我们因此欲求或厌恶某个对象，那么这种对象只关涉我们的情感；但是善和恶在任何时候都是与意志关联着的，是理性法则所规定的意志意愿的对象。所以真正来说，善和恶与意志的意愿相关，而不与个体情感状态相关。如果某物被看作绝对善的，即本身善的东西，那么它就是在《奠基》开篇中所说的"善的意志"，即道德律所规定的意志。需要注意的是，"善的意志"是最高的善，上善，并非全善、至善，至善是德性的善和幸福的统一。

康德通过一些例证来分析善和福的关系。善和福是在不同意义上的两种价值，对于理性主义者来说，祸未必就是恶，福也未必就是善，而对于幸福论者来说，福祸也不等于理性主义者所说的善恶，对一方来说是善的，对另一方而言可能是恶的。斯多葛主义者是理性主义者，他们认为，人应当按照自然的法则来生活，而自然法则是理性意义上的，和康德的善有相通之处。身体的痛苦并不是恶，只有撒谎、杀人等才是恶，即使当身体痛苦时，无论疼痛如何折磨他，他们也永远不承认它是恶的东西。身体疼痛不会减少人格的价值，而仅仅减少健康的价值，故不是道德意义上的恶。但是如果他们曾经撒谎，就会打消他们的勇气，为自己撒谎而感到羞愧。如果没有撒谎，仅仅是身体疼痛，那么对于身体疼痛的忍受反而会增加其人格价值，它就转化为道德上的善。所有判断为善的都是实践理性意愿的对象，而恶是理性存在者所厌恶的对象。他又举例说，一个人生病了要做手术，这是痛苦的，对大多数人来说是祸，但是这种身体上的痛苦也可以理性地解释为善，如果你能够承受这种痛苦、无所畏惧。而一个调皮捣蛋的人有一天被打了，他所遭受的痛苦对他来说就是罪有应得，就其理性而言是一种善，因为这是公正的。

因此在善恶、福祸的判断中存在着交错关系。在实际的价值判断中，痛苦和快乐是决定性的，对于感性存在者来说，一切都取决于幸福。在感性范围内，理性存在者当然有不可推卸的权利，其理性应顾及幸福并予以指导。而这种指导在于，理性根据对幸福的需要制定获取这种幸福的规则和指定相关的途径。这时理性是作为满足幸福的工具来使用的。在这个意义上，这种理性就是实用理性、机智。但是如果理性仅仅限于为感性欲求服务的话，这种理性在价值上就根本没有把人带到动物之上，这时人就只是理性的动物，理性就只是人自然达到其目的的特殊方式和工具，却没有把人本身作为目的设定起来。人固然需要理性来应对自然需求，"但此外他拥有理性还有一个更高的目的，也就是不仅仅要把那本身就是善或恶的、且唯一只有纯粹的、对感性完全不感兴趣的理性才能判断的东西也一起纳入到考虑中来，而且要把这种评判与前一种评判完全区别开来，并使它成为前一种评判的至上条件"①。这种善就是自身善，就是把人本身作为目的来欲求的。快乐和痛苦是外在的、无法控制的，而本身善则是理性所能控制的。追求善本身就意味着人要做道德人，就要服从理性命令，按照道德律来行动。这种善本身是无条件的，并且是评判祸福的条件。

值得注意的是，理性本身被思考为意志的规定根据，理性规定意志就是意志自己对自己进行规定，或者说，意欲自身的意志就是绝对善的意志，是其所是的意志，它是它自己的对象，而不可能或无需考虑在自身之外欲求他物作为对象。规定意志的原则就是先天的实践法则，即道德律，这时纯粹理性自身就是实践的。这样，法则就是直接决定意志的，由法则规定的意志、行动本身是自在的善的，从而是绝对和无条件的善的。它就是《奠基》开篇所说的绝对的、无条件的自身善的意志，这种本身善的意志就"是"其所是的本体意志，祸福也必须以它为条件。后来叔本华说存在就是意志，但是作为本体的意志却不是善的意志，而是纯粹自由的、本身无善无恶的、盲目的和非理性的意志，只有在人身上才出现理性。

康德在这句话下面打了着重号："就是说，善和恶的概念必须不先于道德的法则（哪怕这法则表面看来似乎必须由善恶概念提供基础），而只（正如这里也发生的那样）在这法则之后并通过它来得到规定。"② 他在此强调的是，不是善优先于道德律，而是道德律优先于善，当然在绝对的意义上，道德律本身就是善。用现代道德哲学的概念来说，正当（正义，right）优先于善（good），而不是善优先于正当（正义）。善和正当何者优先，意味着两种不同的道德原理。一切他律道德的原理是善优先于法则，它首先预设了什么是善、什么是恶、什么是幸福和痛苦，然后根据快乐或幸福来确定道德行为应该遵循的规范。幸福论假定所有人都是追求幸

---

① ［德］康德：《实践理性批判》，第 84 页。
② 同上书，第 85—86 页。

福的，我们因为快乐而行动，因此它以之为基础的是一种目的论或价值论的道德原理，依据这种原理，一切实现幸福的合乎理性规则的行为就是道德的行为，反之则是不道德的行为。按照目的论道德的论证逻辑，行为的正当性来自外部，而不取决于自身，不是行为本身是正当的，而是因为目的是好的，它作为实现目的的手段才是正当的。休谟的道德哲学就是目的论的道德哲学，它设定所有人都有一种道德同情感，所有人都感觉快乐的、有用的行为即是受赞美的、道德的行为，基于此，他提出了实现幸福的正义规则体系，主张依据幸福原则，凡是符合正义规则的行为都是正当的，反之则是不正当的。康德道德哲学是一种道义论/义务论的道德哲学，其遵循的原则与目的论道德哲学是相反的，即不是幸福优先于道义，善优先于正当，而是道义优先于幸福，正当优先于善，一种行为是否道德的判断标准看其是否合乎义务、法则，合乎法则或义务的行为本身即是善的行为，实践法则决定了行为本身就是善的。

近代以来，康德道德哲学首次确立了正当优先于善的原则。罗尔斯在康德《奠基》中发现了"正当优先于善"的道义论原则，[①] 而实际上，康德是在其《实践理性批判》中明确地区分了两种道德原则，确立了道义论道德的基本原则。罗尔斯《正义论》有两个基本原则，即自由优先于正义、正当优先于善两原则。[②] 这两个原则其实也是康德道义论道德的核心原则：在他这里，自由优先于道德律，道德律在逻辑上以本体自由为前提，自由是第一优先原则；同时道义优先于善、正当优先于幸福，道义是第二优先原则，因为自由优先于道义。在《实践理性批判》中，康德着重论证的是道义优先于善原理，而他要解决的问题则是以此原理证明自由的实在性，最终确证自由的本体优先性。罗尔斯的正义论是在康德道义论框架下展开的，他是康德真正的学生，是英美哲学中的异类。英美现代哲学是分析哲学传统，不喜思辨，厌恶形而上学问题，排斥在本体意义上来谈自由和道德问题，认为在休谟和康德之后形而上学已经瓦解和终结，哲学只剩下对语言进行语义的和逻辑的分析，使语言和思想更加精确这一事可做。但是罗尔斯的"正义论"体系却以康德道义论道德为基础，具

① Rawls, *Lectures on the History of Moral Philosophy* (Harvard, 2000), pp. 230 – 232.

② ［美］罗尔斯：《正义论》，何怀宏、何包钢、廖申白译，中国社会科学出版社 1988 年版，第 241—249、449—454 页。

有浓厚的本体意味，并把康德"两个优先"原则真正体系性地发挥出来，对现代道德哲学有重要推进和贡献。

康德道德哲学的两个优先原理最重要的意义就在于确立了自律的原则，即道德的自主性原则。因为道德行为并不是由善、由欲求对象来决定的，恰恰相反，善、欲求对象是由意志自身来决定的。所以道德行为的规定根据在行为者的意志自身，道德行为本身是正义、正确、正当的行为，而不是其正当性、正确性在自身之外的行为。把行为原则放在意志自身就意味着基于这个原则建构起来的道德是自律的道德。相反，把善优先于道义、幸福优先于正当作为其基本道德原理，则意味着它是一种他律的道德，其行为根据不在自身，而在自身之外，在于欲求的对象、结果。自律道德是康德道德哲学的基本特征，是现代性的启蒙道德形态。现代道德哲学最重要的贡献就是它确立了道德的主体性原则，道德行为被看作是主体自我规定、自我展开的，而不是被动发生的。

康德对此进一步阐释说，"并不是作为一个对象的善东西的概念规定了道德律并使之成为可能的，而是相反，道德律才首先把善的概念就其完全配得上这一名称而言规定下来并使之成为可能的"①。这就是说，道德律使善成为可能，而不是善使道德律成为可能。道德律使善成为可能，意味着道德律建构了善，善是自由意志通过自由行动所产生的结果，是理性意志自己规定自己的结果。自在善是道德律规定意志而产生的结果，而善的意志就是道德律所规定的意志，这样，道德律和自在的善是同一的，在某种意义上，道德律就是善。但是道德律又优先于善，因为道德律规定意志而产生善，使意志是善的意志，当道德律不规定意志时就不会产生本身善的意志。值得注意的是，康德所说的道德律的优先性是逻辑上的优先性，而且我们要意识到，善是有两层含义的，在绝对善、自身善的意义上，道德律及道德律规定的意志是无条件和本身善的，而在幸福善的意义上，道德律及其所规定的意志是先于这种善的，即先于幸福的，幸福善即是道德律所规定的意志产生的结果，它完全为善的意志所规定，并以之为条件，其价值完全来自善的意志。因此对于康德来说，道德律既构成善，也先于善。

康德讲到，一切把道德律作为善的根据的道德原则都是自律原则，反

---

① ［德］康德：《实践理性批判》，第87页。

之则是他律的道德原则，即把善放在道德律之上的原则，这种善要么是快乐或幸福，要么是完善性（莱布尼茨），或是道德感（哈奇逊、休谟），或是上帝的意志。

康德根据善恶的概念制定了一个自由范畴表。在形式上，与《纯粹理性批判》知性范畴表一样，他从量、质、关系、模态四个方面拟订了自由范畴表。知性概念按照这四种关系分为十二种范畴，而知性范畴表是一种自然范畴表，是运用于自然现象的。自由范畴表不是知性范畴表，而是实践理性范畴表，其中包含着由主观到客观、由感性到超感性的过渡。量的范畴表包括主观的、依照准则的个体意向范畴，如追求幸福；客观的、依照原则的范畴，即规范，如追求普遍幸福；既先天客观又主观的范畴，即法则。质的范畴包括践行的实践规则、禁止的实践规则和例外的实践规则。关系的范畴包括与人格的关系，与个人状态的关系，个人与其他个人状态的相互关系。模态的范畴最能体现自由范畴：允许的和不允许的；义务和非义务的，是完全自由的规范；完全和不完全的义务，是完全自由的范畴。

意志是一种欲求能力，作为欲求能力，它不是空的，而是欲求对象或厌恶对象的，所谓善就是理性存在者欲求的对象，而所谓恶就是其厌恶的对象。关于什么是意志欲求的对象，也就是什么是善和恶，自古希腊以来就存在两种观点：一种是柏拉图主义的观点，善就是理性秩序、思想、完善的实在、最高的理念、本体性的原因，或斯多葛主义类似的观点，即善是德性；另一种是伊壁鸠鲁主义的观点，即善是快乐、幸福。康德试图超越它们。在他看来，人是两重性的存在，既是感性世界的存在者，也是知性世界的存在者。作为感性存在者，"他的理性当然有一个不可拒绝的感性方面的任务，要照顾到自己的利益，并给自己制定哪怕是关于此生的幸福、并尽可能也是关于来生的幸福的实践准则"①。对于感性存在者来说，幸福就是善，此生就是追求并实现幸福的。康德认为，这是毋庸置疑的，合理的也是正当的。但是如果仅仅把幸福作为善，而且作为最高的善、唯一的善，只欲求幸福，则忽视了人作为理性的存在，就把理性仅仅当做实现幸福的工具，理性就不过是动物性的人满足其自然性低级欲求的能力，而不会给他规定一个更高的目的。人不仅仅是动物性的感性存在者，还是

---

① ［德］康德：《实践理性批判》，第 84 页。

理性存在者，有着理性化的纯粹意志，因此作为理性存在者，人有着比幸福更高的欲求，体现人作为人的更高的目的，即本身善。对康德而言，理性存在者欲求的善是什么呢，是柏拉图的理念、上帝，还是一种新的善？

康德所理解的善是全新的，既不是善的理念，也非最高的实在上帝，而是理性意志本身，也就是他在《奠基》开篇就提出的"善的意志"。善的意志就是无条件的、绝对的善，就是自在的善本身。就其是自在的善本身而言，它和柏拉图善的理念是相近的，但后者是纯粹理性的形式，而且是实在的，就此来说，它与善的意志是不同的，善的意志虽然也是形式化的，但却是一种理性化的意志，它只具有一种实践的实在性。善的意志是最高的善，它与上帝是相近的，但是后者是神性的存在，而它则是属人的存在，虽然也很神圣，但却是人性意义上的神圣。并且上帝是全善、至善，但善的意志只是最高善，不是全善、至善。作为善本身的善的意志是如何构成的呢？对康德来说，善的意志是由纯粹理性造成的；善的意志就是理性化的意志，自律的意志，由理性法则，即准则的纯粹立法形式规定的意志，按照理性实践法则规定的意志的行动"就是本身自在地善的，一个意志的准则永远按照这条法则，这意志就是绝对地、在一切方面都善的，并且是一切善的东西的至上条件"①。

善的意志即善本身，至高的善，善又是理性意志意愿的对象，那么善的意志就是理性意志欲求的对象，而理性意志即自律意志，就是善的意志，因此理性意志意愿善，就是意愿善的意志，即是意愿自身，自律意志就是把自身作为对象来欲求，它欲求的即是它自己，而不是在它之外的什么对象，合乎法则的意志本身即是好的，它之所愿就是自身，即是好其所好，欲其所欲。因此自律意志即是自足的意志，就是自足的善本身。但是这种自足的善，本质上仍然是形式的，而不是实质性的，并且是实践意义上的，而不是理论意义上的。

善的意志虽然是善本身，但是它却不是原初的理念，也就是说，它并不是逻辑上在先的第一概念，也不是实践论上在先的概念。柏拉图的善理念是最高的理念和存在，也是原初的理念和存在，因此它在逻辑上和存在论、实践论上都是第一的概念，它就是第一因，一切其他理念和存在都因它而存在，作为它们存在的原因，它先于它们而存在，一切行动的发生也

---

① ［德］康德：《实践理性批判》，第85页。

是欲求善，因为善。上帝也是如此，先天、地、人而在，既是世界的创造因，也是人的行动的终极因。但是作为善本身的善的意志却不具有柏拉图善的理念，基督教上帝的这种在先性，即先于其他一切而存在，并作为其他存在的第一因。也就是说，对于康德来说，至少在实践论上，善不是道德行为发生的前提，一切道德行为并不以善的意志为原因，而是以自由意志为原因，自由意志而非善的意志才是道德行为的因果性，一切道德行为是因为自由而发生的，自由是道德行为的存在论前提。就意志来说，在柏拉图和基督教那里，善的理念和上帝都是先于它而成为它欲求的对象，并因为它欲求善的理念和上帝而使自身是善的，由此产生的行为是道德的。但是在康德这里，情况却倒转过来，意志的规定根据不在善本身，不在善的意志，并不是因为善的意志而使意志是善的，而是因为理性，实践法则使意志是善的意志。因此实践理性法则先于善而存在，善是由先行的实践法则推出来的，而不是相反，善，善的意志先于实践法则而存在，实践法则是从善、善的意志中推导出来的："就是说，善和恶的概念必须不先于道德的法则，而只在这法则之后并通过它来得到规定。"换言之，道德律先于善而规定意志，"并不是作为一个对象的善东西的概念规定了道德律并使之成为可能的，而是相反，道德律才首次把善的概念就其完全配得上这一名称而言规定下来并使之成为可能的"①。如果作为对象的善就是善的意志，那么道德律先于善的意志规定意志，道德律使善的意志成为可能，而不是善的意志使道德律成为可能。意志因道德律而是善的意志，意志都欲求善，因此都欲求善的意志，而善的意志是由道德律造成的，因此意志就是意愿合乎道德律的意志，而意志只要服从道德律就是善的。反之，如果善的意志是道德律的前提，意志只有欲求善的意志，因是善的意志而服从道德律，那么善就优先于道德律，而非道德律优先于善和善的意志了。这显然不合乎康德的道德逻辑。

　　道德律优先于善意味着，正当或正义也优先于善，意志因为是正当的、正确的而是善的，因为正义而是善的，意志是因义而成善。在柏拉图那里，善是先于各种德性的，因此也是优先于正义的，正义因善而是好的德性。但是对于康德而言，善是后于道德律的，意志首先必须立道德律并服从道德律才是善的，而立法并服从法的意志即是正当的、正确的意志，

————————

① ［德］康德：《实践理性批判》，第86、87页。

也是正义的意志，因为正当即在于合乎法则，正义即在于契合于普遍法则；无法的意志是无所谓正当不正当，正义不正义的，只有在普遍法则下才有对错、是非、正当与否的问题，义还是不义的问题。立法并服从法的意志就是对的、正当的意志、正义的意志，反之，则是错的、不当的、不义的意志；普遍法则确定了意志行为道德性的正确方式，对所有人都是有效的、必然的，它要求每个人在行动时都要问，"我自己能够按照作为普遍法则的准则行动吗，我的行为的准则能够作为普遍法则，所有人都会遵守吗？"我在遵守普遍法则的时候，预设了他人也应当遵守普遍法则，我在把自己设为目的的同时也应当把他人设为目的，总之，道德律为每个人规定了他应该做什么，给他指示了一条普遍的"道路"，只要每个人都走道德律给他指示的"道路"，他就是正当的、正义的，否则他就把他人当做手段，对他人为不义；他人服从法，自己却不服从法，对他人是不当的。而守法的意志就是合乎道德律的意志，就是善的意志，因此正义的意志也是善的意志，正义即善，但是正义优先于善，遵循道德律的理性存在者首先是正义的，然后是善的，他是因义而称善。因此康德实现了对善和正义关系的一个颠倒，把柏拉图的"因善称义"颠倒为"因义称善"，行为是否合义，是否正当的问题取代行为是否合善的问题成为自律道德关注的中心问题：一个人应当如何是一个义人优先于应当如何做一个好人，人只有是一个义人才是一个好人，而一个人成为义人的关键在于，能否自立道德律并服从道德律。

　　罗尔斯准确把握了康德自律道德中正当/权利优先于善的特点，并以正当和善何者优先来区分古代道德和现代启蒙道德的本质，看到康德道德的鲜明现代特质。但是他没有看到的是，严格意义上的古代道德和现代启蒙道德更深层的区别不在于正当和善哪个优先，而在于目的论逻辑和自由论逻辑的区别。苏格拉底以及苏格拉底主义建立了一种不同于希腊城邦伦理的理性道德，基督教也建立了一种道德，但是为之补上了一个信仰的基础。现代启蒙主义是秉持苏格拉底和苏格拉底主义回到人，回到理性传统，重建理性道德的。这种重建不是完全恢复苏格拉底的道德主义传统，把其置于目的论逻辑之上，而是更换了目的论，代之以自由论的逻辑，不是在目的论之上，而是在自由论之上再建构理性道德。因此古今道德的根本区别在于它们的逻辑基础的差异上。古代道德所以是因善称义，善优先于正当，是由其善论、目的论的基础逻辑所决定的，而现代启蒙道德所以颠倒了古代道德，确立正当优先于善，关键也是由其道德的自由逻辑所决定的。道德律优先于善，而道德律又是意志普遍立法确立起来的，由此而来的是，立法意志先于道德律，意志立法并服从法因而是善的，意志自己把自己造就为善的。这种立法意志在康德那里，就是纯粹意志、自由意志。先验的自由意志本身是不是善的？先验的自由意志不是感性的，而是智性的，因此是理性化的意志，而理性意志是自我立法和服从法的意志的，那么这样的意志是善的意志，它本身即是善的，但它首先作为立法和服从法的意志，是正当的意志、正义的意志，因为是正义的意志才是善的意志。实践的自由意志，如果是立道德律并服从道德律的意志，那么它就是实践理性化的意志，即是善的意志，本身也是善的，但它也同样因为合乎道德律先行才是正义的意志，并因为是正义的意志才是善的意志。如果自由意志是任意的，那么它就既非善的也非恶的，而是中性的，既可是善的也可是恶的，这取决于它是否把自己的准则普遍形式化，服从道德律。如果它服从道德律，它就是善的；如果不服从道德律，而是遵循自己的主观准则，那么它可能就是恶的。无论属于何种自由意志，它是不是善的都决定于它的自我规定，它都是因为自由自觉地服从道德律而是正当的，从而是善的。罗尔斯固然看到古今道德在正当和善关系上的巨大差别，但是他却没有进一步深究下去，在正当和善优先性变化的背后把握目的论逻辑向自由论逻辑的更替和转变。

由道德律促成的善，即善的意志，是自在的善本身，也是最高的善，但还不是至善、完全的和完备的善，因为至善不仅包含最高善、德行，还包括幸福。康德认为，纯粹实践理性，即纯粹意志的全部对象就是至善，也就是说，纯粹意志不仅欲求最高善、德行，还欲求幸福；按照他的逻辑，欲求最高善，并作为善的意志的纯粹意志不仅是最高善，而且它作为最高善有资格配得幸福，也应得幸福。至善是由德行和幸福构成的，而德行和幸福的构成是按比例的，幸福是精确地按照与德性的比例配置的，有多高的德性就相应配享多大的幸福。

但至善是一个综合的概念，幸福并不蕴含在德性之中，德性也不包含在幸福当中，因此德性和幸福必须通过综合才能结合起来，形成完全的至善。然而问题是至善在实践上如何可能？这是一个既超越自律道德边界，也超越他律道德边界的难题。在这个问题上，实践理性陷入了二律背反当中："要么对幸福的欲求必须是德行的准则的动因"，这是他律道德对德行和幸福的实践综合，这种综合实际上把自律道德的德行准则消解掉了，其最终获得的不是至善，而是幸福；"要么德行准则必须是对幸福起作用的原因"①，这是自律道德的解决，而这种解决是不可能的，因为德行准则是超越的，而幸福是经验内在的，超越的德行准则不可能作用于经验的自然世界，因此不可能对幸福起什么作用。遵循德行准则的意志欲求的仅是纯粹形式的对象——善本身，它恰是通过对爱好、幸福的否定而达到的。因此德行准则和幸福准则是相互排斥的，前者不可能对后者起作用，即使起作用也是否定性的作用，而不是肯定性的作用。

康德认为，至善在实践上是可能的，"通过意志自由产生出至善，这是先天地（在道德上）必然的；所以至善的可能性的条件也必须仅仅建立在先天的知识根据之上"②。但是实际上对于康德来说，由于他把自律道德和他律道德、德行和幸福严格区分开来，甚至对立起来，他想通过意志自由把分离开的甚至相互排斥的东西在至善中结合起来，几乎是不可能的。康德能够设想德行和幸福的结合是，最高的善即善的意志构成德性，是至善的第一个条件，幸福则构成至善的第二个要素，它以德性为条件，并且是德性法则规定的必然结果。道德律规定的意志是纯粹的意志、善的意志、最高善的意志，它属于自由的智性世界，而追求幸福的意志是经验性的意志，它属于自然的感性世界；康德设想在两个世界之间，自律道德和他律道德之间存在一种预定和谐的关系：自律道德是他律道德的条件，幸福是德行的结果，"意向的德性作为原因，与作为感官世界中的结果的幸福拥有一种即使不是直接的、但却是间接的也就是必然的关联，这并非是不可能的，这种结合在一个仅仅是感官客体的自然中永远只能偶然地发生，而不能达到至善"③。因此自律道德和他律道德、德性和幸福结合为至善是可能的，但也仅限于这种可能性而已，无法在现实的感性世界中得到确证，也无法实际达到。

在康德那里，人是两重性的存在，既是知性世界中的理性存在者，也是感性世界中的感性存在者。作为前者，他的理性规定他的意志按照普遍的道德律行动，欲求并做本身善的行为，因此他止于最高善，善本身，并

---

① ［德］康德：《实践理性批判》，第156页。
② 同上书，第115页。
③ 同上书，第157页。

不欲求任何结果，也不关心自身的幸福，而只关心自身意向的良善，他对幸福、后果置之不理，将其从道德意向中排除出来。作为感性的人，他按照幸福的原则行动，欲求的是实现自身的幸福，并不关心自身纯粹意向的道德性和善。如果知性世界是感性世界的本体原因，感性世界是知性世界的结果，人的两重性的存在是一致的，那么这就意味着同样一个行为发生在知性世界是本身善的行为，是合乎德性法则的行为，发生在感性世界就是追求幸福的行为，一个本身善的行为对应着一个幸福的行为，德性的行为带来幸福。德性与幸福这样一种预定的和谐或结合，即至善的发生，对于康德来说，显然超出了实践理性意愿的范围，不可能是实践理性的对象。实践理性能够规定意志做出合乎道德律的行为，但是它却不能保证一个道德的行为是否就是幸福的，它甚至无法知道这样的行为是否配得幸福，因为幸福不在它的意愿范围之内。即使道德行为配得幸福，它也无力做到为道德实际配置幸福，它能够做到因义称善，但是却不能做到因善得福，因为幸福牵涉到另外一个世界的事情。

因此在至善在实践上如何可能的问题上，康德自律道德陷入了难以摆脱的困境中。导致其自律道德陷入困境的根本原因仍然是，自律道德与他律道德被截然分离开来，落入道德二元论中，而这种二元论道德无法从根本上解决自律道德与他律道德、德性和幸福如何内在结合的问题，超越道德如何内在化的问题。而康德本体世界和现象世界、自由和自然的二元论则是其陷入道德二元论的最根本原因。康德为了解决至善难题，不得不又恢复上帝和灵魂不朽，以弥补其在自由基础上建构自律道德体系的不足，而不能完全在自由的基地上建立自律道德大厦。由此也足见，康德自律道德的自由基础如何脆弱。

（八）客观法则见之于主观

在《纯粹理性批判》中，康德提到一种知性的判断力，这种判断力是一种把普遍规则运用到特殊或个别对象上，从而对特殊的对象加以普遍规定的能力。所以判断力涉及的是把普遍特殊化的能力，把普遍规则运用到具体对象上的能力。康德认为，这种能力是天生的，而不是后天学习得来的。知识可以学习，而把普遍概念和原则运用到具体情况当中所需要的良好判断力却不是可以学习的。现代的教育主要培养我们的知性能力，却忽略了对知性判断力的培养，导致我们知识学了不少，却不会应用，就像一个医生学了一大堆医学知识，在具体医疗中却错误百出一样。知性能力是由特殊到普遍的抽象能力，而判断力是从抽象到具体的决断能力。理论是这样，实践更是这样。纯粹实践理性是一种实践推理的能力，能够运用道德律来规定意志，因此它也是一种超越的意志，存在于知性世界当中。问题是，对我们来说，在感性世界中可能的行动是否也服从普遍的道德法则？这就需要一种实践判断力，以实现把智性世界的普遍法则具体运用到个别行动上。我们作为感性存在者生活在感性世界当中，永远服从自然根据律，但是如果这种感性行为同时又允许一条自由的法则运行其上，并且超感性的善的理念也能运用其上，那么这是荒谬的。

换句话说，自然法则只能是道德律的一种表现，幸福也应该只是自在善的一种表现，善的意志应该规定幸福，并在其中得到体现。但是把自由法则运用到自然行为当中，把德性善运用于追求幸福的行为当中，却需要一种中介。在第一批判中，联结感性直观和知性范畴的是图型，即时间图像。德性善的行为和幸福的行为之间也应该有一种中介，通过它使得超感性的东西能够运用在感性之上。康德认为这个中介不可能是图形，因为德性善所涉及的乃是法则本身的图形，而不是感性直观的图形。在感性和理性之间有知性，知性是一种规则能力，能够为自然提供普遍的自然法则，而这种自然法则是一种图形。但道德法则作为能够在感性对象上呈现出来的法则，仅就形式而言也是一种自然法则，其联结并非图形，而是模型。自然法则运用于直观对象必须借助于想象力提供的图形，自由法则、无条件的善的概念的具体运用不需要配备任何的直观，但是也需要配备一个中介；因为除了知性之外，道德法则没有任何促成其运用于感性对象之上的能力，因此知性提供的法则就成为理性法则的感性模型，作为模型，它所提供的不是感性的图形，而是能够具体运用于感性对象的法则。知性能力是纯粹的规则能力、形式能力，离开感性对象就是空洞的，但是这种空洞的形式却能够成为实践理性法则运用于感性对象之上的媒介。

康德把这种作为媒介的知性法则称为理性法则的模型，牟宗三称之为理性法则的象征，意思是说模仿、类似于理性法则原型。纯粹实践理性法则的知性判断力规则，即理性法则的模型是："问问你自己，你打算去做的那个行动如果按照你自己也是其一部分的自然的一条法则应当发生的话，你是否仍能把它视为通过你的意志而可能的。"① 也就是说，你按照实践理性法则去做的行为，如果按照自然法则来发生的话，那么它是否还是可能的，即你的行为准则是否能够成为所有人都愿意遵守的法则？这样的实践判断力准则就是自然法：判断一个行为是不是道德的，首先要看你的行为是否符合自然法，一个合乎自然法的行为就可能是合乎道德法则的行为。康德列举了《奠基》中的三个例子：第一个例子是，如果你在获得好处时允许自己行骗，这能否作为自然法确立起来？如果可以，就是合乎道德的。但这是明显自相矛盾的：一旦所有人都行骗，就不存在行骗了。第二个例子是，在对人生厌倦时，人能否自杀？如果这就是自然法则，那么人就不存在了，正如所有人都信佛教的话，佛教也就没有存在的必要了。第三个例子是，在别人陷入困境的时候，对他人的疾苦熟视无睹能否成为自然法？这个是可能存在的，但是却难以为人们的意愿所接受，因而也不能成为自然法。总之，自然法就是实践判断力的准则，它是实践法则、道德法则的模型。

本体界是和道德律一致的道德世界，是"依照有理性的存在者的自由而成为的世界，并且是依照道德的必然规律应该如此的世界"，道德法则就是本体界遵循的基本法则。道德性的本体界和非道德性的自然界、现象界的关系又如何呢？康德是否还满足于说，这两个世界可无矛盾的共存呢？康德的思想没有停滞不前；他对本体界和现象界关系的认识向前进了一步，与柏拉图更接近了。

柏拉图是用原型和摹本的关系来理解可知世界和感性世界关系的。康德也采用了这种模式来理解这两个世界的统一关系。他认为，纯粹智性的本体界是"原型世界"，而现象界则是摹本世界，它就是本体界的副本、可能结果；本体界的道德法则依照理念把理性存在者移置到自然中，这个自然就被赋予了作为理性存在者的整体形式。也就是说，本体界作为智性世界，作为道德的理念世界，"能够也应当对感官世界现实地有其影响，以便使感官世界尽可能地符合这个理念。因此一个道德世界的理念具有客观的实在性，它并不是好像在指向一个理知的直观的对象（这样一类对象我们完全不能思维），而是指向感官世界的"，这个道德世界的理念其实就把这个感性世界当作纯粹实践理性运用的对象，当作感性世界中的一

①　[德]康德：《实践理性批判》，第95页。

切理性存在者的"神秘体"①。

然而，自然现象界作为本体道德界的摹本、结果，并不和本体道德界一一对应，直接就是它的体现。就实践判断力而言，理性存在者不可能把普遍的、超验的道德法则直接运用于其具体的行为，使感性的行为是其结果：道德法则属本体界的法则，具体的感性行为、事件是属现象界的，二者分属不同领域，是异质的东西，它们不可能获得直接的统一："所以，显得非常荒唐的是，想要在感官世界中碰到这样一种情况，它在感官世界中永远服从自然法则，但却又允许一条自由法则应用于其上，并且那应当在其中 in concreto 体现出来的德性之善的超感性理念也可以应用于其上。"② 虽然不能直接建立起两个世界之间的原型和摹本关系，但是正如知性范畴可以通过先验想象力的图型应用于感性直观，把对象构造出来一样，我们可以寻求一个居间者、中介来建立起两个世界之间的关系。这个居间者不是想象力的图型，而是知性法则模型，因为"对于自由法则（作为某种根本不是以感性为条件的原因性），因而甚至对于无条件的善的概念，却不可能为了其 in concreto 应用而配备任何直观，从而配备任何图形。因此，德性法则除了知性（而不是想像力）之外，就没有任何其他居间促成其在自然对象上的应用的认识能力了，而知性并不为理性理念配备一个感性图形，而是配备一个法则，但却是这样一条能够在感官对象上 in concreto 得到表现的法则，因而是一条自然法则，但只是就其形式而言，是作为判断力所要求的法则，因此我们可以把这法则称之为德性法则的模型"③。

自然法则作为道德法则应用的范型，搭起了连接现象界和本体界之间的桥梁。因为自然法则永远构成了经验判断的基础，所以只要据有自然法则，把其作为道德法则的范型，那么就能够把符合自然法则的行为评价为自由因果性的一个结果，"只把那种能够通过感官世界中的行动反过来按照一般自然法则的形式规则现实地得到表现的东西带到超感性的自然中去"④。

康德虽然用范型和摹本的关系来理解本体界和现象界的关系，但是他

---

①　［德］康德：《纯粹理性批判》，第614页。

②　同上书，第93页。

③　同上书，第94—95页。

④　同上书，第97页。

对这种关系的探讨还是十分粗略的，他不过是简单地提到了这种关系，并没有详尽、深入地对此予以分析，不像柏拉图那样，非常肯定和一贯地用这种关系来看待两个世界的联系。柏拉图虽然在从感性世界向智性世界的过渡中，设有一个数理的理念环节，但从根本上看，感性世界和智性世界范型和摹本的关系还是一种直接的、相互对应的关系。但是对此康德却不是十分明确，从他的叙述中只能推知，本体界和现象界范型和摹本关系是一种间接的，以自然法则这种范型为中介的对应关系，先验的自然法则和先验理念构成了本体界和现象界的纽带、桥梁。康德的这种思想对后来的叔本华产生了影响。叔本华明确发挥了他的"自然法则是范型"的思想，把理念看作是意志本体的直接客体化，而具体事物是其间接的客体化。

康德对本体界和现象界关系理解的一个重要后果是，他从世界观的高度突出了实践的意义。本体界即自由意志的道德世界，而现象界则是它的结果、摹本，这就等于说，感性的现象界不过是本体道德世界中的理性存在者实践地建立起来的，现实的感性世界即是在实践中被创造的产物。这样，本体界和现象界的关系就是一种实践的而非理论的关系，世界本质上是实践的，虽然这种实践只是德性的实践。

康德指出，把自然法作为实践理性判断力的模型，一方面"防止了实践理性的经验主义的危害"，避免把幸福原则看作纯粹道德法则的模型，从而遮蔽自身善的原则；另一方面"还防止了实践理性的神秘主义的危害"[①]，因为这种神秘主义把自然法则直接看作德性的善，认为它是能够为实践理性所直观把握到的，而这是为康德所否定的。

康德在《实践理性批判》第一章中分析了道德原理，第二章阐释了实践理性的对象，第三章则探讨了实践理性的动机。动机在实践理性当中是关涉感性、情感的东西，因此第三章相当于道德实践的"感性论"。《纯粹理性批判》是从感性论到先验论，再到原理，而《实践理性批判》从原理开始，过渡到实践理性的对象，然后是感性论，和前者的进路是完全相反的。前者的认识过程是上升的过程，而后者的实践则是从上到下的下降过程。当然，这只是康德道德哲学所特有的实践进路，经验主义的道德哲学仍是上升的进路。

康德的《奠基》就已经涉及了纯粹实践理性的动机问题，如在其开

---

① ［德］康德：《实践理性批判》，第96—97页。

篇，即第一章就讲到对行为道德价值的判断，而判断行为是道德的还是合法的关键在于，这种行为是出于义务还是仅仅合乎义务的。如果我们把义务法则作为行为的动机，这种行为就是道德行为，具有道德性，反之把快乐、生存等作为动机的行为就是合法性行为，不具有道德性，从而不具有道德的绝对价值，而只有相对价值。康德在《实践理性批判》第三章中进一步展开了对纯粹实践理性动机的论述，其基本观点与《奠基》是一致的。

在康德看来，"行动的一切德性价值的本质取决于道德律直接规定意志"①。换言之，一切行为的道德价值都取决于这种行为是不是由道德律来规定的。一种行为合乎或按照道德律发生，但并不是出乎、为了道德律，而是借助某种情感，如不忍、同情等发生的，因此规定意志行为的充分根据是情感而不是意志自身，那么这种行为就是合法的而不是道德性的。

行为动机"被理解为存在者意志的主观规定根据"②，客观道德法则只有通过这种主观决定根据才能实际地规定行为者的行为。我们在知道客观法则的同时却不按照法则来做，或者我们虽然按照法则去做却不是因为法则而去做，这意味着客观法则并没有成为行为的主观根据，从而就不会有道德行为的实际发生，因为客观法则必须化为主观的东西，才能对行为者产生实际的作用。并非所有理性存在者的意志都是天生服从客观法则的，有的理性存在者的主观动机和客观法则是完全一致的，如上帝、精灵等高级理性存在者，对他们来说并无主观客观之分，但是对人来说，他作为有限的理性存在者，是理性和感性的合体，因此客观法则并不一定成为其主观动机，他的行为动机可能不是来自理性法则，而是来自感性喜好。理性存在者虽然能意识到客观的实践法则，但是不一定就会按照客观法则来行动；动机问题是就人这样的有限存在者提出的，纯粹实践理性动机概念就是针对有限存在者的存在特性提出的，我们是不能赋予上帝意志以任何动机的。人的意志动机只能是道德律，因此作为行动的客观规定根据，任何时候也唯有它才是行动主观上的规定根据。

道德律以何种形式成为人的意志的动机呢？这里涉及客观法则向主观

① ［德］康德：《实践理性批判》，第98页。
② 同上。

动机的转化问题。问题不是道德律何以会成为意志的动机，因为道德律作为动机是没有其他根据的，只是因为它自身，而是道德律作为动机在我们内心当中如何产生作用。康德认为，道德律是通过否定我们的感性冲动、喜好，才成为意志动力、行为动机的，在这过程当中，道德律成为我们敬重的对象。"由德性的法则对意志所做的一切规定的本质在于：意志作为自由意志，因而并非仅仅是没有感性冲动参与的意志，而是甚至拒绝一切感性冲动并在一切爱好有可能违背这法则时中止这些爱好的意志，它是单纯由这法则来规定的。"① 因而道德律要规定意志，首先就要否定感性冲动对意志的支配，一旦感性冲动成为意志规定的原则，道德原则就没有存在的余地了。但是，由此道德律对意志的规定使得理性和感性产生了冲突。人有感性的冲动和形式的冲动，感性冲动要求我们根据喜好和幸福原则来行动，去追求使我们快乐的东西，而同时作为理性存在者，他又有摆脱纯粹功利的考虑而单纯根据法则行动的冲动。但这两者是相互冲突的，如果感性冲动决定了意志，就终止了理性法则的作用，而当理性法则规定意志时，感性冲动就被否定，二者中只有一种能够成为规定意志的原则。康德认为，道德律规定的意志是摆脱了感性的、纯粹形式的意志，是完全自主的。如果道德律成为行为的动机，这就意味着这种动机具有否定性，并且是能够被先天认识的。一切爱好或感性冲动都是建立在对对象快乐或痛苦的情感之上的，而道德律对爱好的否定本身也是一种痛苦情感：道德律作为意志的规定根据，不断中止和损害爱好，因而必然导致痛苦的情感。

每个人都有各种喜好，这些喜好的总和就是幸福，同时它也构成一种自私情感，即关心自身幸福的情感。这种自私又有两种情况：要么是自爱，即对自己本人的过度关切；要么是自负，即对自己本身感到满意。如果人们把自爱保持在合乎理性的范围之内，那么这种自爱是健康的，但是如果我们对自身的关注超乎一切之上，自爱就成为自私；如果我们对自己感到自满，就是一种自大或自负。道德律对于这两种自私所起的否定作用是不同的，对于自爱，道德律仅仅起中止作用，将其限制在道德律的范围之内，使之合乎道德律，过度自爱是和道德律冲突的，而合乎道德律的自爱则是合乎理性的自私、合理的利己。功利主义者提出了一种合理的利己

---

① ［德］康德：《实践理性批判》，第99页。

主义道德，即利己不损人的道德，而没有限度的自爱是利己不利人的。追求自爱本来无可厚非，但是作为人来说应该合乎理性地追求自身利益，把利益纳入理性框架之内。合理的自爱者就是"真小人"，"君子喻于义，小人喻于利"，君子合乎理性，小人缺乏理性，小人应该批评，君子应该赞扬，但如果小人以合理方式"喻于利"，那么对他就不应该完全予以否定，近代市民社会就建立在理性的自爱原则之上。但是另一种自私，即自负，实践理性不是要中止它，不是要把它纳入理性范围内，而是要消除它、解除它。因为自大自满的情感直接和道德律相冲突，自负意味着自己对自己感到很满意，觉得自己很有价值和尊严，自我重视并要求别人重视自己，并且它是在实践理性规定意志之前产生的，它把感性存在者的自爱行为看作是有价值的、应该受到尊重的，甚至是绝对道德的。自负包含着对自己存在、生活价值的肯定，直接和道德律相冲突，如果这种生活是值得的，那么道德生活就是不值得的，因而实践理性必须完全消除这种自大。这种自我尊重的偏好是基于感性的，而感性的自尊对于道德律来说是不值一提的，只有与道德律一致的意志才是个人价值的首要条件。

　　道德律是与主观的自私相对立的，因此它不断减弱自爱、消除自负，而与此同时它本身成为敬重的对象，因为在消除它们的同时就使得这些感性的情感谦卑，也使得道德律在感性面前越来越高大。自大越弱，对道德律的敬重就越强，在消除自大的同时也使得它越来越成为敬重的对象。而通过对情感的否定，敬重呈现为肯定性的情感，因而这是一个既产生肯定情感，又发生否定情感的过程。但是由道德律所产生的敬重情感不是感性的，而是理性的，因为道德律是纯粹理性的法则，由它所产生的敬重情感是可以加以先天认识的。当然康德只承认敬重这一种情感是理性的和先天的。

　　康德接下来进一步阐发，为什么道德律是敬重的对象，而一切爱好的情感却必须否定。因为"一切先于道德律而呈现为意志客体的东西，都通过这个作为实践理性的至上条件的法则本身以无条件的善的名义而被排除在意志的规定根据之外了"①。道德律能够产生无条件的善、绝对价值，因而我们敬重道德律，这是由道德律本身决定的。单纯的实践形式、道德律首先对绝对的善的东西进行规定，使之建立在一切方面都是善的纯粹意

---

① ［德］康德：《实践理性批判》，第101页。

志的法则之上。但是自爱、偏好本身作为意志的主观根据会把自己冒充为意志的客观根据，因此这种自爱会把自己当作立法性的、无条件的道德原则规定意志，这就产生了感性存在者的僭越和自大，而那唯一真正的客观道德律却被排除了。自爱和道德律两者是此消彼长的，二者都想成为意志的规定根据和普遍法则，但只有道德律才能作为普遍法则来规定意志，所以道德律必须中止或消解自爱。自爱只是有条件的相对价值，它在无条件的道德律面前就会感到自身的渺小和道德律价值之崇高。通过价值的对照，自爱愈加渺小而道德律愈显高大，让人感到自爱价值的卑微和道德律价值的崇高，这时道德律就对自爱起否定性作用，唤起我们对它的敬重，道德律本身是使我们产生敬重的根源，而自爱价值的卑微则使得我们要遏制它不成为意志的规定根据。康德说："道德律通过把爱好和使爱好成为至上实践条件的这种偏好、也就是把自爱排除在任何参与至上立法的活动之外，而能够对情感发生作用，这种作用一方面只是否定性的，另一方面，也就是在纯粹实践理性的限制性根据方面，则是肯定性的。"① 因此被爱好所刺激的理性主体因为实践理性的存在而感谦卑，不再自大自满，而这种谦卑的肯定根据是对法则的敬重。对于自爱的否定同时就是对道德律的促进、肯定，及至产生对道德律的敬重。

康德抓住了道德律的三种规定：道德律通过纯粹实践理性乃是行动的形式规定根据，同时还以善和恶的名义成为对象性的客观规定根据，作为行为动机，道德律又成为行动的主观规定根据。道德律作为行为动机排除了自爱和自大的影响，从而减少了纯粹实践理性的阻碍，造成纯粹实践理性优越于感性冲动的表象，从而通过减去与之相抗衡的重力，在理性中产生出道德律的重力，使对道德律的敬重情感完全由实践理性引起。

"敬重任何时候都只是针对人的，而绝不是针对事物的"②，也就是说，事物能够引起爱好、惊奇乃至畏惧，却无法产生敬重。我们可能对一些艺术家惊叹不已，但这却并不是敬重情感。康德举例说，一个人风趣的性情能引起我们的好感甚至赞叹，人的勇气、强大和地位也能引起我们的惊叹，但是却都不能引起我们的敬重感。法国启蒙运动时期的丰特奈尔

---

① ［德］康德：《实践理性批判》，第102页。
② 同上书，第104页。

说："我在贵人面前鞠躬，但我的精神并不鞠躬。"① 因为贵族已经败落，只是在血统上而不在德性上高贵。康德说，对于一个地位卑微但是品行正直的平民，我们的心灵对其鞠躬，他在我们心中是高大的。当我们这样做的时候，我们拿自己和榜样的行为进行了比较，在产生敬重的同时必然也会产生谦卑，感到自己的卑微和对方的高大。但是，如果我意识到自己的行为同榜样的行为同样正直，我却仍然保持着敬重，那么我敬重的就是凭着榜样而呈现的普遍法则。人都是有缺陷的，榜样出现在我的面前消除着我的骄傲，即使榜样有不纯洁的地方，但是相对于自己的不纯洁而言，它却并不为我所熟悉，这样通过比较，愈加显示出对方的光辉。无论愿不愿意，对于美德的人我们都无法不在心灵中加以赞许。

对道德律的敬重是道德行为的动机，道德律就从客观的法则成为规定意志的主观根据。敬重是对道德律的接受，是肯定的理性情感。但这种敬重很难说是愉快的，相反，是不情愿的。在一个人的敬重当中实际上包含着一种强迫，即道德律对自爱的克制。故对道德律的敬重给我们带来的是一种重负，我们总是试图找出能够减轻负担的东西，即寻找敬重对象的瑕疵，认为它是不完美的、有问题的，从而减少谦卑给我们带来的损失。这样，道德律本身也暴露于对它的敬重进行抵制的企图面前。我们怎么去抵制道德律呢？就是把道德律贬低为自己的一种爱好，从而对敬重之负担进行消解。尽管如此，道德律给我们带来的敬重又很难说不是一种愉快，一旦我们摆脱自大，我们往往能够对这条法则的美妙庄严百看不厌。当看见这条神圣法则超越于自己的缺陷本性之上，达于崇高之时，我们自己也随之而提高。由此道德律就带给我们肃穆感和自身价值的提升，达于至乐焉。

康德举例子说，有些平庸的仰慕者在得知其所敬重的对象的劣迹或问题时，往往就不再敬重他们了，如伏尔泰，很多人只闻其名，而不解其实，当他们了解其实时，他们可能就不再敬重他了。又如鲁迅，以前我们把他当作伟大的历史人物来景仰，如他是伟大的文学家、五四那一代人的良心等，但是在 20 世纪八九十年代，像王朔那样的人在挖掘了鲁迅生活的琐事后，发现他和我们普通人也没什么两样，于是就有一批文人对其进行大肆贬低。但是康德认为，真正的学者对这些人还是必须心怀敬重的，

① ［德］康德：《实践理性批判》，第 105 页。

"因为他本人卷入某种事务和职业中，这就使对这人的模仿在某种程度上成为他的法则"①。

康德进一步说，对道德律的敬重是唯一的不可怀疑的道德动机。道德律在理性判断中是客观地和直接地决定意志的，它对一切禀好和情感进行限制，从而降低爱好作为意志规定根据的活动及对个人价值的影响。

接下来康德提出了兴趣概念。对于道德法则的敬重必须看作法则对情感的肯定的和间接的作用，从而是意志行动的主观根据、动机，这样就从动机的概念产生兴趣（关切）的概念。道德律首先对爱好进行贬低，从而产生敬重，进而产生兴趣；这种兴趣类似一种爱好。对道德律的兴趣永远属于理性存在者。这个兴趣是实践理性的、纯粹不带有感性的兴趣，而从这个兴趣产生了准则的概念。这里的动机、兴趣和准则只适用于有限的理性存在者，对于无限的理性存在者来说，这三者是不存在的。

康德对敬重进行了完整的规定，"关于意志自由地，却又与某种不可避免的，但只是由自己的理性加于一切爱好上的强制结合着而服从法则的意识，就是对法则的敬重"②，也就是说，意志自由地把法则强制地加在爱好之上，要求敬重道德律，而道德律本身的价值也要求我们敬重它。由此，"那在客观实践上按照这一法则并排除一切出自爱好的规定根据的行动叫做义务"③。义务的概念具有强制性，但是对于上帝这样的理性存在者来说不存在义务，因为他本身和道德律是非强迫地一致的，只有对于人来说，对道德律的遵守和服从才带有强迫性，才是义务，因为我们是有限的理性存在者，我们应该遵守道德律，但却可能偏离道德律，我们也不会天然地遵守道德律。义务的强制性就在于道德律排除爱好，或强加在爱好之上，成为意志的规定根据。所以客观法则在克服爱好之后，在自己的概念当中就无不包含着对意志的强迫，这种强迫不是感性意义上的，而是实践意义上的。义务的强迫感来自对法则的服从，并且不包含任何的愉快。我们在服从义务时是不包含和排除爱好的，但却包含敬重。当然，义务所产生的强迫不是外在的，而是自由意志通过对爱好的排除而自己强加给自己的，通过这种强加，我们就有一种被提升的感觉。

————————

① ［德］康德：《实践理性批判》，第 107 页。

② 同上书，第 110 页。

③ 同上。

康德说："所以义务的概念客观上要求行动与法则相符合一致，但主观上要求行动的准则对法则的敬重。"① 基于此，就有了合乎义务的行动意识和出乎义务、敬重法则的行动意识之间的区别。合乎义务的行为就是合法行为，而出乎义务的行为则是道德行为。对道德判断来说，最重要的就是注意一切行为的主观原则，以便把行动的道德性建立在出于义务，即出于对法则敬重的必然性上，而不是建立在对行动结果的喜好上。因而道德价值判断的关键是看行为是出于义务还是出于结果的喜好。道德律对于一切像人这样的理性存在者来说都是一种强迫、一种责任，因而任何建立在其上的行动都表现为一种义务。

道德行为是必然性的，带有强迫性，这种强迫性使得道德对我们而言表现为义务。通过对这种义务的服从和恪守，我们的意志不断接近和达到神圣性。我们通过义务最终消除义务。把道德作为义务来承担的话，就说明我们的意志和道德法则之间还存在着不一致，意味着我们有违背道德律的可能，否则我们对道德律的服从就不表现为义务。如果我们对义务的遵守实现了意志和道德律的完美统一，在遵守中不再感觉到强迫，那么我们的意志就达到了神圣意志。神圣意志是人的目标。道德律对神来说是神圣的法则，但不是义务，人类也追求使道德义务成为他的神圣法则，通过义务超越义务、通过道德超越道德，因为道德义务表明，人还是有限性的理性存在者。我们通过对法则的敬重和对义务的敬畏使之成为我们行动的动机。所以康德说，出于同情和爱的好意而行善和主持正义是好的，但这并不是真正出乎义务的道德行为，行为道德法则永远只是作为普遍法则的道德律，爱和同情作为人类的主观准则永远不能成为普遍道德法则。我们不能因为爱和同情而消解道德律，将之置于它们之下，而应该把爱和同情置于道德律和理性之下。在我们服从这一戒律的一切准则中，不要抽掉道德律中的任何东西，并且也不要把意志合乎法则的规定根据作为觊觎的东西，把它作为自爱原则而使得法则的威信降低。人和道德律之间的关系就是责任的关系，我们必须遵守道德律，一切道德行为都必须出于我们的职责。

康德把爱上帝和爱邻人如爱己看作基督教的道德律。康德说，应该这样理解这种道德律令，即把它们作为命令，要求敬重那条以爱为命令的法

① ［德］康德：《实践理性批判》，第 111 页。

则。爱有两种理解：一种是病理学上的感性的爱，这种爱不可能是基督教道德所理解的爱，因为上帝是超越的而非感性的，不能从感性的角度把他当成感性的爱的对象，因为这样是不可能的，上帝不在感官之中。我们诚然可以感性地爱人，但却不可能感性地爱上帝，而且感性的爱作为命令是任何人都无法做到的，因为这种爱只是一种偏好，是由于对象而自然产生的情感，因而是不能被命令的。①　第二种是理性的爱、实践的爱，爱上帝就是乐意做上帝所命令我们的事，爱邻人就是乐意去履行对邻人所承担的义务。所以爱上帝、爱邻人实际上表达的是对法则、对道德律的一种爱，这种爱意味着我们对道德律的遵守达到了比较高的层次。遵守道德律是我们的义务，其中包含着强迫，在很多情况下，对遵守道德律我们是不情愿的，而爱上帝、爱邻人就是乐意做上帝命令的事，乐意履行对邻人的义务，这样，道德义务的强迫性就被弱化和减少了。假如一个有理性的被造者能够有朝一日完全乐意执行道德律，即爱道德律，这将意味着甚至在他心里连诱惑他偏离道德律的欲望的可能性都已经不存在了。因而爱上帝、爱邻人实际上是比较高的道德要求，是有限理性存在者需要经过努力才能达到的，因而是其道德目标。克服偏离道德的欲望对于主体来说总是要付出代价的，需要自我强制，需要我们内心强迫自己去做不是完全愿意做的事情，而我们往往乐意做感性的偏好所指向的事情，但这种偏好恰是必须为道德律所中止或消除的。但是达到爱的道德意向的程度，是人永远不能做到的，因为人永远不能摆脱欲望和爱好，我们的爱好和欲望由于身体的原因不会自发地与道德律相符合。这样，我们对道德律的敬重在考虑这些欲望时必然表现为强迫，因而这种敬重常常不会表现为乐意，而是不情愿。所以对一般的道德行为而言，道德律不是建立在那绝不担心内心意志会对道德法则产生任何拒绝的爱之上，而是出于敬重，爱是更高的要求。

但是对道德律的爱仍然是有限存在者永远为之努力而不可达到的目标；恭敬产生好感，敬重产生爱，扬弃义务的强迫性，这将是献身于法则的道德意向的完成。所以对康德来说，道德最终的目的是消除道德，扬弃自身。我们出于敬重道德律而行为时，道德律对我们而言具有强迫性，意味着对主体的爱好和欲望的牺牲、否定。道德并不是对我们来说最高的状态，更高的状态是超越道德，即爱道德律，这时道德行为就是我们乐意的

----

① ［德］康德：《实践理性批判》，第 113 页。

事情，意志就是神圣的意志，从而我们就成为神圣的存在者。后来黑格尔说，高于道德的是伦理，在道德阶段人永远存在着义务和爱好的冲突，遵守道德律就意味着对爱好的牺牲。

康德说，这样做的目的是防止道德的狂热主义，因为人永远只能达到对道德律的敬重而非爱。一切超越于或试图摆脱敬重的道德要求，在康德看来都是道德狂热主义。所以对人类来说，他的道德意向永远是出于义务，而不是出于自愿、乐意和爱。人们能够处于其中的道德状态就是德行，德行是在奋斗中的道德意向，因而人的道德永远处于未完成的状态，试图突破这一点而达到神圣性的道德要求都是道德狂热主义的表现。

（九）道德律确证自由

康德道德哲学重新唤醒人的更高使命；它既赋予人追求幸福的权利，又叫人在追求幸福的时候不要忘记自身的更高尊严和价值。在完整阐明了自律道德的道德原理、实践理性对象和动机之后，接下来康德回到自由的问题上来，试图解决自由的实践或道德证明问题。

就纯粹实践理性的分析论来看，康德所做的工作就是区分幸福论和德性论、他律和自律道德原理。通过对幸福论原则的分析，康德推出了德性论的道德原理，找到了纯粹形式的、普遍立法功能的道德律。所以，康德实际上分出了两种道德：一种是目的论、功利主义的道德，另一种是义务论、理性主义的道德；一种是以幸福为原则的他律道德，另一种是以德性法则为原则的自律道德。休谟的道德哲学是一种幸福论，是情感主义、功利主义、目的论的道德哲学，而康德道德哲学则是一种德性法则论、道义论的道德哲学。但是康德指出，这种区分并不是要制造两者的对立，而是要实现它们的统一。纯粹实践理性并不要求人们放弃追求幸福的权利，人作为感性的存在自然要追求欲望和情感的满足，而只是要求人们在谈到义务的时候应当把幸福置之度外：义务是纯粹理性的、具有内在价值的原则，是排除外在价值原则干扰的。幸福是人的一种权利，同时幸福也是一种义务，一方面，人是为了尽义务而追求和享有幸福，幸福包含着实现自己义务的手段，幸福即意味着健康、财富和权力等。一个幸福的人具有尽义务的条件，相反，因为幸福的缺乏，如贫困、疾病等，他往往不去尽义务，而且糟蹋义务的诱惑。这里不是说穷人就不会成为尽义务的好人，穷人也能恪守义务、成为有道德的人，像孔子的学生颜回虽然很穷，但是德性很高。康德的意思是说，穷人更容易违背义务，而身体健康、拥有财富的人更不容易受到财富的诱惑，但是也不排除富人践踏义务的情况。另一方面，幸福可以是一种义务，但只促进自己的幸福永远不可能是一种义务，也不可能成为义务的原则。

纯粹实践理性分析论得出了道德律，而我们对道德律的意识乃是理性的事实，所以对于道德律实在性问题，康德认为是不需要演绎的。我们具有对道德律的意识，道德律是作为理性的事实给予我们的，从而是自明的，因而不需要论证其是否可能。但道德律如何可能仍然是个问题。道德律成为可能的前提是人的自由意志，因为道德律是人的纯粹实践理性自己为自己确立的法则，意味着这个法则是人作为理性存在者以自身为原因、在自身中、通过自身确立起来的法则，而不是通过他者、外在的原因确立的法则。这种自我立法的道德自律的可能性在于，人是自由的，只有人是自由的，他才可能是自己规定自己的、自我立法的。这意味着人是确立道德律的自因。因而作为理性事实的道德律是以自由为前提的，是可以从自由意志中推出的。但是能不能反过来从道德律推出自由呢？自由和道德律的关系是这样的，自由是道德律的存在前提，也是我们意识到道德律，按照道德律去行为的存在论的根据，但是反过来，道德律也是自由的前提，因为我们遵守道德律，所以我们是自由的，道德律是我们意识到自由的认识论条件：

> 当我现在把自由称之为道德律的条件、而在本书后面又主张道德律是我们在其之下才首先意识到自由的条件时，为了人们不至于误以为在此找到了不一致的地方，所以我只想提醒一点，即自由固然是道德律的 ratio essendi［存在理由］，但道德律却是自由的 ratio cognoscendi［认识理由］。因为如果不是道德律在我们的理性中早就被清楚地想到了，则我们是决不会认为自己有理由假定有像自由这样一种东西的（尽管它也并不自相矛盾）。但假如没有自由，则道德律也就根本不会在我们心中被找到了。①

这种逻辑与笛卡尔我思故我在的逻辑是相通的。我思不是我在的原

---

① ［德］康德：《实践理性批判》，第2页。

因，相反，我在是我思的前提，但我在是通过我思而认识。自由和道德律的关系也是如此，我之所以服从道德律是因为我是自由的，我自己规定自己、自己确立行为法则，反过来，通过作为理性事实的道德律，我认识到我是自由的。康德《实践理性批判》要解决的核心问题就是通过道德律来确证自由，这和笛卡尔通过我思推出我在是一个路数。

通过道德律证明自由实在性的关键在于，纯粹理性本身是实践的，也就是说存在这样一种非感性的、客观的因果性原理，依据这种原理，"理性不再去引用别的东西作为因果性方面的规定性根据，所以这时它作为纯粹理性本身就是实践的"。康德认为，这种理性客观性实践原理"不需要作任何寻求和发明；它早就存在于一切人的理性中且被吸纳进他们的本质，它就是德性的原理"①。也就是说，德性原理，即道德律是道德意识中的理性事实，它已经得到确证，其整个"实践理性批判分析论"所做的工作即是证明这个理性事实的存在，所以，由实践理性的德性原理、道德律基本证明了自由的实在性：

> 所以那个无条件的原因性及其能力，即自由，但连同自由还有某个属于感官世界的存在者（我本人），毕竟同时又不只是不确定地和悬拟地被思考为属于理知世界的（这一点思辨理性就已经能够查明是可以做到的了），而是甚至就自由的原因性法则而言也被确定地和实然地认识到了，这样，这个理知世界的现实性、确切地说是在实践的考虑中的现实性就被确定地提供给我们了，而这种确定性在理论的意图中将会是超验的（夸大其辞的），在实践的意图中则是内在的。②

现在的问题是，道德律之所以可能、之所以存在而非幻觉，是因为自由。接下来康德要做的是，从自由出发来正面演绎出道德律。康德是通过对幸福论原则的分析批判推出道德律的存在的，这是认识论的推论。从道德律的存在可以推出自由，反过来从自由出发应该能推出道德律存在的必然性。但是康德说这似乎是难以做到的，因为对他来说，自由是一个难题，我们缺少对自由理念的直观，在认识上它仅仅是一个可能的概念，无

---

① ［德］康德：《实践理性批判》，第143—144页。
② 同上。

法在认识论上证明它的存在。当越过有条件的现象界去把握无条件的整体的时候，我们的理性想到了自由，但我们却无法证明其实在性。而自由又直接决定了道德律的可能性。道德律是存在的，因此自由也是存在的，而从自由推出道德律的问题在于，自由就是我们的存在、我们的所是，而道德法则规定的行为是价值的行为，是自在善、本身正当的行为，从存在如何能够推出价值？从"是"如何推出"应当"？存在是一种本真状态，我们的真实存在在于我们是自由的，但是如何从这个真实状态推出善和价值？从逻辑上讲，从存在推出价值，从"是"推出"应当"，那么在是和存在当中就必然包含应当和价值，但如果存在仅仅是真的东西，而不包含善，这样从存在就根本推不出善。在康德这里，存在就是存在，其中是不包含道德价值的。柏拉图的最高概念是善，存在是因为善而存在，因而其中就包含着善的价值，所以在柏拉图那里，一切行为的道德价值都是从善的存在推出的，因而柏拉图从真推出善是不存在任何问题的，他的推理是合乎逻辑的，因为在他那里存在包含价值，真蕴涵善。但是对康德来说，道德律是以自由为前提的，自由仅仅是存在，是不包含价值的。

这即是休谟早就提出的"是和应当"的问题。休谟的解决方式是，从"是"推不出道德，道德是从同情感推出来的；自然的东西没有善恶之分，只有人的行为才有善恶之分，其善恶来自人们的同情道德情感。但是康德把这条路堵死了，即我们的行为不是因为合乎道德情感，而是因为服从理性法则而有内在价值，行为道德价值内在于行为本身合乎法则的正当性之中。一个本身善的行为是以自由为前提，从自由中推出来的，但是如何推出呢？本身善和正确的行为不是从善而是从自由推出的，一个自己规定自己的普遍立法行为就是内在的、正当和自身善的行为。自由意志是关键和枢纽，只要证明了自由意志的存在就能够证明道德律的实在性。因为自由意志能够设定自身为具有内在价值的存在。或者说，自由意志就其存在来说不是一种善，但是它却能够把自身规定为一种善，因为自由意志即意愿，如果意志意愿意志，即意愿其自身，那么这就意味着自由意志肯定自身。每一个人都有很多欲望和意愿，作为一个意志存在者，如果他意愿其自身，他即是自我意愿、自我肯定、是其所是：意志意志，意志意愿，意志是其所是。意志意志看似同语反复，但不是无意义的重复，第一个意志是其存在状态，第二个意志是肯定的判断，包含着对意志存在的肯定，"是"其所是，意味着价值的产生、创设。道德善的行为即是自由意志对于自身的肯定，自由人意愿自身为自由人。因而是从自由推出善、目的，而不是从善、目的推出自由。当然，要完成这种道德的合理性论证还必须假定自由意志是理性的意志，自由人是理性的自由人。

如何理解自由？康德在补充性说明里面专门讲到这一问题。康德的自由是先验的本体的自由，是知性世界的自发因果性，知性世界所有的存在都是依据自身发生的，是以自身为原因的。在感性现象世界当中不存在自由，一切都是必然的，自然事件发生的原因在自身之外，因而都是在时间中发生的、由之前的事件引起的。一种解释是，在自然感性世界中也存在一种自由，这种自由是相对的、比较的或在心理学意义上的自由。这种自由实际上就是休谟、洛克所讲的自由。自然人的行为是按照自然因果性规律发生的，就这一点来说，他的行为是以外在的、时间中的事情为原因，但是从另一个角度看，人的行为都是诉诸欲望、内在的动机做出的，因而并不完全是被动的，而是按照他自己的愿望、要求而发生的，是合乎他的偏好和喜好产生的行为，在这个意义上，他自己就是自身行为的发生原因，因而是自由的。但是康德认为，这是不成立的；只存在先验的自由，在现象界发生的一切都是必然的，比较意义上的心理的自由是不存在的。自由是作为自在之物的我自身的存在因果性，存在于现象世界之外，现象界的一切都是按照自然必然性发生的，没有任何自由，不能诉诸自由加以解释。

他举了一个例子。一个人的偷盗行为是不道德的，对此我们应该追究其责任。是因为其自身还是其他什么原因导致偷窃者偷盗？偷盗行为发生在现象世界，对此只能诉诸自然的因果性，也就是说，其原因必然在其偷窃前就已经形成了，我们可以按照时间顺序来追问他的成长过程、其生活的环境和所受的教育各个方面的原因。当我们进行这样一种追问时，我们就预设其性格、生活环境决定了他会偷盗，如此一来，承担责任的就不应该是他，而是社会或者他者了。这即是对他偷盗行为的一种自然因果性的解释。基于这种解释，一个人是不应该对其行为负责的，因为他行为的原因不在他自身，而在他自身之外的某物或某人，而且他行为的发生是必然的，他之偷窃不过是已然发生的一系列自然事件的必然结果罢了。

但是能不能说按照自然法则的必然性，他因适合于他的相对自由、比较自由而做出了偷窃行为？即它不是完全自然必然的行为，而是相对自由或比较自由的行为，比如，外在的机缘正好激发了其意志、欲望，从而使他自己决定做出偷盗行为？"人的行动尽管由于它们在时间中先行的那些规定根据而是必然的，但却还是被称之为自由的，因为这毕竟是一些内部的、通过我们自己的力量而产生的表象，因此就是按照种种机缘状况而产生的欲望所引起的，因而是按照我们自己的随意性而引起的行动。"① 但是康德否定了这种自由，他坚持在现象界发生的一切都是必然的："既然过去了的时间不再在我的控制之下，所以我所实行的每个行动都由于不受我所控制的规定性根据而是必然的，就是说，我在我行动的那个时间点上绝不是自由的。"② 当然，他的这种解释也是有问题的，对有情感、有欲望的人来说，此刻做出的行为并不是完全由上一刻的事件必然引起的，否则我们就是完全被动的机器了。莱布尼茨说，自然是一部遵循物理必然规律的自动机。如果在现象世界中人的行为没有任何先验自由可言的话，人不过就是一部自动机，一部会思想的自动机，"那么它从根本上也丝毫不比一个旋转烤肉叉的自由好到哪里去，后者一旦上紧了发条，也会自行完成它的运动"③。在康德那里，自由只存在于知性世界当中，人的自由只能归结为知性世界的先验自由，当一个人偷窃时，他不仅是自然感性的存在者，同时也是知性世界的自由存在者。作为感性存在者，他必然做出这种行为，不偷盗是不可能的，而作为知性存在者，他可以不做出这种行为，因为他的意志是自由的：

> 有理性的存在者对于他所干出的每个违背法则的行动，哪怕它作为现象是在过去充分规定了的并且就此而言是不可避免地必然的，他也有权说，他本来是可以不做出这一行动的；因为这个行动连同对它加以规定的一切过去的东西都属于他自己给自己造成的性格之独一无二的现相，按照这个性格，他作为一个独立于一切感性的原因而把那些现象的原因性本身归咎于自己。④

因此对偷盗者偷盗行为的道德责任的追究应该追溯到他是一个自由的理性存在者，终究看来，他是其行为的原因，他应该为其一切行为承担责

① ［德］康德：《实践理性批判》，第 131 页。
② 同上书，第 129 页。
③ 同上书，第 133 页。
④ 同上书，第 134 页。

任，而不应该把其行为的责任推给父母、社会环境、天意或命运。

四　从自由的人到自由的公民

在卢梭的哲学中存在两种自由，以及道德和伦理之间的冲突和转换问题：他既强调个体自由，又提出了实体性公民自由，而个体自由和公民自由是很难两全的，是相互排斥的；伦理是实体性的，呈现在"天下兴亡，匹夫有责"的公共精神之中，而道德是个体性的，展现于内在良心，立于天地之间遵"道"、克尽天职之中，但是卢梭没能把伦理和道德统一起来，在他那里，两者是对立和紧张的。深受卢梭影响，并被卢梭《爱弥儿》深深打动的康德对卢梭问题做出了直接回应，形成了康德问题。

正如卢梭问题一样，康德问题也可概括为两方面的问题：一是自由问题，涉及个体自由和实体自由的关系问题；二是伦理和道德的问题，涉及两者的关系和转换问题。对于康德来说，并不存在两种自由、伦理和道德的冲突问题，因为他把实体自由还原为个体自由，伦理还原为道德，用个体自由消解了实体性公民自由，用道德取消了伦理。康德把主观道德原则推到极致，不仅把实质的理性转变为形式理性，而且直接把纯粹形式理性转化为实践理性，它能够为行为提供形式化的道德法则，向意志发布绝对命令。这种形式化的道德排斥实质性的伦理道德，视纯粹追求幸福的行为为非道德的，而只把遵守普遍形式法则的行为看作道德的。

对康德来说，道德建立在自由的基础上，我应该做什么，是以我是自由的为前提的。康德所说的自由乃是先验的自由、本体的自由，它是一种自发发生的自在因果性，而非一种他发发生的自然因果性。他还提到一种实践的自由，亦即道德的自由，一种自我意识的自由。我在感性世界所做的一切行为都是必然的，而我的道德行动是独立于、超越于自然必然性的自由的行动。我能够突破自然必然性的约束，按照实践理性的法则去行动。

康德在 1875 年以后，陆续写了多篇论文，这些论文看起来不成系统，实际上却形成一个整体，人们一般把它们称为康德的"历史理性批判"——它们标志着康德从形而上层面落到形而下层面，形成了关于人类历史的哲学叙述。在康德之前，历史仅仅是历史学叙述的对象。中国很早就有关于历史的记载，并留下了记录中国悠久历史的《二十四史》，但是它们充其量只能算得上是一种历史编纂学，还算不上是一种历史学，因为它们除了记载帝王将相的言行事迹，并略作褒贬之外，并没有形成关于人类历史一般规律的理论概括。而现代历史学除了理性化客观叙述历史事件之外，还试图寻找变动的历史事件发生的一般规律，并以史为鉴，服务当代。中国历史编撰往往不是客观的，而是按照成王败寇的逻辑进行撰述的，它站在胜利者的立场上记述历史，为当权者歌功颂德，对失败者大加鞭挞。因此所谓正史很多都是编造的，野史反而可能更真实些。

康德历史哲学要回答的问题是什么？是自由和道德的问题。他在《人类历史起源预测》一文中指出，卢梭的《论科学与艺术》《基础》等深刻地揭示了人类自然天赋和文化发展之间的冲突，以及文化必须怎样前进，才能在使人类的道德天赋获得培养和发展的同时，不与作为自然物种的人类自然天赋发生冲突的问题。[①] 在一定意义上，康德此文就是对上述卢梭问题的回应，也是对卢梭自然法理论的回应。从自然状态进入社会，从社会进入战争状态，再到进入共和国家，即是卢梭对人类历史的基本叙事，从中大体可以看出他叙述人类历史的统一逻辑。康德也打算从历史和逻辑的角度把握人类社会的进程和目的，由此他写下了《世界公民观点之下的普遍历史观念》等文，首次从哲学层面阐明了其自然目的论的人类普遍历史观念，尝试把握普遍人类历史的内在逻辑和规律。

虽然卢梭讲的自然状态很美好，但是却很难维持，因为人的一个潜能就是他的可完善性，他有突破自身界限的可能。卢梭主要从逻辑的角度，而不完全是从历史的角度看人类社会的演进。康德的《永久和平论》从自然历史目的论的角度看各民族和世界历史进程，把民族内部的不和与民族间的战争看作人类自然目的历史进程的基本动力，[②] 而这也是德国古典哲学历史演绎的经典话语。不过，虽然康德把纷争看作人类自然历史的根本逻辑，但是他也认为，人类普遍历史最终状态不是战争，而是和平，世界历史最终止于永久和平的状态。

康德是如何从哲学的角度描述人类历史演进的？在这个叙述中，康德关注的中心问题是什么？首先和最后都是自由的问题。在自然状态下，人是自由的，但是持续的纷争破坏了人的自由，只有进入国家，人才能重获

---

① ［德］康德：《历史理性批判文集》，何兆武译，商务印书馆1990年版，第69页。
② 同上书，第118—127页。

自由，国家是对人自然自由的补救。卢梭的社会历史逻辑就是自由的逻辑，自由被看作人类发展的轴心、支点。从幸福到堕落再到被拯救，是基督教对人类此岸历史的叙述，其核心逻辑是人对永生永福的追求。基督教把永生永福看作最重要的事，古希腊哲人却把幸福看作最重要的事，而沉思是最高的幸福，沉思的生活是最高的生活，近代哲学则把自由和幸福看作对人来说最重要的东西、最高的价值。在《社会契约论》中，卢梭就提到，人生而自由，却无往不在枷锁之中，因此他要重建伦理共和国以拯救人的自由。对康德来说，不是建立在自由基础上的道德就不算是真正的道德，同样，不是自由的历史就不是真正人的历史：人类历史的起点是自由，目的是实现自由的历史，而世界历史的结果就是人的自由得到实现：对他而言，如果道德建立在自由的基础上，那么历史也建立在自由的基础上。因而我们看到，在幸福、永生、自由这三者中，不同时代、不同民族的选择是不同的：英美是幸福主义，德法是"自由"主义，基督教是永生主义。

康德回到人类历史的开端，也就是人的自然状态。如何理解人的自然状态，哲学家之间存在很大的差异。康德对这个问题的把握，主要是回应卢梭的。康德认为，自然状态的人，即原人，有别于卢梭自然状态的人。在卢梭那里，原始的人是不会说话、没有思想的，他们彼此很少接触，即使偶尔接触也是通过情感表达、肢体语言来相互交流的，因此严格说来他们还不是人，只是亚人、次人。而对康德来说，原人是正常的人。他依据《圣经》的描述认为，最早的人，即人类的祖先不是一个人，而是一男一女，一对夫妇，即亚当和夏娃。这两个人能直立行走，有理性，会说话，能思想。但是最初他们的理性还是潜在的，他们更多的是靠和动物一样的自然本能生活。但是随着他们生活范围的扩展和生活内容的增加，他们的理性开始慢慢地应用起来。

康德为了回应卢梭的《基础》对人类起源的描述，而回到基督教经典《圣经》，回到"创世纪"对人类原初状态的描述，尝试通过对它加以理性主义改造，重述人类自然状况和人类历史发源的进程。康德对人类历史起源叙述的主题是理性，意图理性地把握人类历史的发生，揭示理性在人类历史发展中所起的作用，刻画人类如何通过使用理性而走出自然动物状态，开出人的历史。根据康德的描述，在自然状态下，人是作为人而存在的，先是潜在状态的人，然后借助理性，他从潜在的人成为现实的人。

而伴随着理性能力在人类生活中的扩大和广泛应用，它使人从纯粹自然的原人成为自由的人。

康德把原人使用理性的过程分为四个环节，经由这四个环节，人成长为真正的人，即自由的人，而人类历史即是从人的自由形成的那一时刻展开的，人类历史是自由人的历史。

第一个环节是人对食的自然本能的突破。在纯粹自然状态下，人的食欲完全是由物种种性所规定的，食欲乃人的最基本的本能，所谓食色性也。食、吃对于原人起初而言只是限于果腹而已，但是后来随着他开始和逐渐地使用理性，他不仅吃他的本能告诉他所能吃的，而且能吃到他想到的而他的本能所不能直接给他指示的食物。他不仅限于吃饱，而且还想着吃什么好，不仅直接从自然界取食，而且还想着吃自然界没有的东西，把自然界提供的食物进行加工后吃。对原人来说，一个显著的转折标志是火的使用，因为火的使用，人能够吃到自然界不能直接提供的东西。因此使用理性的一个重要意义是，在食欲方面，人超越了动物，突破了其自然本能所设定的界限，获得了初步的自由。[①] 什么是自由？在康德那里，有先验的自由、实践的自由、法权的自由、道德的自由。在原初状态下，人初步使用理性所获得的自由显然不是法权的或道德的自由，也不可能是先验的自由，而只是一种自然的自由，他有时称之为野蛮的自由、无法的自由。这里可能涉及这样两个概念的区分：一个是意志自由，另一个是任意自由。就康德而言，意志自由是本体意义上的先验自由，是完全被纯粹理性所规定的自由意志；任意是指感性欲求，是由本能、欲望、需要所规定的，但它也是一种能够有所选择的能力，能够突破感性需求对它的规定，上升到理性的层面，接受理性给它的规定，所以任意相当于宽泛意义上选择的自由意志，它既可以由感性所决定，也可以选择由理性来规定，而不像纯粹自由意志那样，仅仅是由纯粹理性所规定了的意志。在原初状态下，人的自由差不多就是这种任意的自由；当人的任意开始接受人的理性给它提供的规定的时候，他就不完全是由感性所规定而是被理性所规定了，就是自由的了。他可以被本能食欲所决定，也可以被理性的需求所规定，他可以有所选择；他能够突破自然本能的束缚，独立于感性欲望之外，在理性的指导下满足自己的需求。

---

① ［德］康德：《历史理性批判文集》，第62—63页。

第二个环节是人的性本能的升华。人的基本本能除了食，还有色、性。色是繁衍、生殖的本能，动物交配就纯粹是为了繁衍、生殖。人有这种动物的本能，也受制于这种性本能。但是人的色欲却不仅仅是为了生殖、繁衍，他借助理性对其自然的生殖本能进行了转换、升华，把男女繁衍的本能转换为爱情、爱欲：爱一个人更多的是为了使自己的情感获得满足。对于人来说，他追求异性除了是出于性的本能之外，还赋予它合理性的东西，超越把她仅仅当做单纯动物式欲求的对象。因此通过使用理性，人克服了其自然的食色本能，形成了属人的食色"文化"；同样是食色，人的食色却不再是动物式的。[①]

第三个环节是理性的不断使用，还为人打开了新的生存空间和时间意识。动物永远生活在现在、当下，没有过去，也没有未来，缺少时间意识，但是对于人来说，理性却为他打开了超越当下向未来展望的视域，他既可以专注于当下，也能够瞭望未来，具有了对未来的时间意识。[②] 未来的时间意识产生了，过去的时间意识也就相应产生了，进而人的自由意识也产生了：时间意识的形成在一定意义上意味着人的自由意识的形成，如果我们从生存实践的角度来理解人的时间意识的话。随着未来时间意识的产生，人从安详、和平、宁静的状态永远走出来了。当动物永远生活在当下的时候，它是幸福的，是没有任何不安和焦虑、无须烦恼的，因为它不用考虑未来。但是人却要谋划将来要做的事情，而将要到来的未来是难以把握的，对他来说是不确定的，所以他感觉焦虑不安。理性虽然能够使人预知未来发生的事情，但是这对人而言既是好事也是坏事：未来世界向人敞开之后，他比以前多了一份希望，但是随之他也必须面向长远，考虑和谋划未来，烦恼由此不期而至，而这种烦恼即是理性思虑带给他的。理性使人一步步摆脱了自然对他的束缚，脱离了自然本能的支配状态，使他能够有所选择而不致完全陷入自然的必然性之中。理性不仅使人生活在现在，而且还使之生活在未来，在给他带来生活的希望的同时也给他带来了不尽的苦恼。而只有自由的人才有希望和烦恼，生活在必然性中的人是没有希望和苦恼的，所以理性让在自然状态下过着本能生活的人成为自由的人。

---

① ［德］康德：《历史理性批判文集》，第63—64页。

② 同上书，第64—65页。

　　对康德而言，理性是使人自由的力量，但是自由对于人而言并不是一件让他轻松的东西，马上会给他带来美好生活的东西，相反，自由意味着烦恼的开始、额外负担的添附。自由是人所渴望的，自由是个好东西，但是当他真正去做一个自由人的时候，他会发现，自由恰恰意味着一种责任、一种负担、一种重负。人人生而自由，自由很好，但并不是人人都能承受得了自由。康德在《什么是启蒙运动》一文中就讲到，人是理性的，但并不是所有人都敢和愿意使用理性，因为独立使用理性是有风险的，虽然人天性自由，但并不是所有人都愿意自由，因为自由意味着责任，而责任对人来说往往是难以承受的。在现实生活中，很多人不愿意承担责任，百般推卸责任，因为承担责任意味着你要付出代价。很多人宁愿做温顺的羊，服从上帝意志的羊，而不愿做勇敢使用理性的自由狮子。基督教赋予人以原初自由意志，但是人却因此堕落为驯服的羔羊，服从上帝、期许被救的羔羊。但是在希腊、罗马，在近代，人不要、也不再愿做一只驯服的绵羊，而要做自由、独立的人、狮子，但是他准备好承受自由所带来的重负了吗？

　　第四个环节是理性进一步的使用使人意识到，"他才真正是大自然的目的，大地之上所生存着的没有任何一种东西在这方面可以和他相匹敌。当他第一次向羊说：你蒙的皮大自然把它赐给你，并不是为了你而是为了我，并且把它揭下来穿在自己的身上；这时候，他就具备了使他的本性可以超出一切动物之上的一种特权，他不再把它们看作是和自己同类的被创造物，而只把它们看作是由他任意支配以达到自己所喜爱的目标的手段和工具"①。人是自然的目的，而不是其手段。当人对绵羊说，你的存在不是目的，你是为我而存在的手段，你的皮毛是为我而长的时候，这意味着，人意识到自己是自然的目的，其他都是为他而存在的，作为手段被他所使用的。理性把人自身设为自然的目的，意味着他意识到自身的内在价值、尊严，意味着人趋于成熟，完全走出自然界，居于自然界之上了。人是目的，还意味着人对于他人也是目的，也把他人当做目的，而不当做手段，人和自然物之间是不平等的，但是人与人之间却是平等的，作为目的，他们应该相互尊重："他不可以对任何人这样地说话，而是应该把别人也看成是对大自然的恩赐的平等的分享者"，"这样，人类便处于所有

━━━━━━━━━━

　　① ［德］康德：《历史理性批判文集》，第65—66页。

理性的生物一律平等，而不问他们的品级如何；也就是说，就其本身就是目的的这一要求而言，他就应该作为这样的一个人而为每一个别人所尊重，而绝不能作为单纯是达到其他目的的手段而被任何别人加以使用"①。至此，人走出了原初的动物状态，意识到自己是人，意识到人人都是目的。但是他并没有进入非自然状态，而是仍然处在自然状态。他走出了动物般的自然状态，进入人的自然状态，由此，人的历史开始了：人类历史是从人意识到自己是自由的，他是大自然的目的那一刻开端的。

康德把人类走出自然动物状态的整个过程看作人从野蛮任意的状态进入人性、人文、人道状态的过程，人从本能支配状态进入自身自由状态的过程："人类之脱离这座被理性所描绘成是他那物种的最初居留的天堂，并非是什么别的，只不过是从单纯动物的野蛮状态过渡到人道状态，从本能的摇篮过渡到理性的指导而已；——总之一句话，就是从大自然的保护制过渡到自由状态。"② 人的起源就是人如何从自然必然状态走出来，进入自由状态，人类的历史即建立在自由的前提上，人类历史是自由的、理性的人所开出的历史，而不是纯粹自然必然规律所规定的历史。把人类历史理解为合乎自然规律的过程，还是看做在理性的指导下所展开的自由的进程是两种不同的历史观念。对马克思而言，迄今为止的人类历史仍然是自然的历史，康德也认为，人类历史是自然的历史，但是人类自然历史却不是纯粹自然必然的过程，而是合乎自由规律的进程。

唯物主义者往往用自然的因果律来解释人类的历史，由此提出了历史决定论。而历史决定论在解释人类历史时所面临的困境是，怎么样理解人在历史中的能动性、创造性；如果人类历史是被决定了的，那么是否存在人的自由，人的自由是否可能。历史决定论从某种意义上来说就是一种历史宿命论，而这种历史宿命论对于人，尤其个人而言是意义非凡的。启蒙时代，法国唯物主义者狄德罗看出了历史决定论所蕴涵的内在问题，于是写了小说《雅克和他的主人》，以一种文学的形式来揭示和反思这个问题。宿命论有消极的和积极的之分，消极的宿命论就是要人什么都不做，等待命运，因为一切都被决定好了，他经被迫卷入其命运之中，由不得他自己怎么样了，他即使做任何事情，也都是徒劳的。不过，狄德罗却在

①　［德］康德：《历史理性批判文集》，第66页。
②　同上书，第67页。

小说中提倡一种积极的宿命论，他告诉我们，我们的命运和我们积极努力的生活是同步的、一致的，我们的命运是通过我们自身生活的参与形成的，而不是被迫卷入其中而生成的。狄德罗说，历史是人书写的，人书写的恰恰就是他的命运，人的命运和他的主动的作为是直接有关系的，只是人的主动的作为也是必然的、被决定的，而被决定的过程恰恰又是由他的参与形成的。所以这里就形成了一个悖论，这个悖论是弱的历史决定论所必然要面对的问题。

康德不是历史决定论者。他把历史看作是自由人所展开的历史，人类历史是当人成为一个自由人的时候才开始的。人从原初自然状态下走出来，由必然状态进入自由状态，他自己的历史方才展开。然而康德却说："大自然的历史是由善而开始的，因为它是上帝的创作；自由的历史则是由恶而开始的，因为它是人的创作。"① 也就是说，上帝创造的一切都是好的，大自然的历史是从善开始的，却从恶开始了人的理性和自由的历史。何以理性和自由开出了始于恶的人类历史？这是因为"在理性觉醒以前，还不存在什么诫律或禁令，因而也就不存在任何一种违法犯禁。但是当理性开始它的作用的时候，并且——尽管它是那么地软弱——与动物性及其全部的顽固性发生了冲突的时候；于是就必定会产生为无知状态，因而也就是为无辜状态所完全陌生的灾难以及（更其令人困惑的是）随着理性的开化而来的罪行。因此，脱离这种状态的第一步，就是道德方面的一场堕落；而在物理方面，则这一堕落的后果便是一大堆此前所从不知道的生活灾难，故而也就是一场惩罚"②。

在《圣经》中，生活在自然状态中的人本来是没有恶没有善的，或确切地说是无道德善恶的，只有自然的无辜或自然的善，虽然人不知道自己自然是善。人从什么时候开始知道道德善恶的呢？是从人使用理性，使用自己的自由意志时开始的。上帝在造人的时候并不是说人一定就遵守上帝的命令；人被上帝赋予了自由意志，因此遵守或不遵守上帝命令取决于人的自由意志。当亚当、夏娃在决定偷吃还是不偷吃禁果之前，他们生活在纯粹的自然的善里面，但是当他们开始使用理性，面临着遵守还是不遵守上帝命令的时候，他们的自由意志也开始使用了，而当他们自由地做出

---

① ［德］康德：《历史理性批判文集》，第68页。
② 同上。

决定的时候，道德的善恶就出现了。什么是善？善就是遵守上帝的命令，什么是恶？恶就是违背上帝的命令。当人触犯戒律的时候，恶就产生了；本来这个世界上没有恶，自然是天真无辜的，但是人却把恶带到了这个世界上，而且是人的理性和自由意志把恶带到了这个世界上。通过对自由意志的使用，人也意识到了什么是善，什么是恶，在他没有使用自由意志的时候，他并不知道什么是善和恶。罪恶的责任由谁来承担呢？由人。是人把恶带到世界上，所以也要由人来承担责任，责任的根源就是人的自由。这是《圣经》的要义。自由即意味着把恶带到世界上；自由本身不是一种恶而是一种中等的善，只是因为你没有使用好，它才带来了不好的东西。如果你使用好的话，它会带来善。在基督教那里，人的历史是由恶开始的，此岸历史就是人赎罪的历史，在历史的终末，上帝会来一次大审判，有的人下天堂，有的人下地狱，至此人的历史就终结了。

　　康德显然就《圣经》对人类历史起源的叙事进行了一种人道主义的改造。他认为，大自然的历史是由善开始的，而人的历史却是由恶开始的，因为当人开始使用理性时，他就摆脱了纯粹的自然状态，而他从自然状态摆脱出来本身就是一种犯罪，就是一种恶。实际上这种"原"恶的观念在古希腊时期就有了：自然是统一的和无辜的，但是人却背离和走出了自然，导致原初同一自然的分裂，因而从自然走出的过程就是堕落犯罪的过程。人的历史开始于恶，但是这并不意味着人的历史也终结于恶，相反，由恶开始的人的历史却是由恶向善展开的历史，自由的历史就是进步的历史，最终人的历史终结于善："这一历程对于整个物种来说，乃是一场由坏到好的进步；可是对个人来说，却并非也同样是如此。""对个人来说，由于他运用自己的自由仅仅是着眼于自己本身，这样的一场变化就是损失；对于大自然来说，由于它对人类的目的是针对着全物种，这样的一场变化就是收获。因此之故，每一个人就有理由把自己所遭受的一切灾难和自己所犯下的一切罪恶，都归咎于自己本身的过错；然而同时作为整体（作为整个物种）的一个成员，则应该惊叹和赞美这种安排的智慧性与和目的性。"[①] 也就是说，从人"类"的角度来看，人走出自然开出自由的历史是好的，但是从个体生命的角度来看，个人往往成为人"类"历史进步所生恶的承担者。

---

① ［德］康德：《历史理性批判文集》，第68页。

这里涉及如何理解人类历史中的恶的问题。人类历史中的恶完全是由人类自己造成的，所以人要为自己所造成的恶承担责任，而不是由上帝来承担责任，这是基督教基本的观点。康德也面临着人类历史中恶的问题，恶在人类历史中所起的作用的问题。康德认为，恶的产生是由自由的个体所导致的，当然要由个体来承担它的责任，也就是说，虽然人类造成了恶，但是责任却不在人"类"，而在个体。所以每一个人都不应该为他所造成的恶推卸责任，而应该主动承担责任。但是个体所导致的恶对整个人类来说却是使人类向善的一个媒介、杠杆，如果把个体所造成的恶放在整个人类历史这个大的过程来看，它恰恰是推动人类进步的力量。所以说恶是一种合理性的存在，或者说恶有其存在的合理性。这即是康德的"人义论"，而不是"神义论"：个体犯下的恶如果有益于整个人类的进步或完善，那么他就是正义的；小恶能给人类带来大善，允许恶的存在是为了造就更大的善，况且没有恶你怎么能知道善呢？因此康德并不绝对排除恶，而是允许恶的存在，积极看待恶在人类历史中所发挥的作用，就此而言，其人义论与基督教神义论大体上是相一致的。

人类历史的起源过程是从必然走向自由，从善到恶的过程，人类自由历史的进程则是从恶到善的进步过程。人类的历史是怎么展开的？人类的历史是怎么样的？康德提出了"在世界公民观点下的普遍历史"观念来回答这个问题。人类在走出纯粹自然状态以后所开出的历史是一个自由的人类历史进程，也是一个普遍的人类历史进程；它不是某一个民族的历史，如《旧约》记录的就只是犹太民族这一个民族的历史，而是整个人类的普遍的历史；对历史的理解不应该局限于某个民族，应该着眼于整个人类，正如基督教《新约》突破犹太民族的界限，叙述的是整个人类此岸世界的救赎史一样。当然人类普遍历史是以民族历史的形式展开的，或者说它首先是民族的历史，然后才是世界的历史。但是康德对历史的实际叙述却是从希腊开始，经过罗马，止于近代欧洲，因此他叙述的是带有西方中心主义色彩的人类史、世界史。但是也不可否认，如果说现代历史不是民族历史，而是世界历史，那么这个世界历史是由欧洲民族所推进的，而中国是被迫卷入其中的。"世界公民观点"下的普遍世界历史终结为天下大同的状态。当然，这种天下大同不是取消国家和民族，而是如康德所说，由各民族国家联合起来形成的，是一种国家联盟的永久和平状态。生活在大同世界的人不只是某个国家的公民，更是世界公民。这是现代启蒙主义的观念。现代启蒙主义者都把自己看作世界公民，作为理性的存在者，所有人都生活在同一个世界。中国人自古就有一种大同的意识，而西方现代启蒙哲人在摆脱了狭隘的民族主义之后，也生成了一种世界大同的意识，能在更广大的视野下看待人类世界历史：

> 在我们这部分由于它那贸易而如此紧密地联系在一起的世界里，国家每动荡一次都会对所有其余的国家造成那样显著的影响，以致于其余这些国家尽管自己并不具有合法的权威，但却由于其本身所受的危险的驱使而自愿充当仲裁者；并且它们大家就都这样在遥遥地准备着一个未来的、为此前的世界所从未显示过先例的、伟大的国家共同体。尽管这一国家共同体目前还只是处在很粗糙的轮廓里，可是每个成员却好像都已经受到一种感觉的震动，即他们每一个都依存于整体的保全；这就使人可以希望，在经过许多次改造性的革命之后，大自然以之为最高目标的东西，——那就是作为一个基地而使人类物种的全部原始禀赋都将在它那里面得到发展的一种普遍的世界公民状态，——终将有朝一日会成为现实。①

但是怎样来书写这种自由的普遍历史呢？这样的历史有着怎样的规律？历史的过程是合目的性的过程，还是无目的的过程？历史进程中人的任务是什么？这是康德历史思考的根本问题。历史学家不思考这些问题，他们对历史的研究是"科学"的，而不是哲学的。中国现代历史往往是从革命的角度而非从人道的角度书写的，革命主义被视为正确的，而人道主义是受批判的。康德反思了这个问题：历史究竟怎么写？在他看来，历史不能单从经验的角度去写，即任意从发生的历史事件中抽出一个东西作为基本原则来写；历史应该从先验的角度，按照普遍理性的原则来写。若如此书写历史，就不是如实叙述历史事件，而是把历史合乎逻辑地建构出来。康德即按照先验理性的目的论原则来书写历史，把历史看作和建构为一个合目的规律的历史。历史不是儿戏。他设定的历史目的论不是人类目的论，而是自然目的论；他不认为人类历史是独立于自然历史进程的，相反，他把人类历史还原到自然合目的历史进程中，认为人类历史不过是整

---

① ［德］康德：《历史理性批判文集》，第17—18页。

个自然历史进程的一部分。在他看来，不应从自然历史中走出来，而应把其放回自然历史中来看人类历史，把人类历史看作一个自然发展的过程，人类自然历史不过就是"大自然的一项隐蔽计划的实现，为的是要奠定一种对内的、并且为此目的同时也就是对外的完美的国家宪法，作为大自然得以在人类的身上充分发展其全部秉赋的唯一状态"①。

换言之，依据康德自然目的论的历史观念，人类自然历史的最终的目的即是建立世界公民社会，而世界公民社会的前提是每个民族先行建立共和的国家，即普遍法权的公民社会，然后由这些民族共和国家联合起来，形成一个永久和平的民族国家联合体，即世界自由公民社会。因此大自然合乎目的发展的核心问题是一个民族如何从自然社会状态走出来，建立一个普遍的法权公民社会，共和国家。在康德看来，这个问题恰是最困难和最艰巨的问题，也是人类最后才能解决的问题。②

如何理解康德的普遍法权的公民社会？卢梭已经先行构建了一个普遍法权的公民社会，即共和国家。但是它不是自由人的联合体，而是具有同一意志和公共意志的共同体。在这样的公民社会中，是没有个体自由的，人只有作为公民才是自由的，而且他的自由不是个体性的而是实体性的，公民的意志就是共同体的意志。公民是国家实体的一部分，自由个体只有放弃它的个体自由，结合在一起形成具有同一意志的共同体，才能成为这样的共同体的成员，成为公民。对康德来说，普遍法权的公民社会并不是卢梭意义上的共和国家，因为它不是实体性的、具有同一和公共意志的共同体，而是自由人的法权联合体。在这样的公民社会中，公民仍然是个体，他并没有丧失自己的个体性，放弃自己的个体自由，他的自由不是实体性的，而是个体性的，他没有放弃自己的个体意志而成为具有同一意志的共同体的成员，而是通过联合的方式形成具有统一意志的法权国家的成员。虽然公民仍然是自由的个体，并没有放弃个体化为实体的一部分，但是他的自由却受到限制，虽然他享有自由权利，但其权利却是受普遍法则约束的权利："权利乃是以每个人自己的自由与每个别人的自由之协调一致为条件而限制每个人的自由，只要这一点根据普遍的法则是可能的而公共权利则是使这样一种彻底的协调一致成为可能的那种外部法则的总

---

① [德]康德：《历史理性批判文集》，第15页。
② 同上书，第11页。

和"，因此公民体制乃是"处于强制法律之下的自由的人们（在他们与别人结合的整体之中而无损于自己的自由）的一种关系"①。因此如果人类自然历史的目的是建立公民社会，那么自由亦是其目的，因为公民社会即是自由社会，即自由权利得到普遍法则约束和保证的社会。

康德认为，任何自然物都有一个目的，都要把它实现出来；一切自然物都有其天赋，并且都注定终究要合乎目的发展起来。② 而所有的自然禀赋最终都归结到人的禀赋上，因为人意识到人是自然的目的，自然的最后的目的就是人，那么自然禀赋的发展必然集中到人的身上，要把人身上的那个自然禀赋发展起来。人身上的自然禀赋是什么？是理性，自然合目的的发展过程就是人的理性得到充分使用的过程；理性是自然的最高禀赋，其他的自然禀赋都是围绕着这种最高禀赋充分展开的。③ 但是人的禀赋的发展不是把个体而是把人类的禀赋充分实现出来，自然的目的最终落在人类上，而不是落在个体上。大自然把蕴涵在人身上的禀赋通过历史怎么充分展示出来呢？康德认为："大自然要使人类完完全全由其自己本身就创造出来超乎其动物生存的机械安排之上的一切东西，而且除了其自己本身不假手于本能并仅凭自己的理性所获得的幸福或美满而外，就不再分享任何其它的幸福或美满。"④ 因此大自然不是按照自然必然性，而是通过人使用理性，完全靠其自己本身主动创造出超乎自然机械安排之上的一切东西。

康德进而认为，大自然通过人类在社会中的对抗性机制使人类的全部禀赋得以发展，虽然这种对抗性仅以"终将成为人类合法秩序的原因为限"⑤。也就是说，人类社会中的对抗性，即非社会的社会性是大自然使得人类禀赋全部展开的手段。只有通过人类的不和与纷争，通过人类社会的对抗才能实现自然界的目的，即发展人类的全部禀赋。康德的这个思想深深影响了德国古典哲学。对康德来说，对抗、斗争最终应该从人的社会中排除出去，人类历史的发展最后也将消除对抗，实现永久和平，但是人类进入永久和平状态，却是通过斗争达到的。

---

① ［德］康德：《历史理性批判文集》，第183--184页。
② 同上书，第3页。
③ 同上书，第3—4页。
④ 同上书，第4页。
⑤ 同上书，第6页。

康德对人类原初自然状态的理解不同于卢梭，后者认为，在原初自然状态下，人是幸福的，也是自由的、善的、良好的，但是一旦从自然状态走出来进入社会状态的时候，人就变坏了，社会状态就出现了斗争，而若走出冲突的社会状态，就必须建构基于公意的共和国家。对卢梭来说，人类发展进程就是从自然到社会再到国家，而他肯定两头，即赞美原人所处的自然自由的状态和实体性自由的共和国家，否定中间，即批判不平等和不自由的社会。康德总的来说把人类发展的历史看作合乎自然目的的进程，人类的发展就是把自身作为大自然的目的确立和实现出来。他把人类的发展分成三个阶段：第一个阶段，人类处在原初的自然状态下，在这个状态下，人的理性发展起来，时间意识、自由以及人是自然目的的观念也随之逐渐发展出来；第二个阶段，人走出自然必然的状态进入自由的社会状态，不过，这种社会状态不同于卢梭理解的社会状态，后者完全是与自然状态对立的，社会是非自然的，而且相对于自然状态来说是堕落的、坏的。相反，它作为社会状态与自然状态并不是对立的，它本身仍然是一种自然状态，不过不是纯粹自然状态，而是自然社会状态，作为自然社会状态，它是与政治社会，公共法权社会形态相对立的。对于康德来说，人的自然社会状态是人类发展的一个重要阶段，再往前一步就进入第三个阶段，即法权社会状态，即共和国家。

卢梭认为，社会状态是自由丧失，在道德上恶的状态，而康德认为，在自然的社会状态下，人并没有丧失自由，他仍然享有一定的自然权利。人享有的第一权利就是天赋自由，这种自由与卢梭所述的自由是相似的，但又是不一样的。卢梭理解的天赋自由是无理性的，它是自然状态下人内在于自身、独立无依的状态。但是对康德来说，人的天赋自由是理性的，而且正是理性带给人自由。天赋自由是任意的自由，而只有当人使用理性按照普遍法则自由行动，并且他的自由行动并不影响他人，相反能与他人的自由行动共存的时候，他的行动就是合乎其自然权利的。也就是说，在自然状态下，人享有的自由是个体的自由，但是这种个体自由又是外在的自由，受到他人自由的约束。个体自由并不是不受约束的自由，相反，它是受到约束的自由，而它所受到的唯一的约束就是不损害他人的自由。换言之，你的自由必须建立在与他人的自由共存的前提下。如何才能够实现我的自由与他人的自由的共存呢？关键就在于理性，由它确立人人共同遵守的普遍法则，这种法则保证所有人的自由不受损害、不相冲突。这种法则就是，在不损害他人的自由的前提下，我可以自由做我想做的任何事情。① 如此一来，这种自由就有一定的社会性，虽然它的基础是个体性，因为我的自由建立在不损害他人自由的基础上，人所享有的自由保证了人们能够和平共存。在卢梭那里，人享有独立的个人自由，而他的个人自由与他人的自由是无关的，并不建立在不损害他人的自由的前提之上；而且在社会状态下，人与人是相互依赖的，因此人的自由是丧失了的。但是对康德来说，在社会状态下，人人是自由的，虽然他的自由不是绝对的，而是受到他人自由限制的。但是他所受到的限制并不损害其自由，相反，它恰恰能够确立其自由，因为限制其自由的还是自由，是自由限制自由，自由约束自由，我的自由约束他的自由，他的自由也限制我的自由。我享有自然权利意味着他人不能损害我的自由，他人的自由也构成了他人的权利，意味着我不能损害他人的自由，我必须在肯定他人自由的基础上建立自己的自由。这是我的义务。在自然社会状态下，人与人还是平等的，享有同等的天赋自由，没有人可以凌驾于他人之上，因此人们应当相互尊重。

但是，自由的自然社会状态并不是和平的状态，而是处于斗争、不和的状态，也就是康德讲的对抗性状态。康德把人类历史看作合乎目的的发展过程，人类的发展就是实现人的禀赋，而人类是通过在自由社会中的相互对抗实现人类天赋的发展的：

> 唯有在社会里，并且唯有在一个具有最高度的自由，因之它的成员之间也就具有超彻底的对抗性，但同时这种自由的界限却又具有最精确的规定和保证，从而这一自由便可以与别人的自由共存共处的社会里；——唯有在这样的一个社会里，大自然的最高目标，亦即她那全部秉赋的发展，才能在人类的身上得到实现。②

康德把人类的对抗性理解为非社会的社会性，也就是说，对抗性是在社会中展开的，它根源于人的孤立性。康德认为，理性把人类从自然状态领出来，又把它领入社会状态，因此理性赋予人一定的社会性，它要求人

---

① ［德］康德：《历史理性批判文集》，第182—183页。
② 同上书，第8页。

在使用自由的同时不损害他人的自由，并与他人的自由共存。但是人除了这种社会性、合群性之外，还有一种孤立于社会之外、不合群的倾向，康德说，正是这种倾向引发了人类社会的对抗性：

> 人具有一种要使自己社会化的倾向；因为他要在这样的一种状态里才会感到自己不止于是人而已，也就是说才感到他的自然秉赋得到了发展。然而他也具有一种强大的、要求自己单独化（孤立化）的倾向；因为他同时也发觉自己有着非社会本性，需要一味按照自己的意思来摆布一切，并且因此之故就会处处都遇到阻力，正如他凭他自己本身就可以了解的那样，在他那方面他自己也是倾向于成为对别人的阻力的。可是，正是这种阻力才唤起了人类的全部能力，推动着他去克服自己的懒惰倾向，并且由于虚荣心、权力欲或贪婪心的驱使而要在他的同胞们——他既不能很好地容忍他们，可又不能脱离他们——中间为自己争得一席地位。①

一方面人们相互结合，走到一起组成社会，另一方面人与人之间天然地不和，他们在步入社会的同时还保留了其作为动物的独立性，或者说其动物性的孤立性并没有随着其进入社会状态而完全丧失，而是得以保留，并且在社会中起到了有益的作用，构成社会发展的一种自然动力机制。因此社会不完全是在人的相互协作中发展的，也是在人与人之间的不和、纷争、竞争中进展的。

人与人之间为什么会有天生的对抗性呢？在康德看来，这种天然的不合群性、对抗性来源于人的欲望、激情以及虚荣心。另外，在与他人结合进入社会时，除了自由的相互合作，与他人交往共存之外，人还有一种内在的趋向，要在人与人之间争夺和获得其一席之地，追求他人对自己的承认。人皆有一颗虚荣之心。在古希腊罗马社会，公民、贵族都追求荣誉，珍惜声名。对于贵族来说，最珍贵的不是金钱，不是财富，而是荣誉。荣誉是什么呢？荣誉代表着他被整个社会承认，被所有人所尊重。公民、贵族以其自身美德和公共活动赢得荣誉，可是，如果一个人不是因其美德和公共活动，以其自身价值而去赢得荣誉，争取他人承认，那么他对荣誉的追

---

① ［德］康德：《历史理性批判文集》，第 7 页。

求就会蜕变为对虚荣的爱慕。基督教即痛斥希腊罗马人的荣誉心为虚荣心，把爱荣誉之人贬为虚荣之人，这是因为对基督教来说，人本身是毫无价值可言的，何来基于自身价值而享有的荣誉，它不过就是虚荣自负罢了。由此基督教宣扬谦卑的美德，要求人做温顺的羔羊，绝对服从上帝。在近代，霍布斯和卢梭都突出人的虚荣自负之心，争强好胜之心，承认的欲望激情。但是他们却在完全消极的意义上谈论人的虚荣自负之心，并予以否定。但是对于康德来说，人的贪欲、虚荣作为一种非社会性的欲望和激情，并非完全是消极的。固然，强烈的贪欲、权力欲和虚荣心导致人与人之间承认的斗争，但是这种对抗性恰是推动人类社会发展的动力机制。如果没有这种对抗性，相反人始终处于和平宁静的田园状态，那么这就意味着人类永远得不到发展，人类的各种禀赋才能也得不到实现。要使人的理性真正成熟起来，就必须走出和平宁静的无为状态。无为状态就是婴儿状态，老子就要人回到赤子状态，即回到无忧无虑、无欲无求的动物状态。如果人永远处于这种状态，那么他也就永远是孩子，永远也长不大，他身上合乎自然的目的就无法实现出来。但是人不可能永远处在这种状态，人的贪欲、虚荣之心引发了人与人之间的对抗，人要求别人承认的激情导致人与人之间展开竞争，从而导致人不断地超越自身，促使人类不断完善发展，直至走出自然田园状态。走出田园状态对人类来说是一种损失，毕竟宁静美好的生活一去不复返了，但是人得到的却是各种禀赋才能的实现，社会的发展，自然目的的实现。因此人在社会中的对抗性、非社会性，人要求他人承认的欲望构成了人类社会发展的自然机制，不是合作而是斗争导致人类不断向前进步。

康德说，热带雨林中的大树一个比一个笔直高大，为什么呢？就是因为它们之间的竞争所致：每颗大树都必须超越其他大树，站到最高处才能夺得更多更充足的阳光和空气。自然界的竞争促进了自然的进化，产生越来越多更高级的生物。在自由人之间形成了对抗和竞争，而这种对抗和竞争促使每个自由人把自身的天赋才能充分施展出来，也推动着整个人类的自然天赋逐步展现出来；"一切为人道增光的文化和艺术、最美好的社会秩序"无不是"这种非社会性的结果"①。在卢梭那里，残酷的竞争是被否定的，因为在他看来，竞争导致贫富的分化，自由的丧失，是社会不幸

---

① ［德］康德：《历史理性批判文集》，第9页。

的根源。康德却充分肯定竞争乃至战争对人类社会发展的必要性。希腊社会是一个崇尚竞争的社会，就此而言，康德在某种意义上回到了竞争主义的希腊。但是即使在希腊，柏拉图和亚里士多德在讲人类如何组成社会的时候，也是强调社会合作多于社会竞争。基督教更是否定了人世纷争的意义，要求人无条件地服从上帝，爱邻人如己。到近代，霍布斯把虚荣自负看做人的根本特性，但是他却为了建立绝对王权国家而否决了人的斗争性。

康德认为，建立"一个普遍法治的公民社会"，即共和国家是"大自然迫使人类去加以解决的最大问题"①，也即是人类自然历史目的的实现。在自然社会状态，人的自由是无"法"的自由，野蛮的自由，外在的自由。但恰是野蛮的、外在的自由的人之间的不和促进了人类禀赋的发展，并最终把人领出自然社会状态，带进普遍法权公民社会。

国家是怎么产生的？国家即产生于对自然社会冲突的克服，是为补救自然社会而建立起来的。在自然社会状态下，人们彼此之间是对抗的，相互竞争的，而这种对抗和竞争容易蜕变为厮杀或屠杀。因为在自然社会状态下，没有强制性的法律让人去遵守；理性颁布法则要求人去遵守，要求人的自由不可损害他人的自由，但是这完全靠个人的良知去执行，并没有外在的强制性。当冲突发生时，没有公共的第三方来裁决，只有靠双方自己来解决，其结果往往是走向相互的毁灭。所以为了避免人与人之间的对抗和竞争导致普遍的毁灭，就需要建立具有强制力的法权社会，建立国家。而在国家建立之后，人与人的对抗性并没有消失，而是达到了最高程度。因为普遍法权的社会是个体自由最大化的社会，而公民最高程度的个体自由是在更高的竞争和对抗中达到的。也就是说，在公民社会里，公民之间仍然存在非常高强度的对抗和竞争，虽然他们的竞争和对抗是受限制的，因为公民自由的界限是明确的，人们之间的竞争和对抗必须在法律确定的有限自由的基础上来展开，而不能逾越这个界限。这个界限就是一个人的自由必须按照法则与他人的自由共存。在自然社会状态，也存在这个限制，只是并没有强制的机关来维护它，而公民社会建立了强制裁决机制，当人们的自由发生冲突时，通过第三方带有强制性的裁决，消除导致不自由的东西，恢复人们的自由。

_____

① ［德］康德：《历史理性批判文集》，第8页。

　　总体来看，康德对人类社会历史逻辑的理解不同于卢梭。卢梭是从自然到社会到国家，国家从社会中产生，但是国家并不是基于克服社会冲突而建立起来的，而是基于对社会冲突的彻底否定而建立起来的。对康德来说，国家是建立在自然社会冲突基础上的，或者说，公民社会恰恰是在自然社会冲突中产生的，国家是为了克服和补救人类自然社会的冲突而建立起来的。建立国家不是消除而是扬弃社会的竞争和冲突，把它控制在法律的框架内。公民社会是普遍法权的社会，是自由人的法权联合体。它不同于马克思所说的自由人的联合体，后者是纯粹社会形态，是经济性的、非国家的形态，而它是国家形态，是法权性的自由政治社会。

　　另一个不同之处在于，卢梭建立起来的共同体既是法权的共同体也是伦理性的公共体，因为国家有同一的意志和公共的善，是不可分的整体。每个公民是作为整体的个体，作为不可分的国家的一部分而存在于共同体中的，它必须以共同体的意志为自己的意志，服从公意，致力于公共的善。在康德那里，国家不再具有伦理的或道德的含义，公民社会仅仅是法权性的社会。在这样的社会里，公民是法权个体，即自由的个体，享有自由的权利。他必须遵守普遍法则、即法律与其他自由个体共存，不损害他人的自由。他承担着对他人的义务，当然这种义务仅仅是法权意义上的，而不具有道德的意义。在康德那里，行为的道德性在于对普遍法则的敬重。在法权社会，对于人只有合法性的要求而没有道德性的要求，只要你的行为合法则，只要你不损害他人的自由，你就可以做任何你认为幸福的事情："没有人能强制我按照他的方式（按照他设想的别人的福祉）而可以幸福，而是每一个人都可以按照自己所认为是美化的途径去追求自己的幸福，只要他不伤害别人也根据可能的普遍法则而能与每个人的自由相共处的那种追逐类似目的的自由（也就是别人的权利）。"①

　　我们看到，康德对卢梭的问题是通过把法权和道德相分离的方式加以解决的，在他看来，问题不是"从共同体的建制或机构中使臣民能期待获得幸福的问题，而首先纯然是使每一个人的权利由此可以得到保障的问题"②。换言之，通过立法建立的国家仅仅是法权的而非道德的国家。在法权国家不存在对个体的压制，相反是保护个体自由的，唯一的限制就是

①　［德］康德：《历史理性批判文集》，第182页。
②　同上书，第191页。

你不要损害他人的自由。在卢梭那里，存在着实体自由压制个体自由的情况，而对康德来说，不存在个体自由被压制的情况，相反，即使是为了保障个体自由而限制自由，也是通过普遍法则，即法律，用自由来限制自由，用个体自由来约束个体自由。但是在同一性意志的国家实体中，普遍的同一意志可以压碎个体意志，实体自由最终消溶个体自由。但是，康德把道德伦理从国家中排除出去了，国家仅仅是法权的社会，不具有任何伦理属性，或道德属性。从自然社会进入国家，并不要求你是一个好人，你是一个坏人同样也可以在法权社会做一个好的公民。对康德来说，国家只要求你做个好公民，并不一定要求你也做个好人，即使坏人也能够成为法权社会的好公民，只要你的行为合法，而不管你的行为是否合乎道德，合乎伦理习俗。即使一个魔鬼民族也能建立国家，因为建立国家并不在于"人类道德的改善，而只在于要求懂得那种大自然的机制我们怎样才能用之于人类，以便这样地指导一个民族中间的那些心愿不和的冲突，使他们自身必须相互都屈服于强制性的法律之下并且必须导致使法律能在其中具有力量的和平状态"①。因此只要它组织良好，机制合理，就可以利用人们自私的倾向，使他们每一种力量都"彼此是那样地互相针对，以致其中的一种足以防止另一种的毁灭性的作用或者抵销它们"，于是"所得的结果就好像是双方根本就不存在似的；而一个人即使不是一个道德良好的人，也会被强制而成为一个良好的公民的"②。由此一来，康德实际上就把建立共和国家的条件降到了最低，国家只要求是合法的公民社会而已。

康德对国家和道德关系的理解是相当务实的。对他来说，道德不是建立法权政治社会的前提，相反，法权政治社会是道德得以改善的前提。③人类历史作为大自然隐蔽计划的实现，就是建立这种普遍法权的公民社会；而对于每个民族来说，它都负有对内建立完全的自由共和国家，对外建立与其他国家的联盟，以建立永久和平的世界公民社会的义务：

> 把普遍的世界历史按照一场以人类物种的完美的公民结合状态为其宗旨的大自然计划来加以处理的这一哲学尝试，必须看作是可能

---

① ［德］康德：《历史理性批判文集》，第125页。
② 同上书，第125页。
③ 同上书，第126页。

的，并且甚至还是这一大自然的目标所需要的。①

人类历史起于自由，中间陷于纷争，终于人类永久和平完美的自由公民结合状态——这就是康德作为启蒙世界主义者对人类历史的叙事逻辑和最高理想。

---

① ［德］康德：《历史理性批判文集》，第15页。

第九章　启蒙道德哲学的危机

希腊苏格拉底发动的目的论道德启蒙是第一次道德启蒙，近代道德启蒙则是西方精神史上的第二次道德启蒙，不过，这次道德启蒙不是目的论道德的启蒙，而是自由论道德的启蒙，而且它是整个近代自由理性启蒙运动的一部分。18 世纪启蒙运动虽然浩大并引发了广泛的民主革命运动，但是它很快也激起了反对它的思想文化运动，浪漫主义运动就是作为启蒙运动的反动而发生的。

一　浪漫主义与激进启蒙

如果启蒙运动提倡科学，推进生活实践的全面合理化，那么浪漫主义就否定或贬损科学，倡导诗或音乐，复现生活的全面诗化，对它而言，"上帝是个诗人，而不是数学家"。如果启蒙运动要求如实地看待自然，祛除自然之魅，批判宗教，属意于未来，那么浪漫主义就主张恢复自然的诗意和神秘，回归宗教，属意于过去。启蒙主义者是理性主义者、普遍主义者、世界主义者，他们认为，一种普遍的自然法则"既支配无生命的自然，也支配有生命的自然，支配着事实和事件、手段和目的、私生活和公共生活，支配着所有的社会、时代和文明；只要一背离它们，人类就会陷入犯罪、邪恶和悲惨的境地"[1]。他们也是乐观主义者、历史的进步论者，认为人类能够认识普遍自然法则和永恒的真理，而只要认识并遵守它们，人类就能够"变得聪明、幸福和自由"，一种理性的统治将能把人们从"政治和道德的不公正及苦难中解救出来，使他们踏上通往智慧、幸

---

① ［英］伯林：《反启蒙运动》，《反潮流：观念史论文集》，冯克利译，译林出版社 2002年版，第 4 页。

福和美德的大道"①。

浪漫主义拒斥了启蒙理性主义，认为"分解就是谋杀"，概念就是桎梏，捆绑和扭曲了事物真实的本性，代之以情感主义，呼唤恢复人自然善良的情感，优美的灵魂，单纯的良心，呼喊突破强加的规则和法律，回归感觉，"心灵！热忱！鲜血！人性！生活！"② 浪漫主义还用历史主义、民族主义、特殊主义取代了启蒙主义的普遍主义、世界主义，对它来说，上帝创造了自然，因此只有上帝才能理解它，而人类创造了自己的文化历史，因此人能认识它自身的文化历史；任何文化都不是普遍的，而是民族性的，都源出于一个民族精神的创造，"艺术、道德、习俗、宗教，从悠久传统中成长起来的民族生活，是由过一种统一的共同生活的整个社会创造的"。每项人类成就都是民族有机精神的产物，都有其时代性和特殊性，"只能根据它自己的内在标准加以判断"，而世界主义将排除"一切使人最有人性、最有个性的因素"③。浪漫主义最终归结为叔本华式的悲观主义，即人世被看作生命相互陷害、陷入无边挣扎和痛苦的生存斗争中的必然世界，要想获得拯救和自由只有放弃此世，熄灭生命意志，进入寂灭的世界。

面对启蒙主义和浪漫主义的对立和相互摧毁，黑格尔既超越了启蒙主义，也克服了浪漫主义，把它们加以综合扬弃于绝对精神之中，使普遍和特殊，理性和情感，逻辑与历史，世界和民族达成辩证统一。尼采早期沉迷于浪漫主义，并用浪漫主义反对启蒙主义，但是他后来放弃了浪漫主义，重返启蒙主义，并用启蒙主义反对浪漫主义，形成了反浪漫主义的激进启蒙思想。

虽然其秉性与之格格不入，但是尼采早期还是被浪漫悲观主义的精神领袖叔本华和瓦格纳所俘获，成为浪漫悲观主义的倡导者和鼓吹者。《悲剧的诞生》和《不合时宜的沉思》即是他在浪漫悲观主义的支配下完成的两部早期论著，前者用浪漫主义的希腊悲剧主义艺术文化反对苏格拉底启蒙主义的理性主义科学文化，鼓吹希腊悲剧音乐，悲剧神话的再生，复现酒神对日神，神话对理性，艺术对科学的统治，后者则用现代浪漫悲观主义，即叔本华和瓦格纳的悲观主义的哲学、艺术和宗教反对现代启蒙理

---

① ［英］伯林：《反启蒙运动》，《反潮流：观念史论文集》，第4、2页。

② 同上书，第8—17页。

③ 同上书，第12—15页。

性主义的哲学、科学和史学，重现情感对理性，神话对知识的胜利。虽然如此，仍然可以从青年尼采对希腊悲剧悲观主义的推崇和对希腊人阳刚之气的赞美中看出他与浪漫悲观主义的距离，从他对希腊人英雄气质、男子气概的肯定和对平民气质、女性气概的贬低中看出其与浪漫悲观主义的隐性背离。只是他这时深深地误解了浪漫悲观主义，正如他后来所醒悟到的那样，他理解的浪漫悲观主义恰恰不是浪漫悲观主义，而是反浪漫悲观主义，浪漫悲观主义的反面：

> 也许有人记得，至少我的朋辈中有人记得，当初我带着某些错误和过高的估计迈向现代社会之时，无论如何是以一个满怀希望之人的面目出现的。我对十九世纪哲学家悲观主义的理解——天知道是依据哪些个人经验——觉得它是一种象征，即象征着比十八世纪（休谟、康德、康迪拉克和感觉论者的时代）更强劲的思考力，更大胆的勇气，更充满胜利的丰富生活。所以，我觉得悲观主义犹如我们文化的繁华，是文化所许可的最珍贵、最高雅、也最具有危险性的豪奢，自然是文化鼎盛使然。①

实际上浪漫悲观主义根本不像他理解的那样，是刚健的、勇猛的和男子气的，正如他在希腊悲剧英雄中所看到的那样，而毋宁是柔弱的、多愁善感的和女性化的。他之用浪漫主义反对启蒙主义，即是因为他以为启蒙主义科学导致对生命的弱化，而浪漫主义神话则强化生命。但是这至少证明他对浪漫悲观主义的理解是完全错误的，而他却一直执迷不悟，直到浪漫悲观主义悲剧 1876 年在拜洛伊特上演并达到高峰，他才真正看清了它的真面目，从中醒悟过来：他完成了一次精神上的自我启蒙，从浪漫主义的迷梦中惊醒过来：

> 理查德·瓦格纳表面上是一个大获全胜者，实际上却是一个变得腐朽的、绝望的浪漫主义者，突然束手无策地彻底瘫倒在基督的十字架前……②

---

① ［德］尼采：《快乐的科学》，黄明嘉译，华东师范大学出版社 2007 年版，第 375 页。
② ［德］尼采：《人性的，太人性的》，杨恒达译，中国人民大学出版社 2005 年版，第 304 页。

原来浪漫悲观主义不是其表面上所看到的那样是肯定生命，战胜了生命悲观主义的，而恰是否定生命，对生命完全绝望和厌恶的。而这种生命态度和尼采是根本对立的。尼采走出了浪漫悲观主义，虽然仍是悲观主义者，但却"无论如何不再是一个浪漫主义者"，而是"一个有着良好的悲观主义意志的悲观主义者"，一个"英勇的悲观主义者"，脱离了浪漫悲观主义"使神经麻木，使人软弱，使人变得娘娘腔，它的'永久女性化'"的东西，恢复了勇气、尖锐、男子化和超健康的东西：

> 最终我把我同浪漫悲观主义的对立，也就是说，同匮乏者、不幸者、被征服者的悲观主义的对立，用一个公式来表示：有一种悲剧的、悲观主义的意志，它既是理智（趣味、感情、良心）一丝不苟的标志，又是其力度的标志。胸中怀着这样的意志，人们就不害怕所有生存固有的那种可怕的成问题的东西；人们甚至搜寻这种东西。在这样一种意志背后，矗立着勇气、骄傲和对了不起的敌手的向往。①

尼采新形成的良好的悲观主义、悲剧悲观主义、勇敢的悲观主义不是浪漫主义的悲观主义，而是浪漫主义的反面，即启蒙主义的悲观主义，如果浪漫主义是启蒙主义的反动，那么启蒙主义也是浪漫主义的反动，尼采不是以一种新浪漫主义克服旧浪漫主义，而是以一种新启蒙主义克服浪漫主义，其标志是，这种与浪漫悲观主义相对立的勇敢悲观主义又被他称为"理智悲观主义"②，是一种恢复了理智，建立在"理智良心"和"理智力量"之上的悲观主义；如果浪漫悲观主义是以不忠于理智，牺牲理智，最终拜倒在信仰面前为标志，因此是反启蒙主义的话，那么理智的、勇敢的悲观主义则是以忠于理智、理智诚实和达于最高智慧为本质的，因此它是启蒙主义的。尼采这种新启蒙主义所以是理智的悲观主义，在于这种理智主义面对和看到的是可怕的东西，残酷的真理，又所以是勇敢的悲观主义，在于只有勇敢者才能和敢于直面和看可怕的东西、残酷的真理。因此尼采的新启蒙主义作为理智主义，始终包含两个方面，即理智的良心和理智的勇敢，理智诚实与理智勇气，自由的思想和自由的意愿，它之区别于

---

① ［德］尼采：《人性的，太人性的》，第308—309页。
② 同上书，第313页。

近代启蒙主义，包括苏格拉底启蒙主义，在于它不是基于理智乐观主义之上的，认为真理是好的、可欲的，必然有益于生命的，而是基于理智悲观主义之上的，认为真理未必是好的，甚至是可怕的、难以承受的，因此忠于理智，坚持理智的良心不是人人都能做到的，只有勇敢者，有血气者，具有英雄和男子气概的人才可能是理智诚实的人。浪漫悲观主义者如叔本华虽然看到了生存的不幸和无意义，却不能承受这种生存真理，最后拜倒在宗教面前，牺牲了理智，因此是反启蒙的，而近代启蒙固然高举理智大旗，却还没有触碰到不好的真理或冷酷的真理，流于表面的乐观主义，因此它就没有把理智启蒙原则贯穿到底而是浅尝辄止，止步不前。尼采基于理智悲观主义的启蒙是一种新启蒙，是对理智启蒙的彻底化和激进化，是把启蒙推进到最为深刻、最为高远的程度，既达致最高理智和智慧，也达于对生命和世界最高最深肯定的伦理。

早期用浪漫主义反对启蒙主义，而在中期尼采的思想发生倒转，他从浪漫主义跳转到启蒙主义，回到启蒙主义。他扛起了启蒙主义的大旗，开始用启蒙主义反对和批判浪漫主义。这的确是惊人的转变。他早期还是一个反对启蒙主义的积极的浪漫主义者，而从《人性的，太人性的》《朝霞》到《快乐的科学》，以自由精神为灵魂的三部曲，却成为启蒙的三部曲，① 标志着他转变为积极的乃至激进的反对浪漫主义的启蒙主义者。作为其中期思想转变的开端著作，《人性的，太人性的》是因为他要是献给自由精神的，也是献给近代启蒙智者伏尔泰的，是向伏尔泰表达敬意的，而且如果不是为了赶在伏尔泰百年诞辰之前出版这部著作，它是不会这么早，甚至根本就不会出版的。在经过了长时间误解浪漫悲观主义，误解了叔本华和瓦格纳，也误解了自己之后，他终于发现叔本华和瓦格纳并不是自己的同路人，伏尔泰才是他最应该致敬的先行者，而他之所以这么急于出版这部著作，特意在伏尔泰诞辰百年之际发表这种著作，是因为他是要表白他已经从浪漫悲观主义中解放出来，与伏尔泰志同道合，决心志于继续推动启蒙运动，他要在启蒙运动止步于浪漫主义反动的地方起步，再续启蒙运动的大业。

---

① Franco, Nietzsche's Enlightenment: The Free-spirit Trilogy of the Middle Period (Chicago, 2011), ix-xv.

尼采并不否定启蒙运动主张的"进步的可能性"①，相反，纵观整个近现代人类精神史，他发现，人类精神的每次进步总伴随着反动，启蒙总伴随着反启蒙，而每次进步中的反动总推动了进步，启蒙后的反启蒙发展了启蒙，因此在人类精神中存在着一种进步—反动，启蒙—反启蒙的悖论，或进步、启蒙的辩证法，进步总是通过自身否定，通过反动，启蒙总是通过反启蒙进一步发展自身。他自身思想的历程就是这种启蒙辩证法，进步辩证法的最好诠释。在他看来，文艺复兴是现代千年中的"黄金时代"，蕴藏着使现代文化受益的全部积极力量，如思想解放，蔑视权威，对科学的振奋和求真的热情等，如果它没有受到阻止的话，那么"启蒙运动的曙光也许会以比我们现在所能猜想的更早一点的时间、更美丽的光辉升起在天空"。但是很快宗教改革随之兴起，而它构成了对文艺复兴的反动，如果文艺复兴是理智的再次觉醒，确立了理智的良心，那么宗教改革则再次牺牲了理智，复苏了信仰，克制了理智良心，坚固了信仰良心，"这既将科学的完全觉醒和统治推迟了两三百年，又使古代精神和现代精神的充分合一也许永远成为不可能"②。但是宗教改革毕竟未能阻止科学理性的觉醒和启蒙运动的爆发，反而促进了理智的醒悟和启蒙运动的发生。但是启蒙运动的发展又引发了浪漫主义的反动；固然理智、科学精神抬起了头，却仍然不够强大，不足以抵御被她所摧毁的基督教的世界观和情感在浪漫主义、在叔本华的哲学中"庆祝复活"。然而浪漫主义也不是毫无助益，作为"进步的反动"，它可以使我们人类精神"公正地对待基督教及其亚洲近亲"，并纠正"启蒙时代带来的历史观照方式"，进而"我们"的启蒙精神就能从浪漫主义的反动中再次取得进步，"我们才可以重新举起启蒙的大旗——上面写着三个名字的大旗：彼特拉克，伊拉斯谟，伏尔泰——继续前进"③。尼采即是那个通过浪漫主义的反动重回启蒙主义，继续高举启蒙旗帜的第一人。作为这样的启蒙主义者，他把文艺复兴和18世纪伟大的启蒙运动连接起来，要在第一期启蒙运动即文艺复兴和18世纪第二期启蒙运动的基础上推进第三期的启蒙；如果第一面启蒙旗帜上写的是彼特拉克和伊拉斯谟，第二面启蒙旗帜上写的是伏尔泰，

①　［德］尼采：《人性的，太人性的》，第34页。

②　同上书，第165—166页。

③　同上书，第35—36页。

那么第三面启蒙旗帜上写的名字就是尼采或后来他召唤来的查拉图斯特拉。如果伏尔泰在宗教改革之后接续文艺复兴的薪火开出了第二期启蒙运动，那么尼采要在浪漫主义的反动之后，接过启蒙的薪火，发动第三期启蒙运动，一种更加激进的启蒙运动。

回到其思想所从出的19世纪的德国思想，他发现，无论是退回思想开端的黑格尔唯心主义哲学，恢复古老和原始情感，向基督信仰、民间信仰、传说的回归的德国历史学派和浪漫派，还是恢复伦理和象征意义的神圣自然观念的浪漫自然研究，从整体趋势上说都是"对启蒙运动以及被简单地误认为启蒙运动后果的社会革命的反动：对于一切现存事物的恭敬试图摇身一变成为对于一切曾经存在的事物的恭敬，以便使心灵和头脑重新填满，不给未来和新的目标留下任何位置"①。在德国思想整体对启蒙运动的反动中，最突出的一点就是"对情感的崇拜代替了过去对理性的崇拜"，"在对过去的充分的和决定性的知识的获得的背后，存在着一种从整体上贬低知识抬高情感和——用康德描述其工作的话来说——'通过表明知识的局限性重新为信仰铺平道路'的极大危险"。但是尼采同样认为，对启蒙的浪漫反动，情感对理智的反动，过去对现在的反动带来的是启蒙运动的推进，德国思想对启蒙运动的否定将深化启蒙运动，那些反对启蒙运动的东西恰恰被召唤来用于推动启蒙运动：

> 说来奇怪，正是德国人如此念念有词地召来的神灵最终却成了他的愿望的最大障碍——在看起来似乎是做了魔力、幻想和反动精神的一个时期的附庸之后，历史研究，对起源和进化的了解，对过去的同感，对情感和知识的新生的激情，突然具有了一种新的性质，现在那可恶的启蒙运动的新的、强大的神展翅飞翔在它过去的召唤者的上空和彼岸，而它本来是被召唤来反对启蒙运动的。我们现在已将这场启蒙运动向前推进；我们用不着担心什么"大革命"及其对立面"大反动"——与我们推到和希望推动的不可抗拒的伟大潮流相比，它们只不过是一些浪花和泡沫！②

---

① ［德］尼采：《朝霞》，田立年译，华东师范大学出版社2007年版，第240—241页。
② 同上书，第241—242页。

　　显然尼采中期的三部著作，包括后期的主要著作就是在从事这种新的启蒙工作。他不仅爆发出惊人的认识激情，成为勇敢的求知者，知识战士，而且不回避浪漫主义对起源和进化的研究，进而利用这种起源和进化研究来揭示一切超越的、"超"人的形而上学、道德、宗教和艺术背后人性的和太人性的观念谱系，以开放出新的"朝霞"、曙光，建立新的快乐的知识，发现最深最高的真理，发出对一切说"是"的最高肯定的伦理命令，从而将"这场启蒙运动向前推进"。

　　尼采从浪漫悲观主义转到启蒙主义，用启蒙理智主义克服浪漫主义的情感主义，用科学克服诗和神话，也从叔本华和瓦格纳转到彼特拉克和伏尔泰，意欲高举启蒙旗帜，继续启蒙大业。但是尼采之启蒙却不是近代启蒙的简单重复，他之对浪漫主义持一种启蒙主义的批判态度并不就意味着他对近代启蒙主义是完全接受而非批判性的。事实上，他对启蒙主义是批判性的，他的启蒙乃是一种新的启蒙，一种对近代启蒙进行启蒙的自我启蒙，一种把启蒙原则发挥到极致、极端的激进启蒙。

　　尼采的激进启蒙首先表现为它是一种贵族启蒙而非一般意义上的民众启蒙。这从他对伏尔泰和卢梭的不同态度上即可以看出端倪。虽然同是启蒙运动的重要人物，但是伏尔泰和卢梭却是有分歧的。特别在对人性的理解上，伏尔泰主张平实地看待人性，既不把人性善的一面扩大，把人看作天使，也不把人性恶的一面夸大，把人看作魔鬼，而应把人性置于神与动物、天使与魔鬼之间，进而建立与这种中等人性相适应的道德和政治，创造一个允诺每个人都能经营"自己的园地"的自由社会。但是卢梭却通过还原把原初自然的人看作天性善良的人，而文明社会的发展却泯灭了人的善良本性，似乎只有摧毁现有的文明社会才能恢复人性的善良。尼采是赞同伏尔泰而痛斥卢梭的，而他所以高举伏尔泰的启蒙旗帜，主要在于他把伏尔泰看作一个"精神贵族"①，他所推动的启蒙是具有高贵精神的启蒙，他所倡导的知识和道德乃是具有男子气的贵族性的知识和道德，而这一点和他的精神气质是相合的，他所要发动的新启蒙运动即是一种高贵性的启蒙运动，目的是重新树立有血气的、男子气概的科学和伦理。而卢梭代表的不是高贵者而是平民，他欲发动的启蒙是一种民众启蒙。在尼采看来，卢梭所理解的人性不是普遍人性，而是民众的人性，他关于人性善良

---

　　① ［德］尼采：《看哪这人》，张念东、凌素心译，中央编译出版社2000年版，第61页。

的观念乃是"有害的、非男人化的和群居性的观念"，这种人性观念对肉体和灵魂产生了巨大影响，最终使所有灵魂和身体都变得虚弱了，并且"使那些自立、独立和自然的人夭折，而这些人却正是一个强壮文明的柱石"①。也就是说，卢梭主义的启蒙运动必然导致现代消除贵族的民主革命运动。卢梭主义者迷信人性的善良，而人性善良的埋没被他们归于"社会、国家、教育体制中的各种文化机构"，"他们热烈地、雄辩地要求颠覆所有秩序，坚信最美好的人类的最自豪的殿堂然后会几乎自动的蠢立起来"。而在尼采看来，不是所有秩序都要颠覆重来，至少等级秩序是合乎自然的，而卢梭主义却全面颠覆所有秩序，摧毁社会文化中的高贵精神。尼采强烈反对卢梭的这种民众启蒙主义，他所要发动的新启蒙不仅反浪漫主义，而且反卢梭主义，颠覆被颠覆的秩序，召唤伏尔泰式的高贵精神：

> ……因而一场颠覆大概可以是一种变衰弱的人类中的力量源泉，但绝不是一个秩序维护者、一个建筑师、一个艺术家、一个人性的完成者。——不是伏尔泰那种适度的倾向于整理、清除和改建的天性，而是卢梭那种狂热的愚蠢行为和半真的谎言唤醒了革命的乐观主义精神，对此我大喝一声："捣毁贱民！"正是由于它，启蒙精神和继续发展的精神长时间地被吓跑了，让我们看好了——每个人都自己看好了——是否有可能把这些精神召唤回来。②

尼采还认为，卢梭主义把启蒙主义和革命捆绑在一起，把启蒙运动带向疯狂，使启蒙运动变得危险起来。而他主张新启蒙必须把启蒙与革命分开，将革命扼杀在摇篮里而单独继续启蒙运动的工作。③

尼采激进启蒙主义最主要表现在它的激进理智主义上。如果浪漫主义是回归传统的，那么启蒙主义是反传统的，但是近代启蒙主义之对传统的批判，在尼采看来是不彻底的，实际上它仍深陷传统的桎梏中，如它仍确信而并未根本撼动现象与本体，生成与存在，内在与超越，真理和谬误，

---

① ［德］尼采：《朝霞》，第 204 页。
② ［德］尼采：《人性的，太人性的》，第 246—247 页。
③ 同上书，第 532—533 页。

逻辑与非逻辑，理性与非理性，必然和自由，善与恶，是与非，正义与非义等的传统价值对立。虽然笛卡尔通过普遍怀疑确立了我思的自明性，但是他从自明性的我思推出的我在，上帝和自然都是在传统形而上学的框架内展开的。康德虽然主张全面的批判，但是他除了实现了从客观到主观、从善到正当的认识方式、实践方式的转变之外，并没有对真理与错误，必然和自由，善与恶本身进行批判，没有对形而上学、科学、道德、艺术和宗教本身的价值进行重估，因此仍被囚于形而上学、道德和宗教的锁链之中。而从浪漫悲观主义醒悟过来，重回启蒙主义的尼采，已经蜕变为彻底摆脱了道德观念、宗教观念和形而上学观念三重锁链，从真与假、自由和必然、善与恶等的价值对立中解放了的启蒙自由精神，① 不再信仰固有的国家和社会秩序，不再根据出身、环境、地位和占统治地位的同时代人的观点思考的"例外"的自由思想家。②

从形而上学、道德和宗教三重束缚中解放了的自由精神祛除了浪漫主义的多愁善感，恢复了理智，从"道德的人变成明智的人"，成为"专门致力于知识的"、"潜入知识的海洋中"、"沿着智慧的道路，迈开大步，满怀着信心前进"的求知者、爱智者、创造者、立法者。而在脱离了生成与存在、真理和谬误、自由和必然、善与恶的价值对立之后，完全解放了的和启蒙了的自由求知者来到和潜入了"一切皆生成，一切皆必然，一切皆无辜"的新知识王国，在这个王国里他将解释存在真理的谬误，揭示生成的真理，创造肯定生成和生命的价值："一个新福音的太阳将其最初的光芒投射到那些个人的灵魂的最高处。"③

然而一切生成、必然和无辜的世界却是非存在、非自由和非道德的世界，关于这个世界的真理因此也是非道德的、不善不恶、不美不丑的真理，这样的真理不可欲、不可爱，甚至是无益的，不利于生命的、可怕的。浪漫主义不堪承受这样的世界和真理牺牲了理智，向非理性、情感、诗意、信仰做出惊人的跳跃，进入一个真善美的世界而把本来真实的世界降低为不真实的现象世界。即使启蒙主义者也难逃这样的命运，虽然它没有最终放弃理性，但却也设定了一个真即善的世界；求知即是为了发现善

---

① ［德］尼采：《人性的，太人性的》，第15、571页。
② 同上书，第157、158—159页。
③ 同上书，第83—84页。

的原则也违背了理智的良心，未能如实地、如其所是地看待这个不善、不美、不可欲的纯粹生成世界。尼采新启蒙了的自由精神乃是彻底忠于理智，坚持理智，理智诚实，有理智良心，如其实是，是其所是地看这个纯粹生成的世界和如其所是地直面可怕真理的精神。能不能忠于理智，理智诚实，也就是能不能斩断真和善，美德和幸福的同一，真就是真，真不是善，美德未必就配得幸福，是衡量启蒙主义和浪漫主义，也是裁断新旧启蒙主义的基本标尺。浪漫主义不可能做到理智诚实，旧启蒙主义不能完全做到理智诚实，而只有新启蒙主义能够做到完全的理智诚实："真诚一词在苏格拉底或基督教的美德中都是找不到的：它是我们的最为晚近的美德之一，还没有完全成熟，仍然经常被曲解和误认，还很少意识到它自己——总之，还是某种正在生成的东西，我们既可以浇灌它，也可以扼杀它，完全依我们爱好如何而定。"①

　　然而对尼采来说，"大多数人缺乏理智的良知"②。也就是说，只有少数人、高贵的人才具有理智的良知，"对每件事都应有确切的把握"。一切价值估价和理想都应建立在这种理智良知之上，也就是建立在物理学知识的基础上，建立在关于生成世界的知识和真理之上。但是迄今一切道德却都建立在对物理学的无知和违背物理学的基础之上，是缺乏理智良知的。只有少数人具有理智的良知，具有关于生成世界和生命所是的真理和知识，并从世界的所是中创造道德价值和从生命之所是中自我立法。而他们基于存在创造的道德不是普遍的适于所有人、"我们"的道德，不是康德意义上的普遍道德律，这被看作大多数人缺乏理智良知的表现，而是特殊的，属于我的道德，从我之所是创造出的成为我自己的道德，"我们要成为我们自己——新颖、独特、无可比拟、自我立法、创造自我的人！"③启蒙就是认识我自己，成为我自己，然而尼采的新启蒙不同于旧启蒙的地方就在于，我所认识的不是普遍的我、遵循普遍道德律的我，而是独特的我，区别于人的我，创造了自身特殊律法的我，我所成为的我也不是普遍的人，而是自我创造和立法的"无可比拟"的人。由此而来，大体而言，近代启蒙可称之为民众启蒙，针对大多数人的启蒙，而尼采新启蒙却是面

---

　　①　[德] 尼采：《朝霞》，第363—364页。

　　②　[德] 尼采：《快乐的科学》，第75页。

　　③　同上书，第307—310页。

向少数人的高贵者启蒙，以呼唤伟大的个人脱颖而出，创造最高程度的道德价值，担当最高的伦理责任。

理智诚实的求知者和创造者还必须是有血气、勇气的知识战士，勇敢尝试和创造的知识贵族。不是任何人都能和敢于如是看待可怕的真理和进行价值的创造，只有勇敢者，男子气概的知识战士才能和敢于如其所是地看这个生成必然的世界，不怕可怕的真理，爱智止于最高理智和智慧，只有知识贵族才能和敢于从这个无目的苦涩的世界中酿造出没有比知识蜂蜜还甜蜜的蜂蜜：

> 知识的唐璜：还没有哲学家或使诗人描述过他的形象。他对已知的没有兴趣，只有知识的追逐和引诱才能打动他，诱惑他，吸引他——直到最高和最远的知识星座！最后，除了那些绝对有害的东西以外，再没有什么知识留下来可以让他追求了；他像一个酗酒者一样最终喝起了苦艾酒和硝酸：他开始追求地狱——这是能使他心动的最后的知识①！

对自由的求知者来说，理智的勇敢是他必须和应该具备的"未来的美德"，只有具有了这个美德，他才能够直面恐惧的真理并拿这样的真理来对生命做试验，创造肯定这个世界的价值："我们现在重新获得了一种对于错误、试验和临时接受某些观念的无畏的勇气"；"我们可以用我们自己做实验！我们现在有权做这种实验！人类还可以为知识做出更伟大的牺牲！"②

因此尼采的新启蒙并不面向所有人，或者即使面向所有人也只是为了启蒙和唤醒其中的少数人、权力贵族进入知识领域，成为知识战士，知识贵族："在知识王国里，他们将比以前获得更多的智力圣职和学习更高的骑士责任；他们将以追求无敌的智慧的理想为荣，对于这种理想还从来没有一个时代像即将到来的时代那样可以自由地追随。"③ 他们还将在最高智慧的基础上勇敢地创造最高的价值。由于知识战士把勇气和阳刚之气、

① ［德］尼采：《朝霞》，第 312 页。
② 同上书，第 389 页。
③ 同上书，第 245—246 页。

男子气带入知识王国和价值王国，勇敢地求知止于最高智慧，勇敢地实验和创造最高价值，因此新启蒙的时代不是 18 世纪启蒙所骄纵的"女人时代"，而是"男子大丈夫在欧洲再次压倒商人、庸人"的时代，是刚健高贵价值取得统治的时代：

> 一个更富于阳刚之气的、战斗的、再度首先把勇敢视为荣誉的时代开始了。对于显示这个时代特点的一切迹象，我是由衷欢迎的。这个时代必须为一个更高级的时代开辟道路和聚集必要的力量，亟需大批做好准备的、勇于任事的人才，要把英雄气概带进高级时代的知识领域，要为获得观念和实现观念而奋斗。①

在这个阳刚的新启蒙主义时代，居主导的当然是比蜂蜜还甜的可怕知识，以及刚健、勇敢、智慧和高贵的伦理。

如果说苏格拉底的启蒙是针对贵族面向希腊公民的启蒙，近代启蒙是消灭贵族唤醒民众的启蒙，那么尼采暨查拉图斯特拉的新启蒙则是颠倒了的近代启蒙，即针对民众呼唤新的高贵者从中分离担当赋予大地意义的启蒙。如果希腊和近代启蒙都可以称为是一种面向大多数人的民众启蒙的话，那么尼采暨查拉图斯特拉的新启蒙则是一种指向潜在的少数人的高贵者启蒙，前者意在建立一种普遍平等的道德秩序，后者旨在恢复不平等的伦理等级秩序。这两种启蒙是对立的，前者对后者而言，是叛逆，是价值重估和大起义，因之要把颠倒了的价值再颠倒过来；而后者对于前者来说却是奴役、征服和剥夺，因之要反抗、解放、颠覆固有的价值秩序。尼采暨查拉图斯特拉的再次下山，显然拉开了两种启蒙精神之间旷日持久的较量。对于双方来说，这是一场谁也输不起的价值战争，而对于尼采暨查拉图斯特拉来说，即使他们的新启蒙失败了，也必然会往前推动现代启蒙的事业。

二　世俗与高贵的紧张

启蒙时代是不受监护地自由使用理性的时代，一切都加以合理化是这

---

① ［德］尼采：《快乐的科学》，黄明嘉译，华东师范大学出版社 2007 年版，第 270 页。

个时代的鲜明特征。从经济生活、政治安排到精神生活的几乎所有领域无不被纳入了合理化的轨道。其实，全面的合理化也不是现时代才有的特征，几乎任何成熟文明开出的时代也都进行着不同程度的合理化，而从世界轴心时代开始，全世界范围的合理化大幕就已经拉开了，只是因为不同文明民族对理性的理解和侧重有异，所以虽然同是合理化，却走出了轨迹不同的合理化道路，开出了不同类型的合理性的社会、政治和精神文化世界。比如，东方中国的儒家，偏重的是情理性，引导中国开出了绵延几千年的把家庭人伦情感普遍化、社会化、政治化和精神化的合理化文明进程，而西方，从古希腊开始，则经历了跌宕起伏的三次大规模的不同层次上的合理化世界进程：古希腊自然哲学开出的自然理性化和苏格拉底—柏拉图主义、亚里士多德主义开出的目的理性化过程，中世纪基督教开出的信仰、启示理性化的过程，近现代启蒙运动开出的自然和人数理理性化或技术理性化与实践理性化的进程。前两次合理化进程是上升的，希腊目的理性化起于流变不真的现象，止于真实超越的理念和至善，基督教神圣理性化起于此岸堕落犯罪止于彼岸信仰救赎和成圣，现代启蒙合理化进程则是下降的，起于理念、至善和至高信仰，止于实际、幸福和尊严，实现的是从理想到现实，从神圣到世俗的巨大转变。如果说希腊人是理想主义的，理性化是理念化现象，基督教徒是信仰主义的，理性化是神圣化此岸生活，那么现代人是现实主义的，合理化即是神圣人化，理想世俗化。

就道德而言，苏格拉底开出的是关心灵魂完善的道德，道德合理化就是德性知识化，即知道什么是德性，而只要你知道了德性是什么，你就能够成为有德性的人、灵魂完善的人。柏拉图再进一步既关心灵魂的完善，也关注城邦的完善，对他来说，两者是同一的，合理化即是建立城邦和灵魂的等级差序，即智者和勇者统治工匠、农人、商贾，灵魂统治身体，理智和血气统治欲望。基督教道德关心灵魂的得救，道德合理化就是信仰合理化，因信称义，因信称善，拒斥血气和欲望，按律而行，爱上帝和爱邻人如己。而现代启蒙道德既不关心灵魂和城邦的完善，也不关心灵魂的得救，罪与罚，而只关心此世的生命、自由和幸福，道德的合理化即是为了生命、自由和幸福而提出应当遵守的普遍自然法/道德律，把道德法则看作实现生命、自由和幸福的手段。因此启蒙道德走向了实用主义、功利主义，越来越世俗化、俗气而无关灵魂的高贵、勇气，越来越平民化而失去英雄气概，道德除了把人们带入对生命保存和尘世幸福的执着之外，并无其他诉求了。

启蒙道德生活世界是平等寻常的世界，因此是缺少高贵、俗气滋生的世界，而导致现代道德世界从高处滑落、日益世俗化的原因，可以归结为市民阶级兴起、以消灭贵族为鹄的的启蒙社会运动等。然而若从精神、人性的角度来看，反启蒙的浪漫主义则把它归结为抽象理性与情感、想象的剥离，理性失去了情感的表现力和精神的想象力，理性除了概念化、图片化和碎片化的肢解世界和生命，把世界和生命散文化，变成寡淡无味的利害清单之外，无力激活和神化世界和生命，无能诗化想象世界和生命，除了把世界和生命变成利益驱动的机器之外，不能把世界和生命想象和创作为一首美妙的诗。因此启蒙道德的理性化和功利化不过是现代人缺少灵魂想象力和创造力，精神贫乏的展示而已。正如韦伯所说的那样，启蒙理性化就是驱魔、祛魅，把世界和生命中神秘和瑰奇、崇高和伟大的东西还原为平凡和普遍、平庸和一般的任何人都能认识和理解的东西，道德的世俗化不过是这个不可逆转的理性化过程的一个面相而已。而浪漫派运动即是启蒙理性化运动的反动，它欲逆势而动，通过恢复被理性压制的情感和想象的诗化功能，恢复自然的神性，人作为有机生命、活的精神的原貌，再次魔化、神圣化和美化自然和生命，重现神圣化的和理想化的道德生活。而精神教化源于浪漫主义，继承和转化了浪漫主义诗化精神的尼采则把启蒙道德精神世俗化的原因归为现代人血气、勇气的泯灭。尼采即从现代末人化的社会状况和同情伦理中洞察了现代精神世界高贵性的缺失、勇气的沦陷。什么是高贵？高贵在现代是否可能？这是他一再追问的问题，而他对这个问题的回答意味着他回到希腊，尝试重建勇气伦理，克服同情道德，唯如此，现代世界末人化的命运方能避免。

在尼采看来，柏拉图真正把握了希腊城邦的高贵伦理精神。他把勇气、血气（thymos，英语 spiritedness，德语 mut，以前多被译为激情）置于灵魂之中，介于理智与欲望之间，使之成为灵魂的中心部分，连接理智和欲望，是保持灵魂同一性的力量。如果缺少勇气，要么理智太重，灵魂就会沉浸在爱智的疯狂之中，过一种纯粹个人性的沉思生活，要么欲望过重，由是灵魂就陷于物欲的狂流之中，成为财富、权力的贪婪者。理智是最高的，欲望是最低的，勇气居于中间，既可以与理智联合，也能与欲望结合。柏拉图认为，欲望的力量很强大，理智必须和勇气联盟才能制服欲望，才能保证灵魂统治身体，使人成为高贵的理性存在者，而不至于被身体所统治，蜕化为卑微的动物式存在者。勇气乃勇敢之端，它的扩充和完善即是勇敢，四美德之一。他在言辞中构建的最好的正义城邦即是勇敢、智慧和节制的城邦，而它作为具有四美德的城邦，是以护卫者战士为中轴，以勇气为基础，以勇敢美德为中心建立起来的城邦，因此它是"一个血气的世界，是尚未净化的和已经净化的血气的世界"①，也是一个不俗，也不存在同情的世界。

随着希腊伦理城邦的解体，希腊智慧和为智慧指引的阳刚之气也被埋入地下，或者被基督教道德打入地下。以信仰为前提的基督教世界是谦卑驯服的世界，根本上对立于好胜争誉的希腊伦理世界。孜孜于灵魂得救的信仰世界彻底消解了希腊人赖以自豪的勇气，代之以邻人爱、同情道德，智慧被启示所取缔，勇气和理智作为导致人堕落的东西被抛弃。因此中世纪是贬低勇气，视荣誉、自豪为虚荣自负的时代，而血气、勇敢的清除恰是导致基督教道德本质上呈现为谦卑、同情道德的重要原因。

在基督教千年统治导致血性精神败落之后，在文艺复兴时代，希腊罗马的那种血性的战士贵族精神开始复活。这首先发生于希腊罗马意义上的基于勇气的美德得到挖掘和复述，并被崇尚。② 马基雅维里则毫不讳言地放弃了基督教扼杀血气和勇敢的信仰和同情道德，直言要恢复古典时代的美德，复述立于血气和勇敢美德之上的罗马共和国。当他厉声斥责基督教的上帝信仰，谦卑、同情道德把人从对人事、国家的关注引向对个人得救，对天上的关注，因此应该为人事、国家之败落负责时，③ 他在精神上和柏拉图是相通的，他之恢复血性德性即是把人从天上转到地上，从对灵魂得救的关注转到对祖国的关注上来。

霍布斯早期是一名人文主义者，透过《荷马史诗》和修昔底德的史书，他也看到一个充满勇气的世界：希腊贵族都是具有卓越德性的人，而勇气在贵族德性中居于首位，贵族美德总是在战争中显示出来的武德。但是随着霍布斯成为信奉科学理性主义的现代哲人，他并没有恢复人性中的

① ［美］施特劳斯：《古典政治理性主义的重生》，郭振华等译，华夏出版社2011年版，第236页。

② ［英］斯金纳：《现代政治思想的基础》，段胜武等译，求实出版社1989年版，第89—105、239—248页。

③ ［意大昨］马基雅维里：《论李维》，冯克利译，上海人民出版社2005年版，第214—215页。

勇气，而是把它让位于恐惧死亡，但求自保的理智：被暴死的恐惧惊醒的理性没有站在血气一边，而是站在生命欲望一边，为了生命的自由而遏制了不畏死的勇气，使之臣服于生命的保存，换言之，理性帮助生命欲望战胜了勇气，而不是像柏拉图那样，理性在勇气的协助下战胜了欲望，要它在需要时舍生"取义"，而是因为贪生怕死而血性全无。

在霍布斯之后，卢梭再次面对在现代勇气是否可能的问题。而他之所以又一次面对这个问题，是因为他一度回到了希腊罗马，看到了古典时代喷涌的血性气象。卢梭强调古代伟大民族的勇敢之武德，并敏锐地发现了血气与富庶、勇敢和财富之间的背反规律，发现越是贫穷的民族，如斯巴达，越是勇武有力；越是富庶的民族，如雅典，越是萎靡懦弱。他还发现在理性与血气、科学与勇敢尚武之间也存在着一种背反关系，即科学理性越兴盛，血性勇敢越被淹没。① 卢梭对科学败坏灵魂勇气的诊断是深刻的。如果理性是霍布斯意义上的生存理性或功利理性，那么它与勇气是不相容的，因为后者导向高贵，前者导向世俗化。而他看到，科学理性的实际运用即是世俗化的功利理性，只会把人导向有用、俗气的境地，因此必然与高贵血气是难融合的。因此在功利理性主导的启蒙时代，恰是勇气衰竭、欲望膨胀之时代；科学理智一旦在实践中使用并与欲望联盟，在降低理性的同时，也使整个人"屈尊"就"俗"，血气全无，从高贵者陡降为中产者。

康德固然把立法理性移入道德领域，并且提升了理性，人一举成为智性世界作为目的本身的自由存在者。然而作为人之所是的人，理性自律的自由意志者却是无情地克尽义务的人，除了对道德律的敬重之外，同情、血气以及欲望性情都从道德人的义务意识中被删除了。康德固然赋予纯粹理性存在者以绝对价值和尊严，但这却是以牺牲人的情感、勇气为代价的。而18世纪及其以后的启蒙主义或功利主义伦理则以人世快乐幸福为其基本原则，牢固地确立了理性和欲望的联盟，在降低了人格价值的同时，也一并埋葬了古典人性中的勇气，导致血气精神的全面沦落。

卢梭看到启蒙理性的功利化，及其与勇气的对立，并在《基础》和《爱弥儿》等中，极力批判功利理性，与世俗化保持距离，但是这并不意味着他就意愿恢复勇气，并用勇气对冲世俗理性；他也的确通过彰显人性

---

① ［法］卢梭：《论科学与艺术》，第48、49页。

中的情感来抗击日益俗气的理性和放纵的欲望，但他用以克制俗气理性和欲望的人性情感却不是勇气，而是同情。他从痛苦的人性同一性方面论证了同情道德，同时代的休谟则从人类情感的共通性方面阐明了同情的道德功能，而他们之后的叔本华更是上升到本体论层面来揭示同情感发生的逻辑，提供了现代同情道德论证的最高形态。同情道德固然预防了俗气理性的僭越，避免现代社会堕入彻底的市侩化泥潭之中，开出了一个超功利的情感领地，但是它仍然不过是勇气伦理遭到毁灭后的一个替代物，无助于恢复人性的高贵。

　　理性的功利化及其与欲望的结合蜕变为技术理性，同情道德的发生，功利主义和情感主义构成现代伦理精神的两个核心，也是阻碍勇气伦理复苏的两个根本原因。而勇气伦理的沦落，功利主义和情感主义伦理的普遍蔓延所可能带来的后果是，人欲流行，理性工具化，人性的高贵性丧失和不堪承受痛苦，相互同情，保存不该保存而应该被克服的东西，抑制生命的提高，人类止于舒适、幸福的状态。尼采通过"末人"的形象隐喻地预言了现代世俗化社会的未来结局。

　　尼采显然洞悉理性世俗化，同情道德与勇气伦理的背反，知道勇气伦理的沦落是致使现代人末人化的重要原因，而他意图扭转现代人的渺小化倾向，克服同情道德提高人，而这意味着他应当恢复人的血气，重建勇气伦理，问题是，在现代这是可能的吗？

　　霍布斯和卢梭虽然发现了古代高贵的勇气伦理世界，却无意在现代重现古代勇气伦理世界，而他们之所以消解勇气伦理，是因为他们在祛除了信仰之后，虽然恢复了理性，理性却自降身位，主动与欲望联盟，或与自由意志同一，导致理性的功利化，或自律化。尼采如果执意恢复勇气伦理，这是否意味着他必须破除功利理性或自律理性，并且克服同情？功利理性和自律理性是现代理性的两种基本形式，一旦破除它们，是不是只剩下可善可恶暴烈的血气？或者他找到了一种新的理智用以指引勇气或被勇气指引？总之，一切问题的关键在于，如何处理勇气与理性的关系。

　　对柏拉图而言，理智发现真理及于智慧，引导欲望爱智和节制，联合勇气好智与义。而理智之所以具有这种绝对的统领地位在于，它是价值理性，不仅知道万物的存在，而且知道万物的存在是好的，真理是可欲的和有益的，并且能够使灵魂的欲望、血气向好，止于完善。但是早期尼采摧毁了柏拉图主义日神价值理性，而保留一种酒神式悲观理性，这种理性祛

除永恒形式、善、目的论，除揭示无意义的永恒生成和毁灭的世界这个
"残酷真理"之外，并不能为欲望、勇气指示完善之道，因为这种真理是
不可欲、不可爱、有害的。因此理性并不能指引勇气，相反，却需要勇气
的补济，只有勇气才能使人敢于面对真理、爱真理。不是理性指引勇气爱
真理，而是勇气指引理性肯定真理，勇气的中心功能凸显出来。

　　黑格尔说，理论总是灰色的，密涅瓦的猫头鹰总是黄昏时才起飞。对
尼采来说，诚然如此，却是理智离开勇气所致，而非理之固然。尼采的查
拉图斯特拉的血气和理智是同一的，因此他的思想不是灰色的，而是有血
色的："血就是精神"，他只爱"用自己的血写成的东西"，而他所写的东
西就是"用血写"的。勇气和理智本不可分，理智本就是血性的理智，
智慧本就是勇敢的智慧，"野性的智慧"，只有切开两者，理智才是怯懦
的，智慧才是灰色的，思想方是苍白的，就会出现"苍白的罪犯"。苍白
的罪犯不是因为没有血气而脸色苍白。他不是学者，抽除了勇气，像镜
子、老修女一样无欲地看万物。他恢复了勇气，因而眼中透露出"大蔑
视"，"渴求的是刀子之福"①。但是他的勇气与理智是分离的，无血气的
理智即是反思的、"可怜的理性"，误把对刀子之福的渴求而杀人解释为
因为抢劫和报复而杀人。

　　对于柏拉图来说，理智与勇气结合克制欲望，在近代理性与欲望联盟
清除了勇气，全面世俗化，或与同情联合趋于主观化。查拉图斯特拉拒绝
了现代，回到柏拉图，复现了理智和勇气的联盟，不过勇气成为主导理智
的力量，不是勇气需要理智的约束以避免不分善恶的杀气，而是理智需要
勇气的补济以防坠入不知善恶的苍白无力境地。究其原因在于，他并未突
破现代哲学逻辑看待理性。现代理性是非目的论的、客观中立的镜子式理
性，是自然之光，不过不是太阳之光，而是月亮之光，光之源不在理性自
身，而是借自欲望，或同情。而他自己也把理性看作中立的，非目的论
的，把握的是无意义非神圣的世界，不能依靠自身提供价值。这种理性一
旦与勇气疏离，就其本身来看，不过是冰冷的"野蛇"，是苍白和灰色
的，对生命是有害的，必须吸纳血气，才是有血色的，才能蜕变为围绕
"金色太阳"的"知识之蛇"。理性本身是阴性的，因此需要刚健的勇气
与其联姻，真理是女人、智慧是女神，需要另一半、勇敢的男子与之婚

---

① ［德］尼采：《查拉图斯特拉如是说》，孙周兴译，商务印书馆2010年版，第50—53页

配。而智慧女神也渴望被血气贯穿，被勇气征服："勇敢地，无忧地，嘲讽地，强暴地——智慧意愿我们如此：智慧乃是一个女人，始终只爱着一个战士。"① 被血气充盈，被勇士征服的智慧就是最勇敢的智慧。至此尼采似乎回到了近代开端处的马基雅维里的基点上，只不过命运女神被智慧女神取代，但是相同的却是，无论命运女神还是智慧女神都是无常的，都爱被勇士征服，而如果被她们征服将是可怕的。他们都空前地提高了勇气在人性中的位置，勇敢战士成为人性的模本，由征服智慧和爱智慧的战士组成了高贵的第 1001 个民族。

但是随着他突破柏拉图道德理性主义的限制，勇气不受智慧的控制，或只受智慧的一半支配，这是否意味着勇气随时能推开智慧，而一旦离开智慧的指引，它将何为？是会变得愚蠢，还是会超越道德主义回归莽撞野蛮，暴烈滥杀？即使它受智慧的一半支配，超道德主义的可怕智慧也足够激发出至高勇气，但是两者联姻所产生的"孩子"肯定也是足够可怕的。

永恒轮回是尼采发现的最奇特的智慧，虽然是最致命的真理，却反过来使意愿它的意愿者蜕变为自由自转的超人，最高程度肯定生命的人。当然关键是要有勇气，战胜其隐含的虚无主义和宿命论，敢于思想和意愿永恒轮回。问题是，这种至高的勇气从何而来？查拉图斯特拉是不惧攀登的人，"因为我是勇敢的"②。但是除他之外，是否还有人具备思想和意愿永恒轮回的勇气呢？永恒轮回智慧注入勇气而成为永恒肯定的智慧，但是一旦抽掉了勇气，它不过是可怕的真理，勇气是它发挥无限肯定功能的枢纽。可是勇气何以愿意与智慧—女人婚配呢？难道永恒轮回智慧越是致命和恐惧就越能激发至高的勇气吗？永恒轮回可以理智、诚实地思想到，然而勇气的恢复是如何可能的？人真的是勇敢的动物吗？就查拉图斯特拉来说，他不也时刻面临着"同情"的危险，不也曾被对高等人的同情所击倒，从而阻碍他去意愿永恒轮回吗？而精神一旦丧失勇气，就会步步蜕化，直至末人：从前精神是上帝，然后变成人，最后变成群氓。

但是能够克服同情道德的却只有勇气："勇气乃是最佳的杀戮者：勇气也杀死同情。"③ 同情需要勇气来克服，勇气却被同情所湮灭，如此一

---

① ［德］尼采：《查拉图斯特拉如是说》，孙周兴译，商务印书馆 2010 年版，第 55 页。

② 同上书，第 55 页。

③ 同上书，第 247 页。

来，在同情道德盛行的年代，恢复勇气如何可能呢？勇气如何能反过来克制导致勇气毁灭的同情呢？当然，只要你恢复了勇气，同情的克服就是可能的，而问题恰在于，勇气从哪里来？查拉图斯特拉富于血性的"如是说"能唤醒现代人沉睡的勇气，让我们对同情感到羞耻，进而蔑视自己、超越自己止于超人吗？我们从尼采那里看不到恢复这种至高勇气的端倪和契机。并且，勇气和同情水火难容吗，难道不容人性中有阴柔、温良的气质，而只容有阳刚、刚健的气质吗？当他尝试用勇气伦理完全消解同情道德的时候，他似乎走向了另一个极端，未尝在两者之间寻求中道，调和人性中刚健和柔顺的方面，在仁与勇、阴与阳之间达成平衡。

对于我们来说，我们应该从尼采激进的反现代启蒙立场上退却下来，回到启蒙立场上，尝试在启蒙道德理性化的前提下，恢复被排除的情感、想象和血气或勇气，解除理性与欲望的联盟，或与自由的单一结盟，实现理性、勇气、情感、想象的联盟以应对生命欲望激情，在复兴智慧、勇敢和节制德性的同时，恢复人的道德的想象力和创造力，并颠倒被尼采颠倒了的人性的高贵秩序，即不是以勇气为中心组建人性价值秩序和社会秩序，而是复现柏拉图主义的人性高贵秩序，以理性为主导，让理性联合勇气、情感和想象力统治生命欲望，建立智慧统治下的富有创造力的人性德性秩序和社会秩序。问题是，如何实现这种人性秩序的大转变，尤其在世俗化、功利化浓厚的现代世界，这种人性价值秩序的逆转是否可能？

三　启蒙理性的辩证法

韦伯把西方启蒙了的时代看作是一个通过科学技术而被全面理性化的时代，在这样的时代，世界"从魔幻中解脱出来"，失去了神圣性，成为由技术理性支配的世界。一切高贵的东西都消退了，"最高级、最精微的价值退出了社会生活，或者遁入神秘的来世，或者注进了个人间直接交往的手足之情中"[①]。因此上帝死了，我们"命里注定"要生活在一个既无上帝又无先知的时代。

韦伯看到，现代世界的理性化首先表现为经济生活的理性化，形成了"理性地而且系统地"追求利润的资本主义精神。这种精神是在新教禁欲

---

① 《韦伯文集》上卷，韩水法主编，中国广播电视出版社 2000 年版，第 102 页。

主义伦理中孕育出来的，然而它一旦形成，资本主义一旦制度化，就"不再求助于任何宗教力量的支持了"，就离开宗教越走越远。"大获全胜的资本主义"现在只依靠科学技术和机器，"寻求上帝的天国狂热开始逐渐转变为冷静的经济德性；宗教的根慢慢枯死，让位于世俗的功利主义"①。

对启蒙现代性的分析有文化上的、哲学上的，也有社会学意义上的。社会学自始就和启蒙现代性问题捆绑在一起，现代社会即新兴的资本主义社会的本质及其缘起的问题是其关注的核心问题之一。从社会学的传统来看，马克思用物化，即"对物的依赖"概括资本主义社会的现代特性，并且从历史唯物主义生产力与生产关系的辩证关系中寻求物化资本主义的起源。可以说，历史唯物主义关于资本主义社会发生、发展及未来走势的论述，在某种程度上就是它关于资本主义社会现代性的理论，它清晰地显现出了资本主义社会区别于传统社会的根本特征。

稍后于马克思的韦伯则从西方特有的理性主义文化中寻找现代理性资本主义的根脉，从一个方面把握住了现代社会起源和发展的内在逻辑，彰显了现代社会和传统社会的根本殊异。按照韦伯社会学的理解，社会的现代性就是社会的合理性，现代社会之合理化的特质是它区别于传统社会的所在。作为社会现代性构成原则的理性不是指价值理性、实质理性，而是指工具理性、形式理性、计算理性。这种理性的特点是，确定目标，为目标的实现计算出最有效的手段。现代社会即资本主义社会的合理化就是以这种工具理性、形式理性、计算理性取代价值理性、实质理性，使之成为贯穿于社会经济、政治、文化生活中核心的构成原则。经济生活的合理化脱胎于新教入世的禁欲伦理，从中孕育了现代资本主义"理性而且系统地追求利润的态度"，产生了理性的资本主义自由劳动组织形式，经济活动都围绕着效益展开，如何以最小的支出获取最大的成效，以最小的手段实现最大的目标是其关注的中心。理性化进一步由经济领域扩张到法律、政治领域，形成了与资本主义理性经济相适宜的形式化的理性法律制度和"按照形式的规章办事的行政机构"、理性化的官僚制。从新教的理性化过程中还产生了理性化的经验科学，而它在形成之后就承载了现代人"祛魅"的世界图像，取代宗教成为现代世界理性化的主要动力，为现代

---

① 《韦伯文集》上卷，韩水法主编，中国广播电视出版社 2000 年版，第 347 页。

社会的理性化提供了源源不断的技术上的手段。自此，理性的经济、法律、官僚制以及科学彼此相互支撑，结成一体，构成了现代资本主义社会的理性结构；脱胎于新教伦理的资本主义经济就无须宗教支持，提供动力和方向，而只依赖技术和机器，按照自己的轨道前行。

在韦伯看来，脱离了宗教指引，自行扩展到资本主义社会各个领域中的理性化是形式理性，工具理性的理性化。这种形式理性化是一种抽象的、形式的量化的力量，它所及之处，无不化具体为抽象，剥离内容抽取出形式，把质换算为量，在算计中获得对现实的可计算的支配。由此一来，形式理性化就强行量体裁衣，为现代社会编织了一件外在的大衣，打造了一副坚硬的、冷冰冰的外壳，一个钢铁般的牢笼。这样，伴随着形式理性化的自主展开就导致了形式理性与实质理性，必然与自由的分离和对立：韦伯研究专家施路赫特一语道破了这一点："和现世支配的理性主义一同来到世界的是暴力与善良的对立，也是事理性与情感的对立，每一个依照这种理性主义行为处世的个人，也不由自主地都会陷进形式理性与实质理性的辩证里头。"①

理性现代性的这种矛盾性换种说法就是，它在形式上是合理性的，而在实质上是非理性的，形式理性化并非和实质理性相适应，形式不是实质内容的展现，而是对它的限制、压制、挤压，形式理性化在不断扩张的同时实质的东西却在退缩，在经济方面体现在资本主义理性经济不单是满足需要，更主要是满足"购买力的欲望"，"交换经济式的满足需要原来便纠缠在形式与实质经济理性的辩证当中"②，其辩证发展使得商品的最佳生产与由社会伦理操纵的供养问题分离开来，在谋利之生产与公平分配之间，在高效率的专家组织与组织成员自决自主之间发生了冲突。③ 政治上则是形式理性化的行政官僚制与实质理性的政治民主之间的冲突：行政官僚制职责分工和专业技术知识的优势提高了绩效、效率，但也造成了知识的独占及身份阶层的特权化，使普遍的自由民主、权力平等遭到毁灭。④

理性现代性的悖论不仅表现为形式理性与实质理性的二元冲突，在文

---

① ［德］施路赫特：《理性化与官僚化》，顾忠华译，广西师范大学出版社 2004 年版，第49 页。

② 同上书，第 66 页。

③ 同上书，第 66、65 页。

④ 同上书，第 106 页。

化价值领域，还表现为意义整体的解体，多元价值的并存。韦伯看到，在现代，"宗教的根"已枯竭，上帝隐去了；形式理性化的扩张过程，也是社会各个领域分化开来，获得自主运行的过程，而随着上帝的隐去，统摄各部分的最高价值，意义也不复存在，意义的统一整体瓦解了，在文化价值领域于是出现了分裂，"诸神"复活了，现代进入了一个各个领域固守其文化价值的多神论时代。

韦伯目睹形式理性化的扩张，没有陷入对于理性化的盲目乐观情绪中，尚能揭示出理性现代性的形式理性与实质理性的二元背离，二律背反，以及多元、众神的分离和冲突，足见他理智的诚实。然而光诚实还不够，诚实可以让我们面对真实，但尚不足以表明立场，虽然它是前提。在韦伯之前有尼采，他对现代性做出了自己的诊断，并表明了对现代性的立场和态度：他拒绝了现代启蒙，并试图通过重估一切价值激进地推进新启蒙。尼采的立场是一种激进贵族主义的立场。韦伯曾受尼采很大的影响，但他却没有接受尼采式的立场。如果说尼采是个哲人，并以自己的贵族血统为荣耀的话，韦伯则自觉为学者，做学术的人，以市民阶级的一员自居，学术价值自由与责任伦理就是与他的这种双重身份相适合的立场。

韦伯首先是个学者，作为学者，他固守着自己理智上的诚实。他看到，学术在现代只是一项专门职业，它纯然是形式理性化的，因此它自身只具有形式的、工具性的、技术性价值；它不再是"通往真实存在之路"、"通往真实自然之路"，只能获得自我的清明及认识事态之间的相互关联，而不能为我们"指点迷津"，回答世界的意义和价值问题：随着上帝的隐去，这已经不可能了。因此只要忠于自己，韦伯认为，作为学者就应坚持"价值中立"：面对现代文化价值领域的诸神纷争，学术只有保持沉默，悬置价值判断。韦伯"价值中立"在这里有两方面的含义，肯定的含义是划分事实判断和价值判断，学术只涉及前者，"价值中立"意味着混淆这两种判断，学术无须价值上的评判，它有其自身的技术上的价值，可以自行自足地展开；否定的含义是学术的价值是有限的，它不能越界，指点迷津，充当先知，进行价值判断，否则即是牺牲理智。

由此价值中立，韦伯表明自己坚守的是现代性的立场，或者说他的立场是现代性的。他不是似乎也无意去做尼采式的哲人，否定现代性，重写历史和为未来立法，而是置身于现代分工体系中，忠于一个现代职业学者的本份。价值的中立，等于认可理性现代性的文化价值的诸神纷争，事实和价值的分裂，默认形式理性和诸实质，价值理性的分离，学者的理智诚实则要求他去承受，承当理性现代性的矛盾和冲突，维持现代性的价值分裂，接受现代性的命运。

韦伯除了是个学者外，还是社会公民，是市民阶级的一员。如果说现代性即市民阶级的现代性的话，那么当韦伯把自己归为市民阶级一分子的时候，他注定是要把现代性作为命运来担当的。面对现代性的形式和实质的分裂和冲突，韦伯的立场是康德式的：他既没有单独选择形式理性，奉行"适应伦理"的态度，给予科学技术过高的评价，即完全认可追随并推进形式理性化的无限扩张，顺应和适应形式理性化的大潮，也没有一味选择实质理性化，奉行"信念伦理"的态度，即撇开现实中扩张开来的形式理性化，只固守行为本身的内在价值，不切实际，而是既选择了形式理性又选择了实质理性，注定价值合适性的效率的结合，寻求在这充满紧张的两端之间维持着均衡，因而奉行的是"责任伦理"的态度。① 如对于经济就要保持形式理性和实质理性，谋利、效率和公正、公平的均衡、辩证，政治领域则要维持行政和政治，官僚制和民主制的平衡、辩证。

总之，对韦伯来说，他以自我负责的态度去迎接现代性的挑战，既不打算退缩，遏止形式理性化，退回到信念、价值理性中，也不打算回避，无视形式理性化的扩张所引发的意义的崩溃和多元，以及自由的失落，也不想迎合，为形式理性化推波助澜，更不想扬弃形式理性和实质理性的二律背反，走黑格尔路线，而是以极大的勇气走进现代性，"面对紧张，生活本身其实就时时处在二元论的、多元价值的紧张之中"②，也准备好了去承担责任，为现代性的后果担当责任。至此，在韦伯这里，市民阶级似乎更加成熟了，表现出一点英雄气度来。

面对理性现代性形式理性和实质理性的辩证，以及除魔时代文化价值的诸神冲突，韦伯以其学者和市民阶级的立场，拒绝对这种价值冲突做出裁决，保持着理智的诚实，也拒绝超越这种辩证，宁可调和、平衡这种辩证，就生活在这种辩证的紧张之中，把这作为命运来勇敢承受。因此在韦伯这里，现代性的冲突和辩证仍然保留着，没有被消解，他止步于他所揭示的现代性的辩证和冲突之前，固守着现代性。韦伯对社会现代性合理化

---

① ［德］施路赫特：《理性化与官僚化》，第51、52页。

② 同上书，第53页。

和物化的阐释，从内在和外在两个方面揭示了社会现代性的结构：合理性即是其内在逻辑性，合理化即它是其逻辑的展开，物化是其客观化的必然进程。

韦伯的这一路向为霍克海默和阿多诺开创的早期法兰克福批判理论所承袭。如果说韦伯是从启蒙现代性的角度去理解合理化的，那么早期批判理论则从合理化角度去理解启蒙现代性，并由此把握到启蒙的辩证法，亦即合理化自我否定的辩证法。早期批判理论认为，启蒙就个人而言，即是不受限制地自主使用理性，而就文化和社会过程而言，即是文化和社会的合理化。但是它所理解的理性首先是科学理性，即知性或理智，而这种理性完全形式化、逻辑数学化了，成为形式理性、数理理性或计算理性，对它而言，自然即是由其所计算和构造的质料和内容，"在知性产生以前，概念机制就已决定了感觉"①。启蒙理性其次是技术理性，它能把对物的认识转化为操作程序，对物加以控制和改造，对它而言，世界不过是它要支配和加工制造的质料。科学和技术，科学与工业社会，存在和制造是同质的、一致的，"从外部把普遍性与特殊性、概念和个案之间统一起来的程式安排，其真正性质在实际科学中最终表现为工业社会的旨趣。存在也能按照制造和管理的角度去理解。任何事物，甚至人类个体，更不用说是动物，都可以转变成为可以重复和替代的过程，转变成为一种概念模式体系的单纯范例"②。科学合理化和技术合理化的共同特征是控制，前者是在思维中支配自然，后者是在生产制作中控制自然。启蒙理性还呈现为社会理性，合理化也表现为社会合理化，这种合理化即是把作为形式理性和计算理性的科学理性和技术理性应用于社会生活中，对社会生活进行合理有效和可计算的组织和管理。知识和制作的合理化是为了实现对思维和生产的控制，社会的合理化则是为了控制人和社会，就社会理性而言，人不是理性的主体，而是被化约为能为其所支配的对象或物，"对统治者而言，人都是物质，就像整个自然对社会来说是物质一样"。在这个合理化的社会中，人人都被物化了，"每个人都是他所成为的角色，都是职业群体和国家群体中有用的、成功的或失败的一员"，劳动效率是他们基本的

---

① ［德］霍克海默、阿多诺：《启蒙辩证法》，渠敬东、曹卫东译，上海人民出版社2006年版，第92页。

② 同上书，第92页。

行为准则。① 启蒙本来打算把人从受他者主导的统治下解放出来，实现理性的自由自主，启蒙在文化和社会上的理性化也的确把人从外在的非理性的他者那里解放了出来，然而其后果却是自我否定，又把人带入理性的统治之下，普遍运用的工具理性不仅控制了自然，还用外在的抽象法则控制了人自身，使其丧失了自主和自由，成为受操控的物。它使可计算性成了绝对标准，成为衡量一切价值的唯一的合法尺度。因此思想已经机械化，合理性已经过时成为神话，重新把人带入迷信和蒙昧之中，不再具有解放的潜能。启蒙运动原来设想的、以自我保存为目的的理性个人自发地形成合理化的社会，社会合理化是合理性的个人自发行为的产物的图景并没有出现，取而代之的是个人失去了自主性，受制于合理化社会的大操控；"汹涌澎湃的市场经济既成了理性的现实形式，又成了破坏这种理性的力量"；"启蒙运动自身表现为自由主义"，而事实上，"自我持存在自由市场经济中已经遭到了彻底破坏"，"这种社会本身就是一个破坏原则"②。霍克海默和阿多诺对启蒙合理化或物化的分析还从社会经济领域延伸到文化价值领域。在他们看来，文化的合理化表现为，文化成了商品，失去了其内在价值，它作为产业，被批量生产和再生产出来。文化因此已经异化，不能真实地表达人的体验。批判理论的任务就是对这种新的合理性的物化进行批判，以把人从合理化的奴役中解放出来。

　　霍克海默对启蒙理性的思考是深入的。他深刻地洞察到，启蒙理性"正经受一类疾病"，这就是它从"洞察万物意义的力量中蜕变成为自我保存的纯粹工具性"，而这种工具理性是自我消解和自我解构的：科学技术进步的同时也危及了个人独立思考的能力，社会普遍工具理性化的同时也使得科学与道德、宗教分离开来，使得个人及其幸福的原则岌岌可危。理性的自我毁灭表现在，一方面，社会合理化所取得的现代工业的巨大成就，固然使得个人为自己增进了技术能力和获得物品与服务的机会，然而其所付出的代价却是，"他越来越无法对抗社会的集权，而那本来是他理会控制的东西。他把所有的精力都放在了按照预制的行为和感觉模式来打造他自己的整个存在，直至他最微不足道的一个冲动"③。另一方面，科

---

① ［德］霍克海默、阿多诺：《启蒙辩证法》，第96、93、95页。

② 同上书，第98—99页。

③ ［德］霍克海默：《反对自己的理性：对启蒙运动的一些评价》，《启蒙运动与现代性》，上海人民出版社2005年版，第368页。

学与道德、宗教相分离，科学关注的是手段，而不管要服务于什么样的目的，"对事情应当如何，科学持不偏不倚的态度"，它把对人类目标的界定交给了宗教，把对这些目标的争取交给了道德政治，把它们的传播交给了大众传媒；科学只关心真理，道德宗教虽然关心人的目标和命运，但"正是追求知识和评价规范之间的这种分工有可能摧毁一切意义"①。

　　霍克海默认为，启蒙运动在发展科学的同时保留了道德，或在对自然的合理性解释的基础上，从理性中推出以前来自启示的人类生活的意义和永恒准则将是自我毁灭性的，因为科学和道德是不相容的，前者是消解后者的。也就是说，将科学和道德结合起来是虚假的，科学的"内在倾向"是把道德或宗教作为"神话"或形而上学来"攻击和破坏"。在古代，自然是规范性的概念，它是神性的或超越性的，它就是神，或者就是理念；虽然它是神话的或形而上学的概念，但它是蕴涵价值的，既是真实的，也是好的、美的。然而在启蒙时代，力学和物理学取代了神话和形而上学，科学对自然的合理化解释对自然进行了祛魅，祛除了自然的神性、超越性，"自然失去了作为有生命力的独立存在物的一切残迹，失去了它自身的一切价值。它成了僵死的物质，成了一堆东西"②。由此，如果说道德建立在具有神性的或超越性的自然之上，那么科学理性却在很大程度上摧毁了道德赖以存在的根基："一个人不可能持久地攻击对诸神灵的敬畏而同时仍然保持对普遍道德的范畴和原则的崇拜。"③ 而社会的合理化赢得了对自然和人的支配，工业进步在使人失去自主性的同时，严重地影响了人、灵魂、自由、正义和人性这些概念，也使得个人及其幸福原则失据。如果说道德建立在个人的自由之上，道德主体即是自主的主体，他不仅担当着"他自己的福利"，而且担当着其家庭以及他的社会和国家的幸福；"没有什么力量来告诉他应该生产什么，应该在什么地方、什么时候来进行买卖。他必须亲自计划一切，必须依赖自己的深谋远虑"。但是随着社会的合理化，个人越来越被各种集体的力量所接管，没有机会发展出个性的萌芽，即使他发展了一种自我，"这个自我意识到的物质利益不超出它自己的生涯"，而社会合理化总的趋势是"日益加强的适应与服从，是在

---

① ［德］霍克海默：《反对自己的理性：对启蒙运动的一些评价》，《启蒙运动与现代性》，上海人民出版社 2005 年版，第 368—369 页。

② 同上书，第 369—370 页。

③ 同上书，第 370 页。

协会、公司、联盟与团体中做一个好成员",社会承担起协调人与人之间矛盾的功能,个人越来越衰退,没有自主性,也不再要求"一度规定了个体的那种高度发达的内在生活",个人概念在合理化社会中终究"变成了一种浪漫主义",基于个人的道德根本没有社会基础,因此是不可能的了。①

霍克海默不仅洞悉科学理性、工具理性的普遍扩张对道德和宗教的消解,而且就道德本身来看,他和阿多诺还深刻地察觉到启蒙道德的辩证法:启蒙道德合理化的结果是自我否定,自我颠覆,在诞生了康德理性主义自律道德的同时也诞生了萨德使理性非理性化的极端享乐主义道德,以及尼采使道德非道德化的超人道德。对霍克海默和阿多诺来说,康德自律道德和萨德享乐道德、尼采超人道德看起来不大相干,实际上它们都共享启蒙道德的范式和逻辑,即都建立在对道德的合理性论证之上,然而它们对道德合理性论证的方式却是相互颠倒和摧毁的,如果说康德自律道德可以看作启蒙合理性道德的最高形态的话,那么萨德和尼采的道德则意味着对启蒙道德乃至一切道德的"价值重估",而这种"价值重估"意味着启蒙道德以及一切道德的终结和毁灭。

康德对道德的合理性论证是把它从宗教的前提下解放出来,将其建立在自主理性的基础上。当然基于自主理性的自律道德不是对基督教道德的颠覆或毁灭,而是它的理性化和世俗化的版本。不过康德由之进行道德演绎的理性不是科学理性或工具理性,而是纯粹理性,即实践理性;在他看来,在科学理性的基础上不可能建立真正的道德,即自律道德,充其量最多只能建立他律的道德,而这种道德不是真正的道德,因为在这种道德中,决定行为道德价值的不是理性,而是情感、欲望,理性只不过是满足情欲的工具,因此人作为理性的存在者,理性并不能呈现人的价值和尊严,毋宁它使人和动物无异,或高不到哪里去。而纯粹理性高于知性,并且引导知性,本身是实践性的,直接就能颁布普遍道德律,为行为立法,决定意志是绝对善良的。依据这种自律道德,理性独立于情感欲望,并且指导和支配了情感欲望,乃至否定情感欲望使之符合、服从或不违背道德律。但是,"萨德的作品同尼采的著作一样,构成了对实践理性毫不妥协

---

① ［德］霍克海默:《反对自己的理性:对启蒙运动的一些评价》,第372—374页。

的批判"①，而他们的批判也是基于理性之上的，不过他们所讲的理性却是科学理性，他们拿工具理性来批判实践理性，并且彻底颠覆了理性和欲望的关系：不是欲望服从理性，意志符合道德律，而是理性服从欲望，道德准则符合权力意志，而且视欲望和意志马首是瞻，完全沦为欲望的工具，乃至奴隶。在康德那里，道德合理化的结果是欲望和情感被理性支配，受理性的指导，而在萨德和尼采这里，道德合理化的结局却是理性完全被欲望和权力意志控制，理性所做的一切不是使欲望和权力意志尽可能合乎理性的，即合乎道德律或公共利益，而是尽一切可能把欲望所欲望的，权力意志所意愿的都看作是合理的，如何通过对欲望和意志的合理化使快乐和权力最大化。由此而来的是，萨德和尼采的道德合理化就把欲望和权力意志从一切宗教的和道德的束缚中彻底地解放了出来，成为衡量一切价值的主宰，对它来说，凡使它快乐和权力最大化的东西就是好的、美的、有价值的；反之，就是恶的、丑的和无意义的。而当完全解放，无所顾忌的欲望和权力意志从自身出发去衡量和重估一切价值时，它彻底颠覆了一切宗教的和道德的价值，它们都被视为邪恶的、丑陋的、软弱的和可怜的，都是弱者发明、炮制出来美其名曰道德以反抗和压制强者的欲望和意志的；相反，以前一切被宗教和道德压在地下，打入地狱的非道德的东西，被视为残暴、罪恶、征服、不公的东西恰是释放欲望和增进权力意志的好的东西。到底是限制、禁止，还是无限扩张欲望和权力意志，代表了两种完全相反和相互颠覆的道德主张，而启蒙道德既合理化了限制欲望和意志的道德，也合理化了无限膨胀欲望和权力意志的道德，因此启蒙道德是自我解构和自我摧毁的。②

　　早期法兰克福批判理论对启蒙辩证法的揭示和批判是深刻的，是符合实际的，虽然也存在一定程度的夸大，但也多少让人感到悲观绝望，一时看不到解决启蒙辩证法的路子。只是对于霍克海默来说，我们不应当对启蒙现代性感到绝望，对启蒙辩证法的批判根本上不是让我们否定或者放弃启蒙，而是帮助我们沿着启蒙道路继续前行：

①　［德］霍克海默、阿多诺：《启蒙辩证法》，渠敬东、曹卫东译，上海人民出版社 2006 年版，第 102 页。

②　同上书，第 102—128 页。

我们决不应该像许多杰出的启蒙批评家那样沉迷于浪漫主义，而应该鼓励启蒙运动甚至在面对自己最悖谬的后果时也要继续前进。否则的话，社会最珍视的那些理想在理智上的衰退就会在公众心灵的潜流中混乱地发生。历史的进程就会被模糊地体验为无法避免的命运。这种体验又会产生一种新的、危险的神话，潜伏在官方意识形态的表面保证背后。理性的希望在于摆脱它自己对绝望的恐惧。①

对于启蒙了的现代人而言，继续推进启蒙运动乃是其应当担负的责任，放弃或者否定启蒙运动在一定意义上即是在逃避这种责任。不过在如何继续推进启蒙运动，克服启蒙辩证法的问题上，早期批判理论家们似乎毫无办法，手足无措。直到批判理论的第二代理论家哈贝马斯抛弃了主体理性代之以交往理性，提出了交往行为理论和商谈伦理学，上述问题才基本上得以推进和得到一定程度的解决。认真对待批判理论揭示的启蒙辩证法，并在此基础上更深入地推进启蒙工程，对道德展开更加成熟的合理性论证仍然是我们不能回避的责任。

四　是与应当问题

按照康德的观点，启蒙是不受他人的引导自己勇敢使用理性，由依附于人的不成熟到独立成人的成熟，启蒙道德是不受他人监护地自我立法，并自主地服从理性的命令，由尽性到尽心，从他律到自律。什么是启蒙道德哲学？顾名思义，启蒙道德哲学即是对启蒙道德进行合理性论证的理论，如果存在启蒙道德的话。如果人人都是理性的，而且能够不受他人监护地自主使用理性，那么他应当做什么，他应当怎么使用理性才是道德的人，做出道德的行为？并不是所有理性的行为都是道德的行为，那些纯粹技术性的行为是理性的行为，要么手段合理，要么目的合理，但是它们不是道德的行为。什么是道德的理性行为，而且是启蒙的道德的理性行为？也就是说，一种不受他人引导的自我立法的行为何以是一种道德的行为？或者说，如果道德是一种应当，那么这种应当是从哪里来的？根据在哪

---

① ［德］霍克海默：《反对自己的理性：对启蒙运动的一些评价》，《启蒙运动与现代性》，第 374 页。

里？简言之，启蒙道德哲学的合理性论证包含这样三个问题：首先，是与应当的问题，即如何从存在推出应当，从事实推出价值，从我是什么推出我应当做什么；其次，正当与善，或正义与善的问题，道德行为止于正当、正义，还是止于善、德性；最后，道德与政治，好人与好公民的问题，道德与政治是分离还是融合，好人与好公民是同一还是分裂。

但是启蒙道德合理性论证所涉及或解决的这三个问题，不仅启蒙道德哲学内部未能很好解答，自身陷于难以克服的分裂和矛盾之中，而且也遭到启蒙外部思想的攻击，不仅在启蒙时代同时就存在各种反启蒙哲学和道德的思想运动，就是在现代仍不乏批判和颠覆启蒙道德哲学的多种思潮和学派。我们应直面启蒙道德合理性论证当中的内在难题，尝试在启蒙主义的立场上回应后启蒙或反启蒙的各种道德哲学理论，在论辩中清理出启蒙道德哲学后续发展的可能方向。

启蒙道德哲学是演绎性的，也就是说，它要展开一种道德的合理性论证，把道德法则从一定原则推演出来。合理化是整个现代性的特征，从知识到社会都是如此。启蒙道德哲学即是从人性原则出发对道德法则进行理性的演绎和论证，建立符合人性的合理化的道德体系。它对人性的理解分为两种：一种是把人的生命本质理解为欲望、情感，如霍布斯、休谟等；另一种是把人的本质理解为理性，如康德。法国唯物主义者认为，人性的本质在其趋乐避苦的感受性上，在此基础上建立起来的是功利主义的道德。康德认为，人作为理性存在者，就要遵守理性所颁布的道德律，不仅要合乎道德律，而且要出乎道德律而行动。启蒙道德合理性论证的基点是自然人性论，而不是古希腊意义上的人性目的论。古希腊目的论认为，道德行为是人的内在善的实现、外化，而近代科学兴起以后，机械论取代了目的论被用来解释自然和人，法国唯物主义者就是如此，以趋乐避苦的感受必然性来解释人的道德行为。抛弃目的论的后果是什么呢？一个必然结论就是，人性是自然的，即是机械必然意义上的自然的，因此人性是价值中立的，既不善，也不恶，是非目的论，非性善论意义上的。所以无论是感性人性还是理性人性，都仅仅是事实性的，不包含任何的善恶美丑价值。而启蒙道德哲学所做的就是从事实性的人性当中推出应然的道德律，从自然推出价值。自然是事实性的，而道德则是应该，如杀人在自然上是事实性的，即中性的，但在道德上是被禁止的、不好或不义的。由此问题就产生了，一方面人性是事实性的，甚至是机械必然的；另一方面从这种单纯人性事实中推出一种价值,从"是"推出作为"应该"的道德法则或善。但是从"是"能不能推出应该?这是休谟在其《人性论》中敏锐提出的问题。① 我们能从人性善推出道德法则,但是从事实推出价值却走不通。因此自然法道德的合理性论证存在严重的逻辑漏洞。休谟的批评可谓切中要害,其对自然法道德哲学的打击是沉重的,"导致了对自然法理论的拒绝"和"破坏"②,甚至"结束了当时支配主流自然法理论长达一百五十多年的一连串的论点"③。

休谟提出的"是与应当"问题主要是针对近代自然法道德哲学或道德理性主义的合理性论证逻辑的,但是由此却产生了这样一个问题,即休谟是在普遍意义上否定从"是到应当"的道德演绎,还是仅仅否定道德理性主义从"是到应当"的合理性论证,而不否认还存在其他形式从"是到应当"的论证?对此问题,人们产生了很大的分歧,大致形成了两种截然对立的看法:一是以 Atkinson 为代表的分析伦理学派主张,休谟否定了从"是到应当"任何形式道德演绎的可能性,摩尔更是称此种演绎犯了"自然主义的谬误",就此奠定了元伦理学的基本原理;二是以麦金太尔为代表的诸多伦理学家认为,休谟并非从根本上否定从"是到应当"的道德演绎,而只是否定道德理性主义的道德合理性论证,他自己则开出了一种非理性主义的道德情感主义论证。④

到底哪种解释更切近休谟的原意呢?我们认为,虽然休谟否定了理性能做出从"是到应当"的道德合理性论证的可能性,但是他却没有否定情感,尤其同情感能完成从"是到应当"的道德演绎:在他看来,理性是无能的,乃情感的奴隶,而情感是实践性的,能够决定意志做出道德的行为,所谓道德的行为即是主观的情感性行为,是由人的苦乐喜悲所决定的行为;一种行为是道德的,不是因为其自身是好的,而是旁观者或判断者对该行为的祸福感觉、苦乐感情使然的。譬如故意杀人之被称为恶,不是理性从这种行为本身推出来的,而是出自我们对这种行为的感觉而形成

①　[英]休谟:《人性论》下,关文运译,商务印书馆 1980 年版,第 509 页。

②　[德]罗门:《自然法的观念史和哲学》,姚中秋译,三联书店 2007 年版,第 100、103页。

③　[美]菲尼斯:《自然法与自然权利》,董娇娇等译,中国政法大学出版社 2005 年版,第34 页。

④　*The Is-Ought Question*,Ed. by W. D. Hudson(New York,1972).

的一种情感判断和表达。①

　　休谟的这种道德情感主义可以看作是一种道德主观主义，容易陷入道德相对主义之中。因为行为的道德价值不在自身，而在旁观者或道德判断者的主观情感中，随着判断者情感的波动而波动。幸运的是，休谟发现了人身上共通的同情感，正是这种同一的和共同的同情感作为一切道德感，即苦乐祸福感的根源，保证了发乎道德感的行为道德性的可靠性、稳定性、客观性。一种行为只有当它最终发乎同情，归于同情的时候，才是道德的，也才是普遍的。而持有这种同情感的旁观者被他称为公正的旁观者。没有或不预设这样一个旁观者，休谟的道德情感主义将陷入主观主义的泥沼中。

　　就整个现代启蒙道德哲学来看，休谟并没有完全驳倒道德理性主义的道德演绎，在他之后，启蒙道德也没有完全呈现为一种情感主义的道德，相反，康德却在休谟问题的基础上重建了理性主义的道德演绎。而康德批驳休谟的关键在于，他否定了休谟对理性实践性的否定，肯定理性是实践性的，即它能单独规定意志，向意志发布绝对命令，要意志按照作为普遍道德法则的准则行动，因此从人是理性存在者的事实能够推出人应该遵守的道德律。因此在休谟问题提出以后，现代启蒙道德哲学并没有就此瓦解，而是形成了两种新的形态，即道德情感主义和实践理性主义形态，其对道德的演绎也没有就此崩溃，而是形成了两种新的形式，即从"是到应当"的道德感论证和实践理性论证。

　　麦金太尔承认休谟形成了从"是到应当"的情感主义的道德论证，但是他却不认为这种论证是成功的，直言包括康德道德哲学在内的两种新形态的道德演绎都是失败的，理由是，"是"是事实性的，是不包含任何价值的。我们可以从人性善中推出道德法则，也能从事实推出事实，但是从事实推出价值在逻辑上是走不通的。麦金太尔说，启蒙道德合理性论证就是要从人性事实中推出道德价值体系，比如功利主义从趋乐避苦的人性中推出最大多数人的最大幸福原则，康德从人是理性存在者的事实中推出人应该遵守的普遍道德律。因此所有启蒙道德哲学家"共同参加了构建道德有效论证的运动，即从他们所理解的人性前提出发，推出关于道德规则、戒律的权威性结论"。但是在他看来，"任何以这种形式出现的论证

---

① ［英］休谟：《人性论》下，第509页。

都必然失败，因为在他们所共有的道德规则、戒律的概念和他们共同的人性概念（尽管他们之间也有较大差别）之间，存在着一种根深蒂固的不一致"①。讲究理性演绎的启蒙道德哲学恰在逻辑上栽了跟头，启蒙道德合理性论证的失败是难以挽回的，由此他主张回到亚里士多德目的论德性伦理传统，认为其从人性善的目的论推演德性法则是唯一逻辑上不成问题的道德合理性论证方式。

　　麦金太尔这种理解是否正确？从"是"推出应该是不是启蒙道德合理性论证的主要难题？很多人追随麦金太尔，认为他说的是对的，从"是"推出应该的启蒙道德演绎在逻辑上的确是失败的。但我们还是要谨慎以对，仔细检查启蒙道德的合理性论证。

　　毋庸置疑，的确如麦金太尔所说的那样，启蒙道德合理性论证即是从"是"推出应当，从存在演绎道德，从真到善，从知到行。其实麦金太尔虽然否定启蒙道德哲学基于机械论从"是"到应当的推论的有效性，但是他却不否认置于目的论之上的从"是"到应当的道德合理性论证的可能性和有效性。亚里士多德主义的道德合理性论证即是建立在目的论基础上的，其从"是"到应当的道德演绎是成立的。在他看来，亚里士多德主义伦理体系具有这样一种三因素的结构："未经教化的人性，认识到自身真实目的后可能成为的人和能够使人从前者向后者转化的道德戒律。"②"未经教化的人性"即人的事实性的存在，自然性的存在，"认识到自身真实目的后可能成为的人"即合乎目的，尽性了的人，是其所是的人，"道德戒律"即人从自然性的人过渡到合目的的人应遵循的道德律。换言之，人本身是合目的性的人，性善的人，人的目的和善就蕴涵在事实性的人性中，潜在于自然性的人性中，因此人的存在，所是既是自然的、事实性的，也是合目的的、性善的，从这种目的论意义上的人性，人之所是逻辑上自然能推演出他之道德上的应当，从他的善性中推出他应当遵从的道德律，因为道德律即蕴涵在其善的人性中，也就是说，他是善的，因此他应当做一个好人应当做的事情，遵从合乎其善的道德律，道德律、应当即是从其目的、善推出来的。而启蒙道德哲学祛除了目的论，不再把人看作合目的，本性善的，原来道德合理性论证的三因素只剩下了两个因素，即

偶然的未尽教化的人性和道德律，"认识自身目的后成为的人"被删除了，而这个因素却是从事实人性，人之所是推出人之应当的关键，一旦它被祛除，即意味着仅仅从人之纯粹事实性的存在推演道德律，而这在逻辑上是不可能的，只有从合目的性的所是才能推出道德的应当。这是麦金太尔的逻辑。他不否认从"是"到应当的道德演绎，但是只承认目的论基础上的从"是"到应当的道德推演，理由是只有这样的论证才是符合形式逻辑的，即前提包含了结论的东西，整个演绎是分析性的。正如当初休谟发现从"是"到应当的推论存在逻辑的断裂，却语焉不详一样，麦金太尔为发现这种推演何以不合逻辑而窃喜，并提供了一种合逻辑的道德合理性演绎模式，既批驳了休谟，也打倒了启蒙道德哲学，助推自己向亚里士多德主义伦理传统回归。

　　事实是否果真如此，他对从"是"到应当演绎的逻辑分析真的无懈可击了吗？仅仅表面如此而已，实质上他对从"是"到应当的演绎的看法是片面的，只抓住了一种可能模式，即亚里士多德主义分析性的推论模式，并把这种模式看作唯一的合逻辑的推论模式，而忽略了另外一种可能模式，即综合性的演绎模式，另外一种逻辑，即综合性推论的逻辑。正如当年康德为了批判休谟的怀疑主义的认识论而展开一种认识上的重大区分，即区分分析命题和综合命题，分析判断和综合判断一样，我们今天也有必要重申康德的这个重大区分，并进一步区分分析性推论和综合性推论。如果我们像他那样，认为从"是"到应当的推论是分析性的，"是"包含了应当，那么亚里士多德主义的道德合理性演绎无疑是正确的，但是如果我们换一种思路，不把从"是"到应当的演绎看作是分析性而是综合性的，实际上一切演绎都是综合性的，正如康德做过的艰难的概念演绎一样，那么这也就意味着应当并不一定蕴涵在"是"中，是从"是"中抽取出来的，而是添加在"是"上面，结合到"是"上的，而这样一来也就不奇怪，从前提中可以得出比前提多的结论，从"是"到应当的推论就不是不合逻辑的，只是不合形式分析逻辑而已，而并不违反综合演绎逻辑。启蒙道德哲学从"是"到应当的推论即应从这方面来理解，即它是一种演绎，而这种演绎是综合性的，能从"是"中推演出比"是"更多的东西，或把更多的东西结合到"是"上。如此指责这种演绎不合逻辑是错误的，相反，它恰是合乎逻辑的，如果要证明其错误，就必须否定存在综合性的判断和推论，凡是命题和判断都是分析性的，合理的推论意味着结论必然蕴涵在概念或前提中，而这是不可能的，甚至在其所谓的亚里士多德主义的道德推论中也包含了综合性的成分，也不完全是分析性的。我是好人，固然能够推出我不应当做坏事，但是，从我是人，推出我不应当不是人，我应当好好做人也并无不可，逻辑上也是可能的，只是前者是分析性的，后者是综合性的。再如，苏格拉底是智者，他应当是智慧的，不应当是愚蠢的，就是分析性的道德推论，而苏格拉底是理性动物，他应当诚实，则是综合性的道德演绎。功利主义从人人趋乐避苦这一感性情感、欲望推出"最大多数人的最大幸福"的理性原则，就不能完全从纯粹分析性的角度来理解，如果这样看，这在逻辑上是不通的，后者不可能从前者中提取出来，而必须从综合性的角度去看待，把后者看作是感性欲望和理性的一个综合，看作是把个人的幸福欲望加以普遍化和合理化综合形成的一个原则。

麦金太尔犯下的另一个严重错误是，误把从"是"到应当的推论看作从知到知的纯粹理论性的推演，而没有意识到这种推论实质上是实践性的推理，是从知到行，不是从存在推出存在的真理或知识，不是从"是"中推出关于应当的实践知识，而是从中推出行动的规范、义务或命令。他错误地认为，从"是"到应当的推演完全是理论理性的一种逻辑运作，即从蕴含价值的概念或前提得出价值性的结论或判断，从目的论的价值存在中推出价值性的道德真理。本质上从"是"到应当的演绎不是康德先验范畴演绎意义上的理论演绎，这种演绎解决的是知识，关于对象的认识如何可能的问题，而是实践性演绎，解决的是行动、实践如何可能的问题，它是从存在真理推出道德义务或责任或善，从我所是得出我应当做什么，从关于存在的知识中得出应如何行动的结论，在整个推演过程中运作的不是理论理性或知性，而是实践理性或纯粹理性，全部推理是指向实践或以行动、做什么为旨归的推理，涉及从理论到实践，真到善的转化，因而整个过程必然是综合性的，不可能是分析性的。

麦金太尔批评启蒙道德合理性论证的路子，与当初休谟提出从"是"推出应当的质疑的思路是一样的，都是认为这个推论是理论理性进行的一种理论论证。休谟没有也不承认有一种实践理性的概念，[①] 对他来说，理性就是知性、经验理性，是对经验事实、对象及其习惯性规律加以把握和

---

① ［美］菲尼斯：《自然法与自然权利》，第34页。

认识的理论理性，这样的理性只涉及其所把握的关于事实和对象的知识是真是假的问题，而和道德价值无关。由于理论理性仅仅是一种认识事实和存在的理性，而在现代随着目的论世界观的崩溃，事实和价值、存在与善恶是分离的，因此分析性的理论理性只能认识事物是什么，而无法认识事物是不是好的；从纯粹事实性、非善恶、非目的性的存在、"是"中，它是推不出目的性、价值性的应当的。因为把"是"和应当的问题看作纯粹理论性的问题，而不是实践性的问题，也因为没有实践理性，只有理论理性的概念，所以休谟像麦金太尔一样否定了启蒙道德哲学从"是"到应当演绎的有效性。而如果我们把这种道德演绎看作实践性推理，并且我们看到在启蒙道德哲学中存在实践理性或正当理性的概念，那么我们就会发现，休谟和麦金太尔是错误的，除非他们拒不承认正当理性或实践理性，而只承认理论理性。

早期现代自然法道德理论沿袭了斯多葛主义以来就提出来的一个重要概念，即正确理性的概念。正确理性，正如后来康德明确提出来的实践理性一样，和理论理性是同一个理性，是一个理性的两种运用，即理论的运用，主要用于认识对象和世界，以及实践的运用，主要用于为行为、实践发布命令，提供规则。正如理论理性在认识对象、为自然确立规律的时候是综合性的，正确理性或实践理性在为行为和实践立法的时候也是综合性的，前者在被给予的感性质料的基础上赋予它们以概念形式形成关于对象的知识，同时为之确立规律，后者是在人的感性欲望、倾向、情感，或意志意愿基础上向行动的或实践的意志颁布命令，要求他应当做什么。一个行为的发生实际上是欲望、情感和意志综合理性共同作用的结果，绝不是欲望或意志或情感或理性单独发生作用的结果，至少也是意志和理性综合作用的结果。当理性决定意志或欲望或情感的时候，理性不是理论理性，它不是告诉意志或情感对象的存在与否，而是由理论理性转化为实践理性或正确理性，在理论理性知道了行为者，人是什么，行为的对象或结果可能是什么之后决定或规定，或命令意志、人应该做什么，应当做还是不应当做，应该怎么做。因此这里发生的是一种实践的推理，它可能是当下发生的，也可能是滞后发生或经三思之后发生的，而这种实践的推论不是建立在沙滩上也不是在空中的，而是在知中，在人之所是的知道中，在人的存在的真理之上，它是从人之所是推出人应该做什么，命令他应该怎么做才与其所是相符，自相一致而不是不一致、自相矛盾，也就是命令他是其所是，不是其所不是，而不应是其所不是，不是其所是。当然在这里，前后两个"是"的含义是不一样的，动词用的"是"是肯定、行动、实践的意思，名词用的"是"是存在、实质、属性。因此从"是"到应当，发生了一种理性的自我转化，实现了理性由理论到实践、由知到行的转变，这种转变也就是从事实到价值，从存在到道德，从真到正当或善的转变，价值、道德、正当或善不是蕴含在事实、存在、真中的，而是由理性在事实、存在、真的基础上实践地综合构建出来的。从"是"推出的正当或善所以是"应当"，正如康德准确道出的那样，是因为正当或善是理想性的，在某种意义上是高于存在、事实的，虽然从你所是推出你这样做而不要那样做是正当的或好的，但是"事实上"你并不一定就会这样做，你的存在、所是并不一定就是与正当和善相符合，总是可能有出入的，因此正当或善在事实上或就实存而言并不总是得到实现或落实，于是就成为一种"应当"，它意味着一个区别于事实的价值世界、理想世界和道德世界的敞开。所以从"是"到应当的实践推演，本质上展开的是一种实践上的或行动上的建构，康德的道德合理性论证即是一种建构主义的论证。① 早期现代自然法道德理论即是从人人都欲求自我保持、人人都有生命的欲望这一基本人性事实或实存性质，推出人人应该遵守的自然法，从人之所是推出他之应当，自然法就是他应当服从的道德律。这种推论是实践性的，自然法是正确理性向每一个生命存在者，任何一个欲求自我保存的生命存在者颁布的命令，只有服从自然法，克尽道德律，他才能够实现自己的目的，即自我保全，自然法/道德律是他实现自我保全的正义、正确法则，它们对于他是好的，而它们之所以只是一种应当，是因为并没有人强制它遵守，正确理性只是命令他自主自愿遵守，而他实际上可能并不一定就遵守。功利主义的"最大多数人的最大幸福"原则是正确理性从人人趋乐避苦这一基本人性必然性中推出来人人应当遵守的道德律法，因为只有这个法则才能保证最大多数人的幸福、快乐而不痛苦。麦金太尔质疑这个原则的道德有效性，一些功利主义者也怀疑从每个人追求快乐逃避痛苦的心理趋向怎么能推出所有人或最大多数人的最大幸福的原理来，看来他们都没有搞清楚，这个功利主义的推论不是理论理性推演是否合乎逻辑的理论问题，而是正确理性发布命令应该做什么以真正实现人性目的的

---

① Rawls, *Lectures on the History of Moral Philosophy* (Harvard, 2000), pp. 237 – 241.

实践推演或建构问题，其中包含了正确理性与人性需要的综合，是它把一种普遍化的形式规则添加在人性欲求上。而拒不承认正确理性的休谟在他从人性自私出发推出正义规则的时候，悄悄地使用了正确理性，否则正义规则是不能被设想出来的，它们被设计出来显然是离不开正确理性的，因为正义规则不过是理性的利己主义者设想的规则。不过正义规则成为人人应当践行的德性仅依靠理性是不够的，还需要同情感的补济，只有当它们被人人赞同，违反它们会遭人谴责的时候，它们方能成为道德的规则和德性。虽然需要同情、理性和私欲一同参与正义德性的建构，但是从自私到正义规则最为关键的一步综合，则是正确理性完成的。同样，康德的道德律是实践理性的实践推论，是纯粹理性否定感性欲求，综合意志，规定意志而推出的。

麦金太尔犯下的第三个错误是，他没有抓住启蒙道德合理性论证的真正核心。他始终以为目的论是合乎逻辑的道德合理性论证的前提，只有从合目的的"是"，性善或本身是善的存在，才能推出人之所应当是和存在的道德戒律，而盲目地认为启蒙道德哲学完全是从纯粹自然的或机械论意义上中性的人性事实出发推演道德戒律，其结果必然是失败的。但是当他说启蒙道德合理性论证是失败的时候，恰说明了他根本就没有抓住启蒙道德合理性论证的要义。启蒙道德哲学绝非仅仅从自然人性出发进行道德论证，它由之出发的人性，人之所是绝非是自然机械论或生成论意义上的，如果是这种意义上的人性的话，那么人的存在就是自然必然性的，是完全受制于自然因果性的，那么他就是动物性的被动存在物，他的行为和纯粹自然必然发生的行为没有什么两样，这样一来，是不可能在这样的人身上找到或发现道德性的，就此而言，他是对的。但是启蒙道德哲学以之出发的人性不纯粹是自然必然性的，而是自由的，人不是或不完全是自然必然性的存在，而是完全自由的或与自然必然相容的自由的存在，机械论或生成论的存在并不完全是人的存在，人还是自由的存在，自由即是人之所是，启蒙道德的合理性论证即是以人的自由存在为前提展开道德演绎的。一旦认识到人是自由的存在，那么启蒙道德哲学也就赢得了道德论证的前提，道德的义务或责任也就有了着落，就可以从人的自由存在推出人的道德责任，因为他是自由的，他自身是他行为的原因，他的行为是由他自己做出来的，因此他承担着为善为恶、义或非义的义务和责任。启蒙道德哲学之不同于希腊古典伦理学之处就在于，它不是按照目的论的逻辑，从善出发进行道德合理性论证，也不是像中世纪宗教伦理学那样遵从终末论或神义论的逻辑，从全善或至义、上帝出发论证道德，而是依照自由的逻辑，从人的自由出发展开道德合理性的论证，构建一种自由"主义"的或自由的道德体系。如果古典伦理是一种至善论或目的论伦理，中世纪宗教道德是一种全善论或神义论道德，那么启蒙道德则是自由论道德，自由是启蒙道德的内在前提，道德的应当，即正当或善都是从人的自由之是，之在中演绎出来的。麦金太尔完全没有理解启蒙道德哲学的内在逻辑，误把机械论或自然必然性的逻辑看作其内在逻辑，此其一。把目的论逻辑看作道德合理性论证的唯一正确的进路而没有看到启蒙道德哲学开出的自由论的道德合理性论证逻辑，此其二。早期现代自然法道德理论回到人的自然状态，自然的人虽然不在机械必然的自然世界之外，而是在其内，受自然必然规律的约束，就此而言，他不是什么超自然的存在者，但是他仍然是自由的；他不是在与自然必然性对立的意义上是自由的，而是即使在自然必然的世界里，他仍然有不受他人干涉、阻碍按照自己的意愿或依照自己喜欢的方式生活的自由，相对于自然而言，他的生命是必然的，但是相对于他人而言，他的生命是自由的，他有不受他人监护自身使用理性生活的自由，因此这种自由是消极的，也是他的权利。自然法/道德律即是从人的这种生命自由和自然权利出发推出的，它们是他为了保证自己的生命自由权利而应当遵守的普遍法则。

康德的自律道德建立在人的自由意志之上，自由是道德实践的前提，对于他而言，道德的论证就是把道德律从自由意志中演绎出来。① 不同于自然法道德理论所预设的自由是在自然中的、人相对于他人的不受阻碍的自己使用理性生活的自由，康德预设的自由是超感性自然的、在纯粹理智世界中纯粹理性存在者的自发存在和行动的意志自由，这种自由即是人之本体所是。它是为纯粹理性所把握到和思维到的，以之为前提，实践理性从理性存在者的这种自由存在演绎出他应当服从的道德律，这种道德律是纯粹理性综合自由意志，对自由意志的规定，向自由意志颁布的绝对命令，即理性存在者自身确立的无条件律令，是自由的理性意志存在者应当克尽的义务。② 因此对于启蒙道德哲学的道德论证应该始终和一贯地回到

---

① 《康德全集》第 4 卷，第 454—456 页。
② 同上书，第 461 页。

人的自由问题上考察，它的成败得失应该取决于自由问题的解决，即它是否确立和证明了人的自由的存在或实在性，人的自由是什么样的存在，从中能够推演出什么样的道德律令，而不是纠缠于它是否建立在目的论的基础上，是否合乎目的论的论证逻辑。麦金太尔看走了眼，对启蒙道德合理性论证的批判是无效的，只不过隔靴搔痒似地挠了几下而已，因为他根本没有抓住作为其要害的自由问题，仍孜孜于如何恢复目的论框架以挽救启蒙道德哲学。① 如果他真要批判启蒙道德哲学，他就应该对准其启蒙自由的概念，反思其自由的逻辑是不是出了问题。

实际上，对于启蒙道德哲学来说，它以之为基础的自由恰成了问题。启蒙道德哲学对自由的论述基本上分为两路：一路是早期现代自然法道德理论开出的在自然现象、人性论或社会生活层面的自由论说，这种自由论说强调的是人的生命包括财产乃属于个人所有，他有相对于他人不受阻碍、不被干涉、不受监护地自己使用理性保全生命和财产的自由，生命、财产和自由乃是人的不可被剥夺的天赋的自然权利。这样的自由，作为自然权利，或与生命同等重要，如洛克，或不可或缺但轻于生命，在两者冲突时可放弃自由，如霍布斯，或高于生命，若为自由故一切皆可抛，如卢梭，因此在早期现代自然法道德理论中存在着生命和自由的紧张关系问题，两者到底孰轻孰重，孰先孰后，还是不分轻重、先后，它们莫衷一是，难以达成一致。就后来从这一路开出的现代自由主义理路来看，显然洛克的主张获得了主导性的胜利，自由和生命、财产一样，一样都被看作不能少的基本权利。但是，这并不意味着自由和生命的冲突就此销声匿迹，只是被暂时掩盖了而已。就实践的生活来看，正如我们在社会生活中会不时经历自然状态一样，生命和自由的冲突始终是存在的，要生命还是要自由的拷问总是会出现在每个人面前让其抉择。这种生命或自由抉择出现的本身就是现代启蒙运动的结果，是启蒙运动把所有人从被监护、被支配或被奴役的社会政治关系中解放出来，置于解除了一切人与人之间不平等的监护和被监护、支配和被支配、奴役和被奴役关系的自然状态。在这种自然状态里，人人被赋予不受监护、不受他人支配和奴役的生命自由，如何保全自己、怎样生活不再受人引导、干涉而完全交给自己，由自己的理性来指导。人的这种自然自由意味着他成为自己生活的主人，他的生命

---

① ［美］麦金太尔：《德性之后》，第72页。

因为自由而为他所主，恰是这种自由也赋予他在一种极端的生命和自由冲突的情形下为生命而放弃自由也是其自由的抉择，正如他为自由而放弃生命的自由抉择一样。自然的自由是个体性的，当个体从实体性的社会中被解放出来，成为自然自由的个体时，他也就从各种社会关系中解脱出来，成为孤零零的、只关心自己生命的原子。这也意味着他在赢得个体自由的同时，也无可挽回地失去了在社会中的实体性的自由，在成为不受监护地自己使用理性自我立法的道德人的同时，也解除了共同体伦常和传统习俗赋予自身的伦理本分和身份认同。然而人终究要走出原子状态，恢复在一起生活的社会关系，在这样做的时候，他们面临着这样一种艰难抉择，即是牺牲个体自由，恢复实体性自由，建立伦理性共同体，还是为个体自由，摧毁实体性自由，建立道德性个体自由联合体。这种个体和实体、个体自由和实体自由、道德和伦理的内在冲突和紧张，在功利主义道德那里是以对个人、少数人的幸福的压制和牺牲为代价换来"最大多数人的最大幸福"的形式呈现给我们的，在卢梭那里是以一种极端和尖锐的思想冲突的形式、自然自由和社会自由不能两全的形式摆在启蒙的现代世界面前的，而在法国大革命中则是以红色恐怖的血腥场面暴露在启蒙的现代人面前的，虽然密尔后来为功利主义道德安上了个体自由的基础，黑格尔把个体融入伦理实体中，现代史上也发生了各种形式的政治革命和社会革命，但是它们至今仍然是现代道德哲学和政治哲学挥之不去的难题，未尝找到能够统一个体和实体、个体自由和实体自由、伦理和道德的最佳世界，仍然执着于个体、个人自由和道德一端，与执着于共同体、实体和伦理一端之间摇摆，左右为难。

　　早期现代自然法道德理论开出的自由传统是继承和革新希腊公民自由传统、斯多葛主义自然法传统和基督教个体信仰自由传统的产物，离开这些传统，这种自由是无法理解的。而且这种自由是与人为的监护、干涉相对立的，是一种消极的自由，而这种消极自由是如何被人意识到的却是一个未解的问题，自然法道德理论除了预设在自然状态下人是自由的并知道自己是自由的以外并没有展开进一步的奠基工作，论证人是自由的，自由就是人的存在，就是人之所是，并且他是如何知道自己的自由存在的。要完成这样的工作超出了它们思想努力的范围，意味着要进入形而上学领域，在本体论层面论证自由是人的存在，而它们不过是在自然现象、心理经验的层面，以及已有的自由大传统尤其是基督教自由传统层面，确认了人是天赋自由的而已。一旦它们探讨本体自由，那么它们必将遭遇自然与自由的大问题。

本体自由的论述路数是从笛卡尔、斯宾诺莎和莱布尼茨的大陆理性主义哲学开出的，康德是一个分水岭，既终结了理性主义哲学的自由论述，又为整个德国古典道德哲学留下了为之奋力解决的自由问题，开出了迄今最为深刻的自由本体论述传统。康德是身在启蒙运动中既深谙启蒙之道又是启蒙了的哲人，他深刻洞悉到，随着科学的兴起，目的论的世界观崩溃，神学终末论消解，上帝"死了"，它们不再是启蒙思考的前提，因此以前奠定道德基础的目的论和神义论被移除了，或者说启蒙道德从中解放出来了，不可能以之为自身的根基了，因此启蒙道德包括宗教就必须另外寻找地盘。他展开纯粹理性的批判，深层意图即是在必然的自然世界之外开出道德的地盘，因为自然必然性的领域不可能是道德开出的领域，就此而言，指责从"是"到应当的道德演绎不合逻辑是对的，自然必然的王国不是道德和宗教的领域，从中永远开不出道德，因此必须在自然必然世界之外，开出自由世界，自由王国才是道德的领域，从自然所是开不出道德，但是从自由所是却能够开出道德，道德即是自由的存在者应该做的。然而，自然必然的存在能够得到证明，但是否存在自由的世界，它是人的理性的幻觉还是理性把握到的真实存在，却是康德纯粹理性批判需要奋力回答的问题：他要从对自然必然世界的演绎中逼出自由世界，从对理性二律背反的辩证中完成对自由的本体论证明，揭示人是自由的这个本体论真理。解决了这个问题，启蒙道德就有了着落，就有了牢靠的本体论基础，就可以从自由推出应当，演绎出道德。因此康德《纯粹理性批判》即是启蒙道德哲学的导论，既为启蒙道德奠定自由之基，也实现了对道德基础的大转移，将之从至善论和神义论或终末论道德改造为启蒙主义的自由论道德。但是康德提出了启蒙道德哲学为之奋斗的自由本体论证明问题，却无力解决这个问题，无能证明自由的实在性和真理。自由仅仅被证明是一种可能的存在，能够思维到却不能被直观到，不能作为对象提供给我们，从而也就无法确立人的自由意识，以之为基础的启蒙道德也就没有了可靠的地基。即使勉强建立，也不过是建立在空中、思维中、无对象的思想性中而不是本体真理之上。从"是"到应当，逻辑上不存在任何问题，如果作为前提的"是"是自由的话，但是现在成问题的恰是这个作为人之所是的"自由"，它无从证明是实在的。

　　为了避免义务论道德演绎的失败，康德不得不倒转道德合理性演绎的进路，即不是从自由演绎道德律，从"是到应当"，而是从道德律演绎自由，从"应当到是"：根据其自由和道德律的交互性原理，① 证明了其中任何一方，另一方也会随之得到确证，而理性是实践性的，能单独规定意志，道德律即是意志的规定根据，也是理性存在者意识中的理性事实，通过对理性道德行为的分析可以确证这个事实；既然道德律是实在的，那么由此也就证明了自由的实在性，道德大厦的"拱顶石"是牢靠的。②

　　但是康德的这种倒转仍然未能从根本上摆脱在自由和道德律演绎问题上的困境，如果启蒙道德是可能的，存在一种自由逻辑的道德形态，那么显然完成自由的本体论证明就是绕不开的根本问题、决定启蒙道德合理性演绎成败的枢机。这个问题是整个德国古典道德哲学的基本问题，也是我们时代必须予以解决的根本问题，因为这个问题迄今仍然没有解决。康德所以不能解决自由本体证明问题是因为他把本体和现象、自由和必然彻底对立起来，理论理性的思维导致两个世界的分裂。因此证明自由实在性的关键是如何实现本体和现象、体与用、自由和必然的同一。费希特站在主体主义的立场上，祛除了自在的本体，在自我与非我的对立中把握实在，在必然的非我对自我行动的阻碍与后者对前者的克服中确证自由，像黑格尔一样通过自我和他我的相互承认，自我意识到自由。但是，他对自由的证明充其量是一种主体主义的确证，是以丢弃实体主义为代价的，因此其自由缺失实体性，并且也没有克服自由和必然的对立。谢林扭转了方向，由主体转向实体，从自我转向自然，在思辨中得出自由即必然，同一自然和自由之后，却陷入斯宾诺莎主义的宿命论之中，又有丢失主体主义自由之嫌。黑格尔尝试综合主体主义和实体主义、自然和自由，在法、道德和伦理中确证自由的三种形态即抽象自由、主观自由和客观自由，但是在客观精神形态的伦理实体/国家中，客观的实体性自由压倒了个体自由。德国古典哲学之后的浪漫主义沿袭了费希特自我主义的自由观念，并把它加以诗化浪漫化和机缘化，虽然它强化了主观自由的创造性，却也只不过是身上带着枷锁的人对无限自由的一种精神想象而已，对实在中的不自由没有丝毫触动。尼采以自转的圆环喻像绝对肯定世界，自由与宿命一体的、

---

①　Allison, Kant's Theory of Freedom（Cambridge, 1990）, p.201.

②　［德］康德：《实践理性批判》，邓晓芒译，人民出版社2003年版，第2页。

以自身的意志为意志的超人自由流于浪漫主义的意志妄想症和意愿即能够创造狂想症。海德格尔在对存在意义的追问中，在对存在即无的存在真理的诚明之境中思考生存的自由可能性，但是他打开的自由之境不过是存在之思的自由之境，最后归于无为而为泰然任之的逍遥。总之，由康德所开出的现代德国哲学传统，孜孜以求、持之不懈地追问和求索自由本体论证明问题，形成了关于自由概念的伟大思想叙事，可惜的是，自由本体论证明问题仍然命悬一线，没有一人能够提出终结这个问题的自由论证。对自由的思考和证明仍然是我们逃避不了的根本问题，它关系到现代启蒙道德的根基和地盘能否被奠定和加以巩固。

涉及启蒙道德基础的另外一个未解难题是自然自由和本体自由的同一问题。伯林是自由思想史家，其全部工作都是围绕着现代自由观念的源流展开的。他的一个重要贡献是区分了两种自由，即消极自由和积极自由，而他认为，早期现代自然法理论和现代自由主义论域中的自由即是他所言的消极自由，这种自由是现代自由话语的正统，一切现代的道德和政治应该建立在这种自由的基础上。康德承前启后所开出的本体自由或自由意志传统则被他视作现代自由传统的异端，本质上是对自由的背叛，一切现代道德和政治上不好的东西，比如权威主义、专制主义等与消极自由传统相背离的东西都源于这种积极的自由传统，因此应该罢黜积极自由，独尊消极自由，让消极自由主义的道德和政治一统天下。不过，我们估计，他的这种带有明显倾向性的自由论述和主张会遭到持积极自由主义者的反对，他们的理由和他反对他们的理由应该是大体相同的。如此两种自由，从而两种道德和两种政治的论证和论争又将展开，循环往复无止息。要想跳出启蒙现代精神在两种自由和道德问题上的循环论争，有必要寻找一种统一它们的第三种自由道德/伦理，它能综合消极的和积极的自由，质料性的或功利性的道德和形式的或理想性的道德，克服它们各自的不足，强化它们各自的优长。但是这第三种自由伦理/道德我们还没有找到。

五　正当与善的张力

"是与应当"的问题是启蒙道德合理论证的基本问题，自由和理性则是启蒙道德哲学解决这个问题的两个核心概念。自由作为人之所是是启蒙道德的基础，启蒙道德哲学即是从自由演绎道德原则。理性作为实践理性而非理论理性，也非工具理性是启蒙道德的构成性或建构性原则，启蒙道德哲学就是运用理性从是，即自由综合演绎出道德的应当原理，而它从是推演的道德应当原则有两个，即正当或正义原则和善或目的原则。罗尔斯认为，正当和善是伦理学的两个主要概念，"一种伦理学理论的结构就大致是由它怎样定义和联系这两个基本概念来决定的"①。正当和善即是启蒙道德哲学的两个主要概念，而基于对这两个概念不同的侧重，它呈现出相互分离的义务论或道义论与目的论两种基本理论形态。

西方自启蒙时代开始的社会合理化进程促成了个体权利被普遍承认的同质化社会的诞生，同时也导致实质性共同体的解体，政治与宗教，政治与道德分离。恰如宗教私人化，信仰自由一样，道德价值被放归私域，向善自由。公域价值中立和私域价值多元，公域形式程序化和私域价值自由化，生成权利一致、诸善冲突，形式同一而实质多样的背反社会形态。启蒙现代道德理论皆发源于这种张力社会，规则和价值、正当与善的分离、重构正当与善的关系即是现代道德诸理论必须面对的根本问题。

现代社会形式与实质、同一和多元的紧张是导致现代道德"正当与善"分离的根本原因，目的论世界观的瓦解、正当与善的分离是现代道德生成的理论前提，而西方近代社会"正当与善"的分离则带来了道义论与目的论分裂的伦理学后果，因而重建正当与善的关系就成为现代道德诸理论自身确定的标示。对于我们来说，至关重要的是，我们应该深入现代张力性社会形态，讨论正当与善分离的伦理后果成因，还要以正当与善的关系问题作为重要参考因子，进一步提出现代伦理形态的概念，以整体把握现代伦理的本质。

西季维克、罗尔斯认为，突出正当性的原则是现代伦理区别于古代伦理的基本特征，是伦理现代性的实质所在。康德的义务论道德即是体现现代伦理本质的原型形态，正当优先于善是它的基本原则。现代功利主义道德是以善优先于正当为基本原理的，是一种现代目的论形态的道德：它把善定义为独立于正当的东西，然后再把"正当定义为增加善的东西"，或是说，"这样一些制度和行为是正当的：它们是能产生最大善的可选择对

---

① ［美］罗尔斯：《正义论》，何怀宏、何包钢、廖申白译，中国社会科学出版社1988年版，第23—24页。

象，或至少能像其他可行的制度和行为一样产生同样大的善"①。

无论康德义务论还是功利主义目的论都不主张完全分离正当和善，而是把两者结合起来，只是它们不是并列的，而是有先有后的。但是罗斯却强烈主张分离正当与善，在他看来，功利主义把正当和善、正当与最好等同起来是毫无根据的。② 虽然摩尔通过语义的分析把正当和善看作伦理学的基本概念，但是对他来说，只有善是不可分析、还原和定义的原概念，而正当不是这样的概念，它需要用善来定义，所谓正当即能产生最大的善，能产生所有可能结果中最好的结果。罗斯把摩尔的善理论称为"理想功利主义"③，并批评他不能用善来定义正当，正当是独立于善的东西，一种行为之为正当，不是因为它会产生不同于它自身的好的结果，"乃是因为产生了某种事态。这样的一种产生在其自身就是正当的，不用考虑任何后果"④。由此看来，虽然同是直觉主义者，摩尔和罗斯却产生了分歧，提出了两种相异的观点，直觉主义伦理学也因此分化出目的论和义务论两种形态。

而且就整个现代道德来说，它也分化出道义论和目的论两种形态；它们在相互对立、竞争和交错中繁衍出盘根错节、枝繁叶茂的诸多理论、流派或思潮，而"善优先"和"正当优先"这两个原则作为"道德基因"被多方面交错"复制"，诸多理论也因其"遗传基因"而被归属为两大相似家族谱系。元伦理学、新自由主义正义论、社群主义德性论、商谈伦理学以及新功利主义中所涉及的正当与善的关系问题，都有对于正当与善的语义、用法，正当优先的道义论逻辑，善优先的德性论进路的深入讨论和阐释。

善对于正当的优先性是古代伦理的基本原则，是与古代追求社会和灵魂至善的伦理生活同一的。因此对古代伦理来说，是根本不存在善优先还是正当优先的问题的，善的优先性是毋庸置疑的。而现代道德之陷入正当优先，还是善优先的争论本身即表明形式同一、实质多元现代张力社会的诞生，正当归于善、止于至善的传统伦理生活的瓦解，正当和善同一的分

① ［美］罗尔斯：《正义论》，何怀宏、何包钢、廖申白译，中国社会科学出版社 1988 年版，第 24 页。

② ［英］罗斯：《正当与善》，林南译，上海译文出版社 2008 年版，第 92—93 页。

③ 同上书，第 62、73 页。

④ 同上书，第 103—104 页。

解。正当的未必是善的，善的未必是正当的，① 无论主张正当优先的道义论道德家族谱系，还是主张善优先的目的论道德家族谱系都难以掩盖和克服现代道德生活是止于善还是止于正当，归属个体还是共同体的两难选择。

我们应直面现代伦理道德生活的这种两难困境，并在现代社会形态的批判中思考走出这一困境的途径。我们应以形式和实质分离、公域价值中立和私域价值自由的现代张力社会形态为背景，通过对现代道德形态及其相似家族谱系的考察，深入思考"正当与善"的关系问题，以期克服现代道德善优先还是正当优先、个体在先抑或共同体在先的两难问题。

我们的基本观点是，现代社会形式同一而实质多元的张力结构是导致现代道德正当与善分离的根源，正当与善的分离和重组是启蒙现代道德哲学进行道德合理性论证的前提和基本逻辑，而正当优先原则还是善优先原则的斗争意味着启蒙现代道德哲学陷入了难以克服的两难困境，正当与善同一问题的解决最终归于现代社会批判和启蒙道德伦理重建。

历史地看，古代伦理基本上清一色的是善与正当同一、善优先于正当的元善论或目的论伦理形态。启蒙现代道德哲学道德合理性论证的前提和构成性原则是分离的，自由因果性是前提但不是道德构成性的原则，正当或善则是理性从自由进行实践演绎的构成性原理。但是古代无论柏拉图主义，还是亚里士多德主义，抑或是自然主义的伦理无不根植于目的论或元善论的逻辑，善或目的既是伦理合理论证的基础，也是伦理构成的原理，伦理前提和伦理建构的原则是没有分离的。斯多葛主义自然法道德理论虽然强调自然法则、道德律令，把道德规则从善或目的的原则中区分出来，但是并没有导致规则和善，律法和目的的完全分裂，规则、律法是从属于善或目的的原则，规则或律法还没有枯化为干燥的形式或公式，而是仍然鲜活的德性规则或律令，它们既是从善或目的原则中推出来的，也是构成善或目的的东西。伊壁鸠鲁主义伦理学，虽然和斯多葛主义伦理思想大相径庭，但其论证路数和结构与后者没有本质的区别，仍然是目的论形态的伦理学，只不过它不把善理解为理想秩序而是快乐罢了。

但是中世纪宗教道德论述却发生了更大的变化，正当、正义与善、目的分离开了，并作为宗教道德的构成性原则被确立起来，形成基督教道德

---

① [英] 罗斯：《正当与善》，第 57 页。

的神义论形态，与基督教道德的托马斯主义目的论形态相抗衡与争辩。基督教托马斯主义道德承继了亚里士多德主义和斯多葛主义理性目的论道德，将之纳入终极目的论或全善论的宗教大前提之下，以善论善，以善致善，虽然人犯下原罪，人人都有罪，但是这并不完全影响、否定人身上还剩有、残存善性，他因此能够因善称义，为善得救。基督教道德没有归于托马斯主义之一统，而是分出了奥古斯丁主义一脉，它经由司各特、威廉的奥康唯意志主义道德的发展，最终在路德主义那里成形。这一路基督教道德的架构是神义论。神义论有两种形式：一种是目的论意义上的，是说神之义在于为了达于最大的善而允许恶，所以有恶是因为这样才能达到最大的善，因此因善称义，善先于正当；另一种是道义论意义上的，神之义并不首先相关于善恶，不是以恶致善，而是与正当有关的，不管善恶，只要信仰即能得救。换言之，不是因善而称义，而是因信而称义，因义而善。即使信仰也是神的恩典，但是神的恩典不是因为你善，而是神要恩典信仰于你，你才有了信仰，你因信而称义，因义而善，称义先于善。这是对于神来说的，对于你而言，你不是因神善而信，因信称义，而是因神要你信而信，因信称义，因义称善。因此奥康和路德开出了基督教道德的道义论形态，为现代启蒙道德的道义论形态埋下了伏笔。

　　基督教道德本身业已分化为目的论和道义论的两种形态，启蒙现代道德则在世俗化的意义上承接和转化了这两种道德形态，它能够做到这一点，是和现代社会形态的合理化和世俗化分不开的：个体与共同体分离，社会政治化和市民化、私人化，政教分离、政道分离，宗教私人化、伦理个人化，社会生活持续合理化、形式化、程序化，公域空壳化和价值中立化，私域生活内容日益多样化、多元化，信仰自由、道德自由，社会形式和内容分离，公域正义化和私域价值化，形成公域高度抽象同质化、私域深度价值异质化的背反结构的现代社会形态。

　　在这种公域价值中立，私域道德自由背反的社会背景下，启蒙现代道德形成并分化为两种形态。首先，古代伦理学以之为基础的目的论世界观瓦解，代之而起的是中性的、必然的和自由的双层世界观，对于人来说，他既是必然的也是自由的，他是两重性的存在。其次，道德基本价值发生分裂，即正当与善，规则和价值，律法和目的相分裂，启蒙道德哲学要么从作为自由的"是"推出正当，自由的存在者或者为义，或者为不义，义与不义皆出于它，要么从作为自由的"是"推演善和合乎善/目的的规

则，自由的存在者被假定可能为善，也可能为恶，善恶由己。最后，基于
自由的两种道德合理性论证方式，形成了两种道德形态：止于正当，因义
称善和配得善的道义论道德，康德义务论道德，自律道德即是典型的道义
论道德形态，与止于善，因善称义和守义、遵守至善的规则的目的论道
德、功利主义道德，无论是休谟式的情感主义功利主义道德，还是爱尔维
修和边沁系统化的幸福主义或快乐主义或实用主义的功利主义道德都是这
种典型的目的论或价值论道德形态。虽然古代亦有柏拉图主义理性主义和
伊壁鸠鲁主义快乐主义的伦理，但是它们都属于目的论伦理形态，而启蒙
道德却分裂为异质的而且相互排斥的道义论和目的论道德。前者是形式道
德、自律道德，后者是实质道德、他律道德；前者越来越缺少内容，从实
际生活抽象分离出来，后者越来越世俗化，缺少道德的内在价值和尊严。
道义论也讲善，但是善从属于正当，目的论也讲义，但是义在善之后，启
蒙现代两种道德陷入势不两立、水火难容的正当还是善优先性的争执、争
论之中，同一的道德生活解体，现代人的道德生活始终面临着止于正当还
是止于善的两难抉择。如何复建道德生活的同一性，是回归希腊，重新把
正当纳入善的范围以确立善的绝对优先性，把追求善良的生活，有德性的
生活视为根本的道德生活，还是彻底使善从属于正当，确立正当的绝对道
德地位，抑或找到同一正当和善的第三种道德原理是我们今天必须殚精竭
虑地思考和做出决定的根本问题。

　　18 世纪启蒙运动之后现代西方社会的同一性危机还在加剧，形式上
价值中立和实质上道德自由和多元化的社会背反继续加剧，正当与善的分
离和对立仍然在扩大，因而现代伦理学诸理论遂展开了关于正当与善孰先
孰后的道德话语权的竞争和争夺。

　　现象学本质直观方法和元伦理学直觉主义方法的道德运用，克服了从
是到应当，即正当或善的理性论证难题，正当和善分别作为能够被直觉把
握的道德价值事实而获得价值的独立，克服了功利主义道德的自然主义的
谬误和康德超感性主义的错误。随着正当和善的价值独立，止于正当还使
善的现代道德纷争更趋尖锐。

　　在理论竞争中，并通过理论的竞争，现代道德形态"理一分殊"，繁
殖出盘根交错又相对独立的诸多理论、学说或流派，形成正当优先的道义
论和善优先的目的论或价值论互争的两大伦理家族谱系。归属于道义论伦
理家族谱系的现代伦理诸理论有新康德主义伦理学、胡塞尔现象学伦理

学、萨特存在主义伦理学、元伦理学中直觉主义义务论、新自由主义正义论等。而归属于目的论伦理家族谱系的现代伦理诸理论则包括新功利主义，舍勒现象学伦理学，元伦理学中理想功利主义、情感主义伦理学，实用主义伦理学，社群主义德性论等。相应地在现代伦理学诸理论中也形成了"正当与善"问题的相似和竞争的家族，即"正当与善"问题在新康德主义、现象学与存在主义、元伦理学、新功利主义和实用主义、正义论与德性论等中呈现出分殊而又家族相似的谱系关联形态。

现在的问题是，正当与善、道义论和目的论伦理形态的统一如何可能？黑格尔尝试通过系统化的伦理生活体系，把抽象法权和主观道德都纳入统一的伦理实体即国家中，以整合个体和实体、正当与善，但是这种尝试因为过度强化的伦理实体主义导致对个体的压制而宣告失败。现代法兰克福学派解除了黑格尔实体主义的路数，回归主体间向度上来，其交往行为伦理、商谈伦理和承认伦理在主体之间、正当与善之间建构起两种价值，两种道德形态的尝试是有益的，[①] 但是似乎仍然没有找到能够统一它们的第三者。对于我们来说，应当沿着社会批判的路子往下走，在反思启蒙辩证法的基础上，探究统合正当与善、权利和价值的社会条件，通过现代社会形态的深入和广泛批判，思考道义论和目的论伦理同一的可能性。

我们应当在现有研究的基础上，进入高度同质组织化和深度异质价值自由化的现代社会形态里，通过追踪和刻画现代非线性伦理家族谱系，系统研究"正当与善"的分离与多重重构问题，尝试克服现代伦理学诸理论的内在困境和发展难题。

六　好人与好公民的分离

近代启蒙运动和社会理性化的一个重要结果是社会的分化，思想意识的区分。在前者，家庭、社会和国家相互分化和分离，家是家，社会是社会，国是国，而不是家庭社会化、国家化，或社会家庭化、国家化，或国家家庭化、社会化；在后者，政治和宗教分离，宗教私人化，信仰自由，政治和道德分离，道德个人化、内在本己化、行动自由。政治是政治，回归公共本质，宗教是宗教，回归私人信仰本质，道德是道德，回归个人良

---

① 万俊人：《美国当代社会伦理学的新发展》，《中国社会科学》1995 年第 3 期。

知本质，无论宗教还是道德都不再能为政治奠定基础，宗教和道德的政治化或政治的宗教化、道德化，从而建立理想化的宗教社会、伦理生活已然不可能复返了，好人与好公民的同一和连续被阻断、延迟了。启蒙道德哲学加速和适应了这种社会和思想意识的巨大变局，为我们提供了在这种广泛的生活和意识分离的前提下如何展开道德政治思维的全新方式，而它本身却陷入分裂之中，无力把握好人与好公民同一的生活世界了。

霍布斯是近代启蒙道德政治哲学的奠基人，其思考道德问题的方式开出了近代道德哲学的转型。洛克秉承了这种转型，尽管两人在很多方面是对立的，如洛克就反对霍布斯的绝对君主专制，要求建立保护人的生命、财产和自由的有限政府体制。在霍布斯那里，自然法属于道德律，道德律属于内在良知领域；内在良知世界应当服从自然法/道德律，而公共世界则完全交由集权的君主打理，绝对君主担当了公共世界维系者的重任。他所推演建立的政治社会是一个由公共法律调节的公共社会，也是一个人造的机器，"国家本质上成了公安，不过它仅限于［保障］'公共'安宁、安全和秩序"①。真正属于公共的领域是很小的，即便如此，整个狭小的公共领域也都由君主一人承担了，公民或臣民参与公共生活的机会是稀少以至于无的。所以在绝对君主制国家，乃至在法国启蒙主义者所倡导的开明君主制国家里，人们"不应谈论异于君王所想的理解"，经常性地处于私人状态、内在状态，而很少参与公共事务，它基本上由君主和官僚包办了，或替你、为你操办了。私人生活是由私法调节的；以需要、利益为主导的市民社会就是由民法维系着的私人或个人生活领域。内在世界是自然法/道德律所开拓出来的，由良心和良知调节的，即自然法不是靠外在强制、而是靠良知和理性去认识、了解和被遵守的。而恰是由于这种内外公私之分，施米特认为："霍布斯的利维坦变成了一个外在全能、内在无能的权力集中营；它只能为'因恐惧所迫而致的强制性义务'提供根据，犹太人门德尔松则满怀成功希望地这样要求这个权力集中营：人尽皆知，每个人于其中皆以自己的方式而得福，国家极少关心别人的信念，正如上帝反过来极少关心人们的外在行为一样。"②

所以从霍布斯起，"内外公私分离"，"法和伦常的区分因此变成了法

---

① ［德］施米特：《霍布斯国家学说中的利维坦》，第 96 页。
② 同上书，第 98—99 页。

学家与政客的流行理论和普遍见解。通过在根本特征上讲法律他律与道德自律相互对立，康德的权利与国家学说只不过对18世纪的这些看法作了认可总结"①。启蒙现代世界由此分出三个领域：公共领域，个人或私人领域，内在良知领域。在霍布斯那里，政治关涉公共领域的事情，社会是私人或个人领地的事情，而道德则被放入内在世界，由此道德和政治分离，不再干涉政治世界，而仅仅是内在精神属性的东西。在霍布斯建构的绝对君主制社会里，虽然人们把大量精力放在内在世界和私人世界里，但是它仍然是现代性意义上的，因为国家是由君主依据公法治理的，社会是由民法调节的，而内在领域则是由自然法/道德律规整的。只不过他造成了内在世界、私人世界和公共世界的分离，恺撒的归恺撒，上帝的归上帝。中世纪不是这样的，道德、宗教和政治结合在一起，统治者必须合乎一定的道德要求，并且是虔诚的信徒。近代启蒙运动促成了这种转变，政治的归政治，社会的归社会，良知的归良知；政治是政治，宗教是宗教，道德是道德。公共领域是政治的事情，宗教和道德则归于内在信仰和良知领域，人人信仰自由，良知自由，分离于政治之外，对于统治者不再提出宗教和道德上的要求，只要他们按照法律治理就行了。内在世界和外在世界普遍分离，大多数人无缘于公共世界的事情，大部分时间都消耗在私人世界里。不过这种三分生活领域也达成了一种平衡，而不是完全对立和冲突的：政治需要道德和宗教的内在支持，道德和宗教心心相印、相互支撑，同时为政治提供内在的精神支持，因为所有道德和宗教都要求人们做好人和虔诚的信徒，前者孜孜于关心良知良能不"坎陷"，后者拳拳服膺于灵魂净化得救，弱化了人们对公共世界的关注和批判。

　　现在我们形成了这样一种思维定式，动不动就把社会政治问题归因于道德出了问题，信仰出了问题：因为我们没有信仰，所以我们没有道德，因为没有道德，所以社会肯定会出问题。其实，这是不符合启蒙现代社会逻辑的。道德和宗教有其自身逻辑，政治社会也有其内在逻辑，把政治问题归结于道德和信仰问题、内在精神世界问题，犯了避重就轻的错误，遮蔽了社会本身存在的问题。在信仰和道德问题的背后往往是公共领域出现了问题，因为我们没有建立良序的公共世界，所以我们的私人世界、我们的良知和信仰才出现了问题。当然我们不能就此说，私人、内在领域出现

---

　　①　［德］施米特：《霍布斯国家学说中的利维坦》，第96、97页。

问题的原因是公共领域出了问题，而应该说，公共领域的问题累加加剧了私人领域、内在领域出现的问题。所以要解决启蒙现代世界的问题必须从内在世界和外在世界两个方面同时着手用力；如果我们不能建立现代良序的公共世界，让更多的人参与到法治的和良序的公共世界中来，做好公民，那么我们要想建立良好的道德和信仰自由的世界，做好人，义人几乎是不可能的。

启蒙现代世界在分离了公共世界和私人世界、内在世界的同时，着力保持它们之间良好的互动和平衡。良好的道德和信仰是以良好的公共世界为条件的，如果良序公共世界建立不起来的话，那么道德和宗教，内在良知和信仰世界的建立也是困难重重的，因为仅仅有道德和宗教、良知和信仰并不能直接开出良序公共世界，所谓"内圣外王之道"在启蒙现代是行不通的，因为它们被区分开，相互分离了。现代启蒙世界三分而又相互关联却并不实质同一的问题和逻辑能够让我们更深刻地理解中国社会和思想现代启蒙，中国社会和精神现代化的问题和逻辑。我们现在面临的问题更多的还是现代启蒙所产生的问题，也就是说，是因为没有完全走向现代，以及启蒙和现代性不彻底而产生的问题，而不是现代启蒙之后所产生的问题，就像当代西方那样。并不像有人所认为的那样，我们的道德和信仰出现了问题，以致公共世界的问题迟迟无法解决，而只有解决了良知和信仰的问题，公共世界问题的解决才是可能的，是水到渠成的。相反，正是因为公共生活领域的问题迟迟得不到解决，所以才使得良知和信仰领域的事情得不到很好解决。当大部分人被排除在公共世界之外，他们就只有生活在容易坍塌的私人世界和内在世界里，如果没有私人世界和内在良知、信仰世界的制约，则公共世界就容易蜕变为混战的江湖世界。如果我们的私人生活和内在精神生活，良知和信仰出现了问题，那么这往往也就意味着我们的公共生活也出现了问题。所以不能简单地说，道德和信仰出了问题，公共生活世界也必然随之会出现问题。它们是系统性关联的问题，解决信仰和道德问题也必须解决公共生活世界的问题。启蒙现代公共世界和道德世界相互分离，道德自由，不干涉政治，政治法权化，也不干涉个人道德自由，但两者也是相互关联和相互掣肘的，两者相互平衡是可能的，也是好的。我们不能完全把精力放在私人世界里而不关心公共世界，反之也不可行。但是西方现代社会却走向极端，关心私人和内在世界与关注公共世界发生分裂，只顾一端而不能两全。中国社会虽然没有走向极端，却也没有建立起三个世界的制衡机制，而是陷入两端的渗透混杂之中，有时候公共世界渗透进内在世界比如道德良知世界，有时候本来属于内在领域或私人领域的事情却又交由公共领域来裁决。显然这与启蒙现代精神是相悖的，还没有清楚地区分和分离人事的三个领域。

我们要理解启蒙现代人事三分而又相互制衡、鼎足而立的逻辑，即自由约束自由的逻辑。要给予公共世界一定的权力，但给予它再多的权力也不能干涉内在世界，道德是自由的，做好人还是坏人，做义人还不义的人不是他者的事情，而是个人自身应当关心的事情。霍布斯的自然法理论遵循的即是这种逻辑，洛克则赋予这种逻辑更强的启蒙现代性形态。在《政府论》里，洛克建立了内外人事世界相互分离和平衡的格局，既有自然法约束下的内在道德领域，又有有限政府主导下的现代民主公共世界，还存在一个与政府彼此制约的财产自由的市民社会。斯密进一步系统化了洛克的人事三分构架，他在其《国富论》中主要讲个人自由的市民社会，然后讲承担公共职责的政府，作为公域的国家，最后在《道德情操论》中讲内在的道德情感世界。

苏格拉底及其后的哲学家关心人事，而他之前的哲学家则关心自然的起源。就人的气质和倾向来说，人是有差别的，虽然我们说人人是平等的。对有些人而言，他们崇尚进攻，喜欢征服和支配他人。而对于大部分人来说，他们不想被人控制，不喜欢被人支配。就此而言，可以把人分属于两个群体：有统治欲的群体，他们喜欢公共领域、过公共的生活，如政治家和热心公务的人；不欲被人支配的群体，他们愿意呆在不受打扰、安静的私人生活领域，如家庭和社会领域，过着自己喜欢的生活，而他们中的一部分人甚至退出了国家、社会和家庭，宁愿生活在自己的内心精神世界当中。大多数人不喜欢公共生活，与其呆在国家里，毋宁更愿意留在私人领域和精神领域里。以前有人主张，皇帝轮流做，其实，他只是想过皇帝般不受约束的生活，而不是真的想像皇帝那样尽心治理天下。如果在私人世界里，在家庭和社会中，我们生活得并不如意，我们不妨再退一步退到内在道德世界、信仰世界里面去。从中国人的文化精神结构来看，儒、道、佛恰恰统合了这三个领域。儒家是进，强调人作为人应当学而优则仕，仕则齐家治国平天下；道家是退，主张小国寡民，回归自然无为、怡然自得、逍遥自在的本真状态，积极有为地治国平天下则尽失自然；佛家是出，不仅出离家国，而且否定自然、一切皆空，完全皈依于内在信仰世界。儒家出入家和国两个领域，道家和佛家则返归内在精神领域。在中国历史上，在文化繁荣的和平时期，三者往往结合得很好，但是一旦出现乱世，则国人的生活世界就被割裂为三个碎片，大多数人从有为世界退出来，退到儒家仅存的家庭人伦世界里，退到道家无为和佛家空无的清静世界里。

西方人的生活世界也经历过这种领域转换。古希腊人过着关心城邦的公共的伦理生活，苏格拉底却要人关心自己的灵魂，过灵魂完善的道德生活，好在后来柏拉图和亚里士多德把关心城邦的公共生活和关心灵魂的个人生活统一起来，要人过两种生活，但是总体上关心城邦的生活高于关心灵魂完善的生活，后者是从属于前者的。古希腊晚期社会发生了巨大的变化，公共世界完全坍塌，只剩下私人世界，即罗马抽象法权世界。罗马法自成系统，尤其民法或私法最是发达，而它调节的就是罗马人的私人、个人关系。罗马人关心私事更甚于关心国事，国家被看作异己的存在，在国家里他感受不到个人的存在，只有在私人世界里他才感到满足。到了中世纪，基督教进一步后退并内转，为西方人打开了完全内在的信仰世界，教人关心自己灵魂的拯救和永生，彻底抛弃此岸的生命和财产，出离尘世，向往天国。

到了启蒙时代，现代西方人逆向而行，在沉浸于唯灵世界千年之后，终于走出了内在信仰世界，进入一个新的世界，而这个世界在某种意义上可以说是罗马私人世界的翻版，它即是现代市民社会。市民社会是私人领域，每个人都关心自己的利益，不怎么或不优先关心国家的利益。基督教内在信仰世界并未为市民社会所消解，而是与之相分离，市民社会还与国家相分离，国家进而也与宗教相分离，信仰和个人结合，信仰自由，成为个人选择的事情，而信仰把个人导向对超越的精神世界的关注。启蒙理性化的展开最终也把道德和宗教分离开来，信仰关涉灵魂彼岸的永生和至福，道德则关系人此岸的幸福和尊严，虽然同是涉及内在世界，但是却分出神圣和世俗两个内在世界，宗教指向前者，道德指向后者。而启蒙道德又分为两派：一是功利主义道德，它要人关心自己的幸福，道德行为就是追求和实现最大幸福的行为；二是道义论或良知论的道德，它不教人关心自己的幸福，而是关心自己作为人的良心和尊严，关心人之为人的绝对价值。因此启蒙理性化最终完成了人事领域的三分：公共领域，私人领域，此岸和彼岸内在领域；国家，市民社会和家庭，道德和宗教。

中国社会特殊的结构是两头大、中间小，即家庭大、社会小、国家大。在中国，社会太小，发展历来相对滞后，因此个体意识的发育最不成熟。相反，家庭和国家太大，承担的过多，一方面是社会家庭化，家庭承担了过多社会的东西，社会被家庭取代了；另一方面是社会国家化，国家承担了太多的社会功能。而唯独社会的社会化是中国所缺乏的。一种成熟的社会应该是家庭、社会和国家相分而又结构均衡的社会。但是对于中国社会来说，这种合理的社会结构是不存在的，家庭、社会和国家基本上处于一种失衡状态，尤其社会没有充分发育起来，致使个体意识普遍缺失。反观西方成熟的社会，它们多是中间大两头小的结构，即家庭社会化，国家社会化，原来由家庭和国家承担的很多功能都转移给了社会，社会是生活的中心场域，个体意识因此发育充分。

不过我们也看到，这种状况正在发生转变，中国人的个体意识逐步觉醒。但是我们似乎又走向另一个极端，即把社会与国家对立起来，不惜由社会来消解国家，用个体意识来替代公民意识，用个性来消解大一统，价值自由，提倡多元的价值观。人们意识到国家对于同一性的强化，感觉自己的个性被压抑了，没有活出真正的自我，因此要把事情颠倒过来，关心自己甚于关心国家，个性自我是中心，不是他们为国家服务，而是国家为他们服务。李娜似乎即是以此标榜自己特立独行的个体意识，并把它与国家意识直接对立起来的。她这种做法肯定会迎来很多人的赞美，因为越来越多人的个体意识成长起来了，一旦它发育成熟，必然与国家公民意识决裂。

但是我们应该意识到，我们除了是家庭成员、社会个体之外，也是国家公民。国家作为国家就在于它是一个共同体，有着统一的和公共的意志，作为公民你应该实现国家公意，不容许你有个性。成熟的社会应该开出三个独立而又相互制衡的领域，即家庭私人领域、社会个人领域和国家公民领域，允诺和保证每个人同时过上私人的、个人的和公民的生活，使其私人价值、个人价值和公共价值都得到充分展现，唯如此，他的人生方是健全的。如果用一种生活或两种生活取代或压制其他生活，则他的生活就将是残缺的。

西方现代社会出现的一些问题是启蒙现代思想无力或一时解决不了的，而在中国现代化道路上也会遇到一些问题，不是简单移植西方现代启蒙思想就能够解决的，于是适时出现了儒学的复兴，其深意是取代西方现代启蒙思想框架，独立解决现代中国乃至世界性的问题。儒学复兴本身不是坏事，但是其危险性在于，我们可能觉得儒家思想能够解决西方思想解决不了的问题，而这不过是幻觉。

实际上，今天我们仍然需要向西方学习，尤其需要回到西方启蒙时代，反省启蒙运动和启蒙道德哲学。无论我们是否正确理解了西方启蒙现代思想，启蒙道德哲学之从道德推演政治的思想经验是值得我们三思的。对于我们来说，问题始终是，从中国伦理道德框架中如何开出现代共和国家。传统儒家的思路是，从内圣开外王，从仁义道德开出君王仁政，格物致知、正心诚意修身之后能齐家、治国、平天下。儒家的逻辑是，政治从道德而来，外王由内圣而来，政治即道德的延伸，外王即内圣的展开。现代新儒家秉持了这种逻辑，尝试从内圣开出新外王，从道德开出共和民主。对于古典哲学来说，固然政治是建立在道德和伦理基础上的，但是对于启蒙道德哲学来说，正如宗教和政治分离一样，道德和政治也已然分离了。道德问题是如何做好人或义人的问题，政治问题则是如何做好公民的问题。虽然在柏拉图建立的最好城邦中，好人就是好公民，好公民也是好人，但是亚里士多德却意识到，好人与好公民是有差异的，做好人与做好公民并非总是一致的，在道德和政治之间总是有冲突的。在他看来，只有在一种情况下，即在最佳城邦里，好人就是好公民。在并非最佳的城邦里，好人不一定是好公民，好公民也不一定是好人。换言之，在天下有道之时，好人与好公民是完美合一的，而在天下无道之际，做好人与做公民则不能两全，要么你做一个好公民，却无法同时是一个好人，要么你独善其身，不同流合污，做一个好人，却不能兼顾做一个好公民。

天下有道，做好人进而也做好公民，参治天下；天下无道，则退而做好人，独善其身。

我们现在要思考的问题是从内圣开新外王的问题，也就是道德和政治的关系问题，好人和好公民的关系问题。从内圣开外王，从道德推演政治，就是要实现从好人到好公民的转变，随着这种转变能否实现好人和好公民的同一则是一个问题，也许只有建立最好的国家，两者的同一才是可能的。在一个较好的国家里，你可以为国服务，获得荣誉，做一个好公民，但是这可能与你做一个好人会发生冲突。道德上的好人是绝对的、无条件的，没有民族、国家界限的。但是政治上却是有民族、国家界限的，道德上普遍的东西拿到政治领域上是要做一定妥协的。因此政治家往往是最好的公民，却不是好人。

在古典时代，无论柏拉图还是儒家都提出，道德和政治，好人与好公民是统一的，但是从启蒙现代以后，道德和政治的同一已经不复存在，从道德直接开出政治的道路走不通了。比如，对于马基雅维里来说，什么样的君主是好的君主？只要是能够保持国家安全、独立、完整和繁荣的君主就是好的君主。这样的君主是不是道德上的好人呢？不是，他乃是狮子和狐狸的合体，固然勇猛，却也狡诈，为了达到目的，不惜采取不道德的手段，对他来说，目的能够证明手段是正当的。在霍布斯和洛克那里，道德和政治，好人和好公民的分裂更明显了。在自然状态下，任何人都可以是一个遵循自然法、服从道德律的好人，但是在他通过契约进入社会后，他必须放弃自然自由，服从法律，而只要他遵守国家颁布的法律，他就是一个好公民或好臣民。国家对他有最低限度的合法性要求，却没有更高的道德上的要求，对它来说，法权是优先于道德的。对于康德来说，政治准则决不能从"福利或幸福"出发，也决不能从"作为国家智慧的最高的原则"出发，而应该从"权利义务的纯粹概念"出发，由此而来国家就仅是一种根据"纯粹权利原则"而建立的公民体制；即使最高权力在立法时，是着眼于幸福的，但那并不就是"建立公民体制的目的，而仅仅是保证合权利状态的手段，主要的是对人民的外部敌人"①。换言之，正当社会秩序的建立并不需要什么"天使之族"。即使魔鬼民族也能建立国家，因为建立国家所需要的东西并非"圣恩、道德性，也不是品格塑造，而是细密精巧的制度"，基本的政治问题"仅仅是一个'人实际能够接受的国家之良好组织'的问题"②。因此政治与道德完全分离，国家祛除了道德性，治国成了一门技术。

援康德入儒家的牟宗三显然意识到了这个问题。他区分了理性的内涵表现与理性的功能表现，道出传统内圣外王之道的逻辑即是从理性的内涵表现直接推出其功能表现，从仁心"直通"仁政。但是他认为，这个路子在现代行不通了，从良心直接推不出、无法"直通"现代共和民主，只有"曲通"，即通过"良心的坎陷"、道德的自我否定才能开出共和民

① ［德］康德：《历史理性批判文集》，第137、192页。
② ［美］施特劳斯：《现代性的三次浪潮》，丁耘译，《西方现代性的曲折与展开》，吉林人民出版社2002年版，第91页。

主。而且不能运用功能理性，而必须运用架构理性，即科学理性、工具理性才能基于"坎陷的良心"换算出政治模型、机制、模式，从而建构宪政民主体制，建立基于自由平等人权的民主国家，"曲通"、开出新外王。① 因此政治并不能直接从道德里推出来。

　　问题是，有没有这样一个根基，能同时从中开出道德和政治？基督教信奉上帝面前人人平等，佛教则倡导众生平等。现代共和民主是否可以从这种平等理念中开出来呢？不可否认，平等是现代道德与共和民主的基础理念。但是平等也只是启蒙现代道德和政治的基石之一，自由才是它们真正的或首要的前提。不是基于平等，而是基于自由，启蒙道德政治哲学既推出了义务论或目的论道德体系，也开出了现代民主体制，既推出了好人，也推出了好公民，但是却无能从自由道德直通自由民主国家，从好人直接成为好公民。自由为体，道德和民主为用，前者是内在之用，后者是外在之用，而从内在之用无法直达外在之用，从道德到民主，的确如牟宗三所言，需要曲达，道德自由必须"坎陷"为政治自由，超越的自由意志下降进入内在领域，进入现象世界，显示为内在自由、经验自由。

　　如果启蒙道德哲学从自由开出民主之道是行得通的，那么这对于我们来说却是不容乐观的，因为在中国哲学中是很难找到思想自由的经验和话语的。唯有道家庄子的《逍遥游》篇为我们贡献了无对待自由的思想经验和语境。其他如儒家和佛教在思想自由方面的经验和概念不能说没有，但是寥寥。所以，对于中国人来说，走向共和民主不是一件容易的事情。

　　现代道德哲学的标识是自由理念，自由"主义"是现代思想的根本特征。古希腊道德哲学的标记是善，目的论是其基本逻辑，中世纪道德思想的标识是上帝，终极目的论是其内在逻辑。自由是一种原因性或因果性，它是理性存在者的存在因果性。人的一切道德行为，包括所有宗教行为都是因为自由，出乎自由意志自主地做出来的行为，行为者自身是自己行为的原因。自由因果性因此是解释性原则，道德和宗教体系都建立在自由原则之上。在黑格尔看来，人类的历史就是一部争取自由和意识自由的历史；在解释人的行为的时候，不能把他当作动物来看，而应该首先把他作为自由存在者来看。

　　启蒙现代道德哲学的基本原理是自由和理性。自由是体，是根，是前

---

① 牟宗三：《政道与治道》，吉林出版集团 2010 年版，第 46—60、111—146 页。

提，而理性是用，是枝，是构建。卢梭即是言思自由的哲人。对他来说，人是自由的，人生而自由，放弃自由就是放弃做人的资格，就不是人。他以自由而非以善为前提建立了同情的道德，也在自由而不是在善的基础上开出了新的理想国：人民共同体。但是对他来说，从个体道德无法直通共和民主，必须"良心坎陷"，扬弃道德才能曲通共和民主，而"坎陷"后形成的共和国家不是道德共同体，而是伦理共同体，道德良心之"坎陷"即是伦理，政治与道德不是同一的，与伦理却是同一的。

　　我们的问题是，现代中国如何开出共和民主。这需要综合，只有内在和外在的综合才能开出民主，单纯从仁心是开不出民主的，开出仁政倒是有可能的。有一种选择是拿来主义，五四运动就是这样做的，只是各种主义到中国后，大都水土不服，被淘汰了，而只有拿到中国的马克思主义成功了，并且与中国实际相结合开出了现代中国的民主论述，先是毛泽东提出的新民主主义，现在的新表述则是人民民主主义，其核心是人民当家作主。另一条道路是新儒家开出来的内圣开新外王之道，牟宗三是其代表。他把康德引入儒家，在自由基地上开出道德形而上学，再通过"良心坎陷"而开出现代民主。因此中国马克思主义和现代新儒家就为我们踏出了两条通达现代民主共和之路。只是我们刚刚踏上这条现代道路，还有很多问题等待我们去探索和思考。这要求我们回到启蒙时代，回到启蒙道德，仔细检讨启蒙道德和政治哲学，反省其开出现代共和之路的思想经验并加以借鉴。

参考文献

Kant. Groundwork for the metaphysics of Morals, translated by Wood. Yale, 2002.

Kant. *The Critique of Practical Reason.* translated by Pluhar. Hackett, 2002.

Locke. *Political Essays*, edited by Goldle, 影印本, 2003.

Voltaire. *Political Writings*, edited and translated by Williams, 影印本, 2003.

Diderot. *Political Writings*, edited and translated by Mason and Wokler, 影印本, 2003.

Rousseau. *The Discourses and Other Early Political Writings*, edited and translated by Gourevitch, 影印本, 2003.

Irwin. *The Development of Ethics, Volume II: From Suarez to Rousseau.* New York, 2008.

Irwin. *The Development of Ethics, Volume III: From Kant to Rawls.* New York, 2009.

Larmore. *The Morals of Modernity.* Cambridge, 1996.

Larmore, *The Autonomy of Morality*, Cambridge, 2008.

The Scottish Enlightenmen. edited by Alexander Broadie. Cambridge, 2003.

Israel. *The Radical Enlightenment.* New York, 2001.

Israel, *Enlightenment Contested.* Oxford, 2006.

Bronner. *Reclaiming The Enlightenment.* New York, 2004.

Byrne. *Religion and the Enlightenment : From Descartes to Kant.* Westminster, 1997.

Renaissance and Reformation, 1500 – 1620 . edited by Carney, Greenwood, 2001.

Bartl etal. *The Idea of Enlightenment: A Post-mortem Study.* Toronto, 2001.

The Enlightenment in National Context. edited by Porter. Cambridge, 1981.

Hunter. *Rival Enlightenment*: *Civil and Metaphysical Philosophy in Early Modern Germany*. New York, 2003.

Bronner. *Reclaiming The Enlightenment*. New York, 2004.

Buckle. *Hume's Enlightenment Tract*. New York, 2001.

Losonsky. *Enlightenment and Action*: *From Descartes to Kant*. Cambridge, 2003.

Byrne. *Religion and the Enlightenment* : *From Descartes to Kant*. Westminster, 1997.

British Philosophy and the Age of Enlightenment. edited By Brown, New York, 2004.

Hawthorn. *Enlightenment and Despair*. Cambridge, 1987.

Moral Philosophy On The Threshold of Modernity, edited by Kraye and Saarinen, Springer, 2005.

Allison. *Kant's Theory of Freedom*. Cambridge, 1990.

Korsgaard. *Creating the Kingdom of Ends*. Cambridge, 1996.

Saurette. *The Kantian Imperative*. Toronto, 2005.

Ripstein. *Force and Freedom*: *Kant's Legal and Political Philosophy*. Harvard, 2009.

Guyer, *Kant's System of Nature and Freedom*. Oxford , 2005.

Clewis, *The Kantian Sublime and The Revolution of Freedom*. Cambridge, 2009.

Kant's Ethics of Virtue, Edited by Betzler. Berlin, Walter de Gruyter, 2008.

Kant on Causality, *Freedom*, *and Objectivity*, edited by Harper, Meerbote, Minnesota, 1984.

Rawls. *Lectures on the History of Moral Philosophy*. Harvard, 2000.

Taylor. *A Secular Age*, Harvard, 2007.

Russell. *Freedom and Moral Sentiment*. Oxford, 1995.

The *Is-Ought Question*, edited by W. D. Hudson. New York, 1972.

Franco. *Nietzsche's Enlightenment* : *The Free-spirit Trilogy of the Middle Period*. Chicago, 2011.

Himmelfarb. *The Roads to Modernity*: *The British*, *French*, *and American Enlightenments*. Vintage, 2005.

Forster, *John Locke's Politics of Moral Consensus*. Cambridge, 2005.

Wolterstorff. *John Locke and the Ethics of Belief*. Cambridge, 1996.

Lloyd. *Morality in the Philosophy of Thomas Hobbes*. Cambridge, 2009.

Bobbio. *Thomas Hobbes and the Natural Law Tradition*. Chicago, 1993.

Oser. *The Ethics of Modernism*. Cambridge, 2007.

Gay. *The Enlightenment：An Interpretation, Volume* Ⅱ, *The Science of Freedom*. New York , 1969.

Beck. *Essays on Kant and Hume*. New Haven and London, 1978.

Baillie. *Hume on Morality*. Routledge, 2000.

Cohon. *Hume's Morality*. Oxford, 2008.

British Philosophy and the Age of Enlightenment, edited by Brown. Routledge, 1996.

Rothbard. *The Ethics of Liberty*. New York and London, 1998.

James. *Passion and Action ：The Emotions in Seventeenth-century Philosophy*. Oxford, 1997.

Darwall. *The British Moralists and the Iinternal 'Ought'*: 1640-1740. Cambridge, 1995.

Mill. *Liberty, Rationality, and Agency in Hobbes's Leviathan*. New York, 2001.

Nuovo. *Christianity, Antiquity, and Enlightenment*. Springer, 2011.

Beales. *Enlightenment and Reform in Eighteenthcentury Europe*. London, 2005.

Delaney. *Rousseau and the Ethics of Virtue*. London, 2006.

Qvortrup. *The Political Philosophy of Jean-Jacques Rousseau*. Manchester and New York, 2003.

Blum. *Rousseau and The Republic of Virtue*. Cornell , 1989.

Slote. *From Morality to Virtue*. Oxford, 1992.

Slote. *Essays on the History of Ethics*. Oxford, 2010.

Hazlitt. *The Foundations of Morality*. New York, 1994.

Harris. *Of Liberty and Necessity：The Free Will Debate in Eighteenth-Century British Philosophy*. Oxford, 2005.

［法］笛卡尔：《第一哲学沉思》，庞景仁译，商务印书馆1986年版。

［荷兰］斯宾诺莎：《伦理学》，贺麟译，商务印书馆1997年版。

［德］莱布尼茨：《神义论》，朱雁冰译，三联书店 2007 年版。

《康德全集》第 1—8 卷，李秋零译，中国人民大学出版社 2003—2010 年版。

［德］康德：《纯粹理性批判》，邓晓芒译，人民出版社 2004 年版。

［德］康德：《实践理性批判》，邓晓芒译，人民出版社 2003 年版。

［德］康德：《判断力批判》，邓晓芒译，人民出版社 2002 年版。

［德］康德：《历史理性批判文集》，何兆武译，商务印书馆 1990 年版。

［英］霍布斯：《利维坦》，黎思复、黎廷弼译，商务印书馆 1985 年版。

［英］霍布斯：《论公民》，应星，冯克利译，贵州人民出版社 2003 年版。

［英］洛克：《人类理解论》，关文运译，商务印书馆 1959 年版。

［英］洛克：《政府论》下，叶启芳、瞿菊农译，商务印书馆 1996 年版。

［丹麦］哈奇森：《道德哲学体系》，江畅等译，浙江大学出版社 2010 年版。

［丹麦］哈奇森：《论激情和感情的本性与表现，以及对道德感官的阐明》，戴茂堂等译，浙江大学出版社 2009 年版。

［丹麦］哈奇森：《论美与德性观念的根源》，高乐田等译，浙江大学出版社 2009 年版。

［英］休谟：《人类理解研究》，关文运译，商务印书馆 1957 年版。

［英］休谟：《人性论》（下），关文运译，商务印书馆 1980 年版。

［英］休谟：《道德哲学原则研究》，曾晓平译，商务印书馆 2001 年版。

《休谟散文集》，肖聿译，中国社会科学出版社 2006 年版。

［法］卢梭：《人类不平等的起源和基础》，李常山译，商务印书馆 1962 年版。

［法］卢梭：《爱弥儿》，李平沤译，商务印书馆 1978 年版。

［法］卢梭：《社会契约论》，何兆武译，商务印书馆 1980 年版。

［法］卢梭：《论科学与艺术》，何兆武译，上海人民出版社 2007 年版。

《十八世纪法国哲学》，北京大学哲学系外国哲学史教研室编译，商务印书馆 1963 年版。

《梅里美/服尔德名作集》，傅雷译，河南人民出版社 1998 年版。

［法］伏尔泰：《哲学通信》，高达观等译，人民出版社 2005 年版。

《狄德罗哲学选集》，江天骥、陈修斋、王太庆译，商务印书馆 1983 年版。

［法］赫尔巴赫：《健全的理智》，王荫庭译，商务印书馆 1966 年版。

［法］赫尔巴赫：《自然政治论》，陈太先、眭茂译，商务印书馆 1994 年版。

［法］赫尔巴赫：《自然的体系》，管士滨译，商务印书馆 1977 年版。

［古罗马］爱比克泰德：《哲学谈话录》，吴欲波等译，中国社会科学出版社 2004 年版。

［古希腊］亚里士多德：《尼各马可伦理学》，廖申白译，商务印书馆 2003 年版。

［意大利］马基雅维里：《君主论》，潘汉典译，商务印书馆 1985 年版。

［意大利］马基雅维里：《论李维》，冯克利译，上海人民出版社 2005 年版。

《路德文集》（2），路德文集中文版编委会译，上海三联书店 2005 年版。

《马丁·路德文选》，马丁·路德著作翻译小组译，中国社会科学出版社 2003 年版。

［德］黑格尔：《哲学史讲演录》第 2 卷，贺麟、王太庆译，商务印书馆 1960 年版。

［德］黑格尔：《精神现象学》下卷，贺麟、王玖兴译，商务印书馆 1979 年版。

［德］黑格尔：《法哲学原理》，范扬、张企泰译，商务印书馆 1961 年版。

［德］霍克海默、阿多诺：《启蒙辩证法》，渠敬东、曹卫东译，上海人民出版社 2006 年版。

［美］麦金太尔：《德性之后》，龚群、戴杨毅等译，中国社会科学出版社 1995 年版。

［美］麦金太尔：《三种对立的道德探究观》，万俊人等译，中国社会科学出版社 1999 年版。

［美］麦金太尔：《〈谁之正义〉，何种合理性?》，万俊人等译，当代中国出版社 1996 年版。

［美］麦金太尔：《伦理学简史》，龚群译，商务印书馆 2003 年版。

［美］施特劳斯：《自然权利与历史》，彭刚译，三联书店 2003 年版。

［美］施特劳斯：《苏格拉底问题与现代性》，彭磊、丁耘等译，华夏出版社 2008 年版。

［美］施特劳斯：《古典政治理性主义的重生》，郭振华等译，华夏出版社

2011 年版。

［美］施特劳斯：《关于马基雅维里的思考》，申彤译，译林出版社 2003
　　年版。

［美］施特劳斯：《现代性的三次浪潮》，丁耘译，《西方现代性的曲折与
　　展开》，吉林人民出版社 2002 年版。

［德］卡西勒：《启蒙哲学》，顾伟铭等译，山东人民出版社 1988 年版。

［德］卡西勒：《卢梭问题》，王春华译，译林出版社 2009 年版。

［加］泰勒：《自我的根源：现代认同的形成》，韩震等译，译林出版社
　　2001 年版。

［加］泰勒：《现代性之隐忧》，程炼译，中央编译出版社 2001 年版。

［英］伯林：《浪漫主义的根源》，吕梁等译，译林出版社 2008 年版。

［英］伯林：《启蒙的时代》，孙尚扬、杨深译，译林出版社 2005 年版。

［英］伯林：《自由及其背叛》，赵国新译，译林出版社 2005 年版。

［英］柏林：《反潮流》，冯克利译，译林出版社 2002 年版。

［英］斯金纳：《现代政治思想的基础》，段胜武等译，求实出版社 1989
　　年版。

［英］斯金纳：《霍布斯与共和主义自由》，管可秾译，三联书店 2011
　　年版。

［英］斯金纳：《马基雅维里》，王锐生、张阳译，工人出版社 1985 年版。

［美］汉金斯：《科学与启蒙运动》，任定成、张爱珍译，复旦大学出版社
　　2000 年版。

［美］赫尔曼：《道德判断的实践》，陈虎平译，东方出版社 2006 年版。

［法］哈列维：《哲学激进主义的兴起：从苏格兰启蒙运动到功利主义》，
　　曹海军等译，吉林人民出版社 2006 年版。

［德］维塞尔：《莱辛思想再释：对启蒙运动内在问题的探讨》，贺志刚
　　译，华夏出版社 2001 年版。

《启蒙运动与现代性》，施密特编，徐向东、卢华萍译，上海人民出版社
　　2005 年版。

［英］西季威克：《伦理学方法》，廖申白译，中国社会科学出版社 1993
　　年版。

［英］西季威克：《伦理学史纲》，熊敏译，江苏人民出版社 2008 年版。

［英］罗斯：《正当与善》，林南译，上海译文出版社 2008 年版。

［美］罗尔斯：《正义论》，何怀宏、何包钢、廖申白译，中国社会科学出版社 1988 年版。

［美］汉娜·阿伦特：《精神生活·意志》，姜志辉译，江苏教育出版社 2006 年版。

［法］吉尔松：《中世纪哲学精神》，沈清松译，上海人民出版社 2008 年版。

《韦伯文集》上，韩水法主编，中国广播电视出版社 2000 年版。

［德］韦伯：《新教伦理与资本主义精神》，于晓、陈维刚译，三联书店，1987 年版。

《消极自由有什么错》，达巍等译，文化艺术出版社 2001 年版。

《共和主义：古典与现代》，上海人民出版社 2006 年版。

《第三种自由》，应奇等编译，东方出版社 2006 年版。

［美］贝克：《〈实践理性批判〉通释》，黄涛译，华东师范大学出版社 2011 年版。

［德］尼采：《快乐的科学》，黄明嘉译，华东师范大学出版社 2007 年版。

［德］尼采：《人性的，太人性的》，杨恒达译，中国人民大学出版社 2005 年版。

［德］尼采：《查拉图斯特拉如是说》，孙周兴译，商务印书馆 2010 年版。

［德］尼采：《朝霞》，田立年译，华东师范大学出版社 2007 年版。

［德］尼采：《看哪这人》，张念东、凌素心译，中央编译出版社 2000 年版。

［德］施密特：《霍布斯国家学说中的利维坦》，应星、朱雁冰译，华东师范大学出版社 2008 年版。

［美］扎克特：《自然权利与新共和主义》，王崇兴译，吉林出版集团 2008 年版。

［荷兰］格老秀斯：《战争与和平法》，何勤华译，上海人民出版社 2005 年版。

［丹麦］哈孔森：《自然法与道德哲学》，马庆、刘科译，浙江大学出版社 2010 年版。

［苏联］蒙让：《爱尔维修的哲学》，涂纪亮译，商务印书馆 1962 年版。

［法］勒费弗尔：《狄德罗的思想和著作》，张本译，商务印书馆 1985 年版。

［美］普拉特纳：《卢梭的自然状态》，尚新建、余灵灵译，华夏出版社
　　2008 年版。

［德］施路赫特：《理性化与官僚化》，顾忠华译，广西师范大学出版社
　　2004 年版。

［德］罗门：《自然法的观念史和哲学》，姚中秋译，三联书店，2007
　　年版。

［法］菲尼斯：《自然法与自然权利》，董娇娇等译，中国政法大学出版社
　　2005 年版。

［英］弗里斯比：《现代性的碎片》，卢晖临译，商务印书馆 2003 年版。

［美］伊格尔顿：《后现代主义的幻象》，华明译，商务印书馆 2000 年版。

［英］鲍曼：《流动的现代性》，欧阳景根译，三联出版社 2002 年版。

［英］鲍曼：《现代性和矛盾》，邵迎生译，商务印书馆 2003 年版。

［德］维尔默：《论现代与后现代的辩证法》，钦文译，商务印书馆 2003
　　年版。

牟宗三：《政道与治道》，吉林出版集团 2010 年版。

朱学勤：《道德理想国的覆灭》，三联书店 2003 年版。

万俊人：《美国当代社会伦理学的新发展》，《中国社会科学》1995 年第
　　3 期。

卢风：《启蒙之后》，湖南大学出版社 2003 年版。

尚杰：《西方哲学史》第 5 卷，《启蒙时代的法国哲学》，江苏人民出版社
　　2005 年版。

章雪富：《斯多亚主义》（Ⅱ），中国社会科学出版社 2007 年版。